KB186737

2030 대담한 도전

2030 대담한 도전
앞으로 20년, 세 번의 큰 기회가 온다

지은이 | 최윤식

1판 1쇄 발행 | 2016년 1월 25일
1판 9쇄 발행 | 2016년 12월 1일

펴낸곳 | (주)지식노마드
펴낸이 | 김중현
기획·편집 | 김중현
디자인 | 제이알컴
등록번호 | 제313-2007-000148호
등록일자 | 2007. 7. 10
서울 특별시 마포구 양화로 133, 1201호(서교동, 서교타워) (04032)
133, Yanghwa-ro, Mapo-gu, Seoul, South Korea
전화 | 02) 323-1410
팩스 | 02) 6499-1411
홈페이지 | knomad.co.kr
이메일 | knomad@knomad.co.kr

값 28,000원

ISBN 978-89-93322-87-3 13320

Copyright ⓒ 최윤식 2016
이 책은 저작권법에 따라 보호받는 저작물이므로 무단전재와 무단복사를 금지하며
이 책 내용의 전부 또는 일부를 이용하려면 반드시 저작 권자와 (주)지식노마드의
서면 동의를 받아야 합니다.

* 잘못 만들어진 책은 구입하신 서점에서 교환해 드립니다.

GREAT CHALLENGE 2030

앞으로 20년, 세 번의 큰 기회가 온다

2030 대담한 도전

최윤식 지음

nomad
지식노마드

저자 서문

필자가 2030년까지 한국과 세계의 판을 흔드는 변화 동력Driving Forces과 미래 가능성을 연구하여 정리한 예측 시나리오는 총 4,000페이지에 달한다. 이 책은 그중 세 번째 책이다. 2013년에 발표한 첫 번째 책 〈2030 대담한 미래〉에서는 대한민국이 직면할 미래의 위기와 위협에 관한 예측 내용을 담았다. 2014년에 발표한 두 번째 책 〈2030 대담한 미래 2〉에서는 미래 기술과 새로운 기회를 예측했다.

이 책에서는 앞으로 20년간 만들어질 세 번의 큰 기회에 집중했다. 앞으로 5년 동안 닥칠 아시아 대위기(Part 1) 속에서 만들어질 기회, 2020년부터 10년간 벌어질 사상 최고의 부를 둘러싼 미래산업 전쟁(Part 2) 속에서 만들어질 기회. 인류의 생존을 위협하는 심각한 위협에 도전과 응전(Part 3)하면서 만들어질 기회다. 나아가 독자들이 미래에 승리할 수 있는 전략적 대응을 준비하는 것을 돕는 데 초점을 맞추었다. 책 전체를 통해서 막연한 낙관론이나 대책없는 비관론에서 벗어나서 큰 틀에서 개인과 사회, 인류의 미래를 큰 틀에서 진지하게 성찰해볼 수 있도록 했다.

지금 우리의 위치는 어떤가? 2015년 12월 26일 미국 연방준비제도이사회가 기준금리를 0.25% 인상하면서 세계경제가 요동치기 시작했다. 제2차 석유전쟁으로 저유가 시대가 길어지고, 중국 증시가 폭락을 거듭하고, 신흥국 경제가 흔들리고 있다. 한국 경제는 새로운 성장 동력을 찾지 못하고 선진국의 반격과 중국의 추격·추월 사이에 긴 채 정체해 있다. 그만큼 한국 기업과 국민의 미래도 불투명하다.

필자가 예측한 앞으로 5년 안에 벌어질 아시아 대위기 시나리오에서 중요한 사건만 살펴봐도 '겉으로는' 희망을 찾기 어려워 보인다.

2016년 제2차 석유전쟁이 시작되었다

2016~2017년 신흥국 경제에 퍼펙트 스톰이 몰아친다

2017~2018년 한국 금융위기 맞을 가능성 90%

2019년 중국은 금융위기를 피하기 어렵다

2020년 첫 번째 통일의 가능성이 열린다

2018년 LG전자의 위기가 시작된다

2018년 코스피지수 1000으로 폭락한다

2019년 삼성전자의 2차 위기가 시작된다

2020년 현대기아차의 위기가 시작된다

    한마디로 총체적 위기 상황이다. 이 위기는 2008년 미국발 금융위기에서 시작되었다. 그러나 위기의 본질은 과거의 판과 미래의 판의 충돌이다. 미래의 판이 과거의 질서를 뚫고 솟아오르며 과거의 판에 속한 모든 것을 파괴하고 새로운 질서를 향해 나아가는 첫 모습은 언제나 위기로 나타난다.

    과거의 판 위에 서서 과거의 관점, 과거의 생각으로 판단하고 행동하는 사람에게 미래를 향한 변화는 언제나 위험할 뿐이다. 현대 문명을 연 산업혁명의 위대한 진보도 봉건적 질서에 사로잡혀 있던 농민과 귀족에게는 재앙이었다. 구전 문화의 시대에 문답을 통한 산파술만이 진리에 이르는 최고의 방법이라고 생각했던 소크라테스는 문자의 등장을 맞아 "단순한 사람만이 글로 쓰인 것이 지식에 대한 기록 중 최고라고 생각할 것"이라며 문자 문화가 사람들의 지적인 수준을 떨어뜨린다고 비판했다.

    그러나 최종적인 승리는 언제나 미래의 판에 올라탄 자의 것이었다. 지금 우리는 과거의 생각과 미래의 생각이 충돌하고, 과거의 전략과 미래의 전략이 충돌하는 위기의 시대를 지나고 있다. 판이 바뀌는 큰 변화가 진행되고 있다.

앞으로 5년, 아시아 대위기를 불러올 신新 금융전쟁이 벌어진다. 하지만 대위기는 대기회를 만들 것이다. 금융을 움직이는 판이 어떻게 움직이는지를 읽는 자는 내 자산을 지킬 수 있고, 역으로 돈을 벌 큰 기회를 잡을 수 있다. 2020년부터 2030년까지 미래산업 전쟁을 거치며 산업혁명 이후 형성된 기존 산업의 경계가 무너지고, 업의 본질이 파괴되고, 새로운 산업의 경계가 그어질 것이다. 새로운 업이 등장하게 될 것이다. 위기 속에서 대업大業을 이루려면, 변화를 주도할 수 있는 정교한 미래 전략을 수립하고 대담한 도전을 해야 한다. 위험하고 불확실하다고 움츠리는 개인, 기업, 나라에는 기회가 없다. 패러다임 전환기에는 주저할수록 몰락의 속도가 가속화될 뿐이다.

대담한 도전을 가능케 하는 용기는 미래에 대한 통찰력에서 나온다. 미래의 기회와 위기가 어디에 있는지를 통찰해야 한다. 미래를 객관적으로 통찰해야 한다. 통찰력이 쌓여 확신이 만들어지고, 확신에서 진정한 용기가 나온다. 국가적 위기 속에서도 엘리자베스 1세는 바다와 해외에 영국의 미래가 걸려 있다는 점을 꿰뚫어 보는 통찰력이 있었다. 미래의 변화를 간파하는 통찰력을 바탕으로 엘리자베스 1세는 세계 최강이었던 스페인의 무적함대를 격파하고, 유럽 변방의 작은 나라였던 영국을 '해가 지지 않는 제국'으로 바꾸었다. 국난에서 나라를 구한 이순신 장군도 위대한 통찰가였다. "신에게는 아직 12척의 배가 남아 있사옵니다."라는 이순신 장군의 말에는 나의 장점으로 적의 약점을 공략해서 승리할 전장과 타이밍과 전술에 대한 통찰이 담겨 있었음을 기억하라.

필자가 2008년 처음으로 '한국판 잃어버린 10년'과 '미·중 패권전쟁' 예측 시나리오를 발표한 뒤로부터 8년 동안 우리 사회는 안타깝게도 근본적인 시스템 혁신과 미래를 향한 도전보다는 기존 성취에 대한 자만심에 빠져 소중한 시간을 흘려보냈다. 중국의 기세가 꺾이고, 미국의 시대가 다시 오는 세상을 준비해야 한다. 동아시아에서 미국과 중국의 패권전쟁이 시작되면 한국은 최대의 피해국이 될 것이다. 김정은 정권은 생각보다 빨리 무너지지 않을 것이다. 삼성이 창사 이래 최고의 위기에 직면할 정도로 한국 기업의 미래가 풍전등화의 위기에 처해 있다. 배럴당 30달러 선이 붕괴된 저유가 후폭풍, 달

러당 120엔을 돌파하는 엔저 효과, 미국과 일본의 밀월관계가 빚어
낼 미래 위기에 대비해야 한다. 아시아의 대위기가 시작되고, 한국에
금융위기가 발발할 가능성이 커지고 있다. 기존 산업이 성장의 한계
에 도달하고 미래산업이 시작되는 속도가 생각보다 빠를 것이다. 애
플은 자동차산업에 반드시 뛰어들 것이다. 이 모두가 필자의 예측이
었다!

몇 년 전부터 중국 경제에 발생할 충격에 대비하라고 호소도 했지
만, 한국의 기업과 정부는 "괜찮다!" "설마~?"라는 말만 되풀이했다.
필자의 예측을 과도한 비관론으로 치부했다. 미래학자가 위기를 예
측하는 이유는 적절한 대응을 하면 다가오는 위기를 충분히 막을 수
있기 때문이다. 하지만 위기 대응의 시간을 놓치는 사이에 필자의 예
측들은 현실이 되고 말았다.

그러나 최적의 시기는 놓쳤지만, 지금도 늦지 않았다. 앞으로
1~2년, 마지막 대응 시간이 남았다. 단 한 번의 기회는 남아 있다. "천
하에, 쫓기지 않고 나오는 명문名文이라고는 없다(도올 김용옥)"고 했다.
총체적 위기가 닥쳤지만, 미래에 대한 통찰을 바탕으로 빠르게 결단
하고 대담하게 도전한다면, 여전히 미래의 가능성은 우리에게 열려

있다.

　이번 책에서는 승리를 부르는 미래 전략을 수립할 때 꼭 점검해야 할 중요한 이벤트와 변화를 만드는 패턴, 미래산업이 전개되는 타임라인(Futures Timeline Map; 미래지도)을 일목요연하게 정리하고, 미래전략을 수립할 때 반드시 고려해야 원칙과 판단의 기준을 제시하는 데 집중했다. 지면의 제약 때문에 논리 전개에 꼭 필요한 미래 예측 시나리오는 핵심만 압축, 요약해서 제시할 수밖에 없었다. 더 자세한 예측의 논리적 전개, 예측의 현실적 근거 자료는 필자의 전작 〈2030 대담한 미래〉 1, 2권에서 확인할 수 있을 것이다.

　〈2030 대담한 미래〉 1, 2권이 출간된 이후로 필자가 쓴 과거의 책을 찾는 독자들의 문의가 적지 않았다. 그러나 〈2020 부의 미래지도(2009년)〉, 〈2020 부의 전쟁 in Asia(2010년)〉, 〈부의 정석(2011년)〉 등 세 권은 절판했음을 알려드린다. 절판된 책들에서 다룬 예측 이후에 일어난 변화를 업데이트하고, 새로 발생한 변화를 추가하는 시나리오 최적화 삭업을 거쳐서 〈2030 대담한 미래〉 1, 2권과 이 책이 만들어졌기 때문이다.

책을 펴낼 때마다 늘 그렇듯이 이 책 역시 필자 혼자 쓴 것이 아니다. 무엇보다 책의 집필에만 온전히 집중할 수 있도록 묵묵히 응원하고 내조해준 아내와 4명의 아이에게 마음 깊은 감사를 전한다. 필자 곁에서 연구를 돕고 지원해준 아시아미래인재연구소 30여 명의 연구원 덕분에 책의 내용이 더 충실해질 수 있었다. 이 책이 나올 수 있도록 힘써 주신 지식노마드의 김중현 대표의 노고에도 깊은 감사를 드린다. 어려운 현실에서도 미래에 대한 가능성과 희망과 용기를 잃지 않고 책을 성원하며 기다려준 독자들은 필자가 연구에 집중할 수 있게 만들어준 가장 큰 원동력이었다. 이 모든 분에게 지면으로나마 무한한 감사의 인사를 전한다.

2016년 1월 10일
한국뉴욕주립대 미래연구원에서
미래학자 최윤식

차례

PART 1

첫 번째, 혼란 속의 기회

아시아가
바뀐다

CHAPTER 1

신 금융전쟁,
앞으로 5년간 이렇게 전개된다

GREAT CHALLENGE 2030

경제와 금융의
판이 바뀐다

한국은 현재 세 번째 큰 변화의 시기를 지나고 있다. 1960년대~1970년대를 거치며 첫 번째 큰 변화를 겪었고, 두 번째 큰 변화는 1980년대~1990년대를 거쳐 완성되었다. 각각의 변화 시기마다 사회, 정치, 산업의 모든 영역에서 질적으로 달라지는 변화가 일어났다. 지금 우리가 맞고 있는 세 번째의 큰 변화 시기는 2030년까지 진행될 것이다. 2020년까지는 경제와 금융의 변화가 판을 바꿀 것이며, 2020~2030년은 새로운 기술과 산업이 판을 흔들 것이다. 필자가 2030년까지를 예측의 시점으로 삼은 이유다.

필자의 예측으로는 앞으로 20년 동안 역사상 가장 위대한 세 번의 기회가 우리를 찾아올 것이다. 첫 번째 기회는 아시아가 바뀌면서 만들어진다. 이 기회는 혼란기 속의 기회다. 두 번째 기회는 산업이 바뀌면서 온다. 이 기회는 신대륙 발견 같은 기회다. 세 번째 기회는 지구가 바뀌면서 올 것이다. 이 기회는 신문명 건설의 위대한 기회다.(총 3부에 걸쳐 각각 세 번의 위대한 기회가 만들어지는 이유와 상황을 설명할 것이다)

그러나 세 번의 기회는 주어진 조건일 뿐이다. 아직 오지 않은 미래의 가능성이다. 그 기회를 내 것으로 만들기 위해서는 미래를 통찰하고 대담하게 도전해야 한다. 미래는 운명처럼 주어지는 것이 아니다. 미래의 가능성은 우리를 자극할 뿐이다. 미래를 정하는 힘은 궁극적으로 사람에게 있다. 논리적 가능성, 확률적 가능성, 뜻밖의 변화 가능성 등 다양한 가능성의 미래 중에서 우리가 무엇을 선택하는지가 바로 우리의 미래를 만든다. 내가 선택하는 것이 곧 나의 미래가 된다.

필자가 이 책을 통해 독자에게 전하고 싶은 메시지는 하나다.

"대담한 미래의 가능성이 온다."
"대담한 도전을 시작하자!"

특히 리더들에게 강조하고 싶다. 큰 변화의 시기에는 위기가 먼저 눈에 들어오고 모든 것이 불확실해 보인다. 그러나 위기의 본질은 과거의 판과 미래의 판의 충돌이다. 따라서 눈에 보이는 현상을 뒤쫓지 말고 그 현상 중에서 과거의 판에 속한 것은 무엇이고, 미래의 판에 속한 것은 무엇인지를 통찰하는 데 온 힘을 다해야 한다. 그리고 미래의 판에 올라탈 수 있도록 결단하고 준비해야 한다. 이것이 가장 중요한 리더의 역할이다. 미래를 만드는 변화의 흐름을 읽고 그 속에서 생기는 기회를 통찰해야 한다. 그래서 밀려오는 파도를 타듯이 흐름을 타며 다음 기회로 순간순간 빠르게 옮겨가야 한다. 빨리 올라 탈수록 기회를 선점할 수 있고, 내 것으로 만들 수 있는 가능성의 영역이 커진다. 늦게 올라탈수록 많은 것을 잃을 것이며, 열심히 노력해도 겨우 기회의 부스러기만 얻을 뿐이다.

당연히 위기는 보수적으로 대비해야 한다. 최악의 경우까지도 점검하고 대비해야 한다. 하지만 기회에 대해서는 대담한 발상을 하고 대담한 도전을 감행해야 한다.

우리는 미래를 예언할 수 없지만 예측할 수는 있다. 2013년에 필자가 〈2030 대담한 미래(지식노마드, 2013)〉를 통해 '삼성의 몰락 가능성', '한국의 금융위기와 중국의 위기' 예측 시나리오를 발표했을 때 많은 사람이 충격적으로 받아들였고, 일부에서는 '소설'이라고 비판하기도 했다. 그러나 지금은 거의 모든 언론이 위기를 경고하고, 삼성의 미래를 걱정하는 뉴스를 쏟아내고 있다. 필자가 특별한 신탁을 받아서 미래를 예측할 수 있었던 것이 아니다. 전문 미래학자로서 보통사람보다 더 미래에 관심을 집중하고, 미래를 만드는 힘에 관한 정보를 모니터링하고, 과학적인 방법으로 분석해서, 다양한 가능성을 시뮬레이션하며 검증하는 일을 10년 이상 해왔기 때문에 가능한 일이었다.

인간이 모든 만물을 지배하는 이유는 미래를 시뮬레이션할 수 있는 능력이 있기 때문이다. 예측의 역량이야말로 더 나은 미래를 만드는 중요한 힘 중의 하나다. 이 책을 쓴 목적 역시 독자들이 다가오는 미래를 시뮬레이션할 수 있도록 돕는 데 있다. 이 책에서는 특별히 '미래지도' 방식을 적극적으로 사용했다. 미래와 관련된 정보를 시각화하여 보여주기 때문에 전체적인 흐름을 훨씬 잘 읽을 수 있는 방식이기 때문이다. 필자는 다양한 경험과 학습을 통해 얻은 인간 이해, 사회 이해, 역사의식과 철학적 사고, 미학, 과학기술에 대한 지식, 세계관에 대한 연구를 토대로 미래지도를 만든다. 그동안의 강의와 교육 등에서 사용해본 결과 미래지도는 언제나 미래 통찰을 돕는 좋은 가이드가 되어 주었다. 미래지도는 독자들에게도 미래 통찰력을 자극하는 좋은 도구가 될 것이다.

　이제 본격적으로 2030년까지의 미래여행을 시작하자. 독자 여러분이 준비할 것은 단 한 가지뿐이다. 바로 다음의 문장을 머릿속에 꼭 넣어두는 것이다.

"앞으로 20년, 역사상 가장 위대한 세 번의 기회가 온다."
"대담한 도전을 시작하자!"

다가올 아시아 대위기는
신 금융전쟁

첫 번째 위대한 기회는 아시아 대변혁에서 만들어질 것이다. 아시아가 앞으로 5~10년 동안 크게 바뀐다. 각 나라의 경제와 산업 상황이 바뀌고 나라 사이의 패권 경쟁 구도도 바뀔 것이다. 지난 10~20년 동안 아시아를 호령했던 거대 기업이 몰락할 수 있다. 지금까지 전혀 알려지지 않았던 새로운 기업이 혜성처럼 등장할 수 있다. 이런 변화 속에서 개인들의 희비가 갈리고, 미래 직업의 흥망도 엇갈릴 것이다. 당연히 투자 지역, 방식, 전략도 바뀌어야 한다.

아시아는 지난 100년 동안 엄청난 변화를 겪었다. 수많은 왕조가 무너지고 근대국가로의 전환이 이루어졌다. 그 과정에서 수많은 전쟁을 겪었다. 서양의 종교와 민주주의 사상이 아시아를 강타하면서 심각한 이념 갈등도 겪었다. 산업화의 물결도 서양에서 아시아로 급격하게 이전되었다. 유럽과 미국 기업들이 백 년 이상 걸려서 해낸 일들을 한국, 중국, 일본을 비롯한 아시아 기업들은 불과 20~30년 만에 성취해냈다. 50년 전까지도 폐허였거나 전근대적인 사회였던 아시아에서 미국과 유럽을 위협하는 강력한 기업과 국가가 탄생하고 발전해왔다. 그 이면에서 압축 성장의 빠른 속도만큼 저출산 고령화의 후유증도 빠르게 진행되고 있다.(필자는 아시아에서 펼쳐진 빠르고 급격한 변화, 그에 따른 미래 성장의 가능성과 한계를 〈2030 대담한 미래〉에서 자세하게 분석하고 예측했다. 때문에, 이 책에서는 추가적인 분석과 예측은 생략하겠다)

지난 100년 동안 아시아가 어떤 변화를 겪었는지 우리는 몇 장의 사진으로도 확인할 수 있다. 다음의 사진은 한국, 중국, 일본의 100년 전, 50년 전, 그리고 현재의 모습이다. 지난 100년 동안 아시아가 얼마나 크게 변했는지를 실감해보자. 그것이 앞으로 20년 동안 아시아가 얼마나 큰 변화를 겪게 될지에 대한 상상력과 예측의 범위를 크게 넓혀줄 것이다.

100년 전 서울
출처: Google

50년 전 서울
출처: Google

현재의 서울
출처: Google

100년 전 중국
출처: Google

100년 전 동경
출처: Google

50년 전 북경
출처: Google

50년 전 도쿄
출처: Google

현재의 북경
출처: Google

현재의 도쿄
출처: Google

현재 유럽과 미국은 부와 성장의 한계에 가까워지고 있다. 인류의 지속가능한 성장을 위해서는 아시아가 한 단계 더 도약해야 한다. 지난 20~30년 동안 아시아는 세계가 놀랄 변화를 성취했다. 앞으로 20년, 아시아는 새로운 부와 기회를 만들어 내는 제2의 도약을 하며 크게 변할 것이다. 세계의 성장을 이끄는 아시아의 제2의 도약은 동시에 '생존을 건 부의 전쟁'을 불러올 것이다. 아시아를 둘러싼 치열한 세계 차원의 부의 전쟁, 국가 간 패권 전쟁, 기업 전쟁이 일어날 것이다. 즉, 앞으로 20년 동안 아시아는 새로운 부의 중심지이면서, 가장 치열한 전쟁터이자, 가장 크게 변하는 지역이 될 것이다. 한국과 한국 기업도 이 변화에서 밀리면 끝장날 수 있다.

과연 어떤 양상의 전쟁이 벌어질까? 그것을 예측하는 것은 어렵지 않다. 어떤 기회가 도래할지를 예측하는 것도 어렵지 않다. 첫 번째 위대한 기회를 한마디로 표현하면, '신新 금융전쟁'이다.

신 금융전쟁은 2008년에 그 서막이 올랐다. 2008년 시작된 미국발 글로벌 금융위기, 2010년 유럽의 금융위기는 앞으로 벌어질 '신 금융전쟁'의 전초전이었다. 이제 전 세계 금융자본과 기업이 아시아로 집결하고 있다. 아시아로 모인 미국, 유럽, 중국은 저마다 '신 금융전쟁'에서 승리할만한 유리한 조건과 동시에 아킬레스건을 가지고 있다. 2016년 현재, 누구도 절대적 우위를 점하고 있지 못하지만 약간의 차이는 있다.

2008년 위기를 가장 먼저 극복해나가고 있는 미국이 한발 앞서 있다. 부채 디레버리징을 마친 유럽이 출발선에 서서 호흡을 고르고 있다. 한국, 중국, 일본은 출발선에 불안하게 서 있다. 심각한 위기에 직면한 신흥국은 출발선에서 한발 뒤로 물러서 있다. 최후의 승자가 미국이 될지, 유럽이 될지, 아니면 중국이 될지는 여전히 정해지지 않았다.

신 금융전쟁을 둘러싼 역학관계는 매우 복잡하다. 우리가 대담한 도전을 감행해서 최종적인 승리를 쟁취하기 위한 조건은 무엇일까? 우리의 현재 상황, 상대의 전략과 움직임, 시간의 변화에 따른 상대국가와 기업의 변화를 예측해야 한다. 무엇보다 전쟁터를 이해해야 한다. 아시아를 중심으로 하는 미래사회의 변화를 잘 이해할수록 전쟁에서 유리한 고지를 선점할 수 있다. 경쟁자보다 먼저 전쟁터를 이해하면 향후 펼쳐질 전쟁의 방향과 속도, 승리할 수 있는 행동의 타이밍, 지속가능한 생존 전략을 결정할 수 있다. 이를 위해 필요한 것이 '미래지도'다. 먼저 앞으로 10년 동안 전개될 '신 금융전쟁 지도'를 만들어보자.

미래지도는 전쟁터를 이해하고, 새로운 미래전략을 수행하는 데 필요한 새로운 능력을 준비할 수 있도록 해준다. 지형을 꿰뚫고 적의 위치와 가능한 전략을 통찰하면 전투를 우리에게 유리하게 이끌 수 있고 그만큼 승리 가능성이 커진다.

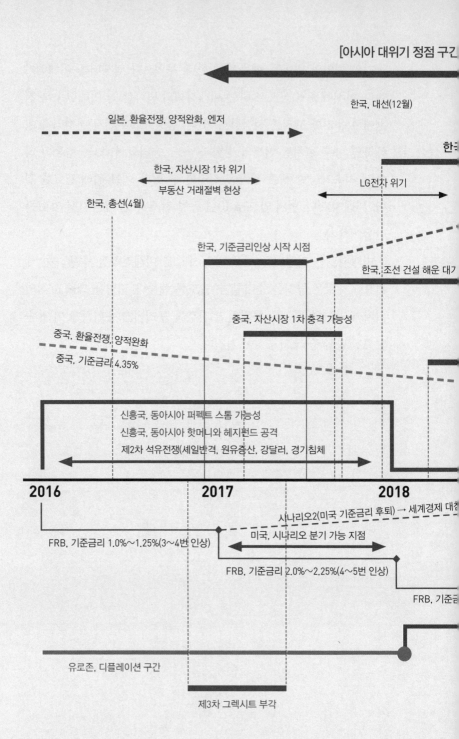

[아시아 대위기 정점 구간

한국, 대선(12월)

한국

일본, 환율전쟁, 양적완화, 엔저

LG전자 위기

한국, 자산시장 1차 위기

부동산 거래절벽 현상

한국, 총선(4월)

한국, 기준금리인상 시작 시점

한국, 조선 건설 해운 대기

중국, 자산시장 1차 충격 가능성

중국, 환율전쟁, 양적완화

중국, 기준금리 4.35%

신흥국, 동아시아 퍼펙트 스톰 가능성

신흥국, 동아시아 핫머니와 헤지펀드 공격

제2차 석유전쟁(셰일반격, 원유증산, 강달러, 경기침체)

| 2016 | 2017 | 2018 |

시나리오2(미국 기준금리 후퇴) → 세계경제 대침

FRB, 기준금리 1.0%~1.25%(3~4번 인상)

미국, 시나리오 분기 가능 지점

FRB, 기준금리 2.0%~2.25%(4~5번 인상)

FRB, 기준금

유로존, 디플레이션 구간

제3차 그렉시트 부각

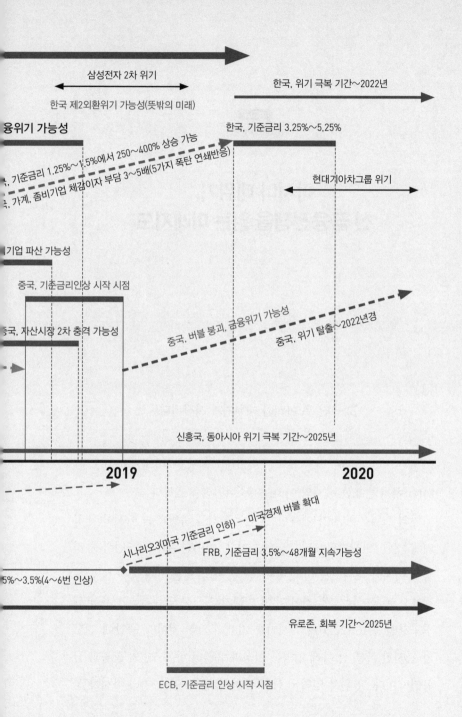

삼성전자 2차 위기

한국, 위기 극복 기간~2022년

한국 제2외환위기 가능성(뜻밖의 미래)

융위기 가능성

한국, 기준금리 3.25%~5.25%

, 기준금리 1.25%~1.5%에서 250~400% 상승 가능

, 가계, 좀비기업 체감이자 부담 3~5배(5가지 폭탄 연쇄반응)

현대기아차그룹 위기

기업 파산 가능성

중국, 기춘금리인상 시작 시점

중국, 자산시장 2차 충격 가능성

중국, 버블 붕괴, 금융위기 가능성

중국, 위기 탈출~2022년경

신흥국, 동아시아 위기 극복 기간~2025년

2019

2020

시나리오3(미국 기준금리 인하) → 미국경제 버블 확대

FRB, 기준금리 3.5%~48개월 지속가능성

5%~3.5%(4~6번 인상)

유로존, 회복 기간~2025년

ECB, 기준금리 인상 시작 시점

아시아 대위기,
신 금융전쟁을 읽는 미래지도

"2~3년 후, 아시아 대위기가 시작된다!"

〈2030 대담한 미래2(지식노마드, 2014)〉에서 발표한 필자의 이 예측은[1] 여전히 유효하다.

앞의 그림은 필자가 예측한 신 금융전쟁을 촉발하는 아시아 대위기에 대한 '미래지도Futures Timeline Map'이다. 2016년부터 2025년까지 지속될 아시아 대위기는 미국, 유럽, 중국, 한국, 일본, 신흥국을 신 금융전쟁으로 몰아넣게 될 것이다. 이 미래지도는 신 금융전쟁의 가장 핵심구간인 2016~2020년의 시기를 자세히 그린 것이다. 중간에 연도가 표시된 굵은 선 아래 영역은 미국과 유럽의 향후 5년의 상황과 금융전략이다. 그 위쪽 영역은 신흥국, 한국, 중국, 일본, 기타 아시아 국가를 정리하여 복잡한 관계를 한눈에 볼 수 있도록 했다. 지도에 담은 내용은 아래와 같다.

미국의 기준금리 인상 시나리오 전개

유로존의 회복 시점과 기준금리 인상 예측

신흥국, 동아시아 퍼펙트 스톰Perfect Strom 가능성

제2차 석유전쟁

중국의 환율전쟁

일본의 환율전쟁

한국의 기준금리 인상 시나리오 전개

한국의 금융위기 가능성

한국 기업들의 위기 및 파산 가능성

한국 자산시장(주식, 채권, 부동산) 시나리오 전개

중국의 기준금리 인상 시나리오 전개

중국 자산시장(주식, 채권, 부동산) 시나리오 전개

미래지도Futures Timeline Map**를 만드는 방법**

필자가 미래지도를 만들 때 고려하는 몇 가지 사항들을 간단하게 정리해 소개한다. 참고로, 이 내용은 필자가 저술한 〈2020 부의 전쟁 in Asia(지식노마드, 2011)〉에서 소개한 내용을 바탕으로 약간 보충해서 정리한 것이다.

미래 변화의 방향을 읽으려면 경제, 사회, 기술, 산업, 환경, 법, 정치, 제도, 글로벌 패권, 문화, 종교, 영성 등의 영역에서 일어나는 미래 변화에 대한 방향 감각이 필요하다. 미래예측 전문가는 이런 영역들의 변화 조짐, 변화를 이끄는 동력Driving Forces, 변화가 일어나는 이치, 구조 등을 여러가지 인문사회학적이고

과학적인 방법으로 연구한다. 하지만 전문가가 아니면 이런 복잡한 방식으로 미래지도를 만들기 어렵다.

아시아미래인재연구소와 뉴욕주립대에서 미래연구원들을 교육한 경험으로는 신문과 도서를 가지고 시작하는 것이 가장 좋다. 우선, 다양한 신문과 도서들을 읽고 '나름대로' 중요하다고 생각하는 사건, 이슈 등을 스크랩하라. 처음에는 '나름대로' 중요하다고 생각하는 것, 즉 주관적으로 평가하는 것으로부터 시작할 수밖에 없다. 이렇게 시작해도 정보와 연구가 누적되면서 자연스럽게 주관성의 함정에서 어느 정도는 벗어날 수 있다. 주관적인 한계를 보다 빨리 벗어나기 위해서는 '균형있는 읽기'가 필요하다. 예를 들어, 신문을 보더라도 자기가 선호하는 것 하나만 보지 말고 보수, 진보, 중도 입장의 신문을 골고루 읽어야 한다. 사람은 본능적으로 자신이 보고자 하는 것만 보려는 경향이 강하다. 균형있게 보려면 '억지로' 내 생각과 다른 의견까지도 함께 보기 위해 노력해야 한다. 이런 노력만으로도 어느 정도는 객관적인 그림을 그릴 수 있다.

정보는 쌓일 때 힘이 된다. 쌓인 정보는 분류했을 때 힘이 된다. 영역별, 지역별, 시간별로 분류해보자. 분류한 정보가 일정 기간 누적되면서 흐름과 움직임이 보인다. 이 수준에 이르면 의미있는 미래지도를 만들 수 있다.

처음 미래지도를 만들어보면 당연히 어설프다. 하지만 낙심하지 말고 계속해보자. 처음에 어설프게 만든 지도도 시간을 들여 계속 업데이트하면 점점 좋은 미래지도로 발전한다. 한 번 만들고 끝내지 마라. 미래의 변화에 대해 지속적인 관심을 가지고 정보를 수집, 분석하면서 꾸준히 '미래지도'를 갱신해나가자.

미래지도 없이 미래전쟁에 임하는 것은 작전지도 없이 무작정 전투에 나서는 군인과 같다. 지도가 있어야 어떤 길로 진군하고 어디로 대포를 쏘아야 할지, 어디에 진지를 구축하고 어디로 퇴각해야 할지 등의 다양한 전략과 전술을 구사할 수 있다. 국가를 경영하든, 기업을 경영하든, 가계를 경영하든 마찬가지다. 초보적인 미래지도를 만든 다음 점차 업데이트할 때 꼭 고려할 사항이 몇 가지 더 있다. 이 방법을 통해 좀 더 수준 높은 미래지도로 발전시킬 수 있다.

첫째, '미래지도'에 '미래에 직면할 상황'들을 추가하라. 여러 가지 자료를 계속 분석하다 보면, 일어날 가능성이 높은 변화의 방향과 모습을 예측하거나 상상할 수 있다. 이 단계에서 주의할 점은 단기적이면서 동시에 장기적으로 생각하는 일이다. 예를 들어 2008년의 미국발 위기, 2010년의 유럽 금융위기 이후에, 단기적이고 동시에 장기적으로 생각해볼 만한 미래 변화의 흐름과 그 속에 숨어있는 또 다른 위기를 예측하거나 상상해 볼 수 있다. 단기적인 것만 우선하지 말고 장기적인 것까지 함께 고려해야 균형 잡힌 생각과 예측을 할 수 있다.

"빠른 변화의 시대에는 오히려 멀리 봐야 살아남을 수 있다."

안중근 의사의 말대로 "사람이 멀리 생각하지 않으면 필히 가까운 데 근심이 있기 마련"이다. 人無遠慮必有近憂

둘째, 미래지도에 '나에게 미래에 필요할 것들'도 예상하여 적어 넣으면 좋다. 필자가 제시한 '아시아 대위기에 관한 미래지도'를 보면서 이 상황에서 '나라면 언제 어떻게 행동할 것인가?' '어떤 전략을 구사할 것인가?' '무엇을 더 눈여겨 보아야 하는가?' '미래 변화 중에 나에게 가장 큰 영향을 미칠 사건과 시나리오는 무엇인가?' 이런 질문을 떠올려 보면서 생각나는 것을 적어 넣자. 이런 과정을 통해 객관적인 미래지도를 나만의 맞춤 지도로 개인화하라는 말이다.

이 과정에서 많은 사람을 바보로 만드는 질문이 있다.

"알지도 못하는 곳에서 무엇이 필요한지 어떻게 알 수 있나?"

우리에게 필요한 것은 점쟁이의 신묘한 능력이 아니다. 위대한 탐험가도 미지의 세계를 탐험할 때 위기를 예측하고 극복하는 데 '상식'을 사용한다. 미래를 대하는 태도도 마찬가지다. '절대적'으로 알려지지 않은 미래는 없다. 미래는 '미래징후Future Signal'를 미리 던지면서 오기 때문이다. 우리가 오늘 본 신문, 잡지, 방송, 책, 논문 등에서 얼마든지 미래징후들을 찾을 수 있다. 오늘 아침 새롭게 발표된 신제품, 신기술, 새로운 제도, 갑자기 주목받는 사회적 현상은 어제까지는 전혀 없다가 오늘 아침에 갑자기 하늘로부터 뚝 떨어진 것이 아니다. 우리가 알지 못하고 있었을 뿐, 이미 과거의 어느 시점부터 서서히 진행되어 오다가 특정한 조건들이 충족되면서 어느 시점에 갑작스럽게 그리고 눈에 띄게 창발創發, Emergence(중요한 사건이나 이슈가 새롭게 생겨나는 혹은 새롭게 출현하는 현상'하면서 언론의 이목을 끌게 된다.

'미래징후'는 미래 변화의 모습을 묘사하거나, 미래에 발생할 수 있는 변화의 결과를 구성하는 퍼즐 조각이다. 미래징후는 하나의 뉴스, 하나의 전조가 되는 사건으로, 하나의 발견으로, 하나의 정보로, 하나의 연구 보고서로, 하나의 신기술로, 하나의 느낌으로도 올 수 있다.

예를 들어, 현재 전 지구적 이슈가 된 지구온난화 문제만 해도, 이미 1896년에 스웨덴 과학자였던 스반테 아레니우스Svante Arrhenius가 미래에 이산화탄소 농도 증가로 인해 심각한 지구온난화 문제가 발생하여 인류에게 큰 위협이 될 가능성이 크다는 보고서를 작성했다. 현재 각국이 치열하게 경쟁하고 있는 자율주행 자동차를 만드는 데 필요한 전기자동차 기술, 인공지능 기술 등도 1900년대 초부터 이미 연구가 시작된 기술들이다.

이처럼 우리가 전혀 예측하지 못한 완전히 새롭고 혁명적인 미래는 거의 없다. 우리가 미래를 완전히 새롭고 혁명적인 세상으로 오해하는 결정적 원인은 곳곳에 흩어져 있는 미래징후를 알아보지 못하기 때문이다.

특히 격변기일수록 미래징후를 알아차리는 능력이 매우 중요하다. 1년 후, 10년 후, 20년 후에 사회, 기술, 경제, 환경, 정치, 영성 등의 영역에서 일어날 변화의 가능성은 이미 오늘도 우리 주변 어디에선가 꿈틀대고 있을 것이다. 이런 미래징후를 발견해서 퍼즐을 맞추면서 나만의 '비즈니스 미래지도'를 만들어나가자. 그런 노력이 누적되면 남들보다 먼저 기회를 발견할 수 있다.

'남들보다 먼저'가 중요하다. 이것이 미래지도를 작성하는 목적이다. 조금만 더 미래에 대해 관심을 가지면 격변기에 생존 가능성을 크게 높일 수 있다. 앞의 아시아 대위기에 대한 '미래지도'를 펼쳐놓고 신문을 읽어라. 전문가의 이야기를 귀담아 듣고 책을 읽어라. 그렇게 얻은 퍼즐 조각을 미래지도에 대입해보자.

셋째, 미래지도를 잘 만들려면 '보잘것없는 정보'도 잘 모아 놓아야 한다. 모호한 정보, 믿을만하지 못한 정보도 때에 따라서는 유용하다. 미래를 예측할 때는 더욱 그렇다. "100% 정확한 정보는 쓸모없다. 100% 확실하게 폭발이 일어날 것이라 말할 수 있을 때는 이미 늦기 때문이다." 미국의 전쟁 영웅이었던 콜린 파월 전 장관이 한 말이다.

미래에 관한 완벽한 정보를 기대하지 마라. 한 치의 오차도 없는 완벽한 정보란

오직 변화가 완성되었을 때에만 얻을 수 있다. 그때는 이미 누군가가 기회를 차지한 다음이 될 것이다. 보잘것없어 보이는 미래에 대한 정보들이라도 계속해서 수집하라. (아시아미래인재연구소 홈페이지www.afhi.org 또는 매주 발행하는 '미래통찰보고서'를 참고해보라. 전문 미래학자로서 필자는 회원들을 위해 사회, 경제, 금융, 산업, 환경, 영성의 변화를 빠르게 포착할 수 있는 미래 정보를 매일 업데이트하고 있다.)

마지막으로, 미래지도에 '예상치 못한 것에 대한 정보'도 반드시 담자. 남들이 관심을 두지 않는 미래 변화도 주목하라는 말이다. 미래학에서는 이런 미래를 '뜻밖의 미래'라고 부른다. 일어날 가능성은 낮지만 일어나면 엄청난 영향을 미칠 수 있는 극단적 미래 위협을 방지하기 위해 반드시 고려해 보아야 할 가능성이다. 아시아 대위기에 대한 '미래지도'에서는 '한국의 제2의 외환위기 가능성'이 그 한 예이다.

필자는 뜻밖의 미래를 2가지로 분류한다. 하나는 나노기술처럼 혁신적 기술 진보로 인한 '비약적인 진보Quantum Progress'에 의해 만들어지는 지금과는 '매우 다른' 새로운 미래다. 다른 하나는, 특정 사건으로 인해 기존 체제가 '붕괴Collapse'되고 만들어지는 새로운 미래다. 베를린 장벽 붕괴(Emerging Issue: 창발 현상)라는 하나의 사건은 그 사건 자체만으로도 뜻밖의 사건이었지만, 그 사건 이후로 예상치 못하게 미국과 러시아의 핵무장 경쟁을 촉진하고 EU의 재정 정책을 바꾸는 등의 변화를 촉발했다.

'뜻밖의 미래'를 미래지도에 넣을 때 주의할 점이 있다. '뜻밖의 미래'가 나타나는 시점이 언제냐를 찾으려고 하지 마라. '뜻밖의 미래'가 일어나는 시점을 예측하는 것은 매우 어렵다. 대개 뜻밖의 미래는 우리의 예측과는 매우 다른 시기에 나타난다. 예를 들어 독일의 전 총리였던 게르하르트 슈뢰더는 1989년 7월, "현재 우리에게 통일의 가능성은 전혀 없으며 40년 후의 세대들에게도 통일의 기회는 희박하다."고 확신에 찬 어조로 발언했다. 그로부터 불과 몇 개월 후 베를린 장벽이 무너지고 갑작스럽게 독일 통일이 이루어졌다. 지구상의 유일한 분단국가인 대한민국의 통일 역시 갑작스럽게 일어날 것이다. 정확한 통일의 시기는 예측할 수 없다.

뜻밖의 미래는 '시기'를 따지지 말고, 이런 미래 변화가 일어난다는 것을 전제로 미래의 가능성을 생각해 보는 시나리오다. 이런 일이 일어난다면 어떤 폭발력이 있을지를 깊이 상상하고 토론하라. 그 과정에서 나온 아이디어를 미래지도에 넣어라. 대부분의 사람에게 2008년 미국발 금융위기는 발생하기 전까지 예상치 못한 뜻밖의 미래였다. 그러나 일부 전문가들은 미리 위기의 가능성을 경고했었다. 그들은 사람들이 부동산 거품 붕괴에 관심을 두지 않았을 때 남보다 앞서서 그 파국의 가능성을 미리 생각해 보았기 때문이다.

CHAPTER 2

2016~2017년,
위기의 전조가 온다

GREAT CHALLENGE 2030

ASIA

아시아가 바뀐다

진짜 위기는
2018~2019년에 온다

진짜 위기는 2018년~2019년에 올 가능성이 크다. 영화에서 진짜 무서운 놈이 등장하기 전에 음산한 배경음악이 먼저 울려 퍼지듯 2016~2017년에 그 전조가 나타날 것이다.

그 실체를 미리 알기 위해서 지난 몇 년의 한국 경제를 분석해보자. 먼저 GDP 성장률이다. 2008년에 미국발 금융위기 여파로 마이너스 성장을 한 후, 2009년에는 기저효과(반사효과)로 크게 반등했다. 그 후 2015년까지 서서히 침체 중이다. 2015년의 GDP 성장률은 2.6%에 불과했다. 필자의 분석으로는 이 낮은 성장률조차 인위적인 부양책을 통해 겨우 만들어낸 수치일 가능성이 크다. 2015년의 평균치를 웃도는 가계부채 증가분(2015년 2분기 가계부채 증가액은 1분기 증가액의 2.6배였음)[1], 평균 이상의 정부 재정적자 확대, 인위적 소비 진작책

경제성장률

출처: 한국은행 경제통계시스템, 자료: 한국은행

을 통한 경기 부양, 평균 이상의 빚으로 버티는 기업들이 쓴 돈 등을 빼면 실제로는 제로 성장률일 가능성이 크다.(혹은 마이너스 성장률이라 는 충격적 수치일 수도 있다)

제조업의 재고도 2010년 이후로 계속해서 증가중이다. 그런데 재 고로 쌓여 있는 제품을 생산하는 데 투입된 돈도 GDP에 포함되어 성장률을 높이는 데 기여한다.

소비자물가지수를 보면 정부의 발표 수치와 국민이 피부로 느끼는 물가가 진허 다르다. 한국은행 경제통계시스템이 제공하는 소비자물 가지수는 2010년의 지수를 100으로 할 때, 2015년은 110 정도다. 지

제조업 재고지수

출처: 한국은행 경제통계시스템, 자료: 통계청

표상으로만 보면, 물가는 디플레이션(즉 불황 속 물가 하락)을 염려해야 할 정도다. 그런데 장바구니 물가나 직장인이 경험하는 실제 물가는 소비를 늘리기에 부담스러울 정도로 높게 느껴진다.

이런 상황에서 소비자들은 빚을 내서 소비를 유지하고 있다. 그 상징적 지표인 개인 신용카드 사용액을 보면 2010년 이후 계속 증가하고 있다. 하지만 여기서 눈여겨볼 대목이 있다. 신용카드 사용액의 전년 대비 증가율을 보면 2010년 이후 계속해서 하락 중이다. 소득은

소비자물가지수

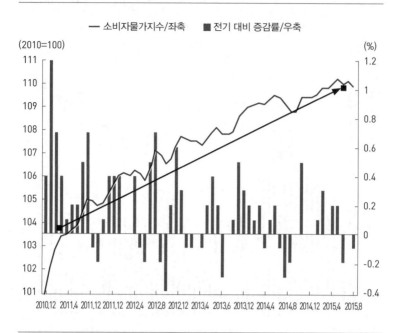

출처: 한국은행 경제통계시스템, 자료: 통계청

정체해 있는 상황에서 빚을 내서 소비하는 비율이 점점 커지는 만큼,
빚을 낼 수 있는 능력은 점점 줄고 있다는 뜻이다. 즉 개인 신용이 한
계에 도달하고 있는 것이다. 이런 위태로운 상황에서는 세월호나 메
르스 사태 같은 심리적 충격을 주는 사건이 발생하면 곧바로 소비가
마이너스로 전환된다.

이런 상황을 확인할 수 있는 추가적인 지표가 카드론이다. 2015년
한국의 카드론(장기 카드대출)은 34조 원으로 2010년 이후 최대 증가
치를 보였다.[2] 은행의 신용대출 증가율보다 높았다. 제1 금융권에서
신용대출을 받지 못하는 사람들이 카드론으로 몰리는 수요가 느는 현

한국 개인 신용카드 사용액

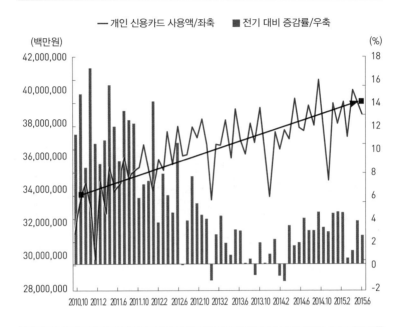

출처: 한국은행 경제통계시스템, 자료: 한국은행

실과 카드사들이 상대적으로 고수익으로 장기간 대출해 줄 수 있는 카드론을 확대한 것이 맞아 떨어지면서 나타난 현상이다. 하지만 카드론은 사채를 제외한 제도권 금융에서 가장 높은 이자를 내는, 위험성이 매우 높은 대출이다. 즉, 가계가 신용한도를 위험한 단계로까지 가파르게 확장하고 있다는 의미다.

그런데 더 심각한 것은 신용카드사용액이 조금씩이라도 증가하는 것에 비해서 민간소비 증가는 상대적으로 매우 정체되어 있다는 점이다. 민간소비 증감률 지표는 2008년 이전과 비교할 때, 한 단계 낮아진 수준에서 정체되어 있다. 이는 급여 등의 실질소득 증가가 크지

민간소비 증감률(실질, 계절 조정 전기 대비)

—— 민간소비 증감률(실질, 계절 조정 전기 대비)/좌축　■ 전기 대비 증감/우축

출처: 한국은행 경제통계시스템, 자료: 한국은행

않기 때문에 그 모자란 소득을 신용카드로 돌려막는 경향이 커지고 있다고 해석할 수 있다. 최근 들어서는 그런 방식의 신용 여력마저 한계에 가까워지고 있다는 점에 문제의 심각성이 있다. 실제로 통계청, 한국은행, 금감원의 자료에 따르면 2015년 가계의 가처분소득 대비 원리금 상환액 비중은 24.2%에 이른다. 즉 세금과 4대보험을 공제하고 월급통장에 들어오는 돈 100만 원에서 24만 2천 원을 빚 갚는 데 썼다는 말이다.[3]

기업 부문에서 제조업 재고는 계속 증가하고 있고, 설비투자는 바닥을 기고 있는 상황에서 거의 유일하게 증가하고 있는 영역이 바

건설투자 증감률(실질)

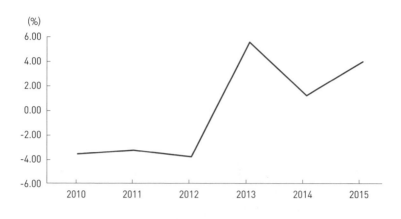

출처: 한국은행 경제통계시스템, 자료: 한국은행

로 건설투자 부분이다. 이명박 정부 시절인 2010년부터 2012년까지 4대강 건설 등으로 건설투자를 크게 늘렸다가, 2013년에 약간의 숨고르기 기간을 거친 후, 2014년부터는 다시 주택건설투자를 확대한 결과이다.

이 시기의 건설투자 확대는 결국 집값 상승만 유도했을 뿐이다. 이명박 정부 시절에는 2010년을 정점으로 부동산 가격 상승 추세가 위축되기 시작했다. 그 후 박근혜 정부 초기에 부동산 가격이 하락하기 시작했다. 위기감을 느낀 정부는 부동산 부양 정책을 쏟아내고 기준금리를 인하하면서 다시 주택 가격을 상승 반전시켰다. 하지만 다음의 주택매매가격지수 그래프를 자세히 살펴보면 2015년 중반부터 주택 가격 증가율이 전기 대비 답보 상태이거나 줄기 시작했음을 알 수 있다. 가격 상승 추세가 한계치에 가까워졌다는 의미

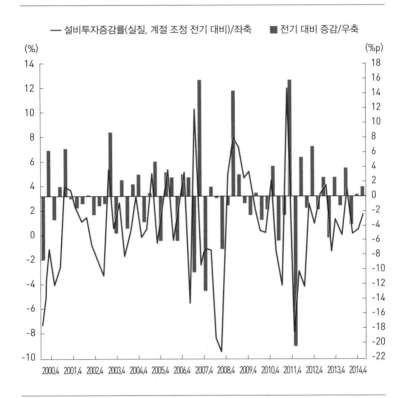

출처: 한국은행 경제통계시스템, 자료: 한국은행

다. 필자는 〈2030 대담한 미래〉를 통해 부동산 가격 정상화의 2단계 (2014~2016년)를 다음과 같이 예측했었다.

정부가 각종 대책을 쏟아내고, 이런 정부의 대응에 마지막 희망을 걸 어보기로 하는 부동산 보유자들이 생기면서 부동산 시장에 잠시 광 명이 비치는 듯 보일 것이다. 하지만 이후 반짝했던 부동산 가격 회복 의 기대감이 무너지면서 더 이상은 이자와 원금상환 부담을 견디지

한국 주택매매가격지수

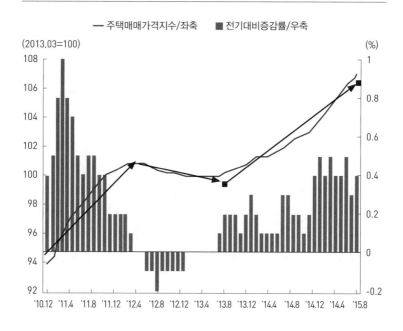

출처: 한국은행 경제통계시스템, 자료: 한국은행

못하는 200만 가구의 '집 가진 가난뱅이'들이 매물을 시장에 토해 내기 시작할 것이다.[4]

부동산 부양 정책에 힘입어 GDP를 2%대로 맞추는 데는 성공했지만, 그 부작용으로 나타난 폭발적인 가계부채의 증가에 놀란 정부는 1년 만에 정책 방향을 바꿔 가계부채 억제 대책을 부랴부랴 내놓을 수밖에 없었다. 그나마 기준금리를 잇달아 내리는 긴급 처방 덕분에 가계대출 연체율은 크게 낮아졌다. 그래프를 보면 2010년부터 계속 상승하던 가계대출 연체율이 2013년부터 급격하게 낮아졌음을

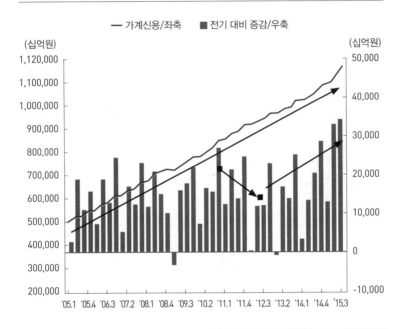

출처: 한국은행 경제통계시스템, 자료: 한국은행

알 수 있다. 그러나 이 시기의 가계대출 연체율 하락은 소득 증가에 의한 상환 능력 강화에 의한 것이 아니라, 기준금리를 내려서 이자 부담이 준 덕분이다. 만약 한국은행이 기준금리를 인상하기 시작하면 그 속도에 비례해서 가계대출 연체율이 증가할 가능성이 크다.

한국경제의 가장 든든한 버팀목인 수출은 어떨까? 경제가 어려운 와중에도 계속 상승하던 수출금액지수가 2014년부터 아주 미세하게 감소하기 시작하더니, 2015년에는 전년 대비 7.1% 감소[5]가 예상될 만큼 뚜렷한 감소 추세로 전환했다. 무역 규모 1조 달러의 신화도 무너졌다. 2015년 3분기 기준으로 순수출의 GDP 성장기여도는 5개 분

가계 대출 연체율

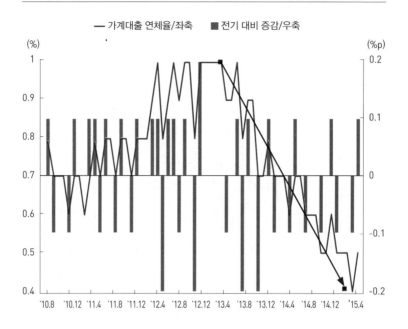

출처: 한국은행 경제통계시스템, 자료: 금융감독원

기 연속 마이너스를 기록했다.(매달 신기록을 경신중인 경상수지 흑자 증가는 수출 감소보다 수입 감소가 더 커서 생기는 불황형 흑자일 뿐이다– 2015년 수출 7.1% 감소, 수입 16.3% 감소)[6]

수출 부진의 원인이 단순히 세계 경제 상황이 좋지 않아서일까? 한국의 주력 수출산업인 전기전자, 자동차, 화학, 해운, 철강 등의 산업 부문 매출과 순이익 상황을 경쟁 국가인 미국, 일본, 중국과 비교해서 살펴보자. 2015년에 해운, 자동차산업을 보면 유일하게 한국만 매출이 감소했다. 화학산업 매출 증가율은 한국이 2010년에 4개국 중 2위였지만 2015년에는 한국만 마이너스로 돌아섰다. 전기전자

한국 수출금액지수

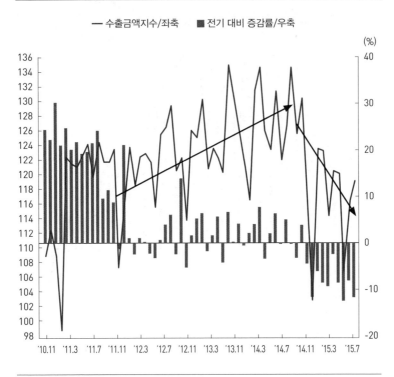

출처: 한국은행 경제통계시스템, 자료: 한국은행

산업 매출 증가율도 2010년에는 한국이 가장 높았다가 2015년에는 4.1%를 기록하며 미국(5.94%) 일본(6.68%) 중국(9.84%)에 모두 뒤졌다. 철강산업 영역이익률에서 한국은 2010년에 4개국 중 1위였지만, 2015년에는 미국(6.55%), 일본(5.27%)에 밀렸다.[7]

한국경제 성장의 가장 큰 견인차였던 수출경기의 하락은 곧바로 투자심리 하락으로 이어진다. 여기에 소비 질벽과 추경 질벽(재정 적자 부담으로 인해 경기 부양을 위한 추가적인 재정 투입이 어려워지는 상황)이 더

해지고, 부동산 경기침체가 발생하면 2016년 이후 한국의 내수경제는 장기 저성장에 빠질 가능성이 크다.

2016년의 한국
GDP 3% 성장이 가능할까

정부는 2016년에 GDP 3% 성장률 회복이 가능할 것으로 예측했다. 그럴 수 있을까? 다음 그래프에서 알 수 있듯이, 2009년부터 2015년까지 GDP 성장률은 서서히 하락중이다.

2015년 GDP 성장률 2.6%의 내용을 들여다보자. 2015년 정부 재정은 "46조 5000억 원(GDP의 3.0%)에 달하는 역대 최대 규모의 적자를 기록했다."[8] GDP 산출에는 정부 지출과 과잉생산(재고)이 포함되고, 소비자들이 빚을 내서 자동차나 집을 산 것도 다 포함된다. 2015년 GDP 성장률 2.6%에는 정부가 재정적자를 늘려 투입한 예산, 기업의 과잉생산에 의한 재고, 100조 원 이상 증가한 가계부채가 모두 포함되어 있다. 예년과 비교해서 평균 이상으로 늘린 재정적자, 가계부채, 건설투

경제성장률

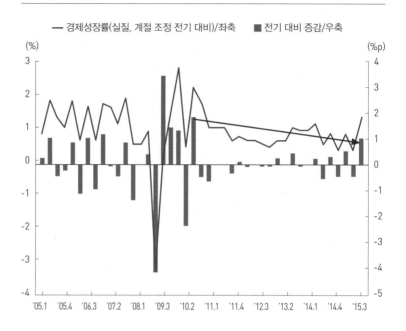

출처: 한국은행 경제통계시스템, 자료: 한국은행

자분을 빼면 2015년은 GDP가 사실상 마이너스 성장을 했을 가능성이 농후하다. 가계부채 연체율 감소나 건설투자 증가 등 일부 지표를 제외하고는 한국경제의 상태를 보여주는 대부분의 지표들에서 위험신호가 울리거나 눈에 띄게 악화되고 있다.

정부는 2015년 3분기 한국 내수경제가 5년 3개월 만에 분기 기준 최고 성장률을 기록하면서 회복의 기미를 보인다고 평가했다. 그리고 한국경제가 앞으로는 서서히 회복되어 갈 것이라고 장담했다. 과연 그럴까? 2015년 3분기가 좋았던 이유는 3가지다. (메르스 사태가 일어난) 전 분기 0.3%라는 낮은 성장률에 따른 기저효과, 부동산 경기

호조, 정부 주도의 추경과 인위적 소비 진작책으로 만들어진 소비 상승이 그것이다.

먼저, 부동산 경기 호조를 살펴보자. 2015년 12월 3일 한국은행이 발표한 '2015년 3분기 국민소득(잠정)'에서 건설업 생산은 전 분기(2/4분기)보다 5.6% 성장했다. 6년 6개월 만의 최고치다. 전셋값 급등세가 지속되는 속에서, 정부의 의지가 강력하게 반영된 초저금리 기조, 부동산 투자 및 투기 유도 정책, 건설회사의 밀어내기 분양효과 때문이다. 국토교통부 자료에 의하면, 2015년 1~10월 기간의 주택 인허가 물량은 총 60만 4,340가구였다. 같은 시기에 주택 인허가 물량은 52.3%, 주택 착공 실적은 44%가 증가했다.[9] 이 증가분만으로도 2015년 3분기 실질 GDP 성장률을 0.1%포인트(이하 %P) 끌어올렸다.

대한건설협회가 2015년 12월 4일 발표한 국내 건설 수주 동향조사에 따르면 1~10월 기간의 국내 건설공사 수주액은 126조 4,308억 원이었다. 전년 동기의 85조 7,755억 원보다 47.4% 늘었다. 이 중에서 민간부문 수주액이 82조 4,782억 원으로 전년 동기 대비 68.5% 증가했고, 공공부문은 33조 2,873억 원으로 전년 동기 대비 7.4% 증가했다. 민간부문 수주액 중 53조 3,633억 원이 주택 수주액이다.[10] 작년과 비교하면 건설 분야에서만 수주액으로 80조 원 넘게 늘었다.(물론 수주액이니 80조 원이 전부 2015 GDP에 반영되는 것은 아니다)

이런 상황은 인허가 물량에서도 나타난다. 2015년 주택 인허가 물량은 70만 건을 넘는다. 1990년부터 2014년까지 25년간 연평균 주택 건설 인허가 물량은 52만 6,988건이었다. 글로벌 금융위기가 발발한 이후 2008년~2014년은 연평균 인허가 물량이 31만 3,800건이었다. 2015년의 70만 건은 지난 25년간의 연평균치보다 18만 건 정도 많고, 1990년의 75만 건 이후 최고치다. 지난 5년과 비교하면 2배가 넘는다.[11] 이중에서 아파트 분양 물량이 49만 가구 정도다. 이 역시, 2000년~2014년 평균치인 27만 건의 거의 2배에 이른다.[12] 당연히, 가계부채가 폭증해서 2015년말 기준으로 1,200조 원에 다다랐다. 2015년 들어서면서 가계부채의 월간 증가폭과 연간 증가폭이 모두 역대 최고 기록을 갈아치웠다.

정부가 주도한 추경과 소비 진작책의 효과를 분석해 보자. 2015년 3분기에 정부 소비는 전 분기(2/4분기) 대비 1.7% 증가했다. 앞에서 본 것처럼, 건설투자는 5.0%, 이에 따른 기업의 설비투자도 1.8% 증가했다.[13] 국내 총 투자율은 28.8%로 2분기(28.0%)보다 0.8%P 상승했다. 농림어업의 생산도 전 분기보다 6.5%나 늘었다. 제조업은 조선이 부진했고, 중국이 기술을 개발하고 가공무역을 계속해서 축소하면서 한국으로부터의 중간재 수입이 줄어서 LCD, 철강 수출이 줄었다. 반도체, 휴대전화 정도만 증가하여 제조업 전체로는 0.1%의 미미한 성장을 했다.[14] 이들 증가분의 파급효과와 개별소비세 인하, 8.14 임시공휴일 지정 등 정부의 소비 진작책 효과로 서비스업은 1.0% 성장했고, 민간소비도 1.2% 증가했다.(물론 이 정도의 증가분도 높은 것이 아니다)

2015년 3분기 경제 성장 호조에는 국민소득 증가분도 기여했다. 한국은행 발표자료에 따르면 2015년 3분기 실질 국민총소득GNI은 381조 1천억 원으로 전 분기보다 1.4% 증가했다. 국외 순수취 요소소득의 전 분기 대비 1조 3천억 원 증가, GDP 증가분의 국민소득 반영분 때문이다.[15] 참고로, '국외 순수취 요소소득'이란 한국 국민이 해외에서 노동과 자본 등 생산요소를 제공한 대가로 받은 소득(이자·배당 등)에서 외국인이 국내 생산 활동에 참여해 번 소득을 뺀 소득이다.

2015년처럼 평균치 이상으로 정부의 재정적자를 늘리고, 가계부채 증가를 촉진하고, 건설투자를 늘리지 않으면서 2016년에 경제성장률 3%를 회복하려면 소득 증가에 의해 내수 소비가 늘고, 세계경제가 호전되어 수출이 늘고, 글로벌 시장에서 엔저를 앞세운 일본도 뚫고, 중국과의 가격 경쟁에서도 이겨야 한다. 과연 가능할까?

결국, GDP 성장률 3%를 회복하려면 2015년처럼 정부 주도 추경과 인위적 소비 진작책을 평균 이상으로 늘리고, 가계가 부채를 100조 원 이상 빌리도록 독려(?)해야 하며, 건설투자를 올해만큼 무자비하게 늘려야 한다. 정부가 2016년에 전년만큼 인위적 소비 진작책을 사용하지 못하면 민간소비가 감소세로 전환할 것은 거의 확실하다.

2008년 미국발 금융위기가 발발하자 정부는 그해 12월부터 2009년 6월까지 인위적인 소비 진작책을 내놓았다. 노후차량을 신차로 교체하면 개소세 및 취·등록세를 각각 70%씩 한시적으로 감면하는 것을 필두로 한 다양한 정책을 시행했다. 그 결과 2009년 2분기 민간소비는 전 분기보다 3.3% 증가했다. 그러나 3분기에 효력이 떨어지자 민간소비 증가율은 1.0%로 떨어졌다. 2012년에도 9월~12월까지 한시적으로 개소세를 인하했다. 역시, 한시적 정책이 종료되자 그 다음 분기에 민간소비는 감소세로 전환했다.[16]

아시아 대위기, 신 금융전쟁 미래지도를 읽는 법

지금부터 필자가 예측한 '아시아 대위기, 신 금융전쟁 미래지도'를 정밀하게 분석해 보자. 먼저 미래지도를 읽는 법을 알아두자. 필자의 미래지도는 '예언표Prediction Table'가 아니다. 필자는 예언자가 아니라 미래학자로서 미래 변화의 가능성을 연구하는 학자다. 같은 맥락에서 필자가 만든 미래지도는 앞으로 5년간 생각을 집중해야 할 이슈와 사건, 그리고 눈여겨 볼 만한 또 다른 가능성을 가진 이슈와 사건에 대한 예측이다. 필자가 미래지도 위에 시점을 기입한 것은 정확히 그때 그 사건이 일어난다는 예언이 아니다. '그 시점을 전후한 시기'에 '바로 그 이슈'를 눈여겨보아야 한다'는 의미에서 어림잡은 구간Approximated Area'이라고 보면 된다. 어림구간이라고 표현했지만, 상황 전개에 의해 약간 빠르거나 늦어지는 차

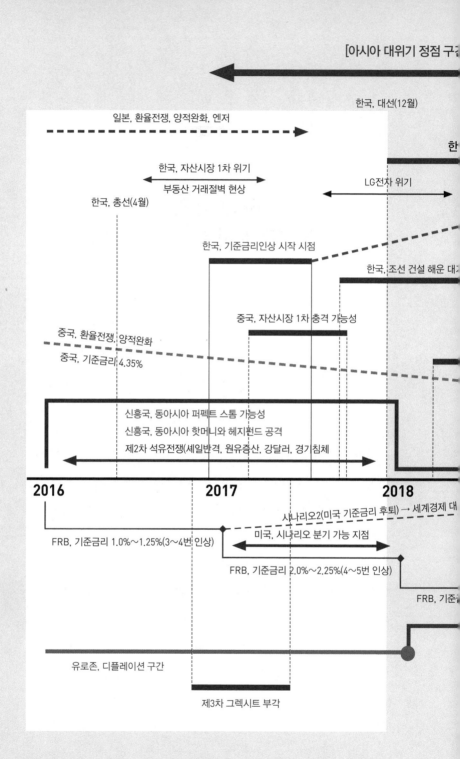

[아시아 대위기 정점 구간]

한국, 대선(12월)

한

한국, 자산시장 1차 위기
부동산 거래절벽 현상

LG전차 위기

일본, 환율전쟁, 양적완화, 엔저

한국, 총선(4월)

한국, 기준금리인상 시작 시점

한국, 조선 건설 해운 대기

중국, 자산시장 1차 충격 가능성

중국, 환율전쟁, 양적완화
중국, 기준금리 4.35%

신흥국, 동아시아 퍼펙트 스톰 가능성
신흥국, 동아시아 핫머니와 헤지펀드 공격
제2차 석유전쟁(셰일반격, 원유증산, 강달러, 경기침체)

2016　　　　　　**2017**　　　　　　**2018**

시나리오2(미국 기준금리 후퇴) → 세계경제 대

FRB, 기준금리 1.0%~1.25%(3~4번 인상)

미국, 시나리오 분기 가능 지점

FRB, 기준금리 2.0%~2.25%(4~5번 인상)

FRB, 기준

유로존, 디플레이션 구간

제3차 그렉시트 부각

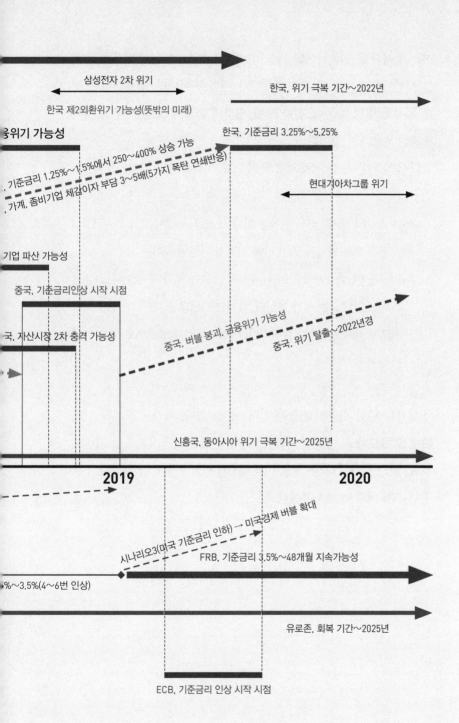

삼성전자 2차 위기

한국, 위기 극복 기간~2022년

한국 제2외환위기 가능성(뜻밖의 미래)

융위기 가능성

한국, 기준금리 3.25%~5.25%

기준금리 1.25%~1.5%에서 250~400% 상승 가능

가계, 좀비기업 체감이자 부담 3~5배(5가지 폭탄 연쇄반응)

현대기아차그룹 위기

기업 파산 가능성

중국, 기준금리인상 시작 시점

국, 자산시장 2차 충격 가능성

중국, 버블 붕괴, 금융위기 가능성

중국, 위기 탈출~2022년경

신흥국, 동아시아 위기 극복 기간~2025년

2019   **2020**

시나리오3(미국 기준금리 인하) → 미국경제 버블 확대

FRB, 기준금리 3.5%~48개월 지속가능성

%~3.5%(4~6번 인상)

유로존, 회복 기간~2025년

ECB, 기준금리 인상 시작 시점

이는 발생하겠지만, 일어날 가능성이 매우 높은, 즉 실제 발생에 근접한 시점이라고 봐도 된다. 미래지도가 '예언'이 아니라 '예측'이라는 것은 독자들의 미래 준비, 전략 수립, 영감의 확장에 도움을 주는 것이 중요한 목표라는 뜻이다.

다음의 기본 틀을 머릿속에 담아두고, 미래지도로 들어가보자.

2018년~2019년에 '진짜 무서운 위기'가 올 가능성이 크다.

2017년은 진짜 위기가 오기 전의 전조가 나타날 것이다.

2016년은 더 좋아지지도 더 나빠지지도 않는 해가 될 것이다. 그래서 2016년은 중요한 해가 아니다. 그러나 다가오는 '진짜 위기'에 전략적으로 대비할 수 있는 시기, 준비기로서는 결정적으로 중요한 한 해가 2016년이다.

위기를 향한 카운트다운이 이미 시작되었다. 따라서 위기의 전개 과정을 이해하고, 미리 준비하는 데 가장 효과적인 시간축을 기준으로 한 접근, 즉 시간 순서대로 미래지도의 중요 이벤트를 설명하고 관련한 추가 예측을 전개하겠다.

2016~2017년,
신흥국 퍼펙트 스톰이 온다

한국에서 2016년에 두려운 일이 일어날 가능성은 작다. 우려할만한 사건도 발생하지 않을 것이다. 굳이 중요한 사건 하나를 들자면 가계부채의 추가적인 증가를 꼽을 수 있다. 이미 가계부채 증가에 가속도가 붙었기 때문에 2016년 말이면 가계부채가 대략 1280~1300조 원까지 늘어날 가능성이 있다.

사회경제적으로는 앞으로 맞을 5년 중에서 가장 고요한 해가 되겠지만, 정치인들에게는 2016년이 가장 중요하고 시끄럽고 긴장된 한 해가 될 것이다. 정치인들에게 2016년은 4월의 총선을 치르고, 총선이 끝나면 곧바로 2017년 12월에 있을 19대 대선을 준비해야 하는 아주 분주한(?) 한 해이다. 총선이 4월이기 때문에 1/4분기에 좋은 경제 지표를 만들어야 한다. 이 사실을 예측 변수에 넣어야 한다. 정부는 2016년 상반기에 정부 예산의 68%를 집행하겠다고 발표했다. 상반기 중에서도 가능하면 1~4월에 집중할 가능성이 크다.

2015년 12월에 미국이 기준금리를 인상했으니 상반기에 집중적으로 예산을 사용하는 것이 더 중요해졌다. 1~6월까지 돈이 많이 풀리기 때문에 경제 지표가 좋게 나올 수 있다. 그러니 2016년 상반기 지표를 보고 한국경제가 미국의 기준금리 인상을 잘 견디고 있다고 착각하지 말아야 한다. 돈을 퍼부었는데도 효과가 없으면 문제는 더 커진다. 상반기에 퍼부은 돈이 하반기까지 효과가 나지 않으면 정부는 2017년 대선을 염두에 두고 한국의 기준금리를 한 번 더 내리는 모험수를 둘 가능성도 충분하다. 도처에서 경제를 살리라고 아우성을 칠 것이니까. 물론, 금리를 내리는 정도로 큰 효과가 없을 가능성이 크다. 기준금리를 내려도 효과가 나지 않으면 2016년 하반기에 재정 적자를 더 늘릴 가능성도 있다. 재정 적자는 국민이 나중에 세금을 내서 갚아야 한다. 더욱이 2018년 전후에 올 진짜 위기에 대해 정부가 대응할 여력을 줄여서 각 경제 주체가 알아서 대비해야 할 부담을 키우게 된다.

먼저 움직이는 국가가 가장 위험한 나라

9년 만에 미국이 기준금리를 인상했다. 그 다음에 가장 먼저 벌어질 일은 무엇일까? 바로 가장 약한 나라들의 '동시적' 기준금리 인상이다. 버틸 수 있는 체력과 여력이 되지 않는 나라부터 움직일 것이다. 그래서 가장 먼저 움직이는 나라를 주시해야 한다. 그들이 가장 위험한 국가이기 때문이다. 앞으로 2~3년 동안 움직이는 순서가 그대로 위험한 국가의 순위라고 보면 된다.

관련한 팩트Fact부터 점검해 보자. 미국의 기준금리 인상 직후, 자본 이탈 우려가 가장 먼저 제기된 신흥국들에서 다음날 기준금리 인상을 단행했다. 신흥국 중에서 석유전쟁으로 타격을 입고, 재정난에 시달리며, 미국 달러화 페그제를 사용하는 산유국인 사우디아라비아, 아랍에미리트UAE, 쿠웨이트, 바레인이 금리를 0.25%P 인상했다.(쿠웨이트는 국제 통화바스켓제를 사용하지만 달러화 비중이 크다)

● 달러 페그제란?

대부분의 산유국은 재정 확보의 예측 가능성을 높이기 위해 달러 페그제를 사용한다. '페그Peg'는 무엇을 걸거나 고정할 때 쓰는 못이나 집게를 가리킨다. 달러 페그제는 자국의 화폐를 고정된 달러 가치에 연동하여 정해진 환율로 교환해줄 것을 약속한 환율제도다. 예를 들어 사우디아라비아는 지난 30년간 달러당 3.75리얄(1,158원)로 환율을 고정하는 페그제를 사용해 왔다.

달러 페그제 아래에서는 환율 변동에 대한 불확실성이 제거됨으로써 대외교역 및 자본 유출입이 원활해지면서 무역이나 외국인 투자가 활발해진다. 또한 수입품 가격이 변동해도 자국 물가에는 큰 영향을 미치지 않아서 물가를 안정시킬 수 있다. 하지만 이번처럼 자국의 경제 상황이 악화되는 시점에 기준이 되는 미국의 금리가 인상되면 자국의 통화 가치도 같이 상승하게 되어, 자국의 악화되는 경제력을 제대로 반영하지 못하게 됨으로써 국제 환투기 세력의 표적이 되기 쉽다.[17]

즉, 달러 페그제는 수출이 악화되는 가운데, 외국 투자자금의 환율 공격을 받을 가능성이 커지면서 금융위기나 외환위기 상황으로 치달을 여지를 만든다. 환투기가 아니더라도, 달러 강세가 되면 유가와 환율이 더 하락할 수 있는데 이를 염려한 외국인 투자금이 상황이 더 나빠지기 전에 미리 탈출을 시도할 수도 있다. 이를 막는 유일한 방법은 기준금리 인상뿐이다.

OPEC 역외 산유국인 멕시코도 2008년 이후 처음으로 기준금리를 0.25%P 인상했다. 아시아 국가 중에서는 부동산 버블 붕괴가 우려되는 홍콩이 0.25%P 인상했다. 2008년 이후 부동산 가격이 2배로 오른 홍콩의 경우 외국인 자금의 이탈이 시작되면 곧바로 붕괴하기 때문에 이를 막기 위한 조치이다. 유럽에서는 인플레이션율이 6.3%에 달하는 조지아가 0.5%P 인상했다.[18]

그 다음 순서로 기준금리를 올릴 것으로 예상되는 나라는 오만, 카타르 등 걸프협력회의GCC 회원국이다. 이 지역은 내전에 시달리면서 정치적으로 매우 불안정하다. 기준금리를 인상하면 자국 내 돈줄이 마르지만, 이를 감수할 수밖에 없다. 이미 재정난에 시달리는 상황에서 외국 투자금까지 이탈하면 곧바로 금융위기, 외환위기 상황으로 갈 것이기 때문이다.

퍼펙트 스톰에 휩쓸릴 나라들

미국이 기준금리를 인상한 다음 날, 국토의 1/3을 빼앗은 IS(이슬람국가)의 공격과 저유가로 인해 정치적 혼란과 경제위기에 몰린 이라크는 세계은행에서 긴급자금 12억 달러(약 1조 4,200억 원)를 지원받았다.[19]

원자재 가격도 일제히 하락했다. 북해산 브렌트유 선물 가격도 2014년 이후 11년 만에 최저치로 하락했다.[20] 그에 따라 원자재와 원유 수출에 의존하는 국가들이 일제히 기준금리를 올렸다. 신흥국과 아시아 대위기의 시작을 알리는 신호탄이다. 필자가 〈2030 대담한 미래 2(지식노마드, 2014)〉에서 예측한 아시아 대위기가 드디어 시작된 것이다.

필자는 미국의 기준금리 인상 이후 약한 고리에 있는 신흥국에서 시작된 위기가 단순하게 기업이나 국가의 이자 부담 리스크의 증가로 끝나지 않을 것으로 예측한다. 이번 사태는 2008년과 2010년의 신흥국과 동아시아 국가들의 경기침체, 2014년의 미국 양적 완화 정책 축소 및 중지 발표에 따른 신흥국 경제의 충격, 2015년 여름 중국 주식시장의 일시적 폭락 등의 수준에서 멈추지 않을 것이다. 시간이 지남에 따라 여러 상황이 동시에 중첩되면서 2016~2017년 사이에 신흥국들은 최악의 경제 상황인 '퍼펙트 스톰Perfect Strom'에 휘말릴 것이 거의 확실하다.

퍼펙트 스톰이란 "개별적으로 보면 위력이 크지 않은 태풍 등이 다른 자연현상과 동시에 발생하면서 엄청난 파괴력을 갖게 되는 현상"[21]이다. 1997년 세바스찬 융거Sebastian Junger(1962~)가 1991년에 미국 동부 해안을 강타한 허리케인에 휩쓸린 '안드레아 게일Andrea Gail'호의 실화를 바탕으로 쓴 소설 〈퍼펙트 스톰The Perfect Storm: A True Story of Men Against the Sea〉을 발표하면서 이 단어가 대중에게 알려지기 시작했다. 그리고 2007년 미국 발 금융위기가 발발하자, 누리엘 루비니Nouriel Roubini(1959~) 뉴욕 대학 경제학과 교수가 2012년 6월 "유로존 위기, 미국 더블딥, 중국 경제 경착륙이 겹쳐 2013년께 퍼펙트 스톰이 발생할 수 있다"고 경고하면서 유행하게 되었다.[22]

2015년 말, 국제금융협회IIF는 지난 7년 동안 18개 주요 신흥국의 가계·기업·정부 총부채가 28조 달러(약 3경 2천 368조 원) 증가했다고 분석했다. 그중에서도 비금융기업의 부채가 지난 10년간 무려 5배 이상 증가했다. 미국이 기준금리를 인상하면 가장 직접적이고 큰 타격을 보는 대상이 신흥국 기업이 가진 달러 부채와 신흥국의 자산 버블이다.

신흥국의 현 상황을 좀 더 자세히 분석해 보자. 2015년 말 현재 한국, 중국을 포함한 12개 신흥국의 비금융기업 총부채는 23조 4,850억 달러다. 그중 비금융기업의 부채가 가장 많은 나라는 중국으로 총 17조 2,730억 달러이다. 중국의 국내총생산GDP 대비 비금융기업부채 비율은 163.1%에 이른다. 글로벌 금융위기 이후 39.9%P 증가했다.[23]

국제결제은행BIS의 분석에 따르면 미국, 일본 등 선진국 중앙은행이 지난 5~6년 동안 찍어서 시장에 푼 돈이 대략 8조 달러(약 9,400조 원) 정도다.[24] 이중에서 미국이 뿌린 돈이 4조 5천억 달러 정도일 것으로 추정된다. 이 자금이 신흥국 자산시장, 신흥국 기업의 달러 부채로 흘러들어갔다. 국내 한 경제연구원은, 2008년 이후 6년 동안 신흥국 주식과 채권 투자, 기업 대출로 선진국에서 유입된 자금을 3조 5000억 달러(약 4130조 원) 정도로 추정했다.[25]

비금융기업의 달러 부채 비율이 높은 나라는 브라질(비금융기업 총부채 중 달러 부채 비율 49%, 금액 약 3,220억 달러), 터키(33%, 1,313억 달러), 러시아(29%, 2,152억 달러), 남아프리카공화국(155억 달러), 말레이시아(10%, 199억 달러) 등이다. 참고로, 한국의 비금융기업 총부채는 1조 4,230억 달러로 중국 다음으로 2위이며, 이중에서 달러 부채 비율은 8%(1,280억 달러) 정도이고 GDP 대비 비율은 105.3%다.[26]

이미 신흥국 시장 펀드에서 자금이 빠져나가기 시작했다. 더욱이 신흥국이 발행한 외화표시채권 만기가 2016~2018년까지 계속해서

도래한다. 만기 도래 예정액은 2016년 5,550억 달러, 2017년~2019년에는 연평균 4,900억 달러로 추산된다.

글로벌 경기침체, 원유 및 원자재 가격 급락, 중국의 경제 성장 둔화로 신흥국 기업들의 사정이 악화하고 있어서 상환 능력은 더 낮아지고 있다. 앞으로 3년 동안 미국 기준금리 인상이 계속되면서 달러화 강세가 지속된다면 그만큼 달러화 부채 압력도 커진다. 2016~2017년, 신흥국 기업들이 달러화 원리금 상환 또는 만기 연장에 성공하지 못하면 급격한 경영 위축, 투자 감소, 신용 경색 및 채무 불이행 사태가 발발할 수도 있다.

채무 상환 부담이 커지는 신흥국을 피해 선진국으로의 자본 유출이 발생하고, 환율이 상승하고, 중국과 세계 경제 둔화로 원유 및 원자재 수출이 감소하는 상황이 이어지면, 지난 10년간 5배 이상 부채를 늘린 신흥국 비금융기업들은 버티기 힘들어진다. 기업들에 돈을 빌려준 금융권으로 불똥이 튀게 된다. 결국 금융 불안과 경제 부진, 신용등급 하락으로 연결된다.

2015년 12월 4일 기준, 부도 위험성을 나타내는 지표인 신용부도스와프CDS 프리미엄은 베네수엘라 4367.06, 칠레 130.00, 페루 190.67, 브라질 447.49이다. 브라질의 경우, 물가상승률(인플레이션율)이 2015년 10월 기준으로 9.93%다. 2015년 3분기 GDP 성장률은 −4.45%로 추락했다. GDP 대비 정부 부채와 외채를 고려하면 브라질의 재정 상황이 신흥국 중에서 가장 취약해졌다.[27] 2015년 러시아의 경제성장률도 전년 동기 대비 −3.7%로 떨어져, 미국과 서방의 경제 제재와 저유가 충격으로 6년 만에 경기침체 상황에 진입했다. 달러 대비 루블화 환율도 다시 오르고 있다.

참고로, 신흥국들의 중국 수출 비중은 말레이시아, 칠레, 사우디아라비아, 베네수엘라 순으로 높다. 원자재 수출 비중은 사우디아라비아, 베네수엘라, 러시아, 칠레 순으로 높다. 베네수엘라는 전체 재정수입의 65%를 원자재 수출에 의존한다.[28]

러시아, 우크라이나, 베네수엘라, 브라질, 아르헨티나는 국제신용평가사가 투자부적격인 투기등급으로 분류한 상태다. 수출의 95%를 원유 수출에 의존하는 베네수엘라는 물가가 100% 급등했고, 거의 파산 직전이다. OPEC의 리더인 사우디아라비아도 유가 하락으로 급격한 재정 악화 및 경기침체 위기에 직면했다. 2015년에 사우디아라비아의 재정 적자 규모는 GDP 대비 20% 정도인 1,300억 달러로 추정되면서 신용등급도 한 단계 강등되었다.[29] 수출의 절반을 차지하는 석유 가격의 하락으로 경제 부진과 재정 위기 발생, 집권당의 부패, 정치 불안으로 휘청거리는 브라질은 사실상 '정크본드' 수준에 해당하는 'BB+'로 신용등급이 강등되었다.

국제금융협회에 따르면 2015년 3분기에만 신흥국 주식시장에서 190억 달러, 채권시장에서 210억 달러가 유출되었다. 이는 2008년 4분기 1,050억 달러 유출 이후 최대치다.[30] 그 결과 신흥국 주식시장은 2008년 리먼브라더스 파산 이후 최대 낙폭을 기록했다.[31] 신흥국 채권 금리도 2013년 미국이 양적 완화 정책 종료를 시작하면서 발생한 '긴축 발작Taper Tantrum' 충격 때보다 높아지고 있다. 신흥국 채권지수인 'JP모건 EMBI 지수'는 6.65%로 2013년 긴축 종료 충격 때의 6.5%를 웃돌았다.[32] 반면에 중국을 비롯한 대부분 신흥국의 기업 부채는 크게 늘었다.

문제는 신흥국과 신흥국 기업 입장에서 이미 선진국으로 회귀하기

떨어지는 신흥국 통화 가치(미 달러 대비)

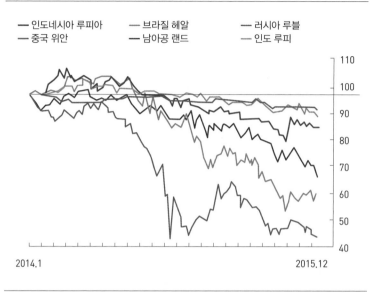

자료: 파이낸셜타임스
출처: 중앙일보, 2015.12.17. 하현옥, "미 금리인상에 중국 '환율 방어'…주요국 '환율전쟁' 불안 고조"에서 재인용

시작한 외국인 투자금과 부채 원금의 회수에 대해 방어할 카드가 거의 없다는 점이다. 신흥국의 부채도 역대 최고 수준으로 높다. 신흥국들이 기준금리를 인상하면서 방어하려고 하지만 언 발에 오줌 누기 정도의 효과밖에 기대할 수 없다. 이미 2015년 한 해에만 신흥국 통화 가치가 14% 이상 하락했다. 신흥국의 주식과 부동산, 채권 등 자산과 금융시장의 버블도 한계에 도달했다. 즉 더 돈을 빌릴 여력도 없고, 자산 가격을 더 올릴 여지도 없다. 국제 유가가 30달러 아래로 떨어져 장기간 저유가가 유지되면 유가 리스크에 노출된 러시아는 수출에 타격을 받으면서 루블화의 추가 하락, 수입 물가 상승으로 인한 물가 상승, 재정 적자 문제가 발생하면서 금융위기에 직면할 가능성

빚 부담 커지는 신흥국

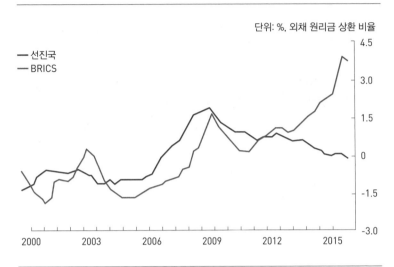

단위: %, 외채 원리금 상환 비율

— 선진국
— BRICS

자료: 국제결제은행(BIS)
출처: 중앙일보, 2015.12.17. 하현옥, "신흥국 긴축발작, 부채위기... 어게인 1994될까?"에서 재인용

이 크다.[33]

IMF도 신흥국의 경우 기업 부실이 국가 경제위기로 전이되었던 과거의 사례로 볼 때, 미국이 기준금리를 인상할 경우 신흥국 기업들의 연쇄파산이 국가 차원의 금융위기로 전이될 가능성이 있다고 경고했다.[34]

약한 신흥국의 경우 경제 펀더멘털이 2016년 중반쯤부터 한계를 드러낼 것이고, 나머지 국가들도 2017년을 넘기기 힘들어질 것이다. 2018년까지 미국의 기준금리가 계속 인상되면서 신흥국 기업들의 이자 부담이 가중될 것이다. 신흥국들의 주요 수출품목인 원유, 원자재 가격은 계속 하락할 것이다. 원자재 수출 위기 지속, 무역수지 적자, 내수 경기 부진, 기업 투자 부진, 자산시장 혼란, 글로벌 투자금 이

신흥시장 투자 펀드에서 빠져나가는 자금

단위: 억 달러

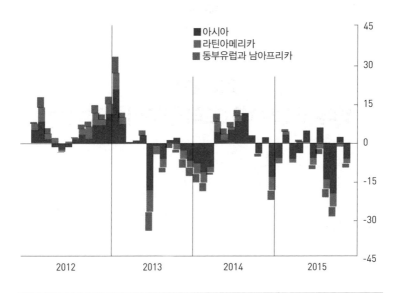

자료: 국제결제은행(BIS)
출처: 중앙일보, 2015.12.17. 하현옥, "신흥국 긴축발작, 부채위기... 어게인 1994될까?"에서 재인용

탈, 외환보유액 감소, 안전자산 선호현상, 금리 인상, 세금 감소, 재정
수지 적자, 정부 투자 감소가 연쇄적으로 일어나고, 이것이 다시 경기
부진을 일으키는 악순환의 고리가 작동하면서, GDP 성장률이 마이
너스를 기록하는 나라가 속출할 것이다. 그에 따라 환율이 추가로 하
락하고, 외환보유액도 계속 줄어들 것이다.

2016년,
핫머니와 헤지펀드의 공격이 시작된다

신흥국의 혼란과 불안을 틈타서 핫머니와 헤지펀드의 공격이 시작될 것이다. 이들의 공격을 신호탄으로 신흥국과 동아시아 경제에 퍼펙트 스톰이 일어날 가능성이 크다. 핫머니와 헤지펀드의 비수가 신흥국과 동아시아 국가 경제의 심장을 파고들면서 신흥국의 고금리 신용시장, 레버리지 대출, 환율, 주식·채권·부동산 등의 자산시장에 연쇄충격이 일어날 가능성이 크다.

핫머니는 투기적 이익을 얻을 목적으로 글로벌 금융시장을 이동하는 단기 자금이다. 각 국가를 돌아다니면서 '단기 금리' 차이, '환율' 차이에서 이익을 얻는다. 미국의 기준금리 인상으로 형성될, 앞으로 4~5년 동안의 금리와 환율 변동성의 증가 국면이 이들에게는 최고의 사냥터다. 앞으로 4~5년 동안 경제적, 정치적 불안정성이 증가하는 신흥국과 아시아에서 상대적으로 안정적인 나라로 자금을 도피시키고, 국가 간 금리 차나 환시세 변동을 노리면서 빠르고 빈번하게 움직일 것이다. 핫머니는 막대한 자금을 단기간에 대량으로 움직이기 때문에 신흥국과 아시아는 외환 수급의 균형이 크게 흔들리고 금융시장 안정성이 하락할 것이다. 핫머니가 유출되는 국가에서는 국제수지 악화, 환율 하락, 통화 불안 증대가 발생하면서 내수 경제의 균형이 파괴될 것이다. 자금 유입국에는 단기적으로 과잉 유동성이 주입되면서 인플레이션 압력이 작용할 수 있다.

앞으로 2~3년의 단기적 국면을 예측한다면, 핫머니는 원유와 원자재를 수출하는 신흥국에서 빠르게 빠져나와 상대적으로 위기에 이르기까지 시간이 남아 있는 한국, 중국, 일본 등으로 일시적으로 도피할 것이다. 그래서 핫머니가 유입되는 한·중·일이 탄탄한 펀터멘털을 가지고 있다는 착시현상을 만들어낼 것이다. 하지만 한·중·일 삼국이 핫머니의 공격 대상으로 바뀌는 것은 시간 문제일 뿐이다. 핫머니는 한발 앞선 정보력과 자금 동원력을 가지고 있기 때문에, 공격 대상 국가의 주식 및 외환시장에 일시적 거품을 일으켜서 거액을 챙기고 일시에 빠져 나간다. 핫머니가 훑고 간 자리는 환율 피해뿐만 아니라, 물가, 주가, 원자재 가격까지도 큰 폭으로 등락하는 충격을 준다. 1994년 멕시코 외환위기, 1995년 영국 베어링증권 파산, 1997년 동남아 외환위기 등 세계적인 금융 혼란 뒤에는 언제나 핫머니가 있었다.[35]

우리가 잘 아는 뮤추얼펀드는 다수의 소액투자자를 공개 모집하여 주식·채권 등 비교적 안전성이 높은 상품에 투자한다. 반면에 헤지펀드는 소수의 고액 투자자로부터 돈을 모으는 개인투자신탁으로 국제 증권시장이나 국제 외환시장에서 파생상품 등 고위험·고수익을 낼 수 있는 상품과 초단기 금융 상품에 집중투자하여 단기적 고수익을 노리는 투기성 자본이다. 헤지펀드는 5~10%의 증거금으로 10~20배의 레버리지를 사용하여 높은 투자수익을 노리는 전략을 주로 사용하기 때문에 위험성도 아주 크다. 그래서 위험을 분산해서 상쇄하는 전략을 사용한다. 위험을 잘 분산시킨다는 것은 더욱 넓고 복잡하게 분산시킨다는 뜻이다. 이런 헤지펀드의 특성 때문에 영향 범위가 넓고 복잡하다.

헤지펀드는 핫머니처럼 투명성이 낮고 폐쇄적이다. 막강한 자금력과 로비 능력으로 법적 규제를 덜 받거나 교묘하게 피해간다. 대표적인 헤지펀드로 조지 소로스George Soros의 퀀텀펀드Quantum Fund가 있다. 1992년에 조지 소로스는 영국 파운드화를 투매하여 영국 중앙은행에 막대한 환차손을 안기면서 큰 수익을 거뒀다. 1997년에는 태국 바트화를 공격하면서 아시아 금융위기를 초래하는 한 원인을 제공했다. 2015년 여름에는 유대계 헤지펀드인 엘리엇이 삼성을 공격했다. 법정 공방까지 가는 다툼에서 겉으로는 삼성이 이겼지만, 엣리엇은 엄청난 수익을 챙겨서 유유히 떠났다.

필자의 아시아 및 신흥국 대위기 발발 시나리오는 미국의 기준금리 인상에서부터 핫머니와 헤지펀드의 이런 움직임까지를 모두 변수로 넣고 한 예측의 결과이다. 여기에 무능한 정치로 인해 정치적 혼란과 민심의 동요가 겹치는 나라들은 퍼펙트 스톰을 피할 길이 없다.

2007년부터 중국, 한국, 신흥국 등에 유입되는 핫머니의 양이 급증하기 시작했다. 특히 중국에 큰 규모의 핫머니와 헤지펀드 자금이

유입되었다. 그 이유는 중국의 기준금리가 선진국들에 비해 상대적으로 높고, 환차익의 이익이 크고, 중국의 빠른 경제 성장 덕분에 주식, 부동산, 채권 등에서 큰 투기적 이익을 거둘 수 있었기 때문이다.

이 시기에 중국으로 유입된 외국 자금은 20조 위안 정도로 추산된다. 그중에서 상당 금액이 중국은행의 높은 예금금리를 노리고 중국은행에 예치되었고, 일부는 부동산·토지·주식시장 등으로 흘러들어 중국의 자산시장 거품을 부풀렸다. 문제는 2012년부터 핫머니와 헤지펀드의 행동이 바뀌기 시작했다는 점이다. 순유입의 폭이 줄고, 일시적으로는 순유출이 더 커지는 역전 현상도 반복해서 일어나고 있다.(최소한 외국 자금 유입의 가파른 추세는 멈추었다)

2008년 이후, 한국에도 핫머니와 헤지펀드 자금이 꾸준히 유입되었다. 상대적 원화 강세, 정부의 경기부양책, 부동산과 주식시장의 버블이 아직 붕괴되지 않는 상황, 국제수지의 지속적 흑자가 그 이유다.

● 2010년부터 핫머니와 헤지펀드 공격에 취약한 국가들은 선물환 포지션 상한 설정 제도, 외국인 채권 과세 환원, 은행의 비예금성 외화부채(전체 외화부채 – 외화예수금)에 부담금을 부과하는 외환건전성 부담금 제도 등으로 대응하고 있다. 또한 핫머니와 헤지펀드를 규제하기 위해 모든 외환 거래에 0.1% 정도의 토빈세Tobin's Tax 부과를 고려 중이다. 하지만 토빈세가 제대로 작동하여 단기성 투기 자금을 규제하는 효과를 보려면 모든 관련 국가가 동시에 도입·운용해야 한다. 그래서 독일, 프랑스를 비롯한 유럽연합EU 11개국은 2016년부터 시행한다는 계획을 갖고 있다. 미국과 영국 등은 국제 조세법 위반을 거론하고, 토빈세를 시행했던 브라질을 예로 들면서 세수 증대에도 전혀 도움이 안

된다며 반대의견을 고수하고 있다.[36] 이런 상황에서 한국을 비롯해서 아시아나 신흥국이 위기를 진정시키기 위해 토빈세를 도입하면 더욱 많은 자금이 탈출하면서 위기만 키우게 될 것이다.

미국 기준금리 인상 후, 3가지 시나리오

GREAT CHALLENGE 2030

제2차 석유전쟁이 시작되었다

이번 정부 말, 다음 정부 초 사이에 한국의 금융위기가 일어날 것으로 예측된다. 2016~2017년은 위기의 전조가 나타나는 시기이다. 한국으로 위기가 전이되는 과정에서 간접적인 영향을 주는 사건은 3가지다. 첫째, 앞에서 설명한 신흥국, 동아시아 경제의 퍼펙트 스톰 상황이다. 2016~2017년 금융위기나 외환위기 발발 가능성 1순위 국가는 브라질, 러시아, 터키, 남아프리카공화국, 베네수엘라, 태국, 말레이시아 등이다.[1] 이들의 위기는 한국 기업의 수출에 즉각적인 타격을 줄 것이다. 둘째는 제2차 석유전쟁이다. 마지막으로 미국의 기준금리 인상 1~2단계이다.

제1차 석유전쟁

석유전쟁은 이제 제1차 석유전쟁이 끝났을 뿐이다. 2016~2017년에 제2차 석유전쟁이 발발할 것이다. 2015년 12월, 국제 유가가 14년 만에 처음으로 2년 연속 하락하면서 배럴당 40달러 선이 붕괴했다. 12월 말에는 배럴당 30달러 선마저 위협받고 있다. 세계 최대 산유국인 사우디아라비아의 부도위험지수인 신용부도스와프CDS 프리미엄이 높아지고 있다. 2015년 12월 3일 기준, 인도네시아는 226.29bp, 사우디아라비아는 158bp, 바레인 350.80bp, 카타르 85.86bp, 아부다비 84.73bp로 사상 최고치를 경신 중이다. 베네수엘라는 4132.42bp로 부도 1순위다. 그 뒤를 잇는 나라는 OPEC에서 상대적으로 약한 나라인 알제리, 리비아, 나이지리아, 앙골라, 에콰도르 등이다. 이들은 앞으로 1~3년을 버티지 못할 것이다.[2]

필자는 〈최윤식의 Futures Report 2015(지식노마드, 2015)〉에서 제1차 석유전쟁을 분석하고 앞으로 2~3년은 더 지속될 것으로 예측했다. 국제 유가는 최악의 경우 30달러 선이 붕괴할 것으로 예측했다. 미국의 셰일가스업체가 완전히 궤멸하지 않고, 전열을 재정비한 후 재공격을 할 가능성을 예측했다. 그것이 바로, 제2차 석유전쟁이다.

제1차 석유전쟁 예측 시나리오[3]

현재 가파르게 유가를 하락시키는 원인은 미국과 사우디아라비아의 석유전쟁이다. 미국은 러시아와 석유전쟁을 벌이고 있고, 사우디아라비아는 미국과 석유전쟁을 벌이고 있다. 이것이 직접적 배경이다. 한 가지 더 알아두어야 할 것은 지속되는 전 세계 경제위기, 이것이 간접적 배경으로 작용하고 있다는 점이다. 즉, 전 세계 경제위기로 인해 정체되어 있는 석유 수요라는 조건 속에서 사우디아라비아는 미국 셰일가스와 셰일오일의 공격을 막아내서 에너지 자원의 주도권을 유지하려 하고 있고, 미국은 러시아를 무력화시켜 팽창을 저지하고 중국과 손잡을 가능성을 차단하려 하고 있다.

80년대의 석유전쟁은 미국-사우디아라비아 동맹이 소련이라는 적을 상대로 공격하는 단일 전선이었다. 당시는 미국이 포문을 열고, 사우디가 동맹으로 협력하는 구도였다. 반면에 2014년에 사우디아라비아가 먼저 포문을 열면서 시작된 지금의 석유전쟁은 전선이 2개이다.

즉, 미국 ↔ 러시아, 사우디아라비아 ↔ 미국의 2개 전선이 석유전쟁의 양상을 훨씬 복잡하게 만들고 있다. 석유전쟁의 두 가지의 요인을 〈2030 대담한 미래〉 시나리오에 집어넣으면 국제 유가에 대해서 다음과 같은 두 가지 예측이 가능하다.

[시나리오 1] 가파르고, 공격적인 유가 하락 국면이 앞으로도 1~2년은 지속될 것이라는 시나리오가 확률적으로 가장 높다.

이 첫 번째 시나리오는 다시 3가지 하위 시나리오로 나누어볼 수 있다.

[시나리오 1-1] 현재 상태인 배럴당 50~60달러 선을 박스권으로 하고 1~2년 정도 오르락 내리락 하는 시나리오

[시나리오 1-2] 배럴당 40달러 선까지 하락하는 시나리오

[시나리오 1-3] 최악의 경우, 배럴당 30달러 선으로 폭락하는 시나리오

[시나리오 2] 석유전쟁의 승패가 갈리고 나면, 국제 유가가 서서히 상승하지만 유럽의 디플레이션, 아시아 대위기 국면으로 인해 3~4년 동안 더 100달러 미만으로 유지될 가능성도 고려해야 한다.

이 시나리오들 중에서 시나리오 1-2(배럴당 40달러 선까지 하락)는 사우디아라비아의 정치적 목적에 부합한다. 즉, 미국의 셰일오일과 셰일가스를 고사시키고 전통적인 석유 자원의 지위를 유지하려는 사우디아라비아의 목표가 관철되는 경우이다.

한 번 칼을 뺀 사우디아라비아의 경우 어정쩡한 수준에서 석유전쟁을 마무리할 수는 없다. 사우디아라비아는 80년대 북해 유전이 발견되었을 때 석유 공급량이 늘며 유가가 하락하자, 감산으로 가격을 끌어 올리려다 실패하고 재정적자만 키웠던 아픈 역사적 경험을 가지고 있다. 당시 적자를 회복하는 데 16년이 걸렸고, 시장점유율도 잃었던 트라우마가 있다.[4] 이런 경험이 이번 석유전쟁에도 영향을 미치고 있다.

OPEC은 글로벌 석유시장의 40%를 차지하고 있고, 사우디아라비아가 OPEC 총생산량의 1/3을 차지한다. 그리고 사우디아라비아는 중동 국가들의 맹주라는 국제정치적 위상도 갖고 있다. 그래서 사우디아라비아가 감산을 하지 않으면 유가 하락은 지속될 가능성이 크다.

석유전쟁의 전개를 예측하면서 배럴당 30달러 선으로 폭락하는 최악의 시나리오[1-3]로 갈 가능성을 언급한 것은 미국과 러시아 사이의 석유전쟁 때문이다.

러시아를 무릎 꿇리기 위해서 미국이 더 강력한 석유전쟁을 하게 될 경우 80년대 미국과 러시아의 석유전쟁 당시의 가격대로 국제 유가가 폭락할 가능성이 있다. 이 경우 가격이 배럴당 30달러 밑으로 폭락하는 시나리오가 성립한다. 1991년 소련이 붕괴할 당시 국제 유가는 배럴당 10달러(2014년 환산 가치로 약 30달러)까지 급락했다. 1998년 러시아가 모라토리엄을 선언할 당시 국제 유가는 배럴당 12달러까지 급락했다. 결국, 이번에도 러시아를 굴복시키기 위해서는 국제 유가를 배럴당 30달러 선으로 폭락시켜야 한다는 시나리오가 성립하는 이유가 여기에 있다.

더욱이 미국의 대 러시아 전략 끝에는 궁극적으로 중국이 있다. 중국에 힘을 보탤 러시아를 미리 꺾어놓은 다음 중국을 상대로 한 경제전쟁을 하겠다는 것이다. 따라서 석유전쟁이 장기화하면서 중국과 러시아가 본격적으로 손을 잡고 대응에 나서는 것이 미국에게는 가장 곤란한 시나리오다. 이번에 러시아를 잡지 못하면 푸틴이 힘을 얻게 된다. 그러면 미국은 장기적으로 동아시아에서 중국을 상대해야 하는데, 힘을 키운 러시아가 중국과 손을 잡게 되는 시나리오는 용납하기 어렵다. 그럴 경우 미국의 동아시아 전략은 물거품이 될 것이기 때문이다.

이것이 30달러 선까지의 급격한 유가 하락 가능성을 배제하기 어려운 추가적 이유다.

"유가 하락이 얼마나 지속될 것인가?"를 예측하는 포인트는 유가 하락 원인이 얼마나 계속될 것인가와 직결되어 있다. 유가 하락의 간접 원인인 전 세계 경제위기의 지속 가능성은 앞으로도 최소 2~3년, 길게는 4~5년 정도 더 이어질 가능성이 크다. 유럽의 경우 최소 2년 정도는 디플레이션 국면에 머물러 있을 것이다. 특히, 앞으로 2년가량은 신흥국과 아시아 국가들이 위기에 빠지고, 2~3년 후에는 한국, 중국, 일본도 위기 국면에 진입할 것이다. 따라서 앞으로 2~3년은 석유전쟁이 지속될 객관적 조건이 갖춰져 있다. 석유전쟁의 세 축인 사우디, 미국, 러시아는 앞에서 살펴본 대로 각자 자신의 정치적 명운이 걸려 있는 승부라서 물러설 여지가 많지 않다. 그리고 각 나라별로 2~3년은 버틸 수 있는 방법과 자원을 가지고 있다.

따라서 석유전쟁이 2~3년까지도 지속될 가능성을 염두에 두고 대비해야 한다.

제2차 석유전쟁의 전개 시나리오

제1차 석유전쟁으로 유가 폭락이 일어났다. 산유국은 직격탄을 맞아 휘청거릴 정도의 타격을 입었다. 미국의 셰일가스, 캐나다의 샌드오일, 남미의 심해유전도 치명타를 맞았다. 한국의 석유화학, 건설, 조선, 해운은 고래 싸움에 새우 등 터지는 격의 날벼락을 맞았다.

물론 저유가의 혜택도 있다. 일반적으로 유가 하락은 제조업체의 생산비 절감에 따른 순이익 증가, 물가 하락 유도, 연료비 절감으로 인한 소비자의 구매력과 이동성 증가, 무역수지 개선 및 경상수지 흑자 확대와 GDP 상승을 자극하는 긍정적 효과가 있다. 예를 들어 국제 유가가 10% 하락한다면 제조업의 생산비는 1.04%, 서비스업의 비용은 0.28% 가량 줄고, 제조업의 수출은 0.55% 증가하면서 GDP는 0.2%P, 국민총소득GNI은 0.3%P, 경상수지 흑자 폭은 50억 달러 상승한다는 분석이 있다.[5] 특히 세계 항공업계는 사상 최고의 이익을 기록했다. 국제항공운송협회IATA는 저유가가 지속되면 2016년에 항공 여객숫자는 전년보다 7% 늘고, 순이익은 10% 늘어난 363억 달러에 이를 것으로 예측했다.[6]

하지만 장기간 계속되는 과도한 유가 하락은 원유 수출 국가의 경제에 큰 타격을 준다. 이들 나라가 발주하는 건설 및 조선 사업이 유탄을 맞는다. 그에 따라 조선, 석유화학, 건설업의 고통이 길어지면 대규모 구조조정과 디플레이션 위협이 발생한다. 제1차 석유전쟁으로 인한 과도한 유가 하락은 이 가능성을 현실로 만들었다. 하지만 전쟁은 끝나지 않았다.

제1차 석유전쟁에서 살아남은 미국 셰일업계의 생산성이 개선되면서 텍사스 주, 뉴멕시코 주의 셰일유전을 중심으로 배럴당 50달러 선에서도 투자 수익이 나는 수준으로 비용 절감에 성공했다. 현재 셰일오일은 미국 전체 원유 생산량의 60% 정도다.[7]

2015년 12월, OPEC의 감산 합의 실패로 일 평균 200만 배럴의 과잉 공급 상태가 지속되고 있다.[8] 2015년 12월 8일 기준, 미국에너지정보청EIA이 분석한 4분기 세계 원유 생산량은 일 평균 917만 배럴이었다. 이미 200만 배럴이 공급과잉이지만 러시아, 이라크, 이란, 미국은 공급을 더 늘릴 예정이다. 사우디아라비아를 비롯한 OPEC 회원국은 죽을 맛이다. 유탄을 맞은 한국과 중국의 석유화학, 건설, 조선, 해운업체도 힘들기는 마찬가지다. 석유전쟁이 신흥국뿐만 아니라, 중국과 한국의 수출도 악화시키고 있다. 문제는 이런 상황이 최소 2년 이상 계속될 가능성이 크다는 것이다. 그 과정에서 배럴당 30달러 선이 무너지는 충격적 사건도 발생할 가능성이 크다.

2016년, 세계 4위 원유 매장량을 가진 이란은 자국 내 70여 개 유정에 대한 대규모 투자 계획을 발표했다. 이란의 외국 투자 유치 목표액은 300억 달러(74조 8,240억 원)다. 2015년 현재 이란은 하루 270만 배럴을 생산하는데, 미국과의 핵 협상 타결로 2016년부터는 원유와 천연가스 수출을 재개한다. 이란은 2020년까지 하루 570만 배럴 생산량을 목표로 제시했다.

미국도 40여 년 만에 원유 수출 금지 조치를 해제할 가능성이 있다. 미국은 1975년 제1차 석유 파동 이후로 자국 내에서 생산한 원유의 수출을 금지했다. 원유 자원을 전략적으로 보호하고, 국내 유가를 안정시키기 위해서였다. 그 이후로 수출을 전혀 안 한 것은 아니지만, 미국 내 전체 생산량의 4%에 불과한 하루 40만 9,000 배럴을 수출했을 뿐이다.

전통적으로 미국 석유업계와 공화당은 일자리 창출과 수출 증대를 명분으로 내세워 원유 수출을 허용하도록 민주당과 백악관을 압박했다. 민주당은 석유 수출로 인해 환경 문제가 악화된다는 명분으로 강하게 반대했다.

하지만 최근 들어 기류가 바뀌고 있다. 2015년 12월에 민주당과 공화당은 세출법안 협상 과정에서 재생에너지 세제 감면 혜택의 연장과 원유 수출을 주고받는 합의에 성공했다. 의회가 합의해도 거부권을 행사하겠다던 백악관도 한발 물러선 모양새다. 원유 수출로 미국 셰일오일 생산업체의 살 길을 터주면 보수층의 표를 얻을 수 있고,

세계의 중동 원유에 대한 의존도를 낮추면 미국의 셰일가스, 캐나다의 샌드오일 등을 고사枯死시키려는 사우디아라비아를 중심으로 한 OPEC을 압박하는 유익도 있다. 반미전선을 주장하는 러시아, 베네수엘라, 남미와 중동 산유국들을 길들이기도 쉬워지는 전략적 유익도 얻는다.[9] 원유를 수출하여 달러를 벌어들이면 강달러로 인해 수출이 위축되는 것을 약간은 상쇄할 수 있어서 무역수지와 재정수지도 동시에 호전시킬 수 있는 카드가 된다. 미국 정부로서는 나쁘지 않은 선택이다.

필자의 예측으로는 사우디아라비아를 중심으로 한 OPEC은 생산량을 줄이기 힘들다. 1차 석유전쟁에서 어느 정도 목적을 달성한 사우디아라비아와 저유가로 극심한 재정난을 겪고 있는 상당수의 OPEC 회원국은 원유 생산량을 감산하고 싶은 눈치다. 하지만 이란, 러시아, 이라크가 감산을 강력하게 반대하고 있다.[10] 그들이 감산에 합의해 주지 않으면 나머지 OPEC 회원국은 감산할 수 없다. 만약 OPEC이 감산한 만큼을 이란, 러시아, 이라크가 추가 생산하면 OPEC은 점유율도 잃고 수익도 줄어들기 때문이다.

미국 기준금리 인상 후,
3가지 시나리오

미국 기준금리 인상은 현실이 되었다. 신흥국 위기도 현실화하기 시작했다. 하지만 여전히 근거 없는 낙관론이 떠돈다. 미국 기준금리 인상 속도가 '소걸음', 즉 점진적일 것이므로 충분히 대응할 수 있는 속도이고, 그 충격도 감내할 만하다는 낙관론이다. 과연 그럴까? 이런 낙관적 주장에는 아주 위험한 함정이 하나 있다. '소걸음', '점진적 인상'에 대한 해석의 문제이다.

현재 미국 연준의 기준금리 인상은 '선제 안내 Forward Guidance'와 '점진적 인상' 방식을 취하고 있다. 미국의 '점진적이고 신중하게' 올리겠다는 말은 1994년과 2004년을 기준으로 삼고 있다.

먼저 1994년 2월 기준금리 인상 때와 비교해 보자. 당시에는 선제 안내도 하지 않고 급진적 인상을 단행했다. 곧바로 시장 충격이 시작되었다. 2월에 전격 인상된 기준금리는 그해 11월까지 6차례 더 인상되면서 3%에서 6%로 2배 상승했다. 10년물 미국채 금리가 2.3%P 오르면서 10년물 미국채 원금 손실액이 23%, 30년물 미국채 금리는 1.9%P 오르면서 원금 손실액이 17%를 기록하면서 일명 '미국채 대학살Bloodbath' 충격이 발생했다.[11] 1994년 금리 인상 이후 아시아는 외환위기에 빠졌다.

2004년 중순부터 시작된 기준금리 인상은 급진적이지는 않았지만, 선제 안내가 부족했다. 대략 2년 동안 4.25%P를 올렸다. 후폭풍으로 2008년 글로벌 금융위기가 발발했다.

2015년 12월에 연준은 이런 사태의 재발을 방지하기 위해 인상 시점, 인상 기간과 폭 등을 '선제 안내' 하면서, 금리 인상 후 경기 움직임을 최대한 살피며 '신중한Measured 속도'로 완만하고 점진적으로 금리를 인상하겠다고 발표했다. 점진적이라는 말은 최소 9개월에서 최대 2년 정도는 속도를 내기보다는 느리고 신중하게 인상하겠다는 말이다. 2015년 9월에, 연준은 2016년 12월에 예상되는 기준금리(중간값)를 1.375%, 2017년 말은 2.625%로 선제 안내했다. 2016년에 4번, 2017년에 5번, 2018년에 5~6번 올릴 것도 선제 안내했다. 이 정도가 '점진적이고 신중한 속도'다. 그런데 이 정도의 속도도 느린 것은 아니다.

점진적이고 신중하게 기준금리를 인상해도 신흥국의 통화 가치는 하락할 것이 뻔하다. 신흥국의 위기는 해결되지 않는다. 차라리 빨리 부채 디레버리징을 하는 것이 나을 수도 있다. 신흥국 위기가 길어지면 길어질수록 세계 경제에는 도움이 안 된다. 2015년 들어 시장이, 처음에는 미국의 기준금리 인상이 늦춰지는 것을 호재로 받아들였지만, 2015년 말에는 더 늦춰지는 것을 악재로 인식하는 상황으로 전환되었음을 기억하라. 어차피 피할 수 없는 매라면 빨리 맞는 것이 더 낫다는 생각 때문이었다. 신흥국의 위기에 대한 생각도 비슷하게 전환될 수 있다.

미국의 금리 인상 속도가 더 빨라질 가능성도 상존한다. 기준금리 인상 후 미국의 경기 움직임(고용, 물가지표, 투자심리 등)이 예상보다 좋다면 연준은 2017~2018년의 기준금리 인상 속도를 빠르게 전환할 가능성이 있다.

앞으로 미국 연준의 기준금리 인상 속도를 가름하는 변수가 하나 더 있다. 바로, 연방공개시장위원회FOMC 구성원의 성향이다. 미국 연방준비제도(연준) 산하에서 공개 시장 조작에 관한 정책을 담당하는 FOMC는 연방준비제도위원회 위원 7명, 지역연방은행 총재 5명 등 총 12명으로 구성된다. 블룸버그통신의 분석에 의하면, 2015년 12월 회의에 참석했던 위원 10명 중에 5명은 비둘기파, 4명은 중도, 1명이 매파였다.(당시 2명은 의회 인준 절차를 밟고 있어서 공석이었다) 여기서 비둘기파는 경기부양을 위해 금리 인하를 선호하는 사람들이다. 반대로, 미국 통화 정책 분야에서 매파란 시장원리를 중시하고 물가안정을 추구하는 부류로 금리 인상을 지지하는 통화정책론자를 일컫는다. 이런 위원회 구성에서도 기준금리 인상을 결정한 것은 미국의 고용과 경기 상황이 서서히 나아지고 있어서 기준금리 인상을 미루면 저금리의 역효과가 나타날 상황에 직면했기 때문이다. 또한, 무작정 미루다가는 나중에 급격한 통화정책으로 전환해서 시장에 충격을 줄 가능성도 고려했기 때문이다. 다수인 비둘기파의 입장은 '점진적인 속도'라는 표현으로 나타났다.

문제는 2016년부터 위원회 구성에서 '매파'가 많아질 것으로 보인다는 점이다. 그럴 경우 기존의 방침과 다르게 2016년 후반부터 기준금리 인상이 빨라질 가능성도 있다. 2016년에는 FOMC 위원들의 절반이 바뀐다. 현재 의회 인준 절차를 밟고 있는 앨런 랜던 전 하와이 은행장, 캐서린 도밍게스 미시간 대학 경제학 교수는 정책 성향이 파악이 안 되었다. 하지만 새로 바뀌는 4명의 위원 중에서 로레타 메스터 클리블랜드 연방은행 총재, 제임스 불러드 세인트루이스 연방은행 총재, 에스더 조지 캔자스시티 연방은행 총재는 매파이고, 에릭 로젠그렌 보스턴 연방은행 총재는 중도파다. 이렇게 되면, 비둘기파의 입지가 줄어들고, 중도나 매파 성향의 위원이 다수가 된다.[12]

3가지 시나리오의 조건

1970년대부터 현재까지 미국의 기준금리 추이 그래프에서 보듯 지난 9년 동안의 초저금리는 아주 이례적인 상황이었다. 미국 기준금리 인상의 영향을 예측하기 위해 먼저 확실한 것부터 점검해보자.

첫 번째 확실성 요소는 미국의 기준금리 인상이 현실이 되었다는 점이다. 미국의 경제 상황도 우려를 불식할 정도로 괜찮다. 미국 연준이 기준금리를 인상하면서 발표한 자료에 따르면, 2016년 말 기준금리 전망치(중간값)는 1.25~1.50%, 물가는 1.6%로 0.1%P 낮췄고, GDP 성장률은 2.4%로 0.1%P 높였고, 실업률도 4.7%로 10bp 하향 조정했다. 기준금리 인상으로 물가 상승은 약간 주춤하겠지만, 실업률과 GDP 성장률은 자신있다는 예측이다. 2017년 말 기준금리 전

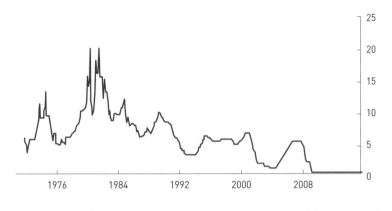

출처: Tradingeconomics.com

망치(중간값)는 2.25~2.5%로 25bp 하향했고, 물가상승률은 1.9%로 전과 동일하게 유지했고, GDP 성장률 예측도 2.2%로 전과 동일했다.[13]

두 번째 확실성 요소는 기준금리를 올리는 3단계 수준이다. 연준은 2016년 12월의 예상 기준금리(중간값)를 1.375%, 2017년 말은 2.625%로 선제 안내했다. 2018년 말은 3.25%를 중간값으로 정했다. 참고로 이 수치는 연준 위원들 의견의 중간값이므로 2018년 말 기준금리를 높게 본 사람은 5%까지 올려야 한다고 했을 수도 있고, 낮게 본 사람은 2.5~3%라고 했을 수도 있다. 이런 가정까지 종합하면, 2018년 말 미국의 기준금리는 최소 2.5%~최대 5%까지 폭을 넓혀 대응 준비를 해야 할 필요가 있다. 위의 미국의 기준금리 추이 그래프에서 보듯 미국의 기준금리가 5% 밑에 있었던 시기는 매우 짧다. 즉 기준금리 5%는 전혀 이례적이지 않은 수치이며, 오히려 5% 미만

기준금리, 실업률, 인플레이션율(위부터)

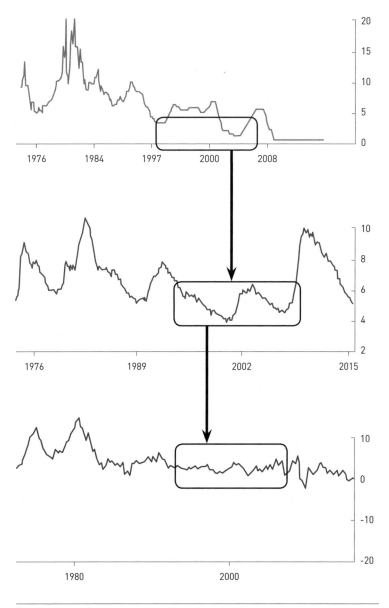

출처: Tradingeconomics.com

의 낮은 금리가 이례적인 현상이라는 뜻이다.

세 번째 확실성 요소는 올리는 속도다. 2016년에 3~4번, 2017년에 5번, 2018년에 5~6번 올릴 것으로 선제 안내했다. 연준이 이를 지킬 가능성은 70~80% 정도다.

네 번째 확실성은 2018년 말 3.25%까지 올린 후 "얼마나 오래가느냐?"이다. 필자의 예측으로는 미국 경제가 3.25%의 기준금리를 감당할만한 능력을 보이면 최소 48개월 정도는 지속될 가능성이 크다고 예측한다. 그렇다면, 미국이 감당할만한 수준은 어느 정도일까? 이를 추정하기 위해서는 앞의 그래프처럼 기준금리, 실업률, 인플레이션율을 비교 분석해야 한다.

그래프를 보면 1990년대 중반부터 2004년까지, 미국의 실업률이 4~5%대로 하락했을 때 기준금리는 평균 5%대였다. 인플레이션율은 1~3%대 박스권 안에서 움직였다. 즉, 정책의 역사와 시장 경험에 바탕을 둔다면, 연준의 위원들은 완전고용(3~5%대 실업률)으로 가는 과정에서 발생 가능한 실물 시장의 1~3%대 박스권 인플레이션율을 고려할 때 기준금리 목표치를 최소 3%에서 최대 5%로 설정할 것이다. 즉, 이 정도면 미국 경제 역량으로 충분히 감당할 수 있다고 판단할 것이다. 이것이 필자가 예측하는 '미국 기준금리 인상 후, 시나리오 1'이다.

'미국 기준금리 인상 후, 시나리오2'는 2017년에 발생할지 여부가 결정된다. 필자의 예측으로는 시나리오2가 가장 나쁜 경우다. 다행히 현재로서는 확률적 가능성이 10% 미만이다. 이 시나리오는 2016년에 미국이 기준금리를 1.0%~1.25%까지 올리는 과정에서 미국 내에 기준금리 인상 방침을 후퇴해야 할 정도로 심각한 경기침체가 벌어질 경우이다. 미국 기준금리가 1% 정도 오른 후 다시 제로 금리로 후퇴한다면, 잠깐은 금융시장이 안도의 한숨을 내쉴 수도 있을 것이다.

그러나 기준금리를 겨우 1% 정도 올렸는데 미국 경제가 예상보다 큰 충격을 입고 제로 금리로 후퇴하는 현실에 대한 새로운 두려움이 일어날 것이다. 생각해 보라. 2017년이면 신흥국 경제위기는 심각한 수준으로 전개되는 과정에 있을 것이다. 핫머니와 헤지펀드가 신흥국, 동아시아를 공격하고, 중국 경제도 여전히 허우적대고 있을 것이다. 유럽에서도 디플레이션이 지속되고 있을 것이며, 2017년 말에는 제3차 그렉시트Grexit (Greece+exit의 합성어로 그리스의 유로존 이탈을 의미) 가능성도 부각될 것이다. 이런 상황에서 오로지 미국만이 세계 경제의 위기 탈출을 견인할 수 있다. 그런데 미국 경제가 기준금리를 겨우 1% 올리는 충격을 감당하지 못하고 주저앉는다면, 중국의 경착륙보다 더 큰 공포감이 순식간에 세계를 휘감을 수 있다. 세계 경제가 대침체로 급변할 가능성이 있다.

'미국 기준금리 인상 후, 시나리오3'은 2019년 초에 발생 가능성이 판가름난다. 이 시나리오는 미국 연준이 기준금리 인상을 예정대로 한 후, 2019년 초부터 서서히 인하하는 시나리오다. 미국 경제의 추가적 성장을 위해 금리를 낮추어 시장에 유동성을 공급하는 시나리오다. 이 시나리오가 현실이 되면 미국 자산시장에 인플레이션이 크게 일어나게 된다. 시나리오상으로는 가능하나 실제로 일어날 가능성은 (현재로는) 10% 미만이다. 만약, 미국 경제가 3.25%의 기준금리를 버틸만한 탄탄한 체력이라는 사실이 확인되면 굳이 다시 금리를 내릴 필요가 없기 때문이다.

미국 연준의 기준금리 인상 시나리오1이 성공한다면 2019년 미국 GDP 성장률은 2%대를 견고하게 유지할 가능성이 크다. 실업률도 완전고용 수준에 이를 것이다. 물가상승률도 2%에 근접해 있을 것이다. 그때부터는 시중으로 풀려나오는 유동성으로 인한 자산시장의 인플레이션을 걱정해야 한다. 실물경제도 인플레이션을 걱정해야 할 수 있다.

미국 경제가 3.25% 수준의 기준금리를 이길 수 있는 상태가 되었기 때문에 엄청난 돈이 미국 시장을 돌아다니게 된다. 역사상 최고 수준의 현금을 보유한 기업들이 돈을 풀어 투자를 단행할 것이다. 투자처를 찾지 못해 방황했던 투자금들이 주식, 부동산, 채권시장으로 몰려들고 개인들도 빚을 내서 투자에 나설 것이다. 미국이 기준금리 인상 이후 2018년~2019년 사이에 경기 회복이 가시화되면 유가도 상승 추세로 전환할 가능성이 있다. 이런 상황에서 미국 연준이 기준금리를 내릴 확률은 낮다. 오히려 이때부터 미국 연준은 2008년 이후 양적 완화를 통해 풀린 4조 5천억 달러를 회수하기 위한 카드를 만지작거려야 한다. 물론 연준이 푼 엄청난 돈을 회수하는 것은 앞으로 2~3년이 지난 후에나 논의를 시작할 가능성이 크다.

만약, 미국 연준이 양적 완화로 풀린 돈을 흡수한다면 어떻게 할까? 전문가들은 크게 3가지 방법을 말한다. 첫째는 만기 채권에 대해 원금과 이자를 받고 채권을 소멸시키는 것이다. 다른 하나는 만기 이전의 채권을 시중에 파는 방식이다. 연준이 재매입 조건을 달아 시중 금융기관에 판매하는 '역레포Reverse Repo' 방식이다. 시중 금융기관의 일정한 양의 자금을 연준에 일정 기간 예치하는 기간제 예금Term Deposit 규모의 확대도 거론되는 방식이다.[14]

미국이 이런 정도로 기준금리를 인상하더라도 한국경제에 큰 충격이 없을 것이라는 주장도 여전히 있다. 근거가 전혀 없지는 않다. 과거에 그런 시기가 있었기 때문이다. 예를 들어, 2004년 6월 미국 연준은 부동산 버블 등 자산시장 인플레이션을 우려해서 24개월간 17차례에 걸쳐 금리를 1.00%에서 5.25%까지 급격하게 인상했다. 이 사이 신흥국의 주가는 69%나 올랐다. 한국의 주가도 3배 상승했다. 서울의 아파트 가격도 18.93%나 올랐다.[15] 미국이 금리를 올렸어도 돈 풀리는 효과가 미국뿐만 아니라 유럽과 신흥국 등에서 거의 동시에 일어났기 때문이다. 중국 경제도 견고하게 성장했다. 원자재 가격은 여전히 상승했고, 글로벌 무역도 계속 확대되었다.

하지만 당시는 2008년 금융위기 전의 버블 호황기였다. 지금은 상황이 다르다. 미국이 기준금리를 올리는 이유와 상황이 전혀 다르다. 중국의 상황도, 신흥국과 유럽의 상황도 완전히 다르다. 거기에 당시에는 없었던 석유전쟁으로 인한 초저유가 사태, IS 테러의 위험 등 심각한 문제가 추가되었다. 한국의 경우도 당시와 비교해 제조업 경쟁력, 가계부채 수준, 인구 구조, 내수 시장 여력, 기업부채 수준 등 거의 모든 영역에서 2004년과는 전혀 다른 상황을 맞고 있다. 2004년과 비교해서 낫다고 평가할만한 점은 외환보유액이 좀 더 많아졌다는 점, 그리고 무디스가 한국의 신용등급을 'Aa2'로 올렸다는 점뿐이다.

유럽의 다음 한 수

앞으로 5년 동안 유럽은 어떻게 대응할까? 유로존은 앞으로 2~3년은 더 디플레이션 구간을 지나야 한다. 따라서 미국이 기준금리를 올렸다고 유럽이 기준금리를 전격적으로 인상할 가능성은 낮다. 오히려 현재의 양적 완화 정책을 계속 유지할 가능성이 크다. 유럽 입장에서는 강한 달러가 나쁘지만은 않다. 유로화의 가치가 달러 대비 1:1이 될 정도로 절하되더라도 큰 손해는 없다.

하지만 북유럽과 남유럽을 구분해서 생각해 보면 미묘한 차이는 있다. 재정 상태나 경제가 불안정한 남유럽은 미국의 기준금리 인상으로 자본 이탈의 가능성이 존재한다. 제3차 그렉시트 가능성도 잠재된 악재다. 참고로 최근 그리스 구제금융 사태의 경과를 살펴보자.

2009년 말: 글로벌 금융위기 이후 그리스 등 '재정 취약국' 위기 고조

2010년 2월: 그리스 정부 '유로존 가입 위해 국가부채 통계 조작' 발표

2010년 4월: 그리스 신용등급 '투기' 등급으로 강등.

2010년 5월: EU, ECB, IMF, 1차 구제금융 1,100억 유로 제공

2012년 2월: 2차 구제금융 1,300억 유로 지원 발표. 그리스 채무
53.5% 탕감

2014년 하반기: 유럽 경기 침체로 그리스 경제 침체

2015년 1월: 그리스 총선에서 급진좌파 집권, 채권단 구제금융 잔여금
72억 유로 지급 보류.

2015년 6월: 구제금융 협상 결렬

2015년 7월: 국제채권단의 구제금융 안에 대한 국민투표

2015년 8월 14일: 유로그룹, 그리스에 대해 3년 동안 860억 유로 규모
의 3차 구제금융 지원에 합의

그리스가 3차 구제금융을 받았지만, 경제위기를 해결하기는 힘들
다. 최소한 한 번 더 구제금융을 받아야 한다. 3차 구제금융이 시작되
고 2년 후쯤인 2016년 말~2017년 초에 그리스는 구제금융을 한 번
더 요구할 것이다. 물론 독일은 강력하게 반대할 것이다. 그럴 경우 그
리스는 유로존 탈퇴 카드를 가지고 압박할 것이다. 이때 구제금융에
따른 요구 조건에 부응하기 위해 실시했던 강력한 구조조정에 지친
그리스 국민이 정권 교체를 요구하면서 정치적 혼란도 재개될 것이
다. 정치권은 이런 분위기를 등에 업고 3차 그렉시트 가능성을 한 번
더 부각시키면서 4차 구제금융 지원을 요구하는 사태가 발생할 것이
다. 그리스가 유로존을 탈퇴할 가능성은 낮다. 독일도 처음에는 강

출처: Tradingeconomics.com

력하게 반대하겠지만 독일, 유럽중앙은행, IMF 등의 채권자들은 그리스의 요구를 들어줄 가능성이 크다. 필자의 분석으로는 그리스가 4차 구제금융을 받고 난 후인 2018~2019년경에는 어느 정도 경제침체의 바닥에서 헤어나올 계기를 마련할 수 있을 것이다. 2010년 유럽발 금융위기의 진원지였던 PIIGS의 마지막 문제 국가인 그리스가 바닥을 찍으면서부터 유로존은 서서히 디플레이션에서 빠져나오게 될 것이다.

그럼 유럽중앙은행은 언제부터 기준금리 인상을 시작할까? 유럽이 기준금리를 올리는 데 중요한 변수가 3가지 있다. 첫째, 디플레이션 국면에서 벗어나는 것이다. 필자의 예측으로는 대략 2018~2019년경에 유로존 경제가 디플레이션에서 빠져나와서 회복국면으로 진입할 가능성이 크다. 둘째, 실업률이 미국처럼 5~6%까지는 내려와야 한다. 미국과 유로존의 실업률 추이를 비교한 앞의 그래프를 보자.

미국은 2008년 금융위기가 발발하고 2년 정도 시간을 두고 실업률이 10%까지 올랐다. 2010년 실업률 10%대에서 2013년 말~2014년 중반에 6%대로 하락하기까지 4년 정도 걸렸다. 미국은 이 시점에서 양적 완화 정책을 축소 및 중지하는 정책을 시작했다. 유로존도 비슷한 전략을 사용할 가능성이 크다.

유로존은 2008년 미국발 금융위기로 실업률이 한 번 치솟은 후, 2010년 유럽 금융위기가 발발하면서 2013년에 11%까지 상승했다. 2015년에는 실업률이 9%대로 낮아졌다. 이 추세면 2~3년 정도 뒤에는 유로존도 실업률이 6%대로 하락할 가능성이 충분하다.

마지막 변수는 유럽중앙은행 드라기 총재의 임기다. 드라기 총재의 임기는 2019년 10월까지다. 드라기 총재는 자신의 임기 안에는 기준금리를 인상하기 힘들 것이다. 인플레이션율, 실업률, 2016년에 결정될 그렉시트 가능성, 2017년에 불거질 3차 그렉시트 가능성, 양적 완화 중지 정책 구사 등의 다양한 변수를 고려할 때, 유럽의 기준금리 인상 시점은 빨라야 2019년 후반 정도일 가능성이 크다.

필자의 예측으로는 2019년이면 미국의 기준금리가 3.25% ~ 3.5% 사이일 것이다. 신흥국과 동아시아의 퍼펙트 스톰이 지나가고 한국과 중국이 위기 국면에 빠져들 시기이다. 미국의 기준금리가 오르면서 강달러가 지속되면 달러화 부채가 많은 국가와 기업들이 직격탄을 맞는다. 유로존은 2010년 이후로 달러화 부채 증가를 멈추거나 줄였다. 기업 구조조정도 했다. 지난 4~5년간 유로존 국가와 기업, 금융권은 위기에 의해 강제된 구조조정을 통해 미국의 기준금리 인상과 강달러 추세를 버텨낼 체력과 여지를 마련했다. 신흥국과 아시아의 금융위기로 유로존의 수출이 위축될 수 있지만 유로화 약세로 어느 정도는 상쇄할 가능성이 있다.

2019년 3.25% ~ 3.5% 사이의 미국 기준금리 수준이 유럽으로서는 부담이 가는 수치이겠지만, 달러 강세 유로화 약세는 중장기적으로 북유럽과 남유럽에 모두 유리하다. 제조업 기반의 북유럽은 유로화가 약세면 수출경쟁력을 계속 유지할 수 있다. 저유가와 양적 완화의 지속도 유로존 국가들의 금융권과 비금융기업에 도움이 된다. 관광과 서비스업이 경제의 주력인 남유럽에도 달러 강세, 유로화 약세는 더 많은 관광객이 유럽을 찾을 수 있는 조건이 된다. 그래서 그리스를 포함한 PIIGS 국가가 회복 국면으로 올라서는 데 큰 도움이 된다. 유럽이 기준금리를 2019년 후반기에 올려도 늦지 않은 이유다.

시간에 따른, 유럽의 다음 수를 예측해서 정리하면 다음과 같다.

2016년: 양적 완화 정책 지속, 환율 전쟁 가담

2016년 중반: 그렉시트 가능성 부각

2016년 말~2017년 중반: 3차 그렉시트 가능성 부각, 일시적으로 유럽으로 자금 회귀

2016~2019년: 디플레이션 국면

2018년 말~2019년 중반: 양적 완화 정책의 축소 및 중지

2019년 말: 유럽중앙은행 기준금리 인상 시작

2020~2025년: 유로존 보호무역주의 정책 구사, 신산업 버블 유도, 유로존 회복 기간

중국과 일본의 다음 한 수

앞으로 5년 동안 중국은 미국의 기준금리 인상, 신흥국과 동아시아의 퍼펙트 스톰에 어떻게 대응할까? 시간 순서로 중국의 다음 수를 예측해 보자.

2015년 말 현재 중국 인민은행의 기준금리는 4.35%다. 중국은 앞으로 2~3년은 기준금리를 인상하기 힘들다. 오히려 양적 완화 정책을 지속하여, 기준금리를 내리고 환율전쟁을 할 가능성이 크다.

2015년까지 중국은 관리변동환율제도Managed Floating Exchange Rate System를 유지했었다. 관리변동환율제도는 고정환율제도와 변동환율제도의 중간 단계다. 평소에는 환율을 시장에 맡기지만, 중앙은행이 필요하다고 판단하는 상황에서는 외환시장에 직·간접적으로 개입하는 제도다. 중국은 1994년부터 2005년까지 위안화 가치를 달러화에 고정한 달러 페그제(달러 연동 고정환율제도)를 시행하다가, 2005년 7월 '복수통화바스켓 관리변동환율제도'로 바꿨다. 하지만 인민은행은 매일 달러/위안 기준환율을 고시하면서 위안화의 일일변동폭을 기준환율의 ±2% 범위로 관리해 왔다. 변형된 달러 페그제 방식이었다.

미국이 기준금리 인상을 시작하자, 중국의 입장이 난처해졌다. 달러 대비 위안화의 하루 환율변동폭을 상하 2%로 제한하는 관리변동환율제를 지속하면 강달러 추세가 계속될수록 위안화 가치를 관리하는 데 한계가 있다. 당장 달러화에 ±2% 범위로 위안화를 연동시켜 놓으면 유로, 엔 등 달러 이외의 통화에 대해서는 절상 압력이 생긴다. 최악의 경우 달러 초강세로 위안화 환율이 2% 넘게 하락하더라도 위안화를 더 하락시킬 수 없는 상황이 된다. '강달러 대비 약위안화' 현상이 나타나야 하는데, 거꾸로 '강달러 대비 (상대적) 강 위안화'라는 어처구니 없는 현상이 나타날 수도 있다.

미국이 기준금리를 인상하면서 몇 년 동안은 슈퍼 달러 시대가 열릴 수도 있다. 중국 경제에서 외국과의 교역 비중은 42%로 미국(23%)의 2배다.[16] 달러 강세와 위안화 강세가 충돌하면 중국이 미국의 2배 충격을 받을 수도 있는 것이다. 위안화의 강세로 인한 내수와 수출의 피해를 대비하기 위해 중국은 2015년 12월 11일에 기존의 '달러 연동'에서 13개 복수통화로 구성된 '통화바스켓 연동'으로 환율관리정책을 변경하겠다고 예고했다. 미국의 달러 강세에 대비해서 위안화를 평가절하시켜 자국의 경제 부담을 줄이겠다는 계산이다. 하지만 중국의 이런 움직임은 유럽, 일본을 자극하여 전 세계가 제2차 통화전쟁에 휩쓸리게 만들 것이다.

제2차 통화전쟁은 확실성의 영역에 들어왔다. 이미 중국이 방아쇠를 당겼다. 그래서 최악의 통화전쟁 시나리오도 가정해 보아야 한다. 만약 중국이 슈퍼 달러에 맞서기 위해 강력한 통화정책 카드를 꺼내 들면 어떻게 될까? 중국이 앞으로 2년 안에 기준금리를 제로(0%) 가까이 낮추고, 대규모 자산 매입에 나서서 경기를 부양하는 시나리오다.[17] 중국은 금리의 이점이 떨어지더라도, 엄청난 규모의 외환보유액과 경기 부양책을 동원해 외국 자금의 이탈을 방지하는 전략을 구사할 수 있다. 필자의 예측으로는 이 시나리오가 현실이 될 가능성은 아주 낮다. 하지만 이런 방향으로 갈 가능성을 완전히 배제할 수는 없다.

2015년 11월 중국의 수출은 달러 기준으로 전년 동기 대비 6.8%, 수입은 8.7% 감소했다(위안화 기준으로는 수출 3.7%, 수입 5.6% 감소). 수출은 5개월 연속 감소했고 수입은 13개월 연속으로 감소하고 있다. 2015년 11월 한 달 동안 중국을 탈출한 외국자금은 1,130억 달러에 이른다.[18] 이는 전문가들의 예상치보다도 더 안 좋은 수치이다. 앞으로 중국이 겪을 위험을 고려할 때 최악의 시나리오도 준비해야 한다.

한국 기업도 제2차 통화전쟁에 대비해야 한다. 미국이 기준금리를 인상하면서 강달러 추세가 지속되고, 신흥국과 동아시아의 위기가 진행되고, 제2차 석유전쟁으로 초저유가 상황이 당분간 지속되면 중국도 타격을 본다. 중국이 수출에서의 타격을 어떻게 상쇄하려고 할지를 예측해야 한다. 당연히 보호무역주의를 강화하고, 중국 기업에 대한 지원을 늘릴 것이다. 한국을 추격해서 빼앗을 영역에 대한 투자를 더 적극적으로 밀어붙일 가능성이 크다. 중국은 경제 침체가 길어지는 것에 대비하여 위안화 절하로 환율전쟁을 시작하고, 양적 완화 정책을 시도하면서 중국 기업들의 생명을 연장하는 정책을 구사할 가능성이 크다.

중국이 촉발한 제2차 통화전쟁은 일본과 유럽을 더 자극할 것이다. 일본은 지난 2년간 100조 엔이 넘는 자금을 풀었다. 엔화 가치도 역사적 최저점에 근접했다. 현재는 서서히 엔화 가치를 절상시키면서 엔저 부작용에 대비해야 할 때이다. 하지만 중국이 슈퍼 달러에 대응하는 강력한 위안화 약세 전략을 구사하면 사정이 달라진다.

2015년 기준으로 중국의 실업률은 4%대를 유지하고 있다. 지표상으로만 보면, 거의 완전고용 상태이다. 아래 그래프는 1980년대 이후부터 현재까지 중국의 인플레이션율이다. 1980~1990년대에는 한때 28.40%에 이를 정도로 높았던 인플레이션율이 2000년대 들어서는 안정적인 수준을 유지했고, 최근에도 1.5~2.5% 수준을 유지할 정도로 좋다.

다음으로 중국의 기준금리 추이를 살펴보자.

1990년대 말부터 현재까지 중국 인민은행의 기준금리 변화 추이

중국의 인플레이션율

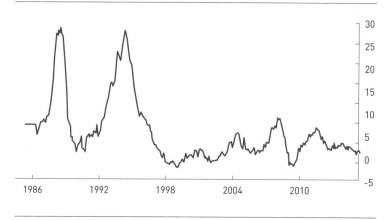

출처: Tradingeconomics.com

중국의 기준금리 추이

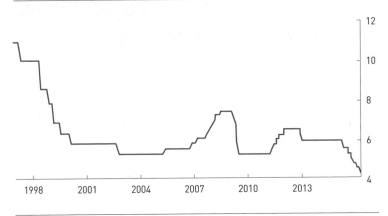

출처: Tradingeconomics.com

를 보여주는 그래프에서 보듯이, 1990년대 동아시아가 외환위기에 빠졌을 때 10.98%까지 기준금리가 올랐다. 전 세계가 돈을 경쟁적으로 풀고 중국 경제가 급성장하던 2000년대에는 평균 5~6%대를 유지했다. 하지만 2008년 미국발 금융위기 때에는 7%대, 2010년 유럽발 금융위기 때에는 6%대로 기준금리를 약간 올렸다.

미국의 기준금리 변화 추이와 비교해보면, 2000년대 초반에는 미국과 비슷하게 5%대로 유지했고, 2004~2006년에 미국이 자국의 자산 인플레이션을 방어하기 위해 기준금리를 올릴 때에는 (1~2년의 시차를 두고) 2~2.5% 정도 따라서 올렸다. 당시, 미국뿐만 아니라 전 세계가 자산 인플레이션을 막기 위해 금리를 함께 올리던 시기였기에 중국도 함께 기준금리를 인상했다. 그런데 최근, 중국경제가 침체에 빠지자 기준금리를 공격적으로 인하하면서 4.35%로 낮췄다. 이런 일련의 행동을 기준으로 중국 인민은행이 앞으로 4~5년에 걸쳐 취할 행동을 몇 가지 추론할 수 있다.

첫째, 중국 경제가 경착륙을 하거나 심각한 수준의 금융위기 상태에 빠지면 인민은행은 기준금리를 최대 10%대까지 인상할 가능성이 있다.

둘째, 중국이 기준금리를 인상해야 할 상황이 오고, 그 시기에 중국을 둘러싼 대외적 상황이 심각한 위기 상황이라면, 인민은행은 기준금리를 최대 7%대까지 인상할 가능성이 있다.

셋째, 중국의 상황이 미국과 비교해서 상대적으로 불안하면 미국보다 2~3% 정도 높은 수준으로 기준금리 차를 유지할 가능성도 있다.

이런 추론을 기반으로 중국의 기준금리 인상 시기, 폭, 속도, 유지 기간 등을 예측해 보자. 일단, 2016~2018년 초반까지는 중국이 기준금리를 인상할 가능성이 매우 낮다. 대신 2016년부터 2~3년 동안 중국 정부가 직접 기업 간 M&A, 좀비기업 파산 등을 주도하면서 구조조정을 진행할 가능성이 크다. 지속적으로 제기되는 좀비기업, 그림자금융, 부동산 버블 위험에 대응하기 위해서다. 신흥국과 동아시아의 심각한 위기에 대응하는 차원에서 금융권의 구조조정과 위기 대비책도 구사할 것이다. 기준금리 인하도 몇 차례 단행할 가능성이 충분하다.

2018년 후반이면 미국과 중국 간의 기준금리 차이가 없어지거나 중국 금리가 1%P 정도 낮아질 수 있다. 이 정도가 되면 기준금리를 인상하지 않고 버티기가 힘들다. 빠르면 2018년 후반, 늦어도 2019년 초반에 인민은행은 기준금리 인상을 단행할 것이다.

중국의 기준금리 인상 폭과 속도는 어느 정도가 될까? 필자의 예측으로는 2~3년 정도 계속해서 기준금리를 인상할 것이다. 2.5%~

3.5%에서 기준금리 인상을 시작해서 2021년 말이면 완료할 텐데, 최소 5%에서 최대 7%까지 인상할 것으로 예측된다. 2~3배 정도의 인상률이다. 중국은 기준금리를 인상하는 시점으로부터 대략 1~2년 후인 2019~2020년경에 금융위기 상황에 진입할 가능성이 크다.

중국이 앞으로 10년 이상 안정적으로 경제 성장을 하려면 반드시 구조조정과 부채 디레버리징을 해야 한다. 필자의 예측으로는 앞으로 2~3년이 구조조정을 시도하는 기간이고, 그 후에 부채 디레버리징을 시도할 것이다. 그 시기가 2019~2020년인데, 부채 디레버리징은 반드시 금융위기를 동반한다. 중국의 금융위기는 살기 위한 선택이다. 만약, 중국경제가 금융위기 국면을 통과하는 것을 선택했지만, 진행 과정에서 심각한 수준의 경제위기에 빠진다면 최대 8~10%대까지 기준금리를 인상할 가능성도 배제할 수 없다.

중국이 기준금리를 인상한 후에 어느 정도 지속할 것인지도 중요한 문제이다. 필자의 예측으로는 한국과는 다르게 중국은 빠르게 금리를 인상한 후에 오랫동안 지속할 가능성이 낮다. 세계 최고의 외환보유국이기 때문에 금융위기가 발생해도 외환위기로까지 가지는 않을 것이다. 여전히 중국은 G2이고 미래가 기대되는 시장이기에 금리를 낮추더라도 소나기가 지나간 후에는 외국 자본이 다시 돌아온다. 중국은 기준금리를 낮추더라도 미국과 같거나 약간 높은 수준을 유지할 수 있다.

이런 모든 것을 종합할 때, 중국 경제가 견딜만한 금융위기 상황이라면 금리를 5%대로 내려서 지속할 가능성이 크다. 만약, 중국 경제가 심각한 금융위기 상황이 되면, 위기의 핵심부를 지난 후 곧바로 기준금리를 3~4%대로 빠르게 내리면서 수습 국면으로 전환할 것이다. 중국은 아시아에서 가장 좋은 역량을 가졌기 때문에 위기의 중심지를 지난 후 3~4년 이내에 위기 상황을 완벽하게 극복할 것이다. 그래서 중국의 회복기는 대략 2023~2025년경이 될 것으로 예측된다.

일본의 대응

앞으로 5년 동안, 일본은 미국의 기준금리 인상과 신흥국과 동아시아의 퍼펙트 스톰에 어떻게 대응할까? 시간에 따른 일본의 다음 수를 예측해 보자. 일본은 생각보다 간단한 전략을 구사할 것으로 예측된다.

2016~2017년에는 양적 완화 정책을 지속하고 환율전쟁에 가담해서 엔저 현상을 지속할 가능성이 크다. 신흥국과 동아시아의 금융위기가 일어나지 않고, 국제 유가가 상승하는 국면이 되면 엔저 정책을 전환해야 할 시점이다. 하지만 앞으로 미국과 유럽의 경제 상황이 지지부진하고, 신흥국과 동아시아가 퍼펙트 스톰에 직면한다면 몇 년은 더 몸을 숙이고 경기부양을 지속해야 한다. 이 구간에서는 일본이 경기부양을 더 하고, 엔화가치가 좀 더 하락하더라도 후폭풍이 일어날 가능성은 낮다. 이 기간에 기준금리를 올려 버리면 어렵게 불씨를 살린 일본 경제에 찬물을 끼얹게 된다. 다음 그래프는 1970년대 이후부터 현재까지 일본의 기준금리 추이다.

일본의 기준금리 인상 시점은 중국과 비슷한 시기가 될 것으로 예측된다. 기준금리를 올리더라도 아주 소폭으로 0.5%~1% 내외가 될

일본의 기준금리 추이

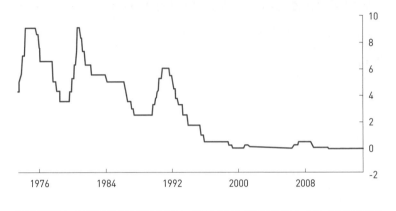

출처: Tradingeconomics.com

것이다. 거의 안 올릴 가능성도 배제할 수 없다. 그래도 문제가 없을 것이다.

일본은 지난 '잃어버린 20년' 기간에 강제적인 구조조정을 거쳤고, 자산가치도 1/4로 줄었고, 초고령화 충격이 지속되고 있기 때문에 양적 완화를 좀 더 하고, 자산 버블이 좀 더 부풀어 올라도 생각보다 큰 타격이 없다. 실업률도 3%대로 안정적이다. 인플레이션율은 여전히 제로에 가깝다. 타격이 일어나더라도 신흥국과 동아시아, 중국의 위기를 지난 이후로 미뤄질 가능성이 크다. 그만큼 일본은 시간을 벌 수 있다.

일본은 환율이 오르거나 인플레이션율이 오르는 것은 감수할 수 있다. 하지만 기준금리가 오르는 것은 감당할 수 없다. GDP 대비 250%를 넘은 부채 때문에 금리가 오르면 이자 비용이 천문학적으로 늘어난다. 이자를 갚을 능력이 없기 때문에 추가로 국채를 발행해

114

야 하고, 이는 다시 국가 부채의 급격한 증가를 초래하는 악순환을 만들어 일본 파산 시나리오가 현실이 된다. 일본은 지금도 한 해에 23조 엔을 이자로 낸다. 지난 3년간 이자로 나간 돈이 일본 연간 예산의 40% 정도이다.

일본 정부 재정수지는 1992년부터 현재까지 매년 적자이고, 2009년에 이미 실질적인 채무불이행 상황에 진입했다. 2014년 일본 GDP는 4조 7,700억 달러, 일본의 부채는 11조 5천억 달러 정도다. 부채를 다 갚으려면 300년 이상 걸린다. 금리가 1% 인상되면 이자 부담액이 1,500억 달러 늘어난다.

일본은 미국과 밀착외교를 펼치고 있어서, 미국이 기준금리를 인상하는 과정에서도 최대의 수혜자가 될 것이다. 예를 들어 중국이 아시아 대위기 국면을 지나면서 미국 국채를 매각하면 일본이 다 받아서 사들일 것이다. 미국과 일본은 앞으로도 상당 기간 밀착 관계를 유지할 것이다.

이런 모든 것을 고려할 때, 다가올 아시아 대위기 구간을 지날 때도 한국, 중국, 일본 3국 중에서 가장 여유가 있고 사용할 카드가 많은 나라가 일본이다. 일본의 진정한 위기 가능성은 필자가 〈2030 대담한 미래〉에서 예측한 것처럼 2020년 이후에야 부상할 것이다.

2017~2018년,
한국 금융위기 가능성 90%

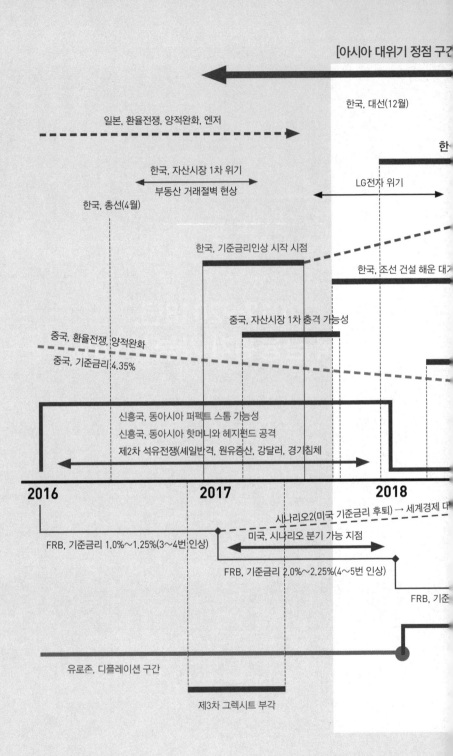

[아시아 대위기 정점 구간

한국, 대선(12월)

일본, 환율전쟁, 양적완화, 엔저

한

한국, 자산시장 1차 위기

LG전자 위기

부동산 거래절벽 현상

한국, 총선(4월)

한국, 기준금리인상 시작 시점

한국, 조선 건설 해운 대기

중국, 자산시장 1차 충격 가능성

중국, 환율전쟁 양적완화

중국, 기준금리 4.35%

신흥국, 동아시아 퍼펙트 스톰 가능성

신흥국, 동아시아 핫머니와 헤지펀드 공격

제2차 석유전쟁(셰일반격, 원유증산, 강달러, 경기침체)

2016   2017   2018

시나리오2(미국 기준금리 후퇴) → 세계경제 대

FRB, 기준금리 1.0%~1.25%(3~4번 인상)

미국, 시나리오 분기 가능 지점

FRB, 기준금리 2.0%~2.25%(4~5번 인상)

FRB, 기준

유로존, 디플레이션 구간

제3차 그렉시트 부각

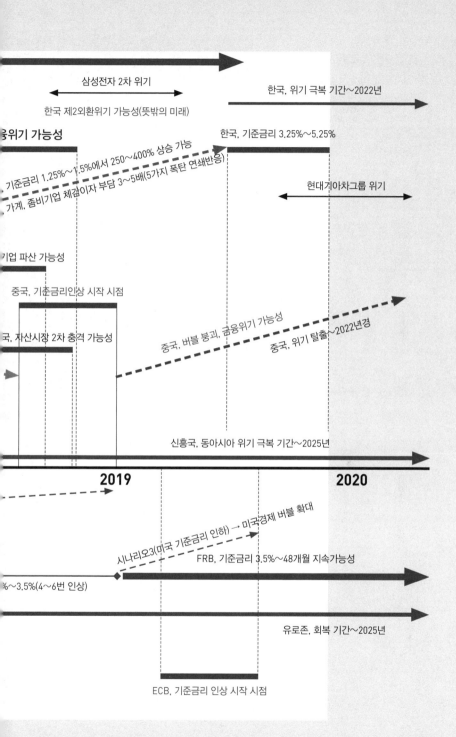

삼성전자 2차 위기

한국 제2외환위기 가능성(뜻밖의 미래)

한국, 위기 극복 기간~2022년

용위기 가능성

한국, 기준금리 3.25%~5.25%

기준금리 1.25%~1.5%에서 250~400% 상승 가능

가계, 좀비기업 체감이자 부담 3~5배(5가지 폭탄 연쇄반응)

현대기아차그룹 위기

기업 파산 가능성

중국, 기촌금리인상 시작 시점

국, 자산시장 2차 충격 가능성

중국, 버블 붕괴, 금융위기 가능성

중국, 위기 탈출~2022년경

신흥국, 동아시아 위기 극복 기간~2025년

2019

2020

시나리오3(미국 기준금리 인하) → 미국경제 버블 확대

FRB, 기준금리 3.5%~48개월 지속가능성

%~3.5%(4~6번 인상)

유로존, 회복 기간~2025년

ECB, 기준금리 인상 시작 시점

GREAT CHALLENGE 2030

한국 신용등급 Aa2의 진실

무디스가 한국의 국가 신용등급을 'Aa2'로 올렸다. 단군 이래 최고이고 중국과 일본보다도 높다. 이 사건이 주는 의미를 필자에게 묻는다면 이렇게 답하겠다.

"별로 의미가 없다!"
"미국의 기준금리 인상의 충격에 대한 방패도 되지 못한다!"

신용등급은 한국 경제 전반의 능력을 평가한 등급이 아니다. 무디스가 매긴 신용등급은 '빚 값을 능력'에 대한 평가일 뿐이다. 비유를 통해 설명하면 이렇다. 당신의 나이가 80살로 은퇴해서 벌이는 없지만, 예금통장에 10억 원의 현금이 있다. 당연히 은행이 당신에게 10억 원의 현금을 담보로 몇억 원을 빌려줘도 돈 떼일 염려는 전혀 없다. 당신의 신용등급은 최고 등급이 나온다. 한국의 신용등급 'Aa2'는 이런 의미일 뿐이다.

2015년에 국제신용평가회사인 S&P, 피치도 한국의 신용등급을 올렸다. 이들은 한국 경제의 강점으로 계속되는 통합재정수지 흑자, 공기업 부채가 다소나마 축소되는 등의 '견고한 재정' 상태와 지속적인 경상수지 흑자 추세, 높은 외환보유액, 은행 대외채무 축소 등 '양호한 대외건전성' 등을 들었다. 그리고 미래 기회 요인으로 선진국 경제가 회복되면 수출이 확대될 것이고, 저유가 지속으로 경상수지 흑자가 확대될 것이라고 평가했다.

필자의 예측으로는 무디스는 아마도 2~3년 안에 한국의 신용등급을 다시 내려야 할 것이다. 한국에 대한 불길한 소문이 서서히 나오기 시작하면서 위기감이 고조될 것이기 때문이다. 그때쯤이면 선진국의 경제 회복과 저유가 추세에 따른 반사이익도 3대 신용평가사들이 지적한 한국 경제의 약점과 위기 요인에 의해 상쇄되어 버릴 것이다. 그들이 지적한 한국 경제의 약점은 북한 리스크, 가계부채, 고령화 및 구조적인 성장세 약화 등이다. 미래 위기 요인으로는 중국 경제 성장 둔화로 인한 수출 감소와 미국 기준금리 인상에 따른 금융 부문 취약성의 증대를 지적했다.'

그들은 한국의 부동산 버블 붕괴가 시장에 미칠 파괴적인 도미노 현상을 간과하고 있다. 지금부터 한국의 위기 전개 과정을 상세하게 예측해 보자.

앞으로 2~3년의 한국 경제 예측

앞으로 2~3년 동안 한국 경제 상황은 어떻게 될지를 예측해 보자. 신용평가회사들처럼 지난 몇 년간의 평균치를 단순히 미래에 투사하는 방식으로는 미래를 제대로 예측할 수 없다. 지금까지 설명한 미국의 미래 전략, 중국, 유럽, 일본의 대응전략, 신흥국과 동아시아에서 일어날 퍼펙트 스톰 상황 등을 모두 고려해야 한다.(필자가 〈2030 대담한 미래〉 〈2030 대담한 미래 2〉에서 예측한 한국 기업의 미래, 글로벌 경쟁 상황의 변화, 저출산, 고령화의 충격 정도, 부동산의 미래, 미래산업의 변화 등에 대한 예측도 모두 반영한 예측이다. 다만 고려한 변수들에 대해서는 앞의 2권의 책에서 자세하게 설명하고 예측했기 때문에, 여기서는 예측 결과를 중심으로 몇 가지 중요한 지표와 예측 시나리오만 설명한다)

먼저 GDP 성장률을 살펴보자. 아래의 그래프는 지난 10년간 한국

지난 10년간 한국의 분기별 GDP 성장률 추이(%)

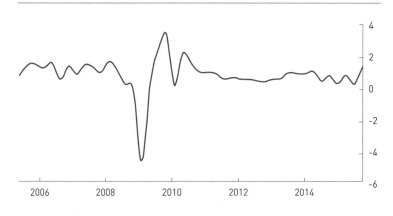

출처: Tradingeconomics.com

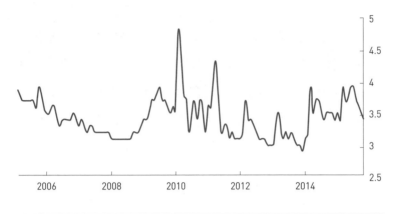

출처: Tradingeconomics.com

의 분기별 GDP 성장률 추이다.

앞으로 3~5년간 한국의 GDP 성장률은 지난 10년과 다르게 나타날 가능성이 크다. 2016~2017년은 2%대의 경제성장률을 가까스로 지킬 가능성이 크다. 하지만 2018~2019년 사이에 마이너스 성장률을 기록할 가능성에 대비해야 한다. 2019년 이후에는 상당 기간 저성장 국면이 진행될 것으로 예측된다.

실업률은 어떻게 될까? 위의 그래프는 지난 10년간 한국의 실업률 추이다.

2016~2017년은 기업의 구조조정이 지속되면서 3.5%~4% 선의 실업률을 반복적으로 기록할 가능성이 크다. 2018~2019년 사이에는 실업률이 4%~5% 선으로 뛰어오를 가능성에 대비해야 한다. 2019년 이후에 전체 실업률은 서서히 하락하겠지만, 취업을 포기한 사람의 비율이 높아지고 청년 실업률도 다시 증가할 것이다.

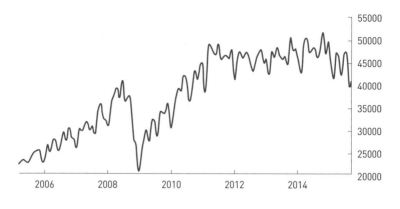

지난 10년간 한국의 수출규모 추이(백만 달러)

출처: Tradingeconomics.com

수출은 아마도 가장 큰 변화가 나타날 영역일 것이다. 그것도 하방下方
으로. 위의 그래프는 지난 10년간 한국의 수출 규모 지표이다.

한국 수출 규모는 지난 10년 동안 2008년 미국발 금융위기 때에
만 크게 하락했을 뿐 계속해서 증가했다. 하지만 그래프에서 쉽게 알
아차릴 수 있듯이, 2011년부터 정체하다가 2014년부터는 눈에 띄게
줄기 시작했다. 2016~2017년은 신흥국과 동아시아가 큰 위기에 휩
쓸릴 것이다. 대 미국 수출은 호전되겠지만, 중국과 신흥국, 기타 동
아시아 지역으로의 수출은 2015년보다 줄어들 가능성이 크다. 물
론 유동성 증가로 인해 매년 화폐 가치 하락이 진행되기 때문에 수
출 금액 감소가 확연하게 드러나지 않는 착시현상이 나타날 것이다.
2016년에는 수출액이 주는 것보다 수입액이 더 줄어서 무역 흑자가
더 커질 수도 있다. 2018~2019년 사이에는 미국발 금융위기 때처럼
큰 폭의 수출 규모 감소가 일어날 수 있다. 2019년 이후 10년 정도는

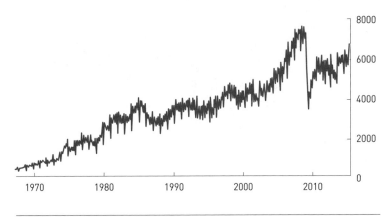

출처: Tradingeconomics.com

수출 규모가 급속하게 감소하지는 않을 것이다. 일본의 지난 50여 년
간의 수출 규모 변화 추이 그래프와 비교해 보자.

  그래프에서 보듯이, 일본의 수출은 1970년부터 1985년까지 가파
른 성장세를 보였다. 그러나 1985년 플라자합의로 엔화 가치의 급격
한 절상이 이루어진 직후 곧바로 수출 규모가 줄었다. 그 후 잠시 회
복 추세를 보이다가, 1991년 부동산 버블이 붕괴하고부터 '잃어버린
20년'을 지나는 동안 제자리에 머물거나 아주 미세하게 증가했을 뿐
이다. 2004년 무렵부터 2008년까지 전 세계 버블 팽창 시기를 제외
하면 약간이나마 수출 규모가 증가했을 때는 일본이 엔화 가치를 하
락시켰을 때였다. 한국과의 치열한 가격경쟁을 이기지 못하고 성장
이 멈춘 것이다. 그러면서도 급격하게 추락하지 않은 이유는 탄탄한
중소 기업의 저력, 부품과 소재산업의 강점, 주기적인 엔저 효과 덕분
이었다.

한국의 인플레이션율 변화 추이(%)

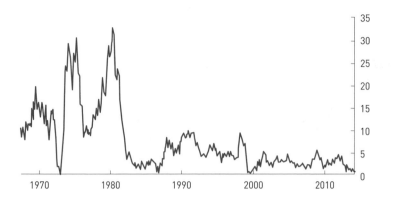

출처: Tradingeconomics.com

한국의 GDP 연간 성장률 추이(%)

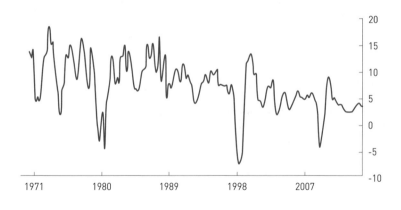

출처: Tradingeconomics.com

2019년 이후 한국의 수출 규모는 1991년 이후 일본의 수출 규모 추이를 거의 비슷하게 따라가거나 서서히 수출 규모가 줄어드는 양 상을 띨 가능성이 크다.

일본의 인플레이션율 추이(%)

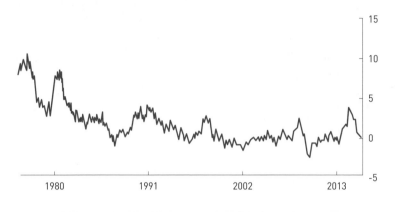

출처: Tradingeconomics.com

　다음으로 지난 40여 년간의 한국의 인플레이션율 변화 추이 그래프를 보자.

　한국의 인플레이션율은 1980년대부터 10%대 밑으로 내려갔다. 이것을 지난 40여 년간 한국의 GDP 연간 성장률 추이 그래프와 비교하면 비슷한 패턴을 발견할 수 있다. 1990년대 한국의 경제성장률이 8~10%대를 보였을 때 인플레이션율은 5~10%대를 보였다. 2000년대 들어 한국의 경제성장률이 5%대로 하락하자, 인플레이션율도 3~5%대로 낮아졌다.

　위 그림은 일본의 1980년대 이후 현재까지의 인플레이션율 변화 그래프다. 일본은 1985년 플라자합의 이후 내수시장 촉진 정책을 사용하면서 인플레이션율이 잠시 높아졌다. 하지만 1991년 부동산 버블이 붕괴하면서부터 잃어버린 20년 동안 인플레이션율은 계속 낮아졌다. 2000년대 들어서는 제로 수준에서 미세하게 오르내렸다. 엔

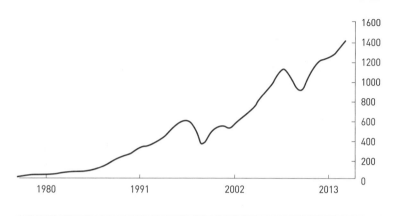

출처: Tradingeconomics.com

저 정책으로 경기 부양을 하면 잠시 인플레이션율이 올랐다가 정책 효과가 끝나면 다시 제로로 후퇴하는 장기적인 디플레이션 국면을 겪은 것이다.

한국은 2016~2017년에 인플레이션율이 0.5~1.5% 사이를 오르내 릴 가능성이 크다. 2018~2019년의 시기에도 비슷할 것이다. 2019년 이후에는 강력한 경기부양을 하면 2% 수준으로 증가하다가도 경기 부양책의 효과가 다하면 제로 수준으로 다시 내려가는 국면이 10년 이상 나타날 가능성이 크다. 최소한 '잃어버린 10년', 길게는 '잃어버 린 20년' 상황을 겪게 된다는 뜻이다. 이 상황을 반전시킬 유일한 동 력은 통일 뿐이다.

국내총생산GDP의 미래는 어떻게 될까? 국내총생산은 한 나라의 국경 안에서 1년 동안 생산한 재화, 용역의 부가가치와 모든 최종재 의 값을 화폐 단위로 합산한 것이다. 위 그림은 지난 30여 년간 한국 국내총생산의 추이다.

지난 30년간 국내총생산은 가파르게 증가했다. 하지만 앞으로 상당 기간 위 그래프에서 본 상승 추세를 재연하기는 힘들 것이다. 한국 국내총생산은 2016~2017년에 정체를 보이다가, 2018~2019년에 감소 추세로 돌아설 가능성이 크다. 2019년 이후부터는 장기간 정체 추세가 이어질 것이다. LG경제연구원은 한국의 1인당 국민소득이 2015년에는 2만 7,100달러, 2016년에는 2만 7,000달러로 2년 연속으로 하락할 것으로 예측했다.[2]

1인당 국민소득이 2만 달러에서 3만 달러에 이르는 기간은 일본과 독일이 5년, 미국은 10년이 걸렸다. 한국은 3만 달러에 도달하는 시간이 (2만 달러에 도달한 2006년 이후부터) 15~20년 정도 걸릴 수 있다. 총체적인 시스템 교체를 하지 않으면, 한국의 1인당 GDP는 화폐가치 하락분을 빼면 25,000달러에서 30,000달러 사이에서 10~20년 동안 정체할 수 있다.

외국인 투자 자금의 향방은 어떻게 될까? 미국이 기준금리를 인상한 이후 3~6개월 동안 단기적으로 한국 금융시장에서 외국인 투자 자금의 이탈이 시작되며 한국 자산시장의 제1차 위기가 일어난다. 하지만 한국의 외환시장이 아직 건전하고, 가계부채 위험이 아직은 현실화하지 않았기 때문에 그 이후부터 잠시 소강상태에 빠질 가능성이 있다. 오히려 미국의 기준금리 인상으로 인해 베네수엘라, 러시아, 나이지리아, 남아공, 브라질, 인도네시아, 말레이시아, 태국 등에서 금융위기가 발생하면서, 단기적으로 급락한 중국 시장과 한국 시장으로 한 두 번 징도는 더 외국인 자금이 재유입될 가능성도 있다.

하지만 미국이 기준금리 인상을 시작한 때로부터 9개월~1년 후쯤인 2016년 말이 되면 한국이 기준금리를 인상할 수밖에 없는 상황에 몰리면서 한국 자산시장에 제2차 위기가 발발할 것이다. 한국은행이 기준금리를 0.25%P 올리면 가계의 이자 부담액은 연간 2조 원정도 늘어난다. 이때부터 한국의 외채 규모, 부동산시장에 대한 불안감과 가계부채의 위험성이 부각되고, 신흥국 위기를 피해 일시적으로 유입된 자금이 수익 실현과 환차손 회피를 위해 움직인다. 여기에 중국의 경제성장률이 예상치를 밑도는 악재가 겹쳐서 발생하면 추가적인 외국인 자금 유출이 일어날 가능성이 크다.

2015년 말 현재 100조 원대로 추정되는 외국인 보유 원화 채권의 만기는 1년 이내가 42%로 가장 많고, 1~2년이 19%, 2~3년이 11%이다. 10년 이상의 장기 채권은 전체의 4%에 불과하다. 전체의 72%를 차지하는 3년 이내 단기물은 미국과 한국의 금리차에 민감하다. 미국의 기준금리 인상이 시작되면 한국과 미국의 기준금리 차이에 따라서 외국인의 단기 원화 채권에 대한 재투자 축소가 불가피해진다.[3]

월스트리트저널은 현재 신흥시장의 상황을 1997년 아시아 금융위기 상황과 아주 흡사하다고 평가한다.[4] 당시 태국의 바트화 평가절하가 아시아 전역에서 위기를 촉발시키는 방아쇠 역할을 했으며, 러시아와 중남미 신흥국까지 위기가 확산하면서, 결국 한국의 외환위기까지 발생시켰다. 월스트리트저널은 "(다행히) 오늘날의 통화 가치 하락은 끓어오르는 위기의 징후가 아니라 반길만한 충격 흡수 장치다."라고 긍정적으로 평가했다. 하지만 동시에 "중국의 경기 둔화와 그에 수반된 원자재 가격 하락세로 인해 신흥국들이 너무도 오랫동안 간과해 온 구조적 취약성이 노출되고 있다."는 부정적인 면도 강조했다. 또한 1981~1982, 1994, 1997~1998년에 연준의 통화 긴축 정책이 신흥시장에서 달러 부채를 보유한 기업, 은행, 국가들을 압박하며 위기감을 크게 고조시켰던 것을 상기시키며, 이번 미국의 기준금리 인상도 신흥국들의 통화 평가절하와 맞물리면서 달러표시 부채 상환 부담의 급격한 증가, 달러 매물 압박을 벗어나기 위한 고금리 정책 압력, 내수시장의 충격 등을 불러올 가능성이 크다고 경고했다.[5]

단, 신흥시장 은행권이 1990년대 말보다 보수적으로 자금을 운영하고 있고, 자기자본비율도 양호하며, 자국의 저축률이 높고, 부채 중에서 달러화 장기 채권의 비율이 높기 때문에 위기가 갑작스럽게 치솟기보다는 장기적으로 서서히 나타날 가능성이 크다고 예측했다.[6] 즉, 일어날 가능성이 낮은 것이 아니라, 과거와 달리 서서히 장기적으로 나타날 가능성이 크다는 경고이다.

한국의 기준금리는
어떻게 움직일까

2015년 12월에 미국이 기준금리를 인상한 후, 한국이 언제 기준금리를 인상할 것인가가 우리의 초미의 관심사가 되었다. 필자는 2016년 말~2017년 중반이 첫 인상 시기가 될 것으로 예측한다. 다음 그래프는 2002년 이후 한국, 미국, 유럽, 일본의 기준금리 추이다. 맨 아래는 일본, 그 다음은 미국, 맨 위가 한국이다.

한국은 대체적으로 미국이 기준금리를 인상한 후 최소 9개월에서 최대 16개월 정도 지나서 인상을 시작하는 패턴을 보인다. 이번에도 이 패턴 안에서 신중하게 고려할 것이다. 2015년 12월에 미국이 기준금리를 인상했으니, 한국은 2016년 말~2017년 중반이 된다.

인상을 시작하면 그 속도와 인상 폭은 어느 정도일까? 필자의

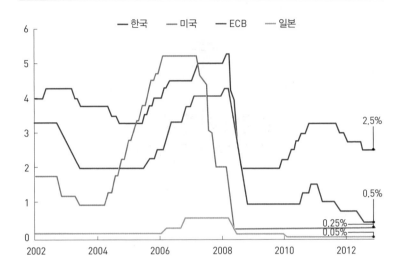

출처: 국제금융센터

예측으로는 한국은행이 기준금리를 인상하면 최소 2년에서 최대 3년 정도 기준금리 인상을 지속할 것이다. 2017년은 조심스럽게 인상할 것이다. 미국의 예측되는 인상 폭을 0.8~1.0% 사이로 볼 때, 2017년 말 한국의 기준금리는 2.0%~2.25% 사이, 2018년 말에는 3.0%~3.5% 사이가 될 가능성이 크다. 2019년에는 미국의 기준금리가 3.25%~3.5% 사이가 될 가능성이 크다. 2019년 말, 한국은행의 기준금리는 최소 3.25%가 되고, 최악의 경우 5.25%까지 급격하게 인상할 가능성도 있다.

2019년 말에 기준금리가 3.25%~5.25%가 된 후에는 어느 정도 지속될까? 필자가 앞에서 예측한 2019년 이후 한국경제의 미래 변화 방향을 감안할 때, 미국이 기준금리를 내리지 않으면 한국도 못 내릴 가능성이 크다. 즉, 2019년~2020년 정도까지 3.25%~5.25% 사이가 유지될 수 있다. 이상의 예측을 연도별로 정리하면 한국의 기준금리는 다음과 같다.

2016년 말, 1.5%~1.75%

2017년 말, 2.0%~2.25%

2018년 말, 3.0%~3.5%

2019년 말, 3.25%~5.25%

2019년~2022년, 3.25%~5.25% 사이에서 장기적 지속 가능성

2016년 말~2017년,
부동산 거래절벽이 온다

한국의 기준금리에 관한 예측과 한국을 둘러싼 주변국에서 벌어질 미래 가능성을 반영하여 한국의 내수경제와 기업의 미래를 예측해 보자.

먼저, 부동산 시장의 미래다.(한국 부동산의 미래에 대한 거시적 변화 예측은 필자가 〈2030 대담한 미래〉에서 단계별 시나리오까지 구체적으로 예측했고, 그것을 수정할 변수가 발생하지 않았기 때문에 여기서는 미국의 기준금리 인상 이후부터 3~4년 정도의 미래를 예측하는 것으로 한정했다)

2016년 초반에는 1년에 100조 원씩 증가하는 가계부채에 놀란 정부가 다급하게 꺼내 든 대출 억제 대책으로 부동산 거래 위축이 시작될 것이다. 그러나 총선을 앞둔 정부의 재정 투입, 부동산 거래의 관성, 신학기의 이사철 특수가 반영되어서 2015년보다 가격이 할인되는 수준에서 거래가 약간은 이루어질 수 있다.

하지만 2016년 중반~2016년 말 사이 한국의 부동산시장에서는 '거래절벽 현상'이 시작될 가능성이 크다. 2016년 중반을 넘어서면서 한국의 기준금리 인상에 대한 불안감이 시장을 사로잡기 시작하면 거래는 심하게 위축될 것이다.

2016년 말~2017년 초에 한국은행이 마침내 기준금리를 0.25%라도 올리기 시작하면 시장은 급격하게 얼어붙게 된다. 드디어 올 것이 왔다는 분위기가 시장에 휘몰아치고, 신흥국와 동아시아의 경제위기가 고조에 이르면 부동산 시장에서 '거래절벽 현상'이 시작될 것이다. 한 번 거래절벽이 시작되면 최소 2~3년은 시장이 꽁꽁 얼어붙을 것이다. 2019~2020년 이후로는 10~15년에 걸쳐 서서히 그리고 장기적으로, 지방에서 시작되어 수도권으로, 최고점 대비 30~50% 정도를 목표로 부동산 가격이 하락하기 시작할 것이다.

● 　다음은 〈2030 대담한 미래〉에서 소개한 부동산 3단계 버블붕괴론의 핵심을 요약 정리한 것이다.

● 1단계: 2010~2011년, '부동산 스태그플레이션' 단계
부동산을 보유한 개인들이 부동산 경기 회복에 대한 마지막 기대를 하는 단계다. 시장에서도 부동산 버블 붕괴는 비현실적이라는 주장이 어느 정도 통한다. 여기에 급격한 경기 침체를 두려워한 정부의 과감한 부동산 규제 완화 정책 등으로 일정한 수준의 시장 가격은 겨우 유지한다.
2007~2008년 부동산 버블 최고점에서 구매한 사람들은 이자의 부담을 견디지 못해 정부의 규제가 풀릴 때마다 급매물을 내놓지만, 잠재적 매수자들은 추가 가격 하락을 기대하면서 구매를 늦추기 때문에 실거래는 현저히 줄어든다.

즉, 부동산 가격은 어느 정도 고점에서 버티고 있지만, 부동산 거래는 현저히 줄어드는 스태그플레이션 분위기가 형성된다. 1단계의 조정은 이미 끝이 났다. 1차 조정은 글로벌 경제 위기에서 이어지는 작은 불황 탓에 시장의 신용창조 속도 감소와 부동산 담보대출 부담으로 말미암은 아파트의 실구매 수요 감소가 주된 원인이었다.

● 2단계: 2014~2016년, '부동산 디플레이션' 단계
2015~2016년이 되면 712만 명이나 되는 베이비붐 세대의 절반쯤이 은퇴하게 된다. 그리고 생애 첫 번째 집을 사야 하는 20대 후반과 30대 초반의 인구가 감소하기 시작한다.

정부가 각종 대책을 쏟아내고, 이런 정부의 대응에 마지막 희망을 걸어보기로 하는 부동산 보유자들이 생기면서 부동산 시장에 잠시 광명이 비치는 듯 보일 것이다. 하지만 이후 반짝했던 부동산 가격 회복의 기대감이 무너지면서 더 이상은 이자와 원금 상환 부담을 견디지 못하는 200만 가구의 '집 가진 가난뱅이'들이 매물을 시장에 토해 놓기 시작할 것이다. 그리고 은퇴한 베이비붐 세대의 몰락이 사회적 문제로 떠오르기 시작하면서 부동산 가격은 빠른 속도로 하락하기 시작할 것이다. 하지만 이런 상황이 심화할수록 잠재적 실구매자들은 추가적인 가격 하락을 기대하게 되므로 실제 거래량은 여전히 크게 개선되지 않는 상태가 될 가능성이 크다. 부동산 가격은 드디어 눈에 띄게 하락하기 시작하지만, 거래는 좀처럼 살아나지 않는 디플레이션 현상이 발생하는 것이다.

● 3단계: 2020년 무렵, 부동산에 대한 뉴노멀이 형성되는 단계
이 때는 버블 붕괴가 상식이 되고 부동산에 대한 뉴노멀New normal이 형성된다. 필자가 예측하기에 2020년경이 되면 마지막 3단계에 진입할 가능성이 크다. 물론 3단계로 들어서는 시기는 우리나라 기존 산업의 넛크래커 현상, 저출산 고령화로 말미암은 내수 시장 축소, 부의 불균형 분배, 고용 없는 성장, 정부 부채 증가 문제를 어떻게 선제적으로 해결해나가는지, 그리고 세계의 저성장 기간이 어느 정도 이어지는지 등의 내외부적인 요인에 따라서 약간은 달라질 수 있다. 하지만 이런 요인에 대해서 최고의 대응을 하더라도 3단계의 진행

을 막기에는 역부족일 것이다. 그 이유는 다른 것들은 어떻게 선제적으로 대응해서 피해를 줄이거나 늦출 수 있지만, 인구의 감소와 베이비붐 세대의 은퇴, 세계에서 가장 빠른 초고령사회로의 진입과 평균 수명 100세 시대로의 진입은 이미 막거나 늦출 수 없게 된 물리적인 요인이기 때문이다.

2017년 후반~2018년,
조선 건설 해운 대기업 파산한다

2014~2015년, 한국의 정유, 화학, 조선, 해운 산업이 위기에 빠졌다. 이들의 미래는 어떻게 될까? 안타깝지만, 한국의 정유, 화학, 조선, 해운 산업은 최소 1~2년, 길게는 4~5년 정도 '치킨 게임'을 각오하는 것이 좋다. 살아남더라도 비용 감축, 투자 감소, 인력 감축이 불가피하다. 가능하다면 2017년 이전에 강력한 구조조정을 해야 한다. 필요하다면 파산도 고려해야 한다. 2017년 이전에 구조조정에 성공하지 못하면 2017년 후반~2018년 사이에 한국의 조선, 건설, 해운 산업에서 대기업 1~2개가 파산하는 심각한 일이 벌어질 수도 있다.

필자는 〈2030 대담한 미래〉에서 1997년 제1차 외환위기가 발발하는 과정을 분석했다. 김영삼 정부가 IMF에 구제금융을 신청하기

3년 전에 동아시아가 외환위기에 빠졌다. 미국이 기준금리를 인상했다. 이 과정에서 한국은 간접충격만 받고 큰 위험은 없었다. 하지만 한국 기업은 달랐다. 좀비기업들이 좀체로 위기에서 헤어나오지 못했지만, 정부는 내수시장과 노동시장에 미칠 충격을 두려워해서 구조조정을 미루고 자금을 지원해서 숨을 붙여 주었다. 하지만 1997년부터 기업 부도가 시작되었다. 한보, 삼미, 진로, 대농, 한신공영, 쌍방울, 해태, 기아자동차가 줄줄이 무너졌다. 이어서 금융위기가 한국 경제를 강타했다. 결국 한국경제는 더 버티지 못하고 외환위기의 굴욕을 당해야 했다. 2016년에 한국은 1997년을 교훈으로 삼아야 한다. 다시 강조하지만 2017년까지가 한국 경제를 엄청난 위기에서 구해낼 구조조정의 마지막 시기다. 이 시기를 놓치면 한국 경제는 지금부터 필자가 하는 예측대로 갈 가능성이 90%에 이른다.

2015년 한 해에만 이미 10조 원 가까이 손실을 본 한국 조선산업은 기존 수주 물량의 납기가 늦춰지고, 주문된 물량의 취소 가능성이 커지며, 추가 주문은 줄어드는 3가지 악재가 2016년에도 계속될 것이다. 2017년이라고 달라지지 않을 것이다.

해양플랜트 사업도 같은 상황에 몰리게 된다. 한 조선 관계자의 말에 의하면, "유가가 추락하면 한 건 당 1조 원 대에 달하는 석유 시추 사업 장비 인수가 지연되거나 아예 취소될 가능성도 크다."[7]

2015년 사상 최악의 손실을 기록한 대우조선해양의 경우를 보자. 대우조선해양은 2015년 8월 건조를 거의 마친 7,000억 원짜리 원유시추선 계약을 해지당했다. 발주사의 인도 거부 때문이다. 4년 전 시추선 발주 당시 계약금의 10%인 700억 원을 받았지만, 잔금 6,300억 원의 공사대금은 못 받게 되었다. 발주사가 계약금 700억 원을 손해 보더라도 6,300억 원의 추가비용은 막겠다고 판단했다. 설비를 인수해서 운영해도 이익을 남기지 못할 정도로 세계 경제의 침체가 길 것이라는 예측 때문이다. 대우조선해양은 나머지 금액 6,300억 원을 손실금액으로 반영했다. 이런 식으로 한국의 조선 3사가 최근 1년 동안 계약 해지로 떼인 금액만 2조 원이다. 2015년 하반기에만 대우조선해양, 삼성중공업, 현대중공업 등 한국의 조선 빅3가 취소당하거나 취소한 해양시추 장비가 4건이다.

전문가들은 글로벌 경제 침체 상황에서 국내 조선 3사가 선박 건조 경쟁에서 중국에 밀리자, 위기를 극복하기 위해 해양플랜트 사업을 미래 성장동력으로 선정을 했는데, 철저한 준비와 예측 없이 '하면 된다!'는 생각으로 뛰어들어 생긴 결과라고 평가했다. 한국 조선사들이 해양플랜트의 기본설계, 드릴 등 핵심 기자재를 외국 업체에 의존해야 하는 상황에서 설계, 재원조달, 시공 등의 모든 서비스를 시공업자가 일괄하여 제공하는 계약 방식Turn-key System으로 해양플랜트사업을 수주한 것이 화근이었다고 평가한다. 중요한 영역을 외부에 의존하는 상황에서는 설계와 제작 기간을 통제하기 어렵다. 만약 예상보다 시간이 길어져 기본설계가 완전하지 못한 상태에서 건조를 시작하면 설계 변경이 잦다. 그에 따라 전체 공정이 길어지고 납기가 늦어지는 경우에 모든 책임을 조선사가 떠안아 막대한 페널티를 물어야 한다.[8]

총손실 규모는 대우조선해양이 가장 커서 2015년 한 해에만 4조 원 정도다. 조선 빅3 중 나머지 2개 기업이 6조 원 정도의 손실을 입었다. 문제는 이런 상황이 2015년 한 해로 끝나지 않는다는 것이다. 최소 1~2년, 최대 4~5년은 더 지속될 가능성이 크다.

2015년 11월 기준으로 한국 조선 3사의 해양플랜트 수주잔량은 삼성중공업 243억 달러(24기), 현대중공업 220억 달러(24기), 대우조선해양 199억 달러(22기)이다. 빅3의 수주 총잔량은 대략 77조 원이다. 대우조선해양은 상대적으로 계약 취소율이 높은 시추 설비만 14기 9조 원(77억 달러) 정도 수주했다.[9]

2015년 12월 2일 CNN머니의 보도에 따르면, 경기가 회복국면으로 전환한 미국에서도 저유가와 강달러에 직격탄을 맞아 파산하는 기업이 급증하고 있다. 국제신용평가사 스탠더드앤드푸어스S&P의 분석에 의하면 2015년 한 해에만 디폴트를 선언한 글로벌 기업이 100곳이 넘는다. 그중 1/3은 에너지 기업이다. 2015년의 글로벌 기업 디폴트 건수는 2008년 금융위기 당시의 268건에 비하면 절반에 못 미치는 수치이지만, 2014년에 비해서는 2배나 되며, 2009년 이후 최대치다.[10] 2008년 미국발 금융위기 이후, 초저금리 덕에 막대하게 풀린 돈으로 연명하던 기업들이 유가 급락, 미국발 금리 인상의 전조, 글로벌 경제의 장기 침체를 견디지 못하고 올해부터 무너지기 시작한 것으로 해석할 수 있다.

러시아, 중동 국가와 신흥국은 원유 및 원자재가 핵심 수출 품목이다. 그런데 중국의 성장 둔화, 신흥국 위기, 글로벌 경기의 느린 회복세 등으로 수요가 부진한 철광석 등 주요 원자재의 가격은 역사적 저점 수준이다. 미국이 기준금리를 인상하면, 신흥시장에서는 초저금리 상황에서 부채를 갖다 쓴 기업들의 채무상환 부담이 커지고, 그만큼 투자는 준다. 그들이 투자를 줄이는 만큼 한국의 정유업계, 화학, 조선, 해운 산업은 직격탄을 맞는다.

중국 경제는 성장률 하락을 맞아 위기를 뒤로 미룬 채 공급과잉을 줄이고 있다. 하지만 완전히 멈출 수는 없다. 공급과잉을 멈추면 성장률은 더 하락하고, 저가 및 물량 공세로 돌려막기를 하고 있던 중국 업체들의 도산이나 대규모 구조조정이 시작되며 중국 시장이 더 위축될 것이기 때문이다. 따라서 중국 업체들의 생존을 위한 저가 공세, 물량 공세가 2~3년은 지속될 가능성이 크다.

한국의 섬유화학 기업들은 글로벌 시장에서 중국 기업과 더욱 치열한 경쟁을 해야 한다.(석유 제품은 반도체에 이어서 한국의 2위 수출 품목이다) 이런 상황에서 제2차 석유전쟁으로 국제 유가가 더 하락하면 석유화학산업은 제품 가격 하락, 매출 하락, 이익 감소라는 악순환의 고리에 빠질 것이다.

한국해외건설협회가 2015년 12월 8일 발표한 자료에 따르면, 2015년 해외 건설 수주액은 전년보다 31% 정도 감소했다.[11] 이 중에서 중동 지역의 수주액은 52%나 급감했다. 수주액도 줄어들었지만, 공사 대금을 받지 못하는 일도 많아진다. 게다가 수주 경쟁이 치열해지기 때문에 수익성도 크게 떨어진다. 국제 유가가 회복되기 전까지는 건설업이 이 악순환에서 벗어나기 힘들다.

글로벌 경기 침체와 유가 하락으로 해외 건설시장이 나빠지면서 미청구 공사대금 규모가 2015년 한 해에만 17조 원이나 된다. 2016년에는 시공능력 평가 30위 안에 드는 회사들의 2조 6,000억 원에 이르는 회사채의 만기가 도래한다. 이런 여건에서 미국발 금리 인상에 의한 높은 금리 부담 우려 때문에 한화건설의 신용등급이 2015년 초 A-에서 2015년 말에는 BBB+로 강등당했고, 같은 기간에 두산건설도 BBB에서 BBB-, 삼성엔지니어링은 A+에서 BBB+로 강등당했다. 신용등급이 강등당하면 만기가 도래하는 수천억 원대의 회사채를 막을 자금 조달에 문제가 생긴다.[12] 그에 따라 시공능력 평가 30위 내 주요 건설사 중에서 1~2개 정도가 워크아웃을 신청하거나 파산할 가능성이 커지고 있다.

2017년 이전에 좀비기업 구조조정도 서둘러야 한다. 2014년 한국 대기업 중 3년 연속으로 영업이익으로 이자를 내지 못하는 좀비기업(한계기업)의 비중은 5년 전보다 5.5%P 높아진 14.8%였다. 같은 기간 중소기업 중 좀비기업 비중이 13.5%에서 15.3%로 1.8%P 상승한 것보다 세 배나 빠른 속도다. 한계기업의 부채도 8.8%P 증가했다. 특히 조선, 해운, 운수, 철강 산업 등에서 부채 증가가 두드러진다.[13] 대기업과 중소기업의 한계기업 수는 대략 3,300여 개로 추정된다. 지난 5년 동안 줄기는커녕 597개가 더 늘었다. 이들 중에서 8년 연속 한계기업에 속한 만성적 한계기업이 73.9%나 된다.[14] 이들은 기준금리를 인상하면 소생하기 힘들다. 대한상공회의소가 한국 제조업체 300곳을 대상으로 설문조사 한 결과 미국의 기준금리 인상에 대비하지 못한 기업이 79.3%에 이른다.[15]

미국 기준금리 인상 신호탄이 쏘아 올려졌고, 곧 신흥국과 동아시아 경제가 퍼펙트 스톰에 휩싸인다. 제2차 석유전쟁으로 저유가는 1~2년 정도 더 간다. 따라서 2017년까지 강력한 구조조정을 해야 한다. 시기를 놓치면 2017년 후반~2018년에 한국의 조선, 건설, 해운 산업에서 대기업 파산이 일어날 것이다.

미국 금리 인상 후
몰려 올 5개의 폭탄

미국 기준금리 인상의 2단계 시점인 2017년이 되면 한국의 가계부채라는 도화선에 불이 붙기 시작할 것이다. 한국의 가계부채는 뇌관이 아니라 도화선일 뿐이다. 한국 금융위기의 뇌관은 시스템 한계에 도달한 한국경제 그 자체다.(이 부분은 필자가 〈2030 대담한 미래〉에서 상세하게 설명했기 때문에 여기서는 생략한다) 다음은 한국판 잃어버린 10년을 초래하는 시스템적 인과관계를 보여주는 그림이다.[16]

미국의 기준금리 인상 2단계에 이르면 제2차 석유전쟁으로 인한 저유가, 신흥국과 동아시아 퍼펙트 스톰, 중국과 일본의 통화전쟁이 맞물리면서 한국을 금융위기로 몰아갈 5개의 폭탄이 차례로 터질 것이다.

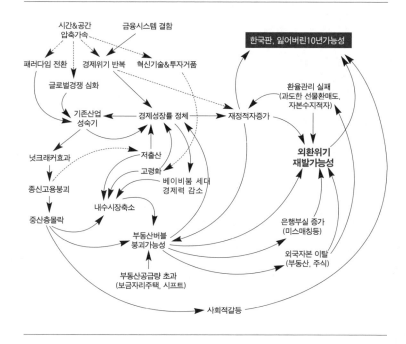

먼저 금융위기의 도화선이 될 가계부채의 미래부터 예측해 보자. 가계부채는 2015년 말 기준 1,200조 원으로 늘었다. 하지만 한국의 금융위기가, 필자가 수년 전부터 경고한 대로, 이번 정부 말 다음 정부 초인 2017년 말~2018년 말 사이에 시작된다면 가계부채의 충격도 그 시기에 예측되는 규모로 계산해야 한다. 2018년, 한국의 가계부채 총량은 얼마나 될까?

2015년, 한국의 가계부채는 100조 원 넘게 늘어 연간 증가 규모에서 건국 이래 최고치였다. 여기가 끝이 아니다. 관성이 붙었기 때문에 통제할 수 없어서 2016년에도 계속 늘어날 것이다. 2017년에도,

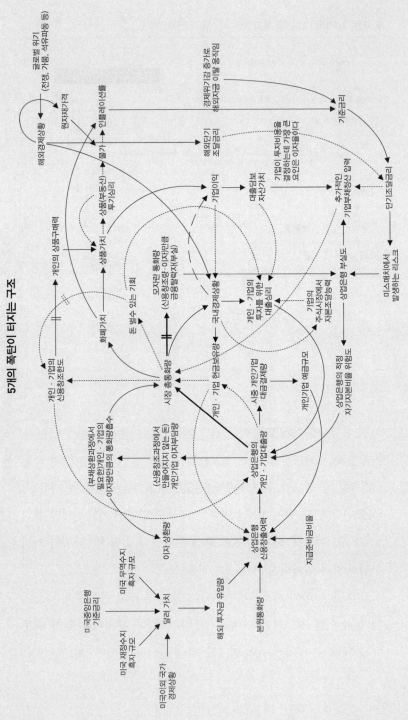

5개의 폭탄이 터지는 구조

148

2018년에도 계속 늘어날 수밖에 없다.

정부의 억제 정책 때문에 2016년에 부동산 담보대출은 줄어들 것이다. 하지만 생계형 대출, 은퇴자들의 창업을 위한 부동산 담보대출 증가는 계속될 것이다. 비영리단체, 개인사업자를 위한 대출도 계속 증가할 것이다.

2016년 말에 가계부채 총량은 1,270~1,300조 원에 이르고 2017년 말에는 대략 1,330~1,350조 원이 될 것으로 예측된다. 2018년 말 ~2019년 초가 되면 1,400~1,450조 원가량이 될 것이다. 여기에 개인사업자나 비영리단체의 부채도 포함해야 하는데 2018년 말~2019년 초 기준으로 300조 원가량 될 것으로 예측된다. 여기에 깡통전세자들의 피해 가능 규모도 가계에는 실질적인 부채로 작용한다. 이 모든 것을 합하면 한국을 금융위기로 몰아가는 도화선이 될 실질적 가계부채의 총량은 2018년 말~2019년 초에 1,900~2,000조 원에 이를 것이다. 2015년의 1,200조 원이 아니라 2,000조 원 가까운 규모를 전제로 가계부채가 금융위기라는 폭탄을 터뜨릴 도화선이 될지 안 될지를 평가해야 한다.

2017년 말, 미국의 기준금리가 2단계인 2.0%~2.25%에 이르면서 한국이 기준금리를 올리기 시작할 것이다. 저유가, 신흥국과 동아시아의 퍼펙트 스톰, 중국과 일본의 통화전쟁이 맞물려 5개의 폭탄이 차례로 터지게 된다.

첫 번째 폭탄은 '기준금리 인상분'이다. 2017년 말~2019년까지 최소 3.25%에서 최대 5.25%까지 한국은행의 기준금리가 오른다. 상업은행의 대출 금리는 한국은행 기준금리보다 최소 1.0%P 높기 때문에 실제로 가계나 기업이 만나는 제1금융권 금리는 최소

4.25%~6.25%로 오른다. 대출 금리 2~3%대에서 주택담보대출을 받은 가계는 최소 2배에서 최대 3배의 이자 부담을 안게 되는 것이다.

두 번째 폭탄은 '추가 이자 부담'이다. 부채 위기가 가중되면 금융권은 위기를 얼마나 잘 견딜 수 있는지를 재평가하게 될 것이다. 2015년보다 당연히 위험성이 높아지고, 높아진 만큼 추가 이자를 부담해야 한다. 제1금융권은 아주 엄격한 대출심사를 하게 되고, 많은 사람과 기업이 제2금융권, 제3금융권으로 밀려나게 된다.

세 번째 폭탄은 '금융권의 우량 자산 매각 압력'이다. 앞의 2개의 폭탄이 터지면 금융권에도 불이 옮겨붙는다. 기준금리가 오르면서 과도한 부채를 안고 있는 상당수 기업이 타격을 받고 개인이 상환 능력을 상실하게 되어, 금융권의 자산 부실화 가능성이 커지고, 실제로도 부실 자산이 발생한다. 국제기관이나 정부는 금융권을 향해 위기를 극복할 정도로 자기자본 건전성을 올리라고 압력을 가한다. 부실 채권은 늘어나는데, 자기자본 건전성을 높이라는 압력을 받는 금융권은 자본 확충에 나서게 된다. 금융권이 자본을 확충하는 방법에는 외부 자본을 추가로 조달하는 것과 우량자산을 파는 것, 두 가지가 있다. 기준금리가 인상되고 그 충격이 경제를 강타할 경우, 신용 경색에 대한 두려움이 일어나면서 외부 자본 조달은 어려워진다. 따라서 금융권은 우량자산을 팔아 자기자본 건전성을 높이는 쪽을 택할 수밖에 없다. 금융권이 우량자산을 파는 대표적인 방법은 3가지다. 대출 만기 연장 불허, 대출 원금의 일부 상환 요청, 그리고 추가 담보 요청이다.

네 번째 폭탄은 '기업의 매출 및 순이익 하락, 개인의 급여 삭감 또는 실직'이다. 세 번째 폭탄까지 터지면 실물경제는 싸늘하게 얼어붙어서 기업은 매출이 줄고 순이익이 준다. 개인은 회사에서 월급이 깎이거나 구조조정 여파로 실직하게 된다. 자영업자의 파산도 급증할 것이다. 이때쯤 되면 본격적으로 경기가 깊은 침체의 늪으로 빠지는 악순환이 시작된다. 더욱더 많은 기업이 파산하고, 더 많은 개인이 실직하게 된다. 기준금리 인상, 추가 금리 인상 압력, 원금 일부 상환 압박이 오는 상황에서 기업의 매출과 순수익이 줄고 개인은 직장을 잃거나 급여가 삭감된다. 이 단계에 이르면 채무자가 받게 되는 압력은 2015년 대비 최대 5배를 넘게 된다.

다섯 번째 폭탄은 '신용등급 하락' '원금분할상환 도래' '자산가치 하락'이다. 2018~2019년이 되면 마지막 폭탄이 터진다. 개인, 기업, 국가의 신용등급이 하락한다. 신용등급이 하락하면 기업의 자본조달 비용이 증가한다. 2013~2015년 사이에 주택담보대출을 받은 사람은 원금분할상환 시기가 도래한다. 그런데 부동산 등 자산가치는 하락하기 시작한다. 기업은 주가가 하락하면서 핫머니나 헤지펀드의 공격을 막아야 하는 부담까지 추가된다.

2018년,
한국 금융위기 발발 가능성 90%

5개의 폭탄이 차례로 터지고 난 후, 2017년 말~2018년에 한국은 금융위기 폭풍우 속으로 빨려 들어 갈 것이다. 필자의 예측으로는 한국이 금융위기에 직면할 확률적 가능성은 90%이다.

5개의 폭탄이 터지면 그 충격을 얼마나 견딜 수 있을까? 한국은 역사상 한 번도 초저금리 상황에서 금리가 오르는 충격을 경험해 본 적이 없다. 그래서 실감하기 어렵다. 우리가 경험한 1997년 제1차 외환위기와 비교해보자. 당시 한국의 기준금리는 1998년 12월에 최고 15%까지 치솟았다. 같은 시기 미국 연준의 기준금리 4.75%의 3배가 넘었다. 하지만 기준금리 15%의 실제적 부담은 앞으로 다가올 압력에 비하면 낮은 수준이었다. 1990~1997년 한국의 적정금리는

13.88%였고, 3년 만기 회사채(AA-) 금리도 14.52%였다. 1995년에 판매되었던 재형저축 상품의 약속된 금리가 15~20%대였다. 2016년 현재 어느 은행을 가도 이런 엄청난 금리를 주는 저축 상품은 없다. 외환위기가 발발하면서 대출에 대한 시중금리가 23~25%를 오르내렸지만, 직전의 금리 수준에 비하면 실질적 부채 부담률은 2배 느는 정도였다. 이런 수준에서도 30대 그룹에서 17개가 탈락하고 여러 은행이 무너졌다. 120만 명이 순식간에 직장을 잃었다.

그런데 2018~2019년에 금융위기가 일어나면 실질적 부채부담률이 4~5배가 될 것이다. 금리 인상에서 몇 %P가 오를지보다 배율이 중요한 이유는 개인이나 기업이 돈을 빌리는 방식 때문이다. 예를 들어 보자. 개인이나 기업이 금융권에서 빌린 돈을 갚을 수 있는 수준의 금융 비용은 수입의 30% 정도다. 원금과 이자를 합쳐서 월 순수입의 30%를 넘으면 경제 충격이 오면 부채를 못 갚을 가능성이 커진다. 1997년 13.88%의 은행 금리에서 돈을 빌리는 기업과 개인은 자신의 순수익의 30% 선에 맞춰 빌렸다. 월급이 500만 원이라면 원리금 상환액을 최대 월 150만 원 범위 안에서 돈을 빌렸다는 뜻이다. 2015년 은행 금리 3%에서 돈을 빌린 기업과 개인 역시 자기 수입의 최대 30% 선에 맞춰 빚을 낸다. 즉 자신이 감당할 수 있는 금융비용이 150만 원이면 금리가 15%이든 3%이든 똑같이 감당할 수 있는 최대 금융비용인 150만 원에 맞춰 돈을 빌린다는 뜻이다. 원리금 상환을 위한 월 부담금 150만 원에 맞춰 10년 만기로 대출할 경우, 금리가 15%라면 약 1,000만 원을 빌릴 수 있지만, 금리가 3%라면 약 4,500만 원까지 빌릴 수 있다. 소득은 똑같이 월 500만 원인데 대출 규모는 4배 이상 차이가 나는 것이다. 초저금리 상황에서 금리가 인상되면 엄청난 충격이 오는 이유가 여기에 있다. 그래서 금리가 몇 %P가 오를지보다 배율이 더 중요하다.

이런 충격을 한국의 가계와 기업이 감당할 수 있을까? 한국 경제가 금융위기라는 충격을 맞지 않고 방어할 수 있을까? 필자의 예측으로는 확률적으로 10% 이하, 즉 현실적으로 매우 가능성이 희박하다. 물론, 한국이 금융위기에 빠지더라도 3~4년 안에 극복해낼 것이다. 한국 경제의 기초가 튼튼하기 때문이다. 하지만 한국 경제가 금융위기라는 어두운 터널에 들어가는 것을 막을 수 없을 만큼 상황이 좋지는 않다는 점 역시 인정해야 한다. 무디스의 신용등급 상향이 미국발 기준금리 인상이 만들어낼 위기를 막아줄 방패가 될 것이라고 믿기에는 주변 상황이 심상치 않다.

미국의 기준금리 인상에 대비하기 위해 2015년 3분기에만 한국에서 빠져나간 외국인 자금이 109억 달러(주식 76억 달러, 채권 32억 달러)였다. 같은 기간에 신흥국에서 빠져나간 총자금 338억 달러의 1/3이다. 2008년 글로벌 금융위기 이후 최대치다. 미국이 기준금리를 인상해도 외국인 자금 이탈이 그리 크지 않을 것이라는 정부의 예측과는 달리 금융 개방성이 높고, 중국과 신흥국 경기 침체에 큰 영향을 받는 한국의 특성이 반영되면서 자금 유출 강도가 (최근 자료가 없는) 중국과 필리핀을 제외한 15개 신흥국 중에서 1위다.[17]

참고로, IMF의 자료를 바탕으로 한 국내 경제연구원이 분석한 바에 의하면,[18] 2008년 금융위기 이후 신흥국으로 유입된 외국인 자금은 모두 3조 5,100억 달러로 금융위기 이전인 2003~2007년의 1조 7,900억 달러에 비해 거의 2배로 늘었다. 이 연구원의 분석에 의하면, 2008년 이전에는 은행 대출 중심 자금 유입이었다면, 2008년 이후에는 주식과 채권 투자 자금 중심으로 증가했다. 이는 아시아와 신흥국의 위기 국면이 진행되면 주식과 채권시장이 큰 충격을 받게 될 것이라는 말이다.

이런 상황에 한국을 대입해보면 어떻게 될까? 일단, 한국의 경우 다른 신흥국과는 달리 2008년 금융위기 이후 국내로 유입된 외국인 투자금은 2003~2007년 유입된 1,873억 달러보다 적은 1,653억 달러였다. 그리고 글로벌 금융위기가 발발했을 당시인 2008년 4분기에만 한국에서 빠져나간 외국인 자금이 390억 달러였다. 만약, 한국에서 금융위기가 발발할 경우 위기가 절정으로 치달을 2018년 어느 한 분기에 최대 400억 달러의 외국인 투자금이 일시에 빠져나갈 가능성도 배제할 수 없다는 뜻이다.

2008년 이후 선진국은 가계부채를 줄였지만, 한국은 가계부채를 기반으로 한 단발성 경기 부양에 매달렸다. 한국의 소득증가율이 3~4%를 기록하는 동안, 부채 증가율은 6~7%로 높았다. 그 결과로 집값 하락은 막지 못한 채 가계부채의 규모를 키우고, 질도 떨어뜨렸다. 국가 간 비교가 가능한 자금순환 통계를 기준으로 한 가처분소득 대비 가계부채 비율은 미국이 2008년 143%에서 114%로 낮아졌다. 영국도 180%에서 154%로 낮췄다. 일본도 현재 129%다. 하지만 한국은 2014년 말 기준으로 164%로 높아졌다.[19] GDP 대비로 가계부채비율을 분석해도 마찬가지다. 2015년 2분기 BIS가 분석한 자료에 의하면, 한국의 가계부채 비율은 GDP 대비 85.7%다. 3~4분기에도 계속 상승 중이다. 참고로 GDP 대비 가계부채 비율은 태국 70.5%, 말레이시아 70.1%, 홍콩 66.6%, 싱가포르 60.5%, 중국 37.9%, 브라질 25.7%, 러시아 18.5%다. 신흥국과 아시아 평균인 40%, 선진국 평균인 74%와 비교해도, 한국의 GDP 대비 가계부채 비율은 신흥국과 아시아에서 압도적 1위다.[20] 한국은 글로벌 금융위기 이후 13%P 증가했다. 증가 속도에서도 신흥국과 아시아 국가 중에서 압도적으로 높다.

한국이 기준금리를 인상하면 한계가구의 빚 400조 원가량에 대한 이자가 눈덩이처럼 커져 위험에 빠진다. 2015년 12월 18일 한국은행의 금융안정보고서를 분석해보면, 한계가구는 최소 152만 가구~최대 248만 가구다. 부채 규모로는 전체 금융부채의 최소 19.3%에서 최대 32.7%(약 400조 원)다. 한국은행은 가처분소득 대비 금융부채 비율이 평균 507%(비한계가구는 평균 77%), 가처분소득 대비 원리금 상환액 비율(DSR)이 109%(비한계가구는 평균 15%)에 해당하는 152만 가구를 한계가구의 최소 규모로 규정했다.[21] 미국이 기준금리 인상을 계속하고, 2016년 말~2017년 중반 이전에 한국은행이 기준금리를 인상하면 한계가구는 기준금리인상분은 물론이고, 저신용 군에게 붙는 '리스크 프리미엄(빚을 떼일 위험이 높은 데 대해 붙는 가산금리)'이 가산된다.

일단 한국은행이 규정한 최소치로 분석해 보자. 한국은행은 2015년 6월 말의 금융안정보고서를 통해 2015년 6월 기준으로, 최소 위험가구 비중이 10.3% 위험부채 비중은 19.3%라고 발표했다. 만약, 한국은행의 기준금리가 1% 오르면 위험가구 비중은 11.2%, 위험부채 비중은 21.6%로 오른다. 기준금리가 2%P 오르면 각각 12.7%, 27.0%로 증가한다. 한국의 기준금리가 2%P 오른 상태에서 주택가격이 10% 하락하는 복합충격이 발생하면 가계의 위험부채 비율이 19.3%에서 32.3%로 13.0%P나 상승할 것으로 예측되었다.[22]

한국의 가계부채는 5가지 면에서 위험하다.

첫째, 총량의 증가가 불안하다. 2002년~2014년까지 국가 경제 규모는 1.9배 커졌는데, 같은 기간 동안 가계부채 규모는 2.4배 증가했다.[23] 2015년에는 가계부채 총 규모가 1,200조 원을 돌파했다. 앞에서 소개한 대로 필자는 2018년 말~2019년 초에 한국의 실질적 가계부채 총량은 1,700~1,750조 원가량이 될 것으로 예측한다.

둘째, 2012년 이후 가계부채 증가율이 한국의 명목 경제성장률을 상회하고 있다. 소득이 증가하는 속도보다 부채 증가 속도가 빠르다는 뜻이다. 그 결과 부채의 질이 나빠지고 있다. 2015년 12월의 한국은행의 금융안정보고서에 따르면 가계의 가처분소득 대비 부채상환 지출 비율은 2015년 2분기 기준 41.4%로 전 분기(35.4%)보다 6%P나 상승했다. 소득 100만 원 중 41만 원이 빚 상환에 지출됐다는 얘기다.[24] 또한 한국의 다중채무자 수는 2015년 6월 기준으로 344만 명으로 전체 채무자의 19.0%다. 이들의 평균 부채는 2014년 말 9,920만 원을 넘었고, 전체 규모는 341조 원을 넘었다. 현재 이들 중 73.4%(248조 원)가 추가 대출로 이자를 돌려막으며 버티고 있지만 자력으로 원금을 갚을 수 없는 한계상황에 처한 것으로 추정된다.[25]

셋째, 숨겨진 부채까지 합하면 상태가 좀 더 심각해진다. 2015년 한국의 GDP 대비 가계대출 비율 85.7%에 개인사업자 대출 약 230조 원을 더하면 GDP 대비 91%을 넘는다. 자영업자 대출은 2012년 197조 원에서 2014년 237조 원으로 3년 사이에 20% 넘게 증가했다.[26] 창업 후 3~5년 이내에 80%가 문을 닫는 한국 자영업 상황을 고려할 때, 증가분의 상당량이 생계형 대출이라고 보아야 한다. 2015년 자영업자의 신규 대출은 전년 대비 34% 증가한 52조 원을 기록했고, 매달 신규 대출의 규모가 커지는 추세다. 같은 기간 가계대출 증가율 9.1%와 비교해도 큰 수치다. 자영업자 신규 대출은 50대 이상의 은퇴 층이 61%를 차지할 정도로 압도적이다.

채무 불이행자도 전년도 말 15만 5,486명에서 43% 늘어난 22만 2,971명이다.[27] 또한 만약 실질적인 가계부채 성격을 가진 전월세보증금 533조 원(2015년 한국은행 추정치)을 추가하면 가계부채 비율은 GDP 대비 125%에 이른다. 통계청의 '가계금융복지조사' 자료에 의하면, 전세난으로 지난 5년간 전세보증금 총액이 135조 원 늘었는데,[28] 이 증가액은 비정상적인 전세보증금의 증가분이기 때문에 몇 년 후 부동산 시장이 정상화되면 집주인이 세입자에게 다시 돌려주어야 할 금액이다.

넷째, 금융 압박을 견디는 체력도 좋지 않다. 2013년 기준으로 가계의 금융자산 비중은 미국 70.1%, 일본 61.6%, 영국 52.2%이지만, 한국은 26.8%에 불과하다. 대신 한국 가계의 자산에서 부동산의 비중은 67.8%에 이른다.[29]

다섯째, 한국의 가계부채는 내용도 안전하지 않다. 가계부채에서 위험한 1차 대상은 저축은행, 신협, 상호신용금고, 파이낸스사, 생명보험사 등의 제2 금융권에서 LTV(주택담보인정비율), DTI(총부채상환비율) 70%를 넘겨서 대출을 받은 서브프라임 대출, 제1 금융권에서 대출을 받았지만 나머지 부족한 금액을 전세보증금을 받아 충당한 대출, 불황 속에서 생계비 마련을 목적으로 한 저소득, 저신용 계층이 제2, 제3 금융권에서 받은 무담보 고금리 신용대출 등이다. 2015년 9월 6일 한국은행의 분석에 따르면, 2015년 2분기 비은행 예금기관에서 대출된 무담보 고금리 신용대출은 전 분기보다 5조 원 증가한

138조 원을 기록했다. 이는 한국은행 통계 작성 이래 분기 기준 사상 최대치다.[30] 본래 2분기는 상대적으로 자금 수요가 크지 않은데, 장기간 경기 침체, 소비 부진, 전세나 월세 부담 증가 등이 겹치면서 저소득층이나 개인사업자들이 마이너스 대출, 카드론, 현금서비스 등을 빠른 속도로 늘리고 있다는 분석이다. 변동금리 적용 대상인 이런 대출은 앞으로 기준금리가 인상되고, 나아가 한국에서 금융위기가 발생하면 저소득, 저신용 계층에게 직접적인 경제적 타격을 준다. 또한 제2 금융권 가계대출의 60%가 무담보 신용대출이기 때문에 금융권의 위기도 연쇄적으로 불러올 가능성이 아주 크다.[31] 무담보 신용대출, 제2금융권에서 LTV, DTI 70%를 넘겨서 대출을 받은 서브프라임 대출, 제1 금융권 대출 위에 전세보증금을 추가해서 주택 구입 자금을 마련한 주택 투자자들, 개인사업자 및 소호사업자들의 대출금은 사실상 정부의 관리범위를 넘어선 가계대출이다.

위기에 대응하는 엄격한 기준으로 평가하자면, 제1 금융권의 주택담보 대출 중에서 LTV, DTI 60%를 넘어서는 부분도 위험하다. 또한 LTV, DTI 60%를 넘지 않는 범위에서 대출을 받은 프라임 모기지론도 대출자가 실직을 하거나, 폐업을 하게 되면 곧바로 서브프라임 모기지론으로 전락할 수 있다. 새정치민주연합의 홍종학 의원이 금융감독원 자료를 분석한 결과를 보면, 2015년 6월 기준으로 수도권 주택담보대출 총잔액은 100조 2,000억 원이다. 이 중에서 LTV가 60%를 넘은 대출은 42조 5,000억 원으로 전체의 42%였다. LTV가 60%를 넘을 경우 만약 금융위기가 발생한 후에 집값이 40% 넘게 하락하면 대출금의 전액 회수가 불가능하다. 수도권 주택담보대출 총액에서 DTI가 50%를 넘는 대출액은 19조 7,000억 원으로 전체의

20% 가까이 된다. 이들은 연간소득의 절반 이상을 대출금 상환에 쓰고 있는 사람들이다.[32]

상업용 부동산도 숨은 위험 요소다. 한국감정원의 분석에 의하면, 2015년 상반기 전국 사무실 건물 공실률은 13.1%다. 2008년 공실률 5.4%의 2.5배다. 서울의 공실률도 11.1%로 2008년 3.8%와 비교하면 2.9배가 넘는다. 부산과 대구는 공실률이 15~16%이고, 인천과 광주는 18%대로 초고위험군에 속한다. 하지만 임대료를 낮출 수 없기 때문에 공실률을 숨기는 경우도 비일비재하기 때문에 실제 공실률은 더 높을 것으로 추정된다.[33] 공실률이 2008년보다 늘어난 원인은 지속적인 내수 경기 위축과 기업 실적 하락, 그리고 상업용 부동산의 과잉 공급 때문이다.

2010년부터 2014년까지 5년간 서울과 분당권에서만 총 900만 m^2(273만 평)의 사무실이 공급됐다. 연평균 180만m^2(54만 평)로 63빌딩(5만 평)의 약 11배 규모다. 2001~2009년 사이 연평균 공급량의 2배를 넘는다. 하지만 지금도 전국에서 대규모 개발 프로젝트가 진행중이다. 대규모 프로젝트만 보아도 상암DMC, 판교 제2 테크노밸리, 강동 첨단업무지구, 마곡 산업단지, 105층짜리 현대기아자동차 신사옥, 85층짜리 제2 롯데월드타워 등이 건설 중이다.[34]

일부에서는 가계부채를 평가하며 소득 상위 20% 가구가 전체 가계부채의 46.5%를 가지고 있어서 상대적으로 안전하다고 주장한다. 과연 그럴까? 이 논리에는 함정이 있다. 첫째, 소득 상위 20% 대출자의 상당수가 베이비붐 세대로서 앞으로 5년 안에 은퇴하거나 은퇴를 준비해야 한다. 이들은 은퇴 후 소득이 절반 이하로 줄어도 계속해서 이자와 원금을 갚아야 한다.

둘째, 소득 상위 20% 중에서 일부는 부채 레버리지를 사용해서 3채 이상의 주택을 보유한 사람들이어서 기준금리 인상과 집값 하락에 취약하다. 미국의 경우 저소득층이 무리하게 집을 사서 문제가 발생했다. 때문에 한국은 안전하다고 평가한다. 그러나 한국에서 저소득층은 집을 살 수 없다. 고소득층이 무리해서 집을 샀다. 국민건강보험공단의 분석에 의하면, 2015년 기준으로 2채 이상의 주택 보유자는 137만 1,352명이고, 3채 이상의 주택보유자는 67만 9,501명이며, 5채 이상의 주택보유자는 16만 1,463명이다. 서울시로 한정해서 보면 가장 많은 집을 보유한 한 명이 277채를 보유하고 있고, 상위 100명이 9,314채를 가지고 있다.[35]

셋째, 2015년 한국은행이 국정감사에 제출한 자료에 의하면 2014년 소득 5분위(상위 20%) 367만 9천 가구 가운데 265만 가구 (72.0%)가 부채를 가지고 있다.[36] 그리고 소득 상위 20% 가구가 전체 가계빚의 46.5%(500조 원 정도)를 가지고 있다. 하지만 국정감사에서 지적된 것처럼, 고소득층이라도 빚을 내서 집을 산 사람들은 소유 자산의 76%가 부동산이어서 금융자산이 평균 1억 7,298만 원으로 부채가 없는 가구의 평균 금융자산 2억 8천 666만 원보다 오히려 1억 원 정도가 적었다. 그래서 5분위 계층이라도 빚을 내서 부동산을 구입한 가구는 금융자산 대비 부채비율이 74.7%에 달했다. 5분위 전체 계층의 자산 대비 부채비율이 45.5%로 안정적이라는 해석도 빚 내서 부동산을 구입하지 않은 가구들까지 합산하여 평가할 때의 해석에 불과하다. 국회 예산정책처의 분석에 따르면 금융위기 발발 전인 2007년 미국의 경우, 소득 5분위 부채 집중도는 50.2%로 한국의 46.5%와 비슷했다.[37]

넷째, 신흥국 퍼펙트 스톰과 아시아 대위기가 발발하여 한국 내수 경제와 기업 경영 상황에 직접적인 위기가 발생하면, 일부 기업이 파산하고 구조조정을 해야 한다. 이런 상황에서 소득 상위 20% 중 일부는 직장을 잃게 된다. 그렇게 되면 이들이 보유한 주택담보대출은 곧바로 서브프라임 모기지론이 된다.

한국 가계부채 문제의 핵심은 총량이 아닐 수 있다. 규모가 크더라도 미국처럼 추가 상승 여력이 있을 경우에는 문제가 되지 않기 때문이다. 하지만 1990년대 일본처럼 추가 상승 여력이 없을 경우에는 심각한 문제가 된다. 한국은 일본보다 더 빠른 세계 최고 속도의 저출산 고령화 타격을 받고 있으며, 한국의 추격에 발목이 잡힌 일본의 상황보다 더 급박하고 강력한 중국의 추격에 직면하고 있다. 여기에 앞으로 5년~10년 정도 지속될 신흥국과 아시아의 경제위기와 그 후유증, 초저금리에서 시작하는 기준금리 인상 후폭풍을 최소 4~5년 이상 겪어야 한다. 이런 상황에서 한국의 집값이 현재 가격을 유지할 수 있을까? 일본보다 더 빠르게 시스템을 혁신해서 경쟁력을 회복해서 다시 성장의 사이클에 올라탈 수 있을까?

한국 정부는 몇 년 동안 가계부채 위기를 무릅쓰고 주택 가격을 올리려고 노력했다. 그렇다면, 한국의 주택가격은 얼마나 올랐을까? 2015년 10월 국제결제은행BIS의 분석에 따르면, 물가를 고려한 한국의 실질 주택가격지수는 지난 5년 동안 1.5% 상승하는 데 그쳤다. 그것도 2010년부터 2014년 2분기까지 하락하다가, 2014년 3분기부터 상승했다. 이는 실질 주택가격지수가 1.6% 상승(명목 4.8% 상승)한 일본보다 못한 수치다. 물가를 고려하지 않은 명목 주택가격지수도 겨우 11% 상승했다. 이에 반해 미국은 2008년 부동산 버블이 붕괴한

후 2010년부터 2015년까지 실질 주택가격지수가 15.4% 상승(명목 24.3% 상승)했다.[38]

중국은 지난 5년 동안 실질 주택가격지수가 0.4% 상승(명목 15.4% 상승)했으나 지난 1년간으로만 본다면, 경제위기 상황이 발발하면서 5% 하락했다. 석유전쟁으로 경제위기 상황에 빠진 러시아는 지난 1년 동안 10% 하락했다. 구제금융을 받은 그리스는 5년 동안 32.6%, 스페인은 32%, 이탈리아는 19.4% 하락했다.[39]

이런 추세를 고려할 때, 만약 미국의 기준금리 인상이 가계부채라는 도화선에 불을 붙여 한국에 금융위기가 발생하면 주택 가격은 단기적으로 5~10% 하락할 수 있고, 외환위기에 준하는 수준으로 경제위기가 심화하면 4~5년 안에 20~30%까지 하락할 가능성도 생각해 볼 수 있다. 미국은 금융위기가 발발한 후 2014년 1분기에 가계부채가 GDP 대비 107.3%까지 감소했다. 2008년의 133.7%와 비교하면 20%P 정도 감소한 셈이다. 즉, 5년 동안 가계부채의 20%P가 파산이나 일부 부실채권으로 정리되었다는 뜻이다.

기준금리가 인상되면 부동산 가격 하락 충격만 오는 것이 아니다. 추가적인 금리 부담으로 소비도 준다. 가계 및 비영리단체 금융부채 1,344조 685억 원, 정부 부채 645조 원, 공기업 부채 204조 원, 민간기업 부채 2,350조 9,000억 원을 합치면 한국의 총부채는 4,544조 원이다. 한국은행이 발표한 2014년 한국의 명목GDP 1,485조 원을 기준으로 하면 GDP 대비 306%다. 총부채 4,544조 원 중에서 70%를 변동금리로 추정한다면, 기준금리가 1% 오르면 대략 30조 원 정도(GDP의 2%)의 추가 이자 부담이 발생한다. 2% 오르면 60조 원(GDP의 4%), 3% 오르면 90조 원(GDP의 6%)의 부담이 는다. 이자 부담이 느는 만큼 소비는 줄 것이다. 외환위기로 인해 1998년 한국 경제는 5% 정도 위축되었다.[40] 한국 경제가 금융위기 상황으로 치달으면 국내외 상황과 가계 및 기업의 단기적 역량으로 볼 때 1998년보다 더 위축될 가능성이 있다.

경제주체별 순금융자산(금융자산-금융부채)은 가계 및 비영리단체 1,712조 5,000억 원, 기업 -43조 7,000억 원, 정부 467조 8,000억 원이다.[41] 금융위기나 최악의 경우 제2의 외환위기로 가더라도 나라가 망할 정도의 부채 규모는 아니다. 2015년 9월 23일 한국은행이 발표한 '2015년 2분기 자금순환(잠정)' 통계에 의하면 잉여자금 규모도 24조 9,000억 원이었다.[42] 잉여자금이란 예금, 보험, 주식투자 등 운용 자금에서 금융기관에서 빌린 부채를 뺀 금액이다. 여기에 저금리 시대에 투자처를 찾지 못하고 있는 자금까지 합치면 대략 800조 원이 시장의 회복을 기다리고 있다. 즉, 위기 후에 다시 일어서는 데 도움이 되는 돈이다. 하지만 이런 돈은 내수 상황이 좋아지지 않으면 절대로 시장에 진입하지 않는다. 돈의 속성상 한국 경제가 어렵다고 자기 이익을 포기하면서 위험을 무릅쓰고 경제 구원투수로 나서지는 않는다.

현재, 한국 기업의 상황은 어떨까? 2016년 이후 한국 기업의 3가지 위협요소는 미국 기준금리 인상, 저유가, 수출 감소다. 이외에도 중국 경기 둔화, 신흥국 및 동아시아 금융위기 가능성, 유럽의 디플레이션, 환율 변동성, 통화전쟁, 엔저 지속, 한국기업의 글로벌 넛크래킹 현상 심화 등 악재가 산재해 있다. 컨설팅 회사인 딜로이트글로벌은 2020년이면 한국의 제조업 경쟁력이 인도에게도 밀릴 것으로 예측했다.[43]

2015년, 한국 대기업의 매출은 2008년 글로벌 금융위기 때보다 나빠졌다. 한국은행의 분석에 의하면, 대기업 매출 증가율이 2011년 이후 하락 추세가 지속되면서 2015년 3분기의 경우 전년 동기 대비 평균 5.7% 하락했고 제조업은 7.5% 하락했다. 12년 만에 최악이다.[44] 수출 트로이카로 불리는 3대 주력 산업은 중국의 추격도 버거운데, '엔저'를 앞세운 일본의 공격에도 맞서야 한다. 그런데 전자, 자동차, 조선 등의 평균 임금은 계속해서 상승 중이다. 중국, 일본 기업과의 제조 원가 경쟁에서 밀리고 있는데, 인건비는 높아지고 있는 것이다.

　2015년 9월 17일 금융감독원 전자공시 시스템과 일본 통계청 및 후생노동성의 상장기업 임금 통계에 따르면 2014년 한국 자동차 업종의 평균 연봉은 8,282만 원으로 같은 기간 일본 자동차 업종의 평균 연봉 688만엔(약 6,675만 원)보다 높다. 조선업도 마찬가지다. 한국의 평균 연봉은 7,337만 원이고 일본 조선업 평균 연봉은 623만엔(약 6,045만 원)이다. 전자산업의 경우 일부는 역전되었고, 일부는 거의 근접했다. 반도체의 경우, 한국 근로자의 평균 연봉은 6,754만 원이고, 일본은 636만엔(약 6,170만 원)이다. 가전·전기 부문은 한국이 일본보다 약간 낮다.[45] 단, 한국은 1인당 국민소득이 2만 7천 달러 대이고, 일본은 5만 달러 대라는 것도 함께 고려해야 한다. GDP 대비 구매력평가지수PPP 환율을 적용하면 한국 자동차 업종 평균 임금은 9만 6,610달러(약 1억 1,300만 원)로 일본의 6만 5,355달러(약 7,647만 원)를 크게 앞지른다. 한국 조선업종의 평균 연봉도 PPP 환율을 반영하면 8만 5,587달러로 일본의 5만 9,181달러보다 훨씬 높다.[46] 이런 차이는 수출 경쟁력에 곧바로 반영된다.

　2015년 3월 발표한 코트라의 '엔저 장기화에 따른 일본 기업 동향 및 우리 기업의 대응 방안' 보고서에 따르면, 일본은 엔저 이후 2012년 대비 2014년 수출 규모가 63조 7,000억 엔에서 73조 1,000억 엔으로 늘었다. 하지만 한국은 신흥국 시장에서 입지가 좁아지고 있다. 자동차산업을 보면 2012년에서 2014년 사이에 브라질 수출 물량이 10억 5,000만 달러에서 5억 4,000만 달러로 급감했고, 러시아에서는 31억 달러에서 24억 달러로 줄었으며, 멕시코에서도 6억 6,000만 달러에서 4억 7,000만 달러로 감소했다.[47] 현대기아차 해외 판매의 25%를 차지하는 가장 큰 시장인 중국 상황은 어떨까? 현대기아차는 2014년에는 중국에서 매달 10% 점유율 유지했다. 하지만 2015년 5월부터 중국의 소비 침체와 중국 토종 자동차회사의 가격경쟁력에 밀려 매출이 하락하기 시작하면서 연간 점유율 10% 사수가 힘들어 보인다. 2015년 8월에는 현대차가 전년 동월 대비 16.6% 판매가 감소했고, 기아차는 44.7% 감소했다.[48]

한국 기업의 재무상태는 어떨까? 매일경제팀이 코스피와 코스닥 상장사 1,684개의 재무제표를 전수 조사한 결과에 의하면 2012~2014년까지 3년 연속 부채의 이자도 감당하기 어려운 부실 기업은 234개였고, 이들 부실 기업의 총부채는 전체 부채의 13.7%인 94조 원이었다. 재벌닷컴의 분석에 의하면, 2014년에 코스피와 코스닥, 코넥스 등 3개 주식시장 상장기업 중에서 541개 사(전체 31.3%)가 세전 영업손실을 기록해서 법인세를 면제받았다.[49]

2015년에도 상황은 악화하고 있다. 2015년 9월 국내 한 경제연구원이 발표한 자료에 의하면 2015년 1분기 이자보상배율([영업이익 / 이자비용]의 공식으로 구하며, 이자보상배율이 1 미만이면 영업이익으로 이자조차 낼 수 없다는 의미)이 1을 밑도는 좀비기업은 34.9%였다. 한국은행이 발표한 금융안정보고서에 의하면, 2014년 기준으로 외부감사를 받는 기업 중에서 한계기업(좀비기업)은 3,295개(15.2%)였다. 그중에서 2005년부터 2013년까지 만성적인 한계기업 상태인 기업의 비중이 73.9%(2,435개)다. 업종별로는 조선산업의 한계기업 비중이 2009년 6.1%에서 2014년 18.2%로 가장 크게 증가했다. 같은 기간 운수산업의 한계기업도 13.3%에서 22.2%, 건설산업은 11.9%에서 13.9%, 철강산업은 5.9%에서 12.8%로 증가했다. 다만, 전자산업의 경우 11.5%에서 13.2%으로 상대적으로 소폭 증가하는 데 그쳤다.[50]

대기업 중에도 한계기업이 있다. 한국은행의 분석에 의하면 2009년에는 대기업 계열사의 9.3%가 한계기업이었는데, 2014년에는 14.8%로 증가했다. 대한항공, 현대상선, 아시아나항공, 두산인프라코어, 동국제강 등 17개 사가 3년 연속 이자보상배율이 1을 밑돌았다.[51] 이런 기업들의 투자와 고용 증가는 제로다. 공정거래위원회의 '최근 5년간 주요 30대 기업 부채액' 분석에 따르면 30대 그룹 소속 1,037개 기업의 부채 총액은 2014년 12월 말 기준으로 1년 전과 비교해서 약 8%(139조 2,840억 원) 증가한 1,739조 8,920억 원이었다.[52] 그룹 계열사 간 내부거래를 제거한 연결부채비율을 보면 한진(863.6%), 동부(864.2%), 현대그룹(879.1%) 등은 800%를 웃돈다. 한국은행 자료에 의하면, 2014년 민간 기업의 부채는 GDP의 129.2%이다. 공기업을 포함하면 166.5%로[53] 미국의 112.8%보다 높다. 국민, 농협, 산업, 수출입, 신한, 우리, 하나 등 국내 7대 은행이 조선, 건설, 해운, 철강 등 고위험 기업에 물린 여신 비중은 2014년 말 기준으로 전체 여신의 12.3%다. 여기에 가계부채까지 감안하면 무디스와 S&P 등 국제신용평가회사들이 한국 주요 은행의 자산 건전성에 대해 경고한 것도 무시할 수 없다.[54] 실제로, 금융감독원 집계에 따르면 2015년 6월 말 기준으로 연체 기간이 3개월 이상인 은행권의 대기업 부실채권 비율이 2.35%로 1분기(2.31%)보다 높아졌다.

문제는 이들 기업이 미국발 기준금리 인상 국면을 한 번은 지나가야 한다는 점이다. LG경제연구원의 이한득 연구위원은 시중금리가 1%P 오르면 차입금 비중은 41.2%로 오르고, 영업이익률이 1%P 하락하면 차입금 비중은 47.5%로 상승할 것으로 추정했다.[55] 기준금리가 인상되면, 시중금리 인상과 영업이익률 하락이 동시에 발생할 가능성이 크다. 결국 대부분의 기업이 차입급 비중을 더 높여야 할 것이며, 일부 한계기업들은 아예 은행 차입을 거절당할 가능성도 있다.

한국 경제의 대기업 의존도는 갈수록 높아지고 있다. IMF와 블룸버그의 분석에 따르면 GDP 1조 달러가 넘는 15개 국가 중에서 한국의 대기업 의존도가 가장 높다.[56] 그래서 삼성과 현대기아자동차의 부진이 큰 우려를 낳는다. 삼성전자의 2015년 상반기 매출액은 95조 6,000억 원을 기록했다. 2013년 228조 7,000억 원의 매출을 기록한 후 2014년 매출액이 206조 2,000억 원, 2015년 200조 6,500억 원으로 하락 추세가 이어지고 있다.[57]

상장사 417곳은 내년 중에 워크아웃이나 법정관리에 몰릴 가능성이 아주 큰 것으로 분석되었다. 특히 철강, 자동차, 화학 산업 분야의 부실기업 증가율이 80~250%를 기록하면서 위기감을 높이고 있다. 자기자본이익률ROE이 2년 연속으로 하락한 중견기업과 대기업이 전체의 30%를 넘는다. 알릭스파트너스의 분석에 의하면 한국의 철강 산업 분야에서 기업부도 위험률이 2014년 10%이던 것이 2015년에 18%로 증가했고, IT와 전자산업은 8%에서 11%로, 자동차산업은

4%에서 8%로 증가했으며, 화학산업은 2%에서 7%로 크게 증가했다.[58] 이 중에서 170개는 당장 구조조정을 하지 않을 경우 도산이 거의 확실시 되는 기업들로 분류된다.[59]

참고로, 1997년 외환위기 때와 비교하면, 현재 한국 제조업의 위기 상태나 위기 후 복원력은 매우 다르다. 1997년에는 아시아 위기와 더불어 부채 부담이 큰 데서 발생한 위기였다. 그래서 위기에 직면한 후 단기간에 채무조정을 하고 3~4년의 구조조정을 거쳐서 산업 전반이 빠르게 기력을 되찾을 수 있었다. 그러나 지금은 중국의 빠른 추격·추월과 일본의 반격을 비롯한 세계 시장의 치열한 경쟁 구도에서 한국 산업이 넛크래커에 끼어 있다. 따라서 시간이 지날수록 점점 더 구조적 리스크가 커지고 있다. 더욱이 신산업과 파괴적 기술을 앞세운 산업간 경계파괴에서 오는 급격한 변화에도 대처해야 하는 구조적 위기 상황이다.

2008년 글로벌 금융위기에 직격탄을 맞은 조선산업, 해운산업, 건설산업이 점점 더 깊은 수렁에 빠지고 있다.[60] 조선 빅5(현대중공업, 대우조선해양, 삼성중공업, 현대삼호중공업, 현대미포조선)의 금융권 부채는 이미 50조 원을 넘었다.[61] 철강산업도 문제다. 동국제강은 포항에 있는 190만 톤 생산 규모의 제2 후판공장의 가동을 중지했다. 동국제강은 2012년 60만 톤 생산 규모의 제1 후판공장을 이미 폐쇄했다. 제2 공장까지 중지하면 3년 만에 생산량이 1/3로 준다. 조선업의 불황과 더불어 중국산 철강재가 국내시장의 40%를 잠식한 때문이다.[62]

1997년보다 더 강력한 구조조정과 사업 재편 및 혁신이 필요하지만, 경영자들의 판단착오와 일부 경제지표가 주는 착시현상에 빠져서 위기의 본질을 보지 못하고 있다. 낡은 시스템을 혁신하고 산업구조를 바꾸는 데는 오랜 시간이 걸리는데 한국 경제의 시스템 혁신을 위한 노력은 계속 지체되면서 실제로 구조적 위험은 더욱 커지고 있다. 2016~2017년, 한국 수출의 58.2%를 차지하는 중국을 포함한 신흥국과 동아시아 경제에 퍼펙트 스톰이 일어난다.[63] 지금이라도 안일한 생각에서 벗어나지 못하면 2018년 전후해서 한국에 금융위기라는 무서운 놈이 들이닥칠 확률적 가능성이 90%까지 높아졌다.

2018년,
LG전자의 위기가 시작된다

2015년 12월 17일, 한국경제연구원은 '대한민국 주력 산업의 글로벌 경쟁력 비교'라는 보고서를 통해 한국의 주력 산업인 전기·전자, 자동차, 화학, 해운 등의 매출 성장과 수익이 미국, 중국, 일본에 모두 뒤지고 있다고 평가했다. 4개 업종의 매출 성장 둔화는 2010년부터 시작되었고, 해운, 화학, 자동차는 2015년부터 마이너스 성장으로 전환되었다.[44] 단지 글로벌 경제위기 때문이 아니다. 한국을 제외한 미국, 일본, 중국은 매출 증가세가 둔화하긴 했지만 마이너스 성장을 하지는 않았다.

세계 1위를 자랑하던 한국의 전기·전자산업을 보자. 2010년에 이 산업의 매출 증가율은 25.55%였다. 미국, 중국, 일본보다 높았다. 하지만 2015년에는 매출 증가율이 4.1%로 주저앉았다. 미국(5.94%) 일

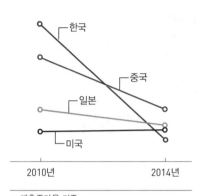

한국전기전자 사업 글로벌 경쟁력 비교

(단위: %)

한국
중국
일본
미국

2010년   2014년

※ 매출증가율 기준
자료: 한국경제연구원

본(6.68%) 중국(9.84%) 모두에 밀렸다. 필자는 2011년 말에 작성한 예측 시나리오를 2012년 초에 어느 기업 강의에서 소개했다.

"앞으로 빠르면 3년, 늦어도 5년 이내에 삼성의 몰락이 시작된다. 창사 이래 최고의 위기에 직면한다는 뜻이다. 삼성이 위기에 직면하면 시장은 최소 3~5년 정도의 시간을 기다려줄 것이다. 이 시간 동안 시장을 설득할 수 있는 미래전략과 의미있는 행보를 하지 못하면 삼성의 몰락이 현실이 될 것이다. 주식이 1/20~1/40토막이 나면서, 최악의 경우 본사를 매각해야 하는 경영위기에 직면할 수도 있다. 그리고 이 모든 위기의 방아쇠 역할은 이건희 회장의 건강에서부터 시작될 것이다."

이 예측을 할 당시 삼성전자는 글로벌 1등에 올라서서 승승장구할 때였다.(필자는 이 예측을 〈2030 대담한 미래〉에서 더 자세하게 이유를 들어가면서 설명했다) 필자가 예측한 것은 삼성의 위기였지만, 사실은 삼성전자가 대표하는 한국의 전기·전자 산업 전체에 다가오는 위기를 경고한 것이었다.

심성이 이 정도의 위기라면 나머지 전기·전자 회사는 어떨까? 한국 스마트폰의 한 축을 담당했던 팬택이 쓰러졌다. 우여곡절 끝에 주인이 바뀌어서 재기를 노리지만 만만치 않을 것이다. 이제 남은 기업은 삼성전자와 LG전자다. 위기론은 먼저 삼성전자를 향한다. 글로벌 1등이기 때문이다. 그러나 실제로 체감하는 위기는 LG전자에 먼저 올 것이다. 몇 년 전부터, 주력사업인 스마트폰에서 삼성전자에 크게 밀리기 시작한 LG전자는 세계 시장에서 계속해서 순위가 하락 중이다. 중국 회사에게마저 밀려 세계 5강에서도 탈락했다. 야심차게 준비한 G 시리즈도 서서히 무너지는 LG전자의 스마트폰 사업을 다시 일으키기에는 역부족이다. 이런 상황에서 필자가 지금까지 예측한 아시아 대위기의 조건을 대입해 보라. 앞으로 다가올 한국의 금융위기 가능성을 대입해 보고, 더욱 거세질 중국의 추격과 공격을 대입해 보라. 필자의 예측으로는 LG전자는 2018년을 전후해서 심각한 위기에 직면하게 될 것이다. (한국 전기·전자 산업에 대한 상세한 분석과 미래예측은 〈2030 대담한 미래〉〈2030 대담한 미래2〉을 참고하라)

2018년 말,
코스피 지수 1000으로 폭락한다

미국이 기준금리를 인상하면 한국 주식시장은 어떻게 반응할까? 먼저 과거 사례를 검토해 보자. 1994년에 미국이 기준금리를 예고 없이 급격하게 올렸을 때에는 43일간 11.7% 하락했다. 2004년, 자산 버블 붕괴를 우려한 미국이 기준금리를 2년 동안 올렸을 때는 기준금리 인상이 시작되고 80일간 23.1% 하락한 후 반등했다. 기타 신흥국들도 대략 45일 정도 하락한 후 120일 정도 지난 후에 반등했다.

외국인 매도 자금 규모는 어느 정도였을까? 2004년, 미국이 기준금리 인상을 시작한 6월에는 42억 원의 순매도를 기록했다. 미미한 이탈이었다. 오히려, 같은 해 7~9월에는 2조 8,000억 원을 순매수했다. 그 후 10~12월까지 3개월 동안 3조 원 규모의 자금이 이탈했다.[65]

참고로 2015년 12월 기준으로 한국 주식시장에서 외국인은 한 달간 약 3조 원을 순매도했다.

미국의 주식시장은 기준금리 인상으로 약간의 충격은 받겠지만, 경기 이상 신호가 심각한 수준으로 나빠지지 않는 한 반등할 것이다. 미국이 기준금리를 인상하는 이유 중의 하나가 추가적인 경기 회복에 대한 대응이기 때문이다.

KDB대우증권의 분석에 의하면, 1980년 이후 5번의 기준금리 인상 구간(1983, 1986, 1994, 1999, 2004)에서 미국 주식시장의 주가 등락률 평균은 3개월 후 +3.1%(상승 횟수 2번), 6개월 후 +4.5%(상승 횟수 3번), 12개월 후 +3.7%(상승 횟수 4번), 24개월 후 +14.9%(상승 횟수 4번)를 기록했다.[66] 대체로 큰 문제 없이 주식시장이 견고한 상승세를 보였음을 알 수 있다. 2016~2017년 주식시장으로만 본다면, 신흥국과 한국에서 자금을 빼서 미국시장에 투자하는 것이 확률적으로 좋을 것 같다.

그렇다면 2018~2019년 한국은 어떨까? 필자는 2년 전에 출간한 〈2030 대담한 미래2〉에서 이렇게 예측했다.[67]

"한국의 코스피가 1,000선까지 폭락할 수 있다!"

이 예측은 여전히 유효하다. 좀 더 정확하게 말하자면, 한국에서 금융위기가 발발하면 코스피 지수가 1,000까지 폭락할 가능성이 있다. 만약, 제2의 외환위기 가능성이 불거지면 750선까지도 내 줄 가능성에 대비해야 한다. 그런 충격이 발생할 시점은 2018년 말 무렵이 가장 유력하다.

1,000포인트로 폭락한 후 다시 2,000선으로 일어설 수 있을까? 나아가 3,000까지도 전진할 수 있을까? 1,000포인트로 폭락한 뒤 2~3년 안에 1,700~2,000선 박스권으로 회복하는 것은 반등 효과로 가능할 수 있을 것이다. 하지만 반등한 이후에 다시 주가는 서서히 1,000포인트를 향해 내려갈 가능성이 있다. 일본의 경우 1991년 부동산 버블 붕괴가 시작되면서 4만 포인트까지 올랐던 니케이 주가지수가 1만 포인트로 75% 폭락해서 20년 동안 일어서지 못했음을 생각해보라. 대세가 바뀌면 예전에는 경험하지 못했던 새로운 현상과 새로운 패턴이 만들어짐을 명심해야 한다.

투자에 관심이 있는 독자가 좀 더 깊이 생각할 수 있도록 2년 전에 〈2030 대담한 미래 2〉에서 예측했던 내용의 일부를 발췌하여 소개하면 다음과 같다.

주식시장의 미래는 어떨까? 10년 이내에 코스피 지수가 3,000까지 갈 가능성은 거의 없다. 냉정하게 예측한다면 1,000포인트 근처로 폭락해 5~10년 정도 지속할 가능성에 대한 시나리오를 준비해야 한다. 금융위기가 발생하면 곧바로 코스피 지수는 1,000포인트 부근으로 폭락할 것이다. 그리고 부채 축소 압력, 금리 인상 부담, 부동산 침체 지속, 기업 순위 변동, 베이비붐 세대 몰락, 아시아 위기 여파 등이 영향을 미치면 최소 5~10년 정도 1,000포인트 부근을 벗어나기 힘들다.

다음 그림을 보자. 코스피 지수는 1988년 무렵 처음 1,000포인트에 진입했다. 한국 경제는 88올림픽을 계기로 한 단계 성장했다. 외국 투자자의 관심도 높아졌다. 아시아의 네 마리 용이란 평가도 받았다. 1988년부터 2005년까지 18년 동안 한국의 1인당 명목 GDP는 6,000달러대에서 17,000달러대로 3배가량 증가했다. 그런데 이 기간 동안 코스피는 제자리걸음을 했다. 700포인트를 평균으로 오르락내리락 했다. 그 기간에 1,000포인트를 기록한 것은 3번 정도다.

18년 동안 꼼짝하지 않던 주가가 2005년 말부터 단 3년 동안 2,000포인트로

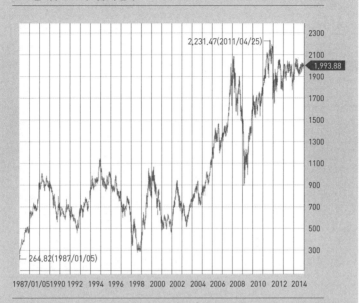

급등했다. 핵심적인 이유는 금융 버블 때문이었다.

미국과 유럽은 2004년 전까지 기준금리를 계속 내리면서 엄청난 규모의 돈을 풀어 경제 성장을 촉진했다. 돈은 저금리에서 고금리로 이동한다. 투자 수익이 낮은 곳에서 높은 곳으로 이동한다. 그래서 돈이 미국과 유럽에서 아시아로 이동했다.

그런데 2004년부터 대세가 변하기 시작했다. 미국은 2004년부터 갑자기 금리를 인상했다. 유럽과 아시아는 2006년부터 금리를 인상했다. 2004년부터 미국, 유럽, 아시아에서 주식과 채권, 부동산시장 등 자산시장의 버블이 급격하게 증가하기 시작했기 때문이다. 1990년대 후반부터 미국, 유럽, 아시아에 풀리기 시작한 엄청난 돈이 자산시장에서 본격적으로 버블을 일으킨 시기가 2004년 ~2008년 사이다.

한국의 부동산시장도 2004년부터 61개월 연속 상승하는 기염(?)을 토했다. 코스피를 2005년 말부터 단 3년 만에 2000포인트로 밀어올린 것은 돈의 힘이었

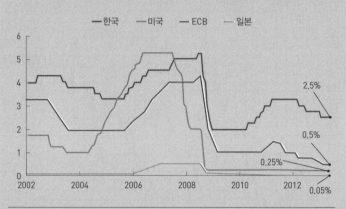

주요국의 기준 금리 추이

— 한국   — 미국   — ECB   — 일본

2.5%

0.5%

0.25%

0.05%

2002   2004   2006   2008   2010   2012

출처 : 국제금융센터

다. 코스피 지수 2,000이 버블 때문이었다는 것은 2008년 미국발 금융위기가 발발하며 자산 거품이 꺼지자 곧바로 1,000포인트까지 폭락했다는 점에서도 증명된다.

1,000포인트로 밀린 코스피는 서서히 회복하더니 2,000선을 재탈환했다. 주식 시장은 돈의 양과 심리적 모멘텀이 큰 영향을 미친다. 2008년에 폭락했던 아시아 시장에 돈이 더 넘쳤다. 미국과 유럽이 경제 회복을 위해 지난 5년 동안 엄청난 돈을 풀었기 때문이다. 한국은 아시아 국가 중에서 좀 더 나은 경제력을 보유하고 있기에 돈이 상대적으로 더 들어왔다. 여기에 미국이 위기를 거의 극복해 간다는 심리적 위안이 반영되면서 2,000포인트를 회복했다. 한국의 자산 시장에는 아직 한국 경제에 대한 심리적 위기감이 없어, 평균을 넘는 돈 버블이 붕괴하지 않았다. 그래서 2,000포인트를 회복할 수 있었다. 거품의 수준으로 되돌아간 것이다.

그런데 "한국 경제에 대한 위기감이 대두하고, 한국에 들어온 돈이 미국과 유럽으로 돌아가면서 돈 거품이 빠지면 어떻게 될까?"

답은 간단하다. 곧바로 1,000포인트 대로 밀린다.

그리고 위기 극복의 기간이 얼마나 되느냐에 따라 1,000포인트에서 탈출하는 기간이 정해진다. 일본은 1991년 부동산 버블 붕괴가 시작되면서 4만 포인트까지 올랐던 니케이 주가가 1만 포인트로 75% 폭락해서 20년 동안 일어서지 못했다. 대세가 바뀌면 예전에는 경험하지 못했던 새로운 현상이 발생한다. 지난 20~30년 동안 만들어진 패턴과 전혀 다른 새로운 패턴이 만들어진다. 이것을 결정짓는 요소 중의 하나는 부동산시장의 대세 변화다. 부동산 버블 붕괴는 가계부채와 동전의 앞뒷면으로 연결되어 있다. 주식시장은 가계의 소득과 부채능력과 연결되어 있다. 일본이 부동산 버블 붕괴 후 20년 동안 니케이 주가가 1만 포인트에서 일어나지 못한 이유다. 한국의 주식시장에서도 이와 비슷한 시나리오를 준비해야 할 때가 다가오고 있다.

2018년 말,
한국 환율 1,500원까지 간다

코스피가 1,000포인트까지 폭락한다는 것은 반대쪽에서 환율이 달러 당 1,500원까지 치솟게 됨을 의미한다. 주식과 채권시장에서 탈출하는 외국인 투자금이 원화를 달러로 바꿔서 탈출하기 때문이다. 외국인 투자자금이 한국에서 수익을 취하는 것은 크게 3개 구간이다.

미국에서 한국으로 들어오고 나갈 때 발생하는 환차익

미국과 한국의 금리 차이에 의한 수익

한국의 주식, 채권, 부동산에서 얻는 투자 수익

이 3개 구간을 중심으로, 외국인 관점에서 2018년 말~2019년 초

한국시장에 대한 투자 매력도를 예측해 보자.

첫째, 외국인 투자자 입장에서 미국과 한국의 금리 차이에 의한 수익에 대한 매력은 적다. 2018년 말, 미국의 기준금리 예상치는 3.25%~3.5% 사이이다. 한국의 기준금리는 2018년 말에 3.0%~3.5% 사이일 가능성이 크다. 미국과 한국의 기준금리 차이가 거의 나지 않는다. 미국 투자자의 입장에서는 한국이 미국보다는 1~2% 정도 금리가 높아야 투자 매력이 있다. 유럽 투자자의 입장에서도 한국이 유럽보다는 1% 정도 금리가 높아야 한다. 미국이 기준금리를 빠르게 올리던 2005년 8월~2007년 8월을 보자. 당시, 미국의 기준금리는 한국의 기준금리보다 오히려 1% 정도 높았다. 이때 한국 주식시장을 빠져나간 외국인 자금은 2006년에 11조 2,300억 원, 2007년 24조 5,220억 원이었다.(물론 외국인 투자금은 금리 차이만으로 이탈하지 않는다. 금리 차이와 한국 경제를 둘러싼 현재와 미래의 대내외 상황도 고려하고, 본국의 상황도 고려한다)

둘째, 2018년 말~2019년 초에 한국의 투자위험도는 어느 정도로 평가될까? 이 부분은 2018년의 한국을 둘러싼 외부적 상황까지 함께 고려해야 한다. 2016~2017년 신흥국과 동아시아 경제가 퍼펙트 스톰을 맞는다고 생각해 보자. 그러면 신흥국과 동아시아의 주식과 채권시장에서 외국인 투자금의 상당 규모가 탈출할 것이다. 2018년에 신흥국과 동아시아에서 탈출한 외국인 투자금이 한국으로 피난을 올 수 있을까? 확실한 사실 하나는 신흥국과 동아시아 경제가 금융위기를 맞으면 한국도 간접적인 충격을 받는다는 점이다. 중국을 포함한 신흥국 수출이 한국 전체 수출의 58%를 차지하기 때문에 피해를 볼 것이 불을 보듯 뻔하다. 신흥국과 동아시아 다음으로는 한국, 중국 순으로 경제위기를 겪게 될 것이다. 한국의 조선, 건설, 해운 산업의 대기업에 위기가 발생할 것이다. LG전자의 위기설이 터져 나오고 좀비기업들의 파산이 시작될 것이다. 필자의 이런 예측을 변수로 넣으면 외국인 투자자 입장에서 2018년 한국 투자시장은 그다지 안전한 시장이 아니다.

2018년, 한국은행이 외국인 투자자를 붙잡기 위해 기준금리 예측 선인 3.0%~3.5%보다 1~2% 더 높게 금리를 올리면 나아질 수 있을까? 2008년 사례를 분석해 보자. 미국발 금융위기가 발발하면서 미국 연준은 기준금리를 급격하게 인하했다. 한국의 기준금리가 미국보다 2~3% 높은 상황이 만들어졌다. 금리 차이로만 보면 외국인 투자자에게 한국은 매력적이었다. 하지만 당시 한국 주식시장을 빠져나간 외국인 자금이 36조 1,740억 원이었다. 한국의 기준금리가 미국보다 2~3%나 높은데 왜 그랬을까? 세계 경제가 위험에 빠지면서 한국 경제를 둘러싼 현재와 미래 상황을 더 불안하다고 봤기 때문이다.

그리고 자산 버블이 붕괴하자, 미국 은행과 투자회사들이 우량자산을 팔아 부실을 메워야 하는 상황도 겹쳤다. 글로벌 투자자본의 현금인출기라고 불릴 정도로 자본 유출이 쉬운 한국에서 급한 자금을 빼간 것이다. 그러다 2009년에 미국이 긴급한 불을 끄면서 상황이 어느 정도 진정되고 금리를 대폭 인하하면서 해결의 실마리를 찾자, 미국보다 1.75% 금리가 더 높고 외환보유액도 많고, 경상수지 흑자국인 한국으로 23조 5,320억 원의 외국인 투자금이 유입됐다.[68]

2018년은 신흥국과 아시아 경제가 위험에 빠지면서 한국 경제를 둘러싼 상황은 훨씬 더 불안하게 인식될 가능성이 크다. 그리고 미국

경제는 탄탄한 회복세를 보이고, 유럽 경제는 디플레이션에서 탈출하는 시점이 될 것이므로 한국보다는 미국과 유럽의 투자 매력이 더 커진다.

2018년 초에는 다가올 한국 경제의 위기 가능성이 CDS 프리미엄에 반영될 것이다. CDS 프리미엄의 특성상 급격하게 상승하지는 않겠지만 서서히 높아지기 시작할 것이다. CDS 프리미엄은 위기가 터지기 대략 1년 전부터 서서히 움직이기 시작한다.

2016~2017년 신흥국과 동아시아 위기가 발발하면 한국의 CDS 프리미엄도 영향을 받을 것이다. 과거에 신흥국의 CDS 프리미엄이 가파르게 상승할 때는 한국도 예외가 아니었다. 2015년 7월에 중국 주식시장이 폭락하자, 한국의 CDS 프리미엄도 상승했다. 2015년 9월 29일 기준 한국의 5년 만기 외국환평형기금채권(외평채) CDS 프리미엄은 82.43bp를 기록했다. 이 수치는 2008년 리먼브라더스 파산 당시의 692bp, 미국의 신용등급 강등 직후인 2011년 9월 206bp 보다는 낮다. 그러나 S&P가 한국 신용등급을 한 단계 올렸음에도 불구하고 2년 만의 최고 수준이었다.[69] 이는 미국이나 중국에 위험이 발생할 경우 그로 인한 한국의 위기 발생 가능성을 크게 본다는 의미다. 한국의 CDS 프리미엄이 상승하는 데는 몇 가지 중요한 요인이 있다.

첫째, 외평채를 발행하는 나라는 CDS 프리미엄를 측정할 때 자금 조달 리스크가 추가된다. 기축통화 국가가 아닌 한국은 CDS 프리미엄을 측정하는 기초자산을 외화표시 외국환평형기금채권(외평채)을 기준으로 한다. 외평채는 외화 자금의 수급 조절을 위해 정부가 발행하는 채권으로 원화표시와 외화표시 두 종류로 발행할 수 있다. 그중

• CDS 프리미엄은 후행적 지표다. 그 특성을 알아두면 좋다. 아래 그래 프는 2010년 유럽의 위기 발발 전후로 남유럽 주요국 국채 CDS 프리미엄의 변화 그래프다.

남유럽 주요국 국채 CDS 프리미엄

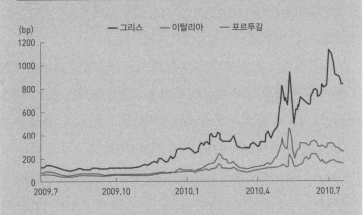

자료: Thomson Reuters, Data3tream

남유럽 국가는 2010년 유럽 위기가 발발하기 수년 전부터 재정 적자와 국가부채 규모가 문제가 되기 시작해서 시간이 갈수록 커졌다. 그러나 이런 현상은 위기가 심각한 수준에 이르기 전까지는 CDS 프리미엄에 거의 반영되지 않는다. 2009년 10월, 세계 언론이 남유럽 국가들의 재정위기, 국가부채 수준에 주목하기 시작했다. 그때야 비로소 해당 국가들의 CDS 프리미엄이 상승하기 시작했다.

외화표시 채권으로 돈을 조달한 나라는 국가 부도가 발생할 경우 자국 통화가 아닌 외화(주로 달러화)로 부채를 상환해야 하기 때문에 '자금 조달 리스크'가 발생한다.

둘째, 대외의존도가 높은 한국은 미국, 유럽, 중국, 신흥국 등 주요 수출국의 경제 상황이 즉각적으로 반영된다. 2018~2019년의 한국 수출은 예전처럼 한국의 위기론을 잠재우는 방패 역할을 하기 힘들어질 가능성이 크다. 2015년 9월 기준, 한국의 경상수지는 41개월 연속 흑자였다. 하지만 2015년 8월 현재 한국의 수출액은 전년 동기 대비 14.7% 감소해서 지난 6년 내 가장 큰 폭으로 줄었다. 유가 하락과 글로벌 경기 침체 영향으로 석유화학 및 석유 제품에서만 30억 달러 감소하고, 해외 선박 인도가 연기되는 조선산업의 특수한 상황이 반영되면서 대중국 수출이 8.8% 줄었다.

석유화학업계 수출 물량의 50%는 중국 수출이었다. 하지만 중국이 석유화학 3대 제품인 합성수지, 합섬원료, 합성고무 자급률을 2014년에 79%까지 끌어 올리면서 한국 제품의 중국 내 시장점유율이 떨어지고 있다. 중국은 앞으로 5년 이내에 자급률을 100%로 끌어 올린다는 계획이다. 중국의 계획이 실현되면 한국 석유화학업계는 3대 제품의 중국 수출을 완전히 포기해야 한다.[70] 문제는 수출이 막히는 데서 끝나지 않는다. 중국 철강업계가 한국 시장에서 핫코일 (41.2%)과 선재(47.9%), 컬러강판(40.0%), H형강(36.1%)을 잠식한 것처럼 중국의 석유화학업계가 적정한 품질과 값싼 가격을 무기로 한국 시장의 상당 부분을 잠식하게 된다.

산업부의 평가에 따르면 2015년 8월의 총수출 물량은 전년 동기 대비 3.8% 증가했지만, 수출 단가가 18%나 감소했다. 치열한 가격 경쟁 때문에 물량은 늘었지만 총수출액이 감소한 것이다.[71] 무역 1조 달러 신화도 4년 만에 무너졌다. 2분기 실질국민총소득GNI도 1분기 대비 0.1% 감소하면서 4년 6개월 만에 마이너스를 기록했다.[72] 실질

GNI는 한 나라의 국민이 국내와 해외에서 벌어들인 임금, 이자, 배당 등의 소득을 합산하고, 국제 유가 등의 교역조건 변화를 반영한 무역손익을 포함하여 산출한 지표로, 한 나라 국민의 실제 구매력을 나타내는 소득지표다. 9월에도 수출액이 전년 동월 대비 8.3% 감소해서 수출이 9개월 연속 하락했다. 2015년 9월까지 누적 수출액도 전년 대비 6.4% 정도 감소했다. 특히, 9월에는 수입도 21.8% 감소하며 2008년 글로벌 금융위기 이후 최대 낙폭을 기록했다. 무역수지 위기의 1단계인 '불황형 흑자 상태'가 아주 오랫동안 지속되고 있는 것이다.[73]

앞으로 1~2년 동안 제2차 석유전쟁이 지속되고, 글로벌 경기 침체가 이어질 가능성이 크다. 중국 경제는 3~4년 안에 가파르게 호전될 가능성이 작다. 한국 수출의 25%를 차지하는 중국 시장이 위축되면 무역수지 흑자 규모의 감소가 불가피하다. 관세청의 분석에 따르면 중국 내수시장이 부진을 겪던 2015년에 한국의 대중 수출은 4월에 전년 동기 대비 -5.1%, 5월에는 -3.3%, 7월에는 -6.5%, 8월에는 -9.1%를 기록했다. 한국의 대중 수출은 2013년에 연간으로 8.6% 증가했었는데, 2014년부터 한 자릿수로 감소하거나 마이너스 증가율을 보이기 시작했다.[74]

국내 한 경제연구원은 2016년에 한국을 둘러싼 다른 상황이 같은 조건에서, 중국의 경제성장률이 6%대로 '연착륙'하면 한국의 총수출과 경제성장률은 각각 0.5%P와 0.1%P 하락하고, 5%대로 '경착륙'하는 상황이 발발하면 각각 2.2%P, 0.6%P 하락하고, 5% 미만이 되면 각각 4.0%P 이상, 1.0%P 이상 하락할 것으로 추정했다.[75]

셋째, 한국 경제의 펀더멘털이 여전히 좋은 수준이라고 평가받더라도 2008년 이전과 비교해서 가계, 기업, 내수 등이 상대적으로 악화하고 있는 상황이 반영된다. 예를 들어 보자. 2015년 한국의 GDP 성장률은 2.7%를 기록했다. 그러나 겉보기에는 나쁘지 않은 GDP 성장률과는 달리 한국 경제 상황은 점점 나빠지고 있다. 거시적인 지표 외에 창업 관련 지표에서도 팍팍한 현실을 확인할 수 있다. 2015년 9월 30일 통계청이 발표한 자료에 의하면, 2014년에 20대의 창업이 전년에 비해서 23.6%, 사업체 수로는 1만 5,865개가 증가했다. 내용을 들여다보면 청년들의 창업가 정신이 활발해지고 창조경제의 결실이 나타나는 것이라고 반기기 어렵다. IT 등 전문 과학기술 분야 창업은 521개 밖에 늘지 않고, 커피전문점, 편의점, 화장품 판매, 의류 판매 등 생계형 창업이 대다수를 차지했다. 60대 은퇴자층의 창업도 전년 대비 73,971개 증가했다. 2014년 전체 창업자의 절반에 해당하는 은퇴자들의 창업은 대부분 숙박업, 음식점, 개인택시나 용달같은 운수업 등에 집중되었다.[76]

한국은행이 발표한 2015년 6월 말 기준 한국의 대외채무 잔액은 4,206억 달러다. 이중에서 1년 만기 회사채, 차입금 등 단기외채는 1,212억 달러로 3월 말 대비 84억 달러 증가했다. 최근 2년 내 최고치다. 단기 외채 규모는 총외채의 28.8%에 해당한다. 이 비율은 미국(31.8%), 중국(65.8%), 일본(75.6%), 독일(33.3%), 영국(68.3%), 프랑스(38.2%)보다는 낮지만, 위기 상황에 직면한 브라질(8.3%), 러시아(8.9%), 인도네시아(14.7%), 멕시코(18.4%), 아르헨티타(22.2%)보다 높다.

한편 41개월 동안의 경상수지 흑자가 이어짐에도 불구하고 한국의 외환보유액은 2015년 7월에 28억 8,000만 달러, 8월에 39억 3,000만 달러 감소했다. 2개월간 약 58억 달러(약 7조 원)가 감소한 것이다.[77] 달러화 강세로 인한 한국 통화가치의 하락과 원화 환율 변동성을 진정시키기 위한 외환보유액 사용(환율 방어), 외국인 투자금 유출 등이 원인이다.

2015년 7월 한 달 동안 국내 주식과 채권시장에서 49억 4,000만 달러(약 5조 8천억 원)의 외국인 투자금이 빠져나갔다. 미국 연준이 양적 완화 정책의 축소 및 중지(긴축적 통화정책)를 시사하는 발언으로 신흥국에서 외국인 자금이 급격히 이탈하는 긴축발작이 일어나던 때인 2013년 6월 51억 5,000만 달러가 빠져나간 이후 최대치다. 6~8월 3개월을 합산하면 외국인 투자자들이 팔아치운 국내 주식과 채권 규모는 10조 1,782억 원이다.[78] 신흥국과 동아시아의 위기가 이제 막 시작되었는데 이 정도다. 한국의 위기는 아직 시작하지도 않았다. 참고로 2008년 글로벌 금융위기가 발생하던 해에 한국에서 빠져나간 외국인 투자금은 259억 달러(약 31조 원)였다.[79]

전문가들의 분석에 의하면 이 기간에 가장 많이 이탈한 것은 유럽계 자금이다. 원화 약세와 유로화 강세가 엇갈리면서 유로 캐리 트레이드를 빠르게 청산한 결과이다. 유로존도 경제 회복이 요원하지만 당분간 그렉시트가 수면 아래로 가라앉았다는 점, 신흥국과 중국을 포함한 아시아 국가가 미국의 기준금리 인상으로 받을 충격에 대한 선제적 대비 필요성, 세계 경제 불안감의 지속 등이 겹치면서 유럽 자금 입장에서는 자국에서 돈을 빌려 신흥국이나 아시아 국가에 투자할 매력이 줄어들었다고 판단한 셈이다. 전문가들은 당분간 유럽계 투자자금이 유로 캐리 수익률에 민감하게 반응하며 유입과 유출을 반복할 가능성이 크다고 예측한다.[80]

2018년이 되면 정부의 직접적인 환율 개입도 쉽지 않을 것이다.

2010년의 G20 서울회의에서 한국이 주도하여 채택한 'GDP 대비 4% 이상의 대규모 경상수지 흑자국가는 자국 통화의 인위적 평가절하를 못 한다'는 '서울 선언' 때문이다. 환율을 조작해서 무역 흑자를 추가로 늘리는 것을 방지하기 위한 이른바 '경상수지 4% 룰'이다. 한국은 2010년에는 흑자가 GDP의 4% 미만이었지만, 2014년에 6.25%를 기록해서 '4% 룰'에 걸렸다. 하지만 중국은 2009년 5.96%에서 2014년 1.9%로 낮아졌고, 일본도 이 룰에서 벗어나 있어서 위안화나 엔화는 평가절하가 가능하다.[81]

증권업계에서는 외국인 투자자들이 2010년 이후 환율이 1,080원~1,140원 대에서 보유잔액을 늘린 것으로 분석했다.[82] 따라서 원-달러 환율이 1,200원을 넘어가면 외국인의 환차손이 커져서, 한국의 주식과 채권시장에서 벌어들인 수익을 본국으로 이전하는 과정에서 환차손으로 다 잃을 수도 있다. 만약 1,200원이 넘을 가능성이 보이면 환차손이 더 커지기 전에 탈출 규모를 늘릴 수 있다는 뜻이다.

2018년 말 기준으로 외국인 관점에서 본 한국 시장의 투자 매력도는 최소한 2015년보다 높지 않을 것이다. 2008년 미국발 금융위기 당시의 매력도보다도 낮을 것이다. 최악의 경우 (코리아 디스카운트를 감안한다면) 1997년 제1차 외환위기 당시의 상황과 비슷하게 평가할 가능성도 있다.

앞에서 설명한 CDS 프리미엄처럼 후행적으로 움직이는 지수로 금융안정지수가 있다. 다음 그래프는 한국의 금융안정지수를 나타낸 그래프다.

그래프를 보면, IMF 외환위기를 포함해서 근래에 발생한 한국의 대내외적 위기 구간에서 금융안정지수의 움직임이 CDS 프리미엄 움

금융안정지수

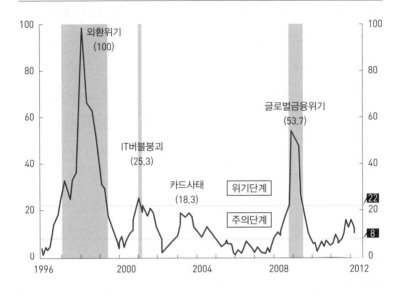

출처: 2012년 한국은행 금융안정보고서

직임과 비슷하다. 위기가 시작되고 누적되어 가는 도중에는 거의 변화가 없다. 그러다 갑자기 증가한다. 2008년의 글로벌 금융위기가 발발하기 1년 전에는 금융안정지수가 말해주는 위기지수가 '0'이었다. 금융안정지수를 평가하는 항목들의 상당수가 후행적 지표들이기 때문이다.

2018년 한국의 CDS 프리미엄, 금융안정지수도 비슷하게 움직일 것이라고 예측한다. 다음은 2000년 이후 원-달러 환율 변화 그래프, 1990년 이후 코스피 지수 변화 그래프, 1996년 이후 금융안정지수 그래프다. 그래프에서 보듯이 한국에서 위기가 발발하면 주식과 환율은 반대로 움직인다. 2008년 미국발 금융위기가 발발했을 때는

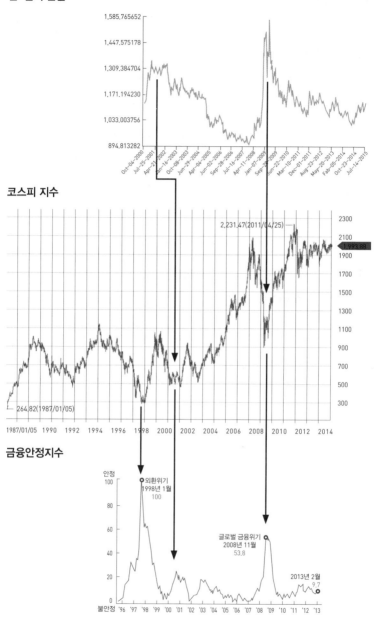

원-달러 환율

1,585.765652
1,447.575178
1,309.384704
1,171.194230
1,033.003756
894.813282

Oct-04-2000 Jul-25-2001 Apr-21-2002 Jan-16-2003 Oct-08-2003 Jun-29-2004 Apr-04-2005 Jun-02-2006 Sep-28-2006 Apr-11-2008 Jan-07-2009 Sep-25-2009 Mar-22-2010 Oct-10-2011 Dec-01-2011 Aug-20-2012 May-20-2013 Fab-05-2014 Oct-23-2014 Jul-14-2015

코스피 지수

2,231.47(2011/04/25)

1,993.88

2300
2100
1900
1700
1500
1300
1100
900
700
500
300

264.82(1987/01/05)

1987/01/05 1990 1992 1994 1996 1998 2000 2002 2004 2006 2008 2010 2012 2014

금융안정지수

안정
100
80
60
40
20
불안정

외환위기
1998년 1월
100

글로벌 금융위기
2008년 11월
53.8

2013년 2월
9.7

'96 '97 '98 '99 '00 '01 '02 '03 '04 '05 '06 '07 '08 '09 '10 '11 '12 '13

출처: eXchangeRate.com

한국의 금융안정지수가 보여주는 위험도는 1997년 외환위기의 절반 정도 수준이었다. 이 정도의 위기감에서는 원-달러 환율이 1,580원 대까지 상승했고, 주식은 1,000포인트대로 주저앉았다. 원-달러 환율은 직전 저점인 890원~1,033원 대비 50%를 훌쩍 넘어 상승했다. 코스피 지수도 최고점인 2,085포인트 대비 절반 정도 폭락했다. IT 버블 붕괴, 카드대란 때는 금융안정지수가 2008년 미국발 금융위기보다 낮았기 때문에 환율은 1,300원대와 1,200원대로 상승했다. 하지만 코스피 지수는 40~50% 정도 폭락했다.

1997년 한국의 외환위기 상황에서는 어땠을까? 한국의 금융안정지수가 보여주는 불안 정도는 최고치를 기록했다. 이 정도의 위기감에서는 원-달러 환율이 2,000원대 가까이 상승했고, 주식은 277포인트 대로 주저앉았다. 원-달러 환율은 직전 저점인 913원 대비 100%를 넘는 상승률을 기록했다. 코스피 지수도 최고점 대비 1/4정도로 폭락했다.

한국의 외환시장과 주식시장이 지난 30여 년 동안 위기에 반응하는 패턴과 폭을 고려하여 2018년 금융위기가 발발할 경우 환율과 코스피 지수의 변화를 예측해볼 수 있다. 환율은 달러당 1,500원 내외가 될 가능성이 크고 코스피 지수는 1,000포인트 내외로 하락할 가능성이 크다. 최악의 경우 제2의 외환위기가 발발한다면 코스피 주가는 750선 내외까지 밀리고, 원-달러 환율은 장중 최고치로는 1,900~2,000원까지 폭등할 수 있다.

2019년,
삼성전자의 2차 위기가 시작된다

필자는 〈2030 대담한 미래〉에서 삼성의 몰락 시나리오를 발표했다. 〈2030 대담한 미래 2〉에서는 2014년부터 2020년까지 삼성의 위기가 어떻게 전개될지에 대한 예측을 연도별로 정리한 시나리오를 발표했다. 삼성그룹도 필자의 예측에 귀를 기울였다.(삼성은 필자를 초청해서 강의를 듣고, 기술연구소의 자문 교수로 위촉했다.)

삼성그룹은 2014~2015년에 경영권의 안정적 승계와 위기 대응을 위한 전면적인 구조조정과 방향 전환에 전념했다. 경영권 승계는 가시적 성과를 얻었다. 미래 생존을 위한 그룹 전체의 방향 전환에서도 희망의 빛이 보인다. 하지만 여전히 안심할 수 없다. 필자의 예측으로는 2019년 전후에 삼성전자의 2차 위기가 시작될 것이다. 삼성에게 가장 중요한 시기다. 이 시기를 어떻게 넘느냐가 삼성그룹의 사활을 결정할 것이다.

다음은 삼성전자의 2004년부터 2015년까지 매출과 영업이익 추이 그래프이다.

삼성전자는 2004년부터 2013년까지는 미국과 유럽의 위기에도 불구하고 승승장구했다. 특별히 2012~2013년에는 매출과 영업이익이 급성장했는데 여기가 정점이었다. 2014년부터 프리미엄 스마트폰 시장이 성장의 한계에 도달하고, 중국의 빠른 추격에 시달리면서 2014년, 2015년 두 해 연속 매출과 영업이익이 뚜렷한 감소 추세로 돌아섰다. 2015년의 200조 원 매출(잠정) 달성도 엄밀히 따지면 원-달러 환율 효과를 보았다. 2015년 3분기를 보면 원-달러 환율이 전년 동기 대비 14% 올랐기 때문에 전년과 같은 실적이라면 매출과 영업이익이 14% 증가하는 환율 효과를 보게 된다. 특히 영업이익에는 국제유가 하락 효과도 작용했다. 2014년 3분기 100달러대였던 유가가 2015년 3분기에는 50~60달러대로 급락했다. 이 두 가지 효과를 빼면 2015년 삼성전자의 매출은 200조 원을 밑돌았을 것이다. 또한 2015년 삼성전자는 광고비와 판매장려금을 줄이는 등의 선제적 비용 절감을 통해 영업이익을 방어했다. 참고로, 삼성전자는 2013년 한 해에만 마케팅 비용으로 12조 원을 지출했다. 이 중 20%만 줄여도 장부상 영업이익을 2조 4천억 원 증가시킬 수 있다.

삼성전자의 매출과 영업이익 감소는 글로벌 경기침체 탓이 아니다. 삼성전자는 2008년 미국발 금융위기가 전 세계를 강타했을 때에도 매출과 영업이익의 증가세가 멈추지 않았다. 2010년 유럽발 금융위기가 전 세계를 강타한 이후에는 오히려 급성장했다. 삼성전자의

삼성전자 매출과 영업이익 추이(단위: 천억 원)

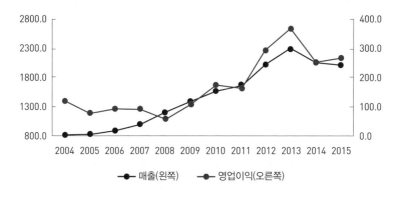

출처: 한국은행 경제통계시스템, 자료: 통계청

위기 요인은 두 가지다 - 시장의 성장 한계와 중국의 추격. 그래서 삼성전자의 생존 해법도 이 두 가지 요인을 푸는 데서 나와야 한다. 그런데 두 가지 문제에 대한 해법은 단기간에 나올 수 없다.

삼성그룹은 2015년 삼성테크윈을 비주력 사업으로 분류하여 한화에 매각했다. 삼성테크윈은 1977년 8월 1일 설립된 삼성정밀공업이 모태이다. 영상보안, 반도체 조립 장비, 에너지 장비, 방산 장비 등의 사업을 하는 회사로 CCTV, DVR, 프리젠터, 리드프레임, 칩마운터, 항공기엔진, 가스터빈엔진, 압축기, K9자주포, K10탄약운반장갑차 등의 제품을 생산했다.[83] 에너지와 방산에 관심이 큰 한화로서는 아주 좋은 인수대상이다. 한화에게만 좋을까?

삼성테크윈이 가진 초정밀 렌즈, 화상 처리 및 영상 보안 기술은 무인자동차를 비롯한 무인디바이스 및 IoT(사물인터넷) 사업에 필수적인 기술이다. 게다가 미국이 동아시아로 전략적 관심을 돌린 후부터 동아시아는 군사적 긴장감이 커질 것이다. 군사적 긴장감이 커지면 방위산업의 시장 규모는 더 커진다. 정밀기계산업은 한국이 중국과의 경쟁에서 살아남을 통로다. 삼성테크윈은 2015년 3월에 산간 및 일반도로에서 자율주행할 수 있는 무인차 스타엠Star-M을 개발했다. 날개가 접히는 드론 '큐브 콥터'도 개발했다.[84] 몇 년 전부터 필자가 예측했듯, 삼성이 미래자동차 산업에 진입하지 못하면 스마트폰과 스마트홈 시장의 알맹이를 다 내주어야 한다. 그런데 미래자동차 산업에 중요한 사업을 비주력 사업으로 분류하여 한화에 매각했다. 반대로 삼성테크윈을 인수한 한화는 로봇, 무인자동차, 전기차 사업을 미래 신성장동력으로 삼겠다고 선언했다.[85]

필자의 예측으로는 삼성에게 2016년은 고전하는 한 해가 될 것이다. 앞으로 삼성전자는 〈2030 대담한 미래2〉에서 소개한 시나리오대로 갈 가능성이 크다. 그리고 2019년 전후로 삼성전자의 2차 위기가 시작될 것이다.

● 필자가 〈2030 대담한 미래 2〉에서 예측한 삼성에 관한 시나리오의 핵심 내용을 발췌하여 소개한다.[86]

● **2015년**
미국 시장이 살아나는 것은 삼성에 유리하다. 그런데 미국 시장의 회복은 삼성보다 미국 기업에 더 유리하다. 미국 기업은 강력한 구조조정과 인수합병을 통해 기업 체질을 개선하는 데 성공했다. 역사상 가장 많은 현금을 모아두고 있다. 오바마 정부가 적극적인 수출 지원 정책을 펴고 셰일가스, 셰일오일이 발굴되며 자원의 이점을 확보한 미국 기업들은 삼성을 본격적으로 압박할 준비를 완벽하게 갖추었다. 2008년 서브프라임 모기지 사태 이후 미국 정부와 기업이 힘을 합쳐 일본 자동차 기업을 역습해 2~3년 동안 추락시켰던 전략을 전기·전자시장에도 구사할 태세다. 정부의 보이지 않는 지원에 힘입어 애플, 모토로라를 합병한 구글, 아마존, 노키아와 손을 잡은 MS 등 미국 기업의 포위작전이 시작될 것이다. 애플을 비롯한 미국 ICT 기업은 2014년 하반기와 2015년에 새로운 제품과 새로운 서비스를 내놓으면서 삼성을 압박할 것이다. 지금보다 더 빠른 속도로 변화하는 시장에 대응해야 하는 삼성에게 이건희 회장의 공백은 예상보다 크게 다가올 것이다.

삼성은 지난 5년간 힘든 싸움을 했다. 그런데 본격적인 싸움은 지금부터다. 환율 문제, 미국의 역습과 일본의 추격에 대응해야 하는데 내수 시장마저 삼성의 뒷덜미를 잡고 있다. 삼성이 원화 강세나 엔화 약세 등 단기적 위기를 극복하기 위해서는 미국뿐만 아니라 유럽과 신흥국 시장이 회복되어야 한다. 그러나 미국을 제외한 유럽, 중국은 저성장에 직면할 상황이다. 동남아와 신흥국에서는 금융위기가 계속되면서 수출을 통해 성장 속도를 유지하려는 삼성의 전략에 차질을 주고 있다.

미국 시장이 살아나면서 미국 ICT 기업의 경영실적이 좋아질 것으로 예상되면 투자자와 주주들은 삼성에게도 비슷한 기대를 할 것이다. 그들은 삼성이 그동안 보여 주었던 성장 속도를 기대하고 있다. 그래서 미국 소비가 살아날수록 삼성의 경영진에게는 거센 매출 증가 압박이 가해질 것이다. 이런 상황에서 2015년 미국이 전격적으로 금리 인상을 추진한다. 유럽은 막대한 돈을 풀어 유럽 기업의 뒤를 받쳐 준다. 동남아와 신흥국은 더 심각한 금융위기 상황으로 빠져든다. 중국의 성장률은 좀처럼 나아지지 않고, 도리어 부동산 거품 붕괴의 조짐마저 보인다. 중국 정부의 강력한 부패척결 의지로 중국의 소비시장은 얼어붙기 시작한다.

● 2016년

중국 기업이 삼성의 기술력을 추월하기 시작한다. 지금까지 중국 휴대폰 기업은 중국시장 성장에 기대어 매출을 증가시켜 왔다. 시장점유율을 높일 수는 있었지만, 평균 영업이익률은 2% 정도에 불과했다. 중국 기업이 자국에서 다양한 혜택과 정부의 지원을 발판삼아 시장점유율을 높이는 것만큼 삼성의 중국

시장점유율도 상승했다. 고급 제품에서는 삼성의 기술력이 탁월했기 때문이다. 중국을 제외한 미국이나 유럽, 신흥국 시장에서도 중국 기업은 삼성의 벽을 넘지 못했다.

그런데 이전과는 다른 상황이 전개되기 시작한다. 예상보다 빠르게 중국 기업의 기술 경쟁력이 상승해서 중국 내수시장에서 기술력을 바탕으로 고급 제품 시장에서 삼성을 위협하기 시작한다. 미국과 유럽 등 선진국 시장에서는 중국 제품이 싸구려라는 이미지를 벗고, 동남아시아와 중남미 등 신흥국에서는 중국 제품의 인기가 크게 상승한다. 영업이익률도 높아진다. 이런 중국의 추격은 스마트폰에만 국한하지 않는다. 스마트안경이나 스마트워치는 삼성 제품과 비교해도 손색이 없을 정도다. 삼성이 기대했던 스마트홈 시장의 성장은 예상보다 더디다. 이런 상황 역시 삼성에게는 악재다. 스마트홈 시장에서마저 중국 기업이 삼성을 추격할 시간을 벌 수 있기 때문이다.

대부분의 영역에서 삼성은 가격 경쟁을 통해 중국 기업의 공격을 방어해야 한다. 마케팅 비용을 더 많이 지출해야 한다. 애플과 구글은 스마트 디바이스, 스마트홈, 무인자동차 영역에서 신제품을 내놓으면서 삼성의 제품보다 가격을 낮게 책정한다. 애플과 구글은 물론 중국 기업과도 경쟁해야 하는 삼성도 가격을 내릴 수밖에 없다. 매출 성장 속도를 예전처럼 유지하는 것은 포기할 수밖에 없고, 순수익이 줄어드는 것에 대한 긴급 대책이 필요해졌다.

삼성이 승부수를 띄웠던 의료 바이오산업은 한국 정부의 뒤늦은 정책으로 속도감이 떨어지고, 내수시장의 침체로 시장 형성도 더디다. 세계 시장도 본격적으로 형성되려면 2020년경이나 되어야 한다. 그때까지 삼성이 버틸 수 있을지 장담할 수 없다. 하드웨어 경쟁력이 추락하면서 바이오 생태계 시장을 노렸던 전략에도 수정이 불가피하다. 바이오 생태계를 지배하기 위해서는 OS, 디바이스, 콘텐츠 생태계 형성이 필요한데 아직 삼성은 OS와 콘텐츠 생태계 구축에서 괄목할만한 경쟁력을 확보하지 못했다. 유일하게 강점을 가지고 있던 디바이스에서도 중국에 시장을 내주기 시작했다. 이처럼 삼성의 스마트 디바이스 경쟁력의 미래 전망이 불투명해지면서 삼성을 중심으로 하는 연합전선에 균열이 생기기 시작한다. 전통적인 의료 디바이스 시장에도 심혈을 기울였지만, 경제가 회복되면서 미국과 유럽 기업의 경쟁력이 더욱 강화되어 삼성이 이들과의 시장 격차를 줄이지 못하고 있다. 신약 개발에는 10년 이상 투자가 필요하고, 줄기세포 등을 활용한 재생치료 시장도 2025~2030년경이나 되어야 삼성을 먹여 살릴 만큼 큰 시장이 될 것이다.

● 2017년 초

이번 정부가 임기 말을 맞으면서 레임덕에 빠지고, 정치권은 대통령 선거에 집중하면서 정책이 먹히지 않는다. 야당은 정부의 무능을 비판하면서 여당의 정책과 엇박자를 내기 시작한다. 정부가 거의 모든 규제를 풀고 각종 지원책을 내놓고 저금리 대출을 유도하지만 부동산 거품 붕괴가 본격적으로 시작되는 것을 막지는 못한다. 가계 소비가 급속하게 위축되고, 금융권으로 위기가 옮아붙으면서 금융 비용 상승이 삼성을 덮친다. 한국의 금융위기 상황이 깊어지자 일부에서는 제2의 외환위기 가능성을 거론하면서 한국의 국가신용등급 하락을 전망한다.

국제신용평가회사들은 이런 한국의 상황을 고려해 삼성의 신용등급에 대해 부정적으로 전망하기 시작한다. 주식시장에서 삼성의 주식을 매도하는 외국인의 움직임이 가시화된다. 삼성의 주가는 지난 4~5년 동안 글로벌 1등이란 프리미엄이 붙으면서 거침없이 상승했다. 하지만 5년이 지난 후 시장은 삼성은 여전히 빠른 추격자에 불과하다는 혹평을 쏟아낸다.

지난 몇 년 동안 삼성은 경영권 유지와 지배구조 안정화에 대부분의 여력을 사용하면서 시장이 원하는 위험하지만 도전적인 의사결정을 하지 못했다. 지난 5년 동안 웨어러블 컴퓨터, 바이오산업, 의료기기, 2차전지 분야에서 몇 가지 성과를 냈지만, 시장이 원하는 수준에는 이르지 못했다. 그 사이 중국 기업이 삼성의 신수종 사업 분야에서 어깨를 겨룰 정도로 올라왔고, 미국 기업은 삼성과의 격차를 더 벌렸다. 일본 기업은 예전의 영광을 되찾지는 못했지만 여전히 삼성을 견제하는 수준에서 살아남아 있다.

● 2018년

새해가 되면서 대선 기대감으로 폭락을 모면했던 주가가 흔들리기 시작한다. 아시아 대위기 국면이 기정사실로 되면서 대부분의 아시아 주식시장이 크게 흔들린다. 삼성은 두 배의 충격을 받는다. 3개월 만에 최고점에서 30%가량 주가가 폭락한다. 삼성 몰락을 전망하는 전문가들의 경고가 여기저기서 터져 나온다.

ASIA

아시아가 바뀐다

2020년,
현대기아차 위기가 시작된다

2018년 LG전자의 위기

2019년 삼성전자의 2차 위기

삼성 다음에 위기를 맞을 기업은 현대기아차 그룹이다. 현대기아
차의 위기가 2020년을 전후에서 시작될 것이다.

한국의 산업이 위기를 맞게 되는 순서를 알면 그 산업에 속한 기업
의 위기를 예측할 수 있다. 2008년 이후 건설산업의 위기가 시작되었
다. 2010년 이후 유럽의 위기가 시작되고, 중국 경제의 성장률 하락
과 중국 기업의 추격, 엔저 공격으로 조선, 철강산업의 위기가 시작되
었다. 2014~2015년에는 제1차 석유전쟁으로 석유화학산업의 위기
가 시작되었다. 이 무렵 삼성전자의 스마트폰 사업이 성장의 한계를

맞으며 위기론이 부상했다. 앞으로 2016~2017년 신흥국과 동아시아의 위기를 지나면서 2018년경에는 전기·전자산업의 본격적인 위기가 시작될 것이다. 그리고 2020년경이면 한국의 자동차산업이 본격적인 위기국면에 진입할 것이다.

필자가 〈2030 대담한 미래〉에서 삼성그룹의 위기론을 직접 거론하자, "현대기아자동차의 미래는 어떻게 될 것인가?"라는 질문이 이어졌다. 이 질문에 대해서 필자는 다음과 같이 대답했다.

"현대기아자동차의 위기는 2020년경에 시작될 것입니다!"

2013년에 필자가 한국 자동차산업의 미래에 대해 예측한 내용을 발췌해서 소개하면 다음과 같다.[87]

자동차산업도 넛크래커 현상에 빠질 가능성이 크다. 한국 기업의 기술력이 좋아졌지만 다른 경쟁자들의 기술력도 좋아지고 있다.
더욱 중요한 점은 자동차산업의 새로운 패러다임이다. 지구 온난화 문제로 휘발유 자동차 시장의 축소는 불가피하다. 미래형 자동차인 하이브리드 자동차나 전기자동차로 급속하게 넘어갈 것이다. 휘발유 자동차는 중국과 인도가 잠식해 들어오고 있고 미래형 자동차는 일본, 유럽, 미국이 앞서 가고 있다. 중국 상하이 자동차 그룹은 글로벌 톱10에 진입하는 약진을 보이고 있으며 미국과의 합작으로 전기자동차 배터리 시장에도 진출하고 있다.
전기자동차는 미국이 세계 최고의 기술을 가지고 있다. 그러나 미국은 휘발유 자동차에 관련된 이해관계 때문에 전기 자동차의 기술 개발과 상업화 시기를 늦췄다. 그 사이에 일본의 도요타가 하이브리드자동차를 치고 나오고, 중국마저 전기자동차를 상용화하고 나섰다. 여기에 더해 전 세계적인 경제위기로 기존 산업과 신성장동력 산업에서 부를 만들어내야 한다는 압력이 거세지자 미국의 행보가 달라졌다. 미국은 하이브리드 자동차를 생략하고 전기자동차로 바로 가는 패러다임 전환에 속도를 붙이려 할 것이다.

미국과 일본이 전격적으로 움직이기 시작한다면 자동차산업의 신성장동력인 하이브리드 자동차와 전기자동차에서 한국이 밀릴 가능성이 커진다.

우리는 미래형 자동차(전기자동차 등)에 들어갈 2차전지 시장을 잡기 위해서 삼성SDI, LG화학, SK에너지 등이 많은 투자를 하고 있다. 삼성SDI는 독일 보쉬와 합작해서 유럽 시장 선점에 나서고 있고, LG화학도 미국 GM과 포드와 전기자동차 프로젝트를 진행하고 있다. 현재 일본 IIT의 집계에 의하면 2009년 전 세계 리튬이온 2차전지 세계시장 점유율은 일본의 산요가 20.2%로 선두를 고수하는 가운데 삼성SDI가 18.5%, LG화학이 13.2%로 그 뒤를 쫓고 있다. 그리고 한국 기업의 뒤를 중국의 BYD가 6.6%로 맹추격하기 시작했다. 지금까지는 우리나라가 모바일과 IT에서 가진 세계적 경쟁력에 힘입어 휴대전화 및 노트북용 2차전지 분야에서 한국이 경쟁력을 가질 수 있었다. 이 분야의 시장은 2010년 94억 달러 규모에서 2020년에는 220억 달러로 커질 것으로 예측된다. 그런데 앞으로 벌어질 전기자동차용 2차전지의 시장 규모는 2010년 28억 달러에서 2020년 302억 달러로 무려 11배나 증가할 것으로 예측된다. 또한, 에너지 저장용 배터리 시장은 현재 2억 달러에서 2020년 257억 달러로 폭발적인 성장을 할 것으로 예측된다. 향후 2차전지 시장은 지금까지의 2차전지 경쟁력과는 무관하게 전기자동차와 에너지 저장용 배터리 분야에서 승부가 나게 된다는 뜻이다. 현재 우리나라의 2차전지 생산 기업들이 글로벌 완성차 업체를 잡으려고 노력하는 이유가 바로 여기에 있다.

하지만 우리나라의 업체들이 글로벌 완성차 업체들과 손을 잡는다 해도 밀월 관계는 그리 오래가지 못할 것이다. 현재 미국, 독일, 일본은 정부가 2차전지 사업 육성에 적극 나서고 있다. 지식경제부 집계에 따르면 2009~2011년 전기차 배터리의 연구개발에 대한 정부 지원액은 미국 2,613억 원, 독일 2,040억 원, 일본 1,072억 원 등이다. 이에 비해 한국은 360억 원에 그치고 있다.

빠르게 우리를 추격해오는 중국과의 경쟁도 쉽지 않다. 하루빨리 우리나라의 전기자동차와 신재생에너지 산업의 경쟁력도 함께 높여야만 한국의 2차전지 산업이 글로벌 강자로서의 위치를 오래 유지할 수 있게 된다. 녹색성장위원회 자료에 따르면 현재 2차전지 소재의 실질적 국산화 비율은 20% 미만에 불과하다. 아무리 수출이 증가해도 결국은 일본의 수익만 증가시키는 구조다. 참고로 2009년 일본에서 수입한 2차전지 생산에 필요한 소재 수입 규모는 4억 9,000만 달러로 국내 소재 분야 수입에서 55%를 차지하고 있다.

현대자동차는 1986년에 미국과 일본 자동차 회사의 25% 수준이었던 생산성이 2006년에 60~70%까지 높아지며 계속 성장했다. 하지만 2007년 이후 생산성이 오랫동안 정체 상태다. 주5일 근무제가 정착되고 저출산 고령화로 생산가능인구의 증가율이 떨어지고 있기 때문에 생산성 향상은 앞으로도 쉽지 않다.

필자가 현대기아자동차의 위기가 2020년경 시작될 것으로 예측한 것은 다음과 같은 요인을 고려한 결과이다.

자동차산업의 업의 특성

미래자동차의 부각 시점과 상용화 시기

에너지산업의 변화

현대기아자동차 신사옥 건설 투자 자금 20조 원 지출 이후의 현금 여력

한국시장에서 수입자동차와의 경쟁 구도

신흥국과 동아시아 대위기의 자동차 수출에 대한 영향

한국의 금융위기 때 받을 현대기아자동차의 충격

2015년 한 해, 현대기아자동차는 몇 년째 이어진 엔저 효과와 특유의 생산 및 경영 효율화 능력을 바탕으로 한 일본 자동차의 거센 반격에 더해, 유로화 약세에 기반한 유럽 자동차의 역습까지 당했다. 현대차는 유럽에서 판매되는 자동차의 33%를 국내에서 생산하고 기아자동차는 44%를 생산한다.[88] 유럽은 세계 3대 자동차 시장이다.

원화 대비 유로화 가치 추이

(유로)

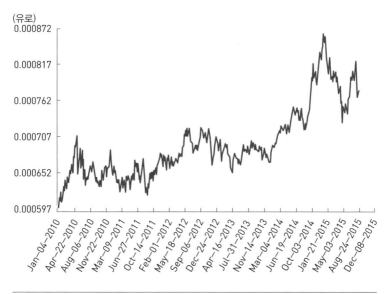

출처: www.eXchangeRate.com

유럽의 양적 완화 지속과 초저금리로 유로화 약세가 지속되면 한국 회사가 유럽에 수출하는 자동차의 가격경쟁력이 떨어진다. 반대로 국내로 수입되는 유럽차의 가격경쟁력은 올라간다. 위의 그래프는 원-유로 환율 추이다. 2012년부터 원화 대비 유로화의 가파른 약세가 지속되고 있다. 더 큰 문제는 이 추세가 최소 2~3년은 지속될 가능성이 크다는 것이다.

세계 최대 시장 중의 하나인 중국은 자동차 보급률 증가 추세보다 자동차 업체들의 생산설비 확장이 더 빠르다. 산업연구원의 분석에 따르면 2015년 기준으로 중국 자동차 생산설비는 280만대 과잉이다.[89] 자연스럽게 공장 가동률이 떨어진다. 중국의 경기 부진에 업체 간 경쟁의 심화가 맞물리면서 중국 자동차 회사의 수익성이 낮아지고 있다. 이런 현상 역시 최소 2~3년, 최대 4~5년은 지속될 것으로 예측된다. 중국은 2014년 독일, 미국, 일본 자동차 업체를 반독점법 위반으로 조사했다.[90] 자국 자동차 회사의 숨통을 틔워주기 위해 중국은 다양한 규제 카드를 빼들면서 외국 자동차 업체를 압박해 나갈 것이다. 한국 기업도 예외가 아닐 것이다.

국내 시장에서 현대기아차의 시장점유율 70%가 무너졌다. 반대로, 수입차의 국내시장 점유율은 15%를 넘어섰다. 가격경쟁력과 품질경쟁력 2개의 칼을 손에 쥔 일본과 유럽, 미국 자동차의 추격 기세는 꺾일 기미가 보이지 않는다. 폭스바겐도 배출가스 조작 스캔들로 잠시 주춤했지만, 파격적인 가격 할인으로 국내 시상에서 빠르게 짐유율을 회복 중이다.

특히, 현대기아차의 미래 고객인 20~30대층에서 수입차 선호도가 가파르게 증가하고 있다. 2028년, 한국은 50세 이상 인구가 2500~2700만 명이 된다. 젊은이들은 빠르게 수입차로 기울고, 현대기아차의 충성고객인 장년층은 은퇴를 하면서 자동차 교체 주기가 길어진다.

더욱이 2020년 이후에는 미래자동차의 시대가 열리며 자동차의 패러다임 전환이 시작된다. 현대기아자동차의 전기차 및 자율주행자동차의 글로벌 경쟁력은 5년 정도 뒤처져 있는 것으로 평가된다. 특히 자율주행자동차에서 5년은 엄청난 격차다. 내연기관 자동차에서 20년 이상 뒤처진 것과 같은 수준이다.

2020년 이후에는 현대기아자동차의 가장 핵심적인 경쟁력을 구성하는 정몽구 회장이 나이와 건강 문제로 경영 일선에서 물러날 리스크도 크게 부상한다. 삼성그룹 위기의 방아쇠 역할을 한 것이 이건희 회장의 건강 문제였던 것처럼 말이다. 정몽구 회장은 1938년생으로 2020년이면 85세가 된다. 아버지 고 정주영 명예회장이 86세를 살았던 것을 고려하면 곧 건강 리스크가 부각될 수 있다. 현대기아자동차가 경영권을 승계하기 위해서는 삼성그룹보다 더 많은 자금이 필요하고 시간도 더 걸린다. 엘리엇과 같은 핫머니나 헤지펀드가 공격할 최적의 먹잇감이 될 수 있다. 경영권 리스크를 방어하는 데 가진 자원을 쓰는 만큼 투자 여력이 줄고 도전적인 의사결정의 타이밍이 늦어진다.

게다가 옛 한전부지에 신사옥을 짓는 데 그룹 전체 현금보유액의 60~70%를 사용한다. 제철사업의 생존과 철강-자동차-물류운송 수직계열화를 통한 시너지를 얻기 위해서는 제철 사업, 조선 및 해운 사업, 자원개발 사업에 엄청난 투자를 해야 한다. 미래자동차는 돈 먹는 하마다. 자동차 회사는 금융 사업에도 손을 댄다. 각종 자동차 할부나 리스프로그램으로 수익을 올릴 수 있기 때문이다. 하지만 제2 금융권이 아시아 대위기 때문에 안게 될 리스크나 부실을 방어하는 데에도 돈이 투자될 것이다.

현대그룹의 정통성을 얻기 위해 현대건설도 인수했다. 앞으로 국내 건설시장은 잃어버린 20년을 갈 것으로 예측된다. 글로벌 건설 시장은 최대 4~5년은 지속적인 침체기가 이어질 것이다. 현대건설은 2012년 이후 중남미, 독립국가연합 등으로 시장 전환을 한 결과 해외 수주 규모를 늘리는 데 성공했다. 하지만 앞으로 4~5년 동안 이들 시장이 경제위기를 맞는다. 중동도 제2차 석유전쟁이 시작되어서 2~3년은 더 침체를 겪는다. 앞으로 현대기아자동차그룹 전체가 현금 유동성 확보에 어려움을 겪을 것으로 예측된다. 이 모든 것들이 2020년 이후부터 현대기아자동차가 위기에 직면하는 또 다른 이유들이다.

2022~2025년, 첫 번째 통일 가능성이 온다

한국의 미래에 매우 중요한 변수인 통일 문제가 있다. 필자는 김정일이 죽고 3일 후에 김정은 정권의 장기 집권 가능성을 예측한 시나리오를 발표했다.

김정은이 젊고 경험이 미숙하고 호전적이어서 불안하다는 평가가 주를 이루었지만, 필자는 (거꾸로 뒤집어 보면) 젊기 때문에 변화의 가능성이 있고, 어린 시절 선진국에 유학한 경험을 바탕으로 새로운 선택을 할 가능성이 아버지보다 많으며, 호전적이어서 정적을 제압하는 속도가 빠를 것이라고 예측했다. 그래서 최고의 정적인 장성택을 3년 이내에 제거할 것으로 예측했다. 김정은은 필자의 예측보다 더 과감했다. 할아버지와 아버지보다 잔인했기 때문에 후환을 잘 남기지 않았을 것이다. (이 부분에 대한 좀 더 자세한 필자의 예측은 〈2030 대담한

미래〉 참고)

그렇다면, 아시아 대위기 국면에 북한은 어떤 영향을 받게 될까? 폐쇄된 국가이며 자본주의가 이제 막 싹트기 시작한 북한은 아시아 대위기에 큰 영향을 받지 않을 것처럼 보인다. 과연 그럴까? 필자는 김정은 체제 유지와 관련해서 아주 중요한 변수가 아시아 대위기 국면에 만들어질 것으로 예측한다.

지금까지 예측한 미래는 북한에도 직간접적으로 영향을 줄 것이다. 특히, 중국의 금융위기는 중국 공산당뿐만 아니라, 북한 김정은 정권에게도 직격타가 될 것이다. 그래서 필자의 예측으로는 2022~2025년경에 첫 번째 통일의 가능성이 올 수 있다. 만약 이 시기를 김정은 정권이 살아넘기면 어떻게 될까? 두 번째 가능성이 열릴 시기는 아마도 2035년 전후가 될 것이다.

국가정보원이 김정은 체제 4년 차를 평가한 자료에 따르면, 김정은과 북한 권력층의 결집력(운명 공동체 의식)을 10으로 평가했다.[91] (김일성 시대를 100으로 할 때, 김정일 체제는 50~70) 필자도 이런 분석에 동의한다. 10에 해당하는 결집력의 실체는 경제적 이해관계다. 그래서 북한 김정은 정권의 체제 붕괴나 한반도의 통일 가능성은 북한 경제의 미래에 달려 있다.

북한 경제를 지탱하는 두 기둥이 있다. 하나는 중국 경제와의 연결이다. 북한은 무역의 80%가량을 중국에 의존한다. 생존에 필요한 에너지도 중국에 절대적으로 의존한다. 김정은이 중국의 간섭에서 벗어나고 싶지만 벗어날 수 없는 이유다. 이런 이유로 중국, 러시아, 아시아에서 금융위기가 발발하면 북한도 간접적인 영향을 받는다. 특히, 중국의 위기는 북한에게도 매우 큰 리스크가 된다.

북한 경제를 지탱하는 다른 하나는 급속히 성장하고 있는 장마당과 신흥부자들이다. 2015년 12월 22일, 경남대 극동문제연구소 임을출 교수가 발표한 내용을 보면, 북한의 소비 주도층은 약 100만 명 정도에 이른 것으로 추정된다. 임을출 교수는 일명, '돈주(전주)'라고 불리는 100만 명의 소비 주도층이 현재 북한의 도소매와 부동산, 금융, 임대, 고용 등을 주도하는 것으로 분석했다. 또한 장마당이 시·군·구역에 평균 2개씩 북한 전역에 총 750개가 될 정도로 빠르게 확산되면서, 북한에도 햄버거와 피자, 손세차장, 정육점, 자전거 판매점, 태양광 판매 등의 서구식 장사 모습이 등장하기 시작했다고 한다.[92] 평양 시내에서는 '나래카드'라는 선불식 카드도 등장했다. 휴대전화 요금 지불, 백화점 쇼핑, 택시 요금 결제에 사용된다.[93]

필자의 분석으로도 서구식 자본주의를 경험한 김정은이 북한 주민의 생계 문제를 해결하고 동시에 통치자금을 마련하는 새로운 창구로 장마당을 잘 활용하는 듯 보인다. 일부에서는 김정은이 철없이 스키장이나 짓고 있다고 말하지만 필자의 생각은 다르다. 김정은이 만들고 있는 위락시설은 장마당에서 유통되는 돈, 전주들의 호주머니에 있는 돈을 합법적으로 빨아들이는 중요한 수단이다. 이런 점에서 김정은은 아버지 김정일이나 할아버지 김일성보다 영리하다.

북한의 장마당은 1990년대 중반 대기근에서 시작되었다. 북한 장마당 세대는 3가지 특징을 가지고 있다. 이념 무관심, 북한 정부에 대한 낮은 의존도, 황금만능주의(개인주의, 자기 이익주의)다.

국가에 대한 아버지 세대의 믿음이 장마당 세대에게는 시장과 돈에 대한 믿음으로 바뀌었다.

김정은에게도 장마당이 어느 정도 활성화되는 것은 나쁘지 않다.

대기근이 들더라도 수백만 명이 죽는 일이 다시 발생하지 않도록 만들 수 있는 새로운 통로가 생겼기 때문이다. 한국이나 서방이 구휼미를 주지 않더라도 중국이나 한국과 연결된 시장에서 식량을 구할 수 있게 되었다. 실제로 근래에 북한을 방문한 사람들은 기근의 반복과 심각한 물자 부족, 아주 낮은 경제 성장률에도 불구하고 예전보다 경제 상황이 더 나아지고 있다고 평가한다.

북한 장마당 세대는 장마당을 통해 생존과 부의 길이 열린다면 굳이 김정은 정권을 부정하는 강력한 저항을 할 필요가 없다. 장마당 규모가 커지고, 전주들이 더 늘어나고, 전주들이 가진 돈이 많아지면 정권의 안정을 지지하는 세력이 되어줄 수도 있다. 사람은 잃을 것이 없으면 무슨 일이든 한다. 진보주의자가 된다. 하지만 잃을 것이 하나둘 생기면 (민주주의에 대한 요구가 높아지기 전까지는) 정권의 수호세력이 된다. 현 정권이 자기 것을 빼앗지만 않는다면 권위주의 정권의 안정화를 돕는다. 그들은 현재 김정은이 자신들의 것을 무자비하게 빼앗지 않는다는 것을 알았다. 악랄하기는 하지만 예측 가능한 지도자가 되었다. 돈을 가진 사람들은 예측할 수 없는 상황이 되는 것을 싫어한다. 악랄하더라도 예측 가능하면 얼마든지 자신을 보호할 대비를 할 수 있기 때문이다.

김정은은 장마당 세대와 연배가 비슷하고, 장마당 세대를 인정하고, 그들의 돈을 활용할 줄 안다. 북한 정권은 장마당에서 직접 장사를 하여 (마치 공기업처럼) 수익을 얻거나, 장마당 자릿세(혹은 임대료)를 징수하고, 세금을 확보한다. 김정은을 비롯한 북한의 신 권력 그룹이 장마당의 가장 큰 수혜자가 되고 있다. 전 인구의 1%(25만 명) 정도로 추산되는 전주들은 평양에서 20만 달러가 넘는 아파트를 구입하고 벤츠를 타며, 한국의 백화점만큼 호화로운 '창광상점'의 주고객이다.

김정은은 전주들이 돈을 쓸 수 있는 환경을 계속 만들어 주면서 공생할 방법을 모색 중이다. 예들 들어 건설 자재 사업을 하는 전주들은 건설 자재를 대고 김정은의 치적이 될 건설을 돕는 대신 아파트를 대가로 받아서 되팔아 부를 늘려 간다. 김정은과 전주들의 새로운 상생모델이다.

탈북자가 늘어갈수록 북한 체제에 대한 위협이 커지지만, 한편으로는 탈북자들이 북한 가족에게 돈을 송금해 주어 장마당에 유동성을 공급한다. 전문가들이 추정하는 탈북자들이 북한으로 송금하는 돈은 매년 100억 원 정도다. 북한 장마당에 비추어보면 큰 규모다. 이것이 북한 정권이 단기간에 붕괴할 가능성을 줄여주고 있다. 물론, 장기적으로 북한의 장마당 경제가 더 커지면서 주민들 사이의 부의 불균형 분배가 심해지거나, 체제 불안을 불러일으키는 완전한 시장 경제 체제로의 전환을 요구하면, 김정은이 시장 경제의 판을 뒤엎어야 할지의 문제를 두고 심각한 고민을 할 수 있다.

하지만 그 정도가 되려면 최소 15~20년은 지나야 할 것이다. 필자가 통일의 두 번째 가능성 시점으로 2035년경을 예측한 이유다. 그때가 되면 김정은도 건강에 심각한 문제가 생겨서 급변사태가 발생할 가능성도 커진다.

하지만 통일 가능성은 2022~2025년 무렵에 예상보다 빨리 올 수도 있다. 아시아 대위기와 중국의 금융위기가 북한 시장에도 직접적인 충격을 주고, 김정은이 생각보다 빨리 장마당 판을 뒤엎어야 한다는 심각한 고민을 하게 된다면 충분히 가능한 시나리오다. 물론, 이 시나리오가 현실이 되더라도 김정은 정권의 붕괴가 곧 북한 체제의 붕괴나 국가 붕괴로 직결되지는 않는다.

통일은 북한 김정은 정권 붕괴 → 체제 붕괴 → 국가 붕괴의 순서로 진행될 것이다.(정권 붕괴, 체제 붕괴, 국가 붕괴는 구분해야 한다) 김정은이 사망하거나 실각하더라도, 중국에 의해 김정남 정권이 수립된 후, 김정남이 남북 화해 모드로 전환하는 시나리오 1, 혹은 중국에 의해 중국식 집단 지도체제가 수립되는 시나리오 2가 있다. 하지만 아시아 대위기와 중국의 금융위기는 김정은 정권의 통치 기반을 뿌리부터 흔드는 아주 중요한 사건이 될 것은 분명하다. 다음은 지금까지 설명한 북한의 붕괴 가능성의 논리적 구조를 정리한 시스템 지도와 김정은 정권의 붕괴조건들이다.

1. 생존 갈등 – 장마당 붕괴, 우호적인 이웃인 중국의 지원 중단, 기후변화 등에 대한 주민들의 대응 실패
2. 이념 갈등 – 주체사상에 대한 의심 증가, 종교(기독교) 갈등
3. 기득권 세력의 연대 붕괴 – 통치 자금, 경제 개방으로 얻는 수혜가 사라진다는 두려움
4. 적대적 이웃의 출현 – 중국이 적대적 이웃으로 돌아서거나, 미국의 초강력 제재
5. 돌발 실수 – 동독의 붕괴 때처럼 (임계점에 도달한 시기에) 정책 실수에서 나오는 돌발적 사건

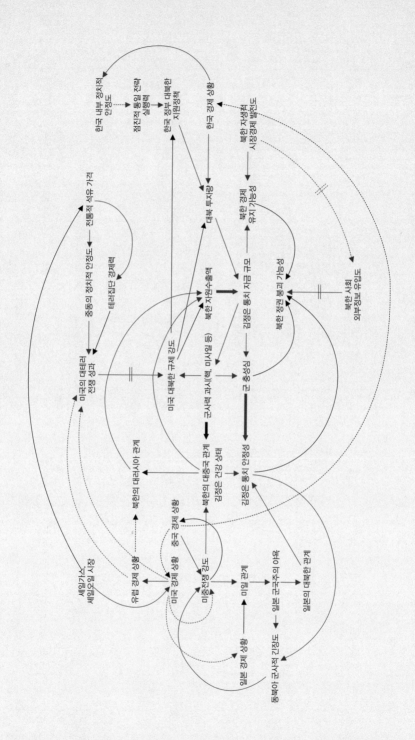

2019년, 중국의 금융위기 가능성 대비하라

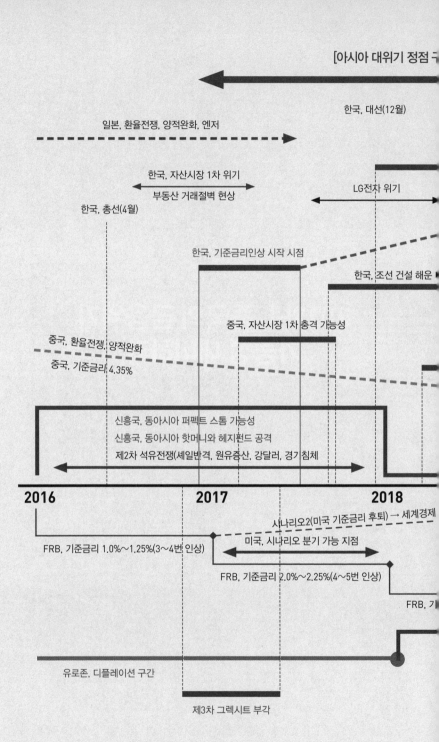

[아시아 대위기 정점 □

한국, 대선(12월)

일본, 환율전쟁, 양적완화, 엔저

한국, 자산시장 1차 위기

LG전차 위기

부동산 거래절벽 현상

한국, 총선(4월)

한국, 기준금리인상 시작 시점

한국, 조선 건설 해운

중국, 자산시장 1차 충격 가능성

중국, 환율전쟁, 양적완화

중국, 기준금리 4.35%

신흥국, 동아시아 퍼펙트 스톰 가능성

신흥국, 동아시아 핫머니와 헤지펀드 공격

제2차 석유전쟁(셰일반격, 원유증산, 강달러, 경기 침체)

2016   **2017**   **2018**

시나리오2(미국 기준금리 후퇴) → 세계경제

FRB, 기준금리 1.0%~1.25%(3~4번 인상)

미국, 시나리오 분기 가능 지점

FRB, 기준금리 2.0%~2.25%(4~5번 인상)

FRB, 기

유로존, 디플레이션 구간

제3차 그렉시트 부각

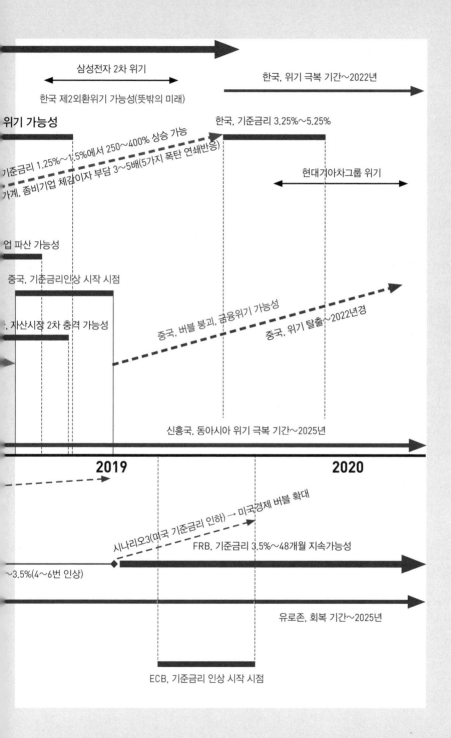

삼성전자 2차 위기

한국, 위기 극복 기간~2022년

한국 제2외환위기 가능성(뜻밖의 미래)

위기 가능성

한국, 기준금리 3.25%~5.25%

기준금리 1.25%~1.5%에서 250~400% 상승 가능
가계, 좀비기업 체감이자 부담 3~5배(5가지 폭탄 연쇄반응)

현대기아차그룹 위기

업 파산 가능성

중국, 기준금리인상 시작 시점

자산시장 2차 충격 가능성

중국, 버블 붕괴, 금융위기 가능성

중국, 위기 탈출~2022년경

신흥국, 동아시아 위기 극복 기간~2025년

2019　　　　　　　　**2020**

시나리오3(미국 기준금리 인하) → 미국경제 버블 확대

FRB, 기준금리 3.5%~48개월 지속가능성

~3.5%(4~6번 인상)

유로존, 회복 기간~2025년

ECB, 기준금리 인상 시작 시점

GREAT CHALLENGE 2030

달러의 순환이 만들어내는
세계 경제의 7단계 변화 패턴

제2차 세계대전 이후 미국은 영국에서 제1 기축통화국 지위를 양도받았다. 그 이후부터 세계는 미국의 경제정책에 따라 희비喜悲가 엇갈렸다. 제1 기축통화인 달러의 가치, 달러의 유동성에 따라 호황과 불황을 반복해야 했다. 필자는 1940년대 이후부터 현재까지 제1 기축통화인 '달러의 국제 자본 순환 구조에 따른 전 세계 경제변화 패턴'을 분석했다. 필자가 예측한 신흥국과 동아시아의 대위기 발발, 그 후의 한국 금융위기 발발, 앞으로 예측할 중국의 경제위기 등도 이 패턴에 영향을 받는다.

필자가 분석해낸 패턴은 7단계로 이루어져 있고, 한 사이클이 도는 데 대략 20~25년 정도 걸린다. 물론, 패턴이 반복되면서 각 단계별로 약간의 차이가 생긴다. 그 이유는 지난 패턴에서 얻은 교훈이 반영되어 정책이 진화하기 때문이다. 또한 각 단계가 지속되는 시간은 패턴이 반복될 때마다 약간씩 다르거나 일부분은 중첩되는 경우도 있다. 진화한 새로운 정책이 패턴에 미치는 영향이 달라지면서 중첩현상이나 지연현상이 일어나기 때문이다. 필자가 분석한 7단계 패턴은 아래와 같다.

1단계: 달러의 탈 미국 단계

미국 연준의 기준금리 추가 인하, 양적 완화 정책 실시로 달러가 미국 밖으로 이동하기 시작하면서 미국 내 인플레이션 상쇄 작용. 미국 자산 버블(인플레이션)의 해외 수출 본격화. 미국 핫머니, 헤지펀드 활동 본격화.

2단계: 세계 경제 호황기 단계

미국 외의 국가들의 기준금리 인하, 양적 완화 정책 실시 추종으로 세계경제 호황기 시작. 전 세계 자산 버블 형성 시작. 제1 기축통화 국가인 미국의 무역수지 및 재정수지 적자 확대.

3단계: 전 세계 인플레이션 단계

달러 유동성 증가로 미국 내에서는 인플레이션 위험 직면, 미국 밖에서는 약달러 현상 발생. (달러 가치 하락과 세계 경제 호황으로 인한 수요 증가 때문에) 달러로 결제되는 유가 및 원자재 가격 상승. 전 세계 인플레이션율 증가.

4단계: 달러화 위기 단계

달러 가치 하락으로 인한 달러화 위기 시작.

5단계: 미국 기준금리 인상 단계

달러 가치 수호와 인플레이션 통제를 위해 미국 연준 기준금리 인상 시작.

6단계: 세계 경제 대위기 단계

강달러와 각국의 기준금리 인상 추종 현상으로 미국 내 경제 충격 발생. 미국 이외의 국가에서 경제 대충격 발생(금융위기, 외환위기). (달러 가치 상승과 세계 경제 불황으로 인한 수요 감소 때문에) 달러로 결제되는 유가 및 원자재 가격 하락. 기준금리 인상으로 체감 경기 급락. 미국 보호무역주의 정책 실시.

7단계: 미국 및 세계 경제 회복 단계

(경제 회복을 위한 유동성 공급을 위해) 미국 연준의 기준금리 인하(약달러로 추세 전환 시도) 시작, 미국 정부의 강력한 경기 부양책 실시(기술 버블 유도), 저유가로 물가 안정, (미국의 기준금리 인하에도 불구하고, 미국 외 국가들의 위기로 상대적 강달러 현상 지속으로 인해) 미국으로의 자본 회귀가 일어나면서 고금리 상황에서도 미국 내 자산 가격 상승 시작, 경제 충격 이후 회복 기대심리 상승으로 자산시장 회복 시작, 소비 심리 개선, 미국 경제 회복 시작.(다시 1단계로 전환)

7단계 경제 순환 패턴은
어떻게 만들어졌나

　　달러의 국제 자본 순환 구조에 따른 전 세계 경제변화의 7단계 순환 패턴이 만들어진 역사적 배경을 살펴보자. 2차 세계대전을 거치며 유럽은 전쟁으로 황폐해졌지만, 미국은 자본주의 최강 국가로 올라섰다. 미국은 세계질서를 주도하고 공산주의가 유럽으로 세력을 확장하지 못하도록 하기 위해 서유럽 원조를 단행했다.

　　한편 미국으로서는 2차 세계대전의 원인 중의 하나였던 환율전쟁의 재발을 방지할 수 있는 제도적 장치가 필요했다. 1차 세계대전이 끝난 후, 유럽 각국은 화폐가치를 경쟁적으로 절하하면서 환율전쟁을 벌였고, 급기야 국제 무역이 마비되었다. 미국은 환율전쟁의 재발을 방지하기 위해 미국이 가지고 있는 8,000톤의 금과 달러를 연계시키는 새로운 환율안정책을 내놓았다.[1] 바로, 1944년 브레턴우즈 체제다. 달러 가치를 금 1온스당 35달러로 고정하는 금본위제로, 각국의 요청이 있을 때 미국이 달러를 금으로 교환해주는 조건이었다. 이것으로 미국 달러가 제1 기축통화의 자리에 올랐다. 동시에 지급불능 위기에 빠진 나라를 돕는 세계은행World Bank 과 IMFInternational Monetary Fund 를 창설했다.

24년 후 유럽이 전쟁 후유증에서 벗어나 경제 회복이 가시화되었다. 반대로 미국은 무역 수지 적자가 확대되었다. 1968년 3월, 프랑스를 비롯한 서유럽국가는 일제히 가지고 있던 달러를 금으로 교환해줄 것을 요구했다. 한 달 동안 미국이 금 태환으로 입은 손실은 14억 달러였다. 금 태환 위기였다. 국제 사회에서 강력한 위상 회복을 천명한 프랑스는 유럽 국가들을 선동했다. 미국의 금 보유량이 줄어들수록 미국의 통화발행력이 줄어들었다. 달러의 위기이자 미국의 위기였다.

1971년 8월, 미국의 리처드 닉슨 대통령은 전격적으로 금본위제를 폐지해 버렸다. 달러의 신뢰도는 떨어졌지만, 달러를 대체할 화폐가 없었다. 소련의 위협도 혼란을 억제하는 요인으로 작용했다. 덕분에 미국은 신뢰도에 상처를 입는 수준에서 위기를 넘겼다.

그리고 1973년 4차 중동전쟁이 발발했다. 1년 동안 국제 유가는 3배 폭등했다. 1945년부터 미국 석유업체들은 달러를 기준으로 석유 가격을 정해왔다. 여기에 미국은 중동 산유국의 맹주인 사우디아라비아와의 협의를 통해 원유 결제수단을 달러로 더욱 확실하게 묶어 놓았다. 국제 유가가 3배 폭등하자 미국과 OPEC은 신이 났다. 오일 쇼크로 유럽 국가는 다시 달러가 전보다 더 많이 필요해졌다. 달러

달러 가치의 변화 추이(달러 지수)

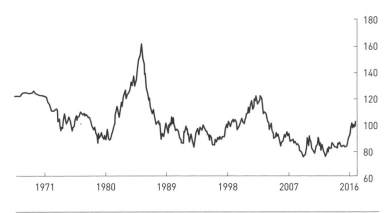

출처: Tradingeconomics.com

가치가 회복되었다. 이때부터 석유 가격 폭등은 달러 가치를 회복하는 중요한 수단이 되었다. 위의 그림은 달러 가치의 변화를 나타내는 그래프다.

1978년, IMF는 금을 화폐 가치의 기준으로 삼는 정책의 포기를 선언했다. 이제 미국은 아무런 제약 없이 달러를 전 세계가 사용하고 남을 만큼 발권할 수 있는 권한을 손에 넣게 되었다. 다음 그림은 대공황 무렵부터의 미국 인플레이션율 변화 추세이다.

1914~1918년까지 제1차 세계대전이 발발하자 미국 경제는 20%에 근접하는 인플레이션율을 기록한다. 제1차 세계대전이 끝나고 1920~1921년에 미국에는 갑자기 경기침체가 찾아왔다. GDP가 23.9% 하락하고, 생산자물가지수는 40.8%, 소비자물가지수는 8.3% 폭락했다. 1929년에 대공황이 발발하자 미국 경제는 다시 추락했다. 1939~1945년 2차 세계대전이 발발하자 미국도 한때 20%까지 인

대공황무렵부터 미국 인플레이션 변화 추이(%)

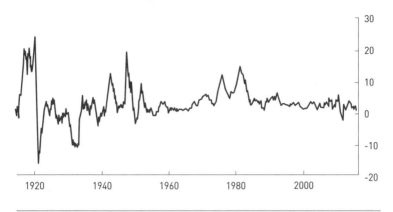

출처: Tradingeconomics.com

플레이션율이 올라갔다. 그리고 1965~1973년 기간에 베트남 전쟁이 발발하고, 1974년 미국 정부가 가격 통제를 폐지하면서 억눌려 있던 물가가 폭발적으로 상승했다. 설상가상으로 1, 2차 오일쇼크, 금값 파동이 일어나면서 1980년에는 15%까지 인플레이션율이 급등했다. 그러자 1980년 달러화 가치가 폭락했다. 당시의 달러 가치 폭락에는 미국이 무역적자를 핑계로 유럽 국가들에게 화폐 가치를 절상하도록 압력을 넣은 것도 한 가지 이유로 작용했다. 미국 입장에서 약달러는, 달러가 제1 기축통화인 이상 타국의 자산을 싼 가격에 살 수 있고 인플레이션의 부작용을 해외로 전가할 수 있는 절호의 기회를 주었다. 전통적인 화폐 가치 개념에서 벗어나지 못한 유럽 국가들은 자국 화폐 가치가 높은 것이 나쁘지 않다고 생각하는 경우도 있었다. 실제로 헬무트 슈미트가 서독의 재무장관 시절 미국의 압력으로 마르크화를 절상했을 때, 서독 언론과 국민은 서독 경제외교의 쾌

거라고 찬사를 보낼 정도였다. 1969~1979년에 대부분의 서유럽국가의 통화 가치는 달러 대비 2배 상승했다.[2] 그만큼 약달러가 침투한 서유럽 자산에는 거품이 쌓였다.

그러나 약달러는 달러 신뢰도를 크게 떨어뜨려 각국이 달러를 내다 팔기 시작했다. 달러화의 위기가 다시 찾아왔다. 1979년, 국제 준비 통화에서 달러 비중은 53%까지 하락했다. 이때의 달러화 가치 폭락은 그전까지 10여 년 동안 엄청난 양의 달러를 발행해 유통시킨 미국이 자초한 결과였다.

1970년대 유가 폭등으로 미국 GDP의 67%까지 추격하면서 전성기를 맞았던 소련은 자신감을 가지고 1979년 12월 27일 아프가니스탄을 전격 침공했다. 소련의 8개 사단과 특공대는 일주일 만에 아프가니스탄 전역을 장악하고 페르시아만 접경까지 진격했다. 달러 가치 폭락, 유럽의 자산버블 위험, 개발도상국의 장기 불황, 소련의 침공에 위기감을 느낀 미국은 전격적으로 기준금리를 인상하며 강달러 정책으로 선회했다. 1979년 8월, 폴 볼커Paul Volcker가 12대 연준 의장으로 취임했다. 그는 취임 8일 만에 기준금리를 0.5%P 인상했다. 이틀 뒤에 다시 0.05%P를 인상했다. 그리고 다시 한 달 동안 무려 4%P를 올린다. 미국 연준의 기준금리는 폴 볼커 취임 8개월 만에 (1980년 3월) 11.38%에서 20%까지 상승했다. 고금리로 기업들이 도산하고, 농민들이 빚더미에 내앉았다. 그러나 1980년 15%에 이르던 물가상승률은 1983년 3.2%까지 급락했다. 달러 가치도 역사상 최고치를 기록했다. 그 이후로 미국 경제는 20년간 제2의 전성기를 맞게 된다.

폴 볼커의 강력한 기준금리 인상 정책으로 1981~1985년의 레이

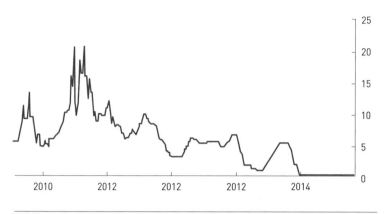

출처: Tradingeconomics.com

건 정부 시절 달러 자본의 해외 수출이 큰 폭으로 줄면서 강달러 현상이 나타났다. 각국의 자본이 달러 자산으로 이동했다. 1982년 OECD 회원국에 대한 해외 직접 투자액에서 미국의 비중은 4%까지 하락했다. 사상 최저였다. 대신 1984년 OECD 회원국의 해외 투자 자본의 70%가 미국으로 유입되었다. 사상 최대였다.

1981~1984년까지 미국의 기준금리는 10~20% 사이를 움직이는 초고금리였다. 하지만 금리가 폭등해도 GDP에서 대출이 차지하는 비중이 30%에 육박할 정도로 대출이 증가했다. 강달러로 해외 자본이 대규모로 미국 내로 유입되면서 초고금리 부작용이 상쇄되었기 때문이었다. 미국 경제는 세출의 삭감, 소득세의 대폭 감세, 기업에 대한 정부 규제의 완화를 특징으로 하는 레이거노믹스가 바탕이 되고, 고금리와 대규모 해외 자본의 유입이란 날개를 달면서 유동성 증가, 인플레이션 억제, 경기 부양, 고용 창출의 호황을 맞았

다. 1980~1985년 사이에 미국 GDP는 44%나 증가했다. 레이건 정부 시절 미국은 경기 침체가 없는 사상 최장의 평화 시기 호황을 기록했다.[3] 반대로 강달러의 영향으로 서유럽과 개발도상국 대부분은 1980~1985년에 계속 마이너스 성장을 했다. 경제위기로 새로 집권한 유럽 각국의 정권은 강달러 압력에 굴복하여 사회주의 경제정책을 잇달아 포기했다. 금리를 인상하고 긴축 통화 정책을 펼치고, 부채 디레버리징을 실시했다. 대대적 민영화도 이루어졌다.

미국의 이런 신자유주의 정책에 대항하는 국가도 있었지만 그 결과는 비참했다. 프랑수아 미테랑은 프랑스 역사상 최초의 사회주의자 대통령으로 14년 동안 대통령직을 수행했다. 프랑스 역사상 나폴레옹 3세 이후로 가장 오래 집권했던 지도자이기도 했다. 사회주의자 미테랑은 1981년 첫 집권에 성공하자 르노 자동차, 에어 프랑스, 은행 등 기간산업을 국유화했다.[4] 또한 최저임금을 인상하고 사회보장의 혜택을 확대하는 강력한 사회주의 경제 정책을 단행했다. 하지만 인플레이션의 심화, 실업률 상승, 경제 침체, 기타 사회적 문제들이 발생했다. 그러자 미국은 프랑스 경제를 살릴 해법으로 신자유주의 경제정책을 권했다. 대대적인 민영화, 정부 재정 지출 축소, 시장 자유화 등을 요구했다.

미테랑 정부는 미국의 요구를 무시하며 공공기관의 민영화를 거부하고, 대규모 통화 확장 정책을 펼치며 경제 성장을 꾀했다. 그러자 진보와 보수를 막론하고 미국의 언론이 일제히 프랑스 정부가 사회주의로 가려 한다며 맹공격을 퍼부었다. 뉴욕타임즈, 월스트리트 저널이 앞장섰다. 언론의 집중포화가 시작되고 이어서 미국 자본이 프랑스에서 철수하기 시작했다. 국제 자본도 미국 자본을 따라 프랑스에서 빠져나왔다. 그러자 프랑화의 가치는 1주일 사이에 20% 급락했다. 프랑스의 부자들도 자산을 국외로 빼돌리기 시작했다. 1983년, 미테랑 대통령은 항복을 선언하고 미국과의 관계 회복을 시도했다. 경제 정책도 미국의 요구대로 통화 긴축, 대규모 민영화 실시로 돌아설 수밖에 없었다.[5]

1985~1995년에는 비슷한 일이 일본과 동아시아, 남미에서 잇달아 일어났다. 미국이 일본 엔화를 절상시키고, 일본, 동아시아, 남미에서 자산버블이 일어났다. 미국도 기준금리를 계속 내렸다. 1988~1994년까지 달러지수가 85~100 사이를 오가며 약달러를 유지했다. 1979~1985년의 고유가 시기가 지난 뒤에는 걸프전으로 국제 유가가 잠시 치솟았던 것을 제외하면 저유가 시기가 이어졌다.

그 후 미국 경제가 되살아나고 인플레이션 조짐이 보이자 1994년부터 연준이 기준금리 인상을 시작했다. 강달러 추세가 다시 시작되어 달러지수가 1995년부터 오르기 시작해서 2002년에 120까지 상승했다. 폴 볼커의 1980년대 1차 달러 강세기 이후 1995~2002년까지 2차 달러 강세기가 왔다. 2차 강세기는 미국 경제 호황이 만들어낸 강세기였다. 이 과정에서 1997년에 한국도 외환위기를 맞으며 미국식 해결책을 그대로 수용해야 했다.

금융위기가 일본, 동아시아, 남미를 훑고 지나간 후 미국 연준은 다시 기준금리를 내리기 시작했다. 당시로는 역사상 최저점인 1%까지 빠르게 내렸다. 중국 경제가 성장하면서 전 세계 분위기가 달아오르고 자산 버블이 부풀기 시작했다. 중국의 수요 증가와 전 세계 경제의 호황으로 국제 유가도 역사상 최고 가격을 경신해 나갔다.

이렇게 모두가 약달러에 취해 있을 때, 2004년부터 미국이 전격적

최근 5년간 달러 가치 변화 추이(달러 지수)

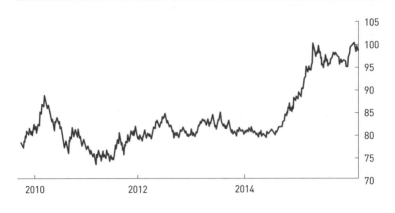

출처: Tradingeconomics.com

으로 기준금리 인상을 시작한다. 그 다음 상황은 우리가 아는 대로이다. 연준의 기준금리 인상 과정에서 서브프라임 모기지 사태가 터졌다. 1980년 폴 볼커가 금리를 인상했을 때 부채가 많은 기업이 파산하고 농민들이 빚더미에 앉았듯이, 2008년에도 미국 경제는 충격을 받았다. 하지만 역시 충격이 지나간 뒤 미국의 위상은 더 높아졌다. 반복되는 패턴이다.

2014년 중반 이후 다시 달러 강세 추세가 시작되고 있다. 2015년 12월 미국 연준이 기준금리를 인상했다. 지난 5년 동안 미국 밖으로 흘러나가서 신흥국과 아시아에서 자산 버블을 일으킨 달러가 미국으로 되돌아가기 시작했다. 반대로 달러가 빠져나가는 국가에서는 디플레이션, 금융위기, 외환위기 가능성이 대두하기 시작했다. 위기를 맞은 나라들이 서둘러 기준금리를 인상하자 자산시장이 흔들리기 시작했다. 예전과 달리 이번에는 중동의 산유국도 충격을 받을 대상 국가에 포함되었다.

역사는 반복된다. 대상이 바뀔 뿐이다. 이번 대상은 신흥국, 동아시아, 한국과 중국이 될 가능성이 크다.

7단계 패턴을 읽으면
미국의 다음 행보가 보인다

1단계: 달러의 탈 미국 단계

2단계: 세계 경제 호황기 단계

3단계: 전 세계 인플레이션 단계

4단계: 달러화 위기 단계

5단계: 미국 기준금리 인상 단계

6단계: 세계 경제 대위기 단계

7단계: 미국 및 세계 경제 회복 단계

다시 7단계 변화 패턴으로 돌아가 보자. 2004년에 미국은 4단계에 진입했다. 그러자 미국 연준은 5단계로 들어가서 2년 동안 빠르게 기준금리를 인상했다. 그 후 2007년 말, 곧바로 6단계가 시작되면서 미국내 경제 충격이 시작되었다. 2008년 9월 15일 미국 투자은행 리먼 브라더스가 파산하면서 세계 경제가 충격에 빠졌다. 2010년, 유럽 경제가 붕괴하면서 대충격에 빠졌다. 남유럽이 초토화되면서 금융위기와 외환위기를 맞았다.

그 뒤 미국은 7단계로 나아갔다. 2009년까지 연준은 기준금리를 제로까지 내렸다. 하지만 문제가 생겼다. 예전보다 미국과 유럽이 받은 충격이 너무 컸고 충격을 받은 국가가 많아졌다. 너무 큰 충격으로 인해 기준금리를 제로까지 내리고, 강력한 경기 부양책을 실시하고, 엄청난 규모의 달러 유동성을 공급해도 경기 회복이 지체되었다. 파산한 은행과 기업을 구조조정하고 살아남은 은행과 기업에 긴급 수혈을 해서 가까스로 은행과 기업은 회복했지만 소비가 살아날 조짐이 보이지 않았다. 부동산 버블이 터지면서 미국과 유럽 중산층이 부채 디레버리징을 강제당했기 때문에 소비가 개선되는 속도가 느릴 수밖에 없었다. 심지어, 신흥국과 아시아 국가들은 부채 디레버리징을 하지 않은 채 오히려 부채를 더 늘려서 생명을 연장했다. 6단계에서 나타나는 세계 경제위기가 다 끝나지 않은 것이다.

미국은 7단계로 들어갔는데, 세계는 아직 6단계에 있는 비동기화 상태가 발생했다. 미국은 양적 완화 정책과 경기부양책, 그리고 강달러로 인한 중국 투자 자본의 유입으로 7단계에서 일어나는 자산시장의 인플레이션이 이미 시작되었고, 실물시장은 1~2년 후면 인플레이션이 시작될 것으로 보인다. 그러나 미국 내 중산층의 소비, 세계시장의 소비는 여전히 6단계에 머물러 있다. 세계 경제가 7단계로 넘어가야 엄청나게 풀린 달러 유동성이 다시 미국 밖으로 나가면서 미국 내 인플레이션을 통제할 여력이 생긴다. 하지만 미국을 제외한 세계는 6단계에 머물러 있기 때문에 미국 내 자산시장의 상황만 1, 2단계를 건너뛰고 3단계로 진입하게 될 상태다. 결국 미국 내 자산시장 인플레이션 통제를 위해 (2004년에 실시했던 5단계로 재진입해서) 기준금리를 재인상할 수밖에 없게 된 것이다. 이런 시각에서 현재 미국 연준의 상황을 평가하고 미래 행동을 예측해 보자.

미국의 경기확장이 곧 끝날까?

일부 전문가들은 미국의 경기 확장 추세가 곧 끝나고, 전 세계가 다시 경기 하락국면으로 진입할 가능성이 크다고 본다. 미국의 경기 확장 추세가 곧 끝난다고 주장하는 전문가들의 근거에서 핵심은 주기론이다. 지금까지 미국 경기 확장 국면이 가장 길었던 때는 1961년부터 106개월(8년 8개월), 1991년부터 120개월(10년)이다.[6] 이 기준을 적용하면 미국 경기확장 국면이 끝나는 시점은 언제일까? 필자가 분석한 패턴의 7단계가 시작된 2009년경을 시작점으로 하면 대략 2017년 말~2019년경이 된다. 이런 계산을 근거로 미국의 경제가 침체로 전환되는 시기를 2017년 말~2019년경으로 본다. 이런 시각으로 보면 2018~2019년경에 미국 연준은 기준금리를 다시 내려야 한다.

하지만 필자의 분석처럼 미국을 제외한 세계가 6단계에 머물러 있고, 미국이 7단계에 안착하지 못하고 (1, 2단계를 생략한 채) 3단계에 재진입한 상태라면 어떻게 될까? 필자의 분석으로 현재 미국은 경기 침체의 말기와 경기 확장 초기가 겹쳐서 오랫동안 멈춰있는 특이한 상태이다. 이런 현상이 만들어진 결정적 이유는 지난 몇 년 동안 연준의 버냉키 전 의장과 현재의 옐런 의장이 실시하는 위기탈출 방법 때문이다. 이 방법은 대공황 때부터 2006년까지의 연준 전략을 성찰하여 내놓은 새로운 시도였다. 새로운 시도였기에 새로운 현상, 즉 경기침체도 아니고 본격적인 경기 회복도 아닌 상태가 나타난 것이다.

예를 들어 살펴보자. 미국 연준은 2008년 이후로 기준금리를 0.25%로 대폭 낮추고, 상업은행에 수조 달러의 자본을 공급했다. 하지만 시중 은행의 예대율(은행이 보유하고 있는 예금 잔액에 대한 대출금 잔액의 비율)은 계속 하락 중이다. 2007년 미국 8대 은행의 평균 예대율은 101%였는데, 2012년에는 87%, 2013년에는 84%로 계속 하락했다. 미국에서 가장 큰 은행인 JP모건체이스의 2012년 예대율은 61%였다. 사상 최저치로, 시중에 돈이 잘 돌지 않고 있는 상황을 반증하는 수치이다.[7] 예금 지불 요구에 응할 수 있는 건전한 수준의 예대율은 80% 정도다. 2007년에 예대율이 101%였다는 것은 그만큼 시중에 돈을 과도하게 풀었다는 말이고, 은행건전도가 낮았음을 의미한다.

필자의 예측으로는 미국 경기확장 국면이 끝나는 시점이 2022~2025년으로 미뤄질 가능성이 있다. 이 시나리오대로라면 미국이 2019년에 기준금리를 3.25~3.5% 수준으로 올린 후, 최소 2022~2025년까지 유지하거나 약간 더 인상할 가능성도 있다. 그리고 2022~2025년에 패턴의 1단계가 다시 시작되면서 미국이 기준금리를 추가로 내려 달러를 미국 밖으로 내보내는 시기가 된다.

2016년 1월 현재 전체적인 미국의 경제 상황은 7단계에서 나타나는 회복기가 아직 시작되지 않았다. 2016년에 미국은 다시 6단계로의 재진입을 시도할 것으로 예측된다. 그러나 2007년 말부터 시작된

6단계 상황에 비해서는 미국 내 충격이 작을 것이다. 미국은 기준금리 인상과 더불어 통화 긴축도 시작했다. 미국 연준은 기준금리를 인상한 다음날 통화량의 시장 공개 조작 정책 방법 중의 하나인 '역레포Reverse Repo'로 1,050억 달러(124조 원) 정도의 시중 자금을 거둬들였다. 역레포란 연준이 은행과 MMF(머니마켓펀드)에 국채를 담보로 환매조건부채권을 판매하고 현금을 연준으로 다시 거둬들여 시중 통화량을 줄이는 방법이다. 기준금리 인상 자체도 긴축 정책인데, 역레포를 동시에 시행했다는 것은 그만큼 미국이 경제에 대한 자신감이 있고, 시중에 유동성도 풍부하다는 뜻이다. 또한 연준의 통화 긴축 의지를 시장에 강력하게 보여줌으로써 확실하게 시중금리를 상승 쪽으로 전환하겠다는 의지로 읽을 수 있다.

미국 연준이 역레포를 통해 판매한 환매조건부채권의 만기 지급 이자는 시중금리의 하한선 가이드라인 역할을 한다. 시중금리는 그 가이드라인을 따라서 연준이 목표한 0.25~0.50%로 오를 수밖에 없다.[9] 미국은 6단계에 재진입하면서 받을 충격에 대비해서 많은 준비를 한 상태이다. 그러나 세계 경제는 신흥국, 동아시아, 한국, 중국 순으로 그 충격을 한 번 더 받을 것이다.

그 후에 비로소 미국과 세계는 7단계로 동기화되어 진입할 가능성이 크다. 미국과 세계 경제가 함께 7단계에 진입하면, 미국은 기준금리를 인하해야 한다. 2019년경이 그 시점이 될 것으로 예측된다. 하지만 미국의 잠재성장률을 기준으로 볼 때, 정상적인 기준금리를 2~3%로 유지해야 하는 애로점이 있다.(그래서 필자가 미국 기준금리 인상 시나리오에서 2019년에 시나리오 1과 시나리오 3의 분기점을 그려 넣은 것이다.)

7단계에 진입하는 2018년 말~2019년경에 미국 경제가 생각보다 강하면 (잠재성장률에 비해서) 인상된 기준금리 3.25%~3.5%를 오랫동안 유지할 가능성이 있다. 하지만 그 정도가 아니면 7단계에서 늘 했던 대로 기준금리를 인하하는 시나리오 3으로 갈 가능성도 있다. 어느 경우라도 지난 몇 년간 익숙했던 1% 미만의 초저금리로 갈 가능성은 아주 낮다. 이렇게 7단계 사이클을 완성하고 난 후, 미국과 세계는 2020~2025년 사이에 1단계부터 다시 반복할 것이다.

다가올 중국 금융위기의
예측 시나리오

필자는 〈2030 대담한 미래〉를 통해 중국의 내부적 문제와 미중 패권 전쟁을 중심으로 예측한 시나리오를 바탕으로 중국이 영원히 미국을 따라잡지 못할 가능성도 있다는 미래 예측 결과를 발표했다. 책으로 출간하기 전인 2011년에 이 시나리오를 가지고 모 경제연구소에서 강의했을 때 청중의 반응은 "마치 무협소설 같다!"였다. 당시 미국과 중국은 밀월관계를 자랑하고 있었다.

2016년 현재 필자의 예측 대부분이 현실이 되어가고 있다. 언론에서도 미국과 중국의 패권을 둘러싼 금융전쟁, 무역전쟁 속에서 한국이 어떻게 살아남아야 하는지를 논하는 칼럼들이 계속 나온다.

여기서는 당시의 시나리오를 바탕으로 하되 중국의 위기가 앞으로 5년간 어떻게 전개될지에만 초점을 맞추어 추가적인 예측을 해보겠다. 필자가 분석한 '달러의 국제 자본 순환 구조에 따른 전 세계 경제변화 패턴'에 따르면, 신흥국과 동아시아를 시작으로 한국을 공격하는 7단계의 금융위기의 최종 종착지는 중국이다.

●   필자는 〈2030 대담한 미래〉에서 책의 1/4(150페이지)이나 할애해서 중국의 미래에 영향을 미치는 동력들을 분석하고 예측했다.[9] 그중 일부를 요약 소개하면 다음과 같다.

● 미중 경제 패권 6가지 시나리오

시나리오1.
중국이 계속해서 8% 성장률을 지속하고 미국은 2.9%의 성장률을 지속한다는 가정에서는 중국이 미국을 추월하는 것이 2030년이 된다.
시나리오2.
중국이 계속해서 8%의 성장률을 지속하고 미국은 1.5%의 성장률을 지속한다는 가정에서 중국이 미국을 추월하는 것은 2026년이 된다.
시나리오3.
중국이 계속해서 10%의 성장률을 지속하고 미국은 1%의 성장률을 지속한다는 가정에서 중국이 미국을 추월하는 것은 2022년이 된다.
시나리오4.
중국의 성장률이 2020년까지 8%를 기록하고 2021~2030년까지는 6%로 하락하고 2031년부터는 4%대를 지속하는 것으로 가정했다. 이 조건에서 미국이 2.9%의 성장률을 지속하면 중국이 미국을 추월하는 것은 2047년에나 가능하다.
시나리오5.
중국의 성장률이 2015년까지 8%를 기록하고 2016~2020년에 6%로 하락하고 2021~2030년에는 4%로 급락하고 2031년부터는 2.9%대 성장을 지속한다고 가정했다. 이 조건에서 미국이 2.9%의 성장률을 지속하는 경우에는

2045년이 되어도 중국의 GDP는 미국의 절반에 불과하다. 이 시나리오에서는 중국이 미국을 추월하는 것은 절대로 불가능해진다.

시나리오6.

중국의 성장률이 2015년까지 8%를 기록하고 2016~2020년에 6%로 하락하고 2021~2030년에는 4%로 급락하고 2031년부터는 2.9%대 성장을 지속한다고 가정했다. 이 조건에서 미국은 2020년까지 2.9%의 성장률을 지속하다가 2021~2030년에 1.5%로 하락하고 2031년부터는 1% 성장률을 지속하면 중국이 미국을 추월하는 것은 2048년에나 가능하다.

앞의 6가지 시나리오를 검토하고 필자가 내린 예측의 결론은 이렇다. 중국의 전략은 앞으로 10년 동안은 '무리해서라도' 연평균 성장률을 최소 8~10%로 유지해야 한다. 그리고 미국이 1.5% 수준의 저성장을 10년 이상 지속해야 한다. 이 두 가시 조건이 동시에 성립되어야만 중국이 10년 후에 경제적으로 미국을 추월할 기회를 잡게 된다.

많은 사람이 중국만은 역사상 예외적으로 한계가 없는 성장을 할 것이라고 착각한다. 심지어 전문가들조차도 중국은 영원히 성장하는 나라가 될 것이라고 확신하는 듯하다. 그러나 이제부터 중국에게 중요한 것은 규모가 아니라 성장의 속도다. 성장률이 하락하면서 속도가 예전만 못하거나 급히 낮아지면 중국의 미래가 어떻게 될지 생각해보아야 한다. 관건은 중국의 성장률이 선진국 직전 수준의 안정기 단계로 하락하는 시기가 언제일지의 문제이다. 성장률 하락에 큰 영향을 미치는 요인들은 인구구조의 변화, 수출 둔화, 정부 부채의 증가, 금융위기의 반복적인 발생 등이다.

전문가들은 중국의 생산가능인구 하락이 장기화하면 그 이유 하나만으로도 경제성장률이 1.5% 하락할 수 있다고 예측한다. 전문가들은 도시화율이 60%를 넘어서고 저축률이 15%대 밑으로 떨어지면 고도성장이 끝나고 안정기 단계에 접어들 것이라고 평가한다.

현재 중국의 도시화 추세와 소비 진작 정책을 감안하면 아무리 늦게 잡아도 2020년경이면 고도성장이 끝나고 4~6%대 수준의 경제성장률을 기록할 것으로 예측된다. 물론 지금까지 중국 경제 발선을 이끌어온 핵심인 정부 주도의

> 강력한 정책 구사 능력에 혼란이 오면 이 시기는 더 빨라질 수 있다.

2017년, 중국 자산시장 1차 충격에 대비하라

신용창조에 의한 경제 성장 시스템에서 고금리는 경제 성장을 가로막는다. 각국이 기준금리 인상에 신중한 이유다. 하지만 제1 기축통화국과 제2 기축통화국은 기준금리 인상 시기의 중후반부터 그 결과가 달라진다.(나머지 국가들은 기준금리 인상 초반부터 운명이 갈린다) 그래서 앞으로 5년 동안 제1 기축통화국인 미국과 제2 기축통화국의 지위에 오른 중국이 맞이할 미래가 달라진다.

1970년대 미국의 상황을 보자. 1970년대에 미국은 물가 상승과 경기 침체가 동시에 일어나는 스테그플레이션과 달러 초약세로 고전을 면치 못했다. 견디다 못한 미국 연준은 어쩔 수 없이 1980년 기준금리 인상을 단행한다. 강력하고 빠른 금리 인상이었다. 하지만 미국 내에서 뜻밖의 일이 일어났다. 고금리가 경제성장을 가로막을 것이라는 예측과는 달리 1981~1985년 사이에 미국 GDP는 44% 성장했다. 미국을 따라 기준금리를 올렸던 다른 나라들은 같은 기간 GDP가 마이너스 성장을 했다. 앞으로 4~5년 동안 이런 일이 다시 일어날 것이다.

연준이 기준금리를 인상하고 강달러 현상이 나타나면 미국을 제외한 다른 나라에서는 자국 통화 표시 자산을 투매한다. 반대로 미국으로는 달러 표시 자산을 구매하기 위해 외국 자본이 유입된다. 달러의 제1 기축통화 지위가 발휘하는 힘 때문이다. 제1 기축통화국이 기준금리를 인상하면서 전 세계 경제가 위축되기 시작하면 상대적으로 좀 더 안전한 자산으로 이동하는 현상이 발생하기 때문이다. 달러 강세가 부담스럽기는 하나 달러나 달러화 자산을 투매하기보다는 상대적 안정성이 높은 달러가 더 오를 것으로 예측하고 추격 매수에 나선다.

연준이 기준금리를 인상하면 미국 내에서 당장은 대출이 줄어들어 자산가격이 하락하는 리스크가 발생한다. 그러나 시간이 갈수록 이 리스크는 강달러를 추격 매수하는 외국 자본의 유입으로 상쇄된다. 이런 현상이 확인된 다음부터는 기준금리가 추가로 인상되어도 미국 내에서 대출이 늘어나면서 시중 통화량이 증가한다.

이런 마법이 가능한 또 하나의 이유는 5조 달러에 달할 것으로 추정되는 유로달러(미국 이외의 은행, 주로 유럽의 은행에 예치되어 있는 달러 자금)가 저렴한 비용으로 미국 은행을 거쳐 시중으로 통화를 공급하기 때문이다. 유로달러는 연준의 기준금리 인상분보다 저렴한 이자율로 미국 안으로 통화를 공급할 수 있다. 그 결과 기준금리 인상분을 어느 정도 상쇄해서 금리 인하 효과를 만들어 준다. 기준금리가 인상되는 국면에서 이런 일은 미국 내에서만 일어난다.

유로달러는 무국적이어서 어느 나라의 통제도 받지 않는 특혜를 받는다. 통제를 받지 않기에 유로달러의 예치와 대출은 전 세계 국경을 넘나들며 자유롭게 이루어진다. 이런 특성 때문에 유로달러는 유럽 각지의 금리 차나 환차익을 쫓아다니는 핫머니의 성격을 띤다. 유로달러 거래의 중심지는 런던과 금융거래가 활발한 유럽의 주요 도시들이다. 유로달러는 1950년대 초 미-소간 냉전이 격화될 시절에,

공산권 은행이 미국 은행에 예금해 놓은 미국 달러가 미국 정부에 의해 동결되거나 몰수될 것을 우려해 서유럽 은행에 맡긴 데서 기원한다. 그 후 미국의 국제수지 적자가 커지자 대량의 달러가 유럽에 누적되면서 유로달러 시장이 급속히 발전했다. 자금 보유자 측에서는 미국 시장보다 고리로 운용되고, 유로 자금을 빌리려는 사람 입장에서는 시장금리보다 저리로 대규모 자금 조달이 가능하기 때문에 매력적이다. 1973년 이후에는 대량의 달러를 보유한 중동산유국 자금도 유럽으로 유입되었다.[10]

미국 기준금리가 인상되고 강달러 추세가 시작되면 유로달러도 역외域外, Offshore 달러 대출 방식으로 미국으로 움직인다. 역외 달러 대출은 두 가지가 있다. 하나는 문자 그대로 미국에서 미국 밖으로 하는 대출이다. 다른 하나는 미국 밖에 있는 유로달러가 역으로 미국 본토에 통화를 공급하는 것이다. 유로화가 이런 방식으로 미국 본토에 대출을 시행하면 어떤 이득을 볼까? 앞에서 설명한 것처럼 유로달러는 국적이 없다. 미국 연준이나 미국 역내 금융기관의 관리 감독에서 벗어나 있다. 미국이 기준금리를 올리는 것에 직접적 영향을 받지 않는다. 미국 본토의 은행이 유로달러를 빌려다 기업과 개인에 대출을 해주더라도 지급 준비금 제약에서 자유롭다. 미국 기준금리보다 낮게, 지급 준비율 규제에서 벗어나서, 더 많이 대출할 수 있다. 이런 이득 때문에 달러 금리가 올라갈수록 미국 본토로 들어오는 유로달러의 규모는 더 커진다.[11] 미국 시장으로서는 강달러, 높은 기준금리가 경제 성장을 가로막는 부작용을 상쇄시켜주는 훌륭한 도구다.

유로달러가 움직이는 구조를 고려할 때 이런 효과가 나타나려면 2가지 조건이 충족되어야 한다. 하나는 미국 밖의 경제 및 투자 상황이 나빠져야 한다. 다른 하나는 강달러 추세가 일어나야 한다. 앞으로 4~5년은 이 두 가지 조건이 동시에 충족되는 기간이다. 유럽이 디플레이션 국면을 지나고 있고, 신흥국과 동아시아에 곧 퍼펙트 스톰이 발생할 것이며, 한국과 중국 경제도 흔들리기 시작할 것이다. 이것만으로도 달러는 강세. 여기에 미국 연준이 기준금리마저 인상한다. 달러의 상대적 가치는 초강세가 될 가능성이 크다. 유로달러로서는 최대의 수익 기회다. 이를 놓칠 이유가 없다.

그렇지만 미국 경제에 금리 인상의 충격이 전혀 없는 것은 아니다. 예를 들어, 미국의 에너지 기업이 추가로 파산할 것이다. 2014년 6월 거의 120달러에 근접했던 국제 유가가 2015년 12월 30달러 선까지 추락하는 데 1년 6개월밖에 걸리지 않았다. 달러 강세 추세 속에서, 미국과 러시아, OPEC, 캐나다 샌드오일, 미국의 셰일가스 등이 벌인 제1차 석유전쟁 과정에서 생산 비용 부담이 상대적으로 큰 미국의 셰일업체 중에서 상당수가 파산했다. 그 속에서 살아남은 미국의 셰일업체들은 규모의 경제를 이루었다. 하지만 미국이 기준금리를 인상하고, 이란이 원유 및 천연가스 생산을 늘리고, OPEC이 생산량을 감축하지 않으면서 제2차 석유전쟁이 시작되면 추가적인 구조조정이 일어날 것이다. 참고로, OPEC의 감산 결정에 키를 잡고 있는 사우디아라비아, 아랍에미리트, 쿠웨이트는 점유율을 유지하여 캐나다 샌드오일, 미국의 셰일오일 등에 2차 타격을 입히겠다는 입장을 고수하고 있다. 그리고 인도네시아가 7년 만에 OPEC에 다시 가입했다. 인도네시아의 생산분을 포함하면 OPEC의 일일 생산목표는 3천만 배럴에서 3천 100만 배럴로 상향조정된다.[12]

지속적인 달러 강세는 미국 기업의 수출 경쟁력도 약화시킨다.

2015년의 강달러 여파는 가전제품 유통업체 라디오셰크와 의류회사 아메리칸어패럴, 퀵실버 등 미국의 유명 브랜드들을 파산보호신청으로 몰아갔다. 물론, 강달러 추세 속에서도 2015년 미국 기업의 디폴트율은 2.8%로 장기 평균치인 4.5%에 크게 못 미친다.[13] 그래도 기준금리가 인상되는 3년 정도의 기간에 디폴트 도미노가 발생할 가능성을 배제할 수 없다. 또한 시장변동성이 커지면 투기등급 채권(정크본드)에 베팅했던 투자상품의 리스크도 시장에 영향을 줄 수 있다. 정크본드 중에서 20% 정도가 부실채권의 범위에 든다. 부실채권의 주요 발행 주체는 에너지와 원자재를 생산하는 기업이다. 이들은 1년 만기 단기채권으로 연명 중이다. S&P는 정크본드 가운데 부실채권이 차지하는 비율이 2009년 말 이후 가장 높은 수준이라고 평가했다.[14]

그러나 달러와 달러화 자산에 대한 추격 매수, 유로달러의 미국 유입으로 충격을 빠르게 상쇄해 나갈 것이다. 하지만 나머지 나라는 미국이라는 진공청소기가 작동하면서 달러를 빨아들일 때 일어나는 후폭풍을 상쇄시킬 카드가 없다. 신흥국이 가장 위험한 위치에 있다. 위험의 중심부에서 벗어나 있긴 하지만 중국도 예외는 아니다.

중국이 받을 충격은 크게 3단계로 나뉘어 전개될 것이다. 첫 번째 단계는 2017경에 일어날 중국 자산시장 1차 충격이다. 그 다음은 2018년경에 중국 자산시장 2차 충격이 올 것이다. 마지막 충격은 2019~2020년 사이에 벌어질 중국의 금융위기다.

핫머니와 헤지펀드의 공격이 곧 시작된다

2012년 3월 14일, 미국 투자은행 골드만삭스에서 12년 동안 파생 상품 담당 이사였던 그레그 스미스Greg Smith가 퇴사하면서 뉴욕타임즈에 "Why I Am Leaving Godman Sacks"라는 한 편의 폭로글을 기고했다. 아래는 그 내용의 일부다.

> 현재 골드만삭스는 그 어느 때보다도 독성이 강하고 파괴적이다......
> (중략) 회의에서는 고객의 편의를 어떻게 봐줄 수 있을지에 대해서는
> 단 1분도 논의되지 않았고, 오로지 어떻게 하면 고객에게서 더 많은
> 돈을 벌어들일 것인가만 논한다...... (중략) 골드만삭스 사람들은 고객
> 의 돈을 어떻게 빼앗을까를 논의하면서도 죄책감 따위는 찾아볼 수
> 없다. 정말 역겹다. 지난 1년 동안 고객을 '봉'이라고 지칭하는 이사를
> 5명이나 목격했다.[15]

그레그 스미스는 골드만삭스를 포함해서 미국 투자은행들이 변질된 이유 중의 하나로 은행업의 고수익 시대가 끝났기 때문이라고 했다.[16] 2002년 기준으로 미국 기업이 벌어들이는 전체 수익 중에서 45%가 금융업 수익이었다. 2010년 파생상품을 포함한 미국 금융업의 자산규모는 700조 달러를 넘었다. 2010년 기준 미국 GDP 14조 6,578억 달러 중에서 금융 및 서비스업이 창출한 규모는 11조 5,063억 달러다. 이 중의 상당량은 미국 밖에서 벌어들인 금융수익이다.[17]

그래서 2008년 이후 회복을 노리는 미국 정부와 산업계가 간절히

바라는 것은 제조업의 부흥만이 아니다. 주식회사 미국의 최고 수익원인 금융제국의 위상과 영향력, 수익원을 되찾는 것이다. 글로벌 금융전쟁에서 승리의 핵심무기는 화폐 위상이다. 강력한 화폐 영향력을 기반으로 한 자본 순환 시스템이다. 그 첨병인 핫머니와 헤지펀드가 곧 움직일 것이다.

특히 유로화와 위안화가 중심이 되어 순환하는 자본 시스템은 미국에 위협이 된다. 2015년 8월 기준으로, 전 세계 거래 통화 비중은 달러화 44.8%, 유로화 27.2%, 파운드화 8.5%, 위안화 2.79%였다. 특히 위안화가 엔화를 제치고 4위로 상승했다. 유로화는 달러화의 강력한 경쟁자이고, 위안화는 거래 통화 비중에서는 미국의 1/20 정도이지만, 중국의 무역 규모가 미국을 위협할 정도이기 때문에 강력한 경쟁자로 성장할 가능성이 크다. 당신이 주식회사 미국의 CEO라면 어떻게 하겠는가?

위안화 SDR 편입의 딜레마

중국이 달러 페그제를 폐지했다. 달러 페그제는 위안화 가치를 지키는 수단이었다. 위안화 가치를 달러에 묶어 놓으면 다른 외환시장에서 달러 가치가 하락하더라도 중국 외환시장에서는 하락하지 않는다는 장점이 있다. 예를 들어, 한국 외환시장에서 달러 가치가 하락하면 원화 가치는 상승한다. 달러 가치가 상승하면 원화 가치는 하락한다. 하지만 달러 페그제 하의 중국 외환시장에서는 달러 가치가 하락하면 위안화 가치도 같이 하락하고 달러 가치가 상승하면 위안화 가치도 상승한다. 이런 방식은 어떤 유익을 줄까? 외환보유액의 70%가 달러화인 중국은 달러에 위안화가 묶여 있으니 외화자산 가치를 지킬 수 있었다. 미국 시장에 대한 수출경쟁력도 안정적으로 유지할 수 있었다. 강달러 현상이 일어나도 위안화 강세가 동시에 일어나기 때문에 외국 자본의 이탈도 방지할 수 있었다.[18]

2015년 12월 1일 위안화가 IMF의 특별인출권SDR 통화 바스켓에 편입되었다. IMF의 SDR 통화 바스켓에 편입되기 위해 2009년 이전보다 위안화를 절상했고, 위안화의 국제 결제 비율을 높였으며, 금융시스템의 투명성과 개방성을 높였다. 그런 노력의 결과로 달러화와 유로화 다음으로 세계 3위의 기축통화 지위를 획득했다. 무역거래량 세계 1위, 경제력 세계 2위, 그리고 3위의 기축통화국이 된 중국이 미국의 턱밑까지 쫓아간 듯 보인다. 글로벌 경제위기도 잘 버티고 2015년 여름의 충격적인 증시 폭락도 빠르게 수습한 듯하다. 이제 1~2년만 버티면 중국 경제는 회복될 듯하다. 정말 그럴까?

물론 위안화의 SDR 편입은 장기적으로는 중국의 위상을 높여줄 것이다. 하지만 필자는 위안화의 SDR 통화 바스켓 편입이 앞으로 4~5년은 양날의 검이 될 것이라고 본다. 과잉생산과 높은 부채 레버리지, 그림자금융에 의존하는 중국경제는 현재 멈출 수 없는 자전거와 같다. 중국이 앞으로도 6~7% 성장률을 유지하려면 부동산과 제조업, 금융에 대한 통제의 고삐를 늦출 수 없다. 중국 정부가 고삐를 쥐고 자전거 페달을 밟아야 한다. 그러나 SDR 통화 바스켓 편입 때문에 중국은 5년 동안 과거에는 없던 부담을 안게 되었다.

중국의 SDR 통회 바스켓 편입은 영구적 편입이 아니라서 5년마다 재평가를 받아야 한다. 이제까지의 성과로 바스켓에 들어갔지만 5년 후에 다시 편입을 유지하려면 앞으로 5년 동안 중국 금융 시스템의 추가적 개혁과 개방이라는 성과를 보여야 한다. 물론 지금까지 연출한 성과도 계속 이어가야 한다. 실제로 중국 정부는 SDR 편입 직후 금융 개혁 시범 지역을 선정하고 추가 금융 개혁과 개방을 시작했다.[19]

중국은 여전히 정부가 자본 유출입을 통제한다. 최근까지도 중국은 종종 제조업의 수출경쟁력 강화를 위해 위안화를 인위적으로 절하시키는 시도를 했다. 중앙은행을 정부가 통제하면서 2008년 글로벌 금융위기 이후로 4조 위안을 풀며 양적 완화 정책을 밀어붙였다. 여기에 부동산 및 주식시장의 인위적 부양, 노골적인 환율 개입 등을 더해 경제성장률을 만들었다. 환율도 정부가 관리한다. 예전보다 환율 개입 기술이 늘었을 뿐이다. 이제까지 해오던 모든 관행을 유지하면 IMF가 요청하는 기준에 미달하므로, 금융시장을 더 개혁하고 더 개방해야 한다. 세계 3번째 기축통화가 되었으니, 중국 인민은행도 미국을 포함한 IMF 회원국에게 미국 연방준비제도이사회나 유럽중앙은행 수준에 준하는 투명성과 정부로부터의 독립성을 요구받을 것이다. 5년 안에 이런 요구 수준에 이르지 못하면 5년 뒤에 있을 재편입 심사에서 탈락시킬 수 있다는 강한 압박을 받을 수 있다.

이런 상황에서, 앞으로 5년 동안 중국 경제에 가장 중요한 변수인 제조업 성장률 관리, 부동산 버블 관리, 상업 영역과 가계의 부채 관리, 미국발 금리인상 대응 등을 성공적으로 수행해야 한다. 중국은 이런 파도를 충분히 넘을 수 있을 것으로 자신한다. 앞으로 세계 경제가 완연한 회복세로 돌아선다면 중국의 계산은 적중할 것이다. 세계 경제가 회복세로 돌아서면 중국의 수출이 늘고 제조업 상황도 개선된다. 과잉생산도 크게 문제가 되지 않는다. 수출과 내수가 뒷받침해 줄 것이기 때문이다. IMF의 SDR 통화 바스켓 재편입을 위해 자본·환율 시장의 추가적 개혁과 개방을 실행해도 금융시장이 무너지지 않을 것이다.

그러나 필자의 예측처럼 앞으로 4~5년 동안 신흥국과 아시아의 경제위기가 현실화 된다면 중국의 계산은 틀어진다. 현재의 중국 경제는 상업 영역과 가계의 막대한 부채와 그림자금융의 팽창으로 추가적 금융시장 개방에 따른 금융 리스크를 견딜 체력이 부족하다.[20] SDR 통화 바스켓 편입을 물릴 수도 없다. 수출 부진, 과잉 공급의 후유증, 미국발 금리인상으로 인한 부동산 버블, 상업 영역과 가계의 부채 관리 등 경세적 위기 요인 관리에 문제가 생겨도, IMF가 요구하는 개혁과 개방을 해야 한다. 앞으로 5년 동안 미국이 기준금리를 인상해도 시장 주도로 금리가 결정되게 개입을 줄여야 하고, 자본계정이 추가로 개방되도록 금융 시스템의 추가적인 개혁과 개방도 해야 한다.

위기 요인 관리와 금융시장 개혁 개방의 두 가지 요인이 정면으로 충돌하면 중국 정부의 경기 변동에 대한 단기적 대응력이 떨어질 수 있다. 정책이 우왕좌왕하면서 시장이 정부의 신호를 불신하는 경향이 커질 수 있다. 물론, 일부에서는 화장실 들어갈 때와 나갈 때가 다르듯, 위안화를 SDR에 편입하는 목표를 달성했으니 중국 정부가 경기 둔화를 막는 데 우선순위를 두어 금융 개혁의 속도를 일부러 늦출 가능성이 크다고 전망한다.[21] 그렇더라도 분명한 사실은 정부의 시장 개입 여력이 예전보다는 줄어든다는 점이다. 아주 작은 틈새라도 북풍한설이 몰아칠 때는 살을 에는 칼바람을 불러들이는 통로가 될 수 있다.

2015년 기준, 중국 부동산업이 안고 있는 부채는 30조 위안(약 5,400조 원)이 넘을 것으로 추정된다. 중국 GDP의 약 50%, 한국 GDP 의 4배 규모이다. 2013년 기준으로 중국의 대도시 주택 가격이 중국 1인당 평균소득보다 30~45배 높았다.[22] 현재 중국 부동산 버블은 지 방과 서민용 주택으로 확산 중이다. 이런 확산이 다 끝나면 어떻게 될까? 중국 부동산 버블 붕괴는 늦어도 2022년경에 현실이 될 것이 다. 2022년에는 초고층빌딩 숫자가 1,318개에 달한다. 300m 이상의 초고층 빌딩만도 92개가 된다. 중국의 경제 규모는 미국의 60% 정도 이지만, 초고층빌딩의 숫자는 미국의 2배다. 일명, 초고층빌딩의 저주 가 다가오고 있다.

중국의 고령화도 시작되었다. 2015년, 65세 이상의 노인 숫자는 1억 4,000만 명을 넘었다. 60세 이상으로 범위를 넓히면 2억 1,200만 명을 넘는다. 부동산 구입은 60세 이상이 되면 불가능하다. 중국은 2012년에 이미 생산가능인구가 감소하기 시작했다. 비싼 집을 살 사 람이 줄기 시작한 것이다. 현재 중국 부동산 가격 상승은 규모에 의 한 착시 효과, 대도시 외곽지역과 지방과 서민주택으로의 확산이라 는 풍선 효과에 의한 것이다. 2025년에는 총인구 감소가 시작된다. 2030년에는 65세 이상 인구가 20%를 넘는 초고령사회로 진입한다. 2050년에는 65세 이상 인구가 30%를 넘는다. 물론 중국은 이번에 금융위기에 빠지더라도 대세적 부동산 버블 붕괴로 이어지지는 않 을 것이다. 인구 변화 추세와 중국 경제성장률 변화를 고려한다면 앞 으로도 2~3번의 큰 폭의 조정 단계를 거칠 것이다. 일본처럼 대세적 부동산 버블 붕괴는 초고령사회로 진입하는 2025~2030년경이나 시작될 가능성이 크다.

중국이 중진국 함정에 빠질 위험도 시작되었다. 수출경쟁력이 하락하고 있다. 혼란스러운 글로벌 금융시장, 개혁에 저항하는 기득권세력의 이해관계도 개혁에 어려운 요소로 작용하고 있다. 1998년 일본은 엔화 절상으로 수출경쟁력이 급격히 하락 중이었다. 디플레이션의 벼랑 끝에 몰렸었다. 중국의 현재 상황이 섬뜩할 정도로 일본을 닮아가고 있다. 일본이 디플레이션 늪에 빠진 것은 수출경쟁력 하락, 건설업 투자로 경기부양을 하다 만들어진 과도한 부채, 인구 고령화, 융통성 없는 산업 정책 때문이었다. 최근의 중국 상황과 판박이처럼 비슷하다.

중국은 지난 25~30년 동안 경제 성장을 지속했다. 민주적인 자본주의 사회였다면 이 정도 기간이면 이미 부채 디레버리징이 이루어졌을 것이다. 성장 과정에서 첫 번째 부채 디레버리징은 상업 영역(금융권, 비금융권 포함)에서 일어난다. 두 번째는 부동산에서 일어난다. 중국은 지난 성장 과정에서 두 가지의 부채 디레버리징이 하나도 일어나지 않았다. 그러나 중국은 공산당이 관치경제를 하고 있어서 좀더 버틸 뿐, 영원히 피해갈 수는 없다. 10년 이내에 두 가지가 다 일어날 가능성이 크다. 첫 번째는 아마도 상업 영역에서 일어나는 부채 디레버리징이 될 것이다. 부채 디레버리징이 일어나기 전에 먼저 주식과 채권시장에 첫 번째 충격이 있을 것이다. 그리고 실제로 상업 영역에서 부채 디레버리징이 일어나면 주식과 채권시장에 두 번째 충격이 일어날 것이다. 필자는 중국 자산시장의 1차 충격은 2017경, 2차 충격은 2018년경에 일어날 가능성이 크다고 예측한다.

중국 가계자산에서 주식의 비율은 5% 정도다.[23] 하지만 개인계좌가 1억 4,000만 개 이상이다. 규모를 고려하여 비교하면 한국의 개인 계좌가 450만 개 정도였던 단계와 비슷하다. 2015년 6월 기준으로 한국의 주식계좌 수는 2,091만 개다. 2015년 기준으로 중국 인민 중 6% 정도가 주식투자를 하고, 중국 증시에서 개미투자자는 시가 총액의 5% 정도를 투자한다. 따라서 중국은 주식계좌 수가 앞으로도 5~6억 개까지 증가할 여력이 있다. 자산시장이 두 번의 충격을 받겠지만 다시 일어설 수 있는 여력이 충분하다는 뜻이다.

한국의 사례를 참고하여 성장기라는 특징과 시장 규모를 볼 때, 현재 중국 주식시장 참여자들은 투기 목적이 가장 크다. 투기 목적이 클수록 주식시장은 심리적 모멘텀에 민감하게 반응한다. 등락의 폭도 크고 빈번하다. 2017년경에는 신흥국과 동아시아의 금융위기에 크게 흔들릴 것이고, 2018년 말~2019년에는 중국의 기준금리 인상이나 양적 완화 정책 축소 및 중지와 맞물려 2차 충격을 받을 가능성이 충분하다.

중국은 현재 '취약한 강대국' '불안한 부자나라' 상태다. '달러의 국제 자본 순환 구조에 따른 전 세계 경제변화 패턴'을 따른다면 7단계의 전 세계 충격에서 자유롭지 못하다. 그나마 G2이기 때문에 가장 오래 버티고, 가장 늦게 충격을 받을 뿐이다.

중국도 핫머니와 헤지펀드의 공격에 대비해야 한다. 물론, 현재 중국의 금융산업 수준으로는 대비한다고 해도 획기적인 방어시스템을 구축할 수는 없다. 그나마 엄청난 규모의 외환보유액과 중국 특유의 허장성세虛張聲勢로 버티는 것이 전부일 것이다.

중국은 달러 자산뿐만 아니라, 유로화 표시 자산, 엔화 표시 자산, 금金도 많이 보유하고 있다. 그래서 강달러로 유로화와 엔화 가치가 하락하고 금값이 하락하면 외화 자산의 가치가 하락하며 큰 손실을 본다. 그리고 달러 강세가 이어지면 외국인 투자금이 중국에서 빠져나와 달러나 미국 내 달러화 자산으로 이동할 것이다. 자산가치 손실과 자본 이동은 중국 외환보유액 증발로 이어진다. 외화 자산 감소는 외화 자산을 담보로 가지고 있는 중국 인민은행, 상업은행들의 통화량 축소로 이어진다. 시중 통화량 감소는 내수시장의 위축, 자산버블 붕괴의 위기를 높인다. 이는 자산시장의 심리적 위축을 불러온다. 2018년경에 일어날 중국 자산시장의 2차 충격 시점에 이런 일들이 일어날 것이다.

2019년, 중국은 금융위기를 피할 수 없다

중국 자산시장이 두 번의 충격을 잇달아 받으면 중국 경제도 피해를 입어 지금 실시하고 있는 구조조정이 더뎌지게 될 것이다. 그리고 자산가치 손실과 자본 이동으로 외환보유액의 일정 부분이 증발하면서 중국도 위험한 상황에 노출될 것이다.

중국 금융위기의 진원지는 기업들의 과도한 부채다. 2015년 2분기 기준, 중국의 비금융기업 총부채는 17조 2,730억 달러다. 중국은 GDP 대비 비금융기업 부채 비율이 163.1%로 글로벌 금융위기 이후 39.9%P 증가했다.[24] 여기에 금융기업 부채까지 합치면 GDP 대비 230%에 달한다. 참고로 1989년 일본 경제가 붕괴로 치닫던 시기에 일본 기업들의 총부채는 GDP 대비 132%였다.

2014년 미국 기업의 부채 규모는 GDP 대비 70%(12조 달러 정도), 영국은 75%에 불과하다. 중국 기업들의 부채 증가 속도가 줄지 않으면, 2019년경에는 최소 20조 달러, 최대 24조 달러까지 증가할 것이다.

2019년, 이 정도의 부채를 짊어진 상업 영역에서 부채 디레버리징이 발생하고, 초고층빌딩의 저주가 시작되고, 대도시 중심으로 부동산 가격이 하락하면서 금융위기 상황이 펼쳐질 것이다. 2005년 자료를 보면, 중국 부실채권의 규모는 GDP 대비 57%~76% 사이였다.[25] 대부분의 부실채권은 공기업과 공산당 지도자의 친인척이 소유한 기업의 것이다. 에너지 기업을 제외한 중국 공기업의 2002~2004년 총자산 대비 이익률은 평균 3.81%로 같은 기간 외자기업이 올린 평균 이익률 7.2%의 절반에 불과하다. 공기업의 이익률은 은행 채무를 주식으로 전환하여 면제받은 이자분, 정부 보조금 등까지 포함된 수치이다.[26]

1980~1990년대 한국이 중화학공업, 전자·전기산업으로 주력산업을 전환할 때, 섬유나 신발 등의 경공업은 심각한 위기를 맞았다. 이들 산업은 결국 중국과 베트남 등으로 공장을 이전해서 생존을 모색했다. 현재 중국이 이런 상황이다. 2010년, 중국의 중고가 스포츠용품 브랜드인 '리닝'이 600개 매장을 폐쇄했다. 신발회사들은 원자재 가격이 20% 이상 오르는 것을 감당하지 못하고 판매가격을 15% 올렸다. 2011년 전국 100개 주요 대형쇼핑몰에서 의류 판매량이 전년 동기 대비 1.98% 감소했다. 대부분의 의류회사들이 마이너스 성장을 시작했다. (물론 장부는 분식회계로 성장으로 꾸미고 있다) 줄곧 성장만 했던 과거의 사례로 보면 충격이다.[27] 강달러 추세가 지속되면서 위안화 약세가 오래가면 원자재 수입 가격이 높아지면서 기업들의

부담은 가중된다. 중국은 알루미늄 생산에 필요한 보크사이트 전량을 수입에 의존한다. 철광석의 80%를 수입한다. 원유 수입량도 높다.

구조조정에 실패해서 파산을 하거나, 구조조정을 하는 과정에서 일어날 수밖에 없는 부채 디레버리징으로 공기업 장부 속의 부실채권이 현실화되면 중국 5대 전업은행이 충격을 받는다. 2009년 기준으로 국무원 직속의 5대 전업은행(건설, 투자, 농업, 공상, 교통)은 금융권 대출 자산의 70%를 점유한다.[28] 부동산 기업들은 막대한 부채를 안고 있기 때문에 예전과 같은 투자성장률을 유지할 수 없다. 그림자금융에서 고금리 대출을 받은 민간기업도 이자를 갚을 정도의 투자수익을 내야 한다. 원가 경쟁력을 상실해 가고 있는 중국 제조업체들은 사업에 대한 투자 성과로는 그림자금융 대출 이자를 감당하기 어렵다. 이자를 충당할 방법으로 고수익을 얻을 수 있는 부동산 투자, 주식 투자에 크게 의존하고 있다. 자산시장의 충격이 시작되면 이들에게는 퇴로가 막히는 셈이 된다.

하이투자증권의 '중국 그림자금융' 보고서는 2013년 말 기준 중국의 그림자금융 규모를 30조 5,000억 위안(GDP의 54%)로 추정했다. 그림자금융의 대부분은 중국 은행들의 자산관리상품과 신탁회사의 신탁상품이다. 대략 30조 1,000억 위안 정도로 추정된다. 자산시장이 폭락하면 그림자금융의 한 축이 크게 무너지면서 중국 경제를 강타할 수 있다. 은행의 여신(대출) 계정에는 포함되지 않는 그림자금융의 규모는 연평균 35%씩 빠르게 증가했다. 그림자금융 증가 추세가 멈추지 않고 있어서, 앞으로 5년 안에 GDP의 두 배까지 증가할 것이라는 예측마저 나올 정도이다. 위기가 더 커지고 있는 셈이다.[29]

중국의 5대 전업은행은 전체 대출의 81%를 평균 이익률이 형편없

중국 은행의 예금금리 추이(%)

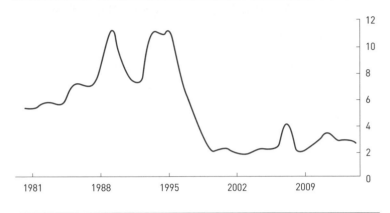

출처: Tradingeconomics.com

는 공기업에 몰아주기 위해 아주 낮은 이자율을 주고 중국 국민에게서 예금을 끌어모은다. 외국 자본 투자가 충분하고, 관치금융을 하는 중국은 사실상 은행 간 이자율 경쟁이 없기 때문에 개인에게는 선택의 여지가 없다. 폐쇄적인 자본시장 구조 때문에 개인이 해외에 투자하기도 어렵다. 뮤추얼펀드나 보험 같은 민간 금융산업도 선진화되지 않았다. 중국 인민들은 낮은 예금이자에도 불구하고 불안한 노후와 미래를 대비하기 위해 높은 저축률을 유지하고 있다.[30] 중국 은행의 예금금리 추이를 보여주는 그래프를 보면 예금금리가 1995년부터 2000년까지 빠른 속도로 폭락했다.

중국은 예금금리의 폭락에도 불구하고 2008년까지 51.3%라는 매우 높은 저축률을 기록했다. 그러나 2007년부터 부동산 투자붐이 일면서 2015년에 저축률은 34%까지 하락했다. 대산 가계부채가 폭발적으로 증가했다. 다음 그래프는 중국의 GDP 대비 가계부채 비율

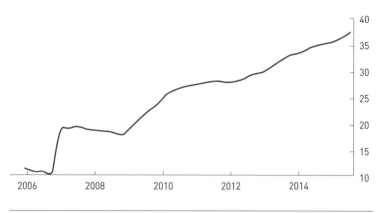

출처: Tradingeconomics.com

이다. 가계부채 비율이 2006년부터 폭발적으로 증가하고 있음을 보여준다.

중국은 수출 중심에서 내수 중심으로 경제 발전 전략을 전환한다고 선언했다. 하지만 내용을 따져 보면 부동산 버블을 기반으로 소비를 증가시켜 정부 세수 증가를 꾀하겠다는 전략이다. 세수 증가분을 가지고 중앙정부와 지방정부는 다시 고정투자를 늘리겠다는 계산이다. 선진국의 사례에서 보듯이 부동산 버블을 기반으로 내수를 일으키면 부의 불균형 분배 현상이 더 빨라진다. 중국도 이런 위험을 감지했다. 그래서 2016년부터 2~3년 동안 강력한 구조조정을 실시한다는 선제적 안내를 발표했다.

그러나 중국은 주변국의 경제위기나 자산시장의 충격이 없어도 구조조정을 신속하게 하기 어렵다. 구조조정의 주요한 대상이 국영기업과 공산당 지도자의 친인척들이 거느린 기업이기 때문이다. 국영기

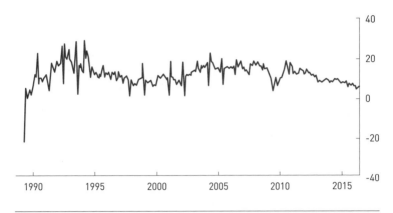

출처: Tradingeconomics.com

업 구조조정은 금융이 주도해야 한다. 하지만 국영기업과 금융권이 모두 중앙정부나 지방정부와 밀착된 공생관계에 있다.[31] 은행과 정부, 국영기업의 공생관계가 깨지지 않는 한, 공산당 간부의 부정부패를 척결하지 않는 한, 구조조정은 지지부진하게 진행될 수밖에 없다. 구조조정에 성공하더라도 그 과정에서 엄청난 자금이 필요하다.

2012년에 중국 연간 수출성장률 10% 선이 무너졌다. 그 후 2013년 8.6%, 2014년 5.4%, 2015년 1.2%로 계속 낮아졌다.[32] 앞으로 5년 동안은 어떻게 될까? 중국 수출의 18%는 미국, 22%는 유로존 수출이고, 나머지가 신흥국과 아시아 수출이다. 신흥국과 아시아의 위기로 수출이 하락할 것을 변수로 넣는다면 미국과 유로존의 회복이 아주 중요하다. 그러나 유로존의 디플레이션 국면은 2~3년은 더 갈 것이고, 미국은 보호무역주의 전략을 사용할 가능성이 크다.

중국 경제 성장률이 10%에서 6%대로 떨어진 주요한 이유는 세

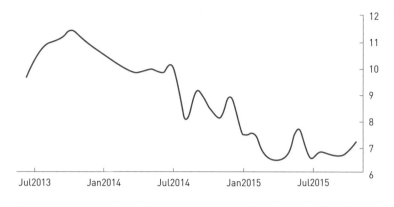

출처: Tradingeconomics.com

계 경제 침체와 중국 내 고정자산 투자 감소다. 2006~2010년까지 제
11차 경제개발 5개년계획 기간 동안의 상하이 전체 GDP 합계액은
약 6조 3천억 위안이다. 이 중에서 고정자산 투자로 만들어진 성장
분이 2조 3천억 위안이나 된다. 2011년부터 상하이의 고정자산 투자
액은 전년 동기 대비 0.9% 하락했다. 특히 고속도로, 수로 같은 고정
자산 투자율이 크게 하락했다.[33] 고정자산 투자율 하락이 경제 성장
에 어떤 영향을 미칠까?

중국의 산업생산지수 그래프를 보면 1995년~2000년까지 동아
시아 외환위기 때 중국의 산업생산지수가 계속 하락했다. 그리고
2008년 미국발 금융위기가 발발했을 때도 급락했다. 잠시 회복한
후, 2010년 유럽 금융위기가 발발한 후부터 현재까지 계속 하락 중
이다.

중국 제조업생산지수를 나타내는 그래프를 보면 2013년부터 급격

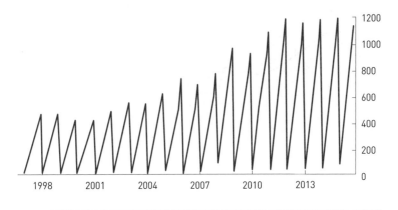

출처: Tradingeconomics.com

하게 하락하는 추세다.

위 그림은 중국의 외국인 직접투자액 추세를 나타내는 그래프다. 제조업을 포함해서 중국의 산업생산지수가 계속 하락하는 동안에도 외국인 직접투자액은 계속 증가했다. 하지만 2013년부터는 증가가 멈췄고, 2015년은 감소세로 돌아섰다.

중국의 중앙정부 부채, 지방정부 부채, 기업과 가계의 신용대출 규모, 부동산 버블, 주식과 환율시장의 불안정성 등을 따로따로 놓고 중국 GDP와 외환보유액 규모를 비교하면 아직은 안전한 수준이다. 하지만 외부 상황이 심각한 수준으로 치닫고, 중국 내 문제들이 서로 영향을 주고받으면서 부작용이 동시에 터진다면 어떻게 될까? 곧바로 대출 리스크 관리가 부실한 중국 5대 은행의 시스템적 리스크를 불러올 가능성이 있다.[34]

중국 건설은행이 고정자산 분야에 대출한 금액이 3조 2,700억 위안으로 이 은행 전체 대출의 82%이다. 원화로 계산하면 약 588조 원이다. 한국의 인구가 중국의 1/30이라는 것을 반영하면, 한국의 한 은행이 20조 원을 대출해 준 셈이다. 한국 GDP가 중국 GDP의 1/7이라는 것을 반영하면, 한국의 한 은행이 84조 원을 대출해 준 셈이다. 과연 안전하다고 평가할 수 있을까? 지방정부 채무의 80%가 은행 대출이다. 5대 은행 전체 대출의 82%가 공기업 대출이다. 지방 정부와 공기업이 파산하면 은행과 금융시스템에 심각한 문제가 발생할 수밖에 없다.

지난 5년 동안 중국 정부는 경기 침체를 방어하기 위해 4조 위안을 풀었다. 비철금속, 철강, 은행, 인프라 건설 사업이 최대 수혜를 입었다. 은행을 지원한 것을 제외하면 대부분이 고정자산 분야로 빨려들어갔다. 그 덕택으로 중국 건설과 부동산시장은 빠르게 회복 중이다. 그런데 2015년 현재 관련 업체의 주가는 주당 순자산 이하로 떨어져 있다.[35] 즉, 지난 5년간 실익 없이 정부 부채 규모만 늘렸고, 구조조정을 해야 할 영역에서 부실 규모만 더 늘렸다. 앞으로 3~4년 동안에도 비슷할 상황이 전개될 가능성이 크다.

일본은 GDP 성장률이 8%에서 2%로 무너지는 데 단 4년이 걸렸다. 중국도 비슷한 가능성은 전혀 없는지 점검해야 한다. 1997년 아시아에 외환위기가 발발하자 일본은 두 번이나 대규모 부양책을 실시해서 총 40조 6,000억 엔을 투입했다. 반짝 효과가 있었지만 곧 약발이 떨어지며 더 큰 침체로 빠져들었다. 역사상 최대 규모의 기업 파산이 일어나는 것도 막지 못했다.[36]

중국도 아시아 대위기 기간에 골머리를 앓게 될 것이다. 2~3년 동안 대규모 경기 부양책을 꺼내 들겠지만, 예산의 대부분이 고정자산 투자로 흡수될 것이다. 반짝 효과는 나겠지만, 빠른 속도로 효력이 다하면서 침체의 늪으로 빨려 들어갈 것이다. 아시아 대위기 기간에 중국의 무역 흑자가 감소하거나 최악의 경우 적자로 돌아설 수도 있다. 내수 부진에 수출까지 문제가 생기면 구조조정 속도를 줄일 수밖에 없다. 그리고 부채는 더 늘려야 한다. 강달러로 환율이 하락하면 체감 물가가 상승하여 인플레이션율이 높아질 수 있다. 원자재 가격이 상승하면 기업은 투자를 줄이고, 돼지고기 값 등 생활물가가 상승하면 가계는 소비를 줄이게 된다. 주식과 부동산 등 자산시장도 정체하거나 가라앉을 수 있다.

이런 상황에서 금융위기가 발발하면, 중국은 지급준비율을 더 내리거나 기준금리를 추가로 인하해서 위기를 방어하려고 할 것이다. 중국의 지급 준비율은 19.5%정도이다. 1%P 낮출 때마다 약 1조 2천억 위안(한화 약 210조 원)의 돈을 더 풀 수 있다. 5%P 낮추면 약 6조 위안을 시중에 풀 수 있다. 최대로 10%P 낮추면 12조 위안을 더 풀어 경기를 부양할 수 있다. 이렇게 풀린 돈은 은행권 부실을 방어하고, 고정투자를 늘려 실업률 하락을 막고, 단기간에 시중에 돈이 돌게 하여 심리적 안정 효과를 얻는 데 사용될 것이다.

중국이 돈을 풀 때마다 유동성 대부분이 제조업이나 서비스업으로 가지 못하고 고정투자 쪽으로만 들어가는 이유는 무엇일까? 중국뿐만 아니라, 전 세계 제조업이 글로벌 공급과잉 상태여서 강력한 구조조정 중이기 때문이다. 제조업의 공급과잉이 해소되려면 최소 2020년경이 되어야 한다. 그 전까지는 제조업에 돈이 들어가더라도 재고만느는 상황이기 때문에 즉각적인 경기부양 효과를 얻기 힘들다.

중국은 민간기업이나 개인들의 자금 조달도 활발하지 못하다. 중국 은행 대출의 81%가 국영기업에 몰려 있기 때문이다. 특히, 부동산 기업에 쏠려 있다. 지금까지 인민은행의 기준금리 인하도 국영기업의 이자 부담 감소가 주목적이었다.[37]

결국, 풀린 돈은 은행과 공기업을 통과해서 고정투자로 흘러갈 수밖에 없다. 과잉투자와 과잉생산으로 임시적인 일자리 증가와 시중 유동성의 증가 효과를 낼 수밖에 없다. 하지만 언 발에 오줌을 눌 때는 잠깐 녹겠지만, 이내 꽁꽁 얼어붙는다. 중국 경제도 그런 늪에 빠질 것이다.

2011년 중국 GDP에서 고정투자가 차지하는 비중은 46~48%였다. 이는 같은 시기에 세계 GDP에서 고정투자가 차지하는 비중 22%의 두 배다.[38] 전체 GDP에서 소비는 30%, 순수출은 4%에 불과하고 투자가 50%를 차지할 정도로 투자에 크게 의존한다. 과잉투자에 의존하는 셈이다. 예를 들어, 2009년에 중국의 철근과 콘크리트 소비는 총투자 대비 67%를 기록할 정도로 과잉생산이 심했다. 그래도 투자를 멈추면 성장률 증가가 멈추고 중국 경제가 주저앉게 된다.

이런 상황을 중국 정부도 잘 안다. 그래서 고정투자 여력도 늘리고, 부동산 기업들의 숨통을 터주고, 해안 지역 위주의 발전 한계를 극복하고, 철강산업 등의 공급과잉을 해소하기 위해 제조업 기지를 동부 내륙지역으로 이동하는 '중부굴기中部崛起' 전략을 시작했다. 하지만 이 전략의 최대 단점은 물류비용 상승에 있다. 이 약점을 극복하기 위해 중국이 꺼내 든 추가 전략이 '일대일로一帶一路'다. 중국 시안에서 출발해서 중앙아시아, 중동, 유럽을 잇는 육상 실크로드를 복원하면 자연스럽게 중국 동부 지역을 지나는 물류 루트가 만들어진다. 이 전략이 성공하면 동부 내륙지역의 가치는 높이고 비용은 줄일수 있다. 그런데 안타깝게도 앞으로 5년 안에 위기가 들이닥치기 전에 완성하지는 못할 것이다.

중국 외환보유액의 허실

중국은 금융위기가 발발하면 어느 정도의 외환보유액을 가지고 있어야 할까? 중국의 외환보유액은 2014년 6월에 3조 9,932억 달러로 최고치를 기록했다. 그 후로 환율 방어에 일부를 소진하고, 대규모 단기 투자 및 투기성 자금 유출로 2015년 11월 기준 3조 4,382억 달러로 줄었다. 5,550억 달러를 소진한 것이다. 그래도 여전히 세계 1위 규모이다. 거대한 중국의 경제 규모를 고려하여 IMF 표준에 맞춘다면 위기 발생 시에 달러를 제외한 외환 표시 자산 가치 하락분, 단기 외채 상환분, 배당의 해외 송금 준비금, 수출입 대금 등을 포함해서 2조 5천억 달러 정도가 필요하다.[39] 이 중에서 단기외채는 얼마나 될까? 2015년 3월 기준, 중국 외환관리국에 따르면 중국의 외채는 1조 6,700억 달러다. 이중 단기외채 비율이 70.5%다. 해외 주요 투자은행들은 중국 기업의 외채를 8,000억~1조 달러가량으로 추정한다.[40]

따라서 IMF 표준에 맞춘 2조 5천억 달러를 제외한 나머지 약 1조 달러로 금융위기 국면을 뚫고 나가야 한다. 우선 어느 정도 선에서 외국인 투자금의 탈출을 막을 수 있느냐가 중요하다. 2~3년 동안의 신흥국과 동아시아 위기 국면과, 이어지는 중국의 위기에서 환율 방어나 외국 자본 탈출 대응에 최소 5,000억 달러 이상이 필요할 것이다.

두 번째로 달러와 미국 내 달러화 자산의 추격 매수를 위해 해외로 나갈 중국 내 자금, 그리고 부패에 대한 사정을 피하거나 금융시장의 위기를 피할 목적으로 해외로 나갈 자금을 고려해야 한다. 2015년 8월, 위안화 평가 절하와 경제 지표 부진 등이 겹치며 중국 증시가 그해 시가총액 증가분 전체를 날리며 폭락했다. 전 세계 투자자들이 패닉에 빠졌다. 중국 증시는 6월 중순 고점에서 37% 넘게 급락했고, 미국, 유럽, 일본, 한국뿐만 아니라 신흥시장이 공포감에 떨어야 했다. 불안감에 휩싸인 투자자들이 주식, 신흥국 통화, 채권 등 대부분의 자산을 매도하면서 아시아와 신흥국 통화의 달러 대비 가치가 2008년 글로벌 금융위기 이후 최저치로 곤두박질쳤다.[41] 지난 30년 동안 중국의 고속성장을 이끈 중공업, 인프라 투자, 부동산 시장에 문제가 발생했다는 평가가 이어졌다. 중국의 경제성장이 둔화하자 시진핑 정부는 위안화 평가절하, 금리 인하, 신용·융자 장려 등 대규모 경기부양책을 실시했다. 그러나 시장과 투자자들의 의심을 해결하지 못했다. 당 안에서도 의견이 갈렸다. 저우샤오촨 인민은행 총재와 러우 지웨이 재무장관은 증시 개입을 제한적으로 하는 것이 좋다고 주장했지만, 리커창 총리에게 밀리면서 중국 정부가 강력한 증시 개입 조치를 취했다. 중국 정부의 보호 아래 사업 이익을 얻었던 사람들도 중국 정부의 능력에 의심을 갖기 시작했다. 은퇴한 고위 간부는 중국 공산당의 경제 정책이 못미더워 조언을 하다가 인민일보의 거센 비판을 받았다.[42] 2015년 8월의 중국 증시 폭락 사건은 중국 정부의 강력한 대응 조치로 일단락되었지만, 시장 안정화와 투자자들의 신뢰 회복은 여전히 불투명하다.

세 번째는 외국인 직접 투자금의 향배다. 앞에서 살펴보았듯이 대중국 외국인 직접투자는 2008년 금융위기와 2010년 유럽 위기에도 꾸준히 늘었지만, 2013년부터 증가가 멈췄고, 2015년은 감소세로 돌아섰다. 중국 경제 성장은 정부의 고정자산투자와 외국인직접투자가 중요한 축이다.

역사적으로 중국 경제 성장의 중요한 동력은 1992년 덩샤오핑의 '남순강화南巡講話' 결단 이후 쏟아진 외국 자본이었다.[43] 남순강화 이후, 외국인 투자가 폭발적인 증가세로 돌아섰다. 1995년 380억 달러, 2002년 530억 달러, 2010년 1,057억 달러를 넘어섰다. 외국인 투자금이 몰려들면서 수출 증가세도 1993년 917억 달러에서 1997년 1,837억 달러로 5년 동안 2배 증가했다.[44]

미국과 유럽에서 들어온 외국인 자본은 중국 경제 성장의 중요한 전환점이자 핵심 동력이었다. 외국인 자본 투자를 기반으로 은행이 신용을 창출하여 정부와 공공기업에 유동성을 공급한다. 이렇게 공급된 유동성이 제조업의 성장을 이끌었다. 외국인 자본이 중국 내로 밀려 들어오면 외환보유액도 많아지고 경제 성장을 지속할 막대한 자본도 확보할 수 있지만 한 가지 문제가 생긴다. 바로 시중통화량의 팽창이다.

중국은 외환보유액 급증으로 국내통화량이 팽창하는 것을 막기 위해 통화안정채권을 판매했다. 후진적인 중국 증권시장은 인민은행이 발행하는 통화안정채권 흡수에 한계가 있다. 그래서 중국 정부는 증권시장이 흡수하지 못한 통화안정채권을 시중은행이 구매하게 하고 대신 지불준비율을 높게 유지하여 시중통화량 팽창을 억제해왔다. 외환보유액 증가분의 20%는 통화안정채권으로, 62%는 지불준비금 상승으로 묶어두고 나머지 18%가 시중통화량으로 흘러 들어가서 통화량을 팽창시킨다.[45] 거꾸로 외국인 자본이 중국을 탈출하거나 유입량 감소폭이 커서 외환보유액이 줄면 시중통화량도 같이 줄 수 있는 구조를 갖고 있는 것이다. 겉으로 보이는 엄청난 외환보유액만 보지 말고, 이면에 숨어 있는 외환보유액 규모와 비례한 위험의 종류를 꼼꼼히 따져야 할 때다.

체계적 금융위기 vs. 외환위기

흔히 금융위기나 외환위기라는 용어를 사용하지만, 용어를 사용하는 개념이 서로 달라서 혼선을 빚는 경우도 많아서 IMF의 기준을 중심으로 관련된 용어의 개념을 정확히 이해하면 다음과 같다.

신용창조에 의한 경제성장 시스템의 부작용이 커지는 상황에서 금융은 의외로 쉽게 무너질 수 있다. 금융위기는 몇 개의 이질적 원인이 동시에 혹은 도미노처럼 순차적으로 일어나면서 금융회사의 신뢰가 무너질 때 발생한다. 금융위기는 경제위기의 일부다.[46] 그래서 금융위기는 밑바탕에서 무언가 경제적 취약성이 오랫동안 고착된 상태에서 위기를 촉발하는 방아쇠trigger를 당기는 사건이 발생할 때 일어난다.

경제위기는 크게 3가지로 나눈다. 금융위기, 재정위기, 실물경제위기다. 이 중에서 금융위기는 채권자와 채무자의 금융거래에서 발생하는 위기다. 금융위기는 2단계로 나눌 수 있다. 1단계는 금융거래가 갑자기 크게 위축되는 단계다. 이유는 이자비용 감당 불능이나, 만기 연장 불가능 상태가 발생하기 때문이다. 이럴 경우, 원금 손실과 담보로 잡힌 자산 가격의 급락이 발생한다.

2단계는 금융거래 자체가 중단되는 위험이 시작되고 금융기관의 금융 중개 기능의 일부나 전체가 일시적으로 마비되는 상황으로 치닫는 단계다. 금융시장과 시스템에 직접적인 타격이 가해지는 단계로서 자산시장 전체의 가격 하락과 금융회사의 파산이 일어나기도 한다. 2단계까지 진행되면 금융권의 위기가 실물경제로 전이轉移된다. 기업의 자금 조달에 일시적 문제가 발생하고, 실물경기가 침체하면서 기업 파산이 추가로 일어나고, 실업률이 증가한다. 금융위기를 극복하는 과정에서 세수 감소분, 금융권과 기업 부실의 일부를 국가가 떠안고, 금리 상승으로 인한 국가채무 이자 부담도 증가해서 국가부채가 증가한다.[47]

참고로 IMF는 금융위기를 은행위기Banking Crisis, 외환위기Currency Crisis, 외채위기Debt Crisis, 체계적 금융위기Systemic Financial Crisis로 나눈다. 은행위기는 뱅크런(예금 인출 사태)같은 현상이 발생하는 위기이고, 외환위기는 통화가치 폭락 등이 발생하는 위기이고, 외채위기는 외국에서 빌린 채무를 갚지 못하는 위기이고, 체계적 금융위기는 금융 중개 기능에 일시적으로 심각한 문제가 생기면서 실물경제까지 위기가 파급되는 상황이다.[48]

이번 정부 말 ~ 다음 정부 초에 발생할 가능성이 큰 한국의 금융위기, 2019년 전후로 발생 가능성이 큰 중국의 금융위기는 '체계적 금융위기Systemic Financial Crisis'에 가깝다. 한국과 중국 모두 밑바탕에는 성장의 한계에 부딪힌 경제 시스템의 취약성이라는 뇌관이 있고, 자국의 기준금리 인상이나 양적 완화 정책의 중지가 방아쇠 역할을 한다. 도화선이 될 것은 한국은 가계부채이고, 중국은 기업부채가 된다.

체계적 금융위기가 발발하면 2단계로 진행될 것이다. 1단계는 한국은 가계부채 영역, 중국은 상업 영역에서 이자비용 감당 불능이나 (여러 가지 이유로) 만기 연장 불가능 상태가 발생하면서, 국내외로 작동하는 금융거래가 갑자기 크게 위축되는 단계다. 1년 이내에 1단계에서 막지 못하면, 금융거래 자체가 중단되는 위험이 시작되고 금융기관의 금융 중개 기능의 일부나 전체가 일시적으로 마비되는 상황인 2단계로 넘어가게 된다. 이 단계에서는 자산시장 전체가 가격 하락 도미노를 불러오고 일부 금융회사의 파산도 일어난다. 금융권의 위기가 실물경제로도 전이된다. 위기의 중심에 있는 기업 이외에도 상당수 기업의 자금 조달 비용이 상승하고, 실물경기 침체와 극심한 디플레이션으로 기업의 추가적 파산, 실업률 증가가 발생한다. 2단계까지 진행되면 한국과 중국은 외채위기보다는 외환시장에 교란이 크게 발생하는 외환위기Currency Crisis까지 일어날 가능성이 커진다.

외환위기와 IMF 구제금융신청은 구별해야 한다. 외환위기는 "특정 통화에 대한 투기적 공격이 발생하여 통화 가치가 큰 폭으로 하락하는 위기"[49]다. 혹은 "대외신뢰도가 떨어져 해외로부터 외환 차입이 어려워지고, 외환시장의 불안으로 환율 상승의 압력이 가해지는"[50] 위기다. 실제로는 두 가지 정의에서 설명한 일이 함께 일어난다. IMF 구제금융신청은 외환위기를 견디지 못해 외환보유액이 바닥남으로써 외채위기Debt Crisis 가능성이 현실화할 때 IMF에 긴급하게 달러 유동성 지원과 달러채무에 대한 조정을 요청하는 상황이다. 이것이 받아들여지지 않으면 외채위기Debt Crisis가 발생한다.

일단, 금융위기 단계에 접어들면 핫머니나 헤지펀드가 한국이나 중국의 외환시장에 투기적 공격을 가할 것이다. 글로벌 경제 상황이 불안한 상태에서, 한국이나 중국 내부의 위기 상황이 발발하면 상당량의 외국자본이 이탈할 것이다. 핫머니나 헤지펀드는 이런 타이밍을 절대로 놓치지 않는다. 한국이나 중국의 환율시장을 공격하여 원화나 위안화 가치 하락을 가속화할 것이다. 이들의 공격은 환율 급락에 베팅한 통화 투매다.

한국이나 중국의 외환보유액 수준으로 볼 때, IMF 구제금융신청 상황까지 갈 가능성은 작다. 하지만 중앙은행은 방어를 위해 기준금리를 추가 인상하고, 외환보유액을 소진하게 된다. 장기적으로는 금융위기를 극복하는 과정에서 국가 부채도 증가한다. 마지막 후유증으로 실물경제가 장기적 침체에 빠질 가능성도 있다.

한국과 중국의 금융위기 전개 상황 시나리오를 정리하면 다음과 같다.

● **한국**

신흥국 및 동아시아 위기 → 체계적 금융위기Systemic Financial Crisis 1단계(가계 영역 부채 위기, 주거용 부동산 및 주식시장 위기) → 체계적 금융위기 2단계(제2, 제3 금융권 위기, 회사채권시장 위기) → 핫머니와 헤지펀드의 외환시장 공격 → 외환위기Currency Crisis → 단기 달러화 외채위기Debt Crisis 가능성 대두 → IMF 구제금융신청 가능성 대두 → 국가 부채 증가 및 장기 침체

- **중국**

신흥국 및 동아시아 위기 → 체계적 금융위기Systemic Financial Crisis 1단계(상업 영역 부채 위기, 중국 기업의 달러화 외채위기, 주거용 부동산 및 주식시장 위기) → 체계적 금융위기 2단계(중국 국유은행 및 그림자금융권 위기) → 핫머니와 헤지펀드의 외환시장 공격 → 외환위기Currency Crisis → 국가 부채 증가 및 단기 침체

2022~2025년,
중국의 민주화 요구 폭발할 수 있다

아시아 대위기 국면을 지날 중국
에는 금융위기 가능성보다 더 큰 위험이 하나 더 숨어 있다. 바로 체
제 붕괴를 초래할 민주화 가능성이다. 필자의 예측으로는 이 가능성
이 부각될 첫 번째 시기가 2022~2025년경이 될 가능성이 크다.

중국은 수천 년 동안 방대한 영토, 다양한 인종, 복잡한 종교와 이
념 갈등으로 늘 분열과 통합을 반복했다. '국가중심주의'와 '평등'이
라는 가치만이 모든 갈등을 잠재우고 거대한 영토와 인구를 하나로
묶는 방법이었다. 이는 현재 공산당도 마찬가지다.[51] 문제는 자본주의
가 인민의 삶과 정신의 모든 영역으로 더욱 빠르게 침투해 들어가면
서, 특히 평등의 가치가 서서히 무너지고 있다. 인권의 평등은 물론이
고, 경제적 평등의 가치가 빠르게 무너지고 있다. 국가중심주의 가치

도 심각한 수준의 관료 부패와 권력 남용으로 중국 체제를 위협하고 있다. 문제는 이런 과정을 현재 시스템으로 얼마나 견뎌낼 수 있느냐 하는 것이다.

사회주의와 자본주의를 혼합하려는 중국의 체제는 인류 역사상 최초의 시도다. 현재까지는 절반의 성공과 절반의 실패로 평가할 수 있다. 국가 경제 성장이 절반의 성공이라면, 불공평한 권력의 분배와 부패 만연은 절반의 실패다. 겉보기의 정치적 안정이 절반의 성공이라면, 비효율적인 경제 및 정치 구조는 절반의 실패다. 대기근에 4,000만 명이 굶어 죽던 절대적 빈곤에서 벗어난 것이 절반의 성공이라면, 심각한 부의 불균형 분배는 절반의 실패다. 양적 성장이 절반의 성공이라면, 구조 왜곡 현상의 심화는 절반의 실패다. 중국의 미래는 이 절반의 실패를 어떻게 해결하느냐에 달렸다고 해도 과언이 아니다. 현재까지는 절반의 실패를 고도 경제 성장과 일자리 창출로 버텨내고 있다.

하지만 빠르게 변하는 환경에서 중국 인민은 부의 불균형 분배 해소, 정치적 기득권의 독점 타파, 민주정치에 대한 요구를 멈추지 않을 것이다. 1989년의 천안문 사태는 중국 역사상 아주 중요한 민주화운동 경험이다. 한국의 1980년 광주민주화운동과 비견되는 경험이다. 2019년은 천안문 민주화운동 30주년이 되는 해다.

1989년부터 2002년까지 중국의 연평균 실질 GDP 성장률은 8.1%로 높았지만, 같은 기간 1인당 개인소득 증가율은 5.4%로 격차가 크다. 1980년대 덩샤오핑, 후야오방, 자오쯔양이 집권하던 시절에는 실질 GDP 성장률과 1인당 개인소득 증가율 격차가 심하지 않았다. 하지만 1989년 천안문 민주화운동 이후에 중국 지도자들이 권력을 강화하고 부패가 만연하면서 국가와 공산당 지도부의 부는 급격히 늘었지만, 중국 인민의 개인소득은 상대적으로 낮은 성장률을 기록했다.[52]

2010년 기준으로 중국 GDP에서 소비가 차지하는 비율은 32%에 불과하다. 경쟁국인 미국이 GDP에서 소비가 차지하는 비율이 73%인 것에 비하면 절반도 되지 않는다. 전 세계 평균 50%에도 못 미친다. 근로자의 총소득은 1996년에 GDP의 51.4%였으나 2007년에는 39.7%로 낮아졌다. 개인 가처분소득도 1992년 GDP의 68.6%에서 2007년에는 52.3%로 낮아졌다.[53]

실업률도 증가하고 있다. 중국 정부가 발표하는 공식 실업률은 2010년 이후 줄곧 4%대를 유지하고 있다. 하지만 일하고 싶은 욕구가 있으나 충족되지 못한 노동력까지 수치화한 국제노동기구ILO 기준으로 재평가한 실업률은 14%대에 이른다.(ILO 기준의 한국 실업률은 약 10%이다)[54] 2014년 중국 대졸자는 700만 명이 넘는다. 이들과 농촌에서 일자리를 찾아 도시로 모여드는 농민공 등을 수용할 연간 1,000만 개의 일자리를 만들기 위해서는 8%의 경제성장률이 필수적이다. 하지만 이미 8% 성장률이 무너졌기 때문에 앞으로 실업률은 꾸준히 증가할 가능성이 크다.

2022년 중국 역사상 최악의 권력투쟁이 일어날 수 있다

중국 인민들이 바라는 시진핑의 반부패 개혁은 성공하기 힘들다.

첫째, 부패가 최고위층에서 하급관료까지, 중앙에서 지방까지 만연해 있다. 심지어 시진핑의 친적들이 희토류 생산 회사의 주식, 부동산 등으로 보유한 재산이 4억 달러에 이른다는 추정도 있다.[55] 둘째, 부패가 이렇게 만연한 상황에서 부패자들을 숙청하면 정치 보복으로밖에 보이지 않는다. 지금은 시진핑의 서슬퍼런 칼날에 잠시 엎드려 있지만, 임기 말이나 임기가 끝난 후 반대파의 정치 보복이 발생할 수 있다. 세력 간의 정치 투쟁이 과열되면 공산당이 공멸할 수도 있다. 중국 경제의 상당 부분이 덩샤오핑의 후예들인 태자당-상하이방의 교집합 세력이 소유한 기업에 의존한다. 이들이 무너지면 중국 경제가 무너진다. 파벌투쟁에 의한 공멸을 피하기 위해서는 적당한 선에서 타협할 수밖에 없다. 그래서 반부패 개혁은 성공하지 못한다. 마지막으로 부패 척결에 성공해서 OECD 국가 수준의 투명성과 청렴한 공직사회를 만들면, 그것은 중국을 민주주의 사회로 바꾸는 결과가 된다. 그래서 철저하게 할 수 없다.

시진핑은 "서양의 일곱 가지 가치와 싸워 이겨야 한다"고 강조했다. 일곱 가지 가치는 서구 시민사회, 자유시장, 민주주의, 독립된 미디어, 언론 자유, 인권, 사법부 독립 요구다. 그런데 중국 공산당 체제를 위협하는 일곱 가지 가치가 바로 천안문 민주화운동에서 요구했던 가치다. 만약 공산당의 개혁이 성공하지 못하면 민주화 세력에게 명분을 줄 것이다. 높은 실업률과 극심한 부의 불평등을 경험하고, 사회복지 혜택의 사각지대에 있는 농민공과 대졸 실업자들의 불만이 촉매제가 될 가능성이 크다. 부정부패가 만연하고 경제 개혁에 무능한 체제에 대한 강력한 비판과 개혁 요구가 민주화 세력과 만나게 될 수 있다. 만약, 학생들이 반정부 시위, 민주화 요구 시위에 가담하면 전 국민적 저항운동으로 확산될 수 있다. 여기에 이슬람 지하드 세력과 연계된 소수 민족이 반체제 운동 연합전선을 형성하면 사태는 건잡을 수 없게 된다. 이 모든 세력을 묶는 구심점이 경제적, 정치적으로 중국이 약한 시기에 만들어질 가능성이 크다. 불과 100년 안에 두 개의 중국 정부가 무너졌다. 1911년에 청 왕조, 1949년에 국민당 정부가 무너졌다. 2022년 중국 역사상 최악의 권력투쟁이 일어난다면 중국 정세가 어떻게 흘러갈지는 아무도 모른다.

덩샤오핑은 개혁개방을 추진하는 한편 3개 파벌을 육성하여 정치적 견제와 균형을 꾀했다.[56] 공청단파共青團派, 태자당파太子黨派, 상하이방파上海幇派의 3개 파벌이 정치국 상무위원 자리를 각각 3명씩 차지하여 서로 견제하며 균형을 이루게 했다. 공청단파는 1922년 중국사회주의청년단으로 출발했고 중국 공산 혁명의 전위대 역할을 하는 최대 파벌이다. 후진타오가 대표 인물이다. 태자당파는 공산 혁명을 주도한 세대의 자녀들이 주축을 이룬다. 시진핑이 대표 인물이다. 상하이방은 이념보다는 경제를 중시하는 파벌이다. 상하이에서 시장, 당 총서기를 지냈던 장쩌민 주석의 후광으로 급성장했다. 1981년에 실권을 장악한 덩샤오핑은 주석직 임기를 10년으로 제한하고, 현 주석이 한 단계 건너서 차차기 주석을 지명하는 격세간택隔世簡擇 제도를 도입하고, 자신은 후진타오胡錦濤를 미리 선택했다. 장쩌민은 시진핑을 선택했다. 현재 주석이 한 대를 걸러 미래 주석을 임명하여 정치보복 가능성을 낮추려는 의도였다.[57] 격세간택을 하면 정치보복이 쉽지 않다. 하지만 현재 주석이 다음 주석을 임명하지 못함으로써 자신의 퇴임 후를 보호받을 수 없다는 약점이 생긴다. 그리고 다음 주석이 정치보복을 하고, 격세간택제를 폐지할 수도 있다.

2011년 11월에 주석직에 오른 시진핑은 2012년부터 3년 동안 정치국 상무위원인 저우융캉周永康, 전 통일전선공작부장 링지화令計劃, 전 중앙군사위 부주석 쉬차이허우徐才厚, 태자당파에서 떠오르는 인물인 전 충싱시 당서기 보시라이薄熙來 등 최고위 간부와 가족들을 과감하게 숙청했다. 시진핑이 숙청한 사람들은 '태자당-상하이방 교집합' 세력이다.

시진핑은 태자당파에 속한다. 그런데 왜 자신이 속한 태자당파를 제거했을까? 시진핑은 중국 공산 혁명 원로인 시중쉰習仲勛(1913~2002) 전 부총리의 차남으로 태어났다. 하지만 1962년에 아버지 시중쉰이 펑더화이 실각 때 반동분자로 몰려 함께 숙청되어 농촌을 돌아다니며 고된 노동을 하며 자랐다. 문화대혁명이 끝난 후, 아버지가 복권되면서 베이징으로 돌아와서 칭화대에서 화학공학을 전공하고, 법학박사 학위까지 수료했다. 그는 2007년에 상하이 당서기와 제17대 정치국 상무위원에 오른다. 상하이시 당서기에 취임한 후 그는 전 당서기였던 천량위陳良宇 가의 비리사건을 잘 수습하여 공청단파와 상하이방 양쪽에서 정치력을 인정받았다.[58]

상하이방파의 수장이었던 장쩌민江澤民 전 주석은 격세간택隔世簡擇의 규칙을 따라 시진핑을 선택했다. 오래전에 자신들이 핍박했던 인물이지만, 상하이 당서기 출신이라 자신의 영향력 아래 있고, 과거 부친의 일로 태자당파 안에서의 지지가 약하며, 공산주의 청년단인 공청단의 지지를 받고 있어서 순혈 공청단 출신인 리커창보다는 낫다고 생각했다. 하지만 장쩌민의 이런 정치적 계산은 어긋나서 시진핑의 강력한 역습을 당한 셈이 되었다.

덩샤오핑의 개혁개방 이후 상하이방파와 태자당파는 권력과 재물을 양손에 쥐는 최대 수혜자가 되었다. 개혁개방 이후 경제 성장을 빠르게 추진하기 위해 공산당 권력자들은 자녀들에게 주요 기업을 설립하게 했다. 그리고 당의 명령을 빌어 공기업과 정부기관이 자신의 자녀들이 설립한 기업에 엄청난 특혜를 주도록 했다. 외국계 금융기관과도 결탁하여 불법, 편법 금융지원을 하도록 했고, 자녀들을 통해 만든 비자금을 외국계 금융기관을 통해 해외로 빼돌렸다. 이것이 중국 공산당의 고위간부들이 부를 축적한 전형적인 방식이다.

시진핑이 숙청한 세력은 이런 방식으로 엄청난 부를 축적한 태자당파와 상하이방파의 권력자들이었다. 태자당 소속이지만 오히려 공청단의 지지를 받는 시진핑은 과거에 자기 아버지와 가족을 핍박했고, 지난 20여 년간 부정부패의 온상이었던 '태자당–상하이방 교집합' 세력에 칼을 빼들었다. 그 다음으로 칼을 겨눈 곳이 상하이방파와 태자당파 자녀들의 기업, 그들과 손잡은 홍콩 재벌 리카싱^{李嘉誠} 등 화교 자본가 그룹이다. 하지만 시진핑의 최종 목표는 그 대부인 장쩌민과 후진타오다. 하지만 이들 세력과 자녀들은 중국 정치와 경제에 막강한 영향력을 가지고 있다.[59] 외부로 흘러나온 시진핑 암살시도가 몇 건이나 될 정도로 저항도 만만치 않다.

진짜 문제는 시진핑의 임기가 끝나는 2022년경이다. 중국에서 주석이 바뀌는 시기에는 언제나 권력 투쟁이 있었고, 주석이 선출되고 난 후에는 정치 보복과 숙청이 뒤따랐다. 2022년에도 크게 다르지 않을 것이다. 하지만 시진핑은 숙청의 강도가 매우 셌고, 시황제로 불릴 정도로 강력하게 권력을 장악하고 정적들을 눌렀기 때문에 반작용은 여느 때보다 클 것이다. 그래서 8대 주석 자리를 놓고 중국 역사상 최악의 권력투쟁이 벌어질 가능성이 크다. 시진핑 주석 다음의

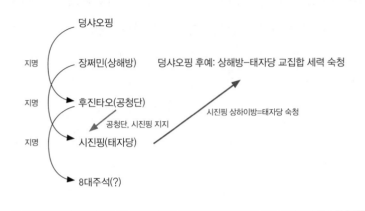

지명 — 덩샤오핑

지명 — 장쩌민(상해방)   덩샤오핑 후예: 상해방-태자당 교집합 세력 숙청

지명 — 후진타오(공청단)   시진핑 상하이방=태자당 숙청

공청단, 시진핑 지지

지명 — 시진핑(태자당)

8대주석(?)

8대 주석은 누가 될까?

덩샤오핑은 6대 주석에 공청단의 후진타오를 미리 선택했고, 5대 주석인 상하이방의 장쩌민은 7대 주석으로 태자당인 시진핑을 선택했다. 시진핑 다음의 8대 주석은 공청단의 후진타오가 선택할 가능성이 큰데 3대 파벌의 순서로 보면 상하이방이 집권할 순서다. 상하이방과 태자당은 공청단의 지지를 받는 시진핑에게 일격을 당했다. 그것만 보면, 가장 우선하는 시나리오는 상하이방과 태자당이 힘을 합쳐 장쩌민이 미는 사람을 주석으로 올릴 가능성이 있다.

하지만 정치는 살아 움직이는 생물이다. 태자당이 정치적 타협과정을 거쳐서 출신이 같은 시진핑을 지지하고 나설 수도 있다. 시진핑이 중간에서 조율해서 태자당과 공청단이 연합하여 장쩌민의 상하이방을 궁지로 몰 수도 있다. 이 시나리오는 시진핑이 누구를 선택하느냐에 달려 있다. 공청단의 지지를 받는 시진핑으로서는 공청단의 대부인 후진타오를 선택할 가능성이 높다. 그러면 반부패를 적당한

선에서 멈춰야 한다. 문제는 그럴 경우 반부패 명분이 사라지고 정치 보복이라는 누명을 쓸 수 있다. 다른 선택도 마찬가지다.

그래서 누가 집권하든 중국 역사상 가장 큰 권력 투쟁이 일어날 가능성이 크다. 천안문 민주화운동이 일어난 지 30년이 넘고, 부의 불균형 분배가 극에 달하고, 실업률이 높아지고, 중국이 4~5%대의 경제성장률로 하강하고, 금융위기로 수천만 명이 실직한 상황에서 중국 역사상 최고의 권력투쟁이 일어난다면 어떻게 될까?

PART 2

두 번째, 신 산업의 기회

산업이
바뀐다

CHAPTER 6

5년 안에 미래 전략을
완성해야 하는 이유

GREAT CHALLENGE 2030

대담한 전략적 결단이
필요하다

2010년, 필자는 국내 자동차회사의 임원 교육에서 한 임원과 이런 질문과 답변을 주고 받았다.

"자율주행자동차에 대한 회사의 준비는 어떻습니까?"
"우리도 관심을 가지고 있습니다."
"어느 정도 관심을 가지고 있습니까?"
"여러 가지 중의 하나입니다."

필자는 이렇게 조언했다.

"여러 개 중의 하나의 연구과제로 해서는 안 됩니다. 중심에 놓고 개발에 집중해야 합니다. 자율주행자동차 시대는 생각보다 빨리 올 것입니다.”

안타깝지만, 그 자동차 회사는 현재 미래자동차의 핵심기술인 자율주행자동차 기술에서 미국보다 5년 이상 뒤처진 채 우왕좌왕하고 있다.

몇 년 전, 필자는 한국의 IT 기업과 자동차 기업이 위기에 직면하기 전에 이런 조언도 했다.

“테슬라를 사십시오!”
“엘론 머스크가 테슬라를 팔까요?”
“팔 겁니다!”

그때 삼성, LG, 현대기아차 중에서 한 기업이 테슬라를 샀으면 미래시장의 판도를 크게 바꿀 기회가 한국에게도 찾아왔을 것이다. 실제로 엘론 머스크는 몇 년 전에 테슬라를 팔려고 한국에도 왔었지만, 테슬라는 한국 기업으로부터 외면당했다. 안드로이드 OS를 팔려고 왔을 때 삼성전자가 거절했듯이. 이제 테슬라는 애플과 벤츠, BMW가 노리는 기업이 되었다. 구글은 이미 포드 자동차와 자율주행자동차 양산 협력에 관한 논의를 시작했다. 구글이 자율주행자동차를 일반에게 판매하기 시작하면 테슬라의 몸값은 한 번 더 솟구칠 것이다. 구글과 테슬라, 애플보다 한발 늦은 독일과 일본의 자동차 회사들은 마음이 급해질 것이다.

2015년 12월, 노키아의 지도 서비스인 ‘히어HERE’를 독일 자동차회사 컨소시엄이 약 3조 2,000억 원을 주고 인수했다. 자율주행자동차의 핵심기술 중의 하나가 '3차원 지도'이긴 하지만 지나치게 큰 인수 대가를 치른 셈이다.(5년 전 볼보자동차가 2조 원에 팔렸고, 한국의 인기 내비게이션 서비스 '김기사'가 626억 원에 카카오에 팔렸던 것과 비교해보라) 그러나 독일 자동차 회사들이 그렇게 투자한 데는 중요한 이유가 있다. 노키아 지도 서비스 '히어'를 만약 구글이나 애플, 혹은 테슬라가 인수한다면 유럽의 미래자동차 시장까지 통째로 미국 회사들에 빼앗길 가능성이 커진다.

독일 자동차 회사들의 다음 목표는 테슬라가 될 것이다. 테슬라는 몇 년 전 한국에 팔려고 왔을 때와는 비교할 수 없는 수준으로 가치가 올랐다. 그래도 지금의 시장가치는 미래자동차 시장의 규모에 비해서는 아주 싼 가격일 것이다. 필자의 예측으로는 한국 기업에게도 앞으로 한 번 정도는 더 테슬라를 살 기회가 올 것이다. 테슬라 회장인 엘론 머스크의 최종 목표는 우주산업이다. 우주산업은 엄청난 자본 투자가 필요하다. 테슬라를 최고의 가격까지 끌어올려 파는 것이 자금 조달의 중요한 방법이다. 앨런 머스크는 페이팔을 창업할 때도 비슷한 전략을 사용했다. 페이팔을 팔아서 얻은 수익으로 태양광 회사와 테슬라를 창업했다. 다음 전략은 이 두 사업을 다시 팔아서 우주산업에 투자하는 것이다. 멀지 않은 시기에 테슬라가 팔린다는 소식을 뉴스를 통해 듣게 될 것이다. 그때가 미래자동차를 선점하기 위한 진검승부의 정점이 될 것이다.

과연 그때가 되면 한국 기업이 대담하게 도전할 수 있을까?

4년 전에 필자는 삼성그룹 전 임원들을 대상으로 하는 '삼성의 미래전략' 특강에서 힘주어 강조했다. "스마트폰 하드웨어가 중요한 것이 아니다. OS(운영체제)를 빼앗기면 미래자동차, 스마트홈 등 모든 것의 주도권을 빼앗기게 될 것이다. 스마트폰 하드웨어에 대한 지배력을 가지고 있을 때 OS에 대담하게 도전해야 한다." 그때가 마지막 기회였다. 이제는 늦었다.

2020년, 사상 최고의 부를 둘러싼 미래산업 전쟁이 벌어진다

지난 10여 년 동안 미래에 한국을 먹여 살릴 미래산업, 신성장동력산업이 시대의 화두가 되었다. 하지만 지난 10년은 미래산업 전쟁의 예고편이었다. 지금부터 2020년까지 앞으로 100년의 판도를 결정할 미래산업을 선점하기 위한 건곤일척의 승부를 준비해야 한다.

● 〈2030 부의 미래지도(지식노마드, 2009)〉, 〈2020 부의 전쟁 in Asia(지식노마드, 2010)〉, 〈10전쟁(알키, 2011)〉〈2030 대담한 미래 2권(지식노마드, 2014)〉 등을 통해 미래산업의 핵심기술과 전개 방향, 속도, 영향력에 대해서 논리적, 확률적으로 예측했다. 필자는 2009년에 "스마트폰이 몰고 올 한국 전자산업과 통신산업의 변화" 예측을 시작으로 다음과 같은 예측을 발표하며 한국의 기업

과 개인이 미래 변화에 앞서서 대응할 것을 촉구해왔다.

카카오, 전성기는 5년 안에 끝난다

인터넷 포털 사이트 성장의 한계 및 위기와 몰락

팬텍의 몰락

에너지 산업의 버블 붕괴와 산업 혼란

가상과 현실의 경계가 파괴되는 제2차 가상혁명

애플과 구글의 자율주행자동차산업 진입

애플과 구글이 만들 미래자동차의 비즈니스 모델

미래자동차는 사람의 뇌와 연결된다

SNS 기업의 다음 경쟁은 인공지능에서 승부가 난다

산업 전반에서 일어날 경계 파괴

3D 프린터가 이끄는 제3차 산업혁명

로봇산업이 이끄는 제4차 산업혁명

웨어러블 컴퓨터 기술이 생명체 간의 연결시대를 연다

건강하게 오래 사는 산업으로 부의 중심이 이동한다

미래의료산업의 변화

2020년 후, 뇌신경공학 산업과 입는 로봇산업이 열린다

2020년 후, 두뇌 자동화 시대가 온다

미래 에너지 회사는 '제조회사'가 된다

미래농업은 도시에서 하는 기술산업이 된다

미래산업의 변화에 관한 예측 중에서 상당 부분은 이미 현실이 되었다. 또는 그런 미래가 현실이 될 수 있다는 가능성을 보여주는 기술들이 속속 등장하고 있다. 이 책에서는 이제까지의 미래산업에 대한 예측 시나리오를 바탕으로, 미래산업전쟁에서 승리할 수 있는 전략에 예측의 초점을 맞출 것이다. 지난 10년이 만든 상황 변화, 기업의 대응을 평가하고, 지금부터 2030년까지 한국 기업이 할 수 있는 것과 할 수 없는 것이 무엇인지 구분할 것이다. 그래서 우리의 '대담한 도전'은 무엇이 되어야 할지 예측하고, 우리가 미래산업에서 승리할 수 있는 '대담한 전략'을 제안하려고 한다.

앞으로 5년 안에
미래 전략을 완성하라

지난 10년 동안 시장에서는 미래 산업 전쟁의 포석이 끝났다. 이제 중반 전투가 시작되고 있다. 한국 기업이 10년 동안 머뭇거리는 동안 미래산업의 어떤 부분은 한국 기업이 진입하기에는 이미 늦어버렸다. 시장 진입에도 타이밍이 있다. 현실에서 아직 시장이 열리지 않아도, 물건의 판매가 시작되지 않아도 이미 선두주자가 높은 진입 장벽을 쳐둔 곳이 많아졌다. 타이밍을 놓치면 돈이 있어도 안 되는 이유다.

한국 기업은 미래자동차, 로봇, 인공지능 등 몇 가지 분야에서 선점의 기회를 놓쳤다. 5년 전부터 구글, IBM, 페이스북, MS, 애플 등은 인공지능 기술에 사활을 걸었다. 구글은 2020년 전에 미래자동차의 상용화를 시작할 것이다. 테슬라는 미래자동차 기술을 오픈소스로 개방하며 진입 장벽을 치고 있다. 구글도 곧 그렇게 할 것이다.

미래산업에서도 한국은 선두주자들이 공개한 기술을 받아서 빠른 추격자가 될 수 있을까? 내연기관 자동차에서는 빠른 추격자 전략이 통했지만, 미래자동차에서는 안 될 것이다. 미래산업 리더들의 종속 회사가 될 것이다. 게임의 방식이 다르기 때문이다. 선진국은 로봇산업도 미래자동차와 인공지능과 비슷한 전략으로 시장을 선점할 것이다. 로봇산업은 자동차산업을 능가할 것이다. 아니, 미래에는 자동차 자체가 로봇이 된다. 자동차산업은 로봇산업에 통합될 것이다. 그 변화가 이미 시작되었고, 선진국은 후발주자에 대한 진입 장벽을 구축 중이다. 후발주자로서 이들에게 정면으로 대응할 수 있는 나라는 중국뿐이다. 중국은 정부 주도 전략과 14억 시장을 무기 삼아 미국에 대응할 수 있다.

다행히 한국의 30대 기업들도 미래산업으로 방향을 전환 중이다. 이미 늦은 부분도 있지만, 실망하기에는 이르다. 지난 10년은 미래산업전쟁의 서막에 불과했다. 여전히 열려 있는 기회는 많다. 필자는 그런 영역들이 무엇인지 예측하려 한다. 할 수 있는 영역에서 어떤 전략을 구사해야 한국기업이 생존하고, 승리할 수 있는지 예측하려 한다. 미래 전략 예측이다. 2016~2020년은 미래산업 전쟁의 승부를 가릴 대격돌을 위해 미국, 유럽, 아시아의 군대들이 글로벌 시장이라는 대평원에 집결하는 기간일 것이다. 세계 산업의 패권을 손에 거머쥘 기업이 어디가 될지를 결정짓는 한판 전쟁을 위해 마지막 전열을 정비하는 시간이다. 2020~2030년은 대전쟁이 시작되는 시기로 진검승부가 벌어진다. 최후의 승자는 역사상 가장 크고 위대한 부를 얻을 수 있다.

INDUSTRY

산업이 바뀐다

미래산업 전쟁 타임라인

다음 그림은 필자가 예측한 2035년 까지의 미래산업 전쟁에 대한 '미래지도Futures Timeline Map'다. 연도 아랫 부분은 2020년 전과 후로 나누어 보면 된다. 연도 밑에 기술된 2020년까지의 내용은 1부에서 다루었다. 2020~2035년까지의 내용은 3부에서 다룰 것이다.

여기서는 연도 위에 정리된 내용을 다룰 것이다. 크게 3개 구간으로 나눌 수 있다. 2016~2020년의 5년이 1구간. 2020~2030년의 10년이 2구간, 2030년 이후가 3구간이다. 필자는 미래산업전쟁의 진검승부는 2구간에서 벌어질 것으로 예측한다. 미래지도는 각 구간별로 경계가 파괴되면서 변화되는 미래산업의 복잡한 관계와 예측되는 결과를 한눈에 볼 수 있도록 정리한 것이다. 지도에 담은 내용을

◆ 웨어러블 1억대 판매

2차 가상혁명-가상과 현실 경계 파괴(Intelligence Augmentation 〉 Artificial Intellige

◆ 스마트폰 사용자 25억
◆ 2015년, IoT 50억 연결
◆ 2016년, IoT 1조4천억$

◆ 스마트폰 사용자 55~60억
◆ IoT 200억개 이상 연결

5G 통신(Ubi-Presence)

웨어러블, IoT, VR, HI, AI, 햅틱 서비스 확대(인간과 기계연결, 스마트기계, 스마트

데이터 기술, 클라우드, 블록체인 암호화 발전   ◆ 양자컴퓨터 보급 확대   ◆ IoT시장 1

웨어러블 디바이스 다양화 단계   Level3 자율주행차 (Painted 태양광, 자동차디스플레이)

◆ 운송산업 4조$

◆ 전세계전력수요 2.5%씩, 아시아신흥국 4.7%씩 증가
   에너지산업 8조$

Flexible Display

◆ 리튬이온배터리 1Kw/h 420$(매년 15%하락, 2030년 30$)
   -테슬라 56Kw/h 400km 주행

스마트폰 Digital Brain화
◆ 1961년대비, 지구온도 1도 상승(2040~50년대 2도 상승
에너지 직접 기술 가속화(소재 혁명

새로 건설되는 발전소 80~9(

One Company Multi-Devices

2차 로봇혁명   ◆ 로봇시장 211억$ 드론시장 114억$

◆ 기후 조절 산업 5,000억$
◆ 생활서비스형 로봇시장 형성

◆ 운수, 물류 3~6%씩 증가

건강하게 오래사는 산업(유전자치료,

게놈분석-1시간.30$ ◆   1차 나노혁명, 바이오혁명(시장형성,

◆ 줄기세포 1,100억$ ◆ 바이오시밀러 250-300억$(2014년, 16억$)
                        ◆ 물시장 1조$ ◆ GMO 4,500억$
                        ◆ 아프리카 식량생산량 50% 감소

◆ 게임시장 1,300억$

공유경제, 접속경제(일부만 소유), P2P 경제(중개, 중앙집중형에서 벗어난 경제)

가상화폐, 핀테크 다양화   P2P 금융(2025년경 핀테크 활성화로 은행 소비자금융수익 악화)

산업경계파괴 (산업 vs. 산업 대결)   3차 산업혁명 (3D printing제조방식혁명, IoT초연결,

3D프린터 (공장개인화, 개인 vs.기업대결)
한중/중국 산업별 격차(2014년초 기준)   언어 경계 파괴 시작(2030년경 완성), 교육기관 경계 파괴,
자동차(1.4년) 반도체(1.3) 로봇(1.0)
섬유의류(1.3) IT융합(1.0) 이동통신(0.9)
바이오(0.7) 네트워크(0.6) 조선(1.7)   G20국가 고령화, 평균수명 100세 시기(일본, 한국, 중국,
플랜트엔지니어링(1.1) 디스플레이(1.5)

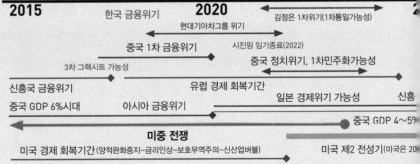

2015   **2020**
              한국 금융위기   김정은 1차위기(1차통일가능성)
                        현대기아차그룹 위기
              중국 1차 금융위기   시진핑 임기종료(2022)
                                          중국 정치위기, 1차민주화가능성
         3차 그렉시트 가능성
신흥국 금융위기   유럽 경제 회복기간
                                          일본 경제위기 가능성   신흥
중국 GDP 6%시대   아시아 금융위기
                                                      중국 GDP 4~5%
              미중 전쟁
미국 경제 회복기간 (양적완화중지-금리인상-보호무역주의-신산업버블)   미국 제2 전성기(미국은 20

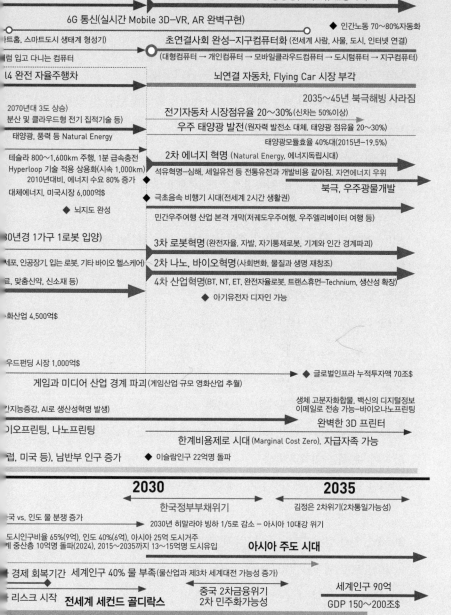

| 정보화시대 | 3차 가상혁명-매트릭스, 가상영생(IA 〈 AI), 환상사회 |

6G 통신(실시간 Mobile 3D-VR, AR 완벽구현)

◆ 인간노동 70~80%자동화

마트홈, 스마트도시 생태계 형성기) / 초연결사회 완성-지구컴퓨터화 (전세계 사람, 사물, 도시, 인터넷 연결)

럼 입고 다니는 컴퓨터 / (대형컴퓨터 → 개인컴퓨터 → 모바일클라우드컴퓨터 → 도시텀퓨터 → 지구컴퓨터)

l4 완전 자율주행차 / 뇌연결 자동차, Flying Car 시장 부각

2035~45년 북극해빙 사라짐

2070년대 3도 상승
분산 및 클라우드형 전기 집적기술 등) / 전기자동차 시장점유율 20~30%(신차는 50%이상)

태양광, 풍력 등 Natural Energy / 우주 태양광 발전 (원자력 발전소 대체, 태양광 점유율 20~30%)

태양광모듈효율 40%대(2015년-19.5%)

테슬라 800~1,600km 주행, 1분 급속충전
Hyperloop 기술 적용 상용화(시속 1,000km) / 2차 에너지 혁명 (Natural Energy, 에너지독립시대)

2010년대비, 에너지 수요 80% 증가 ◆ / 석유혁명-심해, 셰일유전 등 전통유전과 개발비용 같아짐. 자연에너지 우위

대체에너지, 미국시장 6,000억$ / 북극, 우주광물개발

◆ 뇌지도 완성 / 극초음속 비행기 시대(전세계 2시간 생활권)

민간우주여행 산업 본격 개막(저궤도우주여행, 우주엘리베이터 여행 등)

30년경 1가구 1로봇 입양) / 3차 로봇혁명 (완전자율, 자발, 자기통제로봇, 기계와 인간 경계파괴)

세포, 인공장기, 입는 로봇, 기타 바이오 헬스케어) / 2차 나노, 바이오혁명(사회변화, 물질과 생명 재창조)

료, 맞춤신약, 신소재 등) / 4차 산업혁명(BT, NT, ET, 완전자율로봇, 트랜스휴먼-Technium, 생산성 확장)

◆ 아기유전자 디자인 가능

화산업 4,500억$

우드펀딩 시장 1,000억$

◆ 글로벌인프라 누적투자액 70조$

게임과 미디어 산업 경계 파괴 (게임산업 규모 영화산업 추월)

간지능증강, AI로 생산성혁명 발생) / 생체 고분자화합물, 백신의 디지털정보
이메일로 전송 가능-바이오나노프린팅

이오프린팅, 나노프린팅 / 완벽한 3D 프린터

한계비용제로 시대 (Marginal Cost Zero), 자급자족 가능

럽, 미국 등), 남반부 인구 증가 ◆ 이슬람인구 22억명 돌파

2030   2035

한국정부부채위기 / 김정은 2차위기(2차통일가능성)

국 vs. 인도 물 분쟁 증가 / 2030년 히말라야 빙하 1/5로 감소 - 아시아 10대강 위기

도시인구비율 65%(9억), 인도 40%(6억), 아시아 25억 도시거주

아시아 주도 시대

세 중산층 10억명 돌파(2024), 2015~2035까지 13~15억명 도시유입

경제 회복기간 세계인구 40% 물 부족(물산업과 제3차 세계대전 가능성 증가)

세계인구 90억

리스크 시작 **전세계 세컨드 골디락스** / 중국 2차금융위기
2차 민주화가능성 / GDP 150~200조$

서 총인구감소, 초고령사회진입 / 중국은 여전히 G2, 2025년 14억에서 총인구감소, 2030년 초고령사회진입)

상세하게 설명하면 아래와 같다.

2016~2020년, 제1차 3D 프린팅 혁명으로 공장 개인화 시대 시작

2016~2020년, 웨어러블 디바이스 다양화 단계

2016~2030년, 데이터 기술 시대, 블록체인 암호화 기술 발전 및 적용
시대

2016~2025년, 가상화폐, 핀테크, P2P 금융의 다양화 시기

2016~2025년, 공유경제, 접속경제, P2P 경제로 중개 및 중앙집중형
에서 벗어난 새로운 경제 시스템 형성

2016~2030년, 각종 IT 기술이 진화하면서 가상과 현실의 경계가 파
괴되는 제2차 가상혁명, 인간 지능 승강Intelligence Augmentation, 약한 인공
지능 기술 등으로 후기정보화시대 형성

2018~2023년, 플렉서블 디스플레이Flexible Display 범용화

2018~2026년, 유비프레즌스Ubi-Presense 사회 형성

2018~2030년, 웨어러블 장치, IoT, VR, HI, AI, 햅틱 기술Haptic
Technology, 디스플레이 혁명이 만드는 미래

2018~2030년, 3D 프린팅, IoT, IA(인간 지능 증강), 약한 인공지능이 결
합하여 제3차 산업혁명 발생

2018년, 줄기세포 세계시장 1,100억 달러 규모 형성

2020년, 일반 컴퓨터보다 최대 1억 배 빠른 양자컴퓨터 보급 확대

2020년, 로봇 세계시장 211억 달러 규모 형성

2020년, 게놈 분석 1시간에 가능해짐(30달러)

2020년, 바이오시밀러 세계시장 250~300억 달러 규모 형성

2020년, 아프리카 식량 생산량 50% 감소

2020년, 스마트폰 사용자 55~60억 명 돌파, IoT 200억 개 이상 연결

2020~2025년, 3단계 자율주행자동차 상용화

2020~2030년, 소재 혁명, 분산 및 클라우드 형 전기 집적 기술로 에너지 집적 기술 가속화 시기

2020~2030년, 생활 서비스형 로봇시장 형성기, 로봇처럼 변해가는 인간 시대 시작

2020~2030년, 줄기세포 의료 서비스 및 유전자 분석 치료 대중화, 나노 로봇, 인공근육 생산, 인공장기 배양 기술 등이 가능한 제1차 나노 및 바이오 혁명 시기

2020~2030년, 선진국 중심으로 건강하게 오래 사는 산업 시장 성장기

2020~2030년, 언어 경계 파괴, 교육기관 경계 파괴 시기

2022년, 드론 세계시장 114억 달러 규모 형성

2022년, 기후조절 산업 세계시장 5,000억 달러 규모 형성

2022년, GMO 세계시장 4,500억 달러 규모 형성

2022년, 1961년 대비 지구 평균온도 1도 상승(2040~2050년대 2도 상승, 2070년대 3도 상승 가능)

2025년, 스마트폰의 디지털 브레인화 Digital Brain

2025년, 옷처럼 입고 다니는 컴퓨터 대중화

2025년, IoT 세계시장 11조 달러 규모 형성

2025년, 전기자동차 800~1,600km 주행 가능

2025년, 시속 1,000km 하이퍼루프 기술 상용화 가능

2025~2035년, 게임과 미디어산업 경계 파괴

2025년, 대체에너지 미국 시장 6,000억 달러 규모 형성

2025년, 클라우드펀딩 시장 1,000억 달러 규모 형성

2026년, 담수화산업 세계시장 4,500억 달러 규모 형성

2026~2030년, 4단계 완전 자율주행자동차 상용화

2027년, 뇌 분석이 완료되어 뇌 지도 커넥톰Connectome 완성

2027~2035년, 실시간 모바일 3D-VR & AR 기술 시대

2030년, 전기자동차 세계시장 점유율 20~30% 도달

2030년, 스마트홈 시대 완성

2030년, 가상과 현실의 경계 파괴 완성

2030년, 우주 태양광 발전소 건설

2030년, 에너지 독립이 가능한 제2차 에너지 혁명 시대 시작

2030년, 자연에너지Natural Energy가 화석에너지 대비 경쟁 우위 확보

2030년, 가상과 현실이 완전히 융합되는 매트릭스, 가상 영생의 시대
시작

2030년, 뇌 연결 자동차, 나는 자동차Flying Car 상용화 시대

2030년, 전 세계 사람, 사물, 도시가 연결되는 초연결사회 완성과 지구
컴퓨터화 시대 진입

2030년, 제2차 3D 프린팅 혁명 – 생체고분자화합물, 백신의 디지털 정
보를 이메일로 전송할 수 있는 바이오나노 프린팅 기술 가능

2030년, 제2차 나노 및 바이오 혁명으로 사회 변화, 물질과 생명 재창
조 시대 시작

2030년, 완전자율, 자발, 자기통제로봇 기술 가능, 인간처럼 변화하는
로봇 시대 및 기계 양육 시대 시작

2030년, BT, NT, ET, 완전자율로봇, 트랜스휴먼, 인공지능 가상사회

가 결합하며 상호연결된 기술계system of technology인 초기 테크늄Technium
시대 개막과 제4차 산업혁명 시작으로 환상사회Fantastic Society 진입
2030년, 한계비용 제로 시대의 시작
2030~2035년, 민간 우주여행산업 본격 개막(저궤도 우주여행, 우주엘
리베이터 여행 상업화 가능 시기)
2030년, 극초음속 비행기로 전 세계 2시간 생활권 시대
2032년, 아기 유전자 디자인 가능
2033년, 북극 및 우주 광물 개발 시대
2035년, 인간 노동 70~80% 자동화
2035~2045년, 여름에 북극해 해빙이 완전히 사라지는 시기

1부의 아시아 대위기, 신 금융전쟁 미래지도처럼 이 미래지도도
'예언표'가 아니다. 미래지도는 앞으로 3개 구간에 대해 또 다른 가능
성에 관심을 가지고 눈여겨 볼만한 이슈와 사건에 대한 예측이다. 기
입한 연도 역시 '바로 그 시점 즈음'에는 '그 이슈'를 눈여겨서 보아야
한다는 의미로 어림잡은 구간이다. '어림구간'이지만, 기술의 전개방
향과 속도를 포함해서 미래산업 발전과 관련된 다양한 변수를 종합
해서, 논리적, 확률적으로 발생할 가능성이 큰 시점을 예측했다.(미래
산업 각각의 항목에 대한 자세한 분석과 예측 내용은 필자의 저서 〈2030 대담한
미래 2권〉을 참고)

머뭇거리면
시장의 50~80%를 잃게 된다

대담한 도전은 위험부담이 너무 크니, 당분간 변화의 추이를 지켜보는 방어적 자세가 좋은 것 아니냐는 질문도 가끔 받는다. 10~20년 전이었다면 어느 정도는 유효했을 수 있다. 지금은 다르다. 필자의 예측으로는 한국 기업들은 중국과 경쟁하는 거의 모든 제품과 서비스에서 최소 50%에서 최대 80%까지 시장을 내줘야 할 것이다. 실감이 안 나는가?

일본의 예를 들어 보자. 일본의 조선산업은 2000년까지 세계 1등이었다. 시장점유율도 40%를 넘었다. 하지만 기술과 임금 경쟁력을 가지고 빠르게 추격한 한국 조선산업에 밀려 시장점유율이 8%로 떨어지며 추락했다. 일본이 점유하던 시장의 80% 가까이를 한국이 빼앗아 왔다. 그런데 최근 일본이 엔저로 임금 경쟁력을 회복한 이후에

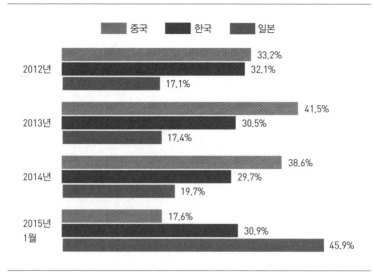

출처: 클락슨리서치, 국민일보, 2015.02.07. 유성열, "엔저의 힘... 일본, 1월 조선 수주량 세계1위"에서 재인용

20% 가까이 세계시장점유율을 끌어 올렸다. 예전에 자신들이 점유했던 시장의 절반 가까이 회복한 셈이다.

한일간의 과거 역관계를 한국과 중국의 글로벌 경쟁 구도와 시장점유율 쟁탈전에 적용해보면, 한국 기업이 중국 기업에 빼앗길 시장점유율은 최소 50%에서 최대 80%까지라고 어림 예측할 수 있다. 2~3년 안에 한국과 중국의 기술 격차는 사라진다. 남은 것은 임금 경쟁력이다. 만약 기술 격차에서 역전되고 임금 경쟁력도 상실하면 80% 정도 시장을 빼앗길 것이다. 기술 격차는 역전되거나 같더라도 임금 경쟁력을 유지할 수 있으면 50% 시장을 빼앗기는 정도로 선방 (?)할 수 있다.

조선산업만의 특별한 상황이 아니다. 다음 그래프를 보자. 2007년

냉장고 미국 시장 점유율

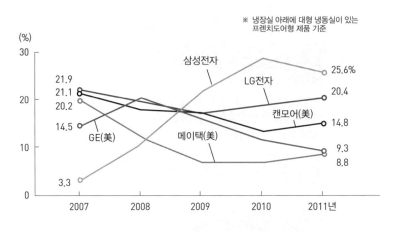

출처: 스티븐슨컴퍼니, 조선비즈, 2012.03.21. 탁상훈, "삼성,LG냉장고, 미국 반덤핑 관계 판정에 비상"에
서 재인용

냉장고의 미국 시장 점유율 1등은 LG전자였다. 2~4등까지는 캔모어,
메이택, GE 등 미국회사였다. 삼성은 3.3%를 점유하는 데 그쳤다. 1등
과의 격차는 무려 7배 차이가 났다. 하지만 빠른 추격 전략을 구사한
삼성은 2010년 시장점유율이 거의 30%에 육박하며 1등에 올라섰다.
미국 업체는 자신들의 점유율의 절반 정도를 잃었다.

　노키아가 무너진 후의 스마트폰시장을 분석해 보자. 다음 그래프
는 애플과 삼성의 스마트폰 영업이익 점유율 비교 그래프다. 2014년
애플은 전 세계 스마트폰 시장에서 만들어진 영업이익의 93%를 독
식했다. 삼성전자가 점유한 영업이익은 9%에 불과하다. 삼성전자가
판매량이나 시장점유율에서는 1등을 유지했지만, 영업이익은 애플
의 1/10에 불과했다. 참고로 애플이 한국의 스마트폰 업체를 빠르게
추격하기 시작한 것은 2009년부터였다.

애플 vs. 삼성 스마트폰 영업이익 점유율 비교

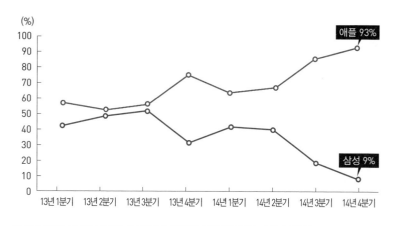

출처: 캐너코드제뉴어티, ZDNet Korea, 2015.02.10. 김익현, "애플은 어떻게 스마트폰 이익 독식했나?"에서 재인용)

한국업체를 추격하는 것은 애플만이 아니다. 중국업체도 빠른 추격자 전략으로 무섭게 한국 업체를 추격하고 있다. 다음 그래프는 2014년까지 스마트폰 시장점유율 변화다. 부동의 1등이었던 삼성전자는 점유율이 하락하기 시작했다. LG전자는 5위권에서 탈락했다. 대신 대만을 포함한 중국업체들이 시장점유율을 늘려갔다. 화웨이, 레노버, 샤오미 등 3사가 장악한 시장 점유율이 17.3%다. 참고로 노키아는 전성기 시장점유율 기준으로 절반을 빼앗기고 침몰했다.

판매량에서 글로벌 1등인 삼성의 스마트폰 점유율을 중국시장으로만 한정하면 어떻게 될까? 그 다음 그래프는 중국에서 상위 5개 회사의 지난 1년의 시장점유율 변화다. 2014년 1분기에 중국시장의 20%를 점유했던 삼성전자는 2015년 1분기에 시장점유율의 절반을 잃었다. 단 1년 만에.

주요 스마트폰 업체 점유율 변화

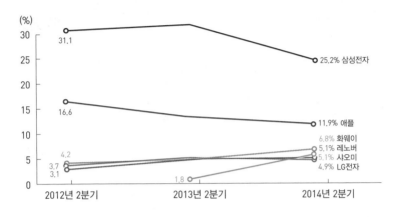

출처: 스트래티지애널리틱스, 조선비즈, 2014.08.02. 강동철, "중국업체 약진... 삼성, 애플 스마트폰 양강체제 흔들"에서 재인용

중국 스마트폰 시장점유율, Top5

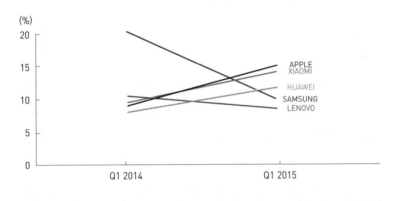

출처: dadaviz.com, Estimastory.com "샌드위치 삼성"에서 재인용

스마트폰만 이런 상황일까? 다음 그림은 2013년에 전 세계 UHD TV 시장 점유율 순위다. 1위가 일본의 소니다. 2위와 3위는 한국업체가 아니라 중국 업체다. 당시 전 세계 UHD TV 시장이 120만 대

시장밖에 되지 않았다고 무시해서는 안된다. UHD TV는 빠르게 성장 중인 첨단 TV 기종이다. 한국의 시장점유율은 중국의 절반에 불과하다.

LCD 패널 시장은 어떨까? 1996년 시장점유율 91%라는 신화를 쓴 일본은 한국과

세계 UHD TV 시장점유율

1위 소니(일본)	23.4%
2위 스카이워스(중국)	17.9%
3위 TCL(중국)	11.3%
4위 삼성(한국)	10.1%
5위 LG(한국)	6.0%

출처: 디스플레이서치, SBS, 2013.12.11. 정영태, "미래도 창조도 안 보이는 미래창조과학부"에서 재인용

대만의 추격에 시장을 완전히 내주며 2009년 5%까지 폭락했다. 1등이 몰락할 때는 자신이 점유한 시장의 50~80%를 빼앗긴다는 법칙 아닌 법칙이 동일하게 적용된 사례다.

국가별 LCD패널 시장점유율 (출하량 기준)

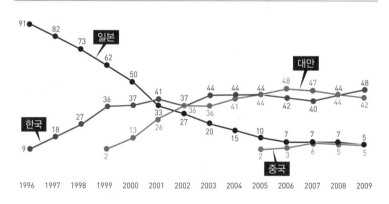

출처: 디스플레이서치, 삼성경제연구소, 2014.06.24. 박성배, "2001년 일본 제치고 10년간 지존 군림.. 2.5세대 건너뛰고 3세대 집중공략 대성공"에서 재인용

다음 그래프는 1992년까지 일본의 전자제품이 세계시장에서 한

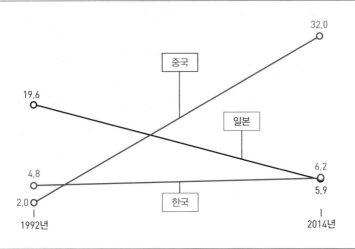

출처: 한국경제연구원, 한국뉴로저널, 2015.08.04. 김해솔, "세계 가전시장 급변, 중국 급성장 한국 현상유지"에서 재인용

국과 중국을 합친 시장 점유율보다 3배 정도 앞섰지만, 2014년에는 시장의 60%를 내주고 몰락한 사실을 극명하게 보여준다.

게임시장은 어떨까? 2007년 한국은 PC 온라인 게임산업에서 34.5%로 부동의 1등이었다. 그러나 2012년에는 시장점유율에서도 밀리면서 중국에 1등을 내주었다. 중국과의 격차는 계속 벌어지고 있다.

그 밖에 다른 산업들도 살펴보자. 다음 그래프들은 2003년~2013년 까지 10년 정도 각 산업별로 한국과 중국이 세계시장 점유율을 놓고 경쟁을 벌인 결과가 어떻게 나타났는지를 보여준다. 스마트폰, 자동차, 조선해양, 사무기계, 통신 등은 생산량이나 비교우위지수에서 중국에 역전되었다. 철강은 10배 차이가 날 정도로 벌어졌다.

한국이 중국에 빼앗긴 시장을 어디서 만회할 수 있을까? 신흥시장

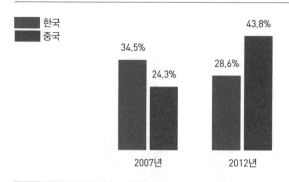

출처: SBS, 2014 11. 12. 정영태, "게임실력은 세계 최고... 산업은 위기"

을 개척하거나 미국과 유럽 업체들의 시장을 빼앗아야 한다. 신흥시
장에서 중국을 따돌리기는 거의 불가능하다. 오히려 기존 시장도 빼

산업별 한·중 세계시장 점유율 비교   (단위: %)

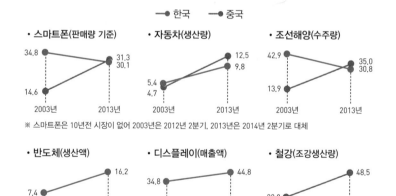

출처: 파이낸셜뉴스, 2014.12.08. 김기석, 김호연, "절대우위 자신하던 스마트폰, 조선해양까지 중국에
밀렸다"

한·중·일 각국의 주요 수출부문에서의 비교우위지수 변동

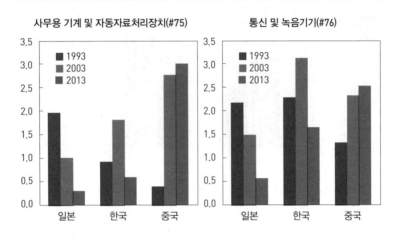

사무용 기계 및 자동자료처리장치(#75)

통신 및 녹음기기(#76)

출처: UN Comtrade Database, 헤럴드경제, 2015.05.05. 배문숙, "KDI, 한국경제 1990년대 일본 닮았다"에서 재인용

미국 자동차시장 주요업체 점유율 추이

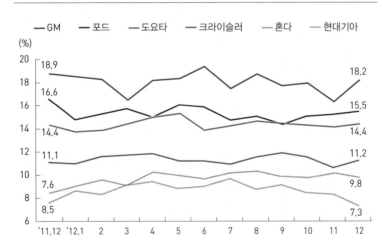

출처: Ward's Auto, 코트라 globalwindow.com. 원동호, "도요타와 GM, 최근 동향과 앞으로의 전망"에서 재인용

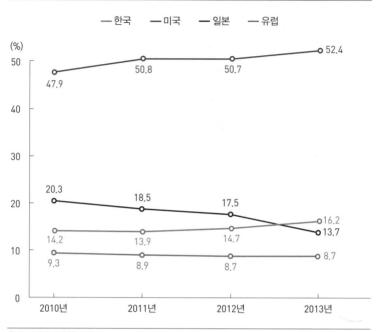

— 한국   — 미국   — 일본   — 유럽

출처: 산업통산자원부, 미국IHS 테크놀로지, 연합신문, 2014.03.24, 김토일, "반도체 세계시장점유율 추이"에서 재인용

앗기는 판이다. 그럼 미국이나 유럽시장에서 선진국을 무너뜨릴 수 있을까? 이것도 중국을 이기는 것만큼 힘들다. 앞의 그래프들은 미국 시장에서 한국 자동차의 시장점유율과 세계시장에서 반도체 시장점유율 추이를 보여주는 것이다. 미국처럼 시장점유율이 고착화된 시장에서는 앞선 회사들의 시장점유율을 빼앗는 것이 거의 불가능하다는 것을 보여 준다. 반도체에서도 미국과 유럽업체들의 시장점유율은 요지부동이다. 한국은 일본의 시장을 빼앗으면서 성장했음을 알 수 있다. 앞으로도 미국과 유럽 등이 장악하고 있는 시장은 아주 견고할 가능성이 크다. 아시아 대위기 국면을 지나고 미국의 제

2의 전성기가 시작된다. 한국이 중국에 빼앗긴 만큼의 시장을 미국과 유럽이 장악한 시장에서 빼앗아오기는 아주 힘들 것이다.

이처럼 한국기업들은 중국과 경쟁하는 거의 모든 제품과 서비스 시장에서 최소 50%에서 최대 80%까지 시장을 내줘야 할 것이다. 물론 한두 해에 시장을 모두 내주지는 않는다. 앞으로 10년에 걸쳐서 조금씩 내주게 될 것이다. 대담한 도전은 선택이 아니다. 도전하지 않으면 시장의 절반 이상을 내준 채 겨우 숨만 쉬는 수준에서 살아남거나 치명타를 입고 몰락하게 된다.

CHAPTER 7

무적함대를 이긴
영국의 전략에서 배운다

GREAT CHALLENGE 2030

INDUSTRY
산업이 바뀐다

엘리자베스 1세의
대담한 전략적 선택

　　16세기 말, 유럽과 아메리카, 아프리카, 아시아, 오세아니아에 이르는 방대한 영토를 가진 세계 최강대국 스페인에 유럽 변방의 한 작은 나라가 도전을 감행했다. 1492년 크리스토발 콜론(콜롬버스)이 스페인 탐험대를 이끌고 대서양을 건너 아메리카 대륙에 발을 내딛으며 시작된 대항해 시대에 스페인에 대적할 나라는 지구 상에 없는 듯했다. 세계 최강의 해군 함대를 앞세워 카리브 제도를 지나 아스텍과 잉카 제국을 무너뜨리고 캐나다와 미국의 영토를 지배했다. 아프리카와 아시아, 오세아니아까지 진출하고, 유럽 대륙의 네덜란드, 룩셈부르크, 벨기에, 이탈리아의 대부분, 독일과 프랑스 일부까지 지배하고 있었다.[1]

　　1571년 10월 7일 레판토Lepanthinum 해전에서, 스페인은 단 5시간 만에 이슬람 역사상 가장 강력했던 오스만 제국의 함대를 궤멸시켰다. 역사가들은 레판토 해전을 이렇게 평가했다.

"레판토 전투 이후 세계를 움직이는 추가 다른 쪽으로 흔들리기 시작해, 부유함은 동쪽에서 서쪽으로 이동해가서, 오늘날까지 계속되는 세계의 패턴을 갖추게 되었다."[2]

이제 지구 상의 모든 대륙과 모든 바다에서 스페인에 맞설 나라는 없었다. 명실상부한 G1Great One이었다. 이런 스페인 제국에 유럽 변방의 작은 섬나라, 영국이 대담하게 도전장을 던졌다.

16세기 후반, 영국은 해군을 양성해서 신세계 탐험에 나섰다. 영국 해군은 짧은 시간에 큰 발전을 이루었다. 그 결정적 이유는 노를 젓는 기존의 시스템을 버리고 바람을 사용하는 범선으로 발상을 전환했기 때문이다. 레판토 전투에서 승리한 스페인 함대의 배는 노를 젓는 전함이었다. 영국의 헨리 8세는 3~4개 층의 갑판과 3~4개의 돛을 갖춘 400톤급 이상의 대형 범선으로 해군 함대를 조직했다. 영국은 갈레온선galeon이라 불리는 대형 범선을 전함과 무역함으로 동시에 사용했다. 그 결과 화물을 싣는 갑판에 장전식 대포를 장착할 수 있는 장점도 얻었다. 이 장전식 대포로 인해 전함의 능력에서 영국이 스페인을 앞설 수 있게 되었다.

헨리 8세가 죽고 메리 1세가 여왕으로 등극했다. 스페인의 왕 펠리페 2세는 전쟁을 하지 않고 영국을 손에 넣을 심산으로 여왕에게 청혼을 했다. 하지만 펠리페 2세와 결혼한 메리 1세가 1558년 후계자를 낳지 못하고 죽으면서 영국의 왕위는 이복 자매인 엘리자베스 1세에

게로 넘어가게 되었다.[3] 펠리페 2세는 엘리자베스 1세에게 다시 결혼을 청한다. 하지만 엘리자베스 1세 여왕은 그 유명한 말을 하면서 청혼을 거절했다.

"나는 영국과 결혼했다!"

펠리페 2세는 분노했다. 영국이 펠리페 2세를 화나게 한 또 다른 이유가 있었다. 당시 영국 해적은 스페인 무역선을 공격해서 식민지에서 가져오는 금과 은, 갖가지 상품들을 약탈해 갔다. 해적왕이라 불린 프랜시스 드레이크는 5척으로 구성된 해적 선단을 이끌고 스페인 왕의 보물섬 카카푸에고 등을 약탈하여 현재 시가로 1억 유로 정도에 이르는 막대한 보물의 절반을 영국 여왕에게 바쳤다. 왕실의 재정이 빈약했던 엘리자베스 1세는 막대한 보물을 받고 크게 기뻐하면서 해적왕 프랜시스 드레이크에게 기사 작위를 내렸다. 여기서 그치지 않고 영국 여왕은 스페인의 식민지였던 네덜란드가 독립전쟁을 벌이자 독립군을 돕는 군대를 파견했다.[4]

펠리페 2세는 영국을 점령하기로 결심하고 무적함대를 준비한다. 영국의 엘리자베스 여왕도 아버지가 양성해 놓은 영국의 새 함대를 이끌고 무적함대와 맞서기로 한다. 엘리자베스 여왕은 큰 공을 세운 해적왕 드레이크를 영국 해군 중장으로 임명하고 함대 사령관에 앉혔다.

1587년 4월 29일, 드레이크는 쾌속형Race built 갈레온선을 주력으로 한 영국 함대를 이끌고 스페인 후방의 보급기지인 카디즈 항구에 정박한 스페인 보급부대를 공격했다. 드레이크의 기습 공격에 37척의 배를 잃고 막대한 보급품을 빼앗긴 스페인은 엄청나게 빠른 속도로 도망치는 드레이크 함대를 도저히 쫓아갈 수 없었다. 이 공격으로 무적함대의 출정이 1년 늦춰지고, 영국은 시간을 벌 수 있었다.

1588년 5월 28일, 펠리페 2세는 메디나 시도니아를 총사령관으로 한 대규모 함대를 출격시킨다. 원래는 스페인 최고의 해군 제독이자 무적함대를 창설한 산타 크루즈 후작이 지휘할 예정이었는데, 그가 출정을 앞두고 갑자기 사망하자 스페인 국왕은 시도니아를 사령관으로 지명하였다. 나이가 많고 뱃멀미도 심했고 바다를 전혀 알지 못했던 육군 장군 메디나 시도니아 백작은 거절했지만, 스페인 국왕은 시도니아가 진정한 사령관이라며 그를 사령관으로 임명하고 만다.[5] 과거에 성공했던 전략에 대한 맹신과 신이 자신들을 지켜줄 것이라는 믿음의 잘못된 조합이 만들어낸 최악의 선택이었다.

무적함대를 창설하면서 펠리페 2세도 노를 젓는 방식의 갤리선을 포기하고 주력선을 갈레온선으로 교체했다. 스페인과 영국 전함의 역량은 다시 비슷해졌다. 결국 영국과 스페인 함대의 운명을 건 전투는 전략에서 승부가 났다.

스페인의 전략은 여전히 과거의 전략에 기반한 것이었다. 네덜란드에 주둔한 파르마 공Duke of Parma의 육군 18,000명을 칼레에서 탑승시킨 뒤 런던 앞마당에 상륙시킬 계획이었다. 무적함대의 목표는 영국 해군의 궤멸이 아니라 제해권을 장악해서 파르마 공의 영국 상륙을 지원하는 것이었다. 그리고 영국 함대를 만나면 단거리에서 포격을 가해 돛에 손상을 입힌 후, 접근하여 쇠갈퀴로 영국 함선을 끌어당겨 올라타서 백병전을 하는 전술을 준비했다.

1588년 5월 25일, 무적함대는 대형 갈레온선 20척, 탄약선 44척,

수송선 23척, 소형보조선 35척, 갤리선 4척, 기타 11척, 총 137척의 전함과 선원과 포병 8,500명, 보병 19,000명, 2천 문의 함포를 싣고 영국해협을 향해 출발했다. 스페인 해군과 육군 보병은 수많은 실전을 통해 단련된 세계 최강 군대였다. 하지만 강자에게도 아킬레스건은 있다. 무적함대의 치명적인 약점은 대포의 사거리가 영국 함대보다 짧다는 점이었다. 스페인이 함포 제작 기술이 떨어져서가 아니라 전략의 차이가 반영된 결과였다.

17년 전, 오스만 제국의 주력 함대를 레판토 해전에서 물리칠 때, 스페인 해군은 포격으로 기선을 제압한 후 신속하게 적선에 기어올라 백병전을 벌임으로써 5시간 만에 대승을 거두었다. 스페인 함대에 탄 군인은 대다수가 창검술에 능한 육군이었기 때문이다. 17년 후, 영국 함대와 마주한 스페인 함대는 그때의 향수에서 벗어나지 못해, 레판토 해전에서 승리한 전투 방법을 그대로 들고 나왔다. 스페인 함대는 백병전을 할 목적으로 배 한 척당 최대 350명의 육군 보병이 탑승했다. 스페인 전략의 중심은 승승장구해온 세계 최강의 육군이었으며 배는 운송수단 그 이상도 이하도 아니었다.[6]

플리머스Plymouth에 정박한 영국 함대는 총 197척이었다. 숫자는 많았지만, 80%는 정규 보병이 아니었다. 총 197척의 배 중에서 34척은 여왕의 배였고, 나머지 163척은 개인 소유 배였기에 대부분 전투 경험이 부족한 선원이었다. 대형 범선인 갈레온선의 숫자는 스페인 함대와 비슷했지만, 보병은 거의 없었다.

과거의 전략 vs 미래의 전략

영국의 최대 무기는 함대도 아니고 잘 조련된 군인도 아니었다. 최대 무기는 대담한 전략이었다. 무적의 스페인 육군이 영국 땅에 발을 딛기 전에 바다에서 승부를 걸었다. 함대함艦對艦 전략도 수정했다. 당시 함포들은 무겁고 컸다. 포탄이 클수록 파괴력이 컸지만, 사정거리는 짧았다. 영국 해군은 다르게 생각했다. 포탄의 크기는 줄이고 사정거리를 늘렸다. 파괴력은 줄어들어도 먼 거리에서부터 적선에 포격을 가해 무적함대의 대형을 분쇄하고 함선을 한 척씩 공격해서 침몰시키는 전략을 수행하기 위해서였다. 임진왜란에서 이순신 장군이 일본군을 바다에서 궤멸시켰던 전략과 비슷하다.

대포와 관련하여 또 하나 주목할 점이 있다. 칼레 해전에서 중요한 역할을 한 것이 영국의 주철 대포다. 16세기의 대포는 주로 청동으로 만들었다. 왜냐하면 폭발해도 부서지지 않기 때문이었다. 반면에 초기의 주철 대포는 쉽게 폭발해서 포병들이 목숨을 잃었다. 그래서 부유한 대륙 국가들은 청동 대포를 선호했다. 하지만 영국은 청동 제련 기술이 떨어지는 데다 가난한 영국 왕실이 감당하기에는 청동이 너무 비쌌다. 엘리자베스 1세의 아버지인 헨리 8세는 결국 주철 대포에 승부를 걸어보기로 했다. 여러 약점에도 불구하고 주철 대포는 청동의 4분의 1 정도의 가격이었다. 그는 프랑스의 대포 제작자들과 영국의 제철 장인을 고용해 성능이 뛰어난 주철 대포를 제작하기 시작했다. 1588년, 영국은 성능이 좋고 믿을만한 주철 대포를 만드는 유일한 나라가 되었다.[7]

전략이 중요한 이유는 하나 더 있다. 전략이 어떻게 정해지느냐에 따라서 가지고 있는 자원, 역량, 조직을 최고의 성과를 내도록, 재조정할 수 있다. 시스템도 바뀐다. 영국 함대는 자신들의 전략에 맞게 주력이었던 갈레온선을 개조해서 쾌속형 갈레온선을 만들었다. 항해 속도를 높이고 방향 전환도 빠르고 안전하게 할 수 있도록 갑판과 뱃머리를 낮추었다.[8] 배의 선체를 좁고 긴 유선형으로 개조하여 더 빠른 속도를 얻을 수 있게 만들었다. 노를 젓는 갤리의 장점을 갈레온선에 접목한 것이다. 갤리의 장점과 갈레온선의 장점만을 결합한 결과로 스페인의 갈레온선보다 더 먼 거리를 이동할 수 있었고, 항해 속도도 빨라졌으며, 기동성이 우수해졌다. 배의 중심이 더 낮아져서 동급의 배보다 2배 많은(혹은 더 크고 무거운 함포를) 실을 수 있게 되었다. 전략에 맞도록 배를 최적화시킨 것이다.

전략이 어떻게 운명을 바꿀 수 있나

드레이크는 해군 병력의 구성도 전략에 따라 재정비했다. 배 위에서의 백병전은 포기했다. 스페인 배가 나타나면 빠른 속도로 배를 이리저리 기동하며 대포를 쏘고, 스페인 배보다 빠른 속도로 도망을 가는 전략을 준비했다. 병사들도 이 전략을 수행하기 위해 정확하고 빠르게 함포를 쏠 수 있고 작은 배를 능숙하게 다룰 수 있는 선원들로 구성했다. 34척의 쾌속형 갈레온선을 제외한 나머지 배들도 기동 및 관리가 손쉬운 소형 배로 구성했다.

1588년 7월 29일, 스페인 무적함대는 레판토 해전에서 사용했던 초승달 대형으로 도버해협(프랑스에서는 칼레 해협으로 부른다)으로 진입하면서 '칼레 해전'이 시작되었다. 스페인 함대는 영국에서 불과 35.4km 떨어진 프랑스 칼레Calais에서 파르마 공이 이끄는 18,000명의 육군부대를 싣고 해협을 건너 영국에 상륙하려는 작전이었다.(칼레 해 전은 살라미스 해전, 한산도 대첩, 트라팔가 해전과 함께 세계 4대 해전海戰으로 꼽힌다)

7월 31일, 스페인 무적함대가 칼레에 상륙하는 것을 막기 위해 영국 함대는 플리머스 항구를 나와서 무적함대의 후미를 공격했다. 영국 해군은 스페인 함포의 사정거리 밖에서 계속 함포만 쏘았다. 스페인 함대는 레판토 전투에서처럼 영국 함대를 초승달 대형에 가두고, 크고 무거운 함포를 쏘아 돛을 부러뜨리거나 함대를 대파한 후 갈고리로 배를 걸고 넘어가 백병전으로 영국 함대를 궤멸시키려 했다. 하지만 영국 함대는 상대적으로 사정거리가 긴 함포를 이용해서 스페인 함대의 사정권 밖에서 함포를 쏘아 접근을 막았다. 이렇게 영국은, 초승달 대형 안에 가두어 갈고리 걸 기회만을 노리는 스페인의 전술을 무력화시켰다. 결국 무적함대는 후퇴했다. 그러나 영국 해군이 쏜 2천 발이 넘는 포탄은 작은 구멍만 내는 가벼운 쇳 덩어리에 불과했기에 스페인 함선은 단 한 척도 침몰하지 않았다.[9] 며칠 동안 영국군은 4개의 소함대로 나누어 스페인 함대의 후미를 집요하게 따라다니며 함포 공격을 시도했지만 별다른 성과를 얻지 못했다. 영국 함대로서는 스페인의 견고한 초승달 대형을 깨뜨릴 새로운 대책이 필요했다.

8월 7일 밤, 스페인 함대는 칼레에 정박하여 파르마 공의 육군부대를 기다리고 있었다. 나중에 스페인이 영국군을 도와 신교(프로테스탄트)를 지킨 바람이라는 의미에서 '프로테스탄트 바람'이라고 이름

붙인 남서풍이 정박 중인 스페인 함대를 향해 불기 시작했다. 절호의 기회를 잡은 영국 함대는 8척의 화공선火攻船으로 신속하고 강력한 화공을 전개했다. 조류도 해안 쪽으로 강하게 흘렀다. 화공에 스페인 함대는 우왕좌왕했다. 사실 이 화공으로 스페인 함선은 한 척도 침몰하지 않았다. 하지만 스페인 함대는 과거의 악몽을 떠올리며 공포에 휩싸여 닻줄을 끊고 사방으로 도망갔다. 마침내 초승달 대형이 깨진 것이다. 1년 전, 스페인군은 벨기에 안트베르펜을 포위하고 네덜란드 독립군과 전투를 하고 있었다. 네덜란드 독립군은 스페인 함대를 향해 이탈리아 기술자인 지암벨리가 설계한 폭발하는 화공선을 보냈다. 화공선이 다리에 충돌하여 폭발하면서 스페인군 3천 명이 죽었다. 이것이 스페인 함대가 화공선을 보고 도망친 이유였다. 스페인 함선들은 닻줄을 끊고 도망가기 바빴다. 승기를 잡은 영국 함대는 한 번 더 '과감한 전략'을 시도한다. 이제까지 한 번도 해본 적이 없는 근접 포격으로 전환한 것이다.[10]

드레이크는 도망가는 스페인 함대를 쫓으며 남아 있는 모든 포탄을 퍼부었다. 근접 포격을 당한 스페인 배들은 구멍이 뚫려 벌집이 되고, 배에 타고 있던 스페인 육군은 겁에 질렸다. 결국, 스페인 무적함대 사령관 시도니아는 육군을 영국에 상륙시키는 전쟁의 목표를 포기하고, 부서진 배들을 이끌고 스코틀랜드 북쪽으로 도주했다. 스페인으로 귀국하는 도중에 폭풍을 만나 결정적 참변을 당한다. 스페인으로 겨우 살아서 돌아간 함선은 절반도 안 되는 53척이었다. 그것도 심하게 부서진 상태로 말이다.[11]

1571년의 레판토 해전과 1588년의 칼레 해전 사이에는 불과 17년의 간격이 있었을 뿐이다. 그 17년 사이에 스페인 무적함대는 이미 낡은 함대가 되었다. 스페인만 그 사실을 모르고 있었을 뿐이다. 자신이 이미 잘하고 있는 것에만 집착하는 인간의 낡은 사고를 비웃는 것처럼 혁신의 속도는 항상 우리의 예상을 뛰어넘는다.[12]

칼레 해전 이후 스페인은 기울기 시작했고, 영국은 350년 동안 세계의 바다를 지배했다. 영국은 '대담한 전략'으로 절체절명의 위기, 수세에 몰린 전세의 판板을 뒤집었다. 해전의 새로운 기준을 만들었다.

엘리자베스 1세가 스페인을 향한 대담한 도전을 감행할 수 있었던 이유는 바다와 해외에 영국의 미래가 걸려 있다는 것을 통찰했기 때문이다. 펠리페 2세는 과거에 집착했고 엘리자베스 1세는 미래에 투자했다. 미래를 향한 대담한 도전이 승부가 뻔해 보이는 두 나라의 운명을 갈라놓았다.

칼레 해전의 교훈을 깊이 되새겨 보아야 할 때이다. 판이 바뀌는 큰 변화가 진행되고 있다. 패러다임 전환기에는 주저할수록 몰락의 속도가 가속화된다. 앞으로 5년, 판을 바꾸는 주체가 되어야 살아남는다. 생존을 넘어 판을 바꾸는 주도자가 되고 싶은가? 대담한 전략을 세우고 대담하게 행동하라.

"대담한 도전을 하려면 어떻게 해야 할까?"

영국 여왕 엘리자베스 1세처럼 변화를 통찰해야 한다. 미래의 기회가 어디에 있는지를 통찰해야 한다. 돈키호테처럼 앞뒤 가리지 않고 막무가내로 덤비는 것은 대담한 것이 아니라 무모한 것이다. 대담한 도전을 가능케 하는 힘은 통찰력에서 나온다.

대담한 전략의 원동력 1. 통찰력

'통찰洞察'은 한자로 꿰뚫을 통洞, 살필 찰察을 쓴다. 즉, 전체를 환하고 예리하게 살펴, 꿰뚫어 봄이다. 통찰력은 과학이다. 통찰력을 발휘하려면 3가지가 필요하다.

예리한 관찰력
다양한 관점
전체를 보는 태도

전체를 예리한 관찰력으로 보고 다양한 관점으로 살펴 생각하면 사물 이면裡面에 있는 실체를 간파할 수 있다. 이면은 겉으로 드러나지 않는 속내나 속사정이다. 변하지 않는 것에 대한 통찰력은 면밀한 관찰과 전체를 보는 시각으로 실체를 간파하는 능력이다. 영국의 드레이크가 스페인 무적함대의 약점을 꿰뚫어 보았을 때의 능력이다.

통찰력은 변하는 것의 변화變化나 이동移動을 간파할 수 있다. 변화變化는 사물이나 사건의 겉모양이나 바탕이 달라짐이다. 이동移動은 움직여서 옮겨지는 것이다. 변화에 대한 통찰력은 사물이나 사건, 혹은 세상의 겉모양이나 속 바탕이 달라지는 것 혹은 움직여 옮겨지는 것을 간파하는 능력이다. 엘리자베스 1세가 바다와 해외에 영국의 미래가 걸려 있다는 점을 꿰뚫어 보았을 때의 능력이다.

대담한 도전을 위해 필요한 것은 '용기'와 '타고난 기질'이 아니다. 대담한 도전을 할 수 있게 하는 힘은 예리한 관찰력, 다양한 관점, 전체를 보는 태도에서 나온다. 이 3가지가 모여 확신이 만들어지고, 확신이 쌓여 용기가 나온다.

통찰력은 훈련될 수 있다

통찰력이 훈련될 수 있는 이유는 통찰에 사용되는 역량과 프로세스가 있기 때문이다. 역량과 프로세스가 있으면 얼마든지 발전시킬 수 있는 교육 프로그램을 만들 수 있다. 예리한 관찰력, 다양한 관점, 전체를 보는 태도가 바로 통찰에 사용되는 역량이다. 통찰력이 발휘되는 프로세스는 '돋보기 작동 과정'을 연상하면 이해하기 쉽다. 프로세스란 '처리處理 과정過程'이다. 이 책의 주제는 통찰력이 아니다. 다만 미래 전략을 위해서는 통찰력이 꼭 필요하기 때문에 핵심만 간략히 설명하는 것으로 대신한다.(자세한 내용은 필자의 저서 〈미래학자의 통찰법 (김영사, 2014)〉을 참고하라)

돋보기 작동 과정에 비유한 통찰력이 발휘되는 프로세스

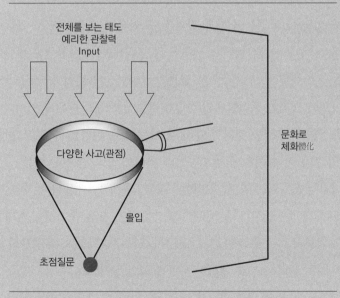

프로세스 1단계는 돋보기에 빛이 들어오듯이 정보나 지식을 입력하는 단계다. 입력하는 정보나 지식은 전체를 보는 태도를 가지고 균형있게 수집해야 한다.

예리한 관찰력으로 빠짐없이 세밀한 것까지 수집해야 한다. 이 단계에서 사용되는 역량은 전체를 보는 태도와 예리한 관찰력, 그리고 정보를 정리하고 분류하는 능력이다.

2단계는 들어온 빛을 돋보기 알이 처리하듯이 입력된 정보나 지식을 다양한 관점으로 연결하고 확장하는 사고 단계이다. 이 단계에서 사용되는 역량은 다양한 사고, 다양한 관점이다. 1~2단계를 쉽게 표현하면 "많이 읽고, 잘 읽고(객관, 균형, 연결), 이렇게 저렇게 생각하기를 계속하는 것"이다.

3단계는 돋보기가 빛이 가진 에너지를 한 점으로 모아 열에너지로 바꾸듯이 앞 단계에서 처리한 정보, 지식, 사고를 한 점으로 집중하는 단계다. 해결하고자 하는 문제가 모호하면 해답과 행동도 모호하게 나온다. 일반적 문제를 구체적인 문제로 바꾸고, 구체적인 문제를 초점이 명확한 질문으로 세밀하게 쪼개라. 문제에 대한 질문이 명확할수록 명확한 해답에 접근할 수 있다. 이 단계에서 사용되는 역량은 질문하는 기술이다. 생각의 힘을 혁신적 아이디어로 바꾸는 것이 질문이다. 질문을 시작하는 단어 "왜Why?"는 궁금증과 한몸이다. 궁금증과 질문은 필요의 발견을 추구한다. 질문(궁금증)을 해야 필요를 발견한다. 필요는 발명의 어머니다. 필요가 혁신을 낳는다.

4단계는 불이 붙을 때까지 돋보기를 움직이지 않고 계속 초점에 집중하듯 해답을 찾을 때까지 몰입하는 단계다. 이 단계에서 사용되는 역량은 몰입 기술이다. 1~4단계는 훈련으로 가능하다. 그래서 통찰력은 훈련될 수 있다. 통찰력은 신비한 힘, 타고난 재능에서 나오는 것이 아니라 과학이고 훈련의 성과물이다.

마지막 단계가 있다. 1~4단계 과정이 자연스러운 문화가 될 수 있도록 몸에 완전히 익히는 체화의 단계다. 조직은 이런 문화가 촉진될 수 있는 환경을 제공해 주어야 한다. 분위기를 만들어 주어야 한다. 분위기는 감정이고, 환경은 주변 장치이고, 문화는 시스템이다.

역량과 프로세스(과정)를 알았으니, 이제 훈련만 하면 누구나 통찰력을 발휘할 수 있다. 훈련이 부족하다면 통찰력 있는 사람의 말에 귀를 기울이고 통찰력 넘치는 사람이 오랫동안 연구한 결과를 담아 쓴 책을 읽도록 하자. 시간을 훨씬 단축할 수 있을 것이다.

대담한 전략의 원동력 2.
변화의 패턴 분석과 미래 예측

전체를 환하고 예리하게 살펴, 꿰뚫어 볼 수 있으면 대담한 도전을 할 수 있다. 그러나 대담한 도전을 통해 승리하기 위해서는 대담한 전략이 필수다. 대담한 전략을 구사하려면 두 가지가 필요하다. 하나는 패턴 분석이고, 다른 하나는 변화 예측이다. 필자는 1부에서 앞으로 5년 동안 일어날 세계 경제와 아시아 대위기의 변화를 예측했다. 2부 앞부분에서 미래 기술, 산업의 변화를 예측했다. 이제 필요한 것은 패턴 분석이다.

　우리는 같은 강물에 두 번 들어갈 수 없다. -헤라클레이토스

만물은 흘러가고 정지된 것이 없다는 사상을 대표하는 문구다. 세상은 늘 변한다는 관점이다. 세상에 대한 또 다른 관점도 있다. 지혜의 왕인 솔로몬의 명언이다.

　　"해 아래 새 것은 없다!"

이 말은 움직임에는 반복되는 패턴이 있다는 것이다.
대담한 전략은 반복되는 패턴을 분별하고, 새로운 변화를 예측하는 능력에서 나온다.

미래산업이 성장하는
패턴을 읽어라

미래산업 전쟁에서 승리할 수 있는 전략을 짜기 위해 알아야 할 패턴은 2가지다. 하나는 돈의 흐름에 대한 패턴이다. 다른 하나는 신시장에 대한 패턴이다. 첫 번째 패턴인 '돈이 흐르는 패턴'은 필자가 이미 설명했다. 바로, 1부에서 설명한 '달러의 국제 자본 순환 구조에 따른, 전 세계 경제변화 패턴'이다.

이제 두 번째 패턴인 '신시장이 만들어지는 패턴'을 알아보자. 필자는 이 패턴을 '신산업이 형성되는 패턴'이라고 이름 붙였다. 이 패턴은 미래산업에 대한 최대의 궁금증인 "시장은 언제 열리나?"라는 질문을 풀 단서를 준다. 또한 개인과 기업 입장에서는 시장에 진입할 타이밍을 가늠할 수 있게 해 준다.

대담한 전략을 짜고, 시장 진입 타이밍을 정할 때 2개의 패턴과

2개의 미래지도를 종합해서 생각하면 자신에게 맞는 시장 진입 타이밍을 설정할 수 있을 것이다.

'신시장이 만들어지는 패턴'을 살펴보자. 신기술 발명은 곧바로 시장 형성으로 이어지지 않는다. B.C. 6000~6500년경, 바퀴 기술이 발명되었다. 그러나 이 기술이 세상을 변화시킨 때는 그로부터 3000년이 지난 B.C. 3500년경 수메르인이 가축이 끄는 수레를 발명하고 나서부터다. 증기기관은 1705년 발명되었지만, 철도와 철길이 발명된 후에야 비로소 세상을 변화시키는 도구가 되었다. 내연기관도 1859년에 발명되었지만, 독일의 카를 벤츠가 1885년에 세계 최초로 3륜 자동차인 '모토르바겐'을 제작하면서 시장이 열리기 시작하고, 후에 헨리 포드가 자동차의 대량생산 시스템을 구축한 후에 대중화되었다. 1834년 멀리에서도 정보를 주고받을 수 있는 전신기가 발명되었지만, 생각하는 기계는 1940년에 등장했고, 1945년 MIT 바니바 부시Vannevar Bush가 '생각컨대'라는 논문에서 현재의 컴퓨터 같은 미래 기술을 예측한 후, 1947년 에니악ENIAC: Electronic Numerical Integrator And Computer이 발명되었다. 그리고 30년 가까이 흐른 후인 1974년 미국에서 알테어Altair 8800이라는 최초의 개인용 컴퓨터가 등장하고 1977년 스티브 잡스가 애플2를 발명하고 나서 컴퓨터가 대중화되면서 세상이 변했다.

세상을 바꾸려면 새로운 기술이 일하는 방식, 삶의 방식, 생각하는 방식, 노는 방식, 주거 방식, 학습 방식, 생산 방식을 바꾸는 영향력을 가져야 한다. 1945년 MIT 바니바 부시는 컴퓨터뿐만 아니라, 인터넷의 기초가 되는 하이퍼텍스트 지식 체계에 대해서도 예측을 했다. 이것은 수백 년 동안 변하지 않았던 과학지식 전달 체계를 뒤바꾼 새로운 제안이었다. 1960년 테즈 넬슨Ted Melson이 그의 아이디어를 구체적으로 설계했지만 대중에게 보급하는데 실패했다. 1990년대 초에 이르러서야, 팀 버너스-리Tim Berners-Lee에 의해 하이퍼텍스트 개념을 기초로 한 웹 시스템이 개발되었다.[13]

필자는 신기술이 만든 시장이 형성되고 쇠퇴하는 데는 반복되는 패턴이 있다는 것을 발견했다. 아래 그림이 필자가 발견한 '신산업이 형성되는 패턴'이다. 패턴은 전체 총 5단계로 구성되고, 일정한 시간을 주기로 사이클이 반복된다.

신산업이 형성되는 패턴

1단계는 신기술의 발명, 혹은 이전에 없던 혁신이 시작되는 단계다. 이 단계에서는 기존의 제품과 서비스, 비즈니스 모델이 갖고 있는 문제, 욕구, 결핍에 대해 기존의 방식이 아니라 전혀 새로운 관점과 사

신산업이 형성되는 패턴

고, 접근방식에서 고안된 해결의 실마리가 등장한다. 신기술로 패러다임 전환이 시작되었다는 전망이 나오는 시기다.

1947년 펜실베니아 대학교 전자공학부에 설치된 에니악ENIAC은 방 3개 규모로 18,000개의 진공관을 가졌고 20분에 한 번씩 고장이 났다. 진공관의 필라멘트가 끊어졌기 때문이다. 때문에 기술자들은 수천 시간을 사용할 수 있도록 진공관을 개선했다. 이처럼 본질이 바뀌지 않고 효율성, 형상 등만 발전하는 것을 '개선改善'이라 부른다. 패러다임을 바꾸는 기술혁신은 개선과는 차원이 다르다. 대변혁을 불러오는 전환, 새로운 길, 도약의 차원에서 이루어진다. 1930년에 진공관이 개발된 이후, 20여 년 만에 진공관의 수명 문제를 일거에 해결하는 사고의 전환이 이루어진다. 진공관을 버리는 것이었다. 1948년 진공관을 버리고 반도체 소자를 가지고 트랜지스터transistor를 만드는 기술전환이 일어났다. 1948년 벨 연구소의 월터 브래튼H.W. Brattain, 윌리엄 쇼클리W. Schockely, 존 바딘John Bardeen이 게르마늄을 이용한 최초의 트랜지스터를 발명했다. 트랜지스터는 전자공학에 대변혁을 일으켰다. 더 싸고, 작고, 성능 좋은 라디오, 컴퓨터, 기타 수많은 전자 장치들을 개발할 수 있는 문이 열렸다. 이런 혁신을 인정받아 1956년 트랜지스터 개발자는 노벨 물리학상을 받았다.

신산업이 형성되는 1단계

철도산업에 적용해서 패턴을 구체적으로 살펴보자. 18세기 말 유럽에서는 전쟁이 빈번해지면서 말馬 가격이 급등하자, 새로운 동력에 대한 욕구가 생겨났다. 1901년 영국에서는 325만 필의 말이 일하는 데 사용될 정도로 중요한 생산수단이자 재산이었다.[14] 1705년 영국의 토마스 뉴커먼은 16세기부터 시도된 증기기관을 개량해 증기와 대기압의 힘을 이용해 피스톤을 움직이는 상업용 증기기관을 발명하여 광산에서 석탄을 끌어 올리는 데 사용했다. 신산업 형성 패턴의 1단계였다.

신산업이 형성되는 2단계

2단계는 보조기술 발명 단계다. 이 단계에서는 먼저 발명된 신기술의 효율성 혁신, 신기술을 보조하는 기술 발명, 신기술을 적용할 수 있는 영역의 발명이 이루어진다. 1769년 제임스 와트James Watt는 토마스 뉴커먼이 발명한 증기기관의 효율성을 3배 높인 증기기관을 발명했다. 신산업 형성 패턴의 2단계가 시작되었다. 말이나 소의 동력을 대체할 증기기관 기술은 혁신적이었지만, 아직은 시장을 만들고 사람들의 생활에 변화를 줄 만큼 성장하기에는 역부족이었다. 더 많은 보조기술과 신기술이 적용될 영역의 발명이 뒤따라야 했다.

1801년, 영국 웨일즈에서 리처드 트레비식Richard Trevithick은 제임스 와트가 개선한 증기기관을 이용해 최초로 기관차를 만들었다. 1804년, 트레비식이 만든 증기기관차가 화물칸에 철을 싣고 주철레일을 달리는 시운전에 성공했지만 실용화하지는 못했다. 당시 증기기관차는 광산의 지하갱도에서 석탄을 끌어올리는 데 사용되었기 때문에 사람이 그 안에 탄다는 것은 우스꽝스러운 일이었다. 그래서 석탄은 화차에 싣고 증기기관차가 끌고, 승객이 탄 객차는 말이 끌었다. 더욱이 당시 레일은 나무에 주철을 덧대서 만든 것이어서 매우 무거운 증기기관을 장착한 기관차의 무게를 감당하기가 쉽지 않았다. 1804년 시운전에 사용된 기관차는 무게가 5t이었고, 5량의 화차를 끌고 9km를 주파하는 데 1시간이 넘게 걸렸다. 이런 상황이니 차라리 말로 화물을 운송하는 것이 빠르고 안전하고 경제적이었다. 그래서 트레비식의 증기기관은 한동안 철로를 달리지 못하고 광산에 옮겨져 고정식 배수장치로 사용되었다. 하지만 신기술을 어디에 적용해야 할지에 대한 새로운 영감을 주는 시도였다.

그로부터 10년 후, 증기기관차의 혁신이 시작되었다. 1814년, 조지 스티븐슨George Stephenson은 마차용 선로 위에서 30톤의 화물을 실은 8량의 화차를 끌고 시속 6.5km로 오르막길을 오르는 증기기관차를 발명했다. 말보다 빨랐다. 증기기관차가 드디어 마차를 이기는 순간이었다. 기존의 증기기관차는 증기를 곧바로 내보냈다. 스티븐슨은 연통을 이용해서 분사하는 증기기관차를 만들었다. 연통을 통해 공기를 수직으로 배출하면 화실과 연통 안에 상승 기류가 발생하기 때문에 동력이 2배 이상 강해진다. 실린더와 바퀴를 직접 연결해서 동력 전달의 효율성도 높였다.

1825년 9월 27일, 조지 스티븐슨이 설계하고 제작한 새로운 방식의 기관차 로코모션 1호가 승객 450명을 태운 26량의 객차, 6량의 화물차, 6량의 석탄차를 끌고 4만 명의 구경꾼들 사이로 첫 기적을 울리며 영국 스톡턴과 달링턴 구간 14km를 65분 만에 내달렸다. 스티븐슨이 발명한 것은 개량된 증기기관차뿐만이 아니었다. 선로 설계의 중요성을 간파하고 전보다 더 단단하고 직진성과 평탄성을 갖춘 현대식 철로를 개발했다.[15] 증기기관차를 시장으로 이끌어내는 가장 핵심적인 보조 기술이 발명된 것이다.

자동차산업도 같은 패턴을 따랐다. 1769년 프랑스에서 만든 증기기관을 이용한 3륜 자동차가 최초의 자동차였다. 새로운 혁신이 시작되는 1단계였다. 1859년, 내연기관 발명이 이루어졌다. 신산업 형성 패턴의 2단계다. 1879년, 토머스 에디슨이 탄소 필라멘트를 사용한 백열전구를 발명한 시기에, 독일의 카를 벤츠는 세계 최초로 가솔린 엔진을 발명했고, 1885년에는 3륜 자동차인 '모토르바겐'을 제작했다. 1883년 독일의 고트리프 다임러Gottlieb Daimler는 조수인 빌헬름 마이바흐Wilhelm Maybach와 함께 가볍고 분당 회전수가 900회(1885년의 모토르바겐 엔진회전수 분당 250회)인 고속 가솔린 기관을 만든다. 그리고 2년 후에 가솔린 기관을 자전거에 부착하여 주행에 성공했고, 다음 해인 1886년에 4륜 자동차를 제작했다. 이 두 회사는 1926년 합병되어 다임러-벤츠사가 되었다.

이때부터 새로운 동력을 사용할 이유가 분명해졌다. 증기기관차, 내연기관이 본격적으로 사용되면서, 영국에서 일하는 데 사용된 말은 1901년 325만 필에서 1924년에는 200만 필로 급감했다.[16] 참고로 필자가 분석한 결과, 기본 기술과 보조 기술 발명의 주기가 점점 짧아지고 있다.

신산업이 형성되는 3단계

3단계는 시장이 발명되는 단계다. 이 단계에서는 신기술이 적용되는 제품과 서비스에서도 혁신이 일어난다. 신기술이 중심이 되는 시장이 만들어지기 위해서는 신기술이 적용된 제품과 서비스의 가격 혁명이 일어나고, 이를 구매하는 소비자의 소득도 증가해야 한다. 기업 영역에서 시장의 발명은 신기술을 활용한 경영 혁신 및 비즈니스 모델 혁신으로 이루어진다.

자동차 왕 헨리 포드는 1908년 10월 T 모델을 개발했다. 1913년에는 컨베이어 벨트를 이용한 조립 방식의 혁신으로 차대 제작에 소요되는 시간을 12시간에서 1시간 반으로 줄였다. 하지만 헨리 포드가 T 모델을 성공시킨 결정적 요인은 다른 데 있었다. 바로 '시장의 발명'이었다. 포드는 생산성의 혁신으로 대량생산이 가능해지자 T 모델의 가격을 850달러에서 310달러까지 계속 낮추었다. 가격 혁명이었다. 동시에 공장에서 일하는 근로자의 임금도 크게 인상했다. 헨리 포드는 자기 공장에서 일하는 근로자의 소득을 T 모델을 살 수 있을 정도로 인상하면 더 많은 자동차를 팔 수 있을 것이라는 혁신적인 생각을 했다. 그래서 근로자의 하루 임금을 2.34달러에서 5달러로 인상했다.[17] 처음 개발되고 6년 후인 1914년, 포드 T 모델은 50만대 이상이 팔리면서 미국 전체 자동차의 반 이상을 장악했다.

신산업이 형성되는 4단계

4단계는 시장 전성기 단계다. 4단계에서는 신기술이 적용된 제품과 서비스가 다양하게 출시된다. 소비자의 구매력에 불을 붙이는 금융 혁신이 제품과 서비스에 연결되면서 판매가 폭발적으로 증가한다. 드디어 신기술로 삶의 혁신이 시작된다. 기술이 삶을 바꾸는 것이다.

1918년 미국에서는 13가구 중에 1가구만 자동차를 가지고 있었다. 그러나 1919년 GM이 GMAC라는 전속 할부금융사를 설립하여 자동차 할부금융 서비스를 제공하면서 자동차 보급이 획기적으로 증가하기 시작했다. 서비스 개시 7년 후, 미국 자동차 구매자의 75%가 이 서비스를 이용하였다. 1929년에는 미국 가정의 80%가 자동차를 소유하게 되었다. 1908년 포드의 T 모델 가격은 850달러였다. 1914년에는 490달러, 1921년에는 310달러까지 하락했다.[18] 3, 4단계를 여는 데는 가격 혁명, 금융 혁명이 큰 역할을 한다. 20세기 초반 자동차 시장이 빠르게 성장하면서 대중에게 보급되자 미국인의 삶의 방식도 달라지기 시작했다. 자동차는 인류 역사상 인간의 삶을 가장 크게 변화시킨 산업 중의 하나이다.

신산업이 형성되는 5단계

5단계는 신기술이 적용된 제품과 서비스로 인해서 기존에 없던 새로운 문제, 욕구, 결핍이 발생하는 단계로, 시장이 성숙기에 들어간다. 새로운 문제, 욕구, 결핍으로 제품과 서비스에 대한 불만이 고조함에 따라 시장은 쇠퇴기에 진입한다. 5단계 후반기가 되면 새로운 문제, 욕구, 결핍을 해결하기 위한 새로운 기술이 발명되거나 혁신이 일어나면서 다시 신산업 형성 패턴 1단계로 진입한다. 그러면서 새로운 순환이 시작되는 것이다. 그런데 시간이 지나면서 패턴의 순환 주기는 빨라지고 있다. 과거에는 기술혁명이 삶의 방식의 변화로까지 이어지는 패턴 순환 주기가 점진적으로 여러 세대에 걸쳐 일어났다. 지금은 단일 세대 안에서도 여러 번 일어난다. 한 세대의 평균 수명이 100~120세로 늘어나고, 정보가 기하급수적으로 증가하고, 언어 파괴와 경계 파괴로 지식 교류가 빨라지면서 새로운 사고방식, 문제 해결 방식이 빈번하게 시도되기 때문이다.

패턴의 1, 2단계에서 1차 버블기가 형성된다. 신기술이 만들어낼 미래에 대한 장밋빛 기대가 만발하면서 주식시장에서 관련 주가가 폭등한다. 현대에는 신기술을 개발한 사람에게 투자가 몰리기도 한다. 하지만 신기술이 시장 전성기로 이어지기까지는 아직 갈 길이 멀다. 신기술만으로는 불편함이 많다. 이 사실을 깨닫기 시작하면 버블이 꺼지고 1차 버블기를 주도했던 기술이나 기업이 파산한다. 이 단계에 진입한 주체나 관련 신기술의 70~80% 이상이 연기처럼 사라진다.

다시 3~4단계에서 2차 버블기가 만들어진다. 1차 버블기와 다른 점은 시장이 만들어지면서 형성되는 시기라는 점이다. 신기술을 적용한 제품과 서비스에 대한 관심이 높아진다. 신산업의 중심이 되는 기업의 주가가 상승하고 매출과 순이익도 증가한다. 신산업의 승자가 결정된다. 신산업 영역에 있는 기업들의 주가는 기존 산업 영역에 있는 기업들의 주가보다 상대적으로 높아진다. 특히, 신산업 영역에서 1등 기업은 나머지 기업들의 주가보다 20~40배 높은 주가를 보이기도 한다.

5단계가 되면, 시장 버블이 터지면서 신산업이 쇠퇴기로 접어들기 시작한다. 투자자금은 새로운 신기술을 찾아 떠난다.

경계를 파괴하는 자가 승리한다

영국 여왕 엘리자베스 1세는 당대 최강대국 스페인을 향한 '대담한 도전'에 성공해서 영국을 해가 지지 않는 나라로 만들었다. 해가 지지 않는 회사의 반열에 올려놓고 싶은가? 그 기회가 열리고 있다. 역사상 가장 크고 위대한 부를 차지하기 위해 미래산업을 둘러싼 승부가 시작되었다. 우리가 해야 할 대담한 도전은 바로 경계를 파괴하는 일이다.

〈2030 대담한 미래 2권(지식노마드, 2014)〉에서 경계파괴 전쟁의 한 면을 이렇게 묘사했다.

인류는 지금 완전히 다르고, 전혀 관련이 없었던 것들을 물리적으로 결합Linking,

Bonding, Combination하고, 화학적으로 융합Convergence하는 경쟁에 돌입했다. 이것은 성장의 한계를 돌파하는 도구이자 새로운 창조의 출발점이다. 미래형 산업의 대부분은 이런 결합과 융합 경쟁의 산물이 될 것이다. 누가 더 빨리 더 창조적으로 결합, 융합해 새로운 상품으로 재탄생시키느냐가 생존과 승리를 가름할 것이다. 지식의 융합United Information, United Knowledge, 기술의 융합United Technology, 산업의 융합United Business, 문화의 융합United Culture, 심지어 도시의 융합United City, 가상과 현실 공간의 융합United Space, 민족의 융합United Nation이 일어나면서 기존 경계들을 파괴할 것이다.

경제의 경계는 빠른 속도로 파괴되고 있다. 앞으로는 문화 경계, 학문 경계, 산업 경계, 언어 경계의 파괴가 진행될 것이다. 언어 경계의 파괴가 2020년경에 시작되어 2030년경이면 완성된다. 언어의 경계가 파괴되면 정보와 지식의 교류 속도가 더 빨라지면서 인류 문명의 발전 속도도 더 빨라진다. 그럴수록 경계의 파괴도 가속화된다. 인구의 팽창과 전 세계적인 고령화의 영향, 경제 경계의 파괴, 언어 경계의 파괴는 국경의 파괴에 다시 영향을 미친다. 국경은 미래에도 오랫동안 지속될 것이지만 구속력이 예전보다 약화될 것이다. 좀 더 좋은 일자리를 제공하는 나라가, 더 적은 세금을 부과하는 나라가, 좀 더 밝은 미래를 약속해 주는 나라가 조국이 된다. 머지 않은 미래에 국가 간 경계는 존재하지만 거의 의미가 없는 시대가 올 것이다.

2020년이면 자동차와 컴퓨터의 경계 파괴가 시작되고 가상과 현실의 경계 파괴도 가속화될 것이다. 2030년이면 인간과 로봇의 경계 파괴가 시작될 것이다. 현실과 가상 경계가 완전히 파괴되어 현실에 사는지 가상에 사는지가 큰 의미가 없어질 것이다. 2040년이면 인간과 신의 경계 파괴가 시작되고 현실 의식과 가상 의식의 경계도 파괴될 것이다. 실제 인간과 가상 인간(아바타)의 경계도 파괴되어 실제 인간은 죽어도 가상 인간이 영생하는 시대가 열리게 될 것이다.[19]

가장 먼저 파괴해야 할 경계는 무엇일까? 바로 생각의 경계다. 우리의 생각은 자신도 모르는 사이에 과거에 묶여 있다. 미래를 준비하는 우리에게 최대 적은 바로 과거에 사로잡힌 생각이다. 스페인 국왕 펠리페 2세처럼 과거의 성공신화, 과거의 패러다임, 과거의 상식에 꽁

꽁 묶인 생각이 최대 적이다. 생각의 경계를 파괴해야 산업과 기술의 경계도 파괴할 수 있다.

오해하지 말자. 생각의 경계를 파괴한다는 것은 모두 부수고 없애는 것이 아니다. 지금까지 내가 일군 것을 부정하는 것도 아니다. 가보지 않은 곳, 두려움의 영역, 관심을 두지 않았던 것에 나를 연결하는 것이다. 당면한 문제 해결의 실마리를 과거에서 찾지 않고, 가보지 않은 곳, 새로운 곳, 미지의 세계에서 끌어오는 것이다. 그래서 네트워크를 확장하는 것이다.

인류를 바꾼 몽골 제국의 네트워크

인류 역사에서 큰 판의 변화가 일어날 때는 언제나 경계 파괴와 네트워크 확장을 통한 새로운 정보와 지식의 전달, 교류, 확장이 있었다. 몽골 제국이 세계를 제패할 당시 '얌Jam'이라는 네트워크를 통해 동서문명의 경계가 깨지고 융복합되면서 인류 문명은 한 단계 더 발전했다.

'얌'은 800년 전 몽골이 세계 최초로 만든 역참제도다. 몽골 기병은 얌 네트워크를 타고 몽골의 수도인 카라코룸에서 유럽까지 8천km 되는 길을 7~15일 만에 이동했다고 한다. 역참제란 일정한 간격으로 여러 마리의 말을 배치한 역참을 설치하고, 정보를 역참에서 역참으로 릴레이식으로 전하도록 한 유목민이 사용하던 전통적 통신방법이다. 몽골 제국을 건설한 칭기즈칸은 전통적으로 내려오던 역참제를 몽골의 수도 카라코룸에서 유라시아 대륙 전역까지 거미줄처럼 엮는 군사 네트워크로 만들었다. 칭기즈칸은 역참 네트워크를 활용해서 당대에 세계에서 가장 넓고 빠른 정보망을 구축했다. 이 정보망을 통해 가장 빠른 속도로 정보와 지식이 동양과 서양을 오가면서 산업들이 이어지고, 문화도 이어졌다. 연결이 빠르고 복잡해지면서 생각의 경계, 산업의 경계, 문화의 경계, 부의 경계도 더 빨리 무너졌다. 그 유명한 실크로드도 얌 네트워크를 사용했다.

네트워크가 발전하여 동서양 경계가 파괴되면서 중세의 어둠 속에 잠들어 있던 유럽도 깨어났다. 그로부터 위대한 대항해 시대가 열렸다. 동양에서도 큰 변화가 일어났다. 아시안 드림에 매혹된 유럽의 상인, 선교사, 여행가, 탐험가들이 아시아로 몰려들면서 서양의 기술과 문화가 동양에 접목되었다. 네드워크 안에 들어와 연결된 각 나라와 도시들이 서로 영향을 주고받았다. 다양한 민족과 종교와 문화가 융복합되면서 새로운 세상, 혁신된 세상으로 자기조직화 되어 갔다. 큰 판의 변화가 동서양 모두에 일어났던 것이다.

인류는 지금 다시 큰 판의 변화를 경험하고 있다. 기술이 촉발한 산업 경계의 파괴, 0과 1이라는 비트$_{bit}$로 만들어진 네트워크를 통한 정보의 전달에 의해 새로운 혁신이 만들어지고 있다. 산업혁명을 통해 만들어져 200년 동안 이어져 온 경계가 파괴되고 있다. 3D 가상 공간을 통한 새로운 네트워크를 타고 엄청난 양의 정보와 지식이 빛의 속도로 전달되고 있다. 그것으로 만들어진 첫 번째 충격이 바로 경계의 파괴다. 불편하지만 수긍해야 한다. 전 영역에 걸쳐 경계 파괴가 일어날 것이다. 전혀 다른 산업이었던 금융과 IT의 경계가 파괴되는 현실의 변화를 보라. 당신에게 익숙한 경계도 곧 파괴될 것이다. 당신을 안전하게 보호하고 있는 산업의 경계도 무너질 것이다.

몽골 제국의 암 네트워크

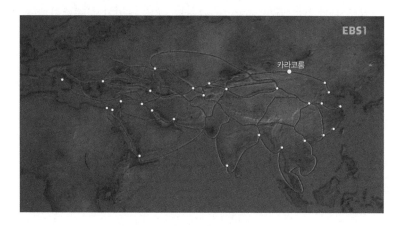

EBS1 다큐 '강대국의 비밀 – 3부 세계제국 몽골'

최선의 대응, 대담한 도전의 핵심은 바로, 당신이 먼저 경계를 깨는 것이다.

미래산업의 놀라운 변화는 기존 경계의 파괴에서 시작해서, 잠든 거인을 깨우고, 21세기의 새로운 대항해 시대를 열게 될 것이다. 2030년까지 산업의 경계를 파괴하고, 우리 안에 잠든 거인을 깨우고, 산업과 세상의 구조를 재편할 놀라운 기술과 도전이 계속 나올 것이다. 대항해 시대처럼 대담한 도전을 하는 이들이 계속 나올 것이다. 그리고 새로운 경계의 재구조화, 새로운 문명의 형성으로 끝을 맺을 것이다.

산업이나 시장만 변하는 것이 아니다. 소비자들도 변하고 있다. 소비자들이 직접 나서서 구매 경계를 깨고 있다. 세대별 소비의 경계도 깨지고 있다. 공유경제, 접속경제, P2P 경제 등 새로운 개념이 쏟아져 나오면서 소비자를 바꾸고 있다. 소비자들이 변하면 기존의 방식을 고수하는 기업은 고립된다. 기업이 가장 무서워하는 미래다. 아시아 대위기가 지나고 2020년경이면 완전히 다른 소비자를 경험하게 될 것이다. 소비자의 변화는 이미 시작되었다. 눈앞의 경제위기 대응에 바빠서 소비자의 변화를 눈치채지 못하고 있을 뿐이다.

기득권 파괴나 축소도 불가피하다. 경계 파괴는 새로운 연결을 촉진한다. 새로운 연결이 완성되면, 그 길을 타고 전혀 새로운 적이 당신 앞에 갑자기 나타날 것이다. 과거에는 적이라고 생각조차 하지 못하던 상대가 적으로 등장할 것이다. 과거에는 당신의 동맹국이나 협력자라고 생각하던 이들이 적으로 돌변해 있을 것이다.

경계 파괴와 새로운 연결이 반복되면서, 기업 간의 경쟁이 네트워크 간의 경쟁으로 바뀐다. 삼성과 애플의 경쟁이 아니라 애플 네트워크와 구글 네트워크의 경쟁이 된다. 스마트폰을 만드는 기업 간 경쟁이 아니다. 스마트폰, 의료, 건강, 지식, 엔터테인먼트, 금융, 제조, 교육 등 서로 이질적이었던 것들이 연결되며 기존의 질서와 경쟁을 한다. 곧 옛 구조를 파괴하고 새 구조를 구축할 것이다. 경계를 파괴하는 대담한 도전을 시작하지 않으면, 앞서서 경계를 파괴한 자의 치명적 공격을 받게 된다.

경계 파괴는 업業의 내용도 파괴한다. 산업에서 경계 파괴와 새로운 연결의 반복은 업의 내용을 재설정하게 된다. 업이란 사업의 본질과 특성이다. 이건희 회장은 업의 관점에서 볼 때, 석유화학산업은 인력 훈련, 호텔사업은 장치 산업과 부동산 감각, 보험업은 사람을 모집하는 것, 증권업은 상담을 잘하는 것, 시계는 패션 감각, 백화점은 부동산 감각, 백색가전은 조립 양산 역량, 반도체는 시간에서 승패가 나기 때문에 시간 관리 역량이 핵심이라고 했다. 신용카드 사업은 아무리 영업을 잘해도 채권 관리에 실패하면 망하기 때문에 외상관리가 핵심이라고 봤다.[20] 이런 업의 규정이 다시 바뀔 것이다.

경계를 파괴하고, 새로운 연결을 시도하고, 업을 재설정하라. 마케팅 천재인 세스 고딘Seth Godin은 연결을 가로막는 장벽들이 점점 사라지고, 연결이 많아질수록 새로운 기회가 열릴 것으로 예측했다. 이러한 시대에 중요한 것은 '지금 얼마만큼의 자산을 가지고 있느냐가 아니라 얼마나 과감해질 수 있느냐'라고 했다.[21]

승리의 전략적 공간을 장악하라: 5개의 공간

GREAT CHALLENGE 2030

첫 번째 전략적 행동, 미래의 공간을 파악하라

기존 경계가 파괴되고 판 전체가 바뀔 때, 어디가 승부를 가를 전쟁터가 될까? 필자의 예측으로는 5개의 공간, 5개의 군群에서 대세가 갈릴 것이다. 그 안에서 무적함대를 상대할 '칼레 해협'을 찾아야 한다.

대담한 전략을 수립하기 위해 해야 할 첫 번째 작업은 미래산업을 5개 공간, 5개 군으로 쪼개는 것이다. 경계가 끊임없이 무너지고 있기 때문에 우리에게 익숙한 기존의 분류방식을 따르는 것은 통찰력에 방해가 된다. 새로운 분류방식이 필요하다. 물론, 이 분류방식은 임시적이다. 기존의 경계와 시스템이 깨지고, 일정한 혼란기를 지나 새로운 경계와 시스템으로 재구조화가 되는 과정에서 사용하는 임시적 분류방식이다. 혼돈기가 지나면 새로운 경계가 형성되고, 새로운 경계는 새로운 분류방식을 만들어낼 것이다.

알기 쉽게 '5×5 매트릭스'로 정리해보자. 가로축은 5개의 공간이다. 필자는 5개 공간에서 미래산업의 승부가 결정될 것이라고 예측한다. 5개의 공간은 손, 자동차, 건물(집과 사무실), 몸, 길이다.

〈2030 대담한 미래〉 1권에서 삼성의 미래를 예측하면서 공간 전쟁에서 승리하는 것이 얼마나 중요한지 언급한 바 있다. 공간 전쟁에서의 승리는 삼성에만 중요한 사항이 아니다. 대부분 기업에 직간접적으로 중요한 요소가 될 것이다. 미래산업에서 융복합을 통한 경계의 해체와 재구조화의 기준이 되는 5개의 공간을 선점하는 자가 미래산업을 선점하게 된다. 공간을 지배하는 자가 미래의 소비자를 지배하게 된다.

그 첫 번째 공간은 '손Hand'이란 공간이다. '손'을 지배하려면 세 가지 능력을 갖춰야 한다. 첫째는 디바이스다. 디바이스는 공간을 형성하고 공간으로 들어가는 문이다. 둘째는 운영체제다. 운영체제는 공간이 경계의 해체와 융복합을 통해 새로운 구조화의 장이 되어 움직이도록 하는 기반이다. 마지막으로 가상 생태계를 지배해야 한다. 가상 생태계는 가상이 현실로 튀어나오고 현실이 가상으로 편입되는 새로운 환경 속에서 사람들을 연결하는 삶의 터전이다. 이는 후기정보화 사회의 중요한 특징 중 하나이다. 후기정보화 사회에서는 가상의 학교, 가상의 정당, 가상의 기업, 가상의 시장 등이 '3차원 지능적 모바일 네트워크' 안에서 만들어질 것이다. 현재의 앱스토어나 3차원 커뮤니티는 이 새로운 네트워크의 전조에 해당한다. 이 세 가지를 잡는 자가 '손'을 지배한다.

손 다음의 공간은 '자동차'다. 미래의 자동차는 전기자동차 기술과 무인자동차 기술이 결합하면서 3차원 지능적 모바일 네트워크의 대표적인 디바이스가 된다. 10년 이내에 곧바로 이 전쟁에 돌입하게 될 것이다. 자동차 디바이스 전쟁은 지금의 스마트폰 전쟁보다 더 크고 치열할 것이다. 세 번째 공간은 '집과 사무실(건물)'이고, 네 번째 공간은 '몸Human body'이며, 마지막 공간은 '길Way'이다.

5가지 공간을 중심으로 새로운 산업의 경계가 규정될 가능성이 크다. 자동차가 바뀌면 자동차를 중심으로 직간접적으로 연결된 산업 또한 바뀐다. 집의 모습과 역할, 본질이 바뀌면서 집을 중심으로 직간접적으로 연결된 제품과 서비스의 업도 재규정될 것이다. 미래의 기술이 사람을 재규정하면 이에 따라 수많은 서비스도 역할이 조정된다. 길은 도시의 젖줄이고, 도시와 도시를 연결하는 파이프다. 미래의 도시는 하나의 컴퓨터가 될 것이다. 길은 땅 위에만 있지 않고 하늘에도 바닷속에도 땅속에도 존재하게 될 것이다. 우주에도 길이 생길 것이고, 현실보다 가상에 더 많은 길이 생길 것이다.

이렇게 5가지 공간의 변화는 모든 산업에 영향을 미친다. 5가지 공간을 지배하는 자가 새로운 개념 규정의 주도권을 쥐고 더욱더 많은 소비자를 잡게 될 것이다. 이미 '손'을 지배하는 기업 밑으로 수많은 기업, 제품과 서비스가 줄을 서고 있다. 미래자동차라는 두 번째 공간을 잡는 기업이 이와 비슷한 영향력을 발휘할 것이다. 미래의 집과 사무실은 건설업의 고유 영역이 아니다. 고유 영역이라는 생각을 바꾸지 못하면 기회는 줄어들고 결국 업을 누군가에게 빼앗길 것이다. 공간 전쟁에서 판을 주도하는 그룹에 들어가야 한다. 또는 공간 전쟁에서 판을 주도하는 기업과 손을 잡고 사업 영역을 스스로 파괴해야 한다.[1]

미래자동차, 공간 전쟁의 중심

두 번째 공간이자, 앞으로 10년간 미래산업의 최대 격전지가 될 자동차를 좀 더 분석하고 예측해 보자. 이미 자동차는 삶의 중요한 자리이자 기간 산업이다. 자동차산업은 수만 가지의 부품과 수백 가지의 파생 비즈니스가 결합된 시장을 형성한다. 국가와 기업 입장에서 보면 초대형 투자가 이루어지고, 고용 효과도 크다. 개인의 입장에서는 주택을 제외하고는 단일 상품 중에서 가장 큰돈을 지출한다. 구매 우선순위도 높고 재구매 주기도 3~5년으로 짧다. 100세를 산다고 할 때, 20대부터 차를 구매한다면 한 사람이 평생에 걸쳐 10~15대를 사게 된다. 21세기 말에는 전 세계 인구가 120~140억 명까지 늘어나게 되는 점을 고려하면, 자동차 시장은 여전히 미래가 밝다.

미래자동차, 업의 변화

전통적인 내연기관 자동차는 업의 특성이나 산업의 구조상 천문학적인 자본을 투자하지 않고는 넘볼 수 없는 진입장벽이 있었다. 천하의 삼성이 수조 원을 투자하고도 실패한 사업이다. 하지만 미래자동차는 다르다.

첫째, 전기자동차, 무인자동차 등은 IT 기업을 비롯해서 항공회사, 바이오회사, 나노회사, 벤처투자자들도 진입할 수 있을 정도로 장벽이 낮아진다.

둘째, 자동차의 업이 바뀌기 때문에 완성차를 만들지 않더라도 자동차 시장에서 무언가 얻어낼 먹거리가 있다. 바뀌는 자동차의 업은 두 가지다. 하나는 자동차가 생활 '공간'이 된다는 점이다. 거실 공간이 될 수 있고, 침실 공간이 될 수 있으며, 공부하는 공간이나 일하는 공간이 될 수도 있다. 노는 공간이 될 수도 있다. 우리가 원하는 모든 공간으로 변할 수 있다. 다른 하나는 자동차가 스마트 디바이스가 된다는 점이다. 지금의 스마트폰처럼. 업이 바뀌면서 미래자동차는 기존의 내연기관 자동차와는 차원이 다른 산업 규모를 갖게 된다. 당연히 차원이 다른 산업 연계성을 갖게 된다.

2008년 글로벌금융위기 이후로 미국과 유럽의 선진국들은 부동산 시장에서 예전같은 투자이익을 얻기 힘들게 되었다. 기존 제조업에서도 큰 부가가치나 투자수익을 얻기 힘들다. 그런데 글로벌 자본은 미국과 유럽에 가장 많이 몰려 있다. 이 돈이 갈 곳을 찾아야 한다. 시장도 크고, 파생 비즈니스도 많고, 연결할 수 있는 기술과 아이디어가 넘쳐나는 무언가가 필요하다. 게다가 먼 미래가 아니라, 가까운 미래에 붐을 일으킬 수 있어야 한다. 1~2년 수익을 얻고 끝나는 작은 시장이 아니라, 최소 10~20년 이상 계속해서 높은 수익을 낼 가능성이 충분한 시장이어야 한다.

이런 요구에 가장 부합하는 최적의 대상이 미래자동차다. 이것이 미래자동차산업이 변화의 주도자로 부상하는 이유다. 한 발이라도 담그지 않으면 안 되는 이유다. 그런데 기존 자동차 회사들은 자기들의 밥그릇이 커지는 것은 좋지만, 문턱이 낮아져 더 많은 경쟁자들과 나누어 먹어야 하는 게 불편하다. 먼저 선을 긋지 않으면 자칫 기존의 자기 몫마저 빼앗길 판이다. 그래서 이들도 서두르고 있다.

미래자동차 시장의 가능성을 본 새로운 경쟁자들은 더 빨리 뛴다. 내수시장만으로도 스스로 산업 하나를 만들어낼 수 있는 인구 잠재력을 가진 중국도 미래자동차산업에서 미국과 유럽을 추월하려고 뛰기 시작했다. 전통적인 내연기관 자동차에서 미국과 유럽, 일본 회사를 뛰어넘기 어렵다는 것을 잘 아는 중국은 미래자동차에 승부를 걸었다. 중국의 미래자동차 시장은 매년 250~200%씩 성장하고 있다. 전기자동차에서도 중국이 세계 최대 시장이다.

중국은 친환경자동차, 전기자동차, 자율주행자동차 등의 필요성이 미국, 유럽, 일본보다 더 절박하다. 중국은 대기오염이 심각하다. 14억 명까지 늘어나는 인구가 풍족하게 쓸 정도의 석유나 천연가스도 없다. 석유와 천연가스 중심의 에너지 운용을 바꾸는 것이 에너지 안보 문제와 연결된다.

세계 최대의 시장을 가지고 있다는 자신감을 바탕으로 중국 정부도 미래자동차에 대한 지원을 강화하고 있다. 중국의 자동차회사는 물론이고, 애플의 아이폰을 생산하는 폭스콘, IT 회사인 바이두, 텐센트, 알리바바 등이 미래자동차산업의 엄청난 잠재력을 간파하고 본격적으로 뛰어들었다. 구글, 테슬라, 애플 등 미국은 미래자동차 분야에 세계 최고의 기술을 가지고 있다. 그러나 기술을 가진 것과 시장을 만드는 것은 다르다. 자동차 기술이 영국과 독일 등 유럽에서 먼저 개발되었지만, 자동차 종주국이 된 나라는 미국이다. 전 세계 디젤차 판매의 20%를 장악했지만 배기가스 조작 사건으로 창사이래 최고의 위기에 봉착한 폭스바겐도 '친환경' 키워드를 디젤에서 전기차로 전환하면서 생존을 모색하기로 결정했다.[2] 이것이 비즈니스다. 미국과 유럽 기업도 더 빨리 뛰지 않으면 중국에 밀릴 수 있다. 미래자동차산업이 생각보다 더 빠르게 속도를 올리는 이유다.

필자의 예측대로 2020년부터 자율주행자동차의 상용화 시대가 열리면 업의 변화에 가속도가 붙을 것이다. 지금은 자동차가 조금씩 똑똑해지는 단계이다. 2025~2030년에는 완전 자율주행자동차의 상용화가 시작될 것이다.

20세기 후반에 컴퓨터와 인터넷 기술이 대중화되어 정보화 시대라는 새로운 시대를 열게 되었다. 21세기 들어서 전자정보통신IT 기술은 20세기에 만들어진 거의 모든 산업에 전방위적으로 영향을 미치면서 산업을 재창조하고 있다. 자동차도 그 길을 따르게 될 것이다.

그러나 기존 자동차 업계에서는 자동차와 IT의 결합을 멋진 옷을 입는 것쯤으로 생각한다. IT는 여전히 자동차산업의 하녀에 불과할 것이라고 자만한다. 자율주행자동차가 상용화되더라도 자동차산업의 지형을 바꾸지 못할 것이라는 착각에 빠져 있다.

미래의 자동차산업은 자동차 중심Vichcle Centric의 물리적 기계장치 혹은 운송장치가 아니다. 자동차의 모습, 구조, 조작 및 운영 방식, 유통 및 활용 방식 등 모든 것이 혁명적으로 변할 것이다. 자동차의 동력 장치, 동력 전달 장치, 조향 장치, 안전장치, 몸체, 연료 등 모든 것이 바뀐다. 자동차 제조는 물론이고 판매, 수리, 유지, 관리 방식도 달라진다.

미래자동차 시장에 들어온 낯선 경쟁자들

경쟁자도 달라질 것이다. 애플, 구글, MS 등의 IT 기업을 필두로, 테슬라, 인텔 같은 기업, 더 나아가 보잉 등의 항공사들도 미래자동차 산업에 뛰어들 것이다. 바이오 기술 회사나 나노 기술 회사도 잠재적인 경쟁자가 될 수 있다. 자율주행운전 능력의 경쟁을 넘어, 공간산업, 인공지능산업, 엔터테인먼트산업까지 확장되고, 새로운 도시 교통 비즈니스 모델이 속속 등장할 것이다. 자동차가 공간 산업이 되기 때문이다.

자동차가 운행할 수 있는 영역도 땅을 다니는 지상 이동물체의 한계를 넘어 21세기 안에 하늘, 강, 바다까지 확장될 것이다. 미래자동차는 기계 장치에서 벗어나 인공지능 스마트 디바이스로 전환된 후, 로봇기술과 융합되어 인공지능 로봇 디바이스가 될 것이다.

2005년, MIT 슬론경영대학원 교수인 프랭크 레비Frank Levy와 리처드 머네인Richard Murnane은 자신들의 저서 〈새로운 분업The New Division of Labor〉에서 숫자 계산을 하거나 규칙에 따라 하는 일은 컴퓨터에 의해서 완전히 자동화 될 것으로 예측했다. 그렇지만 앞으로도 '도로 운전' 같은 일은 절대로 컴퓨터가 자동화할 수 없을 것이라고 확신했다.

또한 복잡하고 감성적이고 모호한 의미를 담은 말은 컴퓨터가 이해하기 힘들 것이라고도 했다.³ 하지만 이 두 가지 예측은 10년 만에 틀린 예측이 되고 말았다. 하나는 구글에 의해서 깨졌고, 다른 하나는 IBM의 왓슨에 의해서 깨졌다.

2012년까지만 해도 구글은 차량 탑재 기기 사업에 직접 개입할 의사가 없었다. 하지만 애플이 2013년 6월 10일 샌프란시스코에서 열린 애플세계개발자회의WWDC, The Apple WorldWide Developers Conference에서 'iOS in the Car' 계획을 발표하면서 달라졌다. 구글은 애플의 자동차산업에 대한 적극적 개입에 대응하기 위해 2014년 1월 6일, OAAOpen Automotive Alliance를 결성했다. 구글이 주도하고 GM, 아우디, 혼다, 현대, 엔비디아 등이 참가한 OAA는 안드로이드 단말기와 차량 탑재 기기의 연계성을 높이고, 차량 탑재 기기를 안드로이드 운영체제로 작동시키는 것을 목적으로 한다.⁴ 미래자동차산업의 주도권을 두고 애플과 구글의 차량 탑재 기기의 표준화 전쟁이 시작된 것이다.

구글이 노리는 것은 다섯 가지다.

1. 안드로이드 운영체제를 미래형 자동차에 장착하여 자동차 생태계를 장악하는 것
2. 구글이 개발하는 인공지능 서비스가 자동차 및 자동차 탑재 기기 전반의 통제자가 되게 하는 것
3. 자율주행자동차에 중요한 기술인 지도 정보와 위치 정보 해석 기술을 제패하는 것
4. 이를 기반으로 한 O2O 서비스의 장악
5. 구글 검색, 스마트폰, 웨어러블 기기, 사물 인터넷, 스마트 자동차,

이를 위해 구글은 자체적으로 자율주행자동차를 개발 중이다. 구글은 미국 DARPA_{Defense Advanced Research Projects Agency}(국방고등연구원)가 주최한 2007년 무인 자율주행자동차 경주대회에 참가한 자동운전 연구자를 전원 스카우트했다.[5] 그리고 2009년 도요타의 프리우스를 개조한 자율주행자동차 실험을 시작했다. 2012년에는 법적으로 자동운전 주행이 허용되는 네바다 주의 공공도로에서 세계 최초로 자율주행자동차 운행 시험을 시작했고, 2013년부터는 캘리포니아, 뉴욕, 뉴저지, 매사추세츠, 워싱턴, 미네소타, 미시간, 위스콘신, 사우스캐롤라이나 주 등에서도 도로주행 시험을 시작하면서 수십만 마일의 운행 기록과 정보를 축적해 가고 있다.[6]

구글이 자율주행자동차에서 심혈을 기울여 연구하는 것 중의 하나는 '3D 지도'다. 3D 지도 기술은 자율주행자동차에 매우 중요하다. 3D 지도가 사람의 눈의 역할을 하기 때문이다. 3D 지도의 정밀성과 정확성은 2.0의 시력을 가지고 운전하느냐, 흐릿한 시력으로 운전하느냐의 차이를 가른다. 구글은 자동차 시력을 확보하기 위해 4가지 데이터를 덧씌워 3D 지도를 만든다. 첫째, GPS_{Global Positioning System}로 오차범위 5m 내외의 위치를 측정한다.[7] 위성위치측정 시스템이라 불리는 GPS의 본래 이름은 GNSS_{Global Navigation Satellite System}(글로벌위성항법 시스템)다. 1960년대부터 미국은 군사용 위성위치측정 시스템을 거의 독점적으로 개발해 왔다. 1993년 12월에 빌 클린턴 대통령은 국민의 세금으로 연구 개발한 GPS 기술을 민간에서 사용할 권리가 있다고 보고, 민간 이용을 허가했다. 그 후로 2010년 러시아, 2012년 중국, 2014년 유럽연합이 독자적인 GNSS를 운용하기 시작했다. 현재 우리가 사용하는 것은 위성위치측정의 정밀도가 한층 높아진 '멀티 GNSS'인데, 민간 기업의 GNSS 사용의 대부분은 자동차와 스마트폰 용이다.[8] 스마트폰이나 자동차에 장착된 GPS 수신 장치는 최소 4기의 위성으로부터 신호를 받는데, 정밀도가 5~10m 정도인 저가형 기기이다. 만약 정밀도를 더 높이려면 미국, 러시아, 유럽연합, 중국, 일본이 운용하고 있는 SBAS~Satellite Based Augmentation System~이라 불리는 정지위성형 위성항법 보강 시스템의 도움을 받아야 한다. 측량이나 건설 기기용은 1cm 정도까지 오차범위를 줄인 정밀도를 자랑한다. 자동차나 스마트폰을 만드는 회사들은 앞으로 10cm 정도의 오차 범위를 갖는 정밀한 수신기 제작을 목표로 하고 있다.[9] 구글의 GPS는 스마트폰이나 일반 자동차에 달린 수신기보다 훨씬 더 정밀한 측정 범위를 갖는다. 여기에 구글 지도와 구글 어스에 화상 처리 프로그램인 '피카사~Picasa~'를 결합시켜 기본적인 3D 지도를 만든다. 그 다음으로 교통 표식, 신호등, 노면 표시 등의 도로 인프라 정보를 입력한 데이터를 덮어씌운다. 마지막으로 구글 자동차에 부착된 각종 탐지 장치에서 수집한 3D 자료를 보강하여 인공지능이 사용하는 아주 정밀한 '3D 지도'를 만든다.[10] 구글의 자동차 지붕에는 1분에 300~900번 회전하는 '라이다~Lidar~'라는 장치가 달려 있다. 이 장치는 미국 벨로다인~Velodyne Inc.~ 사가 만든 것으로, 음파 기술을 사용해서 자동차 주위에 있는 건물과 자동차 같은 사물은 120m, 노면 상황은 50m를 360도 측정하여 3D 지도를 만든다. 이외에도 자동차의 앞뒤에 밀리파 레이더, 차 안에는 단안 렌즈 카메라를 부착하여 내외부의 정보를 수집한다.[11]

여기에 추가적인 데이터를 덧붙일 수 있다. 구글은 운전자가 도로를 달릴 때 진입 속도, 브레이크를 밟는 지점, 코너링의 속도 변화, 커브길을 돌아 나갈 때의 가속도 변화 같은 자동차의 운동 상황을 판단하면서 도로의 기울기, 커브 길의 곡률과 높이 차이, 차선폭 등의 미묘한 도로 상황 변화를 실시간으로 감지하고 데이터화하여 클라우드에 저장, 분석, 예측하게 하는 똑똑한 3D 지도를 만드는 기술을 가지고 있다. 앞으로는 엔진, 서스펜션, 브레이크, 타이어 등의 차량 내부 정보와 실시간 날씨와 시간별로 변하는 노면의 상태까지도 포함하고 운전자의 운전 특성까지도 연결할 수 있다.[12] 이렇게 만든 지도는 자율주행자동차의 성능 향상에 직결된다.

정밀한 지도 데이터는 O2O 서비스와 연결하기 쉽다. 지도 데이터에 주변의 상점, 건물, 각종 서비스 등을 연결해서 소비자가 움직이는 동선에서 실시간으로 물건을 구매하고 광고 및 각종 서비스를 소비할 수 있기 때문이다. 특별히 하루에 2~4시간씩 매일 고정적으로 자동차 안에 머물러야 하는 소비자들을 대상으로 한 O2O 서비스는 인터넷 쇼핑이나 홈쇼핑을 능가하는 황금알을 낳는 거위가 될 것이다. 자율주행자동차에서 '3D 지도 정보와 위치 정보 해석 기술'이 얼마나 중요한지는 BMW, 다임러, 아우디 컨소시엄이 약 3조 2,000억 원에 노키아의 지도서비스인 '히어HERE'를 인수한 것을 통해 알 수 있다.

생활 공간이 되는 미래자동차

점점 많은 회사들이 미래자동차의 이런 가능성을 알아차리기 시작했다. 더 많은 회사가 투자를 감행하면서 성능 향상이 더욱 빨라지고 있다. 성능 향상이 빨라질수록 미래형 자동차산업의 시기도 앞당겨지고 있다.

자율주행은 4단계로 발전한다. 1단계는 '동일 차선에서 연속 주행'이다. 이 기술은 2013년부터 앞차의 주행 속도에 따라 자동으로 차량 속도가 조절되는 능동정속주행기능과 차선유지 보조시스템으로 현실화되었다. 2단계는 '차선 변경이 동반되는 연속 주행'이다. 전방에 낙하물이 떨어지거나 돌발사태, 공사, 차량 정체가 발생할 때 회피해 가는 기능이다. 3단계는 고속도로 상에서 '분류, 합류, 정체 시의 완전 자율주행'이다.[13] 4단계는 3단계의 기능을 일반도로 상에서 실현하는 것이다. 구글의 자율주행자동차는 마지막 단계를 목표로 다양한 실험을 진행 중이다. 미국 정부는 자율주행자동차뿐만 아니라 '프레데터'같은 무인항공기도 완전한 자율주행을 목표로 연구 중이다. 구글의 자율주행자동차 프로젝트는 개발에서 해킹 및 보안에 이르기까지 단순히 한 민간회사의 상업적 연구가 아니라, 미국 DARPA와 긴밀하게 연결된 국가 안보 및 미래 경쟁력 차원에서 진행하는 프로젝트다.[14]

미래자동차는 어른들이 가장 좋아하는 똑똑한 장난감이 될 것이다. 개인과 가족의 일상생활을 자동차라는 공간까지 확장하게 될 것이다. 자율주행기능이 탑재되면 운전자와 가족은 또 하나의 편리하고 즐거운 생활공간으로 자동차를 이용하려는 욕구를 갖게 된다. 자동차의 외부는 자기표현 디스플레이 공간이 되고, 자동차 디바이스는 어느 회사 제품이 더 똑똑한가를 겨루게 되며, 자동차 내부 디자인은 자기 관심사를 소비하고 정체성을 담아내는 나만의 공간, 우리 가족만의 공간이 될 것이다. 사람은 자동차 내외부의 모든 공간을 활용하여 자동차와 사람과 다른 사물들과 소통하게 될 것이다.

미래의 자동차 회사는 자동차를 만들어 파는 데 그치지 않는다. IoT, 빅데이터 기술 등을 활용해서 자동차 제조, 운송, 판매, 수리, 검사, 중고차 거래, 폐차까지 자동차의 일생을 관리하게 될 것이다.[15] 이것이 자동차 회사의 새로운 비즈니스 모델이 될 것이다. 고객관리에 대한 새로운 개념이 만들어져서, 더욱 세심한 고객 서비스 모델을 개발하고, 자동차를 중심으로 새로운 서비스들을 개발하고 판매할 수 있게 될 것이다. 보험사는 자동차 회사들이 보유한 빅데이터를 기반으로 새로운 보험 상품을 만들 수 있게 된다.

미래자동차에 들어올 기술들

미래자동차에는 자전거나 오토바이를 대체할 수 있는 1~2인용 초경차超經車 같은 초소형 디바이스도 포함된다. 이 정도 크기의 자동차는 자전거처럼 집안으로 가지고 들어오는 새로운 문화를 만들 수 있다. 단순히 자전거가 아니라, 사이즈가 큰 1인용 쇼파나 의자처럼 취급되어 집 안에 있는 다른 스마트 기기들과 연동하여 사용할 가능성도 있다. 집안이나 거실, 현관까지 가지고 들어 올 수 있기에 충전도 쉽고, 이용 가치도 더 높아진다. 초소형 자동차는 집 밖에서뿐만 아

니라, 집 안에서도 개인 학습공간이나 사무실, 나만의 오락 공간이 될 수 있다.[16]

모든 웨어러블 디바이스가 인공지능 스마트 디바이스인 자동차와 연결될 것이다. 예를 들어, 구글 글래스는 운전할 때 선글래스 대신 착용하는 아이템이 될 수 있다. 자율주행자동차들 간의 연결이 가능해서 집단 주행도 가능하다. 이것을 '플래투닝Platooning'이라고 부르는데, 원래는 군대에서 소대 활동을 의미하는 용어이다. 출퇴근 때나 여행을 갈 때, 고속도로와 같은 특정 도로에 진입하면 전철이 연결되듯 주행하는 차량 행렬에 자신의 자동차를 붙였다 떨어뜨렸다 하면서 목적지까지 주행하는 방식이다. 단독 주행보다 공기 저항이 감소해 연비를 줄일 수 있다. 국가 차원에서 카풀처럼 일종의 권장문화로 만들 수도 있고, 여행사나 동아리 모임에서 플래투닝 주행을 적극 활용할 수도 있다.[17] 완전 자율주행자동차가 실현되면 운전 방식이나 차량의 종류에 따라서는 운전 가능연령의 조정도 필요하게 된다. 운전을 시작하는 나이는 더 낮춰지고, 고령자라도 안전하게 운전을 할 수 있게 될 것이기 때문이다.

미래자동차, 이동형 플랫폼

미래자동차의 마지막 특징은 이동형 플랫폼이 된다는 점이다. 스마트폰이 IoT 시대의 손안의 플랫폼이라면, 미래자동차는 IoT 시대의 이동형 플랫폼이 될 것이다. 이런 변화는 전통적인 자동차산업에는 없는 새로운 비즈니스 개발의 소재, 구매 욕구를 자극하는 새로운 소재를 만들어낼 것이다. 미래자동차는 플랫폼이 되어 자동차 본래의 운동 특성 중심에서 벗어나 이동형 공간, 플랫폼, IT, BT, NT, ST, ET 등이 융복합되는 테스트베드가 될 것이다.

참고로 전기자동차는 IT 영역에 포함되면서 '성능이 18개월마다 2배로 증가한다'는 무어의 법칙을 따른다. 그래서 내연기관 자동차는 전기자동차의 혁신적 발전 속도를 따라잡지 못할 것이다. 예를 들어, 내연기관에서 사용되는 석유에너지는 21% 정도만 운동에너지로 바뀌어 사용되고 나머지 79%의 에너지는 연기로 사라진다. 지난 100년 동안 기술을 개발한 결과물이 이 정도인데, 앞으로 휘발유 엔진이 발전해도 에너지 효율성의 한계는 25~30% 정도다. 이에 반해 테슬라 1세대인 로드스터의 에너지 전환 효율은 88%였고, 10년 이내에 99.99%에 도달할 것이다.

그리고 전기자동차는 수리 및 유지 보수 비용이 내연기관 자동차에 비해 1/10에 불과하고, 연료비용도 1/10이나 무료에 가깝다. 미래의 전기자동차는 바퀴 안에 전기 구동 모터, 조향 모터, 서스펜션, 브레이크 시스템을 통합할 수 있다. 이미 MIT의 고故 윌리엄 미첼William J. Mitchell 교수가 이끌었던 연구팀은 이 모든 기능을 통합한 신기술인 '로봇바퀴'를 개발했다. 전기자동차의 4개 바퀴가 전부 로봇바퀴로 대체되면 출력의 향상은 물론이고 바퀴를 90도 회전하며 주차하는 꿈의 기술이 가능해진다.[18]

전기자동차와 인공지능의 결합은 미래의 자동차를 소프트웨어 중심 디바이스로 만들 것이다. 자동차가 달리는 동안 생성해 내는 엄청난 데이터, 사용자의 운전 취향, 운전자의 상태, 도로 상황 및 주변 상황 데이터 등이 실시간으로 수집되어 인공지능에 의해 처리된다. 엄청난 양으로 쏟아져 나오는 데이터를 통해 학습한 인공지능은 더 빠른 속도로 자동차의 성능을 개선하고 소프트웨어 성능 업데이트를 유도할 것이다. 그래서 내연기관 자동차가 따라올 수 없을 정도의 하드웨어, 소프트웨어 업데이트 주기를 갖게 될 것이다. 쉽게 말해 휴대폰의 성능이 향상되는 속도로 업그레이드 된다는 뜻이다.

인간의 몸도
비즈니스의 공간이 된다

손, 자동차, 건물, 길 등의 공간은 미래기술과 미래산업의 각축장이 되면서 발전을 할 것이다. 마찬가지로 인간의 몸도 공간으로 인식되면서 미래기술, 미래산업의 성패를 가르는 아주 중요한 격전지로 부각될 것이다. 그 과정에서 인간의 몸도 한 단계 더 발전하고 확장된다.

1989년, 추수감사절을 보내러 고향으로 돌아가던 쉐리 로버츤은 자동차 사고로 얼굴과 뇌에 심각한 손상을 입었다. 얼굴이 밀리면서 코뼈가 뇌에 박혀 뇌 전체가 심각하게 부어올랐다. 오른쪽 전두엽의 일부를 절개해야 했고, 망막도 거의 사라졌다. 큰 수술 끝에 쉐리는 기적적으로 살아났지만, 19살의 나이에 시각 장애인이 되는 것은 피할 수 없었다. 그 끔찍한 사고 이후, 그녀는 여느 시각장애인들과 다름이 없는 삶을 살기 시작했다. 하지만 37살이 되던 해, 쉐리 로버츤에게 기적과도 같은 일이 벌어졌다. 로봇공학과 생체공학이 결합된 최첨단 기술이 그녀에게 '사이보그 인간'이라는 새로운 삶을 선물했다. 카메라가 달린 안경이 그녀의 눈을 대신했다. 카메라를 통해 들어온 정보는 컴퓨터에 의해 뇌가 이해할 수 있는 전기 신호로 바뀌어 전선을 통해 시각 피질로 전달된다. 그러자 기적같은 일이 벌어졌다. 그녀의 뇌가 세상을 보기 시작했다.

이 놀라운 아이디어를 생각해낸 사람은 윌리엄 도벨이라는 과학자였다. 도벨은 시각 피질이 완전하게 발전한 후 사고로 시각을 잃은 경우 비디오 카메라를 통해 들어온 시각 정보를 뇌에 직접 연결하면 시력을 회복할 수 있을 것이라는 이론을 주장했다. 하지만 그의 아이디어를 인간에게 직접 적용하는 수술은 위험해서 FDA의 승인을 받지 못했다. 하는 수없이, 윌리엄 도벨은 포루투갈로 건너가서 지원자를 모집했다. 그리고 이 역사적인 수술에 쉐리 로버츤이 선발되었다. 2003년 리스본에서 뇌를 절개하고 후두엽과 정수리에 수백 개의 전극이 있는 금속판 두 개를 연결하는 수술이 시작되었다. 4시간에 걸친 대수술이었다. 수술이 끝난 후, 쉐리의 머리에는 두 개의 구멍이 뚫려 있었는데, 그중 한 곳의 상처가 좀처럼 아물지 않아서 두 번째 수술을 했다. 3개월 후, 수술 부위가 완전히 아물자 의사는 두 개의 구멍에 전선을 연결했다. 조심스럽게 전기 자극을 시작하자 쉐리의 입에서 탄성이 터져나왔다. 빛이 보이기 시작했던 것이다. 쉐리는 세계에서 두 번째로 '인공 시각bionic eye'을 가진 사이보그 인간이 되었다. 세계 최초로 수술을 받은 사람은 옌스 나우만이라는 독일 사람이다. 옌스 나우만도 수술 후 초기에는 전기 자극에 의한 뇌 손상이 발생할 정도로 후유증이 있었다. 하지만 뇌가 새로운 기계에 서서히 적응하자 몇 달 후 놀라운 결과를 만들어냈다. 완전히 시각을 상실했던 그가 자동차를 운전할 정도로 시각을 회복한 것이다. 옌스 나우만의 장치는 쉐리 로버츠에게 이식된 것보다 한 단계 아래 수준이었지만 놀라운 성과를 만들어낸 것이다.[19] 하지만 안타깝게도 이 놀라운 연구를 진두지휘했던 윌리엄 도벨 박사가 2002년 사망하면서 연구는 제자리를 맴돌고 있다. 그러나 무모하게만 보였던 윌리엄 도벨 박사와 쉐리 로버츠의 위대한 도전은 미래의 가능성을 보여 준 쾌거로 평가받는다.

2014년에는 4년간 전신마비로 살아온 23살의 이안 버크하트라는 청년이 뇌인터페이스 기술의 도움으로 생각만으로 자신의 손을 움직이는 놀라운 기적의 주인공이 되었다. 뇌에 심어 놓은 4mm 마이크로칩이 손을 움직이라는 뇌의 명령을 포착하여 손에 부착된 근육 자극 장치에 컴퓨터 신호를 보내서 기적처럼 손을 움직이게 한 것이다.

인간과 기계의 경계가 파괴된다

현재 과학자들은 인간의 지능을 향상시키는 데도 관심을 가지고 있다. 미국 남가주대학의 버거Theodore Berger 박사가 이끄는 연구팀은 쥐의 해마를 1mm 두께로 얇게 자른 후, 여기에 전기 신호를 보내서 해마의 작동 기능을 분석하는 연구를 시행 중이다.[20] 일련의 개별 기능 칩들이 다시 하나의 칩으로 합쳐지면 해마의 기능을 대신할 수 있는 인공 해마가 완성될 수 있다는 논리에 기반한 연구이다. 미국의 연구진들은 이 원리를 쥐에 적용하는 실험에서 쥐의 기억력을 50% 향상시키는 데 성공했다. 인간 뇌의 기능 전체나 혹은 일부분이라도 완벽하게 복원하는 기술로 발전하려면 최소 50년 이상의 시간이 필요할 것이다. 하지만 인간과 기계의 경계가 점점 모호해지고 있는 것만은 분명하다.

현재 뇌신경 지도를 그리고 분석하는 연구가 진행 중이다. 고령사회가 되면서 점점 더 큰 문제가 되는 치매와 심각한 사회적 문제가 되어가고 있는 각종 정신질환 문제도 머지않은 미래에 정복될 것이다. 평균 수명이 늘어난 지금, 그리고 지금보다 평균 수명이 더 늘어날 미래에는 치매가 큰 문제다. 잘 늙지도 않고 죽지도 않는 몸을 갖게 되는 것만큼 정신의 수명도 연장되어야 하고 건강도 확보되어야 한다. 그래서 지금 세계가 인간의 정신에 대해 끊임없이 연구하고 있다. 이미 빛을 이용한 뇌지도 영상화 기술로 뇌의 정보 습득 과정이 밝혀졌다. 독일과 캐나다 공동연구팀이 기존보다 50배나 정밀한 '3D 뇌지도'를 완성했다. 독일 율리히 신경의학연구소 카트린 아문트Katrin Amunts 박사 팀은 '빅 브레인Big Brain'이라는 3D 뇌지도를 제작했다. '빅 브레인'은 800억 개의 신경세포(뉴런)를 분석해 10년 만에 완성한 매우 세밀한 뇌 해부도로 자기공명영상MRI보다 10만 배 많은 데이터를 포함하고 있다. 연구자들은 '마이크로톰(절단기)'이라는 불리는 특수 장비로 뇌를 0.02mm 두께로 잘라 미세 현미경으로 단층 촬영해 6,572장의 사진을 완성했다. 연구에는 뇌 질환이나 정신질환을 앓은 적이 없이 사망한 65세 여성의 뇌에 파라핀을 채운 다음 머리카락보다 훨씬 더 가는 0.02mm 두께로 잘랐다. 총 7,400개의 단면 조각으로 자른 뇌를 미세현미경으로 단층 촬영한 후 이를 모아 입체적인 뇌 해

부도를 완성했다. 세포 구조를 보여줄 수 있도록 이 조각을 하나씩 염색하고 고해상 스캐너로 디지털화한 뒤 이를 컴퓨터로 재구성해 정밀 해부도를 완성한 것이다.

이렇게 완성된 '빅 브레인'은 뇌 조직을 $1\mu m$(1,000분의 1mm) 단위까지 볼 수 있다. 기존 MRI와 비교해 50배 세밀한 뇌 해부도를 만들었다는 점에서 초정밀 뇌지도인 셈이다. 빅 브레인은 건강하거나 병에 걸린 뇌에 대한 새로운 지식을 제공한다. 마치 구글어스로 지형을 찾는 것처럼 뇌 구조를 찾아볼 수 있게 된 것이다. 사실 인간의 대뇌피질은 매우 주름져 MRI나 fMRI 등의 영상 기술로는 연구에 한계가 있었다. 빅 브레인은 알츠하이머, 파킨슨병 등 피질 두께의 변화와 깊은 관련이 있는 뇌 질환 연구에 특히 크게 활용될 것이다. 이 연구 결과는 23개국 80개 이상의 신경과학 연구기관에 무료로 제공되어 전체 두뇌 영역의 상호작용과 분자 수준의 뇌 영역 연구에 활용되고 있다. 고령화 사회의 대표적 질병인 치매의 발병을 사전에 예측하고 진단할 수 있는 뇌지도를 구축하는 데에도 빅 브레인을 활용할 수 있다.

로봇과 뇌가 결합할 때

사이보그 인간은 SF 소설에나 등장하는 낯설고 황당한 미래가 아니다. 먼 미래의 이야기이지만, 21세기의 인간은 근본적으로 '사이보그'가 될 가능성이 크다. 누구나 질병과 노화가 불러오는 고통에서 벗어나고 싶어 한다. 누구나 건강한 몸과 예리한 정신을 가지고 오랫동안 살고 싶어 한다. 이를 위해 많은 사람이 과학과 기술의 도움을 받을 가능성이 크다. 먼 미래로 가지 않더라도, 사이보그 인간이라는 개념을 넓혀서 과학기술의 힘을 빌려 긴 수명과 건강, 신체적·인지적 능력, 감정의 통제 측면에서 '강화된 인간'이라고 규정한다면, 우리는 모두 이미 사이보그나 마찬가지다.[21]

2035년, 일본은 65세 이상 인구가 전체 인구의 40%를 넘는다. 한국은 2035년에 65세 이상의 고령 인구가 전체 인구의 30%에 이른다. 독일도 2035년이면 65세 이상이 30%, 영국과 미국은 2030년이면 20%에 이른다. 중국은 2020년에 65세 이상의 노인이 전체 인구의 14%인 2억 4천 명, 2040년이면 4억 명에 이르게 될 것이다. 인공지능, 입는 로봇, 사이보그, 휴머노이드 로봇 기술은 고령 인구를 보살피는 데, 혹은 노인들이 생물학적으로 약해진 자신의 몸 기능을 스스로 보완하는 데 가장 도움이 되는 기술이기 때문에 피할 수 없는 미래다.

세계에서 가장 먼저 초고령사회에 진입한 일본에서는 근력 보완을 필요로 하는 노인을 위한 '입는 로봇'의 대량생산이 이미 시작되었다. 2014년부터 판매를 시작한 5kg짜리 '입는 로봇'을 입으면 여성이나 노인들도 무거운 물건을 가볍게 들 수 있고, 압축공기를 수축하여 움직이는 인공 근육의 도움으로 튼튼한 보조 허리를 가질 수 있다. 노인이라도 5초면 쉽게 입을 수 있고, 정부 보조금을 받으면 월 20만 원의 비용으로 사용할 수 있기에 2014년 판매가 시작하자마자 500대 선주문이 들어올 정도로 인기가 좋다고 한다.[22] 이런 일들은 일본에서만 일어나는 일이 아니다. 2013년 말을 타다가 떨어져서 중상을 입어 하반신을 사용할 수 없게 된 존조 브라이트라는 전직 기수는 미국의 웨어러블 로봇 제작회사인 엑소 바이오닉스가 개발한

'인간 외골격Human Exoskeleton 로봇'을 입고 다시 걸었다. 1992년 스키 사고로 걷지 못하게 된 아만다 박스텔이라는 사람은 3D 프린터로 제작한 바이오닉 슈트를 입고 22년 만에 스스로 걸어서 시내를 돌아다니게 되었다. 바이오닉 슈트는 뇌파와 연동하여 사람의 생각만으로 움직이는 입는 로봇이다. 유럽은 2012년, 미국은 2013년에 입는 로봇의 판매를 승인했다. [23]

어디를 공격할 것인가: 5가지 제품군

GREAT CHALLENGE 2030

전략 목표를 찾는
5×5 매트릭스

5×5 매트릭스에서 가로축이 5개의 공간이라면, 세로축은 5개 공간을 채울 유무형의 사물들이다. 필자는 그 사물을 5개 군으로 분류했다. 하드웨어, 소프트웨어, 플랫폼, 콘텐츠, 완제품 군이다. '5×5 매트릭스'를 그림으로 그리면 아래와 같다.

5개의 공간과 5개의 사물 매트릭스

	손	자동차	건물	길	몸
HW 群					
SW 群					
플랫폼 群					
콘텐츠 群					
완제품 群					

미래 하드웨어의 핵심,
로봇

　　　　　　　　5개 공간에 채워질 첫 번째 사물
은 하드웨어 군이다. 2030년까지의 미래산업과 관련해서 하드웨어
군은 미래 디바이스를 만드는 데 필요한 부품과 소재, 모듈을 의미
한다.

미래산업지도에서 2030년까지 핵심 디바이스는 웨어러블, 자동
차, 로봇이다. 하드웨어 군은 이 3가지의 미래 디바이스를 만드는 데
필요한 부품과 소재, 모듈들이다.(웨어러블 디바이스는 필자가 〈2030 대담
한 미래 2권(지식노마드, 2014)〉에서 자세하게 설명하고 예측했기 때문에 생략한
다) 미래자동차는 스마트폰처럼 스마트 디바이스가 된다. 로봇도 디
바이스처럼 될 것이다. 최종적으로는 자동차 디바이스와 로봇 디바
이스의 경계가 모호해질 것이다. 미래자동차와 로봇은 사람이 타고

다니는 로봇이냐 사람과 손 잡고 다니는 로봇이냐의 차이로만 구분
될 것이다.

로봇, 스마트 디바이스가 된다

지금부터 스마트 디바이스로서의 로봇, 2030년까지 하드웨어 군
의 핵심 디바이스 중 하나가 될 로봇산업에 대해 좀 더 자세히 분석
하고 예측해보자.

> ### • 로봇의 등장
>
> 한국에 로봇이 처음으로 소개된 때는 놀랍게도 일제강점기인 1923년이다. 춘
> 원 이광수는 1920년 체코슬로바키아의 극작가 카렐 차페크Carel Čapek의 희곡
> 〈로섬의 만능 로봇 R.U.R〉의 일본어 번역본을 읽고 다음과 같은 감상문을 썼다.
> "사람이 사람의 손으로 창조한 기계적 문명의 노예가 되며 마침내 멸망하는 날
> 을 묘사한 심각한 풍자극이다"[1]
> 대중매체에 처음으로 소개된 것은 1933년이다. 〈신동아〉 1933년 5월호에
> '50년 후의 세계'란 특집기사가 실렸다. 그 안에 중세 기사처럼 니켈판으로 전
> 신을 감싼 사람처럼 생긴 '미래의 노동자未來의 勞動者 로봇트 군君'이 소개되었
> 다. 이 로봇은 1932년 영국의 기술자 해리 메이Harry May가 만든 휴머노이드 로
> 봇이었다. 신동아에는 미래의 로봇 이외에도, 항공기, 기계에 의한 공장의 자동
> 화 등에 대한 예측이 실렸다.[2]
> 고대 이집트 문명의 전성기에도 로봇이 있었다. 고대 이집트는 새 왕을 선택할
> 때 왕실의 남자들이 사제들 앞을 지나가면 관절이 있는 암몬 신상이 팔을 뻗쳐
> 새 왕이 될 사람을 지목했다. 물론, 사제들이 속임수로 암몬 신상의 팔을 조종
> 하고 소리를 전달하는 관을 통해 말을 했다.[3]
> 처음으로 로봇에 대한 구체적인 개념을 설계한 사람은 16세기 레오나르도 다

빈치였다. 그는 인체 해부학에 관한 연구를 기반으로 인간의 기계적 등치물 즉, 휴머노이드 로봇을 설계했다. 하지만 레오나르도 다빈치는 생존에 로봇을 만들지는 못했다. 18세기에 들어서서, 자크 드 보캉송Jacques de Vaucanson은 1688년 드 잔드de Gennes 장군이 만든 걸어 다니며 음식을 먹는 공작 장난감에서 영감을 얻어 복잡한 날개를 지니고 아장아장 걸으며 꽥꽥 우는 기계 오리를 만들었다. 이 기계 오리는 음식과 물을 먹고 배변을 하기도 했다. 물론 속임수였다. 보캉송은 만돌린 연주가, 피아노 연주가, 플루트 연주가의 세 가지 휴머노이드도 만들었다. 보캉송의 이런 기계들은 비록 속임수였고, 움직이며 소리를 내는 장난감이었지만, 수많은 사람에게 영감을 주었다. 예를 들어, 유럽에서는 1883년 이탈리아 작가 C. 콜리디Carlo Collodi가 〈피노키오의 모험Le adventure di Pinocchio〉이라는 작품을 썼다.[4] 1900년에 미국의 동화작가인 라이먼 프랭크 바움Lyman Frank Baum은 〈오즈의 마법사The Wonderful Wizard of Oz〉라는 작품에서 주인공 도로시를 돕는 양철 나무꾼을 등장시킨다. 이때까지만 해도 소설에 등장하거나 인간의 상상 속에 있는 로봇은 인간을 돕거나 즐거움을 주는 사랑스런 존재였다. 그러나 시간이 지나면서 로봇에 대한 인간의 상상력이 넓어진다.

로봇Robot의 사전적 의미는 '사람과 유사한 모습과 기능을 가진 기계' 혹은 '스스로 작업하는 능력을 가진 기계'다. '로봇'이란 단어는 1920년 체코슬로바키아의 극작가 카렐 차페크가 자신의 희곡 "로섬의 만능 로봇 R.U.R"에서 처음 사용하였다. 극작가 카렐 차페크는 체코어로 '노동'을 의미하는 robota에서 a를 빼고 robot이라는 단어를 만들었다.[5] 카렐 차페크가 인간을 대신해서 일하는 기계에 '로봇'이라는 일반명사를 붙인 것은 어쩌면 자연스러운 일이었다. 실제로 유럽의 로봇산업은 지난 50여 년간 산업용 기계의 범주에서 주로 연구되었다. 실용주의의 나라인 미국에서는 로봇을 유럽보다는 훨씬 더 폭넓고 다양한 실용적인 도구로 인식했다.[6] 또한 헐리우드의 영향으로, 인간과 함께 살면서 인간을 돕는 로봇부터 인간과 대결하는 로봇까지 다양한 상상력이 추가되었다. 반면에 일본에서는 세상 모든 만물에 신성神性이 깃들어 있다는 범신론汎神論 사상과 만화적 상상력이 로봇에 가미되어 사람과 더불어 살며, 신적 능력을 가진 인류의 수호자라는 이미지를 가지게 되어 '인조인간人造人間'이란 단어로 불렸다. 이런 일본의 로봇 개념을 대표하는 애니메이션이 바로 전설적인 만화 작가인 데즈카 오사무가 1963년부터 제작한 '우주소년 아톰'이다. 중국에서는 로봇을 단순하게 사람을 닮은 기계라는 뜻으로 '기축인간機軸人間'[7]이라 불렀다.[8] 인간을 대신하여 일하는 기계로서의 로봇 개념과 쌍벽을 이루는 것이 인간에 대항하는 로봇이다. 1924년 야코프 프로타자노프Yakov Protazanov가 제작한 구소련 최초의 SF 영화 제목이 '아엘리타Аэлита: 로봇의 반란'이었는데 금속 옷을 입은 외계 병사 로봇이 등장하여 자본주의 체제를 비판하는 내용이 포함됐다.[9] 자본가들이 기계화를 통해 노동자들로부터 상대적 잉여가치를 착취한다는 마르크스의 사상이 반영된 것이다. 정치적 의도 외에도 이때부터 퍼지기 시작한, 로봇이 인간을 공격하고 지배하는 것에 대한 사람들의 두려움을 반영한 영화다.

로봇에 대한 또 다른 상상력은 섹슈얼리즘Sexualism, 즉 성적 판타지다. 1927년 독일의 프리츠 랑Fritz Lang이 제작한 SF 영화 '메트로폴리스'에는 여자 로봇 마리아가 등장한다. 안드로이드 로봇인 마리아는 세련되고 섹시하고 매혹적인 자태를 뽐낸다.[10]

하지만 이런 인공 피조물들이 실제로 살아나기 위해서는 전자공학적 기술이 필요했다. 드디어 1940년, 앨런 튜링이나 W. G. 월터 같은 이들은 20세기의 전자공학 기술을 활용하여 생각하는 기계, 살아 움직이는 기계를 만드는 창의적 시도를 시작했다.

카렐 차페크가 로봇이라는 단어를 사용한 지 30년 후, 1950년 12월 23일 러시아 태생의 스무 살 청년 작가 아이작 아시모프Isaac Asimov는 SF 잡지의 편집장인 존 캠벨John W. Campbell Jr.과 토론을 벌이다가 미래에 로봇이 인간을 능가할 정도가 되더라도 주인에게 대항하지 못하도록 하는 로봇법률을 만들어야겠다고 생각하게 되었다.[11] 그래서 '로봇공학의 3원칙'을 고안했고, 후에 3원칙만으로는 인간을 보호하기에 부족하다고 생각해서 〈로봇과 제국〉이라는 소설에서 0번째 원칙을 추가로 발표했다.

0원칙: 로봇은 인류에게 해를 가하거나, 행동을 하지 않음으로써 인류에게 해가 가도록 해서는 안 된다. (나머지 세 법칙도 이 0번째 법칙을 위배할 수 없다)
1원칙: 로봇은 인간에게 해를 입혀서는 안 된다. 그리고 인간이 위험한 상황에 처했을 때 아무런 행동도 하지 않아서는 안 된다.

2원칙: 로봇은 인간이 내리는 명령에 복종해야 한다. 단 1원칙에 위배될 때는 예외로 한다.

3원칙: 로봇은 자신의 존재를 보호해야 한다. 단 1, 2원칙에 위배될 때는 예외로 한다.

그러나 아시모프의 4원칙에도 불구하고 미국, 유럽, 중국 등은 무인폭격기 로 봇, 전투용 휴머노이드 로봇 등을 앞다투어 개발 중이다.

생활 속으로 들어올 로봇

앞으로 우리의 생활을 바꾸게 될 로봇의 종류를 분류해 보자.

먼저 모양에 따라 분류할 수 있다. 겉보기에 말이나 행동이 사람과 거의 구별이 안 될 정도로 꼭 빼닮은 모양의 로봇을 '안드로이드'라 한다. '안드로이드Android(인조인간)'라는 단어의 어원은 그리스어 ανήρanēr, man의 파생 단어인 ανδρός인데 '(남성) 인간을 닮은 것'이라는 뜻이다.(여성형 안드로이드는 가이노이드Gynoid(gyneka + ~oid), 페미노이드(female+android)라 부른다)[12] 예를 들어, 영화 '터미네이터'에 나오는 인조인간들이 대표적인 안드로이드다. 이 단어는 1270년 독일의 대표적인 스콜라 철학자였던 알베르투스 마그누스의 문헌에 최초로 등장한다. 프랑스 소설가 오귀스트 빌리에 드 릴아당Viller de l'Isle-Adam이 1879년 발표한 〈미래의 이브〉라는 소설에서 이 단어를 변용하여 여성 로봇을 안드레이드Andreide라고 부르면서 널리 알려지게 되었다.[13]

그 이후에 이 용어는 SF 소설에 자주 등장하면서 한 눈에 기계처럼 보이는 로봇보다는, 원형질로 배양한 피부와 장기 조직을 가지고 사람과 똑같이 만든 인조인간을 지칭하는 개념으로 사용되었다.

안드로이드처럼 겉과 속이 완전히 인간과 흡사하지는 않지만, 겉모양이 사람과 비슷하게 얼굴, 몸통, 손, 발, 다리 등을 가진 로봇이나 물체를 일반적으로 '휴머노이드Humanoid'라고 부른다.

인간이 아닌, 동물이나 곤충을 모방한 로봇도 있다. 그리고 겉모습이 전혀 로봇처럼 보이지 않는 로봇도 있다. 드론, 무인자동차, 무인잠수정 등이다. 나노 로봇과 바이오 로봇도 이런 부류에 속한다.

로봇과 인간의 관계에 따른 분류도 있다. 안드로이드나 휴머노이드 로봇의 손이나 다리, 혹은 전자공학적 부품, 기계 장기나 생체 장기의 일부를 사람의 신경이나 몸에 직접 이식하여 초인적인 능력을 갖도록 하는 것을 '사이보그Cybernetic Organism'라고 한다. 1950년대 NASA(미국항공우주국)에서 과학자들이 만들어낸 용어다. 예를 들어, 예전의 미국 드라마 '600만 불의 사나이'나 영화 '로보캅'의 주인공이 대표적인 사이보그다. 현실에서도 이런 사람이 있다. 영국을 대표하는 로봇공학자인 레딩 대학의 케빈 워윅Kevin Warwick은 스스로 사이보그가 되기를 원하는 인물이다. 수천 명의 청각 장애인도 인공와우각을 이식하는 사이보그 기술의 혜택을 보고 있다. 인공 손, 뇌신경 인터페이스, 인공장기, 망막 칩을 인간 몸에 이식하여 뉴런이 성장하면서 그것들과 연결되게 하는 의료서비스나 생체실험도 진행 중이다. 로봇의 일부를 몸 안에 심지 않고 몸 외부에 입는 방식도 있다. 일명, 입는 로봇인 '외골격 로봇Exoskeleton Robot'이다.

인간과 기계 사이의 직접적인 신경 인터페이스 시대도 열리고, 다양한 종류의 신체를 개조하는 외과 수술 가능성도 속속 발표되고 있다. 20~30년 후의 미래에는 세포 단위에서 나노 로봇이나 세포 조작 치료법을 사용하거나, 뇌에 칩이나 신경 인터넷 연결 이식 장치를 심어 초인간적 능력이나 이익을 얻는 시대도 도래할 것이다.[14]

지능의 수준에 따라서 분류하면 기계형 로봇, 인지기초 지능형 로봇, 행동기초 지능형 로봇으로 나뉜다. 산업혁명 이후 만들어진 '기계형 로봇'은 상황 판단 기능과 자율 동작 기능 없이 프로그램된 대로 명령을 수행하는 연산형 로봇이라고도 할 수 있다. 반면에, '지능형 로봇'은 환경 인식, 위치 인식, 자율 동작, 자율 이동이라는 4가지 기능을 기본적으로 갖추어야 한다.

지능형 로봇도 2가지로 나뉜다. 하나는 인지기초 지능형 로봇이다. 인지기초 지능형 로봇은 내부에 '인지기능'을 가진 지능형 로봇이다. 이 로봇은 외부환경을 인식Perception하고, 2D 혹은 3D 외부지도를 만들고, 스스로 자율적인 판단Decision과 동작Manipulation을 하는 로봇이다. 지능형 로봇의 다른 하나는 MIT 인공지능연구소 소장이며 세계적인 인공지능 학자인 로드니 A. 브룩스의 '포섭 구조Subsumption Architecture' 이론을 기반으로 한 '행동기초Behavior-based 지능형 로봇'이다.[15] 포섭 구조 이론은 로봇의 감지장치Sensor를 (인식장치를 거치지 않고) 직접 작동 장치에 연결하여 병렬적으로 분산하여 계산하는 방식이다. 로봇 안에 인식장치인 인공지능을 두지 않고, 파블로프의 개처럼 반사적 행동과 단순하게 조합된 학습장치를 통해 로봇이 단순한 계산만으로 움직이게 하는 방식이다. 보기, 걷기, 길 찾기, 미적 판단 등이 논리나 추리 같은 사유 과정이나 사고의 연쇄를 거치지 않고 즉각적으로 행해진다. 대신 센서들에 아주 빠르게 반응하게 한다.[16] 개미, 곤

충, 물고기, 철새처럼 움직이는 로봇이다. 이런 방식으로 브룩스가 만든 로봇 '징기스Genghis'는 지각과 행동을 직접 연결한 조건반사로만 학습된 단순한 계산이지만, 실제 움직임은 지능형 로봇처럼 움직인다. 징기스를 움직이는 소프트웨어는 전혀 심오하지 않지만, 징기스의 행동은 아주 심오해 보인다.[17] 브룩스의 행동기초 지능형 로봇 이론은 1986년 4월 〈로봇공학과 자동기계Robotics and Automation〉라는 저널에 게재된 후 로봇공학과 전산학에서 가장 많이 인용되는 논문 중의 하나가 되었다.

감성을 가진 로봇이 상용화되면 가족이라는 개념도 바뀌게 된다. 사람들이 애완동물을 하나의 인격으로 대하는 것처럼 감성로봇도 하나의 인격체로 대할 가능성이 크다. 현대사회에서 애완동물은 사는 물건이 아니라 자식처럼 입양하는 가족의 구성원이다. 산업용 로봇은 기계처럼 사고파는 물건이지만, 감성로봇은 예쁘고 사랑스러운 강아지처럼 입양하여 함께 먹고 마시고 여행을 갈 때도 데리고 다니고 죽으면 무덤을 만들어 주는 존재가 될 것이다.

로봇이 생활 속으로 들어오면 로봇과 함께 살기 편한 집이 인기를 끌 수도 있다. 초창기에는 로봇이 주거문화에 맞추겠지만, 시간이 지나면서 주택이나 사무실도 로봇에 맞추어 설계되고 개선될 것이다. 장애인을 배려한 공간 설계가 법제화된 것처럼 로봇이 활동하기 편한 공간 설계가 사람들에게 환영받을 것이다.

2040년 이후에는 자기복제형 로봇 개발도 가능해진다. 이미 생물의 진화 과정을 모방한 인공지능 프로그램과 로봇 기술이 개발 중이다. 2030년경이면 전 세계 거의 모든 사람이 인터넷에 연결되고, 2030~2040년경이면 모든 사물도 인터넷에 연결된 '초연결사회'가 시작된다. 자동차나 집은 물론이고, 도시, 그리고 지구 자체가 컴퓨터화된다는 뜻이다. 사람만 초연결사회의 유익을 맛보는 것이 아니라, IBM의 왓슨같은 인공지능도 이런 완전한 접속 상황을 활용한다. 2030년이면 1가구 1로봇 시대가 열리고, 로봇은 인터넷에 접속하여 원격제어를 받거나 지능을 업그레이드 받게 된다. 이 때가 되면 전 세계 네트워크에 연결된 로봇들은 서로의 기능, 학습된 지식, 감성 데이터를 주고받으며 복제할 수 있게 된다. 스마트폰을 새것으로 바꿀 때 기존 전화기의 주소록 등의 데이터를 옮기듯이, 구형 로봇을 신형으로 업그레이드하면 클라우드 저장소에 백업된 구형 로봇의 지식, 감정, 행동 데이터를 내려받으면 된다. 이런 방식으로 개인이나 가정용 로봇도 몸의 한계를 뛰어넘어 계속해서 발전할 수 있다. 아버지가 사용하던 로봇이 얻은 데이터와 학습 내용을 아들과 손자 대까지 증여하면서 종의 연속성을 유지할 수 있다. 그러면 시간이 갈수록 똑똑해질 수 있다. 로봇이 스스로 몸을 물리적으로 복제하지 않더라도 새로운 버전의 기계로 몸을 바꾸어 낄 수 있기 때문에 자기복제 효과를 낼 수 있다. 좀 더 먼 미래에는 로봇이 더 나은 자기 몸을 스스로 공장에서 생산해낼 수 있게 될 것이다.

섹스 로봇도 결혼하지 못한 청년, 부부생활이 원만하지 못한 이들, 몸이 불편한 노인들의 성생활을 보조하는 역할을 담당할 수 있다. 많은 사람이 비아그라를 이용하는 것처럼 섹스 로봇도 많은 사람이 손쉽고 은밀하게 활용할 수 있다. 프랑스 소설가 오귀스트 빌리에 드 릴아당이 1879년 〈미래의 이브〉라는 소설에서 탄생시킨 여성 인조인간 '아다리'는 남자들의 성적 환상을 투영한 최초의 안드로이드다. 네덜란드 SF 소설가 마누엘 반 로겜은 〈짝 인형Pairpuppets: 완벽한 사랑을

찾아서〉라는 소설에서 '짝 인형'이라 불리는 섹스 로봇에 대해 다음과 같이 상세히 묘사했다.[18]

"짝 인형은 이상적인 침실의 동료다. 가장 최신 버전은 자동 온도조절 장치를 설치하여 흥분 정도에 따라 피부 온도가 조절되도록 설계되었다. 소비자의 특별 주문에 따라 동작이 개선되었고, 은밀한 피부가 촉촉하게 유지되게 하였으며, 적절한 때 소리가 나는 기능도 한층 강화되었다. 우리 짝 인형은 완벽한 짝짓기 기술을 습득하고 있다."

미래의 섹스 로봇은 중국의 소녀경, 인도의 카마수트라의 비밀 등 동서고금의 비밀스런 모든 성 지식을 완벽하게 학습한 후 출시될 것이다. 감각을 탐지하거나 거꾸로 보낼 수 있는 인공피부가 이식되고, 원하는 사람의 목소리와 기본 정보를 탑재하고, 인간의 자연어를 처리할 수 있는 대화형 로봇의 형태를 가질 것이다.

이처럼 미래의 로봇은 기계 수준에 머물러 있지 않을 것이다. 미래 로봇은 사람의 힘(근력)을 극대화 하는 물리적 도구가 되고, 사람의 몸이 지구 어디나 존재하게 하는 커뮤니케이션 도구가 될 것이다. 미래 로봇은 스스로 작동하는 데 인간의 연속적 통제가 필요없게 될 것이다. 자율주행자동차처럼, 자율동작로봇 수준으로까지 발전할 것이다. 이렇게 발전하는 미래의 기계, 미래의 로봇은 인간의 생활에 위대한 혁명이 일어나게 도울 것이다. 필자는 이런 예측을 기반으로 로봇혁명을 3단계로 나누었다.

제1차 로봇혁명은 기계라는 인공 피조물이 창조된 시기로서 기계가 완전히 사람의 감시, 통제, 관리를 받던 시대다. 제2차 로봇혁명은 지난 200여 년 동안 이어진 사람들의 완전 통제에서 벗어나 기계가 반 자율성을 획득하는 시기다. 이 시기는 2030년까지 진행될 것이다. 제3차 로봇혁명은 기계가 완전 자율성, 자발성, 자기 통제력을 획득하고, 서서히 인공 피조물이라는 모양새도 탈피해가는 시기다. 2030년 이후부터 제3차 로봇혁명의 시기가 되면 로봇공학은 인간 중심으로 돌아갔던 사회의 근본적 성격을 바꾸게 될 것이다.

미래산업의 쌀, 핵심 부품·소재·모듈

웨어러블 디바이스, 미래자동차 디바이스, 로봇 디바이스는 모두 스마트 디바이스이다. 몸에 착용하는 디바이스냐(웨어러블) 사람이 안에 타고 다니는 디바이스냐(미래자동차) 사람과 함께 손잡고 다니는 디바이스냐(로봇)의 차이뿐이다. 모두 스마트 디바이스가 될 것이기 때문에 핵심 부품, 소재, 모듈이 같거나 비슷해질 것이다. 이 3가지 디바이스는 아래와 같은 10가지 정도의 공통된 모듈(장치)을 가진다. 모듈이란 어떤 특성을 갖는 기능 단위로서 부품의 집합이다.

감각장치Sensor system

시각장치vision system

감지장치Detecter system

조향장치Steering system

화면장치Display system

몸통장치Body system

동력장치Power system

동력전달장치Powertrain system

연료 및 저장장치Fuel & Battery system

기타 장치(안전장치, 안락장치 등)

5개 공간에 채워질 첫 번째 사물인 하드웨어HW 군은 위 10가지 모듈을 만드는 데 사용되는 부품과 소재 영역에 속한다. 예를 들어 감각장치는 감각센서와 동작센서 등으로 나뉜다. 감각센서는 다시 시각센서, 촉각센서, 후각센서, 미각센서, 청각센서 등이 해당된다. 동작센서는 자이로스코프센서(수평유지 동작), 가속도센서, 압력센서(비행고도제어 동작), 초음파센서(고도위치측정 동작), 지자기센서(나침판 작동), GPS 센서 등 다양하다. 이런 기술은 IoT 산업의 핵심 하드웨어 부품이 된다. 자동차나 로봇산업에서도 핵심 부품이다.

웨어러블 디바이스는 특성에 따라서 10개 모듈의 일부를 갖게 되고, 자동차 디바이스와 로봇 디바이스는 10가지 모두를 갖게 된다. 각각의 모듈에 들어가는 하드웨어 기술을 가진 회사들은 미래산업에서 유리한 위치에 서게 된다.

부품을 만드는 소재도 혁신이 계속되는 영역이다. 가장 주목받는 소재는 나노기술NT을 적용한 소재와 하드웨어 성능 혁신이다.

나노기술이
하드웨어의 진보를 이끈다

나노기술은 미래 비즈니스를 여는 동력이다. 나노기술은 소재 혁신을 통해 하드웨어 스타일을 바꾸고, 나노 차원을 다루는 기술은 기존 하드웨어의 성능도 진보시킬 것이다.

나노$_{\text{nano}}$는 10^{-9}의 크기를 나타내는 물리량의 접두사이다. 나노 산업은 원자를 다룰 수 있는 기술을 바탕으로 이루어진다. 원자를 자유롭게 다루기 위해서는 원자의 특성을 규명할 수 있는 양자역학이 필수다. 필자는 2020~2030년에 제1차 나노 혁명이 일어나면서 나노 산업이 본 궤도에 오를 수 있을 것으로 예측한다. 2035년 이후에는 제2차 나노 혁명이 일어나면서 양자역학을 기반으로 한 나노 산업이 상상을 뛰어넘는 수준으로 엄청나게 발전할 것이다.

나노 크기에서는 크게 4가지 물질 특성의 변화를 보인다. 첫째, 광학적 특성이다. 나노 영역에서는 색깔의 변화가 나타난다. 예를 들어 노란색의 금이 나노 영역에서는 빨간색으로 변한다. 둘째, 화학적 특성이다. 나노 영역으로 들어가면 표면적이 급격히 증대되어 새로운 화학적 특성이 나타난다. 예를 들어 은은 나노 수준의 입자 크기에서는 세척력을 갖는다. 셋째, 기계적 특성이다. 결정립Grain 크기 영역에서 새로운 기계적 특성이 생긴다. 금속이나 합금은 많은 결정의 집합체인데, 다결정질의 집합체 속의 개개의 결정을 결정립이라고 부른다. 예를 들어 쉽게 부러지는 탄소가 나노 영역에서 튜브 모양으로 연결되면 강철의 100배가 넘는 강도를 보이고, 축구공 모양(C60)으로 조합되면 다이아몬드보다 강도가 센 '플러랜Fullerence'이 된다. 마지막으로 전자기적 특성이다. 전자기적 특성을 갖는 반도체나 자성금속 등은 나노 영역에서 자기적 성질이 극대화된다. 예를 들어 코발트 같은 자성금속이 나노 영역에서는 규칙적인 배열로 인해 하나하나를 한 개의 비트로 사용할 수 있게 된다.[19] 이런 특성들 때문에 나노기술은 그 자체로 새로운 물질과 구조를 생산할 수도 있고, IT, BT의 기술적 한계를 극복하는 새로운 도우미 기술로 사용된다. 2008년 기준으로 나노기술 제품은 건강, 가정용품, 전자, 컴퓨터, 음식, 음료, 크로스커팅 등의 영역에서 600개를 넘었고, 한 주당 3~4개의 제품이 새롭게 등장하는 추세다.

1나노미터는 십억 분의 1미터로, 지구의 지름을 1미터로 가정하고 상대적으로 비교하면 지구에 있는 축구공의 지름이 1나노미터에 해당한다. 나노기술이란 이처럼 극도로 미세한 나노 크기 단위에서 물질을 들여다볼 수 있고, 나노 크기 단위에서 물질을 만들고 조립할 수 있는 기술이다. 그러나 단순히 크기가 작다고 나노기술이라고 하지는 않는다. 나노기술이라고 불리려면 양자역학에 기반한 전혀 새롭고 특이한 성질이나 성능이 나타나야 한다. 나노기술은 1959년 노벨 물리학상을 수상한 리처드 파인만 교수가 학회에서 처음으로 언급하면서부터 시작되었다. 그러나 나노기술이 본격적으로 관심을 받고 연구가 진행된 때는 1980년대부터다.

나노 혁명은 이제 시작일뿐

현재의 나노기술은 걸음마 수준에 불과하고, 바이오기술처럼 발전과정이 점진적이고 더디다. 하지만 이 수준의 나노기술만으로도 인간의 삶에 큰 변화를 주고 있다. 그렇기 때문에 10년, 20년, 30년 후의 나노기술이 인류 문명에 어떤 변화를 줄지는 우리의 상상을 크게 초월할 것이라고 보아야 한다. 미래에는 나노기술이 바이오기술, 로봇기술, IT와 연결되면서 거의 모든 분야에서 새롭고 혁신적인 제품과 서비스를 탄생시키고, 삶의 질을 높이고 생명을 연장하는 등의 엄청나 변화를 선물하며 사회 전반에 강력한 변화를 이끌 것이다. 한국의 나노공학 수준은 세계 5위 안에 든다.

소재 분야에서 일어나는 놀라운 혁신의 사례 중 하나가 '그래핀'이다. 그래핀은 육각형 형태로 배열된 탄소가 서로 연결돼 벌집 모양의 평면 구조를 이루는 물질로서 원자 한 층 정도 두께의 얇고 투명한 소재이다. 그래핀은 현재 반도체에 사용되는 실리콘보다 전기전도성이 100배 뛰어나며, 구리보다 100배 빠른 전류의 속도를 내는 꿈의 신소재이다. 투명도가 높고 휘거나 늘려도 기존에 가진 특성이 변형되지 않기 때문에 접는 꿈의 디스플레이나 입는 컴퓨터를 만들 수 있다. 그래핀으로 만든 디스플레이를 손에 차면 시계가 되고, 차 안에서는 내비게이션으로 사용하고, 집에 가서는 펼쳐서 PC나 TV 등으로 활용할 수 있다. 크기를 크게 만들어 벽에 붙이면 벽지 스크린이 되어 벽 전체에 낮에는 하와이 해변의 모습을, 밤에는 우주의 이미지를 띄우는 새로운 세상이 펼쳐진다.

탄소 나노튜브CNT: Carbon Nanotube도 미래 비즈니스를 이끌 새로운 소재다. 탄소 원자 하나가 주위의 다른 탄소 원자 3개와 결합을 하여 육각형 벌집무늬를 형성하는 것으로, 튜브의 직경이 대략 수 나노미터 정도이다. 탄소 나노튜브는 1991년 일본 NEC 연구소의 이지마 스미오 박사가 흑연 음극상에 형성된 탄소 덩어리를 투과전자 현미경으로 분석하는 과정에서 처음 발견하여 '네이처'에 발표함으로써 세상에 알려지게 되었다. 탄소 나노튜브는 전기 세기가 클수록 더 수축하는 성질을 가지고 있으며, 강철의 100~200배에 달하는 강도를 가지고 있음에도 불구하고 머리카락처럼 휠 수 있는 환상적인 소재다. 이것으로 건축을 한다면 건축 혁명이 일어난다. 소재의 혁명은 역사의 패러다임을 바꾸고 산업 전체를 바꾸는 데 크게 영향을 미쳤다. 철근과 콘크리트는 20세기의 인류 문명 발전의 기반이었다. 철근과 콘크리트 소재가 개발된 덕분에 고층 빌딩이 줄지어 선 새로운 형태의 도시가 만들어졌다. 탄소나노튜브는 철근과 콘크리트가 가져온 변화를 능가할 것으로 예측된다.

이처럼 탄소나노튜브는 분명 미래를 주도할 혁신적인 신소재임이 분명하지만 가격이 현재 금보다 비싸다. 저렴한 가격으로 대량생산할 수 있는 제조 기술이 없다는 난관을 넘어야 한다.

현재도 나노기술은 우리 일상 생활에 깊이 침투해 있다. 크기가 1나노미터 정도 되는 솜털로 덮인 연잎의 구조를 응용하여 공기는 통과하고 물은 되돌려보내는 방수 등산복, 나노기술을 적용하여 좀 더 멀리 날아가는 골프공, 나노 입자 처리를 하여 잘 묻어나지 않는 립스틱, 세탁 효과가 향상된 은 나노 세탁기, 자외선 차단 효과가 크면서 피부에는 잘 스며드는 선크림, 나노기술을 적용해서 간 기능을 점검하는 휴대용 진단기, 자동으로 세척해 주는 유리창, 자동 항균기능 시트, 친환경 페인트, 탄성을 두 배 이상 높인 테니스공, 강도를 높인 산악자전거, 암 진단 키트 등 나노기술은 우리 일상에 친근하게 스며들고 있다. 국내의 한 업체는 다기능 나노 파이버 시스템을 개발하여 나노 섬유의 대량생산의 길을 열었고, BMW는 차체를 탄소섬유로 만든 자동차를 출시하기도 했다. 칩 위에서 혼합, 반응, 분리, 분석 등의 실험실에서나 가능한 의학적 조작을 할 수 있는 '랩-온-어-칩Lab-on-a-Chip' 기술도 나노기술을 기반으로 한다. 캐나다 앨버타 대학의 과학자들은 100달러의 저렴한 가격으로 1시간 안에 결과를 알 수 있는 '랩-온-어-칩Lab-on-a-Chip'을 개발했다.[20]

'랩-온-어-칩Lab-on-a-Chip'은 마이크로 칩이 미니 실험실이 되어 기존 실험실에서 했던 연구를 가능하게 해 주는 기술이다. 칩 위에는 철도망과 비슷한 미세한 길들이 깔려 있다. 각각의 길에는 각기 다른 물질이나 시약이 들어 있다. 이런 마이크로 칩 위에 10억 분의 1리터의 물질을 올려놓으면, 칩 위의 길을 따라 흐르면서 다양한 시약들과 반응하여 결과를 내준다. 손톱만한 칩에서부터 신용카드 크기까지 다양한 크기의 마이크로 실험실이 대량 생산되면 언제 어디서나 쉽고 저렴한 비용으로 화학반응을 정확하게 관찰할 수 있다. 수질이나 환경 검사부터 인체의 질병에 대한 진단까지 다양한 응용이 가능하다.[21]

나노기술은 반도체 분야에도 응용된다. 재료를 깎아서 반도체를 만드는 탑다운Top Down 방식으로는 무어의 법칙이 한계에 도달할 즈음, 나노기술을 활용해서 재료를 블록처럼 쌓아서 만드는 바텀업 Bottom Up 방식이 가능해졌다. 분자 나노소자 기술을 응용한 차세대 반도체 기술이다. 분자 소자 기술은 분자 단위의 물질을 조합하여 전체로서 하나의 시스템으로 작동하게 하는 기술이다. 2007년, 광주과학기술원의 분자나노소자 연구팀은 유기박막트랜지스터OTFT를 기반으로 하는 차세대 유기 메모리 소자를 개발했다. 미래의 전자산업을 이끌 것으로 기대를 받는 이 기술은 기존의 유기 메모리 소자보다 100만 배 속도가 빠르고 자유롭게 구부릴 수도 있어서 응용 분야가 넓다. 이 연구팀은 분자 하나가 트랜지스터 역할을 하는 분자 트랜지스터도 개발했다. 이 기술은 바텀업 방식으로 반도체를 생산할 수 있다. 하지만 이 정도는 나노기술의 초기 단계의 산물에 불과하다.

2020~2025년이 되면 1차 나노 혁명이 일어난다. 이 시기가 나노기술이 본격적으로 산업에 접목되어서 우리 생활로 들어오는 시기가 될 것이다. 기둥이 사라지고, 건축가가 마치 찰흙으로 빚듯이 만들어 내는 건축물들을 상상해 보라. 건축에서뿐만 아니라 이 소재로 자동차를 만든다고 생각해 보라. 무게는 혁신적으로 줄면서도 부서지지 않는 자동차를 만들 수 있다. 자동차 무게를 줄이면 연료 효율성이 좋아지고, 연료 효율성이 좋아진 만큼 이산화탄소 배출이 줄어들게 된다. 그래서 자동차의 무게를 줄이는 것은 지금도 전 세계가

치열하게 경쟁하는 분야다. 무게 전쟁에서 승리하기 위해 일본의 경우 플라스틱 자동차에 관심이 크다. 나노기술이 견인하는 소재의 혁신은 에너지를 절약하는 데도 크게 기여할 것이다. 강철보다 훨씬 더 가벼운 새로운 소재들은 건설이나 자동차, 항공 등에서 소재의 경량화를 이끌어서 에너지 소비를 획기적으로 줄일 수 있기 때문이다.

나노튜브 기술은 옷과 같은 섬유 산업에도 혁신을 불러올 수 있다. 탄소나노튜브로 실을 만들어서 '입는 로봇'을 만들면 강철의 200배의 강도를 가지기 때문에 총알이 뚫지 못하면서도 천으로 만든 옷처럼 입을 수 있고 인간의 수백 배가 넘는 힘을 쓸 수 있게 된다. 뿐만 아니라 탄소나노튜브의 속이 빈 성질, 반도체적 특성, 넓게 펼칠 수 있는 특성, 가늘고 길게 늘어뜨릴 수 있는 성질 등을 활용한 다양한 응용기술도 가능하다. 예를 들어, 탄소나노튜브 속에 수소, 리튬 등을 저장하면 좀 더 큰 용량과 좀 더 긴 수명의 2차 전지가 가능할 것이다. 반도체 성질이 있는 나노 크기의 탄소나노튜브를 정렬해서 고집적의 메모리 소자를 설계할 수도 있고, 평행판 축전기의 금속전극을 표면적이 넓은 탄소나노튜브로 대체하여 용량이 크게 증가된 차세대 에너지 저장장치인 슈퍼축전기Supercapacity를 만들 수도 있다. 가늘고 길게 늘어뜨릴 수 있는 탄소나노튜브의 성질을 활용하여 저전압 고휘도 광시야각廣視野角의 평판 디스플레이를 개발할 수도 있다.

공작새의 솜털을 현미경으로 들여다보면 지름이 100~125 나노미터이고 길이는 500~700나노미터인 멜라닌 막대가 있다. 이 멜라닌 막대들이 위치에 따라 파란색, 노란색, 갈색을 발한다.[22] 공작새 깃털에 쪼여진 빛은 멜라닌 막대에서 굴절되고 경계면에서 산란되는데, 멜라닌과 빈 공간의 크기에 따라서 반사되는 빛이 다르기 때문에 보는 각도에 따라 색깔이 달라 보이는 것이다. 이를 광결정Photonic Crystal 효과라고 부른다. 이를 우리 일상에 적용하면 놀라운 제품을 만들 수 있다. 예를 들어, 자동차나 가정에서 사용하는 LED 전구, 디스플레이에 이 특성을 적용할 수 있다. 은을 나노 단위에서 가공하면 LED의 광효율을 크게 향상시킬 수 있다. 조명의 생명은 적은 양의 에너지를 가지고 밝고 자연광에 가깝도록 뚜렷한 빛을 안정적으로 내는 데 있다. 또 다른 예도 있다. 나노입자의 크기에 따라 빛이 다르게 나오는 성질을 응용하여 암세포들만 빛을 내게 하는 진단 기술이다. 빛을 내는 나노 입자를 암세포에 붙여 효과적으로 추적하고 공격할 수 있는 상자성 나노Paramagnatic Nano 기술이다. 상자성 나노는 비자기장 환경에서는 자성을 띠지 않지만 MRI같은 자기장 환경에서는 자성을 띠어 영상으로 쉽게 추적할 수 있다. 나노 크기의 입자이기에 면역세포가 발견하지 못하는 아주 작은 크기의 암세포도 효과적으로 진단하고 추적할 수 있어서 진단 의학 기술을 한 단계 발전시킬 수 있는 기술이다. 또한 상자성 나노 입자에 항암제나 암세포를 공격하는 단백질을 실어 보내면 암세포만 골라 정밀하게 타격할 수도 있다. 암세포가 증가하면 암세포에 연결된 혈관 부위의 구조가 느슨해지는데 항암제가 부착된 상자성 나노 입자가 그 속으로 침투하여 암세포를 공격할 수 있다. 정상 세포에 연결된 혈관 부위는 나노 입자가 침투하지 못할 정도로 구조가 단단해서 선택적으로 암세포만 공격할 수 있다. 암세포 공격이 끝난 나노 입자는 자연스럽게 몸 밖으로 배출된다. 이처럼 나노기술은 암 치료에도 신기원을 열 수 있다. 전문가들은 가까운 미래에 전립선암, 폐암, 유방암 등의 치료에 접목할 수 있을 것으로 예측한다. 물론 최근의 연구에 의하면 특정 환경에서 상자성 나노끼리 견고하게 응집되어 밀도가 높아지면 세포의 내외부에서 활성산소의 양이 인체에 유해할 정도로 증가하는 문제가 발견되었다. 활성산소의 양이 증가하면 세포 자살이 증가하거나 세포 주기가 변형되는 문제를 유발할 수 있다. 하지만 미래에는 인체에 안전한 상자성 나노 입자가 개발될 것이다.

2차 나노혁명

2030년 이전에 우리는 상자성 나노 입자뿐만 아니라, 나노 로봇을 통해 암을 추적하고 공격하는 기술을 손에 쥐게 될 것이다. 양자 수준의 작은 인공기계를 만들어내는 것이 나노기술이 이끄는 두 번째 혁명이다. 혈관 속에 주입된 나노 로봇은 혈액 속을 돌아다니면서 암세포를 추적하고 스스로 약물을 투여하여 치료할 것이다. 혈관 속을 돌아다닐 정도로 작기 때문에 혈관을 돌아다니다가 미세 찌꺼기가 쌓여 있는 부위를 만나면 나노 드릴로 구멍을 내서 혈관을 깨끗하게 해 줄 수도 있다.

나노 단위에서 미세 로봇을 만들어 인간의 혈관 속으로 침투시켜 손상된 혈관을 치료할 수도 있다. 2009년 미국의 번햄연구소Burnham Institute와 캘리포니아 대학의 과학자들은 반도체 입자와 9개의 아미노산으로 만든 나노 기계가 암세포 조직을 표적으로 삼는 유도탄처럼 이용될 수 있다는 새로운 연구 결과를 발표됐다. 이들이 만든 기계는 나노 수준의 반도체 입자를 특정 세포 조직을 인지하는 펩티드로 포장하여 움직이게 만드는 방식이다.

그래도 이런 기술들은 먼 미래의 이야기는 아닐까? 그렇지 않다. 한국의 기술력도 이미 1mm 이하 크기의 기계로 된 나노 로봇을 만드는 데까지 이르렀다. 따라서 2030년 이전에 혈관 속을 돌아다니는 나노 로봇이 개발되는 것은 결코 꿈이 아니다. 1~2 마이크로미터(1μm =100만 분의 1m) 크기인 박테리아를 나노 로봇 분야에 응용하는 연구도 활발하다. 일명 박테리오봇Bacteria robot이다. 2013년 전남대학교 박종오 교수가 이끄는 연구진은 대장암이나 유방암 같은 고형암을 진단하고 치료할 수 있는 박테리오봇을 개발하여 동물실험에 성공했다. 박테리오봇을 이용하면 능동형 약물 전달이 가능하다. 지금까지의 박테리오봇 연구는 단편적인 운동성 연구에 머물렀지만, 박종오 교수 연구팀이 세계 최초로 능동적으로 이동하여 특정 질환을 표적으로 진단과 치료를 동시에 수행할 수 있는 진정한 나노 로봇을 개발한 것이다. 연구팀은 박테리아가 평균 초속 5마이크로미터 속도로 움직이면서, 암에서 분비하는 혈관 형성 촉진인자와 같은 특정한 물질을 표적 삼아 찾아가서 터짐으로써 항암제를 암세포 표면에 살포하는 방식을 시도했다. 이 기술이 사람에게 적용되면 미세한 초기 암까지도 진단하고 치료할 길이 열리게 된다.[23] 미래학자들은 DNA로 만든 약물 전달 나노 로봇의 인체 사용 허가가 20년 이내에 가능할 것으로 예측한다.

물론 양자역학을 기반으로 발견된 자연현상 중에서도 나노 산업에 적용하기까지는 기술적인 측면에서 보강되어야 할 영역도 많다. 예를 들면, 초전도 현상은 양자역학으로만 설명될 수 있는 미시적 세계의 독특한 현상으로서, 특정한 낮은 온도(임계점)에서 물체의 전기 저항이 0이 되는 현상이다. 초전도 현상이 산업 영역에 적용되면 초고속 자기부상 열차나 하늘을 나는 자동차 같은 엄청난 산업을 만들어 낼 것으로 예상하지만, 아직도 해결해야 할 많은 기술적 문제점을 갖고 있다. 또한 근래 매스컴에서 핫이슈로 부각된 원자의 순간적인 원격이동(텔레포테이션) 기술도 아직 초보적인 수준이지만, 초고속 양자 컴퓨팅과 양자 통신에만 먼저 이용되어도 산업 전반에 매머드급 파급효과를 만들어낼 것이다.

소프트웨어가
미래산업을 완성한다

5개 공간에 채워질 두 번째 무형의 사물은 소프트웨어sw 군이다. 소프트웨어 군은 2030년까지 미래시장의 중심을 이룰 3대 핵심 디바이스(웨어러블 디바이스, 미래자동차 디바이스, 로봇 디바이스)에 생기生氣를 불어넣는 역할을 한다. 3대 핵심 디바이스는 아래와 같은 7개의 소프트웨어 기술 영역을 공통으로 필요로 한다.

신경Sensing SW

감지Detecting SW

추적Tracking SW

분석Analyzing SW

예측Forecasting SW

인터페이스Interfacing SW

소통Communicating SW

아래 도표에서 보듯 7가지 소프트웨어 영역은 자율주행, 텔레메틱스, 인공지능, UX, 운영체제, 네트워크 및 통신 기술이 발현되도록 한다. 소프트웨어는 3대 핵심 디바이스가 살아 움직이는 듯한 착각을 하게 만드는 기술이다.

소프트웨어 전문가의 눈에는 7가지 영역이 독립된 전문 영역으로 보이겠지만 일반 사용자의 눈에는 7가지 소프트웨어 기술이 개별적으로 구분되지 않고 마치 한 몸으로 작동하는 기술로 다가온다. 2030년까지 3대 핵심 미래 디바이스를 똑똑하게 만들어주는 '인공지능AI' 기술이라는 이름으로 말이다.

미래 디바이스 똑똑함의 완성, AI

AI는 Artificial Intelligence의 약자다. 1937년 '보편 기계Universal Machine'라는 개념을 제안하고, '자동 계산 기계'를 발명했던 앨런 튜링Alan Turing은 1950년 '컴퓨팅 기계와 지능Computing Machinery and Intelligence'라는 논문에서 인공지능에 대한 이슈를 제기했다.[24] 인공지능 알고리즘의 기본은 유전자 알고리즘GA: Genetic Algorithm, 신경망NN: Neural Network, 전문가 시스템Expert System이다.

알고리즘이란 문제를 해결하기 위한 일련의 절차(판단의 순서)다. 때

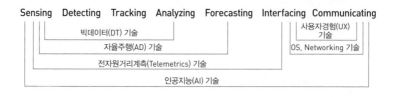

문에 좋은 알고리즘은 그 절차가 문제 해결에 적합한 절차인가, 효과적인 절차인가, 혹은 문제 설정 자체가 적절했는가 등에 의해 결정된다.[25] 컴퓨터 프로그램은 다수의 알고리즘이 연결된 일련의 커다란 절차라고 이해하면 된다. 대부분의 컴퓨터 프로그램은 스스로 문제를 풀지 않는다. 문제를 푸는 절차를 프로그래머가 컴퓨터에게 알려주면 컴퓨터는 그 주어진 절차(알고리즘)를 따라 빠르고 정확하게 연산을 수행한다. 프로그램Program이란 말이 라틴어로 '미리 쓴다'는 뜻을 가진 단어에서 유래했듯이, 컴퓨터 프로그램은 미리 쓰인 절차에 따라 행동하는 명령어 집단이다. 그래서 절차에 오류가 있거나, 장벽에 부딪히면 에러가 발생한다.

하지만 인공지능은 컴퓨터가 학습한 것을 기반으로 문제를 푸는 절차를 스스로 찾고 만든다. 인간처럼 지능이 발전한다. 스스로 오류를 수정하고, 학습하지 않은 새로운 문제도 해결한다. 마치 스스로 인식하고 판단하는 것처럼 보여서, 단순히 프로그램이라고 부르지 않고 인공지능이라고 부른다.

알고리즘을 활용하여 기계가 스스로 지식을 습득하고 학습하는 것이 기계학습Machine Learning이다.[26] 인공지능은 다양한 인공지능 알고리즘을 활용하여 기계학습을 할 수 있는 소프트웨어라고 보면 된다.

학습學習, Learning에 대한 가장 간단한 사전적 정의는 "배우고 익힌다" 혹은 "지식을 습득하는 과정"이다. 학문적 정의로는 "(심리) 경험의 결과로 나타나는 비교적 지속적인 행동의 변화나 그 잠재력의 변화" 전체를 의미한다.[27] 혹은, 어떤 과정이나 훈련을 통해 지식의 양을 늘리거나 문제 해결 능력을 향상시켜 내부 상태를 변화시킴으로써 지속적인 행동 변화를 유도하는 행위다.[28] 기계학습은 기계 내부에서 이런 행위가 일어난다.

스스로 학습하고 진화하는 기계의 등장

아주 간단한 기계학습으로 '암기학습'이 있다. 암기학습은 기계에게 과거의 행위나 자료를 통째로 암기하게 하여(실제로는 데이터를 저장하거나 사용자의 과거 행위 순서와 빈도를 저장하여) 그 내용을 근거로 자주 사용하는 기능이나 단어를 우선으로 보여주는 방식이다.[29] 예를 들어, 워드프로세서를 사용할 때, 특수 부호나 한자 등을 입력하려고 할 경우 자주 사용하거나 최근 사용한 것을 우선으로 보여 주는 기능이 여기에 해당한다. 하지만 이 수준의 학습은 컴퓨터가 암기한 내용이나 상황을 벗어나는 문제를 푸는 데서는 무용지물이다. 지적 수준의 활동이 아니기 때문이다.

일반화학습은 암기학습보다 한 단계 높은 수준의 기계학습으로, 과거의 기록을 통째로 암기하고, 추가로 암기한 내용을 일반화하는 학습을 말한다. 과거 데이터에 없는 새로운 데이터나 상황을 만나더라도 일반화한 것을 근거로 효과적으로 대응할 수 있어서 지능이 있는 것처럼 행동할 수 있게 만든다. 예를 들어, 바둑이나 장기, 체스 인공지능 소프트웨어들이 이런 수준의 학습 능력을 가지고 있다.[30] 기계학습이 가능하려면 하드웨어 능력이 발전하고, 기계의 비非지도학습Unsupervised Learning이 가능할 수 있을 정도의 방대한 데이터가 필요하다. 참고로 지도학습이란 컴퓨터에게 고양이 사진을 학습시킨 후, 수많은 데이터 속에서 고양이를 스스로 찾아내게 하는 학습 방식이다. 비지도학습은 고양이를 학습시키지 않는다. 컴퓨터가 스스로 수 많은 데이터를 학습하여 이 사진이 고양이라는 것을 알아차리도록 하는 학습 방식이다. 구글이나 네이버 등에서 이미지 및 동영상 인식, 뉴스피드, 음성인식과 번역 등에 널리 적용되는 기술이다.[31] 참고로, 최근 각광받고 있는 '딥러닝Deep Learning'은 일정한 학습 데이터를 통한 지도학습Supervised Learning에 의존하는 기존의 인공신경망 이론의 한계를 극복하기 위해 1980년대에 제안된 '비지도학습'을 기반으로 한 기계학습 방법이다.

초기 기계학습은 1950년대에 시작되었다. 대표적인 인물은 아서 사무엘Arthur samuel인데, 규칙이 상대적으로 단순한 체커Checkers(체스판에 말을 놓고 움직여 상대방의 말을 모두 따먹으면 이기는 게임)를 연구 소재로 상대가 둔 수에 대해서 컴퓨터가 대응할 수 있는 다양한 수들의 평가치를 구하는 '평가 함수'를 사용한 '매개변수Parameter 조정'에 기초한 기계학습을 시도했다.[32] 즉 기계학습으로 매개변수를 스스로 조정하여 문제를 해결하는 방식이다.

신경망 모델

비슷한 시기에 신경망 모델도 기계학습 방법으로 제안되었다. 신경망Neural Network 모델은 생물의 신경세포가 서로 접속하여 정보를 주고받으며 움직이는 것을 모델로 하는 기계학습이다. 스승으로부터 특정한 예제와 모범답안을 통해 학습한 지식을 기반으로 스스로 추가적인 학습을 하면서 문제를 풀어가는 인간 두뇌의 구조와 기능을 모방한 방식이다. 인공신경망 이론은 1943년 일리노이대 정신과 부교수였던 워런 맥컬록Warren McCulloch이 제자들과 함께 '뇌의 뉴런 모델model of neurons of brain'이라는 논문을 발표하면서 최초로 제안되었다.[33] 맥컬록 교수는 이 논문에서 신경망을 on, off 상태의 '이진 스위칭' 소자가 복잡하게 연결된 네트워크로 모형화했다. 그들은 뉴런이 연결된 모든 망에서 계산이 가능하고, 간단한 망 구조가 학습할 수 있다는 사실도 증명했다. 하지만 뉴런은 겉보기에는 단순한 연결망 구조를 가진 것처럼 보이지만, 실제로는 고도로 비선형적인 특징을 가지고 있다. 단순한 이진 상태가 아니다. 그럼에도 불구하고 신경망 모델은 인공신경망의 초석이 되었다.

1951년, 프린스턴 대학에서 수리물리학을 가르친 헝가리 수학자 존 폰노이만John von Neumann의 제자인 마빈 민스키Marvin Minsky와 딘 에드먼즈Dean Edmonds가 신경망 컴퓨터를 만들었다.[34] 1962년에는 로젠블라트F. Rosenblatt가 이른바 자극층Stimulus Layer(입력층, 수용층), 연상층Association Layer(연합층), 응답층Response Layer(출력층, 반응층)의 3개 층으로 세포 계층을 구분한 다층 신경망Multilayer Neural Network 이론을 제안했다.[35] 인간 두뇌의 인지 능력을 모방했다는 의미에서 퍼셉트론Perceptron이라고도 불린다. 자극층(입력층, 수용층)은 입력 패턴의 특징을 추출하고, 연상층(연합층)은 자극층의 가중 압력을 받아 응답층으로 전달하는 기능을 담당한다. 응답층(출력층, 반응층)은 최종 출력을 담당한다. 다층 신경망 이론은 이런 연결의 강도를 학습을 통해 조정하도록 하는 방식이다. 이때만 해도 인공지능을 연구하는 학자들은 2000년경에는 컴퓨터가 인간의 지능을 넘어설 수 있을 것이라고 전망했다.[36] 하지만 MIT의 민스키와 페퍼트가 단층 퍼셉트론의 계산 한계를 발견하자 심리적 위축이 생기고, 인공신경망 모델을 시뮬레이션할 강력한 성능의 컴퓨터를 연구자들이 구하기 힘들며, 인공지능의 한계를 느낀 정부와 기업들이 AI 연구 지원금을 중단하자 1970년대에 이르러 인공신경망 분야의 연구는 큰 난관에 부딪혔다.

그런데 1980년대에 인공신경망 분야에 새로운 이론들이 제안되었다. 1980년 그로스버그Grossberg가 제안한 자기조직 원리를 활용한 '적응형 공진 이론adaptive resonance theory, 1982년 홉필드Hopfield가 제안한 피드백 기능이 있는 '홉필드 신경망 이론Hopfield network theory' 1982년 코호넨Kohonen의 '자기조직 맵 이론Self-organised Maps Theory', 1983년 앤더슨Anderson의 '강화 학습 이론Reinforcement Learning Theory' 1988년 브룸헤드Broomhead와 로우Lowe가 다중 퍼셉트론의 대안으로 제안한 '피드포워드 신경망 이론Layered Feedforward Networks Theory 등이다.[37]

진화 연산 모델

1970년대부터는 생물의 진화를 모델로 한 유전자 알고리즘이 기계학습에 도입되기 시작했다. 정확히 말하자면, '진화 연산Evolutionary Computing'이 인공지능 연구에 적용된 것이다. 진화 연산은 유전 알고리즘, 진화 전략, 유전 프로그래밍Genetic Programming을 결합한 방식이다. 이 중에서 유전자 알고리즘은 홀랜드J. H. Holland가 스키마 정리Schema Theorem 이론을 기반으로 제안한 방법이다. 인지 심리학에서 '마음의 모델 Mental Model'을 설명할 때 사용되는 '스키마'는 'Form', 'Shape'를 의미하는 그리스어에서 유래했다. 스키마 이론은 사람이 새로운 경험이나 정보를 접할 때, 이미 자신의 머릿속에 '조직화된 선험적 지식 덩어리(스키마)'와 상호작용하면서 새로운 것을 이해하고 학습하게 된다는 이론이다. 인공지능 학자인 민스키는 스키마의 중요성을 강조하면서 자신의 인공지능 연구에 적극적으로 활용했다. 유전자 알고리즘은 인간이 유전자끼리 서로 섞이는 교배와 유전자 일부가 무작위로 변경되는 돌연변이 현상을 반복하며 적자생존에 따라 더 나은 유전자로 진화하는 것을 모델로 한다. 이 알고리즘을 도입하면 인공지능은 주어진 환경에 스스로 적응하며 '진화'하면서 시간이 지날수록 최적의 상태로 발전한다. 1965년 베를린 공과대학생이었던 잉고 레켄베르그Ingo Rechenberg와 한스-폴 쉬베펠Hans-Paul Schwefel은 공학 분야에서 매개변수 최적화 문제를 푸는 방법으로 진화 전략을 제안했다. 1992년에는 존 코자John Koza는 유전적 연산 방법을 프로그래밍에 적용했다. 이 세 가지 방법으로 고도로 복잡한 비선형적 탐색과 최적화 문제에 대한 새로운 돌파구가 열렸다.[38]

전문가 시스템

같은 시기에 인공지능 학자들은 전문지식이 필요한 전형적인 영역으로 문제를 제한해야 지능형 기계로부터 효과적인 결과를 얻을 수 있다는 것을 깨달았다.[39]

이런 깨달음을 기반으로 1970년대 초반~1980년대 중반에 등장한 모델이 전문가 시스템이다. 전문가시스템은 전문가의 '지식'과 '추론 방식'을 모델로 한 인공지능 알고리즘이다. 전문가시스템은 신경망 모델처럼 스스로 학습하는 시스템이 없다. 그 대신 특정 분야의 전문적 지식을 기반으로 "이런 상황에서는 이렇게 하거나 하지 마시오"라는 식으로 주어진 문제에 대해 이미 정해진 답이나 규칙에 따라 전문가처럼 대응해 주는 인공지능 알고리즘이다. 수준 높은 지식과 경험을 갖춘 전문가들은 특정 문제를 해결하는 수많은 가능성 중에서 자신의 기술, 경험, 의견을 활용하여 빠른 시간에 문제 해결에 가장 근접한 범위의 가능성을 찾음으로써 소수의 가능한 해解를 제공한다. 에드워드 파이겐바움Edward Feigenbaum은 NASA의 지원을 받아 진행한 화성 토양의 분자 구조를 연구하는 프로젝트에 이 모델을 적용하여 컴퓨터 프로그램을 인간 전문가 수준으로 향상시켰다. 이 성공을 기반으로 전문가 시스템이 큰 주목을 받게 되었다.[40]

수학 이론 중에서 '퍼지 이론'이 전문가시스템에 자주 이용된다. 1965년 미국 버클리대학교의 L.A. 자데Zadeh 교수가 만든 퍼지 이론은 인간의 언어 가운데 이분법으로 정확하게 나눌 수 없는 애매모호한Fuzzy 것들을, '정도'를 표현할 수 있는 '소속함수Membership Function' '퍼지척도Fuzzy Measure' 등을 사용하여 애매한 정도를 수학적으로 융통성 있게 처리하게 해 준다. 자데 교수는 자기 아내의 아름다움의 정도를 정확한 수치로 환산하여 미美의 절대평가 기준을 만드는 데 퍼지 이론을 사용했다. 단순히 '아름답다, 아름답지 않다'는 이분적 분류가 아니라 그 사이의 불분명한 상황에 대해서 정도에 따라 수학적 값을 갖도록 했다. 이 이론을 0과 1의 두 가지 기준만으로 판단하는 컴퓨터에 적용하면 인간의 사고와 좀 더 비슷하게 작동하는 인공지능을 만들 수 있다. 퍼지 이론이 적용되지 않은 기계는 Go와 Stop만 갖기 때문에 작동의 시작과 정지가 매끄럽지 못하고 덜컹거린다. 하지만 퍼지 이론을 적용하면 속도가 올라가고 내려가는 단계를 여러 가지 정도로 구분해 만들 수 있기에 덜컹거림을 줄이고 부드러운 시작과 정지 상태를 구현할 수 있다. 실제로 퍼지 이론은 지하철, 밥솥, 가로등, 엘리베이터, 각종 자동주행 시스템 등에 널리 적용되고 있다.

1980년대에 이르러서는 개인용 컴퓨터에서 사용할 수 있는 좀 더 쉬운 전문가 시스템 개발 툴Shell이 나오면서 대중화되었고, 1986년에는 화학, 공학, 경영, 의학, 군사과학 등 다양한 분야에서 수천 개의 전문가시스템이 개발되어 사용되었다. 1974~1983년까지 스탠퍼드 연구소에서 개발한 광물 탐사 전문가 시스템 PRPSPECTOR는 베이지안 이론Bayesian Theory을 결합하여 기존의 전문가 시스템의 추론 능력을 향상시킴으로써 전문 지리학자 수준의 능력을 갖추게 되었다. 그 결과 1980년 워싱턴 주의 톨만Tolman 산 근체에서 100만 달러 이상의 가치를 가진 은백색의 금속 원소인 몰리브덴 무기질 매장물을 찾아냈다. 그럼에도 불구하고 전문가시스템은 특정한 분야에 매우 한정적으로 사용되었고 복잡한 사회 영역을 다루기에는 역부족이었다.[41]

1990년대에 이르러서는 심리학 분야에서 알려진 강화학습이 기계학습에 적용되었다. 강화학습도 일종의 신경망 접근법이다. 강화학습은 생물이 주변환경과 성공적으로 상호작용하는 과정에서 얻어지는 보상이 강화되면서 새로운 지식이나 적응지식을 얻는다는 것을 모델로 한다.[42]

인공지능의 역사를 정리하자면, 1943~1956년은 AI의 탄생기였고, 1956~1960년대 후반은 AI 연구가 활발하게 꽃이 핀 시기였고, 1960년대 후반~1970년대 초까지는 AI 연구에 대한 심리적, 재정적 침체기였다. 그러다가 1965년 인공신경망 이론이 재부상하고, 1970년대 초부터 전문가시스템과 진화연산 모델, 강화학습 등이 인공지능 연구에 새롭게 제안되고, 개인 컴퓨터의 성능이 빠른 속도로 개선되고, 계속해서 기존의 인공지능 이론의 단점을 극복하는 새로운 제안들이 나오고, 인터넷 시대가 되면서 방대한 데이터가 쌓여가고, 이를 처리할 수 있는 빅데이터 기술, 그리고 인공지능을 활용해야 할 다양한 미래산업들이 조명을 받으면서, 최근에 다시 인공지능 연구가 새로운 장을 맞고 있다.[43]

지능은 인간이나 살아있는 생명체에 있는 성질이다. 사물인 컴퓨터는 지능이라는 성질이 없다. 그래서 인공지능이라고 부른다. 그렇다면, 인공지능은 정말 '지능'일까? 인간의 지능과 같을까?

지능의 사전적 의미는 "문제 해결 및 인지적 반응을 나타내는 개체의 총체적 능력"[44]이다. 어려운 정의다. 정의가 어려운 만큼 학자마다 지능에 대한 정의가 다르다. L.M. 터먼의 '추상적 사상을 다루는 능력'이라는 정의를 기준으로 보면 인공지능은 아직 지능에 가깝지 않다. D. 웩슬러의 '유목적적으로 행동하고, 합리적으로 사고하고, 환경을 효과적으로 다루는 개인의 종합적 능력'이라는 정의를 기준으로 보면 현재의 인공지능은 지능에 가깝다. 콜린스 영어 사전

Essential English Dictionary에 따르면 지능은 '무엇인가를 이해하고 배우는 능력'이다.[45] 이 정의로 보면 현재의 인공지능이 인간 지능의 성질을 최소한 훌륭하게 흉내 내고 있는 셈이다.

기계가 지능을 갖는다는 것을 '생각'이라는 행위를 하는 것이라고 평가할 수도 있다. 물론 반론도 있다. 컴퓨터가 인간의 지능을 흉내 내는 수준까지는 이르렀지만, '생각'이라는 행위를 한다고 평가하기는 이르다는 반론이다.

인공지능은 '약한 인공지능'과 '강한 인공지능'으로 나뉜다. 현재는 약한 인공지능의 수준이다. 하지만 먼 미래에는 '생각'이라는 행위를 하는 '강한 인공지능'이 개발될 것이다.

소프트웨어 군의
선두에 선 회사들

애플은 아마존, 구글, MS보다 인공지능 서비스를 먼저 선보이고도 인공지능 기술력에서 뒤지고 있다. 현재 애플은 개인비서 프로그램인 '시리Siri' 성능을 향상시키고, 아이폰의 각종 서비스를 개선하며, 방대한 고객 데이터 속에서 마케팅과 판매에 의미가 있는 정보를 수집하고 예측하기 위한 목적으로 인공지능 전문가를 대폭 보강하고 있다. 사용자의 특성을 세밀하게 분석하고 패턴을 찾아 사용자가 원하는 다음 서비스를 미리 예측하여 만족도를 높이고, 높은 수준의 지능적인 서비스를 제공하기 위해서다. 이를 위해 기계학습 전문가들을 대규모로 채용하고, 소셜 미디어 분석업체인 '톱시Topsy', 개인비서 앱인 '큐Cue' 등을 인수 합병하며 영역 확장에 나서고 있다.[46] 애플의 새로운 운영체제인 'iOS9'에는 프로액

티브 어시스턴트Proactive Assistant'라는 기능이 있다. 기계학습 기능을 기반으로 한 이 서비스는 개인의 사생활을 최대한 보호하는 범위에서 아이폰 사용자의 취향을 분석하여 사용자가 찾는 정보를 예측하여 미리 보여 주는 기능이다.[47] MS도 윈도10을 출시하면서 인공지능 개인비서 프로그램인 '코타나'를 전면에 내세웠다. 아마존도 본체 겉면에 마이크 7개를 장착하고 모든 방향에서 사용자의 음성을 감지하는 '에코'라는 제품을 출시하면서 인공지능 비서 서비스 시장에 출사표를 던졌다.

페이스북도 이미 인공지능 가상 비서 서비스인 'M'을 출시했다. 페이스북 메신저 앱에서 친구들끼리 먹거리, 여행, 취미생활 등을 추천하는 서비스에 인공지능 서비스 역량을 결합하여 만족도를 높이려는 전략이다.[48] 페이스북 메신저에 장착된 M은 딥러닝 기술을 기반으로 인터넷에 널려 있는 식당의 맛에 관한 정보, 이용자 후기, 가격, 기타 정보를 수집하여 분석하고, 사용자의 취향을 예측하여 최적화된 제안을 한다. 애플의 맞수인 삼성전자도 인공지능 기술 확보에 심혈을 기울이고 있다. 삼성벤처투자는 2015년 초 세계 최초로 가정용 로봇을 개발한 벤처기업으로 사람의 얼굴을 인식하고 소통하는 기술을 확보한 '지보JIBO'에 200억 원을 투자했다. 이외에도 인공지능 기술을 보유한 '비캐리어스'라는 벤처를 비롯한 인공지능 관련 회사들에 대한 투자를 늘리고 있다.[49]

구글도 회사의 미래를 결정지을 인공지능 분야의 기술을 축적하기 위해 '구글 포토' 같은 클라우드 서비스를 무료로 제공한다. 무료 클라우드 서비스와 인공지능 기술이 무슨 관계가 있을까? 구글은 다양한 공짜 서비스를 제공하여 자신들의 클라우드에 전 세계 사람들이 사진, 동영상 등을 업로드 하도록 유도한다. 하지만 세상에 공짜는 없다. 사용자들이 구글의 공짜 클라우드에 올려놓은 엄청난 양의 데이터는 구글 인공지능 기계가 학습하는 재료로 사용된다.[50] 구글의 딥러닝 프로그램이 경쟁자의 것보다 사물 인식, 음성 인식에서 더 높은 수준의 능력을 확보하려면 엄청난 양의 데이터가 필요하다. 구글의 인공지능은 이런 방대한 데이터를 기반으로 지도학습이나 비지도학습을 통해 사진이나 동영상 속의 사람, 장소, 사물이 무엇인지를 배우고, 지속적으로 학습과 진화를 반복한다. 그리하여 가까운 미래의 사용자들이 요청하는 서비스를 경쟁자보다 빠르게 제공하거나 사용자의 욕구를 미리 예측하여 정보 및 지식 획득, 물건 구매 등에서 맞춤형 서비스나 광고를 제공하는 높은 지적 능력을 갖춘 단계에 도달하는 것이 목표다. 구글의 CEO인 래리 페이지는 2017년경이면 딥러닝 기술을 장착한 구글 번역기가 64개 언어를 자유롭게 통번역할 것이라고 예측했다.[51]

투자하는 인공지능

단기, 중기적으로 금융서비스 시장의 지각 변동을 가져올 핵심 기술도 인공지능이다. 뱅킹익스체인지닷컴은 금융서비스 시장의 변화를 이끌 5가지의 파괴적 기술로 빅데이터, 인공지능, 자연어 음성 인식, 모바일, 디지털 화폐를 꼽았다.[52] 이 모든 것은 금융서비스의 개인화에 초점을 맞추고 있으며, 높은 수준의 지능을 가지고 소비자에게 1:1 맞춤으로 대응하는 금융서비스를 지향한다. 이는 단순하게 1:1

맞춤형 분석에서 끝나지 않는다. 인공지능을 통해 소비자의 미래 금융서비스 욕구와 최적의 서비스 형태를 예측하여, 모바일 환경에서 사용자와 음성 인식 기능을 이용해 소통하면서 최적의 타이밍에 최적의 서비스를 제공하는 것이 목표다.

실제로 싱가포르 개발은행은 IBM의 인공지능 컴퓨터인 '왓슨'을 서비스에 적용하여 자산관리 사업에서 눈에 띄는 성과를 올리고 있다.[53] 자신들의 우수 고객을 대상으로 왓슨이 그들의 투자 선호도를 파악하게 하고, 파악한 내용과 예측을 근거로 1:1 맞춤형 투자자문과 자산관리서비스를 제공하는 것이다. 자연어 처리가 가능한 IBM 인공지능 왓슨은 한글 텍스트 분석 지원도 가능해서 한국의 금융권도 얼마든지 서비스에 적용할 수 있다. 자연어 처리 역량을 갖춘 인공지능을 음성인식 기능과 결합시키면 단순히 텍스트만 읽는 수준을 넘어서, 사람이 말하는 내용을 알아듣고, 인공지능 스스로 찾고 예측한 내용을 사람의 언어로 다시 말해 줄 수 있게 된다. 이처럼 자산관리를 인공지능이 대신해 주는 것을 '로보 어드바이저Robo Advisor' 라고 한다. 이 분야에서 IBM 외에도 베터먼트Betterment, 웰스프론트Wealthfront, 퓨처어드바이저Future Advisor가 유명하며, 전통적인 자산 운용사인 뱅가드, 찰스 슈왑 등도 인간 자산관리사 대신 인공지능 로봇에게 자산관리를 맡기기 시작했다. 2014년 7월 기준으로 인공지능 로봇이 관리하는 자산의 총 규모는 157억 달러에 이르며 매년 100% 이상 성장하고 있다. 2020년경에는 4,500억 달러 정도가 인공지능에 의해서 관리될 것으로 예측된다.[54]

2011년에 서비스를 시작하여 현재 4만 5천 명의 고객과 8억 달러의 자산을 관리하면서, 개인 직접투자자보다 평균 4.3% 이상 높은 추가 수익을 낸다고 알려져 있는 베터먼트는 회사 가치가 200억 달러로 평가받을 정도다.[55] 또한 4조 7천억 달러의 자산을 운용하는 글로벌 최대 자산운용사인 블랙록은 2010년 MS에서 나온 2명의 엔지니어가 설립하여 현재 6억 달러의 자산을 운용하는 퓨처어드바이저를 2억 달러에 인수했다.[56] 인공지능을 자산 관리에 활용하면 수시로 변동하는 시장에 좀 더 정확하고 빠르게 대응하여 리스크와 포트폴리오 관리능력이 향상되고, 다양한 정보 분석과 예측 서비스를 받을 수 있어서 개인적으로 직접 투자할 때보다 높은 수익을 올릴 수 있음을 증명하는 사례들이다. 또한 소비자는 전문가에게 관리를 맡기는 것에 비해 절반 이하인 0.15%~0.5% 정도의 낮은 수수료와 똑똑한 절세 서비스라는 직접적인 이득도 얻을 수 있다.

자동차가
스마트 디바이스가 된다

자동차산업도 인공지능 기술 개발에 역량을 쏟아붓고 있다. 일본의 도요타 자동차는 미국 군수 분야 최고의 로봇 엔지니어로 평가받는 길 프랫Gill Pratt을 영입하고, 5,000만 달러를 투자하여 미국 스탠퍼드 대학교, MIT와 손잡고 인공지능 및 로봇 연구를 위한 공동 연구소를 설립했다. 도요타 자동차는 스스로 주변 환경을 인식하고 판단하여 고속도로에서 인명 사고를 줄이는 인공지능 시스템의 개발을 시작했다. 이런 추세 덕분에 인공지능 전문가는 기업에서 점점 '비싼 몸'이 되어가고 있다.[57]

미국 도로교통안전국NHTSA은 자율주행자동차가 스스로 수행해야 할 조작의 복잡성과 운전자의 주행 관여도에 따라 자율주행자동차를 5단계로 나눈다.

레벨 0: 항상 운전자가 자동차를 완전히 제어하는 상태다. 현재 우리
가 사용하고 있는 일반적인 자동차다.

레벨 1: 가속, 조향, 제동 중 한 가지를 자동차가 스스로 수행하는 상
태다.

레벨 2: 가속, 조향, 제동 중 복수의 조작을 동시에 자동차가 스스로
수행하는 상태다.

레벨 3: 가속, 조향, 제동 모두를 자동차가 스스로 하고, 응급 상황에
서만 운전자가 자동차를 제어한다. 이 단계까지는 여전히 사
람 운전자가 필요하다.

레벨 4: 가속, 조향, 제동 모두를 자동차가 완벽하게 하고, 운전자는
전혀 주행에 관여하지 않는 상태다. 사람 운전자가 필요 없는
진정한 자율주행 자동차 단계다.

현재는 '레벨 2'까지 상용화되어 있다. 전문가들은 2025년 정도면
마지막 단계인 '레벨 4'의 자율주행 자동차가 상용화될 것으로 예측
한다.[58]
언론 분야에서도 인공지능의 활용도가 높아지고 있다. 2014년 초
LA타임즈는 인공지능로봇 '퀘이크봇QuakeBot'이 캘리포니아 지진 발생
을 모니터링하고 쓴 기사를 실시간으로 송고했다. AP통신도 기업 실
적에 관한 기사는 인공지능로봇이 처리하고 있다.[59] 중국 최대 온라
인 서비스 기업인 텐센트도 2015년 9월 10일에 자사의 인공지능이
작성한 기사를 포털 사이트에 게시했다고 발표했다. 텐센트의 인공
지능 기자는 1분에 중국어 1,000자 분량의 경제기사를 작성했다.[60]
2015년부터 '프로야구 뉴스로봇' 서비스를 시작한 서울대 언론정보

학과 이준환 교수는 알고리즘을 활용해서 대용량 데이터를 빠르고 정확하게 처리하는 능력을 가진 인공지능 로봇이 사건 정보를 수집하고 분석하여 기사를 송고하는 데는 고작 0.3초면 충분하고 미래에는 속도가 무의미해질 것이라고 평가했다.[61] 자연재해 리포트, 기업 실적 평가, 스포츠 뉴스 분야에서 인공지능 로봇이 쓴 기사의 가독성, 명확성, 정보성, 신뢰성, 전문성 등의 만족도 평가는 상당히 높은 편에 속한다.[62]

예술 분야에서도 인공지능의 활약이 시작되고 있다. 소설을 창작하는 인공지능 프로그램이 등장했다. 조지아 공대 연구팀이 '아라비안나이트'에 나오는 왕비의 이름을 따서 개발한 인공지능 '셰에라자드-IF'Scheherazade-IF는 독자와 소통하면서 스스로 '인터렉티브 소설'을 작성할 수 있다. 셰에라자드-IF는 은행 강도나 영화관 데이트 주제를 다룬 수백 편의 인간 작가들이 쓴 소설을 가지고 지도학습을 받은 후, 이를 기반으로 새로운 이야기를 창작하는 인공지능이다. 셰에라자드-IF는 이야기의 중요한 분기점에서 독자의 반응과 선택을 받아들여 다음 이야기를 전개해 나간다. 전문가와 평가단의 분석에 의하면 셰에라자드-IF가 만든 이야기는 문장구조가 단순하다는 단점이 있지만, 전개상의 오류도 없고 인간 작가가 창작한 소설과 별 차이가 없을 정도의 복잡한 구조와 풍부한 이야기 실력을 뽐낸다.[63] '쿨리타'라는 인공지능은 사람의 실력과 구분하기 어려울 정도의 수준 높은 클래식 음악을 작곡한다. 역시 기계학습의 성과다. 쿨리타는 엄청난 양의 음악 데이터베이스를 가지고 사람이 갖는 음악성과 작곡의 패턴을 지도학습 받은 후 배운 것들을 규칙적으로 조합하고 더 나아가 스스로 새로운 작곡 패턴을 시도하는 진화의 과정을 거치면서 새로

운 음악을 창작한다.[64]

일본의 전자기업 히타치는 일본 제조업체들의 독특한 경영기법인 '카이젠改善(개선)'을 알고리즘화하여 물류창고의 업무를 관리하고 직원에게 업무 지시를 내리는 '관리자' 인공지능을 현장에 배치했다. 관리자 인공지능은 빅데이터 분석을 기반으로 기후 변화나 수요량 변경 등의 상황변화를 빠르게 파악하고 대처하여 가장 효율적인 업무 프로세스를 찾고 예측한다. 인간 직원이 더 효율적인 업무 처리방식을 발견할 경우, 이를 학습하여 즉각 반영한다. 히타치는 관리자 인공지능 도입 후 8% 정도의 생산성 향상이 있었다고 발표했다.[65] 중국 최대 검색서비스회사인 바이두도 2014년 딥러닝 분야의 최고 석학 중 한 사람인 스텐퍼드 대학 앤드루 응Andrew Ng 교수를 영입하고, 앞으로 5년간 5억 달러를 투자하여 자율주행자동차 분야에서 선두에 올라서겠다는 야심을 드러냈다.[66]

도시 문제를 해결하는데도 인공지능의 분석 및 예측 능력이 중요해질 것이다. 현재 전 세계 인구의 54%가 도시에서 살고, 도시가 전체 에너지의 65% 이상을 소비한다. 1천만 명 이상이 모여 사는 대도시도 34개나 된다.[67] 엄청난 사람이 모여 상상을 초월할 정도의 소비를 하기에 문제도 많다. 오염, 소음, 교통난, 범죄, 재난의 두려움, 사회적 갈등 등으로 도시는 미래에도 몸살을 앓을 것이다. 미래의 인구 이동과 발생할 재난이나 범죄 및 갈등을 미리 예측하여 대비하는 것은 아주 중요한 과제다. IBM과 MS는 자신들이 가진 인공지능과 IT 기술을 활용하여 도시 문제를 해결하고, 똑똑한 도시 환경을 만들기 위한 서비스를 시작했다. 앞으로 5년 동안 스마트 도시를 만들기 위해 투자될 비용이 수백조 원에 이를 것으로 예측된다.[68] 정부나 지자체들도 개인과 기업이 창의적이고 스마트한 서비스를 만들기를 바라며 각종 데이터를 개방한다. 세계에서 일본의 도쿄 다음으로 인구가 많은 도시가 인도네시아의 자카르타다. 인구가 3천만 명이 넘는 이 도시는 매년 홍수로 몸살을 앓는다. 수십 명이 사망하고, 수십만 명의 이재민이 생기고, 수조 원의 경제적 피해가 반복된다. 이 문제를 해결하기 위해 2012년부터 인도네시아 정부는 AIFDR(오스트레일리아-인도네시아 재난방지기구)과 HOT(인도주의 오픈스트리트맵 팀; The Humanitarian OpenStreetMap Team)와 온라인 지도 프로젝트를 실시하고 있다.[69] 시민들이 자발적으로 우기에 비가 집중적으로 오는 지역이나 패턴, 강우량, 홍수 위험도 등을 지도에 반영하게 한다. 이렇게 얻어진 정보를 분석하여 예측한 정보를 전화, 문자, SNS 등을 통해 시민들에게 다시 전달하여 위험에 대비하게 한다. 이외에도 도시 쓰레기를 처리하는 문제, 범죄 발생 지역을 분석하고 시기와 범위를 예측하는 문제, 인구 증가로 인해 발생할 교통 체증이나 주차난, 전염병 발생 가능성 등을 미리 예측하여 예방과 대응을 하는데 각종 IT 기술은 물론이고 인공지능이 널리 쓰이기 시작했다.

한국 기업들도 인공지능 연구와 활용에 관심을 가지고 있다. 한국의 대표적 인터넷 기업인 네이버는 딥러닝 기술을 음성이나 사진 인식에 영역에 적극 활용하고 있으며, 앞으로 5년간 1,000억 원을 로봇, 무인자동차, 스마트홈 등의 산업에 투자한다는 계획을 발표했다. 디오텍은 세브란스병원 건강검진센터와 의료 녹취 연구계약을 체결하고 의사의 진료 녹취 음성을 인식하고 다양한 의료 데이터와 연관시켜 상담, 진료, 처방을 도와주는 인공지능 솔루션을 개발 중이다. 코노랩스는 일정을 다이어리에 기록하면 교통 상황을 고려해 약속 장

소로 떠나야 할 최적의 시간을 추천해 주는 인공지능 기반 일정관리 앱 '코노'를 서비스 중이다.[70]

하드웨어와 소프트웨어가 결합된 인공뉴런을 주목하라

연상기억 능력은 하나의 정보를 떠올리면 그와 연관된 다른 정보를 떠올리는 능력이다. 컴퓨터는 순차적으로 정확하고 빠르게 중앙집중 정보처리를 한다. 뇌는 1,000억 개의 뉴런이 서로 연결되어 분산병렬처리를 한다. 인간의 뉴런은 외부에서 자극(정보)이 들어오면 수상돌기를 통해 입력받는데, 자극의 총합이 일정치를 넘어가면 다른 뉴런으로 전기 자극을 출력하여 정보를 전달한다. 이런 생물학적 뉴런의 작동방식을 모방하여 수학적으로 모델링한 것을 인공뉴런Artificial Neuron이라고 한다. 아주 많은 수의 인공뉴런을 여러 층으로 된 망으로 구성한 것을 인공신경망이라고 한다. 다수의 망을 가진 심층신경네트워크DNN을 활용한 기계학습 모델을 딥러닝이라고 부른다.

2014년 초 구글은 설립된 지 채 3년이 안 된 영국의 딥러닝 연구 회사인 '딥마인드DeepMind'를 4억 달러를 주고 인수했다. 딥마인드는 천재 신경과학자인 데미스 하사비스Demis Hassabis가 2011년 설립한 인공지능회사로서 게임, 전자상거래, 시뮬레이션 등에 적용 가능한 딥러닝을 연구한다.[71] 구글은 이 회사의 기술을 기반으로 음성인식, 영상인식, 인지통신 분야에서의 기술 선점을 노리고 있다. 구글은 2012년 16,000개의 컴퓨터 프로세서와 10억 개 이상의 인공뉴런네트워크, DNN(심층신경네트워크)을 이용해서 유튜브 안에 있는 1천만 개의 비디오 중에서 인공지능 컴퓨터가 스스로 학습하여 고양이를 인식하는 데 성공했다.[72] 이듬해인 2013년 스탠퍼드 대학의 앤드류 응 교수는 GPU 기반으로 2만 달러의 저비용으로 신경망을 구성할 수 있는 기술을 논문으로 발표했다.[73]

인공신경망 개념은 이렇다. 외부 자극에 의해서 정보가 들어오면, 첫 번째 망 층에서 스스로 새로운 개념으로 묶어 기억한다. 그 새로운 개념을 또 다른 망 층에서 새로운 개념으로 다시 묶어서 기억한다. 이를 반복하면서 깊은 층으로 구성된 복잡한 인공뉴런 연결망 시스템 안에 다양한 정보나 개념들이 분산되어 망 형식으로 저장된다. 물론, 이런 과정을 거치면서 처음 들어 온 정보와는 전혀 다른 새로운 정보나 개념이 자연스럽게 산출되어 기억되기도 한다. 이렇게 만들어진 인공신경망에 외부에서 특정 정보가 들어오면 그것과 유사성이 있는 정보나 개념이 저장되어 있는 곳과 연결하거나, 거기서부터 연상작용을 통해 다른 개념을 찾거나 생성해 간다.

이런 인공신경망을 하드웨어 차원에서 구현하려는 시도가 왓슨이다. 왓슨이라는 현존하는 최고의 인공지능 컴퓨터를 개발한 회사는

IBM이다. IBM의 왓슨은 1초에 80조 번 연산을 하고, 1초에 100만 권 분량의 데이터를 분석할 수 있다. IBM은 2014년 1조 원을 투자하여 왓슨을 활용한 새로운 서비스와 솔루션을 개발한다고 발표했다. 그 중 하나가 왓슨과 의료가 결합되어 나온 '암 진단' 서비스다.

나아가 IBM은 인텔보다 먼저 인간의 뇌 구조를 닮은 새로운 칩을 설계했다. 일명, 시냅스SyNAPSE 칩이다. 현재의 컴퓨터는 오늘날의 컴퓨터 개념을 창시한 폰 노이만이 설계한 폰 노이만 구조von Neumann Architecture로 이루어져 있다. 폰 노이만 구조는 나열된 명령을 순차적으로 수행하고, 그 명령을 수행할 때 일정한 메모리 위치의 값을 변경하는 내장 메모리 순차처리 방식이다. 주기억 장치, 중앙처리장치CPU, 입출력 장치의 3단계 구조로 이루어진 프로그램 내장형 컴퓨터 구조이기에 컴퓨터가 해야 할 작업을 변경할 때 하드웨어를 재배치하지 않고 소프트웨어만 교체할 수 있는 장점이 있다. 하지만 중앙처리장치가 프로그램 메모리와 데이터 메모리를 동일한 버스Bus를 이용하여 입출력Access하기 때문에 프로그램과 데이터를 동시에 읽거나 쓸 수 없는 단점이 있어서 고속 컴퓨터 설계에서 폰 노이만 병목von-Neumann Bottleneck 현상이 발생하는 단점이 있다.[74]

2014년 8월, IBM은 폰 노이만 병목을 해결하기 위해 인간의 뇌 작동 방식을 모방한 신경망 칩인 '시냅스'를 개발했다. 54억 개의 트랜지스터가 장착되고 1WH로 초당 460억 시냅틱(각 시냅스 사이에서 데이터를 주고받는 활동) 작동이 가능한 이 칩은 프로그래밍이 가능한 100만 개의 인공뉴런과 2억 5,600만 개의 인공시냅스를 갖추었다. IBM은 이 칩을 '트루노스TureNorth'라고 명명했다. 최초의 트루노스는 칩 16개를 연결하면 개구리 뇌 수준의 연산 능력을 발휘할 수 있었다. IBM

은 2015년에 기능이 향상된 트루노스를 소개했다. 기능이 향상된 시냅스 칩을 장착한 보드 NS1e를 연결해서 4,800만 개의 인공뉴런과 123억 개의 인공시냅스를 갖추어 쥐의 뇌 수준까지 성능을 끌어 올렸다.[75] IBM은 트루노스를 이용하여 초저전력 상태에서 이미지 인식, 번역, 딥러닝 성능을 향상시킬 수 있다고 평가했다. IBM이 그리는 미래의 컴퓨터는 인간의 좌뇌(수리, 연산)를 담당하는 인지 컴퓨터인 왓슨과 100억 개의 인공뉴런과 10조 개의 인공시냅스를 장착한 인간의 우뇌(감각, 인지)를 담당하는 시냅스 칩의 결합이다. 2015년 기준으로 인간의 두뇌는 여전히 슈퍼컴퓨터보다 30배 이상 빠르다. 과학전문 사이트 사이언스 얼트에 소개된 연구에 의하면 정보를 한 지점에서 다른 지점으로 빨리 옮기는 실험을 한 결과 인간 두뇌의 속도는 초당 2.3×10^{13} TEPS$_{\text{Traversed Edges Per Second}}$를 보인 슈퍼컴퓨터의 30배였다. 이 잡지는 이 정도의 격차라면 컴퓨터가 인간의 두뇌 속도를 따라잡는 데만 7~14년 정도 걸릴 것으로 추정되고, 인지능력이나 복잡한 사고를 따라잡으려면 훨씬 더 많은 시간이 소요될 것으로 추정했다.[76]

하지만 현재의 슈퍼컴퓨터나 인공지능의 수준만으로도 머지않은 미래에 콜센터 상담원, 개인비서, 택시 및 트럭 운전사, 철도기관사, 대리운전사, 세무사, 회계사, 법무사, 약사, 변호사, 단순근로자, 단순지식전달자, 은행창구직원, 보험사, 자산운용사, 금융회사 대출담당자 등의 직업에 상당한 수준의 위협이 될 수 있다.

인공지능의 최대 수혜자는 바로 인간, IA(지능 확장)

인공지능의 최대 수혜자는 디바이스가 아니라 사람이다. 인공지능이 발전하는 과정에서 인간 지능도 확장되게 될 것이다. 바로 IAIntelligence Augmentation(지능 확장) 기술 덕택이다. IA는 인간 지능 자체의 증강과 관련된 기술이다. AI가 기계나 컴퓨터 알고리즘이 인간을 대신해서 인식하고 판단하는 데 목표를 둔다면, IA는 인간의 판단과 인식 능력에 도움이 될 방법을 찾는 기술이다.

예를 들어 약한 인공지능은 당분간 인간 두뇌의 보조장치로 사용될 것이다. 즉 약한 인공지능은 인간 두뇌의 확장인 셈이다. 인공지능이 스마트폰이나 자동차를 똑똑하게도 만들어 주지만, 인간을 똑똑하게 해 주는 효과가 더 빨리 나타날 것이다. 직접적으로 IA를 꾀하는 방법도 있다. DARPA가 개발하고 있는 '직접 신경 인터페이스DNI'는 카메라나 기계장치를 통해 받아들인 외부 시각 이미지를 인간 뇌의 시각 피질에 직접 주입하는 기술이다. 직접 신경 인터페이스DNI는 뇌 기능 향상에 유익하다. 뇌 기능 향상을 목적으로 하는 기술에는 유전자 치료Gene Therapy나 뇌 관련 의약품처럼 생화학 물질을 통해 기억력이나 시력을 향상시켜 인지능력을 직접적으로 강화하는 기술들도 포함된다. 인간의 근력을 강화하는 '외골격 로봇'도 대표적인 IA 기술이다.[77]

플랫폼 전략과 미래에 유망한 콘텐츠 군

5개 공간에 채워질 세 번째 사물은 플랫폼 군이다. 플랫폼Platform의 사전적 의미는 다음과 같다.

1. 기차역의 플랫폼

2. 사람들이 딛고 설 수 있는 단, 연단

3. 장비 등을 올려 놓을 수 있는 대臺

하지만 산업 영역에서는 틀, 규격, 표준, 골격을 의미한다. 컴퓨터에서 시스템의 기반이 되는 운영체제os를 가리킬 때도 사용하는 단어다. 플랫폼의 어원을 살펴보면, 'plat(구획된 땅)'과 'form(형태)'의 합성어로 '구획된 땅의 형태'라는 뜻을 갖는다. 비즈니스에서 플랫폼이라는 말을 유행시킨 주역인 IT 업계는 이런 모든 의미를 종합해서 사용한다. 구획된 가상의 땅에, 어떤 사물이나 사람이라도 마음대로 목적하는 곳으로 가는 기차를 탈 수 있는 승강장 같은 무대를 만들어 준다는 뜻으로 플랫폼을 사용한다.

비즈니스맨들은 플랫폼 위에서 IT 서비스와 기기, 그 위에서 사용되는 콘텐츠를 포괄하는 생태계를 만드는 것을 목표로 한다.[78] 생태계라는 관점에서 플랫폼을 생각한다면, 생태계의 범위가 넓어질수록 플랫폼의 수준이 높아진다. 플랫폼의 수준이 높아질수록 더욱 많은 사람이 모이고, 소통과 정보 교류의 빈도가 높아진다. 그럴수록 플랫폼의 영향력은 커지면서 부富의 허브가 된다. 사람들이 북적거리는 광장이 된다.

플랫폼은 하나가 아니다. 그래서 플랫폼들끼리도 경쟁하며 나타나기도 하고 사라지기도 한다. 초기에는 관심이 같은 사람들의 모임이 플랫폼으로 발전했다. 하지만 시간이 갈수록 "강력한 기술과 그 기술의 효과적인 사용"[79] 능력이 플랫폼을 만드는 데 중요해지고 있다. 사용자, 고객, 파트너, 벤더, 개발자, 다양한 커뮤니티와 디바이스 간에 상호 이익을 주고받으면서 공생할 수 있는 환경을 만들어야 뜨는 플랫폼이 될 수 있다.[80]

사물이 똑똑해지면서 스마트 디바이스화하는 것처럼, 똑똑한 사물과 사람은 복잡한 네트워크에서 이동과 생산의 효율성을 높이기 위해 정거장 역할을 하는 플랫폼에 열광한다. 이런 기회를 빠르게 간파하여 플랫폼을 전략으로 사용한 기업들이 있다. 아마존은 플랫폼 전략을 구사하면서 온라인 서점을 뛰어넘어 무한성장의 가능성을 열었다. 애플도 컴퓨터를 파는 회사에서 자사의 운영체제iOS, 스마트 기기, 컴퓨터 등을 기반으로 플랫폼을 만들어 애플 사용자, 고객, 파트너, 벤더, 개발자, 커뮤니티 등을 엮어 거대한 부의 생태계를 만들었다. 페이스북도 플랫폼 전략으로 SNS의 황제가 되었고, 단순한 SNS 서비스 회사를 넘어 인공지능에서 미래자동차까지 자신의 비즈니스 모델을 플러그인할 수 있는 길을 열었다. 구글은 말할 나위가 없이 검색에서 시작해 스마트폰, 자율주행자동차를 넘어 우주산업에까지 진출할 길을 열었다.

플랫폼 전략론 전문가인 안드레이 학주Andrei Hagiu와 히라노 아쓰시 칼平野, 敦士カ―ル은 플랫폼이 네트워크 효과를 창출하고 신사업을 계속 만들어 낼 수 있는 힘을 가지고 있기에 모든 기업에 필수적인 미래전략 요소라고 주장한다.[81] 이 말을 역으로 생각하면 자신의 비즈니스에 플랫폼 전략을 적용하지 못하면 시장을 빼앗길 수 있다는 말이 된다. 예를 들어, 한때 한국의 한 기업은 세계 최고의 MP3 플레이어를 만들었지만, 하드웨어에만 집중하다가 플랫폼 전략으로 무장한 애플의 아이튠즈에게 무너지고 말았다.[82]

플랫폼이 성공하기 위해서는 기술에서부터 소통의 양에 이르기까지 다양한 조건을 갖추어야 한다. 하지만 가장 중요한 것 하나만을 꼽으라면 '콘텐츠'다. 바로 5개 공간에 채워질 네 번째는 무형의 사물인 콘텐츠 군 말이다. 콘텐츠 군은 신변잡기身邊雜記에서부터 바이오 콘텐츠에 이르기까지 다양하다. 지식이라는 무형의 콘텐츠에서 게임이나 미디어 같은 감성적 콘텐츠, 사회활동으로서의 정치 콘텐츠, 건강과 의료 같은 서비스 콘텐츠까지 다양한다. 2030년까지 가장 큰 규모로 성장할 콘텐츠를 몇 개 예측해서 꼽으면 다음과 같다.

가상현실 콘텐츠

게임과 미디어 콘텐츠

바이오 콘텐츠

정치 콘텐츠

가상 여행 콘텐츠가
우리의 뇌를 사로잡는다

가상현실과 생활의 다양한 접점이 있다. 교육과 훈련은 물론이고 가상 섹스까지 다양하다. 그중에서 가상여행은 앞으로 5년 동안 가장 뜨겁게 각광받을 콘텐츠 중의 하나이다. 지구 안에서 펼쳐질 여행의 미래 모습은 어떻게 바뀔까? 운송수단의 속도가 빨라지면서 사람들은 더 먼 곳으로 여행을 떠나는 것에 대한 부담을 느끼지 않게 될 것이다. 비행기가 빨라지고 고속철도가 빨라지면서 세계가 한나절 생활권이 되면서 여행의 범위도 넓어질 것이다. 무인자동차가 상용화되는 2020~2025년 이후가 되면 운전 스트레스도 사라져서 여행에 대한 부담은 더 줄어들게 될 것이다.

더 놀라운 변화는 가상공간에서 일어날 것이다. 앞으로 10년 이내에 제2차 가상혁명이 일어나면서 가상 여행이 현실이 될 것이다. 한국은 인터넷 강국이다. 그래서 미래 여행의 최대의 화두인 가상 여행 트렌드를 주도하는 나라 중의 하나가 될 것이다. 한국은 인터넷 통신 속도나 서비스에서 세계 최초를 여러 번 기록했다. 한국의 인터넷 서비스 속도는 20년 만에 10만 배 빨라졌다.

필자가 예측한 제2차 가상혁명은 홀로그램, 가상현실Virtual Reality, 지금보다 1,000배 빠른 통신 기술, 휴먼 인터페이스, 입는 컴퓨터, 3D 그래픽 및 디스플레이, 인공지능 등의 기술이 합쳐져 만들어지는 진일보한 세계다.

제1차 가상혁명 때에는 모니터를 경계에 두고 가상과 현실의 구분이 명백했다. 제2차 가상혁명은 모니터를 통해 만들어진 가상공간과 현실공간의 경계가 파괴된다. 스마트 폰이나 컴퓨터 모니터를 통하지 않고도 자유롭게 가상공간으로 들어가고 나갈 수 있게 된다. 경계가 파괴되면서 현실공간과 가상공간이 서로 합쳐지는 변화가 나타날 것이다. 현실은 가상으로 흡수되고, 가상은 현실로 탈출하는 변화가 펼쳐질 것이다. 가상과 현실의 구분이 사라지고, 우리 눈앞에 가상과 현실이 동시에 존재하는 변화, 현실 위에 가상이 겹쳐서 존재하는 변화가 일어날 것이다. 현실의 사물과 가상의 사물을 동시에 한 자리에 놓을 수도 있고, 서로 다른 위치에 조화롭게 놓을 수도 있다. 제2차 가상혁명이 완성되면, 가상공간에 파리, 뉴욕, 런던, 아프리카 초원, 수천 미터 밑의 바다, 화성 등을 만들어 놓고 여행을 다니는 시대가 열리게 된다. 당신이 원한다면 만나고 싶은 세계적인 스타들도 여행지에 오게 할 수 있다. 물론 가상으로 말이다.

애플은 2013년 프라임센스PrimeSense라는 이스라엘 기업을 3억 4,500만 달러에 인수했다. 이 기업은 3D 증강현실, 3D 가상현실, 3D

동작을 감지하는 칩 기술을 가진 회사다. 애플, MS, 페이스북, 구글, 퀄컴 등 세계적인 IT 기업들은 3차원 가상공간을 기반으로 한 미래형 서비스라는 방향으로 움직이기 시작했다. 3차원의 가상공간에서 여행, 게임, 커뮤니티, 스포츠, 원격 교육, 원격 진료 등 미래형 서비스의 주도권을 잡기 위한 본격적인 준비에 돌입했다. 구글의 인공지능 사업을 총괄하고 있는 미래학자 레이 커즈와일은 2029년이면 희로애락喜怒哀樂을 표현하고 농담도 건넬 수 있을 정도의 감성지능을 가지고 사람과 관계를 맺는 컴퓨터가 등장할 가능성이 크다고 예측했다. 미래에는 인공지능이 가상공간과 연결되면서 가상여행이 현실여행보다 더 나은 경험을 줄 수 있게 될 것이다. 인공지능이 당신이 가장 원하는 체험을 하도록 가상여행지를 선택해 준다.

인간의 뇌는 현실과 가상을 구별하지 못하는 특성이 있다. 가상현실 기술은 뇌의 이런 특성을 이용한다. 현재의 기술은 뇌의 다양한 신호를 컴퓨터에 입력하는 수준까지 발전했다. 뇌에 직접 가상을 주사하는 수준의 가상현실 기술은 2030년 이후에 상용화될 것으로 예측된다. 이런 기술을 당장 사용하지 않더라도 헤드마운트디스플레이HMD를 통해서 얼마든지 가상의 사람이나 물건을 실제처럼 연출할 수 있고, 가상공간에서 쇼핑과 운동, 게임을 즐길 수 있는 가상의 여행지를 만들어 낼 수 있다.

지금 최고의 화두가 되고 있는 웨어러블 컴퓨터도 가상여행과 더 흥미롭고 알찬 여행에 일조할 것이다. 웨어러블 기기들이 서로 연동되고, 지능형 사물들과 통신하면 사용자의 몸뿐만 아니라 주위 상황도 동시에 인지하여 데이터를 생산하게 된다. 이를 '어웨어러블Awareable 시대'라고 부른다. 이런 시대가 열리면 나에게 가장 적합한 여행지를

추천해주는 것은 물론이고, 가장 적합한 선물, 음식, 기억에 남을만
한 장소, 내가 가장 감동받을 만한 이벤트 등을 개인맞춤형으로 제
공하는 일도 가능해진다. 아마도 2030~2040년이면 필자가 지금까
지 예측한 모든 것들이 동시에 서로 묶여서 당신의 주말과 휴가철에
제공될 것이다.

2025년 이후
게임과 방송의 경계가 무너진다

2030년까지 가장 큰 규모로 성장할 또 다른 콘텐츠는 게임과 미디어 콘텐츠다. 게임산업은 영화산업을 넘어서게 된다. 미래의 게임산업은 인터랙티브, 판타지, 커뮤니티를 통해 수많은 인생을 살도록 해주는 경험산업으로 진화할 것이기 때문이다. 미래의 게임은 예술과의 경계를 허물 것이다.

미래에는 두 가지 정보가 사람들의 관심을 끌게 된다. 하나는 일자리를 포함해서 부를 얻는 데 기여하는 정보다. 다른 하나는 엔터테인먼트(재미)를 증진시키는 정보다.[83] 돈과 재미 중심의 정보에 대한 태도 변화는 게임과 미디어의 미래 방향을 바꿀 것이다.

흥미로운 것은 콘텐츠가 플랫폼 위에서 움직이지만, 콘텐츠의 영향력이 커지면 플랫폼으로 진화하기도 한다는 점이다. 예를 들어, 사용자가 많은 게임 콘텐츠는 얼마든지 새로운 SNS 플랫폼이 될 가능성을 가진다. 게임 콘텐츠가 사물인터넷 시대와 맞물리면 더욱 흥미로운 세상이 펼쳐질 것이다. 많은 정보를 제공하는 지식 플랫폼도 될 것이다.

10년 후, 미래의 게임산업은 코흘리개 아이들이나 하는, 혹은 인생을 낭비하고 폐인을 양산한다는 편견과 불신을 깨고, 원만한 사회생활을 위해서는 없어서는 안 될 소셜 네트워크 서비스SNS를 제공하는 장이 되어 사람과 사람, 사람과 사물을 연결해 줄 것이다. 어른들에게 생존과 부의 증진에 도움이 되는 갖가지 정보를 사냥Hunting하거나 캐는Mining 플랫폼이 될 것이다. 이런 일을 함께할 마땅한 사람이 없다면, 미래의 게임은 당신을 인공지능과 사물과 연결해 줄 것이다. 미래의 사람들은 이렇게 진화한 미래형 게임 속에서 놀이를 하고, 대화를 하고, 쇼핑을 하고, 각종 미디어를 소비할 것이다. 미래의 게임은 게임이 아니라, 컴퓨터가 만든 세상에서 실제처럼 살아갈 수 있는 플랫폼이 되는 것이다. 미래의 게임은 현실의 놀이와 가상의 놀이를 통합하고, 인간의 모든 활동에 관여할 것이다. 2014년 세계 최대의 게임쇼인 'E3'에서는 3차원 가상현실 게임이 차세대 이슈로 가장 주목을 받았다. 가상현실 헤드셋이나 안경을 쓰고 3D 지도, 공간체험, 3D 시뮬레이션 및 게임을 경험하려는 사람들이 길게 줄을 섰다.

미래의 게임은 사회적 소통의 수단이 되며, 사람들이 모여 소통하면서 인류의 미래를 위협하는 난제를 푸는 인공지능이 될 것이다. 더 나은 미래를 준비하기 위한 학습의 장이 되며 흩어져 있는 각종 미디어와 콘텐츠를 소비하는 장이 될 것이다.

2014년에 이미 게임산업은 음악산업의 규모를 넘어섰다. 2014년 중국의 게임시장 규모는 1,000억 위안(한화 약 16조 4천억 원)에 달할 것으로 추정된다. 2013년 전 세계 게임시장의 규모는 930억 달러(한화 94조 원)이었고 이 중에서 모바일 게임이 132억 달려였다. 한국의 게임시장은 2013년에 10조 원을 넘어섰다. 2020년 이후가 되면 게임산업은 영화산업의 시장 규모를 넘어설 것이다.

2025년 무렵이 되면 게임과 방송의 경계도 무너질 것이다. 미래의 방송은 통신서비스가 융합된 데이터 산업이 되는 것은 기본이다. 더 나아가 스마트 기술과 소셜네트워크가 결합된 미래의 게임을 닮아가면서 맞춤화된 경험 스토리를 제공하고, 강력한 인터랙티브를 지향하는 서비스로 전환될 것이다. 여기에 유비쿼터스 기술과 웨어러블 기술, 휴먼 인터페이스 기술과 가상현실 기술이 결합해서 2030~2040년경에는 방송 체험을 하는 사람이 현실의 체험인지 가상의 게임인지를 거의 구별을 하지 못할 정도의 환상적 모습으로 발전할 것이다. 이를 '대체현실Substitutional Reality'이라고 한다. 대체현실SR은 다양한 기술을 통해 사람의 인지 과정에 혼동과 착각을 발생시켜 가상세계의 경험이 현실을 대신하거나 마치 가상세계를 실제인 것처럼 인지하도록 하는 기술이다. 현재 대체현실은 심리치료, 교육, 게임 등에서 목표로 하는 기술이다. 미래에는 방송도 이 수준에 올라가야 생존하게 될 것이다.

미래의 기술들의 중요한 특징 중의 하나가 특정한 경험을 대중이 소비하는 데서 벗어나 소비자 자신이 원하는 맞춤화된 경험을 제공하는 것을 가능하게 해 준다는 점이다. 방송도 시청자의 취향과 일정에 맞게 엔터테인먼트와 레저를 제공하고, 같은 경험을 소비하는 사람들끼리 빛의 속도로 연결해 줄 기술의 등장으로 패러다임이 바뀌게 될 것이다. 방송에 대한 이런 식의 새로운 소비가 시작되면 사람들은 더욱 풍부하고 강렬한 맞춤형 경험을 요구하게 될 것이다. 시간과 공간의 범위는 무한히 확장될 것이다. 시청자의 마음속을 거울을 보듯 들여다보고, 시청자를 가상의 세계로 데려가고, 가상의 세계를 시청자의 눈앞에 불러오는 것이 가능해지면서 방송에서 구사할 수 있는 스토리의 한계가 깨어지고 확장될 것이다. 개인화된 경험이 정교해질수록 사회적 상호작용이라는 인간의 본성의 외침도 강렬해질 것이다. 양립할 수 없는 것처럼 보이는 두 가지의 욕구가 미래의 기술에 의해 공존할 수 있게 된다. 개인화된 경험을 다른 사람들과 공유할 때 더욱 개인화될 수 있다는 접근법이 만들어질 것이기 때문이다. 어제 경험한 것을 사회적 상호작용을 통해 오늘 다시 음미하고 기억함으로써 경험을 재구성하고 연장하는 기술이 등장할 것이기 때문이다.

3D, 리얼 컬러, 몰입을 특징으로 하는 미래 방송은 마치 옆에서 벌어지는 일을 전능의 관점에서 보는 듯한 경험을 생생한 화질로 전달하게 될 것이다. 지금보다 1,000배 빠른 네트워크 속도를 기반으로 자동차, 홀로그램, 길 위, 3D 가상세계 안에서 자유롭게 시청이 가능해질 것이다. 스크린 크기는 아이맥스(100인치가 넘는 모니터, 홀로그램, 스마트안경) 환경이 될 것이다. 시청자와 소통의 방식은 쌍방향을 넘어 커뮤니티 형성이 주가 될 것이며, 방송은 게임과 합쳐지면서 보도, 드라마, 리얼 체험을 넘어 방송이 시나리오를 제공하고 시청자가 게임하듯 콘텐츠를 소비하는 시대가 시작될 것이다. 더 나아가 100세 시대를 사는 데 필수조건인 평생학습 공간에까지 진출하면서 개방형 학교Open School 역할도 담당하게 될 것이다.

기존의 방송인들은 이런 방식의 미래 방송에 관심이 없을 수도 있다. 그러나 방송인이 스스로 바꾸지 않으면 다른 산업 영역에 있는 경쟁자들이 방송의 경계를 깨고 들어와 이런 미래를 현실로 만들 것이다.

미래의 인간은
영생 콘텐츠를 소비할까

2030년까지 가장 큰 규모로 성장할 또 다른 콘텐츠는 바이오 콘텐츠다. 바이오 기술의 최종 목표는 '영생', 즉 죽음을 극복하는 것이다. 페인트를 칠하듯 새로운 피부를 이식하고, 로봇의 부품을 갈듯이 장기를 갈아낄 수 있게 되면 인간은 노화와 죽음에 대해서 다른 각도에서 생각하게 될 것이다.

지금까지 노화와 죽음 앞에서 모든 인간은 평등했다. 그러나 2040년 이후, 생노병사 앞에서 모든 인간은 평등하다는 말은 바뀌게 될 것이다. 2040년 이후 신과 인간의 경계를 가르는 노화와 죽음이라는 문제에 대한 인간의 도전이 시작될 것이다. 노화를 방지하거나 더디게 하고, 죽음의 시간을 조절할 수 있는 혁명적인 신기술이 등장하면서 인간은 자연과 신에 맞서는 바벨탑의 신화에 다시 도전하게 된다. 더 나아가, 영생의 꿈에까지 도전하게 될 것이다. 주름진 피부를 새 피부조직으로 대체하는 기술, 기능이 저하된 장기를 새로운 장기로 갈아끼는 기술, 병의 근원에 대항하는 기술, 몸속의 면역세포 군단을 지원하는 나노 기계 군단이 현실화된다면 노화와 죽음이라는 자연적 섭리에 도전하는 인간의 시대가 가능해진다. 불가능한 꿈이었던 '영생'에 도전해 보는 시대가 가능해진다.[84]

미국 웨이크포레스트 대학교Wake Forest University의 생체공학자인 앤서니 아탈라Anthony Atala 박사는 바이오 프린팅 기술로 피부조직을 찍어내는 데 성공했다. 바이오 프린터의 카트리지에 환자에게서 배양한 세포 잉크를 집어넣고, 3D 스캐너를 통해 환자의 피부조직을 스캔하여 설계도를 만든 후, 3D 프린터를 작동해서 원래 피부와 똑같이 프린팅하는 것이다. 그는 화상을 입은 환자들에게 새로운 피부 조직을 만들어 주는 것을 목표로 하고 있다. 이 기술이 더욱 발달하면 미래에는 보톡스를 맞지 않더라도 노화된 자신의 피부 위에 젊은 피부 조직을 덧입힐 수 있게 된다. 지금은 주름살이나 기미, 주근깨 등을 감추기 위해 화장을 하지만, 화장 대신 배양된 피부 조직을 입히면 80세가 넘은 노인이라도 젊은이처럼 보이게 할 수 있다. 부모가 자식보다 더 젊어 보일 수 있게 되기에 겉모습만으로는 노인인지 젊은이인지를 구별하기 힘든 시대가 올 것이다. 본인이 원하는 나이로 피부상태를 얼마든지 조절할 수 있게 된다. 젊은이는 좀 더 나이 들게 보이게 할 수 있고, 늙은이는 좀 더 젊어 보이게 할 수 있게 된다.[85]

피부뿐만 아니라, 몸속 장기까지도 바꿀 수 있다면 노화와 죽음에 맞선 싸움이 새로운 단계로 들어갈 것이다. 2040년 이후 줄기세포, 생체공학, 3D 바이오 프린터, 3차원 설계 기술 등이 접목되어 우리가 원하는 거의 모든 장기를 복제하거나 인쇄하여 갈아낄 수 있는 맞춤형 장기 배양 및 이식의 시대가 열린다. 미래의 3D 바이오 프린팅 기술은 장기 안에 있는 복잡하고 정밀한 혈관까지도 인쇄할 수 있을 정도로 발전하게 될 것이다. 펜실베니아 대학교의 바이오의학 공학자인 크리스토퍼 S. 첸Christopher S. Chen 박사는 설탕으로 장기 속의 복잡하고 미세한 혈관까지 복제한 구조물을 만들고 그 속에 바이오 잉크를 주입하는 기술에 성공했다. 액상 설탕으로 만들어진 3차원 입체 구조물은 녹아도 인체에 해가 되지 않는다. 설탕이 녹아 없어지면 틀 속에 자리잡은 세포만 남으면서 이식이 가능한 새로운 장기가 만들어지는 원리다. 아직은 초기 기술이지만 2040년 이후가 되면 꽤 쓸만한 장기를 만드는 수준에 이르게 될 것이다. 고장난 장기를 고칠수 있는 것은 물론이고 장기가 고장나기 전에도 얼마든지 갈아 끼울수 있다. 자신의 세포로 배양한 것들이기 때문에 면역 이상 반응도 없고, 이식을 위해 오랫동안 기다려야 할 필요도 없어진다. 미래의 장기 성형외과에는 자신의 장기를 갈아 끼워서 새로운 활력과 젊음을 얻으려는 이들로 가득하게 될 것이다.[86]

질병의 원인을 없애는 방식으로 죽음에 도전하는 기술도 개발 중이다. 인간의 주변에 가득한 위험한 미생물의 공격에 좀 더 기술적으로 대응하는 방법이다. 인간은 백신을 만들어내거나, 살균제를 뿌리고, 항생제를 투여하여 미생물과 싸우면서 수명을 연장해 왔다. 그러나 인간이 정복하지 못한 질병 유발 세균이나 미생물들은 아직도 많다. 코넬 대학교 섬유공학과의 마거릿 프레이Margaret Frey 교수는 전기방사공법과 나노기술을 활용하여 머리카락보다 수백 배 가는 새로운 섬유소재를 개발하여 우리 몸 주위에 존재하는 미생물과 독소, 바이러스 등을 걸러내는 실험을 진행 중이다. 전기방사공법으로 나노 단위의 미세한 섬유를 뽑아내서 공기 중에서 굳히면 옷을 짤 수 있는 나노실이 만들어진다. 이렇게 만들어진 나노실로 옷을 만들 수 있고, 주방에서 사용하는 행주나 걸레를 만들 수 있다. 이렇게 만들어진 옷이나 행주, 걸레는 정수기의 필터가 중금속을 걸러내는 것과 같은 방식으로 우리 주위에 퍼져 있는 각종 바이러스와 위험한 미생물들이 몸에 침투하지 못하도록 방어해 주는 나노 갑옷이나 나노 청소기가 된다. 인간의 생존을 위협하는 H5N1 바이러스를 능가하는 새로운 인플루엔자 바이러스가 창궐하면 백신이 나오기 전까지 이런 섬유로 만든 마스크를 쓰고, 나노 갑옷을 입고, 나노 걸레로 집안을 청소하여 바이러스를 제거하여 시간을 벌 수 있게 된다. 평상시에는 아이들을 괴롭히는 알러지를 차단하는 데 사용할 수 있다.

물론 중금속을 걸러내는 정수기가 인간에게 이로운 미네랄까지도 모두 걸러내는 문제가 있듯이, 이런 수준의 나노 섬유로 만든 옷은 사람에게 이로운 미생물까지도 걸러내어 새로운 문제를 일으킬 수도 있다. 하지만 나노 섬유로 짠 옷에 생체 센서와 컴퓨터를 장착하여 몸에 이로운 미생물은 통과시키는 기술이 등장하게 될 것이다. 탄소나노튜브나 그래핀으로 만들어진 나노 섬유는 컴퓨터와 연결될 수 있기 때문에 얼마든지 가능한 미래다. 이런 기술들이 가능해지면 우리는 24시간 내내 치명적인 질병들에 대한 정보를 파악하고 미리 대응하는 일이 가능해진다.[87]

아주 원시적인 수준의 나노의학은 백신이다. 백신은 질병을 일으키는 나노 크기의 병원균을 약하게 만들어 우리 몸에 주입함으로써 면역체계가 이에 대응하는 과정에서 강력해지도록 하는 기술이다.

2040년 이후 미래의 백신은 병원균을 약하게 만드는 방식을 사용하지 않고, 아예 어떤 병원균이든 박멸할 수 있는 강력한 힘을 가진 나노 로봇의 형태를 갖게 될 것이다. 몸속에 주입된 나노 로봇이 면역세포와 연합하여 몸속에 침투한 병균이나 암세포를 즉시 공격하는 방식을 취하게 될 것이다. 미국 라이스 대학의 제임스 투어James M. Tour 교수는 분자들이 버키볼(C60)이라는 바퀴를 달아서 스스로 회전하거나 직전하면서 반도체 회로를 구축하는 자기조립Self-assembly이 가능한 나노 자동차NanoCar를 개발했다.[88] 제임스 투어 교수팀의 궁극적인 목적은 혈관 속에서 초소형 나노 로봇을 운반하는 분자 규모의 자동차를 만드는 것이다. 나노 자동차에 실린 나노 로봇이 함대를 이루어 몸속을 돌아다니면서 질병을 감시하고 암세포와 마주치면 사살하고 손상된 곳을 고치는 약을 주입하게 하는 것이다.[89]

NASA 에임스 연구센터의 데이비드 로프터스David Loftus 박사는 인간의 몸 안에서 면역세포의 공격에도 끄떡없이 견디며 오랫동안 생존할 수 있도록 탄소나노튜브로 둘러싼 바이오 캡슐을 연구 중이다. 인체에 주입된 바이오 캡슐은 외부의 인공지능 컴퓨터와 통신하면서 혈관을 따라 이동하며 24시간 몸속의 변화를 감지하게 될 것이다. 몸속에서 암세포가 증가하거나, 외부에서 치명적인 질병을 유발하는 바이러스가 침투하게 되면 당신에게 알려주고 면역세포를 지원하여 질병균을 공격한다. 혈관을 막는 혈전을 청소할 수도 있고, 인슐린 분비를 촉진하는 작용도 할 수 있다. 질병이 발현하기 이전에 대응할 수 있게 되어 치료 효과가 탁월해진다. 현재는 1mm정도의 두께이지만 미래에는 세포 하나 혹은 몇 개 정도의 크기로 줄일 수 있게 될 것이다. 기능이 저하된 바이오 캡슐은 외부에서 혈액을 교환하면서 자연스럽게 교체할 수 있게 될 것이다. 아이가 태어나면 생존을 위해 필요한 몇 가지의 백신을 미리 접종하듯이 나노 로봇을 몸속에 주입할지도 모른다. 나노 백신의 시대가 열리는 것이다. 이런 기술이 현실화되면 질병에 대한 인간의 대응력이 현저히 향상된다. 유전자 분석 기술과 결합하면, 맞춤형 나노 로봇을 몸에 주입할 수도 있다. 아기 때부터 나노 로봇을 몸속에 주입하는 것이 마음에 걸린다면, 유전자 분석을 통해 당신에게 발생할 가능성이 큰 질병이나 대응력이 약한 바이러스를 공격하는 데 최적화된 나노 로봇을 맞춤형으로 만들어 가정 적절한 나이에 주입할 수도 있게 될 것이다.[90]

사실 운동은 가장 안전하게 노화를 늦추는 방식이다. 그러나 인간은 운동을 무한정으로 지속할 수 없다. 운동을 시작하여 일정 기간이 지나면 체온이 과도하게 상승하는데, 이럴 경우 세포의 열 손상이 일어날 수 있다. 불행하게도, 인간의 몸 안에는 체온을 일정 수준 이상으로 올라가지 않도록 하는 냉각장치가 없다. 대신 우리 몸은 세포의 열 손상을 막기 위해 근육 대사를 관장하는 특정 효소가 생성되어 자동으로 셧다운 현상을 일으킨다. 그러면 근육이 완전히 지치기 전에 대사 활동이 멈추면서 에너지가 급격하게 떨어지고 육체적으로는 지친 상태로 전환되어 운동을 멈추게 한다. 나이가 들수록 이런 상태가 더 빨리 작동해서 운동량은 더욱 줄게 된다. 운동량이 줄어들수록 노화는 촉진되고 죽음을 재촉하게 된다.

미국의 스탠퍼드 대학교 연구팀은 몸이 자동으로 셧다운 현상에 들어가기 전에 인위적으로 체온 상승을 낮추는 기술을 개발하여 인간의 운동 시간을 늘리는 방법을 연구 중이다. 다량의 피가 흐르는 손바닥, 발바닥에 냉각장치를 착용하여 혈액의 온도를 떨어뜨려 심장으로 보내거나, 운동 과정에서 칼로리를 다량으로 소비하는 복부에 직접 냉각장치를 착용하여 셧다운 현상이 발생하기 전에 체온을 빠르게 떨어뜨려 운동 피로감을 늦추는 것이다. 체온이 빠르게 정상으로 되돌아오면 에너지와 스테미너도 빠르게 정상으로 되돌아오게 되어 운동을 좀 더 오랫동안 지속할 수 있게 된다. 스탠퍼드대학교 연구팀의 실험결과 50% 정도 운동시간과 효과가 늘었다. 운동 시간이 늘수록 세포의 노화속도도 늦출 수 있게 된다. 운동시간이 늘어나면 체력과 지구력이 강화되면서 건강도 증진된다. 건강이 좋아질수록 수명 연장 가능성은 높아진다.[91]

펜실베니아 대학교의 후성유전학자인 이보나 퍼첵Ivona Percec 박사는 시루투인이라는 항노화 유전자를 발견했다. 쥐 실험을 통해, 칼로리를 제한하면 시루투인이라는 유전자가 발현되면서 수명을 연장시킨다는 것은 널리 알려진 사실이다. 쥐와 마찬가지로, 우리 인체도 칼로리가 부족하여 생명의 위협을 받게 되면 시루투인 유전자가 발현되어 다른 유전자들의 활동을 막는 단백질을 만들어내서 생존력을 높인다. 퍼첵 박사는 시루투인 유전자를 활용하여 생명을 연장하는 의약품을 개발하는 데 집중하고 있다. 시루투인 단백질은 DNA의 손상을 막는 작용을 한다. 연구팀은 외부 독소에 의해서 유전자 내의 특정 부분에 손상이 발생하면 이를 치료하기 위해 시루투인이 이동하는데, 이때 시루투인의 보호에서 벗어난 유전자가 활성화되면서 혼란이 발생하고, 이 과정에서 유전자의 노화가 야기된다는 것을 밝혀냈다.[92]

텍사스 대학교의 엠디앤더슨 연구소에서 암에 대한 연구를 하는 로널드 데피노Ronald Depinho 박사는 인간이 나이가 들면서 염색체 양 끝에 위치하여 염색체 보존을 담당하는 텔로미어가 약화되고 손상되는 것을 발견했다. 텔로미어의 손상은 노화와 직결되거나 노화 관련 질병을 일으킨다. 데피노 박사는 약해지거나 손상된 텔로미어를 텔로머라아제 효소를 통해 대체하는 방법을 연구 중이다. 노화가 진행되고 있는 쥐에게 텔로머라아제 효소를 주입하자 노화의 징후와 증상이 사라지기 시작했다. 활동량이 늘고, 털에 윤기가 생기고, 생식 기능이 회복되고, 인지 능력도 향상되고, 장기의 기능도 향상되는 등의 놀라운 결과가 나타났다. 생체 시계가 거꾸로 되돌아간 셈이다.[93]

미래에는 인간이 기억과 인식 능력과 자아를 컴퓨터에 이식하여 몸은 죽어도 정신은 영생하려는 시도를 할 수도 있다. 2040년 이후에는 육체적 생명을 150세 이상으로 늘리고, 21세기 후반쯤에는 인간의 뇌를 복제한 인공두뇌 컴퓨터를 만들어 사람의 정신을 이식시켜 정신이 영생하는 시대를 열 수도 있을 것이다. 자기 자신과 같은 정신과 자아를 가진 인공지능을 가진 로봇을 옆에 두고 살 수도 있게 될 것이다. MS는 당신의 모든 기억과 과거가 디지털로 저장되고, 이를 통해 가상공간에서 당신이 영생할 수 있게 하는 프로젝트를 진행 중이다. '마이라이프비즈'라는 프로젝트다.[94] 당신 삶의 모든 것과 당신 주위에서 일어나는 모든 일을 디지털화하면 가상공간에 당신의 기억을 모두 저장하는 셈이 된다. 당신의 대리 기억장치(전자기억 장치)에 인공지능이 가미되면 당신이 죽고 난 후에도 당신을 재생할 수 있다. 트랜센던스Transcendence가 뇌 속에 있는 기억을 컴퓨터에 직접 업로딩하는 기술이라면, 마이라이프비즈는 자신이 읽은 책에서부터 대화 기록이나 이메일까지 한곳에 모아 디지털화하여 완전한 전자기억을 만드는 것이다. 이런 시스템이 완성되면 당신이 사는 동안에도 필요할 때마다 과거의 기억을 검색하여 생생하게 기억해내고 다시 즐길 수 있다. 사람이 생물학적 기억과 전자기억이라는 두 가지를 동시에 갖게 되는 셈이다. 당신이 죽은 뒤에는 전자기억을 기반으로 불멸의 삶을 사는 나를 재생할 수 있다. 불멸의 삶을 사는 가상의 나는 처음에는 나에 대한 전자기억을 기반으로 움직이지만, 시간이 흐르며 새로운 것을 학습하여 또 다른 내가 될 수도 있다. 물론 이 수준까지 가려면 빨라도 50년~100년 이상 걸릴 것이다. 그러나 결코 불가능한 미래는 아니다. MS와 구글 같은 세계적인 IT 회사와 기술자들이 이런 미래를 꿈꾸고 연구를 시작했다.

2013년 6월, 뉴욕의 링컨센터에서 개최된 '글로벌 퓨처 2045 회의'에서는 학자들이 신체 수명이 다한 후에도 인간의 정신이 살아남을 수 있는 기술에 대해 활발하게 논의했다. 인간의 두뇌 속 데이터를 컴퓨터로 전송해 홀로그램 상태의 가상 신체를 만드는 프로젝트였다. 이 회의를 주도한 러시아의 억만장자 드미트리 이츠코프는 2045년이면 인간 불멸의 길을 열 수 있을 것으로 기대했다.

인체의 구조적, 생리적, 기능적 특성을 수치화해 컴퓨터 가상공간에 그대로 재현한 일종의 가상 인간을 만드는 시도도 있다. 2016년쯤에는 심장과 대동맥을 결합한 컴퓨터 모델이 구현될 것이다. 가상인간은 인류의 질환을 더 효과적으로 치료하고 예방하기 위해 시작됐다. 가상인간을 활용하면 실제 심장 수술에 앞서 최적의 수술 부위와 경로를 선택할 수 있는 가상 시뮬레이터나 심혈관질환 치료 후의 예후 측정 등이 가능하다. 신약과 의료기기 개발에 이용되는 동물실험과 임상실험을 대신해 윤리적 문제점도 없애고 개발 비용도 획기적으로 줄일 수 있다. 이 기술은 전자, 자동차 등 전통 제조업 분야에서도 유용하게 활용될 수 있다. 앞으로 가상인간 연구가 미래 첨단과학기술 분야의 블루오션으로 떠오를 수 있다. 하지만 인간의 정신을 가상의 대상물에 옮겨 수명을 연장하려는 이러한 시도들은 심각한 윤리적 논란을 예고한다.

과거의 기억을 가져와 설명할 수 있고, 만나서 이야기할 수도 있는 가상인간을 상상해 보라. 가상인간 기술이 로봇이나 홀로그램과 연결되면 어떤 일이 벌어질까? 사람에게 싫증이 나면 로봇과 결혼할 수도 있다. 사람보다 더 편한 반려자가 될 수도 있기 때문이다. 2000년 초반 일본에서 히트한 TV 시리즈에 비슷한 내용이 나온다. 소개팅에서 매번 퇴짜 맞던 남자가 홈쇼핑을 통해 여자를 렌트한다. 물론 살아있는 여자는 아니다. 가상 여자다. 그런데 그 가상 여자와 사랑에 빠진다. 기간이 끝나고 돌려보내야 할 시기가 왔는데 돌려보낼 수 없어 영구 구매를 한다. 헤어지지 않고 영원히 같이 살 수 있으니까 좋을 줄 알았는데, 그때부터 문제가 발생한다. 가상 여자에게서 기술적 문제가 생긴 것이다. 이런 일이 당신에게 현실이 된다면 어떻게 될까?

미래의 완제품 군,
웨어러블·자동차·로봇

5개 공간에 채워질 마지막은 사물은 완제품 군이다. 2030년까지 가장 뜨거운 관심을 받고 큰 시장을 형성할 완제품은 당연히 웨어러블 디바이스, 미래자동차, 로봇이다. 산업으로 볼 때, 미래자동차와 로봇 완제품은 중후장대형重厚長大形 산업이다. 지금 관심이 증폭되고 있는 3D 프린터나 웨어러블 디바이스는 경박단소형輕薄短小形 산업이다. 한국 기업과 관련해서 완제품 군은 미래가 밝지 않다. 3D 프린터나 웨어러블 디바이스 완제품은 중국의 추격을 이겨내야 한다. 반대로 미래자동차와 로봇 완제품은 미국, 독일, 유럽, 일본의 견제가 만만치 않다.

내연기관 자동차 회사들은 독일의 다임러와 벤츠가 최초의 현대식 자동차가 개발한 지 130년 만에 역사상 가장 중대한 전환기를 맞왔다. 새로운 미래자동차산업은 새로운 참가자들에게는 엄청난 기회를 제공할 것이다. 그러나 전통적인 자동차 회사들은 살아남기 위해서 업계의 상식을 깨뜨리는 혁명적이고 빠른 경영 판단을 내려야만 생존할 수 있다. 특히, 자율주행자동차에서는 5년 이내에 미래의 승자가 결정될 가능성이 크다.

로봇산업도 아직 먼 것처럼 보이지만, 물밑에서는 이미 오래전부터 치열한 경쟁이 시작되었다. 시장이 눈에 보여야 움직이는 한국 기업의 특성상 로봇 완제품 경쟁에서 승리하는 것은 쉽지 않을 것이다. 로봇이 소설이나 상상에서 현실로 나와 산업으로 자리잡기 시작한 것은 1960년대부터다. 1962년 미국 유니메이션Unimation 사는 자동차 부품을 생산하는 GM 공장에 사람 대신 주형에 쇳물을 붓는 일을 하는 산업용 로봇팔을 최초로 납품했다.[95] 유럽은 1970년대에 독자적인 로봇산업을 시작했다. 로봇산업을 가장 먼저 시작한 나라는 미국이지만, 20세기 후반 세계시장을 지배한 것은 일본이었다. 1967년 가와사키 중공업이 유니메이션 사의 로봇을 일본 최초로 수입했다. 그 이후 야스카와, 나찌-후지코시, 화낙 등이 로봇산업에 뛰어들었다. 미국보다 뒤늦게 시작했지만, 일본 로봇 회사들은 도요타, 혼다, 닛산 등의 자동차 회사들의 적극적인 지원을 받으면 빠른 속도로 국제 경쟁력을 갖추어 나갔다. 이런 사이에 1970년대 후반 ~ 1980년대 초반에 미국 자동차 회사 노조들이 차량조립형 로봇 장비 도입을 격렬하게 반대하면서 미국 로봇 회사들은 큰 타격을 입었다. 이 틈을 놓치지 않고 일본 로봇 회사들은 싼 가격을 무기로 미국과 세계시장을 점령했다.[96]

로봇산업에서 미국의 반격

미국의 반격도 만만치 않았다. 자국 내 노조의 반발과 일본과의 가격경쟁력에서 밀렸던 미국 로봇산업은 1990년 정보화 혁명이 일어나면서 다시 부활하기 시작했다. 컴퓨터 성능의 비약적인 발전으로 지능형 로봇의 가능성이 다시 부상했다. 반대로 승승장구하던 일본 로봇 회사들은 잃어버린 20년의 늪에 허우적거리고, 한국의 추격에 시달렸다. 2,000년대에는 911테러를 계기로 대테러 전쟁을 시작한 미국 정부는 새로운 적과의 전쟁에서 승리하는 새로운 전략으로 첨단 로봇 무기 개발에 열을 올렸다. 자국민의 호응도 좋았다. 눈에 보이지 않는 적과 길고 긴 전쟁을 하면서 무고한 미국 청년들이 죽어가는 것보다는 로봇이 대신하는 전쟁의 방식을 반겼다. 군사용 첨단 로봇에 대한 연구개발은 산업용 로봇시장에 활기를 불어넣었다. 기계, 철강, 정유 등의 중후장대형 산업은 기업과 국가가 긴밀한 협력관계를 맺으며 발전한다. 국가 기간산업이자, 국가 경쟁력을 좌우하는 산업이기 때문이다. 로봇산업도 기계산업의 일종으로 중후장대형 산업이다. 미국 로봇산업은 국가의 철저한 보호를 받으며 제2의 도약기를 맞고 있다.

전문가들은 글로벌 로봇시장의 규모가 2025년에는 최대 4조 5천억 달러에 이를 것으로 예측한다. 미국에서는 서비스용 로봇이 시장을 이끌면서 연평균 15%의 고속성장을 할 것으로 예측된다. 특히 전문서비스 로봇은 2016년까지 20%씩 성장하고, 개인용 로봇도 25%씩 성장할 것으로 예측된다.[97] 일본의 경우, 간호 로봇은 연간 200~300%씩 초고속으로 성장할 것으로 예측된다.[98] 수술 로봇, 재활 로봇, 비침습 방사선수술 로봇, 병원 및 약국 로봇, 기타 의료 로봇 시스템 등의 의료로봇 시장만도 2018년에 글로벌 시장 규모가 4조 원에 이를 것으로 예측된다.[99]

구글은 실전 투입이 가능할 정도의 성능을 자랑하는 '아틀라스' 라는 이족보행 로봇과 최고 46km의 속도로 달리는 4족 로봇 '치타' 등의 군사용 로봇들을 개발한 보스턴다이내믹스 사를 인수했다. 그리고 7개의 로봇 회사를 추가로 사들였다. 구글은 앞으로도 최대 300억 달러를 투자하여 로봇 관련 기업을 추가로 인수합병할 예정이라고 발표했다.[100] 구글은 로봇 회사들을 빠르게 인수합병하는 동시에 로봇 운영체제를 개발하여 오픈소스로 공개하여 로봇생태계를 견인하려는 목표를 차근차근 진행 중이다. 구글처럼 영향력 있는 기업들의 오픈소스 전략이 로봇의 발전 속도를 당신의 생각보다 빠르게 만든다. 구글을 포함하여 일부 회사들이 조만간 로봇을 개발하는 플랫폼을 오픈소스로 공개할 것이다. 당연히 로봇 개발 비용은 줄어들고 기술력은 향상될 것이다. 이미 우리는 과거에 35만 달러를 넘었던 간병 로봇을 2만 5,000달러에 살 수 있게 되었다.

미군은 곧 드론 전투병, 웨어러블 컴퓨터와 입는 로봇으로 무장한 군인, 휴머노이드 군인을 차례로 실전 배치할 계획이다. GM이 NASA와 함께 만든 로보노트Robonaut2는 최신 안드로이드 기술의 집합체로서, 광범위한 센서와 정교한 다섯 손가락을 가진 손을 갖추고 있어, 우주정거장을 청소하거나 인간의 우주 작업을 돕는 보조 역할을 수행하고 있다. 케네기멜론 대학에서는 'HERBHome Exploring Robotic Butler'라는 요리와 청소 등의 집안일을 하는 집사 로봇을 개발 중이다.

카네기멜론 대학교에서 개발 중인 인공지능 로봇 탱크Tank는 전화

대화만으로는 사람이라고 착각할 정도로 정교하다. 이들이 개발하고 있는 또 다른 인공지능인 그레이스는 바퀴를 달아 움직이는 몸체를 가지고 있다. 그레이스의 주특기는 사람들과 어떻게 사회적 관계를 맺을 것인가에 관련된 규칙, 관습, 행동을 학습하는 것이다. 먼저 온 순서에 따라서 엘리베이터를 타고, 사람에게 먼저 다가가 인사를 하고, 사람들 사이를 서성이며 희로애락을 표현하거나 농담을 주고받고, 사람의 말과 표정을 배우처럼 흉내내고, 계산대 앞에서 줄 서기를 하거나 새치기를 하는 등의 사회적 행동을 구현하도록 프로그래밍 되어 있다. 그레이스는 이미 2002년에 인공지능 로봇대회에서 우승했다.

MIT의 신시아 브라질 교수가 연구 중인 감성 로봇 키스멧은 함께 이야기를 나누는 상대의 표정과 움직임, 목소리를 분석하여 대화하는 사람의 감정 상태를 분석하여 가장 적절한 희로애락의 감정을 스스로 표현한다. 키스멧의 현재 능력은 자기가 대화하는 사람의 표정, 말투, 동작 등을 분석하여 자기를 칭찬하는지 혼을 내는지도 정확하게 알아차리는 수준까지 왔다. MIT가 개발하는 또 다른 감성 로봇인 레오나르도는 학습한 감정을 기억하여 자신의 의사를 표현하는 능력을 가지고 있다. 가까운 미래, 즉 완벽한 인공지능로봇으로 가기 전 단계에서는 우리의 손과 몸에 장착된 디바이스가 작동상황 인식, 휴먼 센싱, 사물 인식, 환경 인식을 가능케 하는 센서들을 장착하여 상황을 모니터링하고 관리하는 준準로봇 수준에 오른다. 여기에 인공지능이 결합되면서 개인비서가 된다.

생명체를 모방하는 로봇

로봇이 지능이나 감정을 갖는 데서 그치지 않고 살아 있는 생명체와 비슷하게 움직이는 기술도 계속 발전 중이다. 일명 생체모방 공학 기술이다.[101] 생체모방 분야의 역사는 대략 15년 정도 된다. 2011년 8월 기준으로 생체모방 활동의 척도를 나타내는 다빈치 인덱스Da Vinci Index에 의하면, 생체모방 활동은 2000년에서 2010년 사이에 7.5배 성장했고, 학술 논문도 10년 사이에 5배 늘었고, 정부의 지원도 4배 증가했으며, 2009년 한 해에만 미국 특허청에 제출된 생체모방, 생체모사, 기타 유사 단어가 포함된 특허가 900개를 넘었다.[102]

인류는 자연의 생명체나 구조를 모방하는 시도를 수천 년 전부터 해왔다. 물고기의 비늘을 모방하여 갑옷 위에 금속을 덧댔고, 유명한 건축물들에 자연의 비례 원리를 적용했다. 하늘을 나는 비행기도 새를 모방한 것이다. 이처럼 인류는 생체모방과 모사를 통해 자연을 극복하고 문명을 발전시켰다. 미래는 이런 인간의 지혜가 더욱 광범위한 영역에서 적극적으로 사용될 것이다. 또한 생체모방의 수준이 눈에 보이는 물질의 수준을 넘어 나노 영역에까지 적용될 것이다.[103]

미국 국방부의 지원을 받아 스탠퍼드 대학에서 개발 중인 라이즈 로봇RISE; Robotics in Sensorial Environment 은 수많은 작은 갈퀴를 가지고 벽이나 나무, 바위 등을 기어오르는 능력을 갖고 있다. 이 로봇은 아무리 경사지고 거친 표면이라도 3개의 다리를 바닥에 디뎌 안정적인 삼각형 모양을 유지하고, 발에 달린 수 많은 갈퀴를 표면에 걸어 뒤집히거나 헛디디는 일 없이 빠르고 안정적으로 이동하는 바퀴벌레의 특성에서 영감을 받아 만든 로봇이다. 연구팀은 2020년경이면 실제 바퀴

벌레와 완전히 흡사한 로봇 바퀴벌레를 완성할 수 있을 것으로 예상하고 있다. 이 로봇이 완성되면 재난 현장, 대형 건물이나 전쟁터에서 사람이나 큰 로봇이 갈 수 없는 곳을 마음대로 돌아다니면서 임무를 수행할 수 있게 된다.

2006년 스탠퍼드 대학에서는 아시아에서 주로 서식하는 게코도마뱀의 신체 원리를 적용한 스파이더 로봇을 개발했다. 게코도마뱀은 머리카락보다 500배 가는 나노단위의 수많은 털이 달린 다리를 가지고 있어서 미끄러운 유리벽도 거침없이 올라간다. 유리벽에서 발을 뗄 때는 발을 반대로 오므리면 된다. 이런 구조를 응용한 '스티키봇Stickybot'은 2006년 올해의 기술로 타임즈에 선정되면서 세상을 놀라게 했다. 스탠퍼드 대학은 게코도마뱀의 원리를 이용하여 강력한 접착력을 가진 새로운 접착테이프를 만들기도 했다. 이 새로운 접착테이프를 사용하면 벽에 못을 박지 않고도 액자를 걸거나 잘 미끄러지지 않는 타이어를 만들 수 있다. 스탠퍼드 대학의 이런 로봇 기술은 UC버클리 대학의 통합생물학과에서 연구한 동물들의 다양한 특성을 응용한 것이다. 이런 방식을 생명체를 모방한다는 의미로 바이오미믹Biomimic이라 부른다.

시속 50km의 속도로 움직이는 상어는 피부에 난류의 저항을 8% 정도 줄여 주는 돌기를 가지고 있다. 세계적인 수영선수 이언 소프는 이 원리를 응용한 전신수영복을 입고 세계기록을 세웠다. 날개를 몸에 접고 있다가 날 때만 펼쳐서 사용하고, 미세한 비틀림을 만들면서 날갯짓을 하여 와류(공기 소용돌이)를 일으켜서 몸을 공중에서 지탱하고 날 수 있는 에너지를 얻는 장수풍뎅이 로봇도 차세대 개인용 비행기나 지구대기밀도의 1/70밖에 되지 않는 화성대기 중에서 비행

460

할 수 있는 우주비행체 개발에 응용될 수 있는 기술이다.[104]

차세대 로봇 기술은 사람, 동물, 기타 생명체 등의 특성을 모방하는 생체모방공학을 기초로 인공지능, IT, 기계공학, 나노기술 등이 결합된 융복합기술의 대표적인 분야가 될 것이다. 2030년 이전에 우리는 인간을 닮은 휴머노이드 로봇뿐만 아니라 물개 로봇, 고양이 로봇, 케코도마뱀 로봇, 곤충 로봇, 상어 로봇, 장수풍뎅이 로봇, 코브라 로봇, 강아지 로봇, 거미 로봇, 낙타 로봇, 적토마 로봇 등을 주위에서 쉽게 보게 될 것이다. 그리고 이런 기술을 응용한 새로운 비행기, 자동차, 배 등을 타고 다니게 될 것이다. 이런 기술을 응용한 옷을 입고 스파이더맨처럼 수십 층 높이의 빌딩을 마음대로 기어 올라가는 청소부를 보게 될 것이다. 우리는 곧 로봇 인간과 사람이 공존하는 시대, 다양한 로봇 동물과 실제 동물이 공존하는 시대를 보게 될 것이다. 2030년 한여름, 당신은 파리채를 들고 윙윙거리며 날아다니는 파리가 실제 파리인지 아니면 로봇 파리인지를 한참 동안 관찰해야 파악할 수 있는 미래를 만나게 될 것이다.

3D 프린터 산업을 미국의 미래라고 추켜세운 버락 오바마 대통령은 재선 후에 제조업의 생산성 향상과 새로운 시장의 형성을 기대하며 인공지능과 로봇산업을 강조하고 있다. 중국의 시진핑 국가 주석도 제12차 5개년 계획(2011~2015)에서 로봇산업을 미래의 국가경쟁력으로 지목했다.[105] 참고로 한국산업기술진흥협회는 한국의 차세대 로봇 기술이 선진국의 63.3% 수준인 것으로 분석했다. 이 정도면 선진국과 6.6년의 시간 차가 난다.[106] 자동차는 선진국의 70.6%, 섬유의류는 73.4% 수준이다.

한국도 2010년 초 미래형 로봇 개발의 로드맵을 발표했다. 2018년까지 농업, 의료, 문화, 홈서비스, 교육, 해양, 건설, 교통, 사회 안전 등의 8대 분야에서 미래형 로봇을 출시하겠다는 계획이다.

미국전기전자공학회IEEE가 발간하는 기술전문잡지인 〈스펙트럼〉에서는 앞으로 50년간 미래 변화에 가장 크게 영향을 미칠 기술을 열거하면서 인공지능과 로봇의 연관성을 다루는데 많은 지면을 할애했다. 미래의 로봇은 빨래를 세탁기에 넣고, 건조된 세탁물을 말리고, 다 마른 세탁물을 예쁘게 개어 벽장에 넣어 줄 것이다. 노인들의 음성과 신체 상태를 분석하여 적절한 간병이나 응급조치를 해 주고, 소파에 누워있는 남편에게 물을 떠다 주고 리모콘을 찾아 줄 것이다. 당신을 도와 주말에 대청소를 하고, 화초에 물을 주고, 애완견에게 밥도 주게 될 것이다. 당신이 외출하고 난 후에는 아이들과 함께 보드게임도 하고, 책도 읽어 주고, 안전을 지켜 준다. 머지 않아 당신은 이런 로봇을 사고 싶어서 애를 태울 것이다.

로봇이 스마트 기기와 연동되면 새로운 홈 네트워크 환경도 만들어지게 된다. 어학 기능에 게임 기능을 결합한 대화형 로봇이 아이의 교육 상대가 된다면 아이 입장에서는 컴퓨터를 하는 것보다 훨씬 재미있게 어학에 몰입할 수 있고 게임을 할 수도 있다. 따라서 사교육 교사와 학원은 앞으로 일류 수준의 시스템을 갖추어야만 살아남을 수 있게 된다. 이러한 정보들을 고려할 때 로봇산업은 기존 컴퓨터 산업과 유사한 속성을 지니게 된다. 로봇의 OS와 이를 기반으로 한 플랫폼을 장악한 기업이 많은 애플리케이션과 비즈니스 생태계를 좌우할 힘을 갖게 될 것이다.

일본의 로봇

1990년대부터 자국의 경제 침체, 산업용 로봇 개발의 한계, 첨단 무기 로봇 개발에 대한 미국의 반대에 부딪힌 일본은 혼다의 아시모와 같은 지능형 로봇과 이를 활용한 생활밀착형 로봇 개발에 집중했다. 2014년 6월, 일본 소프트뱅크의 손정의 회장은 세계 최초의 감정 인식 로봇인 '페퍼Pepper'를 약 200만 원의 가격에 판매한다고 발표했다. 일본에서 개발하여 미국과 유럽에서 판매되고 있는 '파로Paro'라는 로봇은 애완용 물개 로봇으로 노인들의 정서 생활과 치매 예방 및 치료에 도움이 되는 로봇이다. 2014년 도쿄박물관은 오사카 대학의 로봇 전문가인 히로시 이시구로 교수가 개발한 오토나로이드와 코도모로이드라는 로봇 도우미를 고용했다. 이 두 로봇은 인간과 모습이 같고 사람처럼 유창한 일본어를 구사한다.

일본은 군사용 로봇에서는 미국보다 기술이 뒤지지만 상업용 로봇과 휴머노이드 로봇 분야에서는 앞서 있다. 2000년 일본의 혼다는 역사적으로 가장 위대한 휴머노이드 로봇인 '아시모ASIMO'를 발표했다. 당시의 아시모는 키 140cm, 몸무게 50kg에 시속 8Km로 달리고, 배터리가 방전되면 스스로 가서 충전하고, 사람의 얼굴과 음성을 인식할 수 있고, 수십여 가지의 호출 신호를 알아듣고, 관절이 34도까지 움직이면서 다양한 동작을 무리 없이 수행하고, 다음 단계의 움직임을 미리 예측하여 보행을 하는 'i-WALK' 기술이 적용되어 계단이나 경사길을 자유롭게 걷고 뛸 수 있을 정도였다.[107] 2007년 아시모는 주인이 생각만 해도 명령을 알아차리고 행동을 수행하는 수준까지 진보했다. 사람과 자연스럽게 악수를 하고, 다양한 안내 및 생활 서비스 기능을 수행할 수 있는 혼다의 아시모는 일본의 미래산업을 이끌어갈 상품으로 큰 주목을 받고 있다. 아시모는 현재도 세계에서 가장 진보한 휴머노이드라는 타이틀을 지키고 있다.

아시모의 뒤를 도요타가 만든 로봇이 바짝 뒤쫓고 있다. 도요타가 개발하고 있는 로봇은 사람도 연주하기 힘든 바이올린을 연주할 수 있는 능력을 지녔다. 로봇의 연구를 자동차 회사들이 이끌고 있다는 점이 특이하다. 그 이유는 로봇산업이 수익을 발생시키는 것은 먼 미래겠지만, 로봇을 연구하는 과정에서 얻은 많은 아이디어를 자동차 산업에 적용할 수 있기 때문이다.

휴머노이드 로봇은 집안일만 도와주는 것이 아니라 당신과 사랑을 하는 대상이 될 수도 있다. 이미 미국에서만 3개의 회사가 섹스봇Sexbot을 만들고 있다. 미래에는 인간을 닮은 애인 로봇이 등장할 수 있다. 멀리 가지 않더라도 가까운 미래에 햅틱 기능을 갖춘 웨어러블 컴퓨터 수트가 상용화되면 지구 반대편에 있는 연인과 네트워크로 연결해서 사이버섹스를 할 수도 있다. 실제로 이 기술을 개발하고 있는 회사도 있다. 이 회사가 개발하고 있는 옷을 입고 네트워크에 접속하면 허그 제스처를 취하면 상대방에게 그 느낌이 그대로 전달된다.

21세기에 들어서는 값싼 노동력과 세계의 공장이라는 매력을 가진 중국이 로봇산업에서도 다크호스로 떠오르기 시작했다. 로봇 기술은 미국, 유럽, 일본 등 선진국에서 철저히 보호받으며 발전했지만, 로봇 생산은 중국같이 인건비가 싼 나라에서 생산할 수밖에 없는 구조가 되었기 때문이다. 2003년에 이미 중국은 일명 로엔드Low-End 로봇 장난감 산업을 완전히 장악했고, 하이엔드High-End 로봇 장난감도 80%를 생산했다. 또한 미국과 글로벌 패권 전쟁을 하고 있는 중국은 군수산업에서 세계 2위로 부상하면서 군사용 로봇, 우주탐사 로봇 등에서도 빠른 속도로 미국, 일본, 유럽을 뒤쫓고 있다.[108]

미래산업 전쟁에서
승리하는 전략적 행동

GREAT CHALLENGE 2030

두 번째 전략적 행동: 빨리 선택하라

5×5 매트릭스를 통해 대담하게 도전할 영역을 구체화한 다음에 취할 전략적 행동은 "선택하라!"이다. 머뭇거릴수록 선택의 폭이 좁아진다. 빠르게 선택하는 것도 대담한 전략의 하나이다. 이미 한국 기업이 선택할 수 없는 영역이 만들어지고 있다. 빨리 선택해야, 준비할 시간을 벌 수 있다. 아래 매트릭스를 보자.

손이라는 공간의 완제품인 스마트폰은 애플과 중국기업에 밀리고 추격당하면서 심각한 위기에 빠졌다. 팬택은 무너졌고, LG는 매우 불안하다. 삼성도 창사 이래 최대의 위기에 직면했다. 자칫하면 한국 기업이 장악했던 글로벌시장 점유율의 절반 이상을 내줘야 할지도 모른다. 손이라는 공간에서 작동하는 플랫폼은 구글, 애플, 아마존,

선진국이 이미 선정한 공간과 사물 영역

	손	자동차	건물	길	몸
HW 群		유럽, 일본의 시장 점유			미국 기업의 기술 선점
SW 群		미국 기업의 기술 선점			
플랫폼 群	미국 기업의 시장 선점				
콘텐츠 群					
완제품 群	위기에 빠진 한국(삼성, lg)	미국, 일본, 유럽의 견제받는 한국			

페이스북 등의 미국 기업이 선점했다. 그들은 손이라는 공간을 장악한 현재의 플랫폼을 미래자동차 플랫폼으로 연장하려 한다. 자칫 잘못하면 미래자동차 공간 플랫폼도 다 내주어야 할 판이다. 미래자동차 완제품은 미국, 일본, 유럽의 견제가 만만치 않다. 5년 안에 국내 기업이 대응력을 갖추지 못하면 미래자동차 완제품 시장은 진입하지 못할 수 있다.

우리가 해야 할 대담한 선택은 3가지다. 그중 첫째는 버릴 것과 프리미엄 세일 할 것이 무엇인지를 선택하는 것이다.

부가가치를 만드는 5단계

부가가치를 만드는 방법은 5가지가 있다. 먼저 '선점'이다. 어떤 제품이나 서비스이든 최초라는 선점 효과만으로도 부가가치를 얻을 수 있다. 그러나 시간이 지나면 경쟁자들이 생긴다. 그러면 선점이 가져다준 부가가치가 사라진다. 두 번째로 부가가치를 만드는 방법이 '기술혁신'이다. 경쟁자가 생기면 본격적으로 기술 경쟁이 시작된다. 이 단계에서는 기술이 앞서면 부가가치를 얻을 수 있다. 기술의 차별화만으로도 경쟁자보다 높은 가격을 받을 수 있다. 그러나 시간이 지나면 경쟁자들의 기술도 상향 평준화된다. 그러면 기술혁신이 가져다준 부가가치도 사라진다. 이 단계에서도 여전히 앞선 기술, 차별화된 기술을 선보일 수는 있지만 소비자는 더 이상 기술 차이만을 보고 비싼 제품을 구매하지는 않게 된다. 기술이 평준화되면 '판타지혁신'으로 부가가치를 만들어야 한다. 기술이 이성이라면 판타지는 감성이다. 경쟁자보다 탁월한 감성 효과가 부가가치를 만든다. 이 전략 역시 시간이 지나면 경쟁자들이 따라 하기 때문에 판타지 혁신이 가져다준 부가가치도 사라진다. 그 다음 단계는 무엇일까? '원가혁신'이다. 일정한 기술과 감성 자극을 유지한 채로, 가격 혁명을 일으키는 것이다. 경쟁자보다 더 좋은 제품을 경쟁자보다 더 싼 가격, 혹은 과거 제품보다 더 싸거나 같은 가격에 소비자에게 제공하는 것이다. 이 전략을 가장 잘 쓰는 회사 중의 하나가 애플이다. 성능이 뛰어난 신제품을 내놓으면서, 가격을 과거 제품과 같거나 더 싸게 출시한다. 가격 혁명에 감동한 소비자들이 열광한다. 웬만하면 이 단계까지 쫓아오는 경쟁자가 없다. 하지만 이 단계까지도 쫓아오는 경쟁자가 등장할 때가 있다. 바로 2000년대 들어서 일본을 무너뜨린 한국이 그랬고, 지금 한국을 무섭게 추격하는 중국이 그렇게 하고 있다. 이런 일이 벌어질 경우 마지막 남은 부가가치 창출 방법은 '프리미엄 세일'이다. 3~5년 정도 더 끌고 가면서 경쟁자와 승부를 겨룰 수 있는 상태에서 사업을 파는 것이다. 이 타이밍에서는 높은 프리미엄을 받고

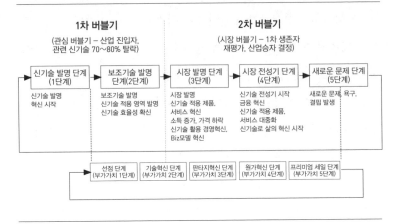

팔 수 있다. 1등이 되고 싶어 하는 2등, 3등에게 파는 것이다. 2~3등 기업도 3~5년 정도 기술을 더 축적하면 1등에 도전할 수 있지만, 프리미엄 세일로 나온 사업이나 회사를 사버리면 즉시 1등이 될 수 있다. 그때 바로 팔아치우는 것이다. 개인용 컴퓨터의 대명사였던 IBM이 레노버에게 PC사업부를 판 것처럼 말이다. 프리미엄 세일은 사업을 포기하는 것이 아니다. 프리미엄 세일로 벌어들인 마지막 부가가치를 가지고 경쟁자가 생각지 못한 다른 영역으로 전환하는 전략적 선택이다. 수명이 다해가는 옛 사업을 권리금을 두둑하게 받으며 팔아치우고, 그 수익으로 신사업으로 빠르게 전환하여 '선점'이라는 첫 번째 부가가치 단계로 부활하는 것이다.

위 그림은 '신산업이 형성되는 패턴'과 '부가가치 형성 5단계 패턴'을 연결한 것이다. 신기술 발명 후반부터 선점 단계가 시작될 수 있다. 그리고 새로운 문제 단계(신산업 형성 5단계)에 들어서면 프리미엄 세일 문제를 고려해야 한다.

대담한 선택의 두 번째는 기존 제품이나 서비스를 강화할 것인가, 새롭고 혁신적인 제품과 서비스, 혹은 미래산업으로 대이동을 할 것인가를 선택하는 것이다. 프리미엄 세일을 하거나 혹은 경쟁력이 사라진 사업이나 회사를 버리고 나서 남은 기존 사업과 회사를 강화할 것인가, 아니면 보유하고 있는 역량과 프리미엄 세일을 하여 얻은 잉여 역량으로 신산업, 미래산업으로 대이동을 시작할 것인가를 선택해야 한다.

이 두 가지 선택을 한 후에, 마지막으로 '5×5 매트릭스'를 가지고 승부를 걸 전쟁터를 선택해야 한다. 이때 시장을 국내로 한정할 것인지 세계시장으로 나갈 것인지도 선택해야 한다. 하지만 한국 사회의 미래변화를 고려할 때 국내 시장은 계속 줄어들 가능성이 크다. 한국을 넘어 아시아와 세계시장을 목표로 하는 것은 선택이 아니라 필수가 될 것이다.

세 번째 전략적 행동:
카디즈 항구를 기습하라

이제 세 번째 대담한 전략적 행동을 취할 때다. 스페인 무적함대를 무찌른 영국의 대담한 전략을 상기해 보자. 엘리자베스 여왕은 큰 공을 세운 해적왕 드레이크를 영국 해군 중장으로 임명하고 함대 사령관에 앉히는 대담한 선택을 했다. 드레이크는 여왕의 대담한 도전을 승리로 끝내기 위해 대담한 전략을 구상했다. 먼저 스페인 후방에 있는 보급기지인 카디즈 항구를 선제 공격할 것을 여왕에게 제안했다. 1588년 4월 29일, 드레이크는 레이스 빌트 갈레온선을 주력으로 한 영국 함대를 이끌고 스페인 카디즈 항구에 정박한 보급부대를 기습 공격하여 37척의 적선을 침몰시켰다. 하지만 가장 중요한 성과는 본격적인 전투에 필요한 막대한 보급품을 빼앗은 것이다.

위대한 금융과 투자기회를 잡아라

1929년 10월 24일, 뉴욕 주식시장이 대폭락했다. 1930년 12월 11일 뉴욕에서 유나이티드 스테이츠 은행이 파산하면서 50만 명이 예금을 잃는 것을 시작으로 1931년 한 해에만 미국에서 2,300개의 은행이 파산했다. 미국과 세계시장에서 건설, 철강, 자동차 시장이 위축되고, 기업 도산과 실업이 줄을 이었다. 1931년 5월 오스트리아 최대 은행인 크레디탄슈탈트 은행이 파산하면서 대공황의 여파가 유럽으로 번졌다. 오스트리아를 강타한 대침체는 독일과 영국으로 빠르게 퍼지면서 글로벌 금융위기와 대침체로 전환되었다.

그런데 공포가 전 세계를 휩감고 있는 상황에서 엄청난 기회를 잡은 이들이 있었다. 대표적으로 JP모건이었다. 수많은 은행과 기업이 파산하고, 주식과 부동산이 대폭락할 때 JP모건은 미국 기업의 40%를 장악한다. JP모건 그룹도 대공황 초기에는 3년 정도 법인세를 납부하지 못할 정도로 대공황의 여파를 피할 수 없었다. 하지만 위기를 넘기며 당시 최대의 현금 보유자였던 JP모건은 미국과 세계의 구세주로 우뚝 서면서 대공황으로 쓰러진 수많은 기업과 은행들을 주워 담기 시작했다. 단 한 번의 대위기를 기회로 전환시킨 JP모건은 자산규모가 1억 달러 이상이던 초대형 기업인 퍼스트내셔널뱅크 등 은행 14개, 생명보험회사 4개, GE와 AT&T 등의 전기·전화·가스 공기업 8개, 철도회사 4개, U.S. 스틸 등 자동차·철강 제조업체 12개 사를 손에 쥐었다. 그 외 대공황을 견디지 못하고 매물로 나온 중견기업까지 합하면 440개 회사를 흡수합병했다. 자산총액이 770억 달러로 미국 상장기업 200개 회사 자산총액의 40%였다.[1]

2008년 시작된 글로벌 경제위기는 거의 100년 만에 한 번 오는 대재앙이자 동시에 대기회이다. 2016~2020년까지 진행될 아시아 대위기도 대재앙이자 동시에 대기회다. 지금은 대담한 전략을 결행하는 데 필요한 막대한 보급품을 준비할 시기이다.

매의 눈과 공포를 견뎌내는 심장을 가지라

성공한 사람들은 기회를 포착하는 매와 같은 눈과 공포를 견뎌내는 심장을 가지고 있다. 급변하는 상황을 통찰하는 시선, 패닉과 아우성 속에서도 이성을 잃지 않는 인내심을 가지고 있다.[2] 역사상 수없이 반복된 금융위기, 외환위기에서도 큰돈을 번 투자자들도 그렇다. 그리스 신화에서 '기회'를 담당하는 신은 카이로스Kairos다.

시간의 뜻을 가진 그리스어는 두 개다. 하나는 '크로노스'이고 다른 하나는 '카이로스'다. 그리스 신화에서 태초신太初神 중의 하나인 크로노스는 과거부터 미래로 일정한 속도와 방향을 가지고 기계적으로 흐르는 연속적인 시간, 자연적으로 해가 뜨고 지는 시간, 생로병사의 일반적 시간을 의미한다. 흔히 시간관리를 잘한다고 할 때 말하는 시간이 바로 크로노스 시간이다. 반면에 기회의 신이라 불리는 카이로스는 일생을 좌우하는 한순간의 시간, 인간의 결단이나 느낌과 생각이 반영된 주관적 시간을 의미한다.

카이로스 신의 가장 독특한 점은 두 발이다. 올림피아의 카이로스 제단에 있는 조각상을 보면, 어깨에 큰 날개가 달려 있지만 양다리에도 작은 날개가 달렸다. 앞머리는 길게 늘어지고 뒷머리는 대머리다.

기회의 신은 앞머리밖에 없어서 빨리 간파하여 잡아채지 못하면, 뒤늦게 잡으려 해도 뒷머리가 없어서 헛손질만 한다. 카이로스의 시간이 순간임을 상징하는 모습이다. 카이로스는 양손에 칼과 저울을 들고 있다. 신중함과 날카로운 판단력을 의미한다. 카이로스의 시간은 주관적이다. 신중함과 날카로운 판단력을 발휘해서 같은 시기를 남과 다른 나의 시간으로 만들어 활용하면 위기를 기회의 시간으로 바꿀 수 있다.

시간이란 말이 두 개인 것처럼, 큰 변화의 시기도 두 개다. 하나는 카이로스의 시간에서 큰 변화의 시기다. 커다란 금융 충격이 만들어내는 위기 속에서 일어나는 큰 변화의 기회다. 다른 하나는 크로노스 시간에서 큰 변화의 시기다. 기존 산업이 성장의 한계에 도달하고, 새로운 산업과 비즈니스가 태동하는 시간이다. 컴퓨터, 인터넷 혁명, 모바일 혁명, 신기술 혁명은 크로노스 시간 관점에서 큰 변화를 초래한다. 이 변화를 날카로운 판단력과 균형잡힌 신중함으로 통찰하면 큰 기회를 잡을 수 있다.

이 두 개를 다 잡아야 한다. 매의 눈과 공포를 견뎌내는 심장을 가지고 대담한 전략을 구사하라. 현명한 사람, 미래를 준비한 사람에게는 다가오는 아시아 대위기가 위기로만 끝나지 않는다. 사업과 투자의 새로운 토대를 튼튼히 닦는 기회가 될 것이다. 새로운 부의 기회, 성공의 전략적 기회를 발판으로 엄청난 부를 축적하고, 큰 성공을 거두고, 세계 경제를 주도하는 위치에 올라서고, 새로운 질서를 만드는 자가 될 수 있다.

벤저민 로스

대공황의 시대를 살았던 벤저민 로스Benjamin Roth라는 변호사가 있었다. 1894년 오하이오 주 영타운에서 태어난 벤저민 로스는 1931년부터 1941년까지 일기를 썼다. 80여 년이 지난 후인 2008년, 미국에서 글로벌 금융위기가 발발해 공포와 패닉이 시장을 휩쓸고 있었다. 로스의 아들인 다니엘 로스Daniel B. Roth는 아버지의 일기가 생각났다. 다니엘 로스는 아버지의 일기를 2009년에 책으로 출판했다. 제목은 〈대공황 일기The Great Depression: A Diary〉였다. 일기에 쓰인 내용은 무엇이었을까?

> 1931년 7월 30일. "온갖 신문과 잡지들은 지금처럼 할인된 가격에 주식, 부동산을 살 기회가 흔치 않다는 기사들로 도배되어 있다.... 문제는 지금은 아무도 돈이 없다는 것이다."⁴
>
> 1931년 8월 9일, "나는 평상시에 여유 자금을 모아 놓는 것이 얼마나 중요한지 이제야 깨달았다. 만약 2,500달러 정도의 돈을 이번 불황기 동안 현명하게 투자했다면, 내 인생의 나머지를 위한 아주 훌륭한 보험이 되었을 것이다."⁵
>
> 1932년 9월 7일, "만약 이번 불황기에 최우량 주식에 투자해서 2~3년 동안 보유할 수 있는 사람이 있다면, 그는 1935년경에는 큰 부자가 되어 있을 것이라는 말이 마음에 절실하게 와 닿는다."⁶
>
> 1933년 6월 6일, "1달러짜리 주식을 10센트에 살 수 있는 행운은 이미 지나갔다. 그리고 그런 행운을 붙잡을 수 없었다는 것이 슬프기만 하다."⁷

미 다우지수

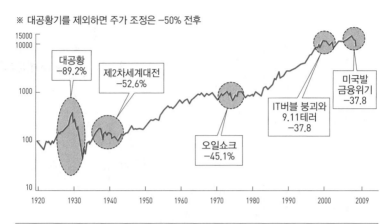

※ 대공황기를 제외하면 주가 조정은 −50% 전후

출처: 일 다이와 종합연구소

1933년 7월 11일, "경기 침체 기간 동안 계속해서 행운의 여신은 기회를 가져다주었다. 하지만 (나처럼) 여유 자금을 준비해두지 못한 사람들에게 그런 기회는 전혀 쓸모없는 것이 되고 말았다."[8]

1937년 3월 11일, "큰 재산을 모을 수 있는 일생일대의 기회는 사라져버렸다. 아마도 다시는 오지는 않을 것 같다."[9]

1929~1932년까지 다우존스는 89.2% 하락했지만, 그 후로 1937년까지 최대의 상승 랠리가 펼쳐졌다. 몇몇 우량주들은 10~20배나 폭등했다. (참고로 1939년 9월 1일에 제2차 세계대전이 발발하자 다우지수는 다시 52.6% 폭락했다.)

1997년 한국에서 외환위기가 발발했을 때를 돌아보자. 1996년 1,000포인트였던 코스피 지수는 70% 넘게 폭락해서 277포인트까지 밀렸다. 하지만 곧바로 반등을 시작해서 1999년 말에는 1,000포인트

를 완전히 회복했다. 몇몇 우량주들은 10배 이상 폭등했고, 투자 지식이 높고 대담한 투자자들은 1,000~2,000%의 수익률을 기록하기도 했다.(물론 1939년 다우존스가 제2차 세계대전이 발발하면서 다시 폭락한 것처럼, 한국의 코스피 지수도 2000년 초 미국의 닷컴 버블 붕괴라는 외부적 요인이 발생하면서 2001년 말에 500포인트대로 반토막이 난 후에 다시 반등했다)

한국계 여성 투자자, 6천만 달러 '잭팟'

2015년 12월 30일 한 해를 마무리하면서 투자 대박을 낸 한 여성 투자자의 이야기가 뉴스에 오르내렸다. 48세의 한국계 여성 멜리사 고 이야기다. 2015년 월스트리트의 펀드매니저들은 유로화 강세에 배팅을 했다. 2014년 5월 달러 대비 유로화가치가 1.5달러였던 것이 그해 말에 1.2달러까지 폭락했다. 대부분의 월스트리트 펀드매니저들이 2015년에는 반등할 것이라고 예측했다.

하지만 멜리사 고는 다른 가능성에 관심을 갖고 예측을 해보았다. 늘 강조하듯이 다양한 가능성에 관심을 갖는 것이 통찰력을 높이는 지름길이다. 멜리사 고는 월가의 배팅에 맞서 유로화 약세 가능성을 예측했다.

〈월스트리트저널〉은 멜리사 고를 '역발상' 투자로 대박을 낸 투자자로 평가했다. 그러나 필자는 생각이 다르다. 단순한 역발상이 아니다. 변화의 흐름을 정확히 예측한 결과다.(필자가 1부에서 분석하고 예측한 내용과 같은 생각을 한 것이다) 가능성까지 예측해보고 얻은 수준 높은 통찰력을 기반으로 대담한 투자 전략을 구사했다. 멜리사 고가 2015년 한 해에 거둔 투자수익률은 120%, 수익금액은 6,000만 달러다. 2년 전부터 자기 자산을 바탕으로 투자한 그녀의 개인 자산은 이제 1억 달러를 넘었다.

헤지펀드 업체 매버릭캐피털의 리 에인즐리도 정확한 예측으로 큰 투자 수익을 거뒀다. 2015년 후반 애플이 부진할 것을 예측했다. 그녀는 리스크를 줄이기 위해 애플 주가 하락이 아닌, 중국의 애플 납품업체와 주변기기 업체들의 주가 하락에 베팅했다. 이는 중국의 경기 하락과 제조업 부진 예측을 결합한 전략이었다. 리 에인즐리가 2015년 얻은 수익은 10억 달러가 넘는다. 헤지펀드 애거턴캐피털 설립자인 존 아미티지도 2015년 저유가를 예측하여 15억 달러의 투자 수익을 얻었다.[10]

먼저 금융에서
승리하라

우리가 주무대인 칼레 전장에 나가기 전에 먼저 기습해야 할 급소, 카디즈는 어디일까? 2016년에 우리에게 가장 중요한 것은 유동성을 확보하는 일이다. 기습 전략을 구사하려면 최대한 빠르게 움직일 수 있도록 준비해야 한다. 드레이크처럼 적보다 빠르게 치고, 적보다 빠르게 빠져나와야 한다.

현금 유동성을 가장 많이 확보할 수 있는 방법은 먼저 부동산을 안 사는 것이다. 개인이나 기업이 가진 자산 중에서 가장 유동성이 떨어지는 것이 부동산이다. 신흥국과 동아시아 금융 충격, 한국의 금융위기가 오면 부동산 자산은 거의 매매가 되지 않을 것이다. 자산 가격도 하락할 것이다. 2016년 한 해가 부동산을 유동자산으로 바꿀 마지막 기회가 될 가능성이 크다.

현금으로 유동화시킨 돈을 강달러에 배팅하라. 아시아의 위기는 부채의 위기이므로 소비 침체가 수반되고, 기업들의 금융 비용이 상승한다. 내수 침체와 기업의 비용 상승은 곧바로 주식시장에 영향을 준다. 국내 기업의 채권 발행에 문제가 발생한다. 2016년 외국인 투자자들은 먼저 신흥국과 동아시아에서 발생하는 위기에 대응하기 위해 유동성 확보에 나설 것이다. 2016년 제2차 석유전쟁이 시작되면 중동 등의 산유국도 수출 피해와 재정적자에 대응하기 위해 유동성 확보에 나설 것이다. 신흥국과 동아시아의 위기가 본격화되면 일단 소나기를 피하려고 아시아에서 미국과 유럽으로 피난을 갈 것이다. 2017년 제3차 그렉시트의 가능성이 떠오르면 유럽 자금이 한 번 더 유동성 확보에 나설 것이다.

이 모든 과정이 일시에 일어나지는 않는다. 서서히 단계별로 반복적으로 일어날 것이다. 그 시기가 2016~2017년이다. 외국 자본이 한국을 빠져나갈 때, 원화를 달러로 바꾸어 나간다. 한국과 같은 수출 국가, 비 기축통화 국가, 대외의존도가 높은 국가에서는 주식과 달러의 가치가 정확히 반대로 움직인다. 위기가 발생하면 환율 변동률이 커진다. 달러를 강하게 만들 요인이 하나 더 있다. 미국은 2~3년 후부터 다시 강력한 G1으로 복귀할 가능성이 크다.(참고로 금과 달러는 반대로 움직인다. 금은 제1 기축통화인 달러의 가치 하락 리스크를 헤지하는 상품이기 때문이다)

미국 연준이 기준금리를 인상하면 세 가지를 대비해야 한다. 첫째는 금리 인상에 따라 금융 비용이 증가하는 부담이다.

둘째는 통화 긴축으로 인해 총통화량이 줄어들면서 발생하는 투자 및 소비 축소다. 지금은 금리 인상뿐만 아니라 저유가 추세도 같이 가기 때문에 산유국이 재정수지 악화와 달러 가치 상승을 우려하여 건설 물량 발주를 연기하거나 석유 및 천연가스 관련 투자를 축소할 가능성이 크다. 실제로 1차 석유전쟁의 여파로 2015년 상반기에 중동에서 발주한 건설 물량이 전년 동기 대비 54% 급감했다.[11] 미국은 2009년 이후 세 번의 양적 완화를 통해 국채 매입 순증액 2조 달러, 주택담보부채권MBS 매입 1조 7,000억 달러, 기타 채권 8,000억 달러 등 총 4조 5,000억 달러를 풀었다. 한국 GDP의 3배가 넘고 미국 GDP(약 18조 달러)의 25%에 해당하는 막대한 유동성이다. 전문가들은 4조 5,000억 달러 중에서 2조~2조 5,000억 달러가량이 신흥국과 아시아로 흘러들어 왔을 것으로 추정한다. 2014년 8월 이후 13개월 동안 신흥국과 아시아에서 빠져나간 외국인 투자금은 대략 1조 달러(약 1,200조 원)가량으로 추정된다. 이는 미국발 위기가 발생했던 2008~2009년 사이에 신흥국에서 이탈한 외국 자본 5,452억 달러의 2배에 해당한다.[12] 곧 2차 탈출이 시작될 것이다.

셋째로 신흥국 경기 침체에 대비해야 한다. 미국이 기준금리를 인상하고, 강달러 추세가 상당 기간 지속되면 신흥국에 투자된 외국 자금이 대량으로 이탈하며, 신흥국 수출이 더 위축된다. 글로벌 경기 침체로 원유나 원자재 국제 거래도 준다. 신흥국은 원유나 원자재 관련 투자를 줄인다. 신흥국의 내수도 침체되며 소비는 더 얼어붙는다. 이 기간에 중국 경제가 경착륙하지 않더라도, 중국 경제의 침체는 계속될 가능성이 크다. 중국 수출에 크게 의존하고 있는 나라들은 계속해서 충격을 받을 가능성이 크다. 브라질의 경우, 2016년 경제성장률을 -0.24%로 전망하고 있고, 인플레이션율도 더 높아질 것으로 예측하고 있다. 브라질의 2015년 2분기 실업률은 8.3%로 2012년 이

후 최고치인 반면에 소비심리지수는 80.6까지 떨어졌다. 7월 재정적
자는 72억 헤알로 예상치를 웃돌았고, 기준금리는 13.75%까지 올라
서 2009년이래 최고치를 기록 중이다. 중국이 원자재 수입을 줄이는
추세가 지속되는 한 브라질의 경기 비관론은 계속 진행될 듯하다.[13]
러시아의 2015년 경제성장률은 −3.3%이고 2016년에도 이런 추세
는 지속될 것으로 보인다. 원유, 철광석, 구리 등의 원자재 가격은 현
재 16년 만에 최저치로 떨어졌다. 원자재 수출에 의존하고 있는 신흥
국의 경제 사정이 어려운 직접적 이유다.

이런 상황은 신흥국 수출에 크게 의존하고 있는 한국 같은 나라의
수출에도 악영향을 준다. 현대·기아차처럼 신흥국에 수출하는 비중
이 높은 기업은 직격타를 맞게 된다. 2015년 기준으로 현대·기아차
의 수출 대상국 비중은 미국 17.7%, 중국 20.4%, 브라질 2.8%, 러시
아 4.1%다. 반도체, 디스플레이, 석유화학 제품, 자동차 부품 등도 신
흥국 수출 비중이 높아서 직격타를 맞을 것이다. 강달러가 되면 환차
익은 늘어나지만, 수출 물량 자체가 줄어든다. 삼성전자의 경우 아시
아와 아프리카 매출이 전체의 20%, 중국이 16%를 차지한다. 중국은
전 세계 철강의 60%를 수입한다.[14]

이미 심각한 위기에 빠진 철강 및 조선업계도 신흥국 수요가 위축
되면서 위기 탈출이 늦어질 것이다. 위기감을 느끼는 중국 기업은 한
국 기업과 더욱 치열한 가격 경쟁을 벌일 것이다. 강달러로 국제 유가
하락세가 1~2년 지속되면 조선업계는 치명타를 맞을 수 있다. 원유
및 원자재 수출국이 발주하는 해양플랜트나 설비 투자가 취소되거
나 감소하고, 금융 조달이 어려워지는 선주사들의 선박 발주 및 인도
연기 등도 계속될 것이기 때문이다.[15] 당분간 중국 시장의 극적인 반

전은 기대하기 어렵다. 조선, 철강, 석유화학, 건설 산업의 위기는 당분간 지속될 가능성이 크고 전기, 전자 산업의 고전도 상당히 길어질 것이다.

눈치챘는가? 1~2년 정도는 한국 주식에 투자해서 큰 수익을 올리기 힘들다. 기회보다는 위기 가능성이 더 크고 많다. 주식보다는 달러, 한국 주식보다는 미국과 유럽 주식에 투자해야 한다. 한국 기업보다 미국과 유럽 기업의 투자 수익률이 더 좋아질 것이기 때문이다. 한국의 부동산보다 미국과 유럽의 부동산이 좀 더 투자가치가 높아진다.

단 이런 투자 포인트는 장기투자를 염두에 두고 제시하는 아이디어이기 때문에 단기 투자자들에게는 무용지물이다. 빚을 내서 투자를 하는 경우에도 이 기회를 얻기 힘들다. 장기투자에 가장 큰 방해가 되는 요소 중의 하나가 '빚내서 투자하는 것'이다. 절대로 빚을 내지 말고, 당장 꺼내 써야 할 생활자금도 제외하고, 최소 2~3년 이상은 묻어둘 수 있는 돈을 가지고 달러에 투자하라.

대한민국 국민이 달러에 투자할 경우 또 하나의 좋은 점이 있다. 한국이 부채 디레버리징을 실시할 경우, 외국계 투자자들은 한국에서 돈을 뺌과 동시에 곧바로 금융위기나 외환위기 가능성을 퍼뜨릴 것이다. 이미 필요한 조건들은 거의 형성되었기에 설득력 높은 주장으로 시장에 먹힐 것이다. 그런 소문이 언론에 보도될 때는 이미 외국의 거대 자본들이 한국의 위기에 베팅을 해놓은 상태일 것이다. 한국의 위기론이 커질수록 수익이 늘어나는 상품 구성을 해 놓았을 테니 의도적으로 위기론을 국내외에 퍼뜨릴 가능성이 크다. 글로벌 거대 자본들이 이런 행동을 하는 것은 어제오늘의 일이 아니다. (글로벌 투자 세력들의 이런 전략은 〈2030 대담한 미래 1권(지식노마드, 2013)〉에서, 특히 '9장 미국의 대중전략'에서 그 역사를 자세히 설명해 놓았다)

한국의 기업, 금융권, 정부는 우왕좌왕할 것이다. 위기 예측·대응·관리 능력이 부족한 정부는 뒷북을 치는 정책을 계속 내놓을 것이다. 이런 행동은 달러 부족에 대한 위기감을 더 높이고, 달러 가격은 더 상승할 것이다. 이런 상황에서는 기업과 금융권이 신뢰도를 확보하기 위해 필요한 분량보다 더 많은 달러를 조달하게 된다.

부족한 달러를 조달하는 방법은 두 가지다. 국외에서 빌려 오느냐 아니면, 국내에서 조달하느냐? 국민이 달러 보유액을 늘려 놓으면 국외에서 불리한 조건으로 달러를 들여오는 부담을 줄일 수 있다. 국민이 달러를 많이 보유할수록 위기론을 빨리 잠재울 수 있고 외환위기 가능성을 그만큼 낮출 수 있다. 지금 국민이 달러를 사주는 것은 원화 강세 추세를 조금이나마 저지하여 수출 기업들에도 도움이 된다. 이처럼 달러에 투자하는 것은 현재(수출 기업 부담 감소)와 단기적 미래(달러 유동성 위기 감소) 모두에 유리하다. 국가가 하면 국제적으로 환율 조작이라는 오해를 받지만 국민과 기업은 그럴 부담이 없다. 이처럼 1~2년 동안 달러를 늘리는 것은 개인, 기업, 금융권, 정부 차원에서도 중요한 대비 전략이다.

그러기 위해서는 주식시장에서 외국인들보다 먼저 빠져나와야 한다. 외국인들보다 늦게 빠져나오면, 외국인들은 주식을 팔아서 수익을 남기고 다시 달러로 바꾸면서 이득을 본다. 국민과 기관들은 반대상황에 처할 것이다. 물론 주식을 매도한 후에도 판 주식이 오를 수도 있다. 종합주가도 지금보다 약간 더 오를 수 있다. 그러나 뒤를 돌아보지 마라. 외국 투자 세력이 팔고 나갈 가격보다 더 높은 가격,

꼭지에서 팔아 최대한 수익을 낼 능력이 우리에게는 없다는 점을 인정해야 한다.

중요한 것은 아시아 대위기 국면에서 자산을 잃지 않는 것이다. 여기서 돈을 잃으면 위기 후 발생하는 큰 기회를 잡을 수 없다. 은퇴 후 40년의 삶도 망가진다.

필자는 한국에 금융위기가 발발하면 환율이 달러당 약 1,500원 ~1,600원까지 오를 것으로 예상한다. 만약 외환위기가 오면 1,900원 ~ 2,000원 선까지 일시적으로 폭등할 가능성도 있다.

> ● **투자의 순서**
> 투자의 큰 틀은 다음과 같은 순서가 좋다고 본다.
>
> 투자 상품 순서: 달러 → 주식 → 유로화나 위안화 → 원자재나 부동산
> 투자 국가 순서: 미국 → 유럽 → 신흥국이나 동아시아 → 중국

참고로 원자재 투자 적기는 2~3년 후가 될 것이다. 신흥국, 동아시아, 한국 등이 최악의 리스크 국면을 지난 다음이다. 대세 상승 혹은 유가가 배럴당 100달러를 넘는 단계는 중국 경제가 부채 디레버리징을 어느 정도 끝내는 시기인 2019~2020년경이나 되어야 할 것이다.

소비시장으로 본다면 다음과 같은 순서로 예측된다.

앞으로 1~2년 중국 소비시장에 주목하고, 그 후에 중국 단기 침체 대비해야 한다

2~3년 후 미국과 유럽 소비시장이 살아날 것이다.

2020년쯤이 되면 중국, 인도, 중동을 포함한 세계 상류층과 중산층

소비시장이 회복이 될 것이다.

산업 측면에서는 중국의 구조조정기가 한국에는 위안화 자산을 싸게 사들일 기회가 될 것이다. 1부에서 설명한 대로 중국은 앞으로 두 번 정도의 자산시장 충격이 일어날 가능성이 크다. 위기로 인해 중국 주식 및 위안화 표시 자산이 저점일 때 매수하여 장기 보유하는 전략을 고려할 필요가 있다.

이 시기가 지나면, 미국이 주도하는 미래산업 중흥기가 찾아올 것이다. 금융위기와 불황의 역사는 신기술의 역사와 맥을 같이 한다. 역사를 보면 위대한 도전은 언제나 불황의 그늘 속에서 시작되었다. 절체절명의 생존 위기를 극복하는 과정에서 혁신적 아이디어와 기술이 탄생한다. 금융위기 발발 이후, 고통스러운 부채 디레버리징과 경기 침체의 시간이 지난 다음에는 언제나 혁신적 아이디어와 신기술이 장기간의 경기호황과 신용팽창으로 가는 견인차 역할을 했다. 전병서 씨가 쓴 〈중국의 대전환, 한국의 대기회(참돌, 2015)〉라는 책에는 대위기 후 나타난 새로운 산업과 기술을 잘 분류하여 소개하고 있다. 1870년대 불황 이후 에디슨이 전화를 발명했고, 카네기는 철강 산업을 일으켰으며, 록펠러는 석유정제 기술을 산업화하여 본격적인 석유산업의 시대를 열었다. 헨리 포드는 자동차산업에 혁신을 일으키며 새로운 경기호황 시대의 토대를 만들었다.

1929년 대공황 이후에는 폴라로이드 카메라, 레이더, 제트엔진, 나일론, 복사기, 헬리콥터 등의 신기술이 대거 등장했다. 1970년대 불황 이후에도 개인용 프린터, 셀룰러폰, 비디오 게임기, 워크맨, 고어텍스, 포스트잇, VCR, 시험관 아기 기술 등이 등장했다. 1990년대 불황 이후에도 IT산업이 등장하면서 금융위기와 불황 이후에 새로운 기회의 시기가 시작된다는 공식을 유지해 갔다.[16] 2008년에서 시작되어서 2020년경에 끝날 글로벌 금융위기도 같은 패턴으로 진행될 것이다.

네 번째 전략적 행동, 바다에서 싸워라

1588년 7월, 스페인의 무적함대를 맞은 영국 함대는 한 번 더 대담한 전략을 구사한다. 스페인 무적함대가 파르마 공의 육군 18,000명과 합류해서 도버 해협을 건너 영국에 상륙하기 전에 칼레에서 선제공격을 감행하는 것이다. 수비가 아니라 공격 카드를 전략으로 뽑아들었다. 그것도 육지에 상륙하기 전에 바다에서 공격한다는 대담한 전략을 구사했다. 이유는 분명했다. 세계 최강인 스페인 육군의 상륙을 허용하면 영국은 필패必敗할 것이었기 때문이다.

미래산업에 대한 우리의 전략도 이와 같아야 한다. 한국 기업이 미래산업의 시장형성기에 진입하면 필패할 것이다. 뒤에서는 중국이 맹렬하게 쫓아오고, 앞에서는 미국과 독일, 일본 기업들이 버티고 있을 것이기 때문이다. 미래산업에서는 과거에 성공했던 빠른 추격자 전략도 무용지물이 될 것이다. 환율 효과도 소용없을 것이다.

미래산업이 육지에 상륙하기 전에 바다에서 싸워야 승기를 잡을 가능성이 커진다. 바다에서 싸울 때 전술은 2가지다. 영국 함대처럼 멀리 떨어져서 포격을 가해야 한다. 적극적으로 배를 붙여 상대방과 백병전을 해서는 안 된다. 즉, 미래산업에 전력을 퍼부으면 안 된다. 대신 적당한 거리에서 계속 함포를 쏘면서 자리를 지켜야 한다. 함포사격은 미래산업을 위한 R&D를 의미한다. 목표물을 정확하게 조준한 후에, 끈질기게 연구개발에만 집중해야 한다. 앞으로 3~4년은 보조기술 발명 단계 혹은 시장 발명 단계일 것이다. 시장이 열리고 시장의 전성기가 펼쳐질 시기는 2020~2025년경이 될 것이다. 그때까지는 전력을 아끼고 거리를 둔 채로 함포사격에 집중해야 한다.

필자의 신산업 형성 패턴에서 시장 발명 단계에 들어가려면 신기술 적용 제품과 서비스에서 혁신이 일어나야 한다. 단순한 신기술 적용 제품의 등장 단계를 넘어 혁신이 이루어져야 한다. 소비자들의 소득도 늘어야 한다. 부채 디레버리징이 끝나야 소비 회복이 일어난다. 즉, 글로벌 금융위기가 끝나야 한다. 가격 혁신도 일어나야 하는데, 그러기 위해서는 가격 혁신을 해도 수익이 날 만큼 기술이 더 발전해야 한다. 이런 조건들이 갖추어져야 시장 발명 단계에 진입한다. 3D 프린팅 산업, 웨어러블 디바이스 산업은 2020년경이 시장 발명 시기다. 전기자동차, 자율주행자동차, 로봇산업은 2025년경이 되어야 시장 발명 시기에 들어갈 것이다.

최후의 승부수를 준비하라

당연히 멀리 떨어져 함포 사격을 하는 것만으로는 완전한 승리를 거둘 수 없다. 적을 섬멸할 승부수가 필요하다. 드레이크도 같은 생각을 했다. 그래서 1588년 8월 7일 밤에 승부수를 던진다. 칼레에 정박하여 파르마 공의 육군부대를 기다리고 있는 스페인 함대를 향해 영국 해군의 남은 전력을 한 번에 모두 쏟아부어 공격을 감행한 것이다. 8척의 화공선으로 선제공격을 한 후, 근접 포격이라는 대담한 전략을 구사했다.

2020년경, 아시아 대위기의 마무리 단계에 진입할 때가 과감한 전략을 구사할 타이밍이다. 2020~2023년 안에 과감한 승부수를 던져야 한다. 그 전에 승부수로 던질 전략을 세우고, 전략을 수행할 사람과 조직을 준비하라. 방법은 두 가지다. 하나는 대규모 인수합병이다.

다른 하나는 과감하게 시장을 주도하며 치고 나가는 것이다. 그때가 되면 영국 해군을 도운 프로테스탄트 바람, 적벽대전에서 제갈공명이 기다리던 동남풍이 불어 줄 것이다. 시장 발명과 시장 전성기라는 바람, 그 바람과 조류를 타려면 2020~2023년 사이에 승부수를 던져야 한다.

7가지 승부수

미래 전략의 마지막 단계인 과감한 승부수는 회사의 규모, 산업 특성, 도전 영역, 보유하고 있는 역량과 자원 등에 따라 달라질 것이다. 이때 참고할 수 있는 7가지 전략이 있다.

1. 테슬라 전략이다. 하나를 얻기 위해 다른 하나를 버리는 전략이다. 엘론 머스크는 전기자동차에서 승부수를 띄우기 위해 태양광사업을 전기자동차의 먹이로 주었다. 테슬라 자동차를 구매한 사람은 전기 충전이 평생 공짜다. 그 전기는 태양광발전소에서 얻는다. 테슬라는 태양광발전 자체로 수익을 얻으려는 대신, 전기자동차의 수익을 위해 태양광사업의 수익을 버린 것이다. 이 승부수의 결과는 대성공이었다.
2. 장인 기업 전략이다. 글로벌 기업이 100년을 가기는 힘들다. 하지만 장인 기업으로 변신하면 100년을 충분히 갈 수 있다. 수백 년도 갈 수 있다. 한국의 중소기업이 생각해볼 만한 전략이다. 장인 기업으로 가기 위해서는 기술 혁신에 승부수를 띄워야 한다.

3. 터미네이터 전략이다. 이 전략은 주력 제품이라는 개념을 아예 없애는 것이다. 기업이 무너지는 결정적 이유는 주력 사업의 붕괴다. 예를 들어, 삼성그룹은 수많은 사업을 한다. 하지만 스마트폰이나 반도체라는 주력 사업이 무너지면 그룹 전체가 붕괴될 수도 있다. 황당한 발상이지만, 주력 사업이 없으면 이런 식의 붕괴는 없다.

4. 칭기즈칸 전략이다. 유목민처럼 끊임없이 불필요한 것은 버리면서 빠르게 미래형 제품으로의 전환을 위해 달리는 전략이다. 이 전략을 구사하려면 자기 역량은 최소화하고 M&A를 통해 끊임없이 스스로를 재창조하면서 변신을 계속해야 한다. 세계 화학업계 1위인 바스프가 좋은 예다. 바스프의 2014년 매출은 90조 원, 영업이익은 9조 원 정도로 포천 500대 기업에서 75위를 차지했다. 150년의 역사를 가진 독일 기업으로 바로 스티로폼을 발명한 회사다. 이 회사는 2014년 한 해에만 연구개발비용으로 2조 3천억 원을 투자했다. 바스프그룹 운영이사회 의장 겸 CEO 쿠르트 복Bock이 말한 바스프의 성공 비결은 스스로를 재창조하는 것이다. 다음은 바스프 회장의 말이다.

"우리는 창사 이래 비즈니스 방식을 계속 바꾸며 스스로를 재창조해왔습니다. 오늘날의 바스프는 1865년의 바스프와는 전혀 다른 회사입니다. 창사 당시엔 단지 하나의 제품만 생산했죠. 폐기물 취급을 받던 콜타르에서 가치 있는 화학제품인 염료를 만들어냈습니다. 당시로선 매우 혁신적이었습니다. 이후 회사는 지속적 혁신을 통해 변모해왔습니다. 재창조란 '우리가 여전히 경쟁력이 있나?' '우리가 하는 일을 시장이 원하는가?' '적용 가능한 더 좋은 기술

은 없나?'란 질문을 계속하는 과정입니다. 이를 위해선 적정 수준
의 위기감을 갖고 주변에서 어떤 일이 벌어지는지 끊임없이 관찰해
야 합니다. 그래야 창의적이 될 수 있습니다.

화학산업은 본래 경쟁이 치열한 곳입니다. 장기적으로 경쟁자에 비
해 경쟁력이 뒤처질 것으로 보이는 제품들에선 과감히 손을 뗐습
니다. 102년 전 바스프는 세계 최초로 화학비료를 만들었습니다.
하지만 우리는 2012년 화학비료 사업을 러시아 회사에 매각했습
니다. 인디고 등 염료 제품 역시 더 이상 생산하지 않습니다. 우리
보다 더 잘 만들어낼 수 있는 경쟁자가 있는 제품은 비록 수익성이
있다 하더라도 미련 없이 빠져나온 겁니다. 범용 상품이 돼버린 제
품군에서 빠져나온 대신 우리는 전기차용 2차전지 산업, 화장품·
기저귀의 기초 원료 등 새로운 산업에 진출했고 성공을 거두고 있
습니다."[7]

2012년, IBM은 제품을 개발하는 프로세스를 전면 개편했다. 시장
조사를 하고, 제품 컨셉을 잡고, 연구를 진행하고, 제품을 개발하
는 단계를 따르는 과거 방식으로는 제품의 수명이 6개월~3년밖에
되지 않는 시장의 변화를 따라잡기 어렵기 때문이다. 실제로도 시
장조사가 가져다주는 유익은 점점 축소되고 있다. 애플의 설립자
였던 스티브 잡스는 시장조사의 가치를 인정하지 않는 대표적 인
물이었다. 고객이 미래의 자신에게 진짜 좋은 것이 무엇인지 모른
다는 것이 가장 큰 이유였다. 세상에 존재하지 않는 제품 중에서
자기에게 좋은 것이 무엇인지 알 수 없다는 의미다.

IBM은 여기에 하나의 이유를 더 붙였다. 제품과 서비스의 수

명이 날로 짧아지기 때문에 시장조사에서 시작하는 방식으로 는 시장이 원하는 제품을 적시$_{\text{Just in Time}}$에 출시하기 어렵다는 이유다. IBM은 시장조사를 하지 않는 대신 디자이너를 대폭 늘렸다. 디자이너들이 현장에서 직접 제품을 기획하고 개발자 들과 협업하여 경쟁자보다 빠른 속도로 신제품을 쏟아낸다는 전략이다.

샤오미는 더 빠르다. 샤오미는 1주일 안에 제품 개발에서 발주까지 끝내는 프로세스를 가지고 있다. 샤오미는 소비자가 느끼는 문제, 욕구, 결핍을 세상에서 가장 빠른 속도로 충족시켜주는 것을 주 전 략으로 사용한다. 이를 위해 샤오미는 월요일에 제품 개발, 화요일 에 피드백, 수요일에 업데이트, 목요일에 내부 테스트, 금요일에 제 품 발주라는 사이클을 창업 초기부터 유지하고 있다.

5. 클라우드 기업 전략이다. 신생산의 3요소(가상토지, 노동, 자본)를 활용하고 외부에서 자원을 얻으며 발전하는 전략이다. 내부에 자 원을 집중하기보다는, 외부와의 연결을 강화하고 안티 고객까지도 활용하여 발전의 원동력으로 삼는다. 중국의 하이얼이 좋은 사례 다. 하이얼은 2013~2014년에 전체 직원의 30%인 26,000명을 해고 한 후 하이얼그룹 자회사인 샤오웨이공사$_{\text{小微公司}}$ 직원으로 재고용 했다. 그리고 '작고 미세하다'라는 뜻의 샤오웨이$_{\text{小微}}$ 운동을 시작 했다. 26,000명의 직원 한 명 한 명이 창업자가 되어 하이얼과 협력 하거나 계약관계를 맺고 1인 벤처로 움직이는 내부 혁신 운동이다. 하이얼그룹은 하이얼 브랜드를 이용하는 1인 벤처, 협력사, 소비 자 등을 연결하는 플랫폼과 생태계를 관리한다. 또한 샤오웨이에

창업 플랫폼을 제공하고 창업에 필요한 다양한 지원도 실행한다. 2015년 현재 하이얼은 21개 플랫폼, 183개의 생태계, 3,914개의 샤오웨이를 가지고 있다. 대표적인 성공사례로는 2014년 1월 온라인 쇼핑몰에 출시된 지 20분 만에 3,000대가 팔린 기록을 가진 라이진 게이밍북雷神遊戲本이다. 이 사업은 하이얼이 75%의 지분을 가지고 창업자 3명이 25%를 지분을 가지고 있다.[18] 도요타도 수직계열화, 규모의 경제 전략에서 벗어나 1,000개의 기업이 각각 5,000억 원씩 매출을 올려 전체 매출 500조 원을 달성하는 기업 전략으로 가고 있다.[19]

6. 비즈니스 혁신 전략이다. 이 전략은 기술 혁신보다는 시장이 원하는 적정 기술을 목표로 한다. 비즈니스 혁신 전략을 구사하는 기업은 기술을 개발하는 것보다는 '컨셉'을 개발하는 것을 더 중시한다. 기술 혁신은 성능을 개선하는 것이다. 기술 혁신은 장인 기업 전략에 어울린다. 반면에, 비즈니스 혁신은 전혀 새로운 컨셉으로 현재와 미래의 문제가 되는 이슈를 해결하는 것을 목표로 한다. 이 전략에서 기술은 도구다. 기술 혁신은 최고의 기술이란 명예를 얻고, 그 분야에서만 1등이 되는 전략이다. 하지만 비즈니스 혁신은 시장을 지배하는 기술, 상황에 필요한 최적의 기술을 지향한다. 시장을 지배하는 기술을 가지려면 상황을 예측하고, 경쟁자를 예측해야 한다. 이를 통해 시장 지배 가능성을 높이는 전략이다. 한국의 대표적인 비즈니스 혁신 제품은 한글, 거북선, 이순신 장군의 해상 전술, 첨성대 등이다.

7. 규모의 경제 전략이다. 몸집을 최대로 키워 생존을 모색하는 전략이다. 이를 위해서는 2가지 역량이 필요하다. 하나는 막강한 자본

이다. 막강한 자본으로 투자를 계속해서 추격자의 기세를 꺾는다. 삼성의 반도체 전략이 여기에 해당한다. 다른 하나의 역량은 미래 예측력이다. 막강한 자본을 투자할 때의 위험성은 더 많은 자본을 투자하는 경쟁자가 아니라 반복되는 경제위기다. 경제위기가 발생하면 투자 리스크가 커지고, 투자가 독이 되어 돌아온다. 이를 방지하기 위해서는 미래 예측력을 키워야 한다. 이 전략을 가장 잘 활용하는 회사는 석유 기업 쉘이다. 쉘은 오일쇼크의 가능성을 미리 예측해서 선제적으로 위기에 대응함으로써, 치명적 위기의 시기를 비약적 성장의 시기로 전환시켰다.

또한 미래 예측을 통해 기회가 언제 올지, 언제 시장이 형성될지를 간파하고 미래에 먹거리가 되고 무기가 될만한 기술과 회사를 선제적으로 사들이는 과감한 배팅을 하는 것도 이 전략에 포함된다. 예를 들어, 미래자동차 시장에서 승리하기 위해 테슬라를 전격적으로 인수하는 대담한 전략을 구사할 수 있다.

2020년 이후
에너지 혁명의 승자는 누가 될까

GREAT CHALLENGE 2030

지구온난화와
미래의 에너지 혁명

한국 기업이 준비해야 할 것이 한 가지가 더 있다. 기후협약과 에너지 혁명이다. 2020년 이후 가장 큰 압박이자, 큰 기회 요소가 될 것이기 때문이다.

에너지 분야의 혁명과 탄소 집약적 에너지에서 저탄소 혹은 무탄소 에너지로의 '에너지 전환Energy Shift' 속도는 지구온난화 문제, 자연에너지Natural Energy 혁명, IT·BT·NT 등의 기술혁명, 미래자동차 등 신사업 시장의 도래(미국의 회복 전략 4단계)의 시스템적 연관 관계와 피드백 속도에 달려 있다.

2045년까지 전 세계 에너지 수요는 2015년 대비 2배 정도 증가할 것으로 예측된다. 에너지 소비가 개발도상국은 연간 2.6~3.2%씩 증가 중이고, 중국은 연간 9~16%씩 증가 중이다.[1] 그렇다고 선진국의

에너지 수요가 감소하는 것도 아니다. 북미의 석유 사용량은 지난 20년간 중국만큼 증가했다.[2]

기후변화를 일으키는 두 가지의 큰 힘이 있다. 하나는 태양의 활동 변화이고 다른 하나는 인간의 활동 변화다. 태양의 활동 변화는 자연적 기후변화를 일으키는 가장 근본적인 원인이다. 태양에서 출발해서 지구에 도착하는 빛과 열 에너지의 변화가 지구 안에서 일어나는 자연적 피드백과 맞물려 기후변화를 일으킨다. 인간의 활동 변화는 태양의 활동 변화가 만들어내는 기후변화에 가속도를 붙인다. 땅, 바다, 대기 및 기타 자연환경을 파괴하는 인간의 활동은 인류의 생존에 위협을 주는 쪽으로 기후변화를 촉진시킨다.

인간이 일으키는 환경 파괴에는 플라스틱이나 유해물질 배출로 인한 토양이나 강물이나 지하수 오염, 무분별한 도시 개발로 인한 산과 숲 훼손, 각종 대기 오염, 기타 자연생태계 파괴 등 다양한 종류가 있다. 이런 행동들은 단기적으로는 인류의 생존에 큰 위협을 주지 않는다. 하지만 장기적으로는 서로 얽히고설키면서 인류의 생존을 위협하는 무서운 결과를 낳는다. 그 대표적인 결과가 지구온난화(온실효과)와 오존층 파괴다.

먼저, 하늘에 구멍이 생기는 오존층 파괴 현상부터 살펴보자. 대기권은 대류권(지상에서 8~10km), 성층권(10~50km), 중간권(50~80km), 열권(80km이상)으로 구성된다. 오존층은 지상에서부터 높이 24~32km 사이에 오존이 밀집된 층을 말한다. 오존층은 태양에서 지구로 오는 자외선을 흡수한다. 자외선은 가시광선보다 짧은 10~400나노미터의 파장으로 사람의 눈에 보이지 않지만, 과도하게 노출될 경우 피부암을 일으키거나 화상을 입히기 때문에 생물에게 치명적이다. 오존층이 태양에서 방출되어 지구에 도달하는 자외선의 대부분을 성층권에서 흡수해 주기 때문에 지구에 생물이 살 수 있는 환경이 조성된다. 그래서 오존층 파괴는 인류에게 아주 위협적인 사건이다.

대기 중에 존재하는 오존의 총량을 지상 기압으로 압축시켜 환산하면 두께가 약 0.3cm에 불과하다. 이들 중에서 90%는 성층권에 존재하고, 나머지 10%가 지상에서 8~10km 지점에 위치한 대기권의 가장 아래층인 대류권에 존재한다. 오존은 산소원자 3개로 이루어져 있다. 광합성을 하는 식물이 내뿜는 산소기체O_2는 성층권으로 올라가 촉매 역할을 하는 매개체인 산소 원자O와 질소 분자와 충돌하여 오존O_3이 된다. 이렇게 만들어진 오존O_3은 태양으로부터 방출되는 자외선 에너지를 흡수하여 다시 O_2와 O로 분해된다. 그리고 다시 공기 중에 떠돌아다니다가 매개체를 만나면 다시 오존O_3이 된다. 오존층에서는 이런 과정이 무한반복되면서 생명체에 큰 위협이 되는 자외선의 대부분을 차단해 준다.

오존층에 구멍이 뚫린다는 것은 약 0.3cm에 불과한 오존층의 총량이 감소하면서 나타나는 현상이다. 이론적으로는 오존을 인위적으로 분해하는 물질이 대기 중으로 배출되어 성층권까지 올라가서 오존층의 일부를 파괴하면 오존홀Ozone Hole이라는 커다란 구멍을 만들 수 있다. 그 뚫린 구멍을 통해 대량의 자외선이 직접 지표면까지 도달하면 생명체에 치명적 위협이 된다. 이론상으로만 가능했던 오존홀 현상이 최초로 확인된 때는 1982년이었다. 학자들에 의하면 오존홀이 발생하는 이유는 염소Chlorine가 오존과 만나면서 오존을 인위적으로 분해하기 때문이다.

이런 현상은 크게 두 가지 이유로 발생한다. 하나는 자연적으로 발생하는 것이고, 다른 하나는 인위적으로 발생하는 현상이다. 자연적으로 발생하는 것은 남극의 특이한 기상 조건 때문이다. 겨울부터 이른 봄까지 남극에서는 강한 제트 기류가 발생한다. 이 제트 기류는 극저온 성층권에서 만들어진 진주 광택의 특이한 구름인 진주운Nacreous Clouds을 발생시킨다. 학자들은 진주운이 얼음 결정, 화산 분진, 우주 먼지 등이 섞여서 만들어진 구름이 아닐까 추정한다. 여하튼 이 구름 속에 있는 염화불화탄소Chloroflurocarbon(탄소, 불소, 염소로 구성된 유기화합물, 일종의 프레온 가스)에서 발생한 염소가 오존과 접촉하면서 오존층을 파괴한다. 하지만 날씨가 풀려서 제트기류가 사라지면 오존 홀은 자연스럽게 메워진다. 즉, 매년 남극에서는 오존홀이 생겼다 사라졌다 하는 현상이 자연스럽게 반복된다. 이렇게 자연현상으로 발생하는 오존홀은 장기적으로 큰 문제는 아니다. 또한 단기적으로도 사람이 살지 않는 곳에서 발생하기 때문에 위험하지 않다.

하지만 인위적으로 염화불화탄소가 계속 유입되면 상황이 달라진다. 헤어 스프레이, 냉장고에 사용되는 냉각제, 반도체 세척제 등에는 다량의 염화불화탄소, 일명 프레온 가스가 사용된다. 프레온 가스(염화불화탄소)는 아주 안정적인 물질이기 때문에 상당 기간 파괴되지 않고 대기 중을 떠다닐 수 있다. 대기 중을 떠돌던 염화불화탄소가 성층권까지 올라가서 오존층을 만나면 광화학 반응을 일으키면서 염소 라디칼Radical을 만든다. 염소 라디칼은 염소의 최외각 전자 껍질의 전자가 쌍을 이루지 못하고 홀수 전자로 불안정하게 있는 상태이기에 강력한 화학적 반응성을 갖는다. 이렇게 불안정한 염소 라디칼이 오존과 충돌하면 강력한 화학반응을 일으켜 오존O_3을 산소분자O_2와 산소원자o로 만들고 오존으로 재결합하는 것도 막는다. 결국 오존의 양이 줄어서 구멍이 만들어진다. 염소 라디칼은 화학적 반응성이 강력해서 1개가 10만 개 이상의 오존을 파괴한다고 한다. 다행히 대기 온도가 높은 저위도 지방에서는 염화불화탄소가 오존층에 도달하기 전에 다른 화합물로 변해 버린다. 하지만 일부의 염화불화탄소는 대기 순환을 통해 극 지역으로 이동하여 오존층을 파괴한다. 결국 1987년 세계 각국은 몬트리올에서 염화불화탄소 사용을 엄격하게 규제하는 데 합의했다. 그 이후로 대기 중에서 염화불화탄소의 농도가 감소하면서 최악으로 치닫는 상황은 피하고 있다.[3]

하지만 여전히 경계를 늦추어서는 안 된다. 환경 파괴가 지속되면, 예기치 못한 일이 벌어질 수도 있다. 2011년 북극에 관측사상 가장 큰 오존홀이 발생했다. 대체적으로 자연적으로 발생하는 오존홀은 북극에는 잘 나타나지 않는다. 북극이 남극보다는 따뜻하기 때문이다. 하지만 2011년에는 이상기후 현상으로 북극 기온이 영하 80도 밑으로 떨어지고 강력한 극소용돌이가 발생하면서 북극 오존층에 넓게 펼쳐진 띠 모양의 구멍이 생겨 스웨덴의 일부 지역, 동유럽, 러시아, 몽골까지 자외선 노출 피해가 발생했다.[4]

환경 파괴에서 비롯되는 가장 위험한 미래 시나리오는 기온 상승에 관한 것이다. 일명 지구온난화가 초래할 두려운 미래다. 2011년에 발생한 북극의 이상기후로 인한 오존층 파괴도 지구온난화 문제와 연결된다. 20세기 이후 지구의 평균 온도는 섭씨로 약 0.8도 상승했다. 이런 추세라면 21세기 말에 이르면 지구의 평균 온도는 섭씨 3도에서 최대 6도 정도 증가한다. 만약 이 일이 현실화되면 인류는 공멸할 수 있다. 인류 공멸이라는 무서운 가능성을 가진 지구온난화는 이

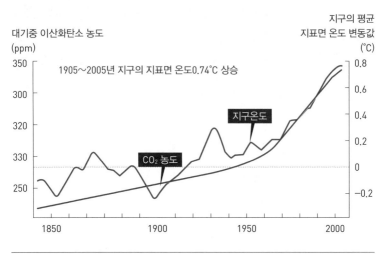

출처: 하호경, 김백민, 『극지과학자가 들려주는 기후변화 이야기』, (서울: 지식노마드, 2014), 22. 재인용

산화탄소 농도의 증가와 밀접한 관련이 있다.

그런데 최근에 지구 온도가 오히려 하락하는 자료를 근거로 지구 온난화 현상 자체를 반박하는 학자들도 있다. 하지만 다음 그래프를 보면 10년 정도의 시간 범위 안에서는 지구의 온도가 하락하는 구간이 있지만, 장기적 추세를 보면 서서히 상승 중이라는 것을 쉽게 알 수 있다. 한번 배출된 이산화탄소는 길게는 1백 년 정도 대기 중에 머물며, 대기 순환을 통해 전 세계를 흘러다닌다.[5]

이산화탄소의 농도 증가와 지구 온도의 상승은 비례관계에 있다. 하지만 이산화탄소 배출이 지구 온도 상승의 유일한 이유는 아니다.[6] 6대 온실기체인 이산화탄소$_{CO_2}$, 메탄$_{CH_4}$, 아산화질소$_{N_2O}$, 수소불화탄소$_{HFCs}$, 과불화탄소$_{PFCs}$, 육불화황$_{SF_6}$ 등의 온실가스가 촉매 역할을 하고 지역마다 다른 자연계 피드백 현상으로 지구의 평균온도가

지표면, 온도 변화

지구의 평균
지표면 온도 변동값(°C)

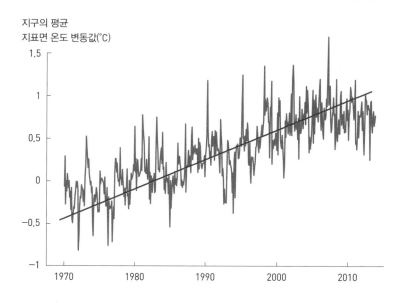

지구의 평균
지표면 온도 변동값(°C)

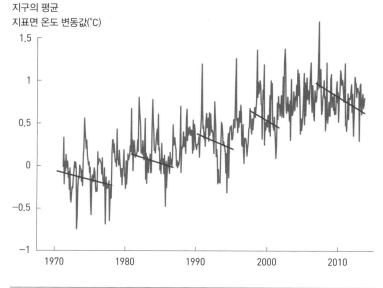

출처: 하호경, 김백민, 『극지과학자가 들려주는 기후변화 이야기』, (서울: 지식노마드, 2014), 23. 재인용

상승하고 있다. 주요 피드백은 북극이나 남극에서 일어나는 얼음 반사 피드백, 극지방에서 햇빛이 눈에 반사되지 않고 온실효과로 인해 개체 수가 늘어난 식물에 흡수되면서 지표면의 온도가 올라가는 식생 피드백, 상층운에서 발생하는 구름 피드백 등이 있다. 극지방이나 바다에서 일어나는 피드백 과정에서 발생하는 수증기는 이산화탄소보다 더 강력한 온실기체이다. 또한 햇빛을 반사해야 할 해빙이 녹아 바다에 더 많은 햇빛이 흡수되면서 바닷물 온도를 상승시키고 높아진 바다의 온도가 다시 더 많은 해빙을 녹이는 악순환이 계속된다. 지구 온도 상승으로 땅에서는 영구동토층이 완전히 녹으면 포집되어 있던 온실기체들이 대거 방출되는 더욱 강력한 증폭 메커니즘이 추가로 작동한다.[7] 이것은 무엇을 의미할까? 피드백을 고려하지 않고 온실가스 배출 추세만 보면 2100년까지 지구 평균기온은 섭씨 1~1.3도 정도 추가 상승할 것으로 예측된다. 하지만 피드백 과정에서 수증기가 만들어지고, 땅이나 물속에 포집된 이산화탄소가 배출되고, 이것이 다시 온도를 상승시키면서 추가적인 증폭 메커니즘이 작동되는 악순환까지 고려하면 2100년에 지구 온도는 섭씨 5.4도~6도까지 상승할 가능성도 배제할 수 없다.[8] 일명, '6도의 악몽'이 금세기 안에 현실이 될 가능성이 있는 것이다.

문제는 이런 심각한 미래가 다가옴에도 불구하고 피드백 작용이 눈에 보이는 가시적 결과를 만들어내는 데까지는 시간 지연 현상이 있다는 점이다. 그래서 장기적으로 보아 어느 임계점을 넘는 순간부터는 급격하게 위기 현상들이 터져 나오겠지만, 단기적으로는 미세한 양적 변화밖에는 눈에 보이지 않는다. 그래서 "아직은 시간 여유가 있다"는 착각에 빠진 채 근본적 대응을 미루게 만든다. 그래서 그

지구의 열함량 추세

열함량(10^{22} J)

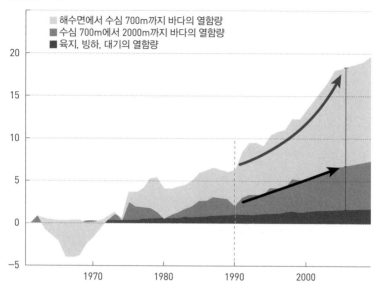

출처: 하호경, 김백민, 『극지과학자가 들려주는 기후변화 이야기』, (서울: 지식노마드, 2014), 11. 재인용

런지, 21세기에 들어서도 각국은 자기 나라의 국익 계산에 바빠서 이산화탄소 배출량 증가 추세를 줄이지 못하고 있다. 더군다나 위의 그래프에서 보았듯이 지난 10여 년 간은 지표면 평균 온도가 하강하는 주기상에 있다. 지구 대기의 평균 온도 증가 폭도 줄고 있다. 그렇지만 머지않아 지표면 평균 온도는 다시 증가 추세로 전환될 것이다.

지구 온도를 올릴 더욱 큰 문제가 숨어 있다. 이론적으로, 이산화탄소 농도가 지속적으로 증가하면 온실효과도 커지면서 지구 상에 축적되는 열의 규모도 증가한다. 그런데 지표면과 대기 중의 온도는 하락하거나 증가 추세가 둔화되고 있다. 나머지 열은 어디로 간 것일까? 대기 온도 증가 폭이 준 만큼 남은 열이 바닷물 속으로 흡수되고 있다. 실제로 1990년대 이후 바닷물이 흡수하는 열량은 육지와 대기의 열함량보다 훨씬 빠르게 증가하고 있다. 물이 공기보다 밀도가 1,000배 커서, 천천히 가열되어 지구 온도 상승이 늦을 뿐이다.[9]

겉보기에는 온도 증가 속도를 늦추어 시간을 벌어줄 것 같지만 그렇지 않다. 바닷물은 온도가 서서히 오르는 만큼 식는 속도도 느리다. 그래서 바닷물이 기후변화에 직접적인 영향을 미칠 수준으로 온도가 오른 다음에는 우리가 대응을 해도 식는 속도가 늦기 때문에 대응 효과도 오랜 시간이 흐른 후에야 나타난다. 즉, 대기 온도 상승에 의한 기후변화 리스크보다 해양 온도 상승에 의한 기후변화 리스크가 더 크고 위험할 수 있다.

지구온난화에는 태양의 이상異常 활동도 한몫을 한다. 과학자들은 태양의 흑점黑點이 늘어나면 흑점 근처에 있는 고온의 플라즈마가 자장磁場과 격렬하게 반응하는 대규모 폭발이 반복되어 돌발적으로 다량의 에너지가 방출됨으로써 수 분 내에 급격히 밝아지는 섬광閃光이 나타나는 '플레어Flare 현상'이 발생한다고 분석한다. 플레어가 발생하면 강한 태양전파, 자외선, X선 등이 지구를 향해 복사된다. 지구에 들어오는 태양광 에너지가 늘어나면 기온 상승에 영향을 준다.

지구에서 1억 4,960만km 떨어진 태양은 지구 백 만개가 들어갈 정도의 크기다. 태양의 내부에서는 수소의 원자핵(양성자)끼리 충돌하여 열핵융합반응이 발생하면서 대형 원자력발전소 20억 개가 1년 동안 생산하는 양의 에너지를 1초마다 만들어 빛과 열을 지구를 향해 분출한다. 그러나 시간이 지날수록 태양 안에 있는 수소의 절대량은 줄어든다. 수소량이 줄면 태양의 핵도 줄어들어 내부 압력이 증가

한다. 압력이 증가할수록 더 많은 수소 분자가 충돌하여 점점 더 많은 에너지를 생산한다. 그럴수록 지구는 점점 더 뜨거워진다. 시간이 지날수록 태양이 더 뜨거워지는 현상이 지구 내부에서의 이산화탄소의 배출량 증가와 맞물리면 온난화 현상은 가속화된다.

소빙하기 이론은 인간이 만들어낸 지구온난화 재앙과 태양 흑점의 자연적 영향이 결합되어 지구가 급속하게 뜨거워지는 시기가 끝나는 시점과 연결된다. 대략 6℃ 정도의 온도가 추가로 상승하는 미래의 어느 시점에 갑자기 컨베이어 벨트가 정지되거나 거꾸로 작동하는 사태가 발생하면서 수천 년 동안 북극을 휘감았던 혹한 기후가 경로를 바꾼다. 그리고 지금까지 따듯한 기후로 문명이 발전했던 북반구 지역을 강타하게 된다. 물론 이 시기가 도래하는 과정 중에서도 작은 수준의 혹한기와 혹서기가 반복된다.[10]

온실가스 전체 배출량은 1970부터 2004년 사이에만 70% 증가했고 이산화탄소는 같은 기간 80% 정도 증가했다. 그 대부분은 인간에 의해서 인위적으로 배출된 것이다. 최근 들어서는 이 추세가 더 빠르게 진행되고 있어서 2025년이면 현재 누적 배출량에서 40% 더 증가할 가능성이 크다. 지구온난화에 영향을 미치는 오염물질들 중에서 이산화탄소가 차지하는 비중은 43%이고, 뒤를 이어 메탄이 27%, 블랙카본이 12%를 차지한다.[11] 미국 부통령을 지낸 앨 고어는 이런 방대한 근거 자료들을 분석한 후, 전 지구적인 재앙을 막기 위해서는 지구온난화에 가장 큰 영향을 미치는 오염물질인 이산화탄소의 배출을 줄이고, 재생에너지, 환경보존, 저탄소 경제로의 빠른 방향 전환이 전 세계적이고 전 지구적인 이슈가 되어야 한다면서 지구온난화의 심각한 부작용과 미래 위기를 전 세계에 알리는 전도사 역할을 하고 있다. 이런 노력을 인정받아 2007년 앨 고어는 노벨평화상을 수상했다.

하지만 아직도 대부분의 국가에서 지구온난화 문제는 정책 우선순위에서 하위 그룹에 포함되어 있다. 이산화탄소 감축과 환경 파괴 이슈에 대한 모임과 국제적 회의는 많지만, 대부분은 획기적인 합의를 이끌어내지 못하고 있다. 지구온난화의 문제가 매년 더 심각해지고 있지만, 경제 개발 논리에 밀리면서 전 지구적인 역량의 동원이나 전 세계적인 결단은 미루어지고 있다. 이산화탄소 배출량을 줄이는 핵심적인 대안으로 제기된 이산화탄소 배출에 가격을 매겨 책임을 묻자는 탄소세나 탄소 배출권 거래 방안도 지지부진하다. 이산화탄소 감축에 합의한 '교토의정서'의 발효도 계속 미루어지고 있다. 이 산화탄소 배출의 주범인 석유나 석탄 에너지의 사용을 줄일 신재생 에너지 개발과 사용도 경제적 이슈로 난관에 봉착했다. 오바마 대통령이 취임할 당시 미국의 미래를 이끌 것이라고 자랑하던 태양에너지 관련 회사들의 상당수가 경제위기를 맞아 공급 과잉으로 파산하거나 부도 위기에 몰려 있다. 전 세계적으로 소형 자동차, 연비가 좋은 자동차의 판매가 급증하고 있지만, 이것 역시 이산화탄소 배출을 줄이려는 의도에서 비롯된 것이 아니라, 경제적 위기로 인해 지갑이 얇아졌기 때문이다.

오히려 선진국과 개발도상국들이 서로 경쟁이라도 하듯이 이산화탄소 배출량을 늘리고 있다. 지난 30년간 중국, 인도, 브라질 등 많은 개발도상국이 이산화탄소 누적 배출량을 늘려왔다. 2012년 기준으로 매년 320억 톤 정도의 이산화탄소가 전 세계적으로 배출되고 있다. 미국과 캐나다에서 1/4이 배출된다. 그러나 미국에너지정보국

지난 300년간의 인구, GDP, 자동차 판매수, 에너지 소비량 변화

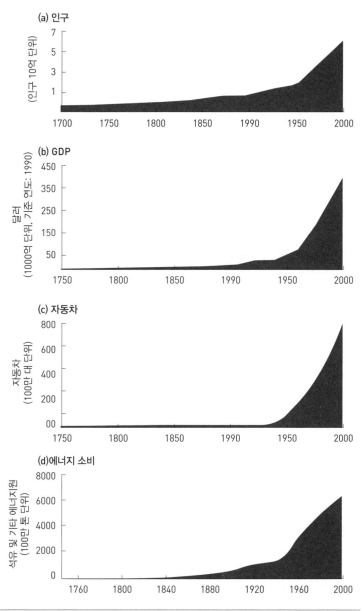

출처: 일 예거 Jill Jager, "우리의 지구, 얼마나 더 버틸 수 있는가" 김홍옥 역, (서울: 도서출판 길, 2010), 39에서 재인용

EIA의 분석에 의하면, 대규모 경제 성장이 거의 끝나가는 선진국들의 경우 이산화탄소 배출량이 앞으로는 크게 증가하지 않을 것이다. 하지만 2025년경이 되면 중국, 인도, 브라질 등 개발도상국들이 미국과 비슷한 수준의 에너지를 사용하면서 이산화탄소를 지금보다 60~70% 많이 배출할 것으로 예측된다.[12] 이런 추세는 2035년 이후까지도 계속될 것으로 예측된다. 인구가 증가할수록 더 많은 자원과 에너지가 사용되고, 더 많은 자동차와 집이 팔리는 만큼 더 많은 이산화탄소가 보너스처럼 배출될 것이기 때문이다.

지구온난화가 줄 뜻밖의 선물

지금이라도 전 인류가 지혜를 모아 북극이나 남극에서 빙하가 녹는 것을 적당한 수준에서 막을 수만 있다면, 새로운 기회를 얻을 수도 있다. 바로 자원개발의 기회다. 북극에는 황금보다 더 가치 있는 광물을 비롯한 각종 자원이 많다. 금과 은, 니켈, 철광석, 구리, 우라늄, 다이아몬드, 희토류 등이 수천조 달러어치가 묻혀있다. 전 세계 매장량의 15%에 해당하는 석유와 30%에 해당하는 천연가스가 묻혀 있다. 북극 해저와 영구동토지역에는 메탄 얼음이라고도 불리는 메탄하이드레이트 매장량도 풍부하다. 물과 천연가스가 결합된 이 얼음은 불을 붙이면 연소가 된다. 20~30년 후에 경제적 채산성을 맞출 기술이 확보되면 본격적인 개발이 시작될 것이다.

북극 개발을 선점한 나라들과 북극에 가장 인접해 있는 러시아, 캐나다, 미국, 노르웨이 등은 얼음으로 뒤덮여 버려졌던 자국 내의 불모

지가 황금의 땅으로 변하는 엄청난 기회를 얻게 될 것이다. 유엔 해양법 제76조에는 연안에서 200해리 내에 있는 대륙붕까지를 영토로 인정한다. 만약 대륙붕이 계속 이어질 경우 추가로 150해리까지 영토 소유권을 연장할 수 있다. 북극 지역에 가장 넓은 해안선과 대륙붕을 보유하고 있는 러시아는 이런 근거를 들어 북극의 절반이 러시아 영토라는 주장을 굽히지 않고 있다. 미래의 자원개발과 설비투자만으로도 현재보다 최소 1~3% 이상의 추가적인 경제발전의 이득을 오랫동안 얻게 될 것이기 때문이다. 하지만 캐나다와 대륙붕 소유권의 해석이 다르기 때문에 영토전쟁의 가능성도 잠재되어 있다.

이처럼 지구온난화가 가져다주는 뜻밖의 기회를 잘 활용하면 알래스카를 소유한 미국의 지위는 더욱더 강력해지고, 캐나다와 러시아는 새로운 부상의 기회를 얻게 될 것이다. 이미 석유나 천연가스, 수산물이 풍부하여 개인소득 세계 2위인 노르웨이도 더욱 부자가 될 것이다. 북극 항로가 개척되고, 에너지와 자원개발이 본격화되면 해운, 항만, 플랜트 기술이 뛰어난 나라들에도 새로운 기회가 열린다. 아시아와 유럽을 잇는 새로운 북극 항로는 수에즈 운하를 통과하는 기존 항로 22,000km보다 7,000km가 단축된다. 거리와 운항일수가 단축되어서 물류비용의 절감과 교역의 효율성이 높아지고 새로운 항구의 건설이 늘어난다. 각국이 수백억 달러 이상 투자하여 북극 개발에 열을 올릴 것이기에 중동 건설 붐과 비슷한 개발 붐도 일어날 것이다. 일자리와 투자도 늘어날 것이고, 세계경제를 호황기로 이끌 동력도 제공해 줄 것이다.

지구온난화의 위기감은 인류의 삶의 방식도 바꾸게 될 것이다. 부정적으로는 자신이 배출한 이산화탄소에 대해서 세금을 내야 한다.

음식을 먹거나 물건을 살 때, 휘발유를 주유할 때, 영수증에는 부가가치세처럼 이산화탄소세가 자동으로 추가될 것이다. 긍정적인 측면으로는 에너지 절약에 대한 욕구가 증가하면서 새로운 비즈니스 영역을 창출할 것이다. 가장 간단하게는 내가 배출하는 이산화탄소 양을 계산하고 절약하는 방법을 컨설팅해 주는 것을 시작으로 집, 사무실, 자동차, 음식 소비 등에 이르기까지 다양한 영역에서 에너지 절약형, 이산화탄소 감축형 서비스와 제품의 판매가 늘어날 것이다. 마치 절전형 제품과 서비스가 쏟아지는 것과 비슷한 현상이다. 에너지를 완전히 자급하는 집과 마을이 등장할 것이며, 이들은 사용하고 남은 에너지를 팔아 부수입을 얻을 수도 있게 된다. 독일 같은 유럽의 선진국들은 건물에서 발생하는 이산화탄소를 줄이기 위해 각종 제도와 지원책을 실시한다. 건물이 전체 이산화탄소 발생량의 40%를 차지할 정도로 자동차보다 더 많은 탄소를 배출하기 때문이다.

에너지 효율이 높은 바닥재와 벽 재료에서부터, 창틀, 가구도 등장할 것이다. 햇빛투과율이 높으면서 열 차단 능력은 뛰어난 유리도 인기를 얻을 것이다. 보일러 등의 난방기구를 거의 사용하지 않고도 충분히 겨울을 날 수 있고, 에어컨이 없어도 열대야를 이길 수 있는 집이 인기를 얻을 것이다. 클라우드 컴퓨팅 기술을 다양하게 접목하여 에너지 사용을 점검하고, 집 안과 도시 안에서 에너지를 효율적으로 분배하는 기술도 지속적으로 발전할 것이다.

집중호우로 내리는 빗물을 잘 모아서 오랫동안 생활용수로 사용할 수 있는 아이디어 제품들이 등장을 할 것이며, 절전형 절수형 가전제품이 더 늘어날 것이다. 기업마다 사활을 걸고 소비전력이 낮고 이산화탄소 배출량이 적은 제품을 개발하게 될 것이다. 집 주위의 자

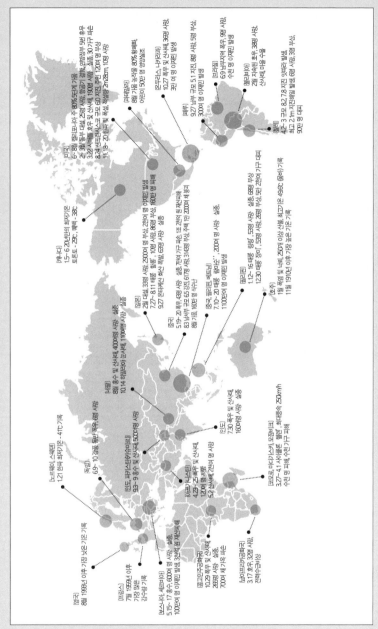

2014년 전세계 이상기후 발생 분포도

출처: 정부관계부처합동, 2014년 이상기후 보고서, p29.에서 재인용

연에 접속하여 깨끗한 에너지를 뽑아 올 수 있도록 돕는 설비들도 인기를 끌 것이다. 바람이 많은 곳에서는 풍력 설비, 일조량이 큰 곳에서는 태양광 설비가 인기를 끌 것이다. 원격 회의 시설이 발전하여 회사에 출근하여 업무를 보는 시간이 줄고, 그에 따라 자동차 운행시간을 줄일 여지도 커질 것이다. 지금은 신도시가 인기를 끌지만, 미래에는 환경도시가 사람들의 관심과 인기를 끌게 될 것이다.

장기적으로 기후변화는 산업발전에 긍정적 영향을 미친다. 생존의 위협을 극복하기 위한 인간의 도전과 응전이 나타나기 때문이다. 예를 들어, 일교차나 연교차가 심한 지역은 주택이 다양하게 발전하고, 심각한 날씨 변화 속에서 생존하기 위해 다양한 제품과 서비스, 기술이 발명되기도 한다. 날씨를 이기는 첨단 기능성 하이테크 섬유 발명, 자동차 성능 개선, 주택의 다양성, 건축 기술과 재료의 진보, 새로운 운송 기술 등이 발명된다.[13]

미래 에너지의 승자는 태양에너지

기후변화는 에너지 산업의 판도 변화에 가장 큰 영향을 미칠 변수다. 현재 전 세계에서 생산되는 전기의 16%는 수력발전에서 얻는다. 덴마크와 노르웨이의 경우 전기 생산의 99%가 수력발전이다. 브라질은 84%, 캐나다는 58%다.[14] 에너지 소비량을 비교하면 대략 석유(35~40%), 석탄(25~30%), 천연가스(20~25%), 핵에너지(3~5%), 기타 재생 가능 에너지(7~8%) 순이다.[15] 에너지 소비 영역은 가정(25~30%), 운송, 산업계가 비슷한 규모이고, 나머지를 기타 상업 분야에서 사용한다.[16]

인간이 처음 사용한 에너지는 재생 가능 에너지Renewable Energy였다. 재생 가능 에너지는 무한에 가깝도록 공급되어 고갈되지 않고 지속적으로 사용할 수 있는 에너지를 일컫는다. 햇빛, 물, 지열, 바람 등 자연계에 존재하는 에너지가 대표적이다. 그래서 필자는 자연에너지 Natural Energy 라고 부른다.

인간은 수천 년 동안 재생 가능 에너지를 사용해오다 1721년 토마스 뉴커먼이 석탄을 연료로 하는 '대기압 증기기관'을 발명하면서 에너지원이 화석연료 중심으로 변화하기 시작했다. 석탄의 매장량은 석유와 천연가스를 합한 것보다 2배나 많다. 미국의 경우 매장된 석탄을 액상 연료로 전환할 경우 사우디아라비아의 원유 매장량보다 많아서 '석탄의 사우디아라비아'라고 불릴 정도로 세계 최대의 석탄 매장국이다.[17] 산업혁명 시절에는 석탄의 사용이 절대적이었다. 하지만 지금은 석유와 천연가스가 절반 정도 사용된다.

석유, 석탄, 천연가스, 핵연료 등은 개발에서 소비에 이르는 과정에서 오염과 환경 파괴를 동반한다. 먼지, 스모그, 메탄 누출, 지반 침하, 산림 파괴, 토양 오염, 화학 물질, 방사능 유출, 과다한 물 소비 등의 부작용이 크다. 이는 온실가스로 인한 지구온난화 및 생태계 교란과 인간과 생물의 질병과 돌연변이를 유발한다.

재생 가능 에너지의 원천은 땅, 태양, 행성의 중력 등이다. 땅에서는 마그마가 있는 지역에서 자연 방사성 동위원소의 붕괴로 발생한 지열이 대표적이다. 아이슬란드처럼 화산이 밀집된 나라는 지열 에너지가 전기의 26%, 가정 난방의 87%를 차지한다.[18] 땅의 온도 차를 이용해 지열 에너지를 이용하는 방법도 있다. 모든 땅은 1km를 내려갈 때마다 섭씨 30도씩 온도가 높아진다. 지하 4km를 내려가면 섭씨 120도의 온도 차이를 얻을 수 있다. '고온 암체 이용 공정 Hot Dry Rock Process'라는 최신 기술을 활용하면 이런 온도 차이를 이용해서 상업적으로 활용 가치가 있는 수준의 지열 에너지를 얻을 수 있다.

핵융합을 하는 태양에서 나온 복사에너지는 열에너지와 빛에너지를 선물한다. 또한 태양을 기준으로 지구 표면의 위치가 다르기 때문에 지역마다 서로 다른 온도로 가열된다. 이런 온도 차에 의해서 대기 움직임이 달라지고, 해류가 발생한다. 조수간만의 차를 활용한 조력 발전도 있다.

재생 가능 에너지는 무한에 가깝도록 공급되어 고갈되지 않고 지속적으로 사용할 수 있는 에너지다. 하지만 최대의 단점은 24시간, 365일 상시 활용이 불가능하다는 점이다.[19]

풍력에너지는 태양광발전보다 저렴하게 전기를 생산할 수 있다. 그러나 육지에 설치되는 풍력발전소는 좋은 지역에는 이미 설치가 되었거나, 미관상의 이유로 주민이 반대하는 지역 이기주의에 부딪혀서 신규 설치 장소를 구하기가 힘들다. 때문에 앞으로 설치 가능한 지역으로는 바다가 유력하다. 그러나 바다의 풍력발전소는 높은 파도, 깊은 수심, 강한 바람 등으로 기술적, 경제적으로 위험성이 크고 비용이 태양광보다 더 커진다. 소금기 때문에 내구성도 떨어진다. 해상 풍력발전소가 고장날 경우 보수하는 비용도 크다. 먼 바다에서 생산한 전기를 가정과 공장으로 전송하는 과정에서 발생하는 전력 저장과 송전 비용도 크다. 이 모든 위험은 전기 가격 인상으로 이어질 수 있다.[20]

바이오에너지는 어떨까? 바이오에너지도 천연가스와 같은 친환경 에너지라고 생각하는 사람들이 많다. 하지만 이것은 미국과 브라질 같은 나라가 만든 오해다.[21] 사탕수수, 셀룰로오스, 해조류, 폐기물 등으로 만드는 에탄올이 대표적인 바이오 에너지다. 그러나 곡물을 사용하여 만든 바이오 에너지는 농산물의 가격을 상승시키고, 엄청난 규모의 토지를 소모한다. 독일 가정 전체에서 필요한 난방 에너지를 바이오매스로 충당한다면 독일 국토의 약 56%에 해당하는 농지가 필요할 정도다.[22] 농지보다 더 큰 문제는 엄청난 양의 물 소비다. '물 발자국Water Footprint'에 의하면 콩에서 1갤런(3.78리터)의 바이오 연료를 생산하려면 13,676갤런의 물이 소비된다. 20갤런(75리터)의 대형세단의 연료통을 다 채울 정도의 바이오 연료를 생산하려면 27만 갤런의 물이 필요하다. 올림픽급 수영장의 1/3 정도를 채울 양의 물이다.[23] 결국 바이오에너지를 생산하는 데 이용되는 곡물을 생산하기 위해 토지를 경작하는 과정에서 초원과 숲을 파괴하여 기후에 영향을 미치고, 개간된 토지에 매집된 이산화탄소가 배출되며, 생산 과정에서 엄청난 양의 물 소모와 그 부작용, 연소할 때 방출되는 상당량의 이산화탄소를 모두 고려하면 바이오에너지는 오히려 온실가스 배출량을 증가시키는 효과를 낸다.[24] 만약, 바이오 에너지를 고탄소 화석에너지를 대체하는 에너지원으로 사용한다면, 넓은 면적의 토지나 엄청난 양의 담수가 필요하지 않고, 바닷물에서도 대량으로 생산이 가능한 미세조류를 활용한 바이오에너지 정도가 대안으로 효과성이 있을 것으로 예측된다.

운송수단에서 전기자동차와 겨룰 가능성이 큰 수소연료의 미래는 어떨까? 수소가스는 압축이나 액화해서 사용해야 한다. 폭발 위험에 대한 심리적 두려움이 크다. 현재는 기술적으로 완벽한 수준의 안전성을 확보하지 못했다. 기존의 수소 발생 촉매제인 백금보다 100배 싼 '황화니켈' 촉매제가 개발되기는 했지만,[25] 압축, 액화, 촉매과정을 거쳐야 하기 때문에 자동차 연료로 사용하려면 전기자동차보다 설계가 복잡하다. 전기자동차는 배터리를 충전하기 위해서 기존의 전력망을 사용하거나, 이동 저장 장치를 이용할 수도 있으며, 자동차 간의 무선 충전도 가능하다. 하지만 수소가스를 연료로 이용하려면 새로운 충전 기반시설이 필요하다. 전기자동차 인프라보다 비용이 커질 수밖에 없다.

미래 에너지의 최종 승자는 태양에너지일 가능성이 크다. 태양 에너지는 열과 빛으로 나뉜다. 태양열 집열판을 이용해 열을 에너지로 바꾸거나, 태양전지를 사용하여 빛을 에너지로 바꾼다. 태양에너지를 사용하기 위해서는 일조 시간과 일조량이 중요하다.

풍력에너지는 생태적으로는 우수하지만, 현재까지는 출력이 약해서 태양에너지보다 사용이 제한적이다. 그리고 바람이 불지 않으면 사용할 수 없기에 다른 발전 방식과 함께 사용해야 한다. 예외적으로 모로코 같은 나라는 전기 생산량의 대부분을 풍력발전에서 얻는다. 모로코는 북서쪽 해안이 무려 1,835km나 되고 바람이 강해 풍력발전에 세계 최고의 입지 조건을 갖고 있다. 독일도 2030년까지 전체 전기 사용량에서 풍력발전의 비율을 15%까지 끌어올린다는 계획을 가지고 있다.

수력도 좋은 천연에너지다. 가나는 99%, 브라질은 96%, 케냐는 86%, 오스트리아 63%, 캐나다와 스위스와 베네수엘라는 60%의 전기를 수력발전에서 얻는다. 지열은 날씨의 영향을 받지 않는 장점이 있다. 지열을 이용한 전기 발전은 두 가지 방식이 있다. 저온 열수 방식은 지열로 가열된 물을 사용하고, 고온 암체 방식은 고온의 암반까지 구멍을 뚫은 뒤 고압으로 물을 주입하여 고온의 수증기를 만들어 전기를 얻는다.[26]

태양광에너지는 운송과 석유화학 제조업의 공급 원료를 제외한 비운송 부분에서 거의 모두 사용할 수 있다. 기술의 발달과 생산단가 하락 속도도 다른 대체 에너지원보다 빠르다. 예를 들어, 태양광발전은 원자력발전보다 원가가 낮다. 태양광패널 가격은 2008년에 와트 당 6달러로 1970년 대비 94% 낮아졌다. 그 후로 5년 만인 2013년에는 다시 1/10 가격인 와트 당 65센트로 하락했다. 1970년 대비 1/154 수준이다. 2020년이면 10센트 이하로 하락할 수 있다. 태양광발전소의 가장 큰 단점은 패널 가격이 아니다. 인허가, 조사, 세금, 수수료, 검사비, 설치비 등의 '연성비용Soft Costs'이다. 주거용이나 상업용 태양광발전의 인허가 비용은 와트 당 50센트로 패널 가격과 비슷하다. 2013년 기준으로 설치비도 와트 당 1.2~4.4달러 내외다.[27] 그럼에도 불구하고 전 세계 태양광발전 용량은 2000년 1.4기가와트에서 2013년 141기가와트로 13년 만에 100배 커졌다. 연평균 43%씩 성장한 것이다. 미국도 태양광발전 용량이 매년 2배로 늘고 있고, 중국은 2013년 한 해에만 3배 늘었다. 독일도 일조량이 좋은 날은 전체 전기 수요의 20~30%를 태양광발전으로 한다. 유럽 전체로 보면, 2011년 새로 건설된 발전소의 47%가 태양광발전소였다. 호주에너지시장기구AEMO는 2020년경에는 새로 건설되는 발전소의 97%가 태양광과 풍력 발전소가 될 것이라고 예측했다.[28] 지난 5년간 태양광 인프라가 두 배로 증가할 때마다 태양광 패널 생산 비용은 22%씩 감소했다. 특정 상품의 생산량이 많아질수록 성능 향상이 더 빠르고 가격도 더 저렴해진다는 학습곡선 이론을 따르는 것이다.(학습곡선은 1936년 T.P.라이트T.P. Wright가 항공산업에 처음 적용하면서 생긴 이론이다)[29] 태양광 패널의 학습곡선 효과는 놀라운 수준이다. 1970년 이후 원유 생산에서 태양광 패널과 비슷한 학습곡선을 그렸다면 현재 원유 가격은 배럴당 0.234센트여야 한다.[30] 그러나 반대편에서는 태양광 패널 제조 기업들이 치열한 생존경쟁을 벌이고 있다. 또한 태양광에너지는 10년 이내에 저장 방법과 효율을 높이는 기술적 문제는 거의 해결되겠지만, 태양광발전소에서 가정이나 기업으로 연결하는 송전 기반 시설에 막대한 추가 투자가 필요하다는 마지막 해결과제를 안고 있다.

미국의 2,000만 가구에 화석연료를 사용해서 생산한 전기를 공급하는 NRP에너지의 CEO인 데이비드 크레인은 태양광발전이 에너지 시장의 게임의 규칙을 바꿀 힘을 가졌다고 평가했다. 투자의 현인이라 불리는 워런 버핏도 자회사인 미드아메리칸에너지를 통해 태양광 사업에 50억 달러를 투자했다. 미국 주택용 태양광 시장의 가치만 무려 1조 달러로 평가되기 때문이다. 워런 버핏은 자기가 완전히 이해할 수 있는 회사나 산업, 10년 뒤에도 꾸준히 돈을 벌 수 있다고 예측되는 회사, 최악의 경우라도 손해 보는 일이 없을 회사에 투자하는 것을 원칙으로 한다. 버핏에게 태양광발전은 이 모든 조건을 충족한다.[31]

2013년 이케아는 미국 20개 주 39개 판매점에 태양광발전 설비를 구축했다. 총 34.1메가와트 규모다. 월마트도 215개 매장에 89.4메가와트 규모의 태양광발전 설비를 구축했고, 2020년까지 4,522개 매장에 1,000메가와트 규모의 태양광발전 설비를 설치할 계획을 발표했다. 만약 월마트가 태양광발전 설비 계획을 전 세계 14,000개 매장으로 확장한다면 9.18기가와트까지 용량을 늘릴 수 있는데, 이는 원자력발전소 9개의 발전량과 맞먹는다. 코스트코도 78개 매장에 47.1메가와트, 콜스Kohl's도 147개 매장에 44.7메가와트급 설비를 구축

했다.[32]

미래 에너지 산업의 변화는 기존의 전기회사에 어떤 영향을 미칠까? 첫째, 전통적인 에너지의 수요가 감소한다. 둘째, 소비자들이 태양광발전을 통해 스스로 전기를 생산하게 되면 전기 회사로부터 사는 전기의 양이 준다. 셋째, 전기회사는 태양광발전 회사뿐만 아니라 태양광발전 설비를 갖춘 대기업과도 경쟁해야 한다. 애플, 테슬라, 이케아, 월마트, 코스트코, 구글 등은 미래에 전기회사가 될 수도 있다. 더 나아가 주유소, 부동산 회사 등도 태양광발전 설비를 갖추면 곧바로 전기회사가 될 수 있다. 당연히 기존 전기회사의 수익은 크게 감소하고 생존의 위협을 느끼게 될 것이다.

2025~2030년까지는 미래 에너지에 대한 각국의 이해가 서로 조율되지 않고 석탄, 석유 등의 고탄소 화석에너지 사용이 계속 늘 것이다. 동시에 다양한 대체 에너지원 확보가 원칙 없이 전개될 가능성이 크다. 이 시기까지는 에너지 공급이 부족하지 않으면 에너지 소비 욕구를 억제하기도 힘들 것이다. 에너지원들 사이의 가격 변동폭도 크고 불안정할 것이다.

하지만 2025~2030년경부터는 국민건강 및 환경보호, 지구온난화 등에 관한 공통 목표에 중국과 미국이 적극적으로 동참하게 될 것이다. 저탄소 혹은 무탄소 에너지 기술도 성숙 단계에 이르러서 고탄소 화석에너지와의 가격 경쟁에서도 우위를 점하게 될 것이다. 이 시기가 되면 선진국들은 석유나 천연가스에서 얻는 세수를 포기하고 대신 미래 에너지 산업과 시장에서 얻을 수 있는 이익에 대해 주도권을 잡기 위해 에너지 전환에 적극적이게 될 것이다. 기업도 준비해야 한다.

아시아 대위기와 미래산업
전쟁에 대응하는 개인의 전략

GREAT CHALLENGE 2030

로봇이 바꿀 일자리의 변화

아시아 대위기, 미래산업 전쟁의 시기에 개인 차원에서 준비할 승부수도 비즈니스 차원에서 이제까지 얘기한 것과 크게 다르지 않다. 여기에 한 가지를 추가하면, 21세기 개인에게 최대의 적은 기계화, 즉 똑똑한 기계와의 대결이다. 이런 기계화 시대에 인간이 할 수 있는 일들을 잘 예측하고 준비해야 한다.

기계화, 로봇 자동화 비율이 높아질수록 미국이나 유럽의 기업들은 중국이나 베트남, 남미 등으로 옮겼던 제조업을 다시 자국으로 불러들이는 리쇼어링을 가속화할 수 있다. 그래서 로봇 자동화는 선진국 고용시장보다는 신흥국 고용시장에 더 큰 타격을 줄 것이다. 선진국 내에서 로봇 자동화가 제조업에서 근로자의 역할을 줄일 것은 분명하다. 하지만 줄어드는 일자리는 제조업의 리쇼어링과 제조업 부흥으로 파생되는 소프트웨어 등의 IT 산업, 제조업 장비의 생산 및 리스, 금융산업, 생활밀착형 서비스, 특허 서비스, 기타 주변 산업 등의 활성화로 충분히 상쇄할 수 있는 여력이 만들어진다.[1] 로봇 자동화로 제조업이 좀 더 첨단화되면 낮은 기술과 지식 수준의 일자리는 줄어들지만, 높은 기술과 지식 수준의 고급 일자리가 늘어난다. 즉, 선진국에서는 로봇 자동화가 경제 선순환의 피드백 고리를 작동시킬 가능성이 크다. 하지만 세계의 공장 역할을 했던 신흥국은 그 역할이 줄기 때문에 로봇 자동화로 인한 고용시장 타격이 불가피하다. 신흥국에서는 로봇 자동화가 경제 악순환의 피드백 고리를 작동시킬 가능성이 크다.

산업혁명의 초창기인 19세기에는 노동 생산성이 연평균 1%씩 증가했다. 이는 생활 수준이 2배로 높아지는 데 70년이 걸리는 생산성 향상 속도이다. IT 혁명이 일어난 1990부터 2009년까지 미국의 노동 생산성은 연평균 2~2.5% 증가했다. 만약 IT혁명을 뛰어넘는 기술혁명으로, 21세기에 노동 생산성이 연평균 4%씩 증가한다면, 70년 동안 우리의 생활 수준을 16배 높일 수 있다.[2] 20세기보다 몇 배 빠른 삶의 변화를 경험하게 된다는 뜻이다.

문제는 20세기 말에 나타난 기술혁명이 생활 수준을 더 빠르게 높여줄 수는 있지만, 일자리 증가율에는 거의 기여를 하지 못하고 있다는 점이다. 10년 주기로 미국의 일자리 증가율을 분석한 자료에 의하면, 1960년대 31.3%, 1970년대 27.6%, 1980년대 20.2%, 1990년대 19.8%였지만, 2000년대에 들어서 일자리 증가율은 평균 제로에 가까운 상황으로 반전했다. 같은 기간 미국의 비 농업 분야의 연평균

생산성 증가율은 1.6%~2.7%를 유지했었다.[3] 20세기 중후반까지는 기술혁명이 일자리 증가를 견인했지만, 20세기 말부터는 기술혁명이 일자리를 파괴하기 시작한 것이다.

19세기 후반에 멜 프리드만Mel Friedman이 〈존 헨리의 전설The Legend of John Henry〉이라는 소설을 발표했다. 이 소설의 주인공 존 헨리는 철도 건설 현장에서 일하는 힘센 근로자였다. 존 헨리는 증기 드릴과 바위에 구멍을 뚫는 시합을 했다. 다행히 존 헨리가 이겼다. 하지만 존 헨리는 증기 드릴과 대결하는 데 모든 힘을 쏟은 나머지 심장이 터져서 죽고 만다. 기계에 대한 인간의 불안감이 반영된 소설이다.[4]

기계화 시대에 개인에게 도래하는 새로운 병이 있다. 바로 기술적 실업이다.[5] 기계화 시대에 기술적 실업에 빠지지 않으려면 기계와 인간이 할 일을 구별해서 경쟁력을 준비해야 한다. 기계화 시대에 인간이 할 수 있는 일에는 5가지 종류가 있다.

1. 기계가 일을 할 수 없는 곳에서 일을 한다. 복잡한 3D 업종이나 완전히 창의적인 영역이다.
2. 기계를 작동하거나 관리 및 유지하는 데 필요한 노동과 지식을 공급한다.
3. 기계와 함께 협업하는 곳에서 일을 한다.
4. 기계를 활용해서 인간의 노동생산성을 증가시키는 창의적인 일을 한다.
5. 새로운 기계를 만드는 일을 한다.

2차 가상혁명이
개인에게 주는 기회

개인은 가상세계에서 길을 찾아야 한다. 가상세계의 발전은 개인에게 더 많은 기회를 줄 것이다. 개인에게 새로운 기회를 가져다 줄 가상세계가 어떻게 발전하고 있는지 예측하는 데 도움이 되는 몇 가지를 살펴보자.

인간이 발명한 가장 위대한 기술은 B.C. 3,200년경 메소포타미아에서 발명된 '문자'다. 문자는 인간이 정보와 지식을 기억하고 전달하는 능력을 획기적으로 향상시켰다. 정보와 지식을 구조화하여 검색하고 배포하고, 학습하는 작업을 쉽게 만들어 주었다. 인쇄술의 발명은 언어의 힘을 강화시켰다. '인쇄기술'의 발명으로 읽고 쓰는 언어 능력이 소수의 권력자에서 전 인류 속으로 더 멀리, 더 빨리 퍼지면서 정보의 조직화를 가속화했다. 조직화된 정보와 지식은 학문이라 불리며 인간, 물질, 사회를 재구성하는 힘을 제공했다. 잘 정돈되고 조직화된 정보와 지식은 도구, 기술, 발명품을 재생산하면서 인간 생활 수준을 믿을 수 없을 정도로 발전시켰다.

증기기관의 발명도 중요한 2가지 변화를 만들었다. 하나는 사람과 가축의 근력의 한계를 뛰어넘는 기계력의 발명이다.[6] 다른 하나는 에너지 효율 증대 기술이다. 18세기 후반 제임스 와트 이전에도 증기기관은 있었다. 하지만 단 1%의 에너지만 사용하는 아주 비효율적 기계였다. 제임스 와트의 증기기관은 에너지 효율을 3배 이상 끌어 올렸다.[7] 에너지 효율 향상 기술은 기계를 이용한 근력노동의 향상과 자동 계산기를 통한 두뇌 능력의 향상을 대량화할 수 있는 길을 열었다. 그리고 에너지 효율 향상 기술과 '컴퓨터와 인터넷'의 발명이 결합하면서 정보와 지식을 저렴한 가격에 빛의 속도로 우주 어디에나 전파하는 길을 열었다. 마셜 맥루한은 기술을 확장된 몸으로 인식했다. 옷은 피부의 확장이고, 바퀴는 발의 확장이며, 카메라는 눈의 확장이다. 이런 맥락에서 증기기관으로 시작된 기계적 로봇은 인간 몸의 확장이고, 자동 계산기인 컴퓨터는 두뇌의 확장이다. 그리고 컴퓨터와 인터넷의 발명은 확장된 몸을 넘어, 현실 세계에서 찾아낸 정보와 지식을 가지고 가상의 세계를 만들어내는 도구와 틀이 되었다.

컴퓨터와 인터넷은 디지털 기술의 핵심이다. 디지털 기술은 인간의 가장 위대한 발명인 아날로그 문자를 On과 Off 신호로 디지털화했다. 정보를 문자로 기록할 수 있는 기술이 경이로운 인류 발전의 첫 번째 도약대였다면, 아날로그 문자로 된 정보를 디지털화할 수 있는 기술은 인류 발전의 두 번째 도약대가 되었다. 문자가 의사소통과 협업의 첫 번째 혁명이었다면, 디지털화 기술은 의사소통과 협업의 두 번째 혁명이다. 첫 번째 혁명이 인류가 의사소통하고 협업할 수 있게 했다면, 두 번째 혁명은 인간과 기계가 의사소통하고 협업할 수 있게 했다. 첫 번째 혁명은 인간의 생각, 감정, 상상을 1차원의 점과 선(문자)으로 기록할 수 있게 했다면 두 번째 혁명은 인간의 생각, 감정, 상상을 3차원 현실로 재생할 수 있게 했다. 여기까지가 '제1차 가상기술 혁신(제1차 가상혁명)'이 탄생하게 된 역사다.

'제2차 가상기술 혁신(제2차 가상혁명)'의 핵심 개념은 현실세계Real World와 가상세계Cyber World의 경계 파괴다. 가상세계는 현실세계에서 발견하고 생성한 정보와 지식을 가지고 만든 새로운 세상이다. 현실에는 존재하지 않고 기술적으로만 존재하는 세상이다. 그러나 기술이 발전할수록 가상세계가 현실보다 더 현실같은 세상이 된다.

기술의 자기 생성 충동이 작용해서 제2차 가상기술 혁신은 '제3차 가상기술 혁신(제3차 가상혁명)'으로 나아갈 것이다. 제3차 가상기술 혁신의 핵심 개념은 가상과 현실이 완전히 하나가 되는 것이다. 제2차 가상기술 혁신 시대는 가상의 세계를 인간이 작동시킨다. 제3차 가상기술 혁신 시대는 인공지능이 가상세계를 작동시킨다.

이런 시대가 어떻게 가능할까? 첫째, 기술 발전의 속도가 가능하게 해 준다. 1965년 고든 무어Gordon Moore는 '더 많은 부품을 집적 회로에 몰아넣기Cramming More Components onto Integrated Circuits'라는 논문에서 유명한 무어의 법칙을 전개했다.[8] 무어는 1달러로 살 수 있는 집적회로의 연산 능력이 매년 2배로 늘어난다면 1975년이면 1965년보다 성능이 500배가 높은 트랜지스터가 가능하다는 대담한 예측을 했다. 1975년에 무어는 배가 되는 기간을 1년에서 2년으로 수정했다. 그 이후로 무어의 법칙은 18개월마다 성능이 2배로 늘어나는 주기를 유지하며 40년 간 지속되고 있다. 다른 물리적 영역과는 다르게 IT 영역에서는 물리학 법칙에 따른 제약이 훨씬 덜하다는 것, 5~7년 주기로 물리적 한계에 부딪힐 때마다 '영리한 땜질Brilliant Tinkering'이라는 영리한 우회 전략을 사용했기 때문에 지속적인 배가의 힘이 작동 중이다. 영리한 땜질이란 물리학이 만들어 놓은 장애물을 피해갈 수 있는 우회로를 찾는 것을 말한다. 예를 들어, 집적회로에 더이상 배선을 몰아넣기 힘들자, 인텔은 한 층을 더 쌓는 방법을 개발하여 우회로를 확보했다.[9] 영리한 땜질 전략에 힘입어, 2012년 IBM의 왓슨은 1997년 체스 세계 챔피언을 이겼던 딥블루Deep Blue보다 100배 뛰어난 성능을 갖게 되었고, 아이폰 4S는 10년 전 애플의 최고 사양 노트북인 파워북G4와 같은 성능을 갖게 되었다.[10]

'동시 위치 추적 및 지도 작성SLAM, Simultaneous Localilzation And Mapping'을 기계에게 가르치는 것은 인공지능 분야의 오래된 도전과제였다. 이 주제를 다룬 2008년의 한 논문은 기계가 추적해야 할 범위가 커질수록 분석과 계산을 위한 컴퓨터 비용이 엄청나게 늘어나고 불확실성도 커지기 때문에 현재의 기술로는 거의 불가능하다는 결론을 내렸다. 하지만 이 논문이 나온 지 2년 후, 가정용 게임기인 엑스박스Xbox의 150달러짜리 주변기기인 키넥트Kinect에 의해 불가능이 가능으로 바뀌었다.[11] 마이크로소프트는 이전 기술의 물리적 한계를 영리한 땜질 전략을 사용하여 우회했다. 키넥트는 두 명의 게임자의 40개의 관절을 동시에 포착, 추적하고, 조명과 소음 속에서도 게임자의 얼굴, 목소리, 몸짓까지 분별한다. 2011년 8월 캐나다 밴쿠버에서 열린 디지털 그래픽 박람회인 시그래프SIGGRAPH에서 마이크로소프트 직원들과 학계 연구자들은 값싸고 성능 좋은 디지털 감지기인 키넥트를 이용해서 '동시 위치 추적 및 지도 작성' 문제를 해결했다.

둘째, 인간의 도전정신과 능력이 가능하게 해 준다. 우리는 케네디 대통령이 인간을 달에 보내겠다는 무모한 듯 보이는 목표도 8년 만에 성과를 냈던 것을 기억한다. 이런 사례는 적지 않다. 2002년 미국 DARPA는 자율주행 자동차로 캘리포니아 모하비 사막 250km를 완주하는 그랜드 챌린지 경주 계획을 발표했다. 2004년 3월 13일, 100만 달러 우승상금이 걸린 역사적인 첫 번째 경주가 열렸지만 결과는 참담했다. 15대의 자율주행자동차 중에서 2대는 출발조차 못했고, 1대는 출발하자마자 뒤집혔으며, 8대는 출발 후 얼마 되지 않아 경주를 포기했다. 선두를 달리던 카네기멜론 대학의 샌드스톰 Sandstrom도 12km를 달린 후 U자로 굽은 도로를 지나다가 제방에 처박히고 말았다. 완주한 자동차가 한 대도 없었다. 언론은 이 행사를 '다르파의 사막 대실패'라며 조롱했다.[12] 그로부터 6년 후 DARPA가 자율주행자동차 개발을 천명한 지 8년만인 2010년 10월, 구글은 자신들이 만든 자율주행자동차가 미국의 실제 교통상황에서 스스로 주행하는 데 성공했다고 발표했다. 웬만한 기술 혁신은 목표를 수립한 후 10년 정도 인력과 기술과 자본을 지속적으로 투자하면 괄목할 만한 성과를 낼 수 있다는 것을 입증해주는 또 다른 사례다.

2002년경 필자가 미국에서 유학생활을 하고 있을 때 음성인식 소프트웨어를 처음 접했었다. 영어를 한창 배울 때여서 라디오에서 흘러나오는 영어 방송을 음성인식 소프트웨어를 통해 텍스트로 바꾸어서 공부해 볼 심산이었다. 하지만 반세기 정도 연구된 기술이었음에도 거의 쓸모없는 수준이었다. 아니나 다를까, 2004년에 인간 수준의 음성인식 기술은 거의 불가능한 목표라고 평가한 논문이 나왔다.[13] 하지만 그런 평가가 나온 지 10년이 채 안 되어 애플이 아이폰에 상당한 수준의 자연어 처리가 가능한 '시리Siri'를 탑재하여 불가능의 벽을 깼다. 더 놀라운 사실도 있다. 2011년 2월 14~15일 이틀 동안 완벽한 자연어 처리 능력을 가진 슈퍼컴퓨터 '왓슨'이 세상을 깜짝 놀라게 했다. 미국 ABC의 인기 퀴즈쇼 '제퍼디!Jeopardy!' 최종 라운드에서 왓슨이 인간을 압도적인 차이로 따돌리며 우승한 것이다. 이 사건은 완벽한 자연어 처리 능력 뿐 아니라, 생각하는 기계의 길도 열었다. 왓슨과 대결했던 켄 제닝스Ken jennings는 "20세기에 새 조립 라인 로봇이 등장하면서 공장 일자리가 사라졌듯이, 브래드와 나는 새로운 세대의 '생각하는' 기계에 밀려난 최초의 지식 산업 노동자입니다"[14]라고 말했다.

셋째, 기술 자체의 추진력이 가능하게 해 준다. 기술은 새로운 기회를 만들어낸다. 새로운 기회는 진보의 엔진이다. 기술은 상호연결되어 있고, 상호의존하면서 전체가 하나의 시스템을 이루어 거의 생물처럼 유기적으로 발전하면서 새로운 기술과 기회를 만들어낸다. 케빈 켈리는 기술과 기술, 발명과 발명은 서로 뒤얽히며 새로운 기술과 더 많은 도구, 더 많은 발명품을 낳으면서, 자기 추진력을 가진 상호연결된 기술계System of Technology를 만든다고 주장했다.[15] 케빈 켈리는 마치 생명체처럼 자기 생성 충동을 가진 유기적이고 자기 강화적 창조력을 가진 기술계를 '테크늄Technium'이라 칭했다.[16] 자기 생성 충동을 가진 생명체처럼 강화 피드백을 하며 진화하는 기술계는 현재의 기술로 해결할 수 없는 문제를 미래의 기술로 해결할 길을 스스로 연다. 예를 들어, 1990년 인간 게놈 지도 만들기 프로젝트가 시작될 때만 해도 전문가들조차 당시의 스캔 기술과 속도로는 완성까지 수천

년이 걸릴 것이라고 조롱했다. 실제로 1990년의 기술로는 불가능한 목표였다. 하지만 전문가들은 기술계 전체의 발달과 진화능력을 무시하는 우를 범했다. 인간 게놈 프로젝트는 급진적 연구가들이 예측한 15년보다 더 빠른 13년 만에 완성되었다.[17]

넷째, 기술 지능과 인간 지능의 선순환이 가능하게 해 준다. 미래학자 레이 커즈와일은 자신의 진화 이론에서 제5단계인 '기술과 인간 지능의 융합' 시대를 다음과 같이 설명했다.

"몇십 년 안에 특이점과 함께 다섯 번째 시기가 도래할 것이다. 우리 뇌에 축적된 광대한 지식이 더 크고 빠른 역량과 속도, 지식 공유 능력을 갖춘 기술과 융합하면서 시작될 것이다. 이 시기에 인간-기계 문명은 연결이 100조 개에 불과한 처리 속도가 몹시 느린 인간 뇌의 한계를 초월할 것이다. 특이점과 더불어 우리는 인간의 오랜 문제들을 극복하고 창조성을 한없이 확대하게 될 것이다. 생물학적 진화의 뿌리 깊은 한계를 극복할 뿐 아니라 진화의 과정을 거치며 얻은 지능을 보존하고 강화하게 될 것이다."[18]

레이 커즈와일에 따르면 우리는 지금 제4단계에 해당하는 '기술' 시대를 살고 있다. 이성적으로 추상적인 사고력과 도구를 사용할 수 있는 인간의 뇌가 기술 진화를 견인하는 시대다.[19]

가상현실 기술은 가상 국가나 가상 공동체를 만들어낸다. 가상 국가나 가상 공동체는 같은 철학, 관심사를 가진 사람들이 가상에서 상호연결성Interconnectedness을 갖고 집단적 행동을 하는 공동 플랫폼이다. 디지털 플랫폼이기 때문에 물리적 공간의 제약에서 벗어나 무한

한 개수의 공동체를 만들 수 있다. 또한 빠르고, 효율적이고, 공격적으로 확산될 수 있다. 그렇지만, 살아있는 공동체의 속성을 다 가지고 있기 때문에 정치, 경제, 비즈니스, 미디어, 종교, 사회 등의 활동이 가능하다. 그 자체로 독자적인 세계로서 작으면 마을, 크면 국가처럼 작동할 수 있다. 현실세계와 동일한 사회 활동과 비슷한 구조를 갖출 수 있기에 현실 공동체인 마을, 집단, 국가 등과 거의 모든 부분에서 경쟁 구도를 형성할 수 있다.

그러한 가상세계가 형성되는 조건들은 다음과 같다. 그중 몇 가지는 이미 현실되었고, 나머지는 계속해서 만들어져 갈 것이다.

1. 가상의 땅(영토): 2차원 가상의 땅에서 3차원 가상의 땅으로 발전 중이다. 텍스트 → 2D → 3D → 휴먼인터페이스 & 햅틱 → 가상현실과 홀로그램 → 유비쿼터스 네트워크 환경 → 인공지능 → 뇌인터페이스로 발전

2. 가상의 시민: 2차원 아바타에서 3차원 아바타로 발전 중이다. 2D 아바타 → 3D 아바타 → 인공지능 + 개인 빅데이터 → 뇌 연결 아바타 → 인간 정신 이식으로 최종발전

3. 생산에서 교역에 이르기까지 가상의 경제활동: 가상 실물경제와 가상 금융경제 활동이 이루어져야 한다. 가상세계의 실물경제는 가상의 재화와 서비스를 거래하는 것부터 현실의 재화와 서비스를 결합하는 것까지 다양한 조합이 가능하다. 가상세계의 금융경제도 가상의 금융상품을 거래하는 것부터 시작하여 완전한 가상화폐의 유통까지 다양한 조합이 가능하다. 미래의 화폐는 3가지로 나뉠 것이다. 현실에서 주조되고, 현실과 가상에서 동시에 통용되는 달러

와 원화 같은 현실화폐다. 가상에서 만들어지고 현실과 가상에서 동시에 통용되는 디지털 화폐도 있다. 예를 들어, 비트코인 같은 화폐다. 마지막으로 가상에서 주조되고 가상에서만 통용되는 완전한 가상화폐다.

4. 가상세계 관리 행정시스템: 가상세계도 현실 국가나 공동체처럼 안정적 운영을 보장하고 사회발전을 관리, 감독, 유지, 지원하는 행정과 치안을 담당하는 시스템이 필요하다.

5. 가상 방위 시스템: 가상세계도 외부의 공격에 대해 국가나 공동체를 방어할 수단이 필요하다. 다른 가상국가의 공격이나 현실 세계의 해킹 공격을 방어할 방위 체제(강력한 보안 시스템)가 필요하다.

6. 가상 공동체 및 국가 자치 시스템: 현실 세계처럼 가상세계도 국가나 도시, 혹은 작은 공동체(마을)의 틀을 갖추려면 가상 시민들의 자치행위가 필요하다.

2030년까지 진행될 제2차 가상기술 혁신은 가상과 현실의 경계를 파괴하고 새로운 상호연결의 장을 만들면서 생산성, 건강, 교육, 산업, 비즈니스, 종교, 생활방식에 이르기까지 현실 세계의 거의 모든 분야에 영향을 미치고 변화를 강요할 것이다. 제2차 가상기술 혁신은 제1차 가상기술 혁신 때처럼 더 많은 사람이 과거보다 좀 더 평등해진다는 느낌을 갖게 할 것이다. 에릭 슈미트의 말처럼 현실 세계는 여전히 불평등이 지속되거나 더 악화될 수 있지만, 가상세계에서는 누구나 똑같은 기본 플랫폼, 정보, 가상 자원에 최저 비용이나 무료로 접근할 수 있기 때문에 사람들이 보다 평등해진다는 느낌을 받게 해준다.[20] 가상세계는 날로 진보하기 때문에 평등 혜택은 더 커질 수 있다.

날로 발달하는 가상세계 기술로 인해 교육 평등, 비즈니스 기회의 확대, 사회 참여의 불평등과 같은 힘든 문제들을 해결할 수 있는 실마리가 제공될 수 있다.[21]

제2차 가상기술 혁신은 후진국이나 가난한 사람들을 지배하는 비효율적인 시장, 시스템, 물리적 장벽, 행동을 개선하거나 효율성을 높이는 데 좋은 도구를 제공하게 될 것이다. 모바일 환경에 연결되기만 하면, 부를 얻은 현실적 장벽들을 몇 단계는 순식간에 넘을 수 있게 해준다. 과거에는 한 나라를 성장시키는 데 엄청난 자본, 기술 이전, 산업 형성 등이 필요했다. 그러나 제2차 가상기술 혁신의 시대는 모바일 인프라, 저렴한 스마트 디바이스, 3D 프린터 등만을 가지고도 국가 차원의 큰 변화를 시도해 볼 수 있다.

예를 들어, 콩고의 여성 어부들에게 기본 기능만 갖춘 아주 저렴한 휴대전화를 갖게 하자, 과거에는 매일 잡은 물고기들을 시장에 내놓고 하루하루 시간이 지날수록 상하는 물고기를 물끄러미 쳐다만 보았던 이들이 이제는 물고기를 강 한켠에 가두어 두고 고객에게 전화 오기를 기다렸다가 판매할 수 있게 되었다. 값비싼 생선 보관용 냉동고도 필요 없고, 더 멀리 더 큰 시장에까지 나가지 않아도 된다. 휴대폰으로 연결되는 다른 지역의 어부들과 전화를 통해 시장 규모를 더 넓힐 수도 있다.[22] 이런 모습은 매우 초보적인 1차 가상기술 혁신으로 가능한 변화다. 가상과 현실의 완벽한 파괴, 완전한 지구 연결성, 언어 경계 파괴, 누구나 다 똑똑한 가상 비서를 소유하는 등 제1차 가상기술 혁신시대보다 더 뛰어난 환경을 제공해주는 제2차 가상기술 혁신은 절대적 빈곤과 지역적 고립의 문제에 한 단계 더 진일보한 해결책을 줄 수 있다. 현실 세계에서 아메리칸 드림이 있었던 것처럼,

아프리카에 사는 아이가 능력만 있다면 미국에 직접 가지 않아도 원하는 꿈을 이룰 수 있는 그런 세상이 가능하다는 말이다. 물론 자신의 꿈을 이룰 수 있는 능력도 가상 세계에서 갈고 닦을 수 있다.

2012년 MIT 미디어랩은 에티오피아 초등학생들에게 사전 지도나 교사 없이 자신들이 나누어준 교육 애플리케이션이 깔린 태블릿PC로 몇 달 만에 아이들에게 완전한 영어문장을 쓸 수 있도록 교육시키는 데 성공했다.[23] 2012년 24살의 케냐 청년인 안토니 무투아Anthony Mutua는 케냐의 수도 나이로비에서 열린 과학박람회에 자신이 만든 제품을 출시했다. 무투아가 만든 초소형 칩을 신발 밑창에 넣고 걸으면 휴대전화를 충전할 수 있는 전기가 생산된다. 무투아의 발명품은 투자를 받고 대량 생산될 예정이다.[24] 중국이나 동남아의 내륙 산간 오지에 있는 여인도 다른 대륙에 있는 유능한 변호사의 법률 조언을 받을 수 있고, 유능한 의사에게 자신의 건강 상태에 대한 상담을 받을 수 있게 된다.[25]

아프리카에 있는 어린아이라도 새로운 차원의 교육과 협업, 분야를 초월한 정보·지식·아이디어의 전 세계적인 교류 및 학습이 가능하다. 또한 아이디어만 있으면 누구나 연구개발을 하고, 투자금을 받고, 물건을 생산하여 자신의 수입을 획기적으로 늘릴 수 있는 길이 열렸다. 제2차 가상기술 혁신 시대에는 이런 혜택이 더 넓고 빠르게 퍼질 것이다. 더 높은 수준으로 진보할 것이다. 지역의 장벽을 넘어 자신의 잠재력을 마음껏 발휘할 수 있는 보편적 기회가 평등하게 제공될 것이다.

그러나 1인 슈퍼스타의 출현이나 세계적 차원의 경쟁으로 내몰리는 새로운 변화로 소득 불균형의 문제는 더 악화될 가능성이 크다.

제2차 가상기술 혁신 시대는 가상과 현실의 완벽한 파괴, 완전한 지구 연결성, 완전한 사물 연결성, 언어 경계 파괴, 똑똑한 가상 인공지능 비서 소유, 3D 프린터로 선진화된 개인 제조 기술 서비스를 받게 된다. 이런 제2차 가상기술 혁신의 시대에 선진국 사람들은 네트워크(관계망), 신체 에너지, 시간, 공간, 돈, 지식(두뇌)을 보다 효율적으로 사용할 수 있는 환경을 얻게 된다. 가난한 나라에서는 절대적 빈곤과 질병 문제를 해결하는 데 도움을 받지만, 선진국 국민은 더 많은 물건을 스스로 만들어 내고 판매할 수 있다. 자기만의 특별한 사양과 요구를 충족시켜 주는 새로운 기회를 얻게 된다. 과거에 여성들이 전기밥솥, 세탁기, 냉장고, 청소기 등으로 일상의 반복적이고 소모적인 자질구레한 일들에서 벗어날 수 있었듯이, 미래에도 선진국에서는 일상적으로 처리해야 할 소소한 일들에서 좀 더 해방될 수 있을 것이다. 탁월한 이동성도 얻게 될 것이다. 미래에는 물리적 공간 장벽을 완전히 해결하여 신적神的 이동성을 가질 수 있다. 기술 발달로 자동차, 항공기 등 물리적 이동수단의 속도도 계속 빨라지겠지만, 가상공간을 더 많이 사용함으로써 생각의 속도로 지구 반대편의 사람들과 연결할 수 있게 된다. 지구 반대편의 사람들과 거의 대부분의 사회생활을 할 수 있게 된다. 홀로그램이나 로봇 등을 활용하면 가상의 나를 내가 원하는 어느 곳으로든 즉시 이동시킬 수 있다. 물리적인 국경이나 언어의 장벽을 완전히 극복하고 내가 만나고 싶은 사람, 알지 못했던 사람, 이질적인 지역에 있는 사람들과 가상의 한 공간에 모여 대화하고, 경제 활동을 하고, 마음을 나누는 일이 가능해진다.

　제3차 가상기술 혁신은 환상시대의 문을 열게 될 것이다. 환상시대는 인간과 모든 사물이 연결되어 인간의 두뇌와 몸이 생물학적 발전의 한계를 극복하는 것이 가능해지는 시대다. 인간의 지능이 모든 사물에 속속들이 스며들어 사물을 자신의 정신과 근육처럼 사용할 수 있는 시대가 된다. 그 이후에는 레이 커즈와일이 예측한 것처럼 인간의 지능이 모든 물질, 에너지 속으로 스며들고 이를 조정하는 능력에 이르면서, 지구라는 공간의 한계를 벗어나 먼 우주까지 정신과 행위의 영역을 넓히는 것도 가능하게 될 것이다.[26]

〈반지의 제왕〉의 작가인 톨킨이나 〈해리 포터〉 시리즈를 쓴 조앤 롤링 등은 디지털 시대와 세계화 시대라는 새로운 상황과 생산성을 극대화할 수 있는 신기술에 힘입어 셰익스피어보다 훨씬 더 많은 수익과 영향력을 얻고 있다.[27] 21세기 남은 시간 동안 기술을 활용하여 몸과 두뇌를 확장할 수 있는 능력을 가진 슈퍼스타 1인 기업은 더욱 많이 등장할 것이다. 다음과 같은 5가지 특징 때문이다.

1. 디지털 상품은 생산 능력의 한계가 없다.
2. 가상의 길Virtual Road을 통해 실제 세상Real World에서의 시장을 확대할 수 있기 때문에 마케팅 비용이 제로에 가까워진다.
3. 네트워크 선호도 효과와 무한한 상호작용이라는 '네트워크 효과'에 의해 빠른 시간 안에 승자 독식 시장이 형성될 수 있다.
4. 실제 세상조차도 무역 장벽이 해체되면서 이동비용이 감소하고 시장 진입 장벽이 낮아지고 있다.
5. 3D 프린팅, 빅데이터 등 신기술이 과거보다 빠르고 저렴하게 보급되면서 연구개발 비용과 제조비용이 현저히 낮아진다.

정부와 정치인에 대한 부탁

2부를 마무리하면서, 정부와 정치인에게 간곡히 부탁하고 싶은 말이 있다.

첫째, 무엇보다 성공적인 시스템 혁신과 지속가능한 경제 성장을 위해서 꼭 필요한 정치적 안정, 일관된 정책 방향을 정치권이 합의해야 한다. 유럽 경제의 문제아였던 아일랜드는 2010년 유럽연합과 국제 채권단에게 850억 유로(약 113조 원)의 구제금융을 받았다. 지난 20년간 연평균 5% 성장을 하며 '켈틱 호랑이'라고 불리던 아일랜드가 IT 버블 붕괴, 금융 및 부동산 버블 붕괴로 구제금융을 받는 신세로 전락했다. 하지만 2014년 영국(2.6%), 독일(1.6%), 스페인(1.4%)보다 2배 이상 높은 4.8%라는 유럽 최고의 경제 성장률을 기록했다. 인구 460만 명, GDP 2,450억 달러, 국토 면적 남한의 70%인 아일랜드는 2008년과 2010년 위기를 계기로 경제 체질의 전환을 시도했다. 금융과 부동산을 주력으로 하던 과거와는 달리, 농·식음료 산업과 관광, 제조업 등 '땀 흘리는' 산업을 주력으로 바꿨다. 2015년 7월 기준으로, 제조업 성장률은 전년 대비 18.5%를 기록했다. 거품이 걷히면서 사양산업 취급을 받던 농축산업도 재주목을 받고, 해외로 떠난 젊은 인재들도 다시 고국으로 돌아오고 있다. 더블린 시에는 구글, 페이팔, 이베이 등 글로벌 IT 기업의 유럽 본부를 비롯하여 다양한 IT 기업들이 몰리면서 사무 공간이 부족할 정도다. 물론, 이런 변화의 중심에는 2011년 위기 상황에서 집권한 케니 총리의 정치력이 있다. 케니 총리는 국민에게 고통분담을 설득하고 채권단이 제안한 긴축 재정과 금융개혁 프로그램을 성실히 이행하며 3년 만에 구제금융 졸업에 성공했다.[28]

폴란드도 마찬가지다. 2008년과 2010년 위기 속에서도 유일하게 마이너스 성장을 하지 않았다. 2015년 경제성장률도 3.7%가 예상된다. 전문가들은 폴란드 경제가 10년 이상 연평균 3.7% 성장을 기록할 정도로 견고한 성장세를 유지하는 핵심 이유를 정파를 초월해 유지된 시장 친화적 경제 정책에서 찾는다. 폴란드는 보수파와 개혁파로 정권이 수시로 바뀌었지만 '친(親)서방 정책'과 '시장 친화적 자유주의'라는 두 원칙은 일관되게 유지했다. 일관성 있는 정책을 기반으로 수출과 내수의 양 날개가 함께 작동했다. 2004년~2014년까지 폴란드의 수출은 3배 이상 성장했다.[29]

둘째, 좀비기업은 한시라도 빨리 정리해야 한다. 부실기업을 속아내야 비효율적인 자금 배분을 최소화하고, 위기 발발 시에 유동성이 막힐 가능성을 미리 낮출 수 있다. 더 큰 위기가 오기 전에 정리해야, 은행으로 위기가 전이되는 것을 차단할 수 있다. 은행도 건전성을 높일 시간을 벌 수 있다.

좀비기업을 빨리 정리하지 못하는 이유 중의 하나가 대량 실업이 두렵기 때문이다. 하지만 한국개발연구원KDI에 따르면 좀비기업을 억지로 끌고 가는 것보다는 정리하는 것이 오히려 고용을 높일 수 있는 길이다. KDI는 한계기업의 비중을 10%P 줄이면 정상적인 기업으로 자금이 흘러들어가면서 투자와 고용 여력이 늘어나 연간 고용이 11만 명가량 늘어날 수 있다고 예측했다.[30]

셋째, 근본적인 구조개혁의 골든타임을 놓치지 말아야 한다. 한국 경제는 앞으로 저성장 추세, 수출 의존적 산업구조의 위기, 대기업과 중소기업의 양극화 현상, 제조업의 공동화 등으로 인해 생산성 향상을 통해 총공급을 안정적으로 늘리는 것이 어렵다. 이런 상황에서 근본적인 구조 개혁을 미루고 단순하게 확장적 재정 및 통화정책으로 억지로 시장을 부양하려는 정책을 밀어붙이면 과거 20년 동안의 일본처럼 과잉생산 부작용이 발생하거나 금융산업이 비정상적으로 비대해지면서 자산버블을 더 키우게 된다. 결국, 더 나은 성장을 가능하게 하는 시스템 교체의 골든타임을 놓치고, 잃어버린 10~20년의 장기적 저성장이라는 구조적 늪에 빠지게 된다.

마지막으로, 월스트리트저널이 조언한 5가지 교훈을 되새겨야 한다. 월스트리트 저널은 1997년 아시아 금융위기에서 배워야 할 5가지 교훈을 다음과 같이 지적했다.

1. 과도한 외화부채 비율을 줄여라. 특별히 일부 부동산 시장에서 신용과 자본이 잘못 분배되어 잠재적 위험이 도사리고 있다.
2. 환율 신축성을 높여라. 미 달러화에 연동된 통화들은 미국이 금리를 인상하면 외환보유액을 환율 방어에 사용할 수밖에 없다. 그 과정에서 자국 통화 가치가 추가 하락하면 달러화 차입에 의존한 기업과 금융권에 타격을 줄 수 있다.
3. 외환보유액을 늘려라.
4. 경상수지 적자를 키우지 마라.
5. 은행권 규제감독을 개선하고 다른 나라들과 정책을 조율 하라. 통화정책의 투명

성을 높이고, 다국적 통화스왑을 유지하고, 경상수지 적자를 3% 내외로 통제해야 한다. 이는 부채관리 능력을 보여 주는 중요한 장치들이다.[31]

세 번째, 신문명 건설의 기회

지구가
바뀐다

21세기 인류 문명의
한계를 결정할 10가지 요인

GREAT CHALLENGE 2030

위기는 위대한 창조와 혁신의 발상지

"우리는 지금 생존을 불안하게 만드는 미래의 문제들 앞에 마주 서 있다!"

1932년, 올더스 헉슬리A. L. Huxley 는 〈멋진 신세계Brave New World〉라는 이중적 의미를 지닌 제목의 미래예측 소설을 발표했다. 이 소설은 미래의 어느 날 생명공학기술이 최고의 발전 단계에 이르면 사람을 인공부화하는 세상이 올 수 있음을 경고한다. 소설에는 런던 중앙 인공부화 조건반사 양육소가 등장한다. 헉슬리가 예측한 미래는 절제한 난소를 산 채로 보관할 수 있는 시대이다. 보관된 난자들은 부화기 안에서 수정되고, 특수 증식법으로 한 개의 난자에서 96명의 태아가 인공으로 생산된다. 자연적 임신 능력이 인간에게는 아주 거추장스러운 것이 되고, 대량생산의 원칙이 생물학에 응용되면서 수많은 일란성 쌍생아를 대량으로 생산하는 시대가 열릴 것을 예측한 것이다.

이렇게 태어난 인간은 지도자, 청소부, 광부 등으로 계급이 미리 정해진다. 양육소는 태아의 30%는 정상으로 발육시키고, 나머지는 불임으로 처리한다. 또한, 계급이 낮을수록 산소를 조금 공급하거나 호르몬을 조절하여 난쟁이를 만들거나, 지성이 없는 사람, 눈이 없는 괴물 등으로 탄생시킨다. 각 계급의 역할에 따라 필요한 기능만을 갖고 태어나게 조절하는 것이다. 태어난 아이들은 각기 다른 조건반사적 습성 단련을 통해 계급에 맞는 정신적 훈련을 수백 번 이상 받는다. 예를 들어, 하층 계급은 평생 책이나 식물에 본능적으로 증오심을 갖도록 만든다든지, 특정한 상황에 공포감을 갖게 만든다. 계급에 따라 다른 행복 수준과 미덕을 갖도록 훈련해서 본능적으로 자신에게 주어진 사회적 숙명을 좋아하게 만든다. 하층 계급 사람은 죽으면 화장을 해서 1.5kg의 인燐을 회수하여 식물의 성장을 위해 사용한다.

세계대전과 대공황을 직접 경험한 헉슬리가 예측한 미래는 이처럼 자본주의와 민주주의가 붕괴하는 미래와 기계적·과학적 합리성이 지배하는 사회였다. 그러나 과학기술을 통해 인간의 탐욕적 본능을 제어하는 세상이 되면 또 다른 문제들이 인류의 생존을 엄습할 것을 헉슬리는 예견했다.

헉슬리의 소설에는 그가 예측한 다양한 미래기술들이 등장한다. 예를 들어, 미래에는 실제적인 촉감을 완벽하게 재현하는 촉감영화가 상영된다. 곰 가죽 위에서 러브신이 전개되는 영화를 보는 관객들은 곰 털의 한 올까지 완벽하게 촉감으로 느낄 수 있다. 생명공학기술의 발달로 노인의 생리학적 특성을 조절해서 60살이 되어도 신체적 능력과 정신적 기호가 17세 때와 같다. 인간에게 해를 끼친다고 생각하는 파리, 모기 등의 해충들도 완전하게 박멸된다. 식료품 가게에서는 인간이 항상 완벽한 건강상태를 유지할 수 있도록 각종 내분비 물질 함유 비스킷, 비타민이 든 대용고기 등을 판다. '소마'라는 묘약을 먹으면 술과 종교의 효과도 얻을 수 있다. 다양한 약을 통해 불행을 완전히 통제해 버린다. 태내생식을 하지 않기 때문에, 극단적인 자유연애, 완전한 잡혼이 장려된다. 운송 수단도 획기적으로 발달하여 사람들은 '레드 로켓'이라 불리는 개인용 수직이착륙 헬리콥터를 타고 다닌다.

인간의 본능까지도 완벽하게 제어하는 수준으로 과학기술이 발달하여 인류는 태평성세, 파괴적 욕망이 사라진 시대, 사회적 불안이 없는 세상을 살게 된다. 이런 모든 것을 완벽하게 이해하는 총명한 지배자, 플라톤이 생각한 철인 같은 지배자가 사회를 질서정연하게 운영한다. 말 그대로 유토피아다. 소설 속의 주인공은 이런 세상을 "오, 멋진 신세계!"라고 찬양한다.

과연 이런 세상이 정말 '멋진 신세계'일까. 진보와 발전을 거듭하는 기술문명은 겉으로는 멋진 신세계라는 유토피아를 약속하는 듯 보인다. 그러나 헉슬리가 진정으로 말하고 싶었던 것은 미래 발전과 변화 속에 숨어 있는 위협을 인지하지 않으면 인간적 가치와 존엄성을 상실하는 두려운 미래가 현실이 될 수 있음을 경고하는 데 있었다. 과학기술의 위대한 발전이 인간의 탐욕과 전쟁과 결부되면 인류는 재앙을 맞을 수 있음을 경고한다. 사회안정이라는 미명 하에, 특정 집단의 만족을 위해 과학기술 성과가 독점된다면 미래는 엄청난

재앙이고, 현실은 비인간적 지옥으로 돌변할 것을 경고한 미래예측 서이다.'

혁슬리가 예측한 비극적 미래의 가능성은 80여 년이 흐른 지금도 유효하다. 우리를 불안하게 만드는 미래의 문제들은 아직 해결된 상태가 아니다. 혁슬리가 바라본 미래보다 더 위험하다. 필자가 지금부터 예측하는 미래의 위협과 위기는 자연발생적인 것이 아니라 인간의 탐욕이 만들어낸 재앙에 가까운 것들이다. 그렇기 때문에 문제해결의 열쇠도 인간에게 주어져 있다. 해결의 실마리를 지금부터 풀어가야 한다. 이런 위협과 위기에 대한 근본적인 고민과 대응을 지금부터 시작해야 한다. 그렇지 않으면 인류는 21세기 말에 성장의 한계에 도달할 것이다.

인류 문명의 성장을 한계짓는 10가지 요인

평균수명 100세 시대가 시작되었다. 기술이 더 발달하는 2040년경이면 평균수명 120세 시대가 열린다. 2040년, 기네스북의 세계 최장수 기록은 150세가 될 것이다. 이 책을 읽고 있는 대부분의 독자들은 21세기 말까지 살 수 있다는 말이다. 그래서 21세기 말에 닥칠 '인류 문명의 성장의 한계'는 우리 후손의 이야기가 아니라 바로 우리 이야기다.

"미래는 지금보다 좀 더 낙관적이지 않을까요?"

많은 사람이 이런 기대를 하지만, 21세기는 낙관과 비관이 기이하고 팽팽하게 뒤섞여 있는 시대가 될 것이다. 영원한 것은 없다. 2차 세계대전 이전까지는 지역 문명들이 흥망성쇠를 거듭했다. 그러나 2차 세계대전 이후부터는 지구 전체가 한 몸처럼 움직이면서 전 지구적 문명의 시대가 시작되었다. 그러나 지금 우리가 만들고 있는 전 지구적 문명의 발전도 21세기 말에 이르러 지구 개발이 성숙기에 들어서면 한계에 도달하게 될 것이다.

"과거의 위대했던 문명은 왜 몰락했는가?"라는 질문을 붙잡고 인류 문명의 흥망성쇠를 연구한 재레드 다이아몬드 교수는 '문명의 붕괴Collapse'를 다음과 같이 정의했다.

"(문명) 붕괴라는 것은 상당히 넓은 지역에서 오랜 시간 동안 일어난 인구 규모, 정치, 사회, 경제 현상의 급격한 감소를 의미한다"[2]

필자의 예측대로라면, 21세기 말경에 우리는 지구 전 지역에서 인구 규모, 정치, 사회, 경제 현상의 급격한 축소 위기에 직면하게 될 것이다. 무엇이 이런 미래를 만들까? 재레드 다이아몬드 교수는 인류 전체를 가로질러 방대한 역사적 자료들을 연구한 후에 문명이 붕괴하는 5가지 요인을 들었다.

사람들이 자연환경에 무모하게 가하는 피해
기후 변화
적대적 이웃의 출현
우호적인 이웃의 지원이 중단되거나 줄어듦
한 사회에 닥친 문제에 대한 주민들의 대응 실패[3]

재레드 다이아몬드 교수가 찾아낸 5가지 요인은 여전히 미래 문명의 붕괴나 성장의 한계에 적용된다. 그러나 미래사회의 변화 방향과 속도 등을 예측해 볼 때 추가로 5가지 요인이 더 영향을 미칠 것이다. 필자가 예측하는 21세기 말 인류가 부딪힐 성장 한계 요인은 10가지다.

인구 폭발

지구 온난화

물 전쟁

식량 문제 해결을 위한 유전자 조작의 부작용

변종 바이러스 위기(생물학적 시한폭탄)

환경 파괴로 인한 생태 자살

반복되는 경제위기

종교전쟁(신新 십자군전쟁)

군비 지출과 미래전쟁

감시사회의 부작용

위의 10가지 문제들은 서로 동떨어진 문제가 아니라 서로 연관되어 있다. 어떤 것들은 균형 피드백이 작동하면서 부작용을 상쇄시킨다. 하지만 대부분은 서로 강화 피드백 작용을 하면서 위기를 심화시킬 것이다.

위협을 제거하고 더 나은 미래를 만들기 위해서는 위의 10가지 문제들에 선제적으로 도전하고 응전해야 한다.

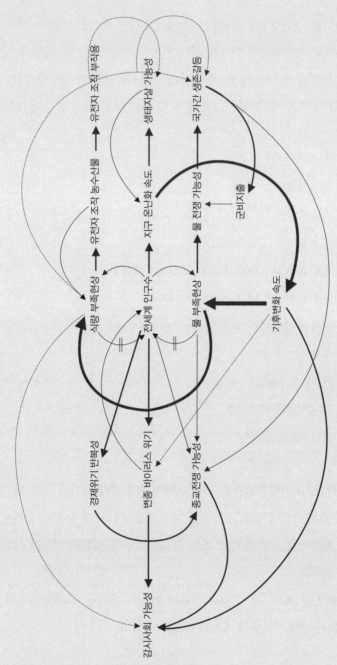

인류 성장의 1-가 한계 요인들의 시스템적 연관 지도

"위기와 문제는 위대한 창조와 혁신의 발상지다!"

인류는 생존을 위협하는 문제들에 대한 '도전과 응전'을 통해 문명을 발전시켜 왔다. 생존을 위협하는 추위, 가뭄, 자연재해, 두려운 적, 전염병 등에 도전하고 응전하는 과정에서 신기술과 신사고를 개발하면서 문명을 발전시켰다.

개인, 기업, 더 나아가 인류 전체가 겪을 수 있는 현재나 미래의 위기, 문제들을 두려워하지만 마라. 회피하지도 마라. 위기를 외면하면 더 성장할 수 있는 기회도 동시에 사라진다. 위기에 선제적으로 대응하고, 동시에 위기와 문제 속에 있는 위대한 창조와 혁신의 기회를 잡아야 한다.

로마클럽의 미래예측은
연기되었을 뿐이다

세계인구 140억 명 시대가 온다

모든 문제, 모든 위기는 인간으로부터 시작된다. 인구가 증가할수록 문제는 다양해지고 위기 수준도 달라진다. 1만 년 전, 농경시대가 시작될 때 세계인구는 100만 명이었다. 그때 한 여인이 쓰레기로 버려진 밀 씨앗이 자연적으로 자라는 것을 발견했다. 그리고 밀을 경작하는 새로운 실험에 성공했다. 가축을 길들이는 기술도 발전했다. 곡물 경작과 가축을 길들이는 기술이 발명된 후 인간은 이리저리 떠돌아다닐 필요가 없어졌다. 그러자 인간은 한 곳에 정착하며 문명국가를 이루기 시작했다.

주기적으로 반복되는 기근을 극복할 수 있는 계기가 마련되자 인구도 빠르게 늘었다. BC 2000년경, 이집트에 피라미드가 세워질 시기에 세계 인구는 3,000만 명이 되었다. BC 500년경, 아테네의 황금기에 전 세계 인구는 대략 1억 명까지 증가했다.[4]

로마가 세계를 지배하고, 예수님이 탄생할 무렵에 로마의 인구는 5,000~6,000만 명이었고, 세계 인구는 2억 3천만 명 정도로 증가했다. 500년 만에 130% 증가한 것이다. 13세기에 2차 농업혁명이 일어났다. 식물 품종의 개발 기술 혁명이었다. 15~16세기에는 식량 생산의 기계화로 농업 생산성이 획기적으로 증가하는 3차 농업혁명이 일어났다.[5] 영국에서 청교도 혁명이 끝난 직후인 1650년에 세계 인구는 5억 명으로 증가했고, 19세기 초에는 8억 명으로 늘었다. 유럽에서 시민혁명이 일어난 1830년대에는 10억 명을 넘었고, 1850년경에는 12억 명으로 늘어났다.[6]

폭발적인 인구 증가는 다양한 문제를 양산했다. 수렵 생활이 끝났기에 농업에서 흉년이 들면 속수무책이었다. 인구는 늘어나고 식량, 물, 기타 자원이 부족해지자 가장 쉬운 해결책은 다른 부족, 다른 도시, 다른 국가의 것을 빼앗는 것이었다. 인구가 증가할수록 전쟁이 늘었다. 역병, 마마, 두창, 흑사병 등 사람을 대량 살상한 치명적 전염병도 늘어났다. 1347~52년의 기간 동안 벼룩의 내장에 기생하는 페스트균에 의한 흑사병으로 유럽 인구의 절반 가까이가 사망했다.[7] 조선왕조 500년 역사에서도 전염병이 160번 발병했다. 1749년에 44만 3천 명, 1750년에 60만 명, 1699년에 25만 명이 전염병으로 죽었다. 당시 조선의 인구가 평균 700만 명 정도였음을 고려하면 아주 큰 피해였다.[8] 전쟁이 한 국가의 운명을 좌우했듯이, 치명적 전염병도 한 국가, 한 대륙의 생존을 갈랐다.

그래도 인구 폭발의 추세는 멈추지 않았다. 인간은 치명적인 질병을 해결해 가면서 계속 숫자를 늘려갔다. 19세기 중반에 12억 명이었던 전 세계 인구는 1, 2차 세계대전을 치르면서도 20세기 중반까지 두 배로 증가했다.[9] 1950년대 한국전쟁 이후, 세계적 규모의 전쟁이 잠시 멈추고, 기술과 의학이 발달하고, 유럽과 미국, 아시아에서 경제성장이 지속되면서 영아사망률이 줄고 평균수명이 빠르게 증가했다. 식량 생산 체제에서도 대량생산이 가능한 산업화가 일어났다. 화학비료의 광범위한 사용, 토지 이용의 확대, 대규모 공장식 식량 및 식용동물의 사육 등이 활발해졌다.[10] 인구 증가 속도는 더욱 빨라져서 매 12년 마다 10억 명씩 증가하며, 2012년에는 70억을 돌파했다.

대규모 전쟁이나 전염병 없이 장기적인 안정기를 보낸 지난 40년 동안, 전 세계 인구는 35억 명 증가했다. 과거 1만 2,000년 동안 늘어난 인구만큼이 지난 50년 만에 증가한 가공할 만한 증가 속도다. 앞으로도 대규모 전쟁이 발발하지 않고, 아시아와 아프리카, 남미 등 개발도상국과 후진국을 중심으로 한 경제발전 추세가 이어진다면 2100년이면 세계인구는 최소 120억 명에서 최대 140억 명이 될 것으로 예측된다.

과거에는 인구가 증가하면서 대규모 전쟁과 전염병이 인류를 괴롭혔다. 미래에도 이 두 가지 문제는 계속 인류를 위협할 것이다. 그리고 예전과는 전혀 다른 속도와 규모의 인구 증가로 인해 새로운 문제도 발생할 것이다. 사실, 필자가 설명한 21세기 말 성장의 한계를 불러올 10가지 위기 요인들이 거의 모두 인구 증가와 연관되어 있다.

B.C. 8000	B.C. 2000	B.C. 500	A.D. 1	A.D. 1650	A.D. 1800	A.D. 1830	A.D. 1850	A.D. 1950	A.D. 2012	A.D. 2048	A.D. 2100
1	30	100	230	500	800	1,000	1,200	2,400	7,000	10,000	14,000 (단위:백만명)

로마클럽의 미래예측, 그 후

1968년 4월 로마클럽The Club of Rome이 결성되었다. 로마클럽은 25개 국에서 70명의 과학자, 교사, 경제학자 및 산업계 전문가들을 뽑아 자원과 환경의 미래를 연구하기 위해 결성된 단체였다. 1900년에 16억 명이었던 세계 인구가 1950년에는 25억, 1963년에는 32억으로 빠르게 증가하자 전문가들은 다가올 미래 위기에 대해 연구할 필요 성을 느꼈다.

1970년 6월 프로젝트 진행이 결정되었고, 같은 해 7월부터 미국 MIT의 메도우즈D.H. Meadows 교수 주도 하에 정성적 연구 및 컴퓨터 시 뮬레이션을 통한 미래예측이 시작되었다. 1972년에 완료된 이 연구는 〈성장의 한계The Limits to Growth〉라는 보고서 형태로 출판되어 1,000만

부가 넘게 팔린 베스트셀러가 되었다. 판매 부수도 많았지만, 영향력 면에서 성경, 자본론, 종의 기원과 같은 책의 반열에 올랐다.

메도우즈 교수팀은 인구, 식량 생산량, 천연자원, 산업 발전, 환경오염이라는 5가지의 중요한 요소가 1970년까지 상호작용Cross Impact한 결과들을 근거로 1970년 이후로는 어떤 결과를 나타낼지를 예측했다. 천연자원이 제한되어 있다는 전제에서, 공업 생산성은 매년 5%, 인구는 매년 2.1%씩 계속해서 증가한다는 조건의 미래를 예측했다. 예측 결과는 어떻게 나왔을까?

당시의 인구 증가 속도라면, 산업과 서비스 생산성을 계속해서 증가시키는 데 필요한 자본재가 없어지는 속도가 공업 성장 속도보다 빨라진다. 인구가 증가하는 속도도 식량 산출량보다 빨라진다. 인구 증가와 공업의 발전은 지구 환경오염을 가속화하는 부작용을 발생시킬 것이다. 결국 1970년대부터 식량자원의 한계가 드러나고, 2030년에는 세계 인구가 정점에 올라서며, 산업과 서비스 생산성이 급격히 하락한다. 2030년 이후, 세계는 '성장의 한계'에 부딪히면서 경제가 급격하게 붕괴할 것이다. 세계 경제의 추락과 맞물려 종국에는 인구도 급격하게 감소하는 악순환 고리가 작동할 것이라는 최종 예측 결과가 나왔다.

세계가 충격에 휩싸였다. 성장의 한계, 인류 문명의 붕괴라는 예측 결과는 파급력이 대단했다.(일부에서는 1789년 맬더스T. Malthus의 인구론과 같은 예측 모델이라는 비판도 나왔다)

하지만 세계는 로마 클럽의 예측 결과와는 다르게 흘러갔다. 전 세계는 1970년 이후로도 성장을 지속했다. 인구가 당시보다 30억 명 이상 늘어 70억 명을 넘어섰음에도 불구하고 자원과 식량이 고갈되지

로마클럽의 미래예측

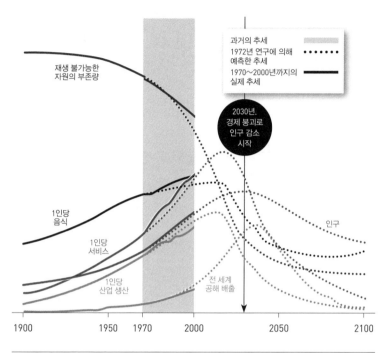

도표 출처: Meadows, D.H., Meadows, D.L., Randers, J. and Behrens III, W.W.(1972)(Linda Eckstein)

않고, 세계 경제는 급속히 붕괴하지 않고 지속가능한 모습을 보이고 있다.

로마 클럽의 예측은 왜 틀렸까? 위의 그래프를 보자. 그래프에서 점선들은 1972년 로마클럽이 예측한 추세선이고, 1970~2000년까지 회색 박스 구간의 굵은 실선은 예측 이후의 실제 추세선이다.

개별 수치를 살펴보면 인구 증가, 서비스 생산성, 공업 생산성은 로마클럽의 예측과 비슷했다. 하지만 재생 불가능한 자원이 감소하는 속도와 식량 생산의 추세에 중요한 변화가 발생했다. 1972년에 예측했던 것보다 많은 추가적인 자원이 발굴되면서 자원 감소 속도가 예측보다 낮았다. 식량 생산성도 기술 발달로 예측치보다 크게 증가했다. 추가적인 자원 발굴과 식량 생산성 증가가 인구 증가로 인해 부딪히는 성장의 한계 시점을 크게 늦춘 것이다. 특히, 로마 클럽의 예측에 비해 훨씬 더 빠르고 획기적인 기술 발달이 예측 실패에 결정적이었다.

로마클럽의 예측을 주도했던 메도우즈 교수는 1992년에 예측 실패를 평가하는 책인 〈성장의 한계를 넘어서Beyond the Limits〉를 출간했다. 하지만 그는 여전히 폭발적인 인구 증가가 인류 문명에 가장 위협적인 요소라고 평가했다.[11]

로마클럽이 놓친 것들

필자는 로마클럽의 예측이 완전히 틀린 것이 아니라, 예측의 결과가 나타나는 시점이 몇십 년 정도 늦춰졌을 뿐이라고 평가한다. 더욱이 로마클럽이 간과했던 새로운 문제가 만들어지고 있다. 예를 들어, 로마클럽의 예측을 틀리게 만든 기술 발달은 성장의 한계를 극복하는 다양한 해법을 만들어냈다. 인류에게 찬란한 미래를 약속하고 있는 듯하다. 하지만 기술 발달이 어느 순간을 넘어서면 거꾸로 새로운 치명적 문제를 만들어 낼 가능성이 생긴다. 기술이 발달할수록 더 많은 사람이 도시로 몰려든다. 사람들이 도시로 몰려들수록 경제 성장은 가속화한다. 하지만 빨라진 속도만큼 환경도 빠르게 파괴된다. 선진국에서는 기술로 파괴된 환경을 재생하거나 환경 파괴의 속도를 늦출 수 있다. 그러나 선진국을 빨리 따라잡아야겠다는 욕심에 사로잡힌 개발도상국과 후진국들에게 이런 기술은 너무 비싸고 급하지도 않다. 선진국들의 환경보호 노력은 개발도상국과 후진들의 환경 파괴 속도를 상쇄할 수 없다.

인구 증가 속도를 따라잡을 만큼 식량 생산성을 높이는 과정에서 유전자 조작을 통해 인류의 건강을 해치는 새로운 문제가 발생할 것이다. 새로운 기술과 서비스가 나와서 산업과 서비스 생산성을 획기적으로 높이는 만큼 기술 버블 붕괴가 반복되면서 세계 시장을 흔들 것이다. 21세기 말, 140억 명이라는 목표치까지 인구 증가가 계속되는 한 이런 문제는 계속될 것이다.

로마클럽이 다루지 않은 또 다른 한계 요소는 불안정한 경제 구조다. 21세기 말까지는 전 세계 부의 규모가 지속적으로 증가할 여력이 충분하다. 하지만 현재의 경제 구조에서는 개별 국가 단위나 글로벌 차원의 경제위기가 주기적으로 반복될 가능성이 크다. 2008년에 발발한 미국발 금융위기는 글로벌 경제구조의 민낯을 보여준 사건이다. 이 구조로는 140억 명까지 늘어나는 추세를 안정적으로 감당할 수 없다. 부의 규모는 계속해서 증가하겠지만, 반복적인 경제위기를 피하기 힘들다. 반복적인 경제위기는 부의 불균형 분배를 가속화할 것이다. 필자가 보기에, 부의 불균형 분배는 식량의 불균형 분배보다 더 심각한 문제가 될 수 있다.

앞으로 10~20년 이내에 미국을 제외한 대부분의 선진국이 사회의 초고령화와 인구 감소를 걱정해야 한다. 미국은 2050년경에 총인구 감소가 시작되고 초고령사회에 진입한다. 하지만 중국은 2025년경이면 총인구 감소가 시작되고 2030년경에 초고령사회에 진입한다.

유럽의 대부분 나라들도 10~20년 이내에 고령사회에 진입한다. 고령사회에 진입하면, 은퇴자들과 저소득층의 생존 문제를 걱정해야 한다. 국제 빈민구호단체인 옥스팜은 주요 유럽 국가들은 2025년이 되면 인구 증가, 경제 성장 정체로 인한 높은 실업률, 복지 지출 증대가 불러온 재정 악화 및 부의 불균형 분배 심화 문제에 부딪히면서 유럽 전체 인구의 33%인 1억 4,600만 명이 빈곤층으로 전락할 가능성이 클 것으로 예측했다.[12]

21세기 말이 되어도 로마클럽이 한계 요소로 지목했던 자원, 자본재, 식량 생산량 문제는 위협적 문제가 되지는 않을 것이다. 미래에도 자원은 더 발견될 것이기 때문이다. 극지방과 해저에는 140억의 인구를 감당할 만한 자원이 충분하다. 기술이 발달하면 기존의 유전 혹은 그동안 경제성 때문에 개발하지 못했던 셰일가스, 타이트오일 등에서 에너지를 더 뽑아낼 수 있다. 도시 건설과 기후변화로 경작지가 줄더라도 유전공학과 나노기술, 3D 프린팅 기술 등을 사용하면 140억 명이 먹을 식량도 얼마든지 만들어 낼 수 있다. 문제는 자원의 절대량 부족이 아니라 불균형 분배다. 선진국들은 더 많은 자원을 점유할 것이고, 나머지 나라들은 지금보다 조금 더 많은 수준의 자원밖에는 확보하지 못할 것이다. 대신, 앞에서 설명한 기술의 부작용, 환경파괴, 기후변화, 부의 불균형 분배로 인한 글로벌 갈등이 새로운 성장의 한계 요소로 부각할 것이다.

미국은 저성장 추세가 지속되고, 유럽은 저출산 고령화 위기에 직면하고, 일본은 초고령화의 저주에서 벗어나기 힘들다. 중국도 10~20년 안에 중진국 함정에 빠질 가능성이 크다. 대신, 아시아, 남미, 아프리카 대륙이 20~30년마다 순차적으로 고도 압축 성장을 할 것이다. 단, 고도의 압축 성장을 한 만큼 성장의 한계에도 빨리 직면하게 될 것이다.

아시아 인구는 2050년경까지 증가한 후 감소하기 시작할 것이다.[13] 그 다음으로 남미, 아프리카 순으로 인구 증가가 멈출 것이다. 아프리카가 성장을 멈추면 더 이상 고도성장을 할 대륙이 없어진다. 2100년, 세계 인구가 정점에 올라서고, 기술의 한계 때문이 아니라, 성장시킬 시장이 없어서 산업과 서비스 생산성이 급격히 하락하기 시작할 것이다.

로마클럽이 간과한 미래 문제들이 또 있다. 물 부족 악화, 반복되는 경제위기와 자원의 상대적인 부족으로 인해 세계 곳곳에서 국지전과 테러와 글로벌 갈등이 늘 것이다. 인간의 건강을 위협하고 생물의 돌연변이 가능성을 안고 있는 유전자 조작의 부작용, 신기술이 만들어낼 대규모의 살상무기 경쟁 등의 새로운 문제들도 등장하고 있다.

새로운 한계 요소들로 인해 지구는 (로마클럽의 예측보다 70년이 늦은) 2100년경에 '성장의 한계'에 부딪히게 된다. 성장의 한계에 부딪히면, 인류 문명의 쇠퇴라는 악순환 고리가 작동할 수 있다.

지구온난화, '퍼펙트 스톰' 시나리오

필자는 2부에서 미래 에너지를 다루면서 지구온난화의 위협을 언급했다. 여기서는 먼 미래의 문제를 명확하게 이해할 수 있도록 '최악의 상황'을 예측해 보자. 두 개의 스톰Storm 시나리오다. 하나는 '퍼펙트 스톰Perfect Storm' 시나리오이고, 다른 하나는 '슈퍼 스톰Super storm'에 의한 소빙하기 시나리오다.

먼저 퍼펙트 스톰 시나리오를 생각해보자. 이는 논리적으로도 가능한 시나리오이고, 확률적으로도 가능성이 높은 시나리오다. 지구의 온도가 6도까지 오르기 전이라도 언제든지 일어날 수 있는 시나리오이기 때문이다. 퍼펙트 스톰은 2005년 9월, 미국 남부 지역을 강타한 최고 시속 280km의 강풍과 폭우를 동반한 초대형 허리케인 '카트리나'를 능가하는 피해를 줄 수 있다.

카트리나는 뉴올리언스의 80%를 침수시켰으며, 루이지애나 주, 미시시피 주, 앨라배마 주 등 미국 남부 지역을 강타한 미국 역사상 가장 강력한 폭풍 중의 하나였다. 뉴올리언스 시장 레이 네이긴이 긴급 대피령을 내렸지만 태풍의 눈은 뉴올리언스 시의 동쪽을 강타하고 지나가면서 제방을 무너뜨렸다. 엄청난 물이 시가지로 밀려들었고, 대피하지 못한 빈민층과 노인들 중 일부는 헤엄을 쳐서 안전한 곳으로 대피하거나 다락방이나 지붕에 갇혀버렸다. 태풍이 지나간 날 저녁이 되자 물이 가득찬 도시에는 버려진 시체들이 둥둥 떠다녔다. 도시의 80%가 물에 잠겼다. 뉴올리언스 시에는 깨끗한 물이 없었고, 전기도 끊겼다. 전염병과 약탈과 폭동이 발생하였다. 카트리나가 훑고 지나간 미국 남부의 산업시설도 마비되었다. 미국의 경제는 침체했고, 정유시설이 밀집한 남부가 태풍의 피해에 휩싸이자 국제유가가 상승하는 등 세계 경제도 영향을 받았다.

누리엘 루비니 뉴욕 대학 교수가 2011년 6월에 세계 경제의 위기를 예측하면서 '퍼펙트 스톰'이란 용어를 은유법으로 사용했기 때문에 많은 사람이 경제 용어로 알고 있지만, 원래 퍼펙트 스톰은 자연현상과 관련된 용어다. 퍼펙트 스톰은 개별적으로는 위력이 크지 않은 태풍이지만, 또 다른 태풍과 충돌하면서 합쳐지거나 다른 자연현상과 동시에 발생하면서 엄청난 파괴력을 갖는 초대형 태풍으로 발전하는 현상을 말한다. 최근 과학자들은 지구온난화로 지구 환경이 전체적으로 불안정해지면서 퍼펙트 스톰이 발생하는 것으로 추정하고 있다.

태풍(허리케인)은 위력에 따라 5단계로 나뉜다. 가장 약한 1등급은 평균 시속 119~153km로 건물 피해는 거의 없으며 해안가에 다소간의 피해만 줄 정도다. 2등급은 시속 154~177km로 주택의 창문이나 농작물에 피해를 줄 정도다. 3등급은 시속 178~209km로 건물이나 담장이 파손되고 해안이 침수되며 작은 건물은 완파될 수도 있다. 4등급은 시속 210~249km로 지붕이 날아가고 나무가 뿌리째 뽑히며 해안 지역에 대규모 침수가 발생한다. 마지막으로 가장 강력한 5등급은 시속 250km 이상으로 저지대가 심각한 피해를 보고, 상업용 건물이 완파될 정도의 가공할만한 위력이다.

카트리나는 해상에서는 5등급이었지만, 대륙에 상륙하면서 3등급으로 약해졌다. 그럼에도 불구하고 댐을 무너뜨리면서 1,800여 명의 사상자를 내고 미국 역사상 가장 큰 피해를 안겼다. 지구온난화가 지속되면 두 개 이상의 태풍이 결합하거나 다른 자연재해와 동시에 발생하면서 카트리나를 능가하는 퍼펙트 스톰 현상이 지구촌을 강타할 가능성을 배제할 수 없다.

지구온난화, '슈퍼 스톰' 시나리오

또 다른 최악의 시나리오는 지구 전역에 엄청난 추위와 거대한 눈폭풍이 몰아치는 슈퍼 스톰이 발생하여 '소빙하기'가 도래하는 것이다. 이 시나리오를 영화로 만든 것이 2004년 개봉된 재난영화 '투모로우The Day after Tomorrow'다.

지구 전체 면적의 70%를 이루는 바다는 저위도와 고위도의 해수 온도 차와 염분 차를 따라 끊임없이 순환한다. 이를 열염순환熱鹽循環, Thermohaline Circulation이라고 부른다. '열염 순환'은 해수의 흐름에서 가장 중요한 요소다. 해수는 중층수, 심층수, 저층수로 나뉜다. 중층수Intermediate Water는 대략 1,500m까지의 해수를 말하고, 그 밑으로 4,000m까지의 바닷물을 심층수Deep Water라고 부른다. 그리고 해저와 접하고 있는 가장 깊은 물을 저층수Bottom Water라고 한다. 각각의 해수

대양의 '컨베이어 벨트 순환'

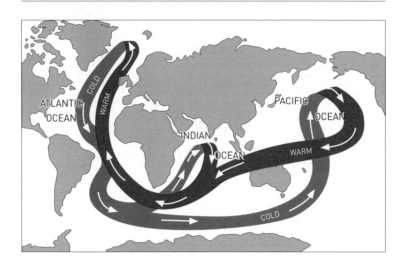

출처: 하호경, 김백민, 극지과학자가 들려주는 기후변화 이야기, (서울: 지식노마드, 2014), 85p

는 가열되거나 냉각되는 것에 따른 '온도(열)'의 차이, 증발되거나 희석되는 수준에 따른 '염분'의 차이로 밀도의 차이가 생긴다. 밀도가 다른 해수들이 서로 부딪히는 과정에서 밀도 차이로 인해 압력 경도가 발생하고, 이를 통해 해수가 이동하게 된다.

이런 과정에 의해 지구 전체 바다를 순환하는 거대한 벨트가 만들어진다. 이 순환 경로가 마치 컨베이어 벨트처럼 보이기 때문에 미국의 해양학자인 월레스 브레커Wallace S. Broocker 교수가 '컨베이어 벨트 순환'이라고 명명했다.[14]

컨베이어 벨트 순환이 작동하면서 저위도에 있던 따뜻한 바닷물은 고위도로 이동한다. 이동 과정에서 열을 빼앗기면 온도가 낮아져서 주변 날씨와 기후에 영향을 미친다. 바닷물도 차가워지면 밀도가 낮아져서 수심 깊은 곳으로 가라앉으며 극지방으로 서서히 이동한다. 극지방에서는 표층류가 얼면서 해빙이 만들어지고, 이 과정에서 염분이 빠지면서 밀도가 큰 해수가 만들어진다. 극지방에서 만들어진 고밀도 해수는 더 큰 밀도의 해수를 만날 때까지 수심 깊은 곳으로 가라앉으면서 저위도로 다시 흘러간다. 이것이 해수 컨베이어 벨트의 순환 과정이다. 전문가들은 해수 컨베이어 벨트가 한 번 회전하는 데 걸리는 시간을 대략 1,000년 정도로 추정한다.[15] 그런데 지구 온난화로 인해 남극, 북극의 빙하가 전부 녹아 막대한 양의 담수(염분이 없는 물)가 만들어지면 큰 문제가 생긴다.

남극은 대륙으로 되어 있고, 북극은 바다 위에 얼음이 떠 있는 구조다. 한반도 면적의 60배나 되는 남극 대륙은 98%가 어마어마한 두께의 눈과 얼음으로 뒤덮여 있다. 가장 두꺼운 얼음은 3,000미터가 넘는다. 남극의 눈과 얼음의 부피는 지구 전체 민물 매장량의 90%를 차지할 정도로 엄청나다. 연평균 기온은 영하 23도이고 역사상 최저 온도는 섭씨 영하 89.6도였다. 남극 해안에는 눈폭풍을 동반한 블리자드라는 강력한 바람이 자주 분다. 반면에 북극은 육지보다는 열용량이 큰 바다 위에 얼음이 떠 있는 형국이다.[16] 당연히 남극보다 따뜻하다. 7월에는 평균 온도가 섭씨 영상 10도. 생각보다 아주 따뜻하다. 북극은 주변 대륙에서 유입된 강물, 빙하가 녹은 물이 바닷물과 섞이면서 염분이 낮아진다. 그런데 지구 평균 온도가 상승하면서 북극의 빙하가 완전히 녹아버리고 주변 대륙의 만년설들이 녹아내리면서 엄청난 양의 담수가 유입되면, 염분 밀도의 균형이 깨지면서 컨베이어 벨트 속도가 줄어들 수 있다.

평소보다 훨씬 많은 막대한 양의 담수가 만들어지면 그 지역 해수는 염도가 평균 이상으로 크게 줄어들면서 밀도가 작아진다. 밀도가 작아지면 수심 깊은 곳으로 가라앉지 못해 저위도로 흘러가지 못하게 된다. 그러면 컨베이어 벨트가 정지하거나 거꾸로 작동하는 사태가 발생한다. 그렇게 되면, 북쪽으로 이동하는 따뜻한 해류도 현저히 줄어들어서 유럽 지역은 매우 추워지게 된다. 북극이나 남극은 빙하나 만년설이 녹을 정도로 따뜻해지는 대신에, 그 아래 위도인 유럽이나 북미 지역이 매우 추워지면서 북극이나 남극에 생겨야 할 빙하나 눈폭풍과 얼음이 이 지역에 쌓이는 초유의 재앙이 발생하게 된다. 반대로, 적도 지역은 더욱 뜨거워진다. 그리고 더욱 뜨거워진 적도 지역에서 발생한 수증기와 온실가스는 태양열을 막는 거대한 층을 형성한다. 이는 다시 지구 전체 온도를 급격하게 낮추는 악순환을 만든다. 이것을 '소빙하기The Little Ice Age' 이론이라 부른다.

재난영화 '투모로우'에서 묘사한 것이 바로 지구 전역에 엄청난 추위와 거대한 눈폭풍이 몰려 드는 '슈퍼 스톰'이 도래하면서 소빙하기 시대라는 대재앙이 시작되는 장면이다. 물론 영화는 극적 긴장감을 주기 위해 과장되어 있다. 전문가들은 이런 일이 벌어질 가능성은 아주 작으며, 설령 발생하더라도 지구가 스스로 균형을 맞추기 위한 작용을 하면서 해류 컨베이어 벨트를 다시 작동시킬 것이라고 생각한다.[17]

하지만 세상에는 현재 인간의 지식과 지혜 수준에서 알지 못하는 자연현상도 많다. 어떤 뜻밖의 사태가 일어날지는 장담할 수 없다. 지구 전역에 엄청난 추위와 거대한 눈폭풍이 몰려드는 슈퍼 스톰이 발생하여 '소빙하기'가 도래하는 미래가 일어나지 않을 확률이 0%라고 장담할 수 없다.

실제로 지구 역사에서 소빙하기가 온 적도 있다. 13세기 말부터 17세기 후반까지 비교적 추운 기후가 지속되었던 시기가 있었다. 학자들은 이 시기를 가장 최근에 발생한 소빙하기라고 평가한다. 물론 이 시기의 상황이 영화에서 나오는 정도는 아니었다. 그러나 8,200년 전에 발생한 소빙하기는 달랐다. 미국 국방성이 그린란드에서 채취한 빙하를 분석하여 과거의 기후 변화를 추적한 결과에 의하면, 8200년 전의 지구 상태는 현재의 상태와 아주 유사했다. 온난화가 가속화하고, 빈번한 이상 기후 현상의 발발했으며, 이로 인해 결국 갑작스런 빙하기가 도래했다. 이 보고서는 당시의 빙하기의 원인을 정상적인 열염분 순환 구조에 왜곡이 생기면서 해수 컨베이어 벨트가 망가졌기 때문일 것이라고 추정했다.

2016년 현재 지구에서는 북극의 빙하뿐만 아니라 지층의 온도가 0℃ 이하인 영구동토층의 얼음까지도 녹고 있다. 빙하와 영구동토층이 녹으면 그 속에 자연 포집되어 있는 대규모의 이산화탄소와 메탄가스가 방출되어 온난화를 가속화한다. 지구온난화 현상이 지속되면서 평균기온이 계속 오르면 소빙하기까지는 아니더라도 전 지구적인 기후 왜곡현상이 지금보다 더 심해질 것은 분명하다. 2004년 미국 국방성 보고서도 비슷한 경고를 했다.[18] 지구 온난화의 가속화로 인해 2020년경을 전후로 기후의 대격변이 일어날 가능성이 커졌으며, 유럽과 북미 지역은 엄청난 추위가 엄습할 것이기 때문에 국가 안전보장상의 최우선 과제로 다루어야 한다는 내용의 보고서였다.

8,200년 전의 빙하기까지는 아니더라도, 21세기 말 언젠가 지구 전역에 엄청난 추위와 거대한 눈폭풍이 몰려드는 '슈퍼 스톰'이 실제로 발생하면 어떻게 될까? 농업과 어업 등은 엄청난 타격을 볼 것이며,

그로 인해 일부 지역에서는 식량 부족 현상이 악화될 것이다. 기온이 급격히 낮아져 바닷길이나 육지의 교통도 불안해지면 국제 무역, 광물자원이나 원유 등의 수출입에도 어려움이 생길 것이다. 일부 나라에서는 산업시설이 정지할 수도 있다. 곡물 파동, 유가 폭등 등이 겹치면서 글로벌 경제는 충격을 받게 될 것이다. 국가 간의 갈등과 극단적인 보호무역주의가 성행하고, 식량과 물을 확보하기 위한 국지적인 전쟁과 테러, 약탈이 발생하면서 치안도 불안한 상태가 될 것이다. 특히, 중국이나 인도처럼 엄청난 인구가 집중되어 있는 국가들에서는 폭동과 정부 전복 사태가 발생할 가능성도 커진다.

슈퍼 스톰에 앞서서 올 재난

엄청난 추위의 엄습이나 소빙하기 위험보다 앞서서 올 것이 있다. 바로 해수면 상승으로 인한 피해다. 선진국의 주요 도시들은 해안가를 중심으로 형성되어 있기에 해수면 상승은 국가 안전 보장상 중요한 과제다. 그린란드 빙하는 지구 담수의 10% 정도를 가지고 있다. 수천 미터에 달하는 남극 빙하는 지구 담수의 90% 가까이를 얼음과 만년설 형태로 가지고 있다. 그런데 이 두 곳의 빙하가 매년 3천억 톤씩 녹고 있다. 이런 추세라면 지구 상에 존재하는 모든 빙하가 다 녹는데 빠르면 200년, 늦어도 500년 정도가 걸린다. 그린란드의 빙하만 다 녹아도 해수면이 평균 7m가 높아진다.[19] 만약, 지구 상의 모든 얼음이 다 녹아서 바다로 흘러들면 해수면은 최소 67m 이상 상승한다.[20]

200년 후까지 가지 않더라도, 지구의 평균 온도가 0.5℃만 상승해도, 해수면 온도는 1℃ 이상 상승하고, 그 결과로 해수면이 50cm 정

남극 빙하 종단도

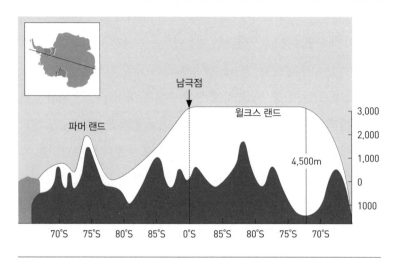

출처: 네이버 학생백과, http://terms.naver.com/entry.nhn?docId=1528969&cid=47340&category
Id=47340

도 상승한다. 2013년, 유엔 산하 정부간기후변화위원회ιPCC는 (추가
적으로 온실가스 배출이 더 늘지 않는다는 것을 전제로) 지금과 같은 속도
로 온실가스 방출이 계속된다면 2100년에는 해수면이 평균 91.4cm
상승하여 뉴욕, 상하이, 시드니 등이 물에 잠기고, 한국은 여의도의
33배에 이르는 국토가 침수되고, 전 세계의 경제적 손실은 60조 달
러(약 6경 6,954조 원)에 이를 것이라고 예측했다.[21]

그런데 전제가 달라진다면, 즉 인구가 더 늘고, 후진국과 개발도
상국에서 경제 발전을 추구하는 과정에서 온실가스 배출량을 더 늘
린다면 어떻게 될까? 이미 IPCC는 2100년의 평균 해수면 상승 범위
를 2007년에 59cm에서 2013년에 91.4cm로 상향 발표했다. 생각보
다 빠르다는 이야기다. 2050년 이전에 해수면이 0.5~1m 이상 상승

하고 지하수 고갈로 지반 침하가 일어나고, 강 하류에 홍수가 빈번히 일어나는 사건들이 겹친다면 어떻게 될까? 섬나라인 몰디브, 국토의 60%가 해수면보다 낮은 나라인 네덜란드를 비롯해서 이탈리아의 베네치아, 중국과 방글라데시와 태국과 일본 등의 해안 도시들, 뉴욕, 마이애미, 런던, 홍콩, 부산, 목포 등의 수많은 도시들이 큰 위험에 빠진다. 남태평양 피지에서 북쪽으로 1,000km 떨어진 투발루Tuvalu라는 작은 나라는 완전히 사라진다. 9개의 섬으로 이루어진 투발루는 지난 100년 동안 해수면이 겨우(?) 17cm 상승했을 뿐인데도 섬 2개가 침수되어 사라졌다.[22] 국토 전체가 해수면보다 10m밖에 안 높은 방글라데시 같은 나라는 해수면이 1.5m만 높아지면 국토 전체의 16%가 물에 잠기고, 인구의 15%인 1,700만 명이 수재민이 된다.[23]

수온 상승과 기후 변화의 원인으로 지목받고 있는 이산화탄소와 메탄가스의 방출이 지금과 같은 속도로 이루어질 경우 과학자들은 지구의 평균기온이 2도 이상 높아지는 시기가 당초 예측보다 15년 이상 빨라질 것으로 추정하고 있다. 이산화탄소는 온실효과를 만들어 지구온도와 해수면의 온도를 상승시켜 빙하를 녹게 만든다. 해수면 온도가 높아지면 빙하에 포집되어 있던 메탄수화물이 분해되면서 메탄가스가 바닷물 속에 용해된다. 이렇게 녹은 메탄가스는 물밖으로 분출되어 다시 빙하의 붕괴를 촉진하는 악순환 고리를 만든다. 빙하가 줄면 태양열을 반사하는 작용이 줄어들어 다시 지구온난화를 가속화한다.

2012년, 국제에너지기구IEA, International Energy Agency는 21세기 말에 지구의 온도가 3.6~5.3도 높아질 것으로 예측했다. 이는 해수면 상승, 강 하류의 홍수, 강우 유량의 변화로 인한 지상에서의 물 부족 문제

한국의 평균기온

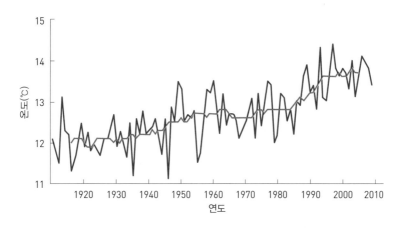

출처: 네이버 지식백과. 평균기온 (한국의 자연지리, 2012. 12. 30., 서울대학교출판부)

를 가속화할 것이다. 물 부족 현상이 2020년에는 전 세계의 도시들에서 큰 문제로 부각되기 시작하고, 같은 강을 끼고 있는 나라들간의 물 관련 분쟁도 빈번해질 것이다. 이 문제는 경제적 생존과도 직결된다. 영국 캠프리지 대학과 네덜란드 에라스무스 대학 연구팀이 공동으로 연구한 내용에 의하면, 빙하가 녹아서 동시베리아 해 만년설에 저장된 메탄가스가 방출되는 추세가 지속된다면 앞으로 10년간 인류는 60조 달러에 달하는 경제적 손실을 입게 될 것으로 예측했다. 이는 2012년의 전 세계 생산규모 70조 달러의 85%에 해당하는 손실이다.[24]

한국은 안전할까? 지난 100년 동안 지구의 평균기온은 섭씨 1도가 올랐다. 한반도의 평균 기온은 지난 90년간(1921~2010년) 1.85℃, 지난 32년간(1969~2000년) 1.25℃ 상승해서 전 세계 평균보다 높았다.[25] 한반도는 지난 60~70년 동안 고도의 압축성장을 하면서 지구 평균보다 많은 온실가스를 배출했다. 지금도 이산화탄소 배출량이 세계 7위 수준이다. 당연히 평균기온 상승률이 높을 수밖에 없다.

블루 골드의 시대,
물이 석유보다 값비싼 자원이 된다

GREAT CHALLENGE 2030

3차 세계대전이 일어난다면 물 때문일 것

폭발적인 인구 증가와 지구 온난화 문제는 개인과 직접적 관계가 없게 느껴진다. 먼 미래의 위협처럼 들린다. 물리적인 피해도 내 눈에 보이지 않는다. 그러나 물 부족 문제는 다르다. 물 부족 문제는 현재의 문제다. 올여름에도 한국의 물 부족 문제는 심각했다. 도처에서 제한급수를 했다. 대통령까지 나서서 소방차로 쩍쩍 갈라진 논에 물을 대는 퍼포먼스를 했다. 미국의 캘리포니아 주에서도 150년 만에 최악의 가뭄이 발생했다.

물 부족 문제는 폭발적인 인구 증가와 지구 온난화가 만들어낸 실제적 재앙이다. 물 부족 문제는 간단히 해결되지 않을 것이다. 인구 증가와 비례해서 증가하는 물 소비량으로 시간이 갈수록 인류의 목줄을 죄는 강력한 문제로 작용할 것이다. 면 소재의 잠옷 한 벌을 만드는 데 9,000리터, 햄버거 한 개를 만드는 데 3,000리터, 닭고기 한 마리 생산에 9,000리터, 초코릿 1kg 생산에 27,000리터의 물이 소모된다. 물 소비량의 증가 폭은 인구 증가 폭보다 두 배나 빠르다.¹ 21세기 말, 140억까지 인구가 증가할 때까지 물 부족 문제는 두고두고 인류의 발목을 잡을 것이다.

대다수의 인류 문명은 물 중심으로 형성되었다. 중요한 전쟁도 거대한 물줄기를 끼고 형성된 곡창지대, 문명지대를 쟁취하기 위한 것이었다. 미래에도 이런 흐름은 크게 변하지 않을 것이다. 미래에 벌어질 3차 세계대전은 '물(강)'을 두고 시작될 것이다. 설령 지구 온난화가 가져다주는 극단적인 미래 위기를 극복하더라도, 인구 증가는 멈추지 않아서, 인류는 지금보다 더 심각한 수준의 물 부족 위기에 반드시 직면한다.

2차 세계대전으로 인해 인류는 최소 5,000만 명에서 최고 1억 명이 넘는 사망자를 냈다. 1차 세계대전보다 5배~10배나 많았다. 부상자의 수와 전쟁 후 추가 사망자의 수를 포함하면 2차 세계대전의 피해자 숫자는 전 세계 인구의 15~20%가량 될 것으로 추산된다.

인류가 전쟁을 거듭할수록 피해 규모와 살상 능력은 기하급수적으로 증가한다. 히로시마에 떨어진 '리틀보이Little Boy'는 0.8kg의 우라늄 폭탄이었는데 히로시마 총인구 35만 중에서 9~16만 명을 즉사시켰다. 1950년까지 최종적으로 20만 명을 사망에 이르게 했다.

2차 세계대전이 끝난 1945년 이후로 수십 년 동안 인류는 3차 세계대전을 피하기 위해 엄청난 노력을 하고 있다. 65년 전과는 비교되지 않을 정도로 살상력이 커졌기 때문이다. 그러나 인류의 역사는 태초부터 지금까지 전쟁의 역사다. 지금은 역사적으로 몇십 년 동안 큰 전쟁이 없는 휴지기일 뿐이다. 그럼에도 재래식 무기를 사용하는 범위에서 세계 각국이 참여하는 새로운 전쟁은 이미 시작되었다. 바로 대 테러전쟁이다. 그러나 핵을 사용해야 하는 대규모 전쟁도 언젠가는 반드시 발발할 것이다.

언제 핵전쟁도 불사하는 3차 세계대전이 발발할까? 그 시기를 예측하는 것은 1, 2차 세계대전 발발을 예측하는 것보다 쉽다. 만약, 핵전쟁이 일어나면, 현재 핵폭탄 기술과 보유량을 고려할 때 전쟁 초반에 대략 10억 명이 사망할 것이다. 그래서 핵전쟁도 불사하는 세계전쟁이 발발하는 시점은 10억 명이 죽는 것도 불사할 만한 이유가 등장할 때다. 사람은 식량이 없어 굶어도 최대 40일 정도는 살 수 있다. 하지만 물은 3일만 마시지 못하면 죽는다. 밀이나 쌀 등의 곡물은 부족하더라도 대체재가 있다. 물은 대체재가 마땅치 않다.

21세기 초, 소말리아에서는 극심한 가뭄 탓에 '우물 전쟁'이 벌어졌다. 두 부족이 한 우물을 놓고 2년간 치열한 살육전을 벌였다.[2] 아프리카 곳곳에서 그런 분쟁이 벌어졌다. 2011년 아프리카에 60년 만에 최악의 가뭄이 발생했다. 에티오피아, 소말리아, 지부티, 케냐 등 한반도 면적의 11배에 해당하는 지역에 최악의 가뭄이 발생하여 1,100만 명이 생사의 기로에 놓였었다.[3] 2007년에 이미 물 부족 인구는 10억 명을 넘었다.[4] 식수 오염으로 5살 미만의 아이들이 매일 6,000명씩 죽는다. 2025년경이면 30~40억 명의 인구가 물 부족에 시달릴 것이다. 전 세계 인구가 120~140억 명까지 늘어나면 물 부족 인구도 기하급수적으로 증가한다. 최소 절반만 물 부족 인구로 잡는다 해도 60~70억 명이다. 핵전쟁으로 10억 명 죽는 것보다 몇 배나 더 많은 사람이 물 부족으로 생존을 위협받게 되는 것이다.

물 부족 원인은 인구 증가와 급격한 도시 개발로 인한 수자원 오염과 남용, 부족한 수자원을 독점하려는 탐욕, 기후 변화로 인한 강우량 변화 등 때문이다. 이미 물 가격은 석유 가격보다 비싸졌다. 민주주의의 가장 큰 적은 독재나 공산주의가 아니라 물 부족이 되어 가고 있다. 인류가 공멸하는 전쟁을 하지 않으려면, 신에게 빌거나 새로운 기술을 개발하여 문제를 해결해야 한다. 새로운 기술로 기후 변화로 인한 강우량의 왜곡현상을 해소해야 하고, 물 부족으로 인해 발생하는 토지 사용과 식량 생산의 위기를 극복해야 한다. 물 부족은 필연적으로 식량 생산에도 큰 영향을 미치기에 국가와 국민의 안보에 직결된다. 물이 없으면 생존도 없고, 인권도 없게 된다. 물 부족은 문명발전을 정지시키고 곡물 재배 능력을 감소시켜 경제위기와 인구 감소를 불러와 국가를 서서히 무너뜨린다. 그렇기 때문에 물은 가장 강력한 전략적 무기가 되면서, 물을 지배하는 국가가 세계를 지배하는 시대가 올 것이다. 물 때문에 세계 평화가 위협을 받을 것이다. 한 쪽에서는 물이 부족해서 전쟁이라는 모험을 시도할 것이며, 다른 한 쪽에서는 세계를 지배하기 위한 수단으로 물을 지배하려는 과정에서 전쟁이 벌어질 수 있다. 지난 수십 년간 석유를 놓고 중동에서 전쟁이 벌어졌듯이 말이다.

필자의 예측으로는 2025~2030년경이면 물 전쟁이 벌어질 3개의 화약고가 만들어진다. 하나는 아시아, 나머지는 아프리카와 중동이다. 이 3곳의 화약고를 잘 관리하지 못하면 2차 세계대전이 끝난 후 100년이 되기 전에 3차 세계대전이 일어날 가능성이 크다.

물 전쟁의 첫 번째 화약고,
아시아

지구에 있는 물 중에서 사람이 먹을 수 있는 민물은 1%가 안 된다. 더 심각한 문제는 민물의 양과 인구 사이의 불균형이다. 불균형이 제일 심한 곳이 아시아다. 아시아의 인구는 2007년 기준으로 41억 명을 넘었다. 세계 인구의 60%다. 반면에, 아시아에 있는 민물은 지구 전체의 36%다. 남아메리카는 인구가 세계 인구의 6%에 불과하지만, 민물은 36%를 가지고 있다. 특히, 브라질과 아르헨티나의 국경에 있는 폭포들이 만들어내는 강물과 지하호수에는 전 세계 70억 명의 사람들이 매일 백 리터 씩 2백 년 이상을 마실 수 있는 물이 있다. 이에 비하면, 아시아가 얼마나 심각한 상황인지 알 수 있다.

지난 몇십 년간은 검은 황금이라고 불리는 석유 때문에 중동이 화약고였다. 미래는 블루 골드라고 불리는 '물' 쟁탈전 때문에 아시아가 새로운 화약고로 부상할 것이다. 그 시점은 2025~2030년경이 될 것이다. 이때쯤이면 중국과 인도, 인도와 파키스탄·방글라데시 등이 물을 두고 벌이는 갈등이 한계에 다다를 가능성이 크다.

2020년 이후 중국의 인구는 14억 5,000만 명으로 2025~2030년의 세계 인구 80억 명(추정)의 15%를 차지한다. 중국은 2013년 기준으로도 물 부족을 겪고 있는 도시가 600여 개 전체 도시 중에서 400개가 넘는다. 그중에서 10여 개의 도시는 물 부족 현상이 심각한 수준이다. 지하수도 90%가 오염되었다.[5] 강물의 25%가 공업용수나 농업용수로도 사용하지 못할 정도다. 인구 5억 명이 살고, 중국 전체 곡물의 절반을 생산하는 중국 북부의 평야 지역에서는 지하수 수위가 빠르게 낮아지고 있어서 말라버린 우물이 30만 개가 넘는다. 수천 개의 작은 호수들이 사라졌다. 지난 50년 동안 가뭄에 시달리고 있는 베이징의 경우 오염된 물 때문에 가정마다 정수기를 사용해야 하는 실정이고 설거지한 물 등의 폐수를 모아서 재사용하는 가정도 많다.

2030년이면 중국의 중동부 지역은 25% 정도가 극심한 물 부족에 시달릴 것으로 예측된다. 현재 베이징의 경우 2030년이면 물이 완전히 사라질 위기에 놓여 있다. 공업용수 부족으로 연간 190억 달러 규모의 손실도 발생하고 있다. 매년 공기와 물 오염으로 인한 경제적 손실을 합하면 중국 GDP의 6% 정도에 이른다. 머지않아 경제적 손실 수준을 넘어, 국가의 생존과 직결되는 상황으로 악화될 가능성이 크다.

중국과는 달리 특별히 산하제한을 실시하지 않는 인도 인구는 2028년경이면 중국을 추월하여 15억 명이 넘을 것이다. 인도의 인구는 세계의 15%이지만, 보유한 물은 세계의 5%에 불과하다. 중국과 인도는 국경을 맞대고 있고 같은 강줄기를 사용한다. 이 두 나라는 급격한 인구 증가와 더불어 최소 60%~최대 80% 이상의 급격한 도시 집중화 현상이 발생하고, 공업화와 소비의 증가와 도시 개발 과정에서 필연적으로 발생하는 심각한 환경파괴로 인해 상당수의 지하수나 하천의 오염이 지속적으로 증가할 나라들이다. 더욱이 둘 다 핵폭탄을 가지고 있는 군사대국이며, 앙숙이다. 그래서 두 나라의 물을 둘러싼 갈등은 세계 어느 지역보다 심각한 수준에 이를 것으로 예측된다.

인도는 갠지스 강을 놓고 방글라데시와 갈등을 빚고 있고, 인더스 강을 사이에 두고는 파키스탄과 갈등 상황이다. 파키스탄은 핵폭탄을 가지고 있고, 인도와는 앙숙이다. 실제로, 인도와 파키스탄은 핵전쟁을 운운하며 인더스 강의 수자원을 놓고 대립의 각을 세우고 있다. 1억 4,000만 명을 먹여 살려야 하는 방글라데시는 대부분의 강이 인도에서 흘러나온다. 인도는 인접국인 네팔과 부탄과도 물 분쟁의 위험을 안고 있다. 중국도 메콩 강을 두고 베트남, 태국 등과 물 분쟁을 겪고 있다.

아시아 물 분쟁의 근본 원인은 폭발적인 인구 증가 때문이다. 그러나 물 분쟁의 진원은 지구온난화로 인한 히말라야 만년설의 해빙 때문이다. 인도와 파키스탄을 흐르는 물줄기들은 히말라야 산맥의 빙하에 크게 의존한다. 그런데 지구온난화로 그들의 생명줄인 빙하가 녹아 사라지고 있다. 자연히 미래에 두 나라가 사용할 수 있는 물의 절대량이 줄어든다. 또한 빙하의 상당 부분은 캬슈미르라는 작은 나라의 영토에 속해 있어서 파키스탄과 캬슈미르 간의 또 다른 국가적 분쟁이 발생할 가능성도 있다. 인도는 이미 물 부족이 심해지면서 일부 주에서는 자녀가 둘 이상인 농부들에게는 관개용수를 주지 않는 정책을 실시할 정도로 상황이 안 좋기 때문에 물 분쟁을 스스로 누그러뜨릴 처지가 아니다. 인도 정부는 앞으로 2030년경이면 국가적인 물 부족 상태에 빠지면서 국민 통합과 경제 발전에 심각한 위협을 받게 될 것으로 예측하고 있다.[6]

카슈미르뿐만 아니라, 티베트를 둘러싼 돌발사태의 위험도 점점 고조될 가능성이 크다. 대략 35억 인구의 생존이 티베트의 물줄기에 달려 있다. 티베트는 황하 강물의 50%, 양쯔 강의 25%, 메콩 강의 15%를 공급한다. 파키스탄, 인도, 네팔, 부탄, 미얀마, 방글라데시, 중국으로 흐르는 상당수의 물줄기들의 근원이다. 티베트 고원은 중국에서는 시짱자치구西藏自治區다. 여기서 인도의 브라마수트라 강을 비롯한 여러 개의 강들이 흘러나간다. 세계 인구의 절반이 티베트 고원에서 시작되는 젖줄에 의존한다. 중국이 티베트에 목숨을 거는 이유다. 중국도 세계 최대의 강을 3개나 가지고 있지만 심각한 물 부족 국가이므로 티베트의 물을 적극적으로 사용하려고 한다.

티베트의 연간 강우량은 25~50mm밖에 되지 않는다. 그러나 히말라야에 있는 2,100여 개의 빙하로 이루어진 만년설에서 나오는 해빙수가 아시아 10대 강의 젖줄 역할을 한다. 그런데 일본 지구환경전략연구소의 예측에 의하면, 히말라야의 빙하는 2030년경이면 1/5로 줄어들 수 있다. 금세기 말이 되기 전에 만년설이 완전히 녹아 없어져버릴 수도 있다. 아시아 10대 강의 젖줄이 말라버리는 초유의 사태가 벌어지는 것이다. 그렇게 3차 세계대전의 최대 화약고인 아시아가 점점 달아오르게 될 것이다.

히말라야 빙하의 영향을 받는 주요 강과 주변인구(단위: 명)

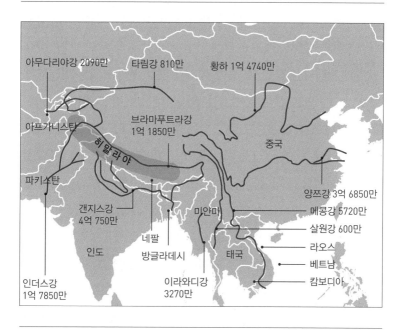

아무다리야강 2090만
타림강 810만
황하 1억 4740만
아프가니스탄
히말라야
브라마푸트라강
1억 1850만
중국
파키스탄
갠지스강
4억 750만
미얀마
양쯔강 3억 6850만
메콩강 5720만
살윈강 600만
라오스
베트남
캄보디아
네팔
방글라데시
태국
인도
인더스강
1억 7850만
이라와디강
3270만

출처: 조선일보. 2009.12.07. 원세일, "40년내 히말라야발 물 부족 재앙"

티베트의 물줄기가 다 마르기 전에 만약, 티베트가 독립을 하여 미국의 영향 아래 놓이면 어떻게 될까? 중국의 미래를 위한 티베트의 전략적 가치는 다른 어떤 지역보다 절대적이다. 문제는 중국의 소수민족 중에서 티베트가 가장 강경하게 분리독립을 시도하고 있다는 점이다. 티베트는 분리독립에 성공하더라도 중국의 강력한 재합병 전쟁을 피할 수 없다. 누군가 중국을 막아줄 세력이 필요하다. 미국이 첫 번째 대안이다. 미국도 티베트의 물을 손에 넣으면 중국과의 경쟁에서 절대적 우위에 서게 되거나 중국에 치명타를 줄 수 있다.

경제 발전과 시장 안정을 위해 필요한 곡물이나 원유 등은 부족하면 수입하면 된다. 그러나 물은 수입하기 어렵다. 이미 중국 제조업체들은 엄청난 양의 공업용수를 사용하고 있다. 그들이 마구잡이로 배출하는 산업용 폐수는 다시 사용해야 할 물을 오염시키고 있다. 그 결과 미래의 심각한 물 부족 사태의 발발 시기를 앞당기고 있다. 2013년 기준으로 중국의 제조업체들은 다른 선진국 제조업체들에 비해 적게는 4배, 많게는 10배가 넘는 물을 사용하고 있다. 이 문제를 개선하지 않는다면, 중국 경제는 물 부족이라는 암초를 만나 좌초할 수도 있다. 예를 들어, 중국 경제의 17%를 차지하고 있는 석탄과 발전산업이 물 부족이 심해지면 당장 위기에 처하게 된다.[7]

중국은 어떻게 하면 티베트의 물을 더 많이 중국으로 끌어갈까 고민하기 시작했다. 미래의 생존을 위해 중국은 티베트의 10개의 큰 강에 대규모 댐을 건설하기 시작했다. 그런데 중국이 티베트에서 더 많은 물을 끌어올수록 다른 나라들의 물줄기는 더욱 가늘어진다. 물 부족이 심해질수록, 중국이 티베트를 손에 쥐고 흔들면 아시아 대부분의 나라를 손아귀에 넣고 흔들 수 있게 된다. 아시아에서 감히 그 어떤 나라가 중국과 전쟁을 벌일 수 있을까? 대안으로 중국을 상대해줄 수 있는 미국이나 유럽의 힘을 빌리려 할 것이다. 그래서 티베트 문제는 세계대전으로 확장될 여지가 아주 크다.

물 전쟁의 두 번째 화약고, 아프리카

아프리카는 군사독재나 부족 간의 분쟁으로 전쟁이 끊이지 않는 곳이다. 물 분쟁은 이런 갈등과 전쟁을 더 오랜 기간 지속시킬 것이다. 아프리카에서 물 분쟁의 최대 격전지는 나일 강이다. 나일 강은 청나일과 백나일로 나뉜다. 그중에서 전체 수량의 85%를 차지하는 청나일이 화약고다.

적도 부근에서 발원하여 지중해로 흘러드는 총 길이 6,671km의 나일 강은 수단, 에티오피아, 우간다, 이집트 등의 10개 나라를 관통하는 거대한 물줄기다.

2013년 기준으로 1인당 국민소득 1,000달러에 불과한 에티오피아는 전 국민의 지지를 등에 업고 청나일 상류에 48억 달러를 투자하여 담수량 400만 톤의 아프리카 최대 규모의 '나흐다 댐'을 건설 중

나일강 수계 지도

출처: poverty wiki : 사하라 이남 아프리카 지역의 수자원 부족 문제

이다. 2011년에 시작해서 2017년에 완공 예정이다.

세계에서 가장 가난한 나라의 대명사로 불리는 에티오피아 국민
이 엄청난 돈이 들어가는 댐 공사를 왜 환영할까? 명분은 2050년이
면 인구가 1억 7,000만에 이르기 때문에 수자원이 절대적으로 부족
하다는 것이지만, 내심 물이 돈이 된다는 것을 알고 있기 때문이다.

에티오피아의 지정학적 위치는 나일 강 전체 수량의 85%를 차지하는 청나일의 근원지다. 더욱이 기후 변화로 인해 북아프리카의 강수량이 더욱 줄어드는 상황에서 물줄기를 바꾸는 '나흐다 댐' 건설이 완료되면 이집트를 견제하는 최고의 무기가 된다. 이집트는 에디오피아가 나흐다 댐 건설 계획을 발표할 때부터 강력한 협박을 계속했다.

이집트는 전 국토의 95%가 사막이고 거의 모든 물을 나일 강에 의존한다. 이집트는 1929년과 1959년에 영국, 수단과 협약을 맺고 나일 강 물의 가장 많은 지분을 확보했다. 국민의 대부분이 나일 강 변에 거주하기 때문에 나일강 물의 2/3 이상을 사용한다. 인구도 2040년경이 되면 1억 명을 돌파한다. 그러나 이집트는 국토의 대부분이 사막이라 늘어나는 인구를 수용하기 위해 어쩔 수 없이 사막에 도시를 건설하고 있다. 그런데 이집트가 생존과 경제 발전을 위해 사막에 도시를 건설하고 농지를 개간할수록 물은 더욱 부족하게 된다. 실업 문제, 빈곤 문제 등으로 심각한 수준의 내분을 겪고 있는 데다 물 부족까지 겹쳐서 국민의 경제적 부담이 증가하면 정권은 국민의 시선을 외부로 돌리기 위한 대상과 명분을 찾을 수밖에 없을 것이다. 전쟁이 바로 그것이다.

다행히 2015년, 에디오피아, 수단, 이집트가 나흐다 댐을 둘러싼 협상에 성공했다. 협상을 통해 평화적 해결방법을 찾긴 했지만 이는 임시적이다. 나흐다 댐이 완공된 후부터 이집트와 에티오피아 사이에 갈등이 재발하는 것은 시간 문제다. 경제가 낙후된 에티오피아에는 수력발전소가 하나도 없다. 에티오피아가 마음만 바꾸어 먹으면 나일 강 수위를 마음대로 조절하여 이집트의 목을 쥘 수 있다. 생존을 담보로 하는 이런 식의 긴장감은 국가의 자존심을 자극하는 민감한 이슈가 된다.

에티오피아에서 시작되는 물줄기는 이집트에 도착하기까지 5,000km 이상의 거리에 8개 국가가 강에 접해있다. 2025년이 되면 나일 강 주변의 전체 인구도 6억 9,000만 명으로 늘어서 물 사용량도 자연적으로 증가할 것이다. 에티오피아의 영향력이 커질수록 나일 강에 인접해 있는 국가들의 마음이 달라질 수 있다. 이집트 면적의 3배가 되는 수단을 중심으로 인접 국가들이 에티오피아처럼 크고 작은 댐들을 건설하여 이집트를 압박할 가능성이 크다. 수단은 이집트보다 상대적으로 힘이 약했을 시절인 1959년에 맺은 협약에서 이집트의 1/3밖에 되지 않는 양의 물을 할당받았다. 그 후 유전이 발견되고 정치가 안정되고 조금씩 도시 개발을 시작하면서 이집트를 위협하는 강력한 존재로 부상 중이다. 경작할 땅도 이집트와 비교가 되지 않을 정도로 많다.

수단은 경제가 발전할수록 자신들에게 할당된 나일 강 물에 대한 불만이 커질 것이다. 수단은 전력을 조달하기 위해 중국의 도움을 받아 메로위 댐을 건설하여 1,250메가와트의 전기를 생산하겠다는 계획을 차근차근 진행 중이다.[8] 중국은 메로위 댐 건설에 2억 4,000만 유로를 투자했다. 물 분쟁을 벌이는 아프리카가 중국과 미국의 경쟁지가 되었다는 의미다. 이집트의 입장에서는 물 통제력이 약해지는 것뿐만 아니라, 물 부족이나 오염, 그리고 군사적 경쟁에 대해서 민감해질 수밖에 없다. 수단이 이집트와 경쟁하려면 중국의 도움이 더 필요하다. 이집트는 누구의 손을 빌려야 할까?

아프리카 남부도 비슷한 상황이다. 남아프리카공화국은 세계 최초로 물 문제는 곧 인권의 문제라고 선언했다. 남아프리카공화국의 요하네스버그는 인구가 800만 명이 넘는 도시인데 물 부족이 심각하다. 정부가 부족한 물 문제를 해결하기 위해 들어간 막대한 비용을 감당하지 못하고 국민에게 부담을 전가하자 폭동이 일어났다.

물 문제는 빈부의 갈등으로 전이되고, 물 문제로 이웃과 싸우거나 가난한 사람과 부자 사이의 갈등을 촉발하여, 결국에는 무능한 정권을 전복시킬 수도 있는 문제로 커질 수 있다. 정치적, 경제적으로 불안한 대부분의 아프리카 나라들이 물 부족을 두려워하는 이유다.

정권이 무너지지 않으려면 필사적으로 물을 확보해야 한다. 예를 들어 보자. 요하네스버그에 물을 공급하는 작은 산악국가는 레소토다. 레소토 왕국은 남아프리카공화국에 둘러싸인 작은 산악국가이며 세계에서 제일 가난한 국가다. 하지만 물 하나만은 풍부해서 1998년부터 협약을 맺고 케체 댐의 물을 요하네스버그에 공급했다. 그러나 얼마 후 이 댐이 반정부 세력에 장악되어 물 공급을 중단하는 일이 벌어졌다. 남아프리카공화국의 만델라 대통령은 즉각 군의 개입을 명령하여 댐을 지키는 16명의 병사를 사살해 버렸다.[9]

아프리카 국가들의 인구가 증가하여 더 많은 물을 소비하고, 정치적으로 안정되어 경제 발전에 신경을 더 많이 쓸수록, 더 크고 더 많은 숫자의 수력발전소가 건설될수록, 아프리카에서 주도권을 잡기 위해 미국, 유럽, 중국 등의 강대국들이 아프리카의 지원을 늘릴수록, 이런 지원을 바탕으로 자본이 축적되면서 대규모의 물이 필요한 농지 개간을 더 많이 할 수 있는 능력이 생길수록, 기아문제를 해결하기 위한 노력이 증가할수록, 경제가 발전하는 만큼 자국의 이익을 지키기 위해 군사비용을 증가시킬수록, 기후 변화가 심해지면서 강수량의 변화가 더 커질수록, 아프리카에서는 전쟁의 위험성이 커지게 된다.

물 전쟁의 세 번째 화약고,
중동

중동에서는 티그리스와 유프라테스 강, 그리고 요르단 강이 위험 지역이다. 터키, 시리아, 이라크는 티그리스 강과 유프라테스 강을 놓고 갈등을 겪고 있다. 다음 그림을 보면 알듯이, 터키는 이라크로 흘러드는 티그리스 강에 댐을 계속 건설 중이다. 시리아도 유프라테스 강에서 이라크와 터키 국경에 댐을 건설했다.

영토 분쟁으로 오랜 전쟁을 벌이고 있는 이스라엘과 팔레스타인은 요르단 강을 두고 추가적인 전쟁을 벌일 가능성이 크다. 뿐만 아니라 사우디아라비아, 아랍에미리트, 바레인, 카타르, 쿠웨이트 등도 식수 파이프라인에 의존하는 나라들이다.

유럽이나 아메리카 대륙도 안전지대는 아니다. 유럽에서는 헝가리

티그리스와 유프라테스 강

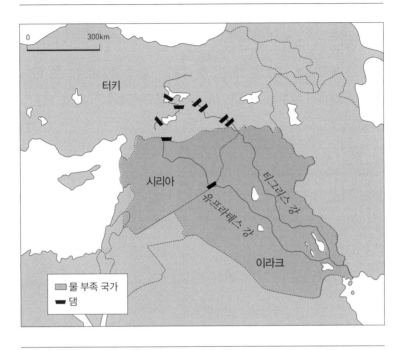

출처: zum학습백과, "지역개발과 갈등"에서 재인용. http://study.zum.com/book/13805

와 슬로바키아가 다뉴브 강을 놓고 갈등을 빚고 있다. 미국도 그란데
강을 멕시코와 함께 사용해야 하고, 페루와 에콰도르는 자루밀라 강
을 두고 경쟁한다. 미국의 디트로이트도 수도세를 납부하지 않으면
수돗물 공급을 차단할 정도로 물 부족에 시달리고 있다. 전문가들은
미래에는 미국의 3/4에 해당하는 주들이 물 부족을 겪게 될 것으로
예측한다.

　러시아는 석유나 천연가스보다 더 강력한 무기인 시베리아의 수자
원을 활용해서 중앙아시아 국가들을 지배하는 새로운 힘을 가질 수
있다.

전 세계적으로 한 물줄기를 두고 인접 국가와 경쟁해야 하는 세계 인구가 50%를 넘고, 수자원 부족으로 인접 국가의 속국으로 전락할 나라들도 상당수다. 그리고 이런 갈등과 긴장 속에 있는 나라들의 상당수가 핵무기를 비롯한 대량살상 무기를 엄청나게 보유하고 있기 때문에 핵무기가 없는 나라는 미국이나 중국에 핵우산을 요청할 수밖에 없다.

노르웨이,아이슬란드, 아르헨티나가 미래 산유국이 된다

20세기는 블랙 골드, 즉 석유의 시대였다. 사우디아라비아를 비롯한 중동 국가들은 산유국이라 불리며 막대한 이득을 얻었다. 21세기는 블루 골드, 즉 물의 시대다. 21세기의 물은 20세기의 석유보다 파워가 더 커질 것이다. 더 높은 가격에 거래되는 품목이 된다.

과거에는 강의 하류에 있는 나라가 비옥한 토지를 바탕으로 문명 국가가 되었다. 미래에는 강 상류에 있는 나라가 물줄기를 장악하고 나머지 나라들의 목줄을 틀어쥘 것이다. 미래에는 발밑에 얼마만큼의 물이 저장되어 있느냐가 중요해질 것이다. 물의 양도 중요하지만, 물의 질도 중요해진다. 무슨 물을 마시는지가 신분의 차이를 보여 주는 상징으로 부상할 것이다. 미국이나 영국, 아시아 등에서 탄소거래

소처럼 물거래소가 설치될 것이며, 석유가 거래되듯이 물의 가격이 수요 공급이나 국제적 정치의 이해관계로 폭등과 폭락을 거듭하는 패턴을 보일 것이다. 그 해의 기후 상태에 따라서 물 가격이 오르내릴 것이다. 오일 쇼크처럼 물 쇼크가 주기적으로 일어나면서 전 세계 경제를 충격에 몰아넣는 미래가 현실이 될 수도 있다.

이미, 유럽에서는 물 전용 바가 계속해서 늘고 있다. 수백 종류가 넘는 물이 팔리며 값도 천차만별이다. 수돗물보다 무려 5천 배나 비싼 물도 날개 돋친 듯 팔린다. 2008년 기준으로 생수 시장의 규모는 10억 달러를 훌쩍 넘어섰고 매년 10~20% 이상씩 성장 중이다. 부산에도 블루베리, 석류, 아사이 등 보통 사람들은 이름도 들어 보지 못한 물을 파는 워터 바가 등장했다.

석유보다 비싸질 물 산업의 미래

물을 둘러싼 갈등이 심해질수록, 물과 관련된 산업은 크게 성장할 것이며 석유처럼 국가의 전략산업이 될 것이다. 물 처리 기술이 고부가치 산업이 될 것이다. 도시를 건설할 때마다 물 관련 건설이 필수적으로 포함되고, 정부나 지자체들의 개발 이슈 중에서 가장 우선순위가 높은 사안이 될 것이다. 각국이 보유한 물의 양과 질에 따라 GDP 순위가 바뀔 수도 있다. 인류 최대의 위기가 기회의 대이동을 낳고 있는 셈이다. 필자의 예측으로는 2025~2030년경이면 물을 중심으로 한 기회의 대이동이 현실화될 것이다.

물론 벌써 시작된 분야도 있다. 앞으로 20~30년간은 길고 거대한 수도파이프를 대륙을 가로질러 설치하는 인공 급수시설 건설이 빈번하게 일어날 것이다. 예를 들어, 중국의 남부는 물이 많아 홍수가 잦고, 북부는 물이 부족해 사막화가 진행 중이다. 이처럼 물의 지역 격차가 심한 중국은 양쯔강長江, 황허黃河, 화이허淮河, 하이허海河의 4대 강과 205개의 작은 강을 연결할 계획을 가지고 있다. 이렇게 하나로 묶인 남부의 물줄기를 베이징을 비롯한 북부의 대도시와 곡물생산지로 연결한다는 구상이다. 이른바 '남수북조공정'이라 불리는 대규모 공사다.

인도는 미래의 물 부족과 물 분배의 불균형에 대응하는 선제적 조치로 히말라야 산맥에서 흘러내려오는 37개의 강과 인도 남부의 강을 모조리 연결하는 엄청난 공사를 진행 중이다. 그러나 이런 계획은 환경 파괴는 물론이고 물을 둘러싼 지역 갈등을 낳는다.

스페인은 북부의 에브로 강물을 남쪽으로 돌리는 사업을 진행하다가 국민적 저항에 부딪혔다. 이 계획을 밀어붙였던 정권은 재선에 실패하고 풍부한 물을 가지고 있는 북부 주민들의 영향력이 자연스럽게 커졌다.

물 교역 산업, 물 재처리 시설, 하수처리 시설, 친환경 중소형 댐 건설, 해수 담수화 기술, 강 정비 산업, 물 관련 설비 제조업, 해양 심층수 추출 기술, 물 소비를 줄이는 상품, 유전자를 변형하여 가뭄 저항력이 강한 작물로 만드는 원천기술 등이 신성장 동력 산업으로 부상할 것이다. 실제로 싱가포르에서는 말레이시아 등에서 물을 사들여 자체적으로 정수한 후 그것을 다시 되파는 사업이 큰 비중을 차지하고 있다. 이 워터 허브 프로젝트는 싱가포르 정부가 직접 주도한다.

발 빠르게 세계 물 시장을 선점하고 있는 프랑스, 독일, 스페인, 브

전 세계 물 부족 현황

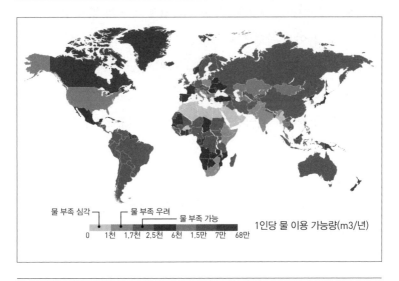

출처: zum학습백과, 대기와 물. http://study.zum.com/book/1499

라질 등은 2008년 기준으로 세계 상위 5대 물 기업을 가지고 있다. 중국 10위권 물 기업인 중국수무그룹CWA도 매년 매출액이 200%씩 증가하고 있다. 중국에는 하늘에 화학물질을 발사하여 인공 비를 만드는 것만을 전담하는 군대까지 있다. 지하수 개발 산업도 더 중요해질 것이다. 지구의 지하에는 지표면에 있는 물의 100배가 넘는 물이 있다. 바닷속에도 해양심층수라는 먹을 수 있는 물이 엄청나다. 물을 둘러싼 3차 세계대전을 막으려면 이 모든 기술과 자원을 사용할 수밖에 없다.

LG경제연구원에 따르면 2007년 3,000억 달러(약 40조 원) 수준이던 세계 물 시장 규모가 수년 내에 1조 달러를 넘어설 것으로 예측된다.

블루 골드 시대의 산유국産油國(혹은 산수국産水國)은 어디일까? 노르웨이, 아이슬란드, 아르헨티나, 브라질 등이 블루 골드인 물을 팔아 21세기에 차세대 산유국의 지위를 누릴 것이다. 물은 대체물이 없고 생명과 직결되기 때문에 시간이 갈수록 값이 오를 수밖에 없다. 노르웨이는 사방에 물이 있고, 세상에서 제일 긴 13개의 폭포 중에서 6개를 가지고 있으며, 300여 개의 강이 있다. 언제든지 블루 골드로 바꿀 수 있는 엄청난 빙하를 옆에 두고 있고, 오염되지 않고 자연 그대로 보존된 수자원도 풍부하다. 아이슬란드도 풍부한 물을 보유한 나라다.

산유국이 아니지만, 석유화학 기술이 좋은 나라들이 큰 부를 얻었던 것처럼 블루 골드 산유국은 아니지만 물 관련 기술이 뛰어난 나라도 큰 기회를 얻게 된다. 네덜란드가 대표적인 나라다. 네덜란드는 국토의 60%가 해수면보다 낮아서 생존 차원에서 물 관리의 전문성을 터득한 나라다. 과거부터 물과의 전쟁이 국가 생존의 핵심이었던 네덜란드는 "신은 세상을 창조했고, 인간은 네덜란드를 창조했다"는 철학자 데카르트의 말처럼 수백 년에 걸친 공학 프로젝트로 건설된 국가다. 네덜란드 하면 떠오르는 풍차의 가장 중요한 역할도 곡식을 빻는 것이 아니라 평야의 물을 운하로 흘려보내는 것이라고 한다.[10] 빙하가 녹으면서 해수면이 상승하는 국면에서 수많은 나라와 도시들이 어느 나라보다 뛰어난 네덜란드의 물 관리 노하우에 관심을 갖게될 것이다.

물 관련 기술을 확보하는 데는 정부나 지자체의 역할도 중요하다. 부천시의 '부천시민의 강' 프로그램이 좋은 실례다. 이 프로그램은 생활하수를 미생물로 재처리해서 공업용수로 사용함으로써 지하수 고갈을 막고, 동시에 재처리수를 하천으로 흘려보내 하천을 살리는 것이다. 이와 비슷한 접근으로 댐을 더 짓기보다는 기존의 댐들 사이의 효과적인 물 전달체계를 만드는 것도 생각해 볼 수 있다.

독일처럼 항공촬영을 통해 빗물이 자연스럽게 지층이나 심층으로 스며들지 못하는 거의 모든 불투수층을 파악하여 컴퓨터 데이터베이스로 만들고, 이를 바탕으로 불투수층에 있는 건물과 가정에는 빗물처리 부담금을 부과하는 정책을 실시하여 물 낭비를 막는 것도 좋은 대안이다. 그리고 이런 재원을 바탕으로 빗물을 잘 활용할 수 있는 기술을 개발하고 빗물 침투 처리 설비를 건설하여 지붕에서 흘러내린 빗물을 자연스럽게 땅속에 스며들게 하는 것이다. 독일은 빗물을 사용해서 잔디를 가꾸고 청소를 하는 등 다양하게 활용할 수 있는 부가적 혜택을 주민들에게 줌으로써 불만을 줄이고 있다. 독일의 경우, 도시의 바닥 전체를 콘크리트로 깔지 않고 틈새가 있는 보도블록을 깔아서 빗물이 자연스럽게 지하수층까지 침투하도록 하고, 도시 곳곳에서 콘크리트를 걷어내고 녹지를 만들고, 인공 습지를 만들며, 도시를 흐르는 하천 옆에 자연형 저수지를 만들어 빗물을 저장하였다가 하천의 물이 부족해질 경우 저수지 수문을 열어 하천으로 흘려보냄으로써 하천이 마르는 것을 막는 등의 노력을 통해 효과적인 물의 순환체계를 만들었다. 베를린 시의 경우 내린 빗물의 58%까지 지층으로 침투시키는 성과를 얻고 있다고 한다. 이런 노하우를 치수산업과 연결하면 좋은 물 관리 컨설팅이라는 새로운 부가 수익원을 만들 수 있다.

미국의 라스베거스나 남아프리카공화국의 선 시티처럼 사막에 물을 끌어와 인공호수와 주거 지역 및 관광도시를 건설한 노하우도 좋은 자산이 될 것이다. 단순한 도시 건설이나 농경지 개간이 아니라, 인간의 창조적 아이디어가 결합된 새로운 도시 건설 기술은 물을 다스리는 능력의 결집체이며 새로운 산업의 성장동력이기 때문이다. 점점 사막화되어 가는 중동 지역과 중국, 그리고 아프리카 등이 이런 기술에 큰 관심을 가질 것이다.

지금 인류는 물 부족 재앙이 가져올 두 가지의 미래 가능성을 앞에 둔 선택의 기로에 서 있다. 모두가 공멸하는 3차 세계대전이냐? 아니면 물에 대한 새로운 접근을 통해 인류 전체가 공존할 새로운 인류 문명을 건설하느냐?

농업이 미래 국가 전략 산업이 된다

인구 증가, 지구온난화, 물 부족은 필연적으로 식량 부족 문제를 파생시킨다. 21세기 중반쯤 되면 식량 자급률이 낮은 나라들은 식량 부족 문제가 중요한 국정과제가 될 것이다. 캐나다와 미국의 거대한 식량 생산 능력만 보면 인류 전체가 먹을 수 있는 충분한 양의 식량을 생산할 수 있다. 하지만 식량은 물과 함께 인간의 생명을 담보로 하는 전략적 무기다.

한국은 식량 자급률이 26.9%에 불과하다. 쌀을 뺀 나머지 식량들의 자급률은 5%다. 식량이 원유처럼 전략적 무기가 되면 곧바로 위기를 맞는다. 식량을 수입에 의존하면 반복되는 식량 파동에 대응하기 힘들다. 그렇다고 당장 언제 일어날지 모르는 식량 파동에 대응하려고 10~20년 분량의 식량을 수입해서 보관할 수도 없다.

매 12년 마다 10억씩 인구가 증가하는 상황, 무분별한 도시 개발과 기후 변화로 물 부족이 심각해지는 상황에서, 조만간 식량은 과거에 겪었던 석유 파동을 능가하는 파동과 위기를 불러올 것이다. 1980년대 식량 파동이 일어난 적이 있었다. 냉해로 곡물 생산량이 36% 감소하자, 한국 곡물 시장의 80% 이상, 세계 시장의 70%를 점유하고 있는 미국 곡물 회사 카길Cargill은 우리의 약점을 붙잡고 3배의 가격을 요구했다.

전 세계 곡물 시장을 주도하고 있는 ADM, 카길, 벙기, 드레뷔스 4개의 회사는 식량 수요 예측에 뛰어나다. 최대의 수익구조를 만들기 위해 시장을 미리 배분하는 일에서부터 필요하다면 곡물의 수요 공급을 조절하면서 값을 계속해서 올리는 전략까지 능수능란하게 구사한다. 한 나라의 정부라 하더라도 이들과 벌이는 곡물 전쟁에서 승리할 수 없다.

식량 수급이 불안정해지면, 곡물 가격이 폭등하고, 곧바로 다른 식료품 가격이 상승한다. 경제 상황이 나빠지고 사회가 불안정해진다. 2008년 4월 아이티에서는 식량 문제로 폭동이 일어나 정부가 전복되었다. 같은 해 필리핀에서도 식량 파동이 일어났다. 2011년 알제리에서는 식량 폭동으로 400명의 사상자가 발생했다. 2010년 8월 10일 러시아는 홍수와 가뭄으로 밀 생산량이 급감하자 전격적으로 밀 수출 금지를 발표했다. 밀 수입의 절반을 러시아에 의존하던 이집트가 직격탄을 맞았다. 밀 재고는 바닥이 나고 빵값은 치솟았다. 다른 식료품 물가도 함께 상승했다.[11] 최대의 실업난과 곡물 파동이 맞물리면서 1년 후 이집트 무바라크 정권의 퇴진에까지 영향을 미쳤다. 구소련이 미국의 오일 가격 조정을 통해 경제적 충격을 입고 쓰러진 것처럼, 곡물 가격은 아프리카와 중동 대부분의 나라와 방글라데시, 중국 등 아시아의 일부 국가를 쓰러뜨릴 무서운 무기다. 가난한 나라들은 기름값, 물값, 곡물값 3가지만으로도 폭동이 일어나 정권이 무너질 수 있다.

사회 안정과 국민의 생존이 흔들리면 국가 간의 갈등이 커질 수 있고, 극단의 방법을 선택하는 악수를 둘 수도 있다. 미 국방성 비밀문서인 펜타곤 보고서에는 미래의 어느 시점에 한국과 일본이 식량 문제를 해결하기 위해 핵을 보유하게 될 가능성에 대해서 언급하고 있다.[12]

만약, 중국의 북쪽 지역이 물 부족으로 인해 곡물 생산이 줄어들면 어떻게 될까? 중국은 급격한 도시화와 경제 성장으로 쌀이나 옥수수 등의 수입량이 적게는 3~4배에서 많게는 10배 이상 늘고 있다. 이런 상황에서 미국이 곡물 가격을 쥐고 흔들면서 중국을 압박하는 일이 잦아진다면 중국은 경제적 전쟁이든 물리적 전쟁이든 전쟁 카드를 만지작거리게 될 것이다. 최소한 태평양과 동아시아 곳곳에 주둔한 미군 기지나 혹은 동맹국의 영토 분쟁 지역에서 무력을 사용하여 긴장감을 높인 후 미국과 식량 협상을 유리하게 끌고 가는 전략을 구사할 수도 있다.

지금이라도 농업을 다시 생각해야 한다. 농업의 국가 전략적 가치가 커지고 있다. 또한 미래농업은 기술과 결합하면서 고부가가치 미래산업의 한 축을 차지할 가능성이 커지고 있다.

여전히 미래 어느 시점에 식량 부족 문제가 심각해지면 그때에 농업에 투자해도 늦지 않을 것이라고 착각하는 사람들이 많다. 그러나 단기간에 식량 자급에 필요한 수준의 농지를 수급하는 것은 쉽지 않다.

기술을 발전시켜 단위 면적당 생산성을 높이면 되지 않느냐는 반론도 있다. 왜 식량이 부족해지는가? 폭발적 인구 증가, 환경 파괴, 물 부족 때문이다. 과학기술로 단위 면적당 생산량을 높이는 것은 줄어드는 농지의 감소분과 기후변화의 피해, 물 부족과 인구 증가분의 일부를 메우는 수준에 불과할 것이다. 사우디아라비아는 1980년~1994년까지 15년 동안 밀 생산량이 20배 정도 증가했으나 대수층의 지하수가 고갈되자 1996년에는 밀 생산량이 순식간에 절반 이상 줄어들고 말았다. 2009년 8월호 〈타임〉 지는 지구온난화로 인해서 2020년이 되면 아프리카의 식량 생산량이 현재의 절반으로 줄 수 있다는 분석을 내놓았다. UN은 2013년 이후에는 2008년에 비해서 50% 이상 식량 수요가 늘어날 것이라고 예측했다. 공급은 줄고 수요는 늘 것이라는 예측이다. 실제로 2006년부터 2008년까지 3년 동안에만 곡물 가격이 무려 130%나 상승했다.

이산화탄소 문제로 대체 에너지의 수요가 증가하는 상황이기에, 곡물은 에탄올 같은 바이오 에너지를 만드는 데도 사용해야 한다. 늘어나는 축산 수요 때문에 사료로 쓰이는 곡물도 증가한다. 결국 현재 기술을 활용한 곡물 생산량 증가는 70억 명이 한계다. 그나마 기술 발달이 빠르지 않았다면 1972년 로마 클럽의 예측처럼 2000년 이전에 전 세계는 식량 부족으로 전쟁을 시작했을지도 모른다.

종자, 곡물 전쟁의 핵심

곡물 전쟁의 핵심은 종자 전쟁과 규모 전쟁이다. 종자 전쟁은 다시 신약 개발 경쟁력과 유전자 조작 곡물 문제를 낳는다.

먼저 종자 전쟁을 살펴보자. 현재 세계 1위의 종자 기업인 몬산토는 전 세계의 식물 및 곡물 종자를 싹쓸이하고 있다. 한국은 몬산토 같은 기업들에게 토종 종자 기업을 팔았다. 미래가 불투명하고, 큰돈이 안 된다는 이유에서다. 하지만 몬산토는 세계시장의 25%를 점유하면서 종자 수출과 특허 수입으로 연간 120억 달러의 매출을 올린다. 그들은 인구가 폭발적으로 늘고, 기후 변화와 물 부족으로 곡물 시장에 큰 변동이 반복적으로 일어나는 미래를 겨냥하여 준비하고 있다. 그때가 되면 종자 로열티를 더 비싸게 올려받을 수 있기 때문이다. 미국과 캐나다 등의 농업 대국은 정부 차원에서 전략적으로 이런 회사들을 지원한다. 국가 차원에서 전략적으로 대학과 협동으로 농업과학을 육성한다. 식물과 곡물 종자의 전략적 미래 가치를 잘 알기 때문이다.

종자 전쟁, 즉 농업과학 기술력은 단순히 농업에만 머무르지 않는다. 종자 전쟁에서 패하면 곧바로 '신약 개발'의 전략적 교두보를 잃는다. 미래 신약 산업은 화학 기반에서 바이오 기반으로 전환될 것이다. 농수산물과 각종 식물에서 추출한 성분을 기반으로 화학 약품에 비해 인체에 훨씬 해가 없는 바이오 신약이 부각될 것이다. 이는 의료 제품 발전으로도 연결된다. 감귤에서 인공피부의 재료를 추출할 수 있고, 인공장기, 식 의학 소재 개발에도 연결된다. 더 늦추면, 식량 수입 의존도가 높은 나라들은 식량 문제에서도 진퇴양난에 빠지고, 바이오 생명산업에서도 뒤처지게 된다.

종자도 다 빼앗기고, 곡물 자급률도 계속 하락하고, 곡물 가격은 치솟고, 식량 안보가 위태로워지는 악순환에 빠져들면 어떤 일이 벌어질까? 70억 명을 넘어 140억 명의 인구로 치닫는 미래를 감당하려면 지금보다 더 획기적인 차원의 기술 발달이 필요해진다. 유전공학을 활용해서 이 모든 문제를 한 방에 해결하려는 유혹에 빠지게 된다.

유전공학기술은 양날의 검이다. 새로운 기회를 우리에게 주지만, 이면에는 미지의 위험도 동시에 존재한다. 물건은 잘못 만들면 버리면 그만이지만 생명체는 그렇게 할 수 없다. 인간이 먹는 것은 부작용이 발생하면 뒷세대로 치명적 위험이 유전된다. 유전자 조작 식물은 인체에 직접적 유해를 끼치거나, 유전자나 면역체계를 교란하거나, 호르몬 체계를 교란한다. 생태계 교란의 원인이 되기도 한다.

신의 영역에 도전하는
인간의 미래

GREAT CHALLENGE 2030

위험한 연금술,
유전자 조작

2006~2008년의 3년 동안 인도에서는 벌레를 박멸하기 위해 스스로 독성을 내는 능력을 갖도록 유전자를 조작한 목화 종자인 '볼가드'가 뿌려진 밭에 방목된 1만 마리가 넘는 양들이 목화 잎을 먹고 일주일만에 코에서 피와 고름을 흘리고 경련을 일으키며 집단 폐사하는 일이 발생했다. 목화씨 기름은 식용으로도 많이 쓰이기 때문에 유전자 조작 목화씨는 사람에게도 영향을 준다.

제초제에 강한 내성을 지니도록 유전자 조작된 콩이나 옥수수 종자를 뿌린 농장은 제초제를 마음껏 뿌린다. 이렇게 재배된 콩은 전 세계로 팔려나가 동물의 사료로 사용되고 사람이 먹는 음식물 재료로도 가공된다. 유전자 조작 식품GMO, Genetically Modified Organism이다. 유전자 조작 식품을 파는 사람들은 기아와 식량 문제를 완전히 해결하고, 곡물 가격도 크게 낮출 수 있다고 말한다. 유전자 조작 식품 기술을 활용하면 북한이나 아프리카의 식량 문제를 일거에 해결할 수 있다는 환상을 준다. 틀린 말은 아니다. 문제는 안전이다.

유전자 조작이 불러올 재앙은 다양하다. 한 실험 결과에 의하면, 유전자 조작 감자를 먹은 쥐가 신장 크기가 줄고 뇌가 수축되면서 시름시름 앓다가 면역 체계 붕괴로 죽었다고 한다. 유전자를 조작한 슈퍼 연어는 성장이 빠르고 몸체가 일반 연어보다 36배나 크다. 그런데 일부 슈퍼 연어의 머리에 기형이 생기고 몸체가 기형으로 변했다. 헤엄도 제대로 못 치고 빨리 죽었다.

유전자 조작 생물은 생태계도 파괴한다. 유전자 조작 물고기를 일반 물고기와 같이 살게 하는 어느 실험에서는 불과 5세대 만에 유전자 조작 물고기가 생태계를 점령했다고 한다. 양식장을 탈출한 유전자 조작 물고기들, 유전자 조작 식물 종자들이 강, 호수, 바다, 들, 산과 땅 생태계를 완전히 교란할 수 있는 가능성을 보여준 것이다.[1]

지금도 죽음의 씨앗, 오염된 종자, 생태계 파괴 종, 유전자 조작 식품이 계속 만들어지고 있다. 미국처럼 힘센 나라의 정부와 WTO 등 국제기구의 묵인하에, 글로벌 종자회사들은 유전자를 조작해서 비밀리에 판매를 계속하고 있다. 다국적 종자회사인 몬산토, 듀폰, 신젠타, 칼젠 등이 대표적이다. 이들은 유전자 조작 종자도 팔고, 강력한 제초제도 같이 판다. 칼과 방패를 같이 파는 것이다.

미국에서 생산된 옥수수의 85%, 콩은 90%가 유전자 조작 종자다. 밀의 상당량도 유전자를 조작한 종자로 재배된다. 몬산토가 유전자를 조작해서 만든 성장호르몬을 맞은 소가 생산한 우유를 마실 수도 있다. 그런데 성장호르몬이 투여된 닭, 소나 돼지에서 새로운 부작용이 계속 발생하고 있다. 성장호르몬제 때문에 생긴 스트레스가 가축의 몸에 축적되어 인간에게 곧바로 전달되기도 한다.[2] 하지만 기업을 유혹하는 치명적인 매력이 있다. 바로 싼 가격이다. 비非 유전자 조작 식품을 가공원료로 사용하면 수십조 원의 추가적인 비용이 든다. 비 유전자 조작 콩을 사용하는 것만으로도 2조 원 정도의 추가 비용이 발생한다.[3]

종의 경계 안에서 실시되는 유전자 조작도 큰 문제지만, 물고기의 유전자를 농산물에 접목하는 식으로 종의 경계를 넘어 이루어지는 '이종異種 간 유전자 조작'은 더 큰 문제다. 복잡성과 파급되는 부작용의 범위를 알 수 없기 때문에 잠재적 위험요소는 더 크다. 전통적으로 안정성이 검증된 유전자 조작 방법은 같은 종 안에서 지속적인 교배를 통해 우수한 방향으로 개량하는 것이다. 자연도 이런 식으로 종의 특성을 확장하거나 유지한다. 하지만 미래에 실시될 유전자 조작은 종의 경계를 넘어선 시도들도 많을 것이다. 그러나 '이종교배異種交配, Intercross'는 엄청난 위험성을 가지고 있음에도 불구하고 더 나은 미래를 만드는 연금술로 포장되어 사람들을 유혹한다.

이종교배는 우선 한 종에서 특정 유전자를 분리해서 유전자 운반체에 실어 전혀 다른 종의 유전자 속에 이식하여 새로운 유전형질을 만드는 것이다. 문제는 세포 벽을 뚫어 이종의 새로운 유전자를 침투시킨 후에는 그 유전자가 세포 안에 들어가 어디에 결합되고 오랫동안 시간이 지나면서 파생되는 결과는 무엇인지를 아직 완벽하게 예측하지 못한다는 것이다.[4]

처음에는 안전하다고 검증이 된 것이라도 시간이 지나면서 문제가 발생하는 경우도 많다. 예를 들어, DDT가 처음 개발되었을 때에는 사람에게 부작용이 거의 없고, 한 번 뿌리면 1년 후에 같은 자리에 모기가 앉아도 죽어버릴 정도의 강력한 능력을 가졌다고 평가되었다. 싼값에 대량 생산도 가능해서 그야말로 신이 내린 기적의 약품으로 불렸다. 2차 세계대전 때에는 학질모기로 전염되는 말라리아, 발진티푸스 유행을 막는 데도 효과를 발휘했다. 이러한 공로를 인정을 받아 DDT를 개발한 파울 헤르만 뮐러는 1948년 노벨 생리의학상을 받았다. 그러나 DDT가 장기적으로 남용되면서 전혀 예상하지 못한 부작용이 밝혀졌다. 성능이 강력한 만큼 토양과 물에 오래 잔류했고, DDT에 오랫동안 노출된 생물, 사람의 신경계와 내분비계에 심각한 부작용이 일어났다. 1962년 레이첼 카슨은 〈침묵의 봄〉이라는 책을 통해서 이 사실을 발표했다. 1972년 이후 DDT는 미국을 비롯한 대다수의 나라에서 사용이 금지되었다.

인간이 먹어도 문제가 없다고 검증된 자연식품도 체질에 따라서는 독이 되는 경우가 있는데, 자연식품을 먹는 것보다 더 위험한 유전자 조작 식품은 제2, 제3의 새로운 상황과 조합과정에서 예측하지 못한 문제를 발생시킬 수 있다. 이런 위기감 때문에 유전자를 조작한 감자, 옥수수, 콩 등은 선진국 식품시장에서 상당히 퇴출되었다. 하지만 인도와 같은 후진국 농장이나 사료 시장에서는 여전히 사용되고 있다.

미래로 갈수록, 늘어나는 인구와 인간의 탐욕이 결합하면서 유전자 조작 종자나 사료, 식품의 종류는 더 늘어날 것이다. 바이러스가 인간의 대응력과 함께 진화하듯이, 유전자 조작 식물과 잡초가 서로 경쟁하듯 진화할 수도 있다.

어디에선가
인간 조작이 이루어지고 있다

유전자 조작은 종자나 식품만 아니라, 동물과 사람을 대상으로도 실시된다. 생명공학기술을 활용해서 곡물 생산의 효율성을 높이고, 동물이나 인간의 난치병이나 불치병을 치료하고, 건강하게 오래 살 수 있도록 만들어 주고, 인간에게 완벽한 건강 상태를 유지하게 해주는 각종 식품을 생산해 내는 것은 긍정적 요소다. 그러나 문제는 신뢰할 수 없는 인간의 탐욕과 광기다.

헉슬리의 〈멋진 신세계〉에 등장하는 장면처럼 생명공학기술을 악용해서 사람을 인공 부화하고, 유전자를 조작하여 계급에 걸맞은 인간들을 대량생산하는 세상이 오지 말라는 법이 없다. 인간의 탐욕과 광기를 변수로 넣는다면 결코 일어날 수 없는 미래가 아니다.

현재에도 지구의 어느 곳에선가 인간을 대상으로 하는 유전자 조작, 이종교배, 인간 복제 실험이 비밀리에 이루어지고 있을 가능성을 완전히 배제할 수 없다. 과학자들의 상당수는 지금도 어디에선가 인간 복제나 인간에게 다른 종의 우성 특성을 주입하는 이종교배 연구가 진행되고 있다고 믿는다. 미래의 어느 날에는 인간복제 기술이 생식의 한 방법으로 인정받을 것이라고 예측한다.

미국에 유전공학 관련 연구소만 1,500개가 넘고 현재 진행되는 DNA 관련 연구는 8만 건이 넘는다. 유전공학의 인류 기여도를 조사한 결과, 영국의 국민 67%, 미국 국민 82%가 긍정적이라고 대답했다.[5] 많은 연구가 진행되고, 많은 사람이 유전공학에 대한 긍정적인 태도를 보이는 것은 암, 뇌혈관 질환, 심장 질환, 희귀난치성 질환, 불치병 등을 해결해줄 것으로 기대하기 때문이다. 그리고 유전공학이 예방의학의 발전을 이끌어 건강하게 오래 살게 해 준다는 희망도 크게 작용했을 것이다.

미국의 유전자 연구소인 미리어드 제네틱스Myriad Genetics 사는 유방암과 난소암 유전자 구조를 해독하고 BRCA1과 BRCA2 변이를 이용해서 암을 진단하는 특허기술을 가지고, 4천 달러짜리 유방암 발병 확률 진단 서비스를 제공한다. 2013년 초, 헐리우드 스타인 안젤리나 졸리는 이 유전자 진단을 통해 유방암과 난소암 위험 유전 인자가 있음을 발견하고 곧바로 유방 절제 수술을 받았다.

유전자 분석과 예측만이 아니라, 직접적인 치료에서의 성공 사례도 속속 나타난다. 유전자 치료는 새로운 유전자를 집어넣거나, 유전자 가위로 특정 유전자를 잘라 위치를 바꾸거나, 병을 유발하는 유전자를 삭제해 버리는 방법이다. 2012년 영국과 미국의 연구진은 혈우병 치료 유전자를 바이러스에 실어 환자에게 주입함으로써 혈액

응고 인자를 만들어내는 데 성공했다. 한국 연구진은 유전자 가위를 이용하여 뒤집힌 유전자의 앞뒤를 잘라서 다시 붙이는 치료 방법을 개발했다.[6] 특정 질병을 일으키는 유전자를 삭제하는 기술은 유전자 차원에서 암을 공략하는 방법으로 많이 사용된다. 부작용이 심한 화약요법이나 방사능 치료법을 피할 수 있기 때문이다.

이런 획기적인 성과도 있지만, 유전자 치료 도중 면역체계 혼란이 발생해서 사망한 경우도 있다. 면역체계에서 새로 주입된 유전자를 적으로 판단하여 거부반응을 일으키면서 세포나 장기에 손상이 왔기 때문이다. 치료 목적으로 주입된 유전자가 인접한 다른 유전자를 건드리면서 예기치 못한 부작용으로 암이 발생하는 경우도 있다. 유전자를 삭제하는 과정에서 실수로 다른 유전자를 함께 삭제할 위험도 있다. 유전자 치료가 더 발달할수록 해결되는 유전병의 종류도 많아지겠지만 부작용의 사례도 함께 늘어날 것이다. 이것이 인간의 한계다.

유전공학 기술이 발달하면서 인간은 신의 영역에 도전하고 싶어 할 것이다. 태초부터 인간은 신이 되고 싶어 했다. 미래의 유전공학은 인간에게 신의 능력을 선물할 것이다. 미래의 인간은 좀 더 좋은 유전적 형질을 가진 사람을 만들거나, 손상된 유전자가 없는 아이를 태어나게 하거나, 막강한 유전적 형질을 갖기 위해 끊임없이 유전자 조작 유혹에 빠지고 비밀스러운 도전을 할 것이다.

질병 치료나 더 편리한 삶을 얻기 위한 목적으로 개인의 유전자 정보를 병원이나 서비스 회사들에 제공하는 순간, 내 몸의 설계도는 더 이상 안전하지 않게 된다. 정부와 지자체, 건강보험공단, 생명보험사, 병원이나 서비스 회사들은 물론이고 당신이 다니고 있는 직장에서도 여러 가지 이유로 당신 몸의 설계도를 요구하게 될 것이다. 이들이 당신의 유전자 정보의 철저한 보호를 약속하고 장담하겠지만, 우리는 이미 지난 수십 년 동안 크고 작은 정보 해킹과 사생활 침해를 반복적으로 겪어 왔다.

침묵의 암살자 변종 바이러스, 그 최악의 시나리오

물 전쟁이 일어나지 않더라도, 인류 문명을 붕괴시킬 또 다른 시나리오가 있다. 하나는 슈퍼 박테리아의 위협이고, 다른 하나는 페스트나 H5N1과 같은 치사율이 60~80%가 넘는 변종 바이러스로 인한 대규모 전염병이다. 21세기 말, 전 세계 인구가 140억 명에 이르면서 이 시나리오의 발생 가능성도 '확률적으로' 함께 커진다.

물 문제는 3차 세계대전을 일으킬 이슈다. 3차 세계대전이 일어나면 단번에 10억 명 이상이 죽게 된다. 이에 비해 변종 바이러스 시나리오는 이동성이 빠르게 증가하고 범위가 넓어지면서 모든 대륙에 서서히 죽음의 공포를 가져다준다. 치명적 변종 바이러스가 발생하면 서서히 10억 명을 죽일 수 있다. 변종 바이러스는 인간이 통제하

거나 예방하기 힘든 위협 요소이기 때문이다. 그렇기에 '생물학적 시한폭탄'이라고도 불린다.[7]

인류는 아직 바이러스 생태에 대해서 완벽하게 파악하지 못했다. 바이러스가 존재하는 이유나 개체 수도 정확하게 모른다.

지구에 존재하는 모든 바이러스를 한 줄로 세우면 2억 광년의 길이가 된다. 바이러스는 인류에서 가장 오래된 생명체 중의 하나로 평가받는 단세포 미생물인 '고세균$_{Archaea}$'에 붙어 살 정도로 오래되고 생존력이 뛰어난 생명체다.[8] 고세균은 지구 탄생 때의 초고온 무산소 환경에서도 황으로부터 에너지를 얻어내 살 수 있을 정도였다. 바이러스는 그런 고세균에 기생하면서 각종 생명체를 감염시키며 살았다.

지구 상에 존재하는 대부분의 바이러스는 인간에게 위협적이지 않다. 그러나 0.1% 정도의 바이러스는 인간의 세포 속에서 무한 복제하면서 세포를 파괴하여 인간의 생존에 위협을 줄 정도의 공격을 가한다. 인간에게 치명적인 바이러스가 되려면 몇 가지 조건이 필요하다. 첫째, 이종 간 변이가 이루어져야 한다. 이종 간 변이가 이루어지면 살상력이 높아진다. 예를 들어, 치명적 독감$_{Influenza}$, HIV, SARS, HBV$_{Hepatitis B virus}$(B형 간염) 등 인간에게 위협적인 바이러스들은 상당수가 조류나 포유류에 속하는 동물들에게서 사람에게 건너와 인간을 공격할 수 있게 변이된 것들이다. 둘째, 감염력이 높아야 한다. 셋째, 인간의 면역체계가 한 번도 만나보지 못하고 백신도 없는 신종 바이러스여야 한다. 이 세 가지를 합하면 '감염력이 높은 신종 이종 변이 바이러스'가 된다.

감염력이 높은 신종 이종변이 바이러스에 대해 대부분의 의사들은 일어날 확률이 극히 희박하다고 한목소리로 말한다. 하지만 지난 20~30년만 돌아보더라도 정치인, 경제학자, 과학자, 의사들이 절대로 일어나지 않는다고 장담했던 일이 얼마나 자주 있어났나!

일단, 감염력이 높은 신종 이종변이 바이러스가 발발하면 어떤 사태가 지구상에서 벌어질지를 예측해 보자. 아래의 내용은 현재까지 신종바이러스가 발발할 때 일어났던 일, 과학자들의 예측, 필자의 의학적 상상력을 종합해서 구성한 시나리오다. 가상의 이야기다. 내일 당장 일어날 실제적 사건은 아니다. 감염력이 높은 신종 이종변이 바이러스가 발발하면 파급력이 크기 때문에, 끔찍한 일이 현실이 되지 않도록 경각심을 갖자는 목적에서 최악의 상황을 가정해 전개한 시나리오다.

공포의 시나리오[9]

2086년, 지구의 인구는 120억 명 가까이 이르렀다. 지난 70년 동안 20억 명 이상 중산층이 늘면서 수백 개의 대도시가 생겼다. 도시 개발로 환경 파괴는 더 심해졌다. 40년 전부터 물 부족 현상이 심해져서 중동, 아시아, 아프리카에서는 핵전쟁도 불사하겠다는 엄포가 계속 오간다. 70년 전보다 지구의 평균온도는 2℃가 더 올랐다. 지난 170여 년 전체로는 3℃가 올랐다. 평균온도가 3℃가 상승했다는 것은 대륙 내부나 적도 지역은 6~9℃ 상승하고, 극지방은 더 뜨거워져서 9~12℃가 상승했다는 말이다.

지구의 평균온도가 3℃ 오른 지금, 지구 생물의 최대 30%가 사라졌다. 기온이 오르면서 식물이 심한 스트레스를 받고, 가뭄과 뜨거움으로 먹이가 줄고, 생태계가 혼란에 빠졌다. 인간도 식물도 동물도 점점 생존의 한계점에 도달하고 있다. 미국에서는 2015년의 뉴올리언스를 강타했던 허리케인 카트리나를 능가하는 역사상 최강의 허리케인이 휴스턴을 덮쳤다. 4~5m가 넘는 파도가 갤버스턴 해안 지역을 강타했다. 주변 해안도시의 대부분이 물에 잠겼다. 북극과 남극에서 엄청난 양의 빙하가 녹아 해수면이 상승하면서 뉴욕도 물에 잠겼다. 방글라데시는 전 국토의 20%가 수몰 지역이 되었다. 북극의 해빙이 여름철에 완전히 녹아 없어진 지는 벌써 30년이 넘었다.

기후 변화로 집중호우가 빈번해져서 비가 오더라도 물 부족 문제는 더 심해졌다. 대부분의 국가와 도시들은 단수나 제한 급수를 한 지 오래다. 수자원 시설과 급수 시설에는 군대가 배치되었다. 상당수의 저수지에서 물이 말라 버리고 남유럽, 남미, 중앙아시아 등에서는 사막화가 가속화되고 있다. 건조해진 아마존 우림지대가 산불로 심하게 훼손되면서 온실가스가 배출되고, 이산화탄소를 흡수할 여력도 급격하게 줄어들고 있다. 열대 지역은 벌레들에게 점령당했다. 북반구 전 지역에 걸쳐서 열대 지방의 풍토병이 발생했다. 침수 지역이나 사막화가 진행되는 지역의 주민들이 다른 도시로 이주하거나 국경을 넘어 다른 나라로 대이동을 하고 있다. 일부의 나라는 국경을 넘어오는 사람들을 막기 위해 군대를 동원하여 긴장감을 높이고 있다.[10]

이미 20여 년 전부터 기후변화의 여파로 과학자나 의사들이 전혀 예상하지 못했던 생태계 교란이 일어나고, 인구는 폭발적으로 증가하지만 생활 환경은 열악한 남반구의 가난한 나라들이나 중국 등의 농촌 지역에서 전염병이나 신종바이러스의 출현이 반복적으로 일어나고 있었다.

2086년 현재, 칭하이靑海(중국 서북지구) 성에서 불과 몇 주 만에 6만 5,000여 마리의 새들이 내장과 뇌가 전부 파괴되어 죽는 사건이 발생했다. 그들은 치사율 60~80%의 조류 인플루엔자 바이러스에 감염되었다. 'H5N1'이라는 A형 인플루엔자 바이러스의 일종으로 알려진 바이러스였다. 수십 년 동안 매년 반복해서 발생한 바이러스였기에, 이번에도 중국 정부는 "바이러스가 불안정하고 예측 불가능한 상태인 고병원성 바이러스가 되었다."라고만 발표했다.

하지만, 'H5N1 A형 바이러스(사람에게 감염 되는 조류 인플루엔자)'는 다른 바이러스와는 다르게 '숙주宿主'를 감염시켜 죽이는 강력한 힘을 가지고 있었다. 새가 떼죽음을 당하고 난 후 얼마 지나지 않아 이 신종 바이러스는 철새와 다른 종류의 조류로 빠르게 전염되어 갔다. 조류에서 멈추지 않고 호랑이 같은 포유류로 종간 감염이 나타나기 시작했다. 이 바이러스에 감염된 포유류도 입으로 피를 흘리며 죽어갔다. 결국 인도네시아를 중심으로 동남아시아에서 사람에게 빠르게 전염되는 최악의 상황이 발생하고 말았다. 인간이 지금까지 경험하지 못한 최악의 바이러스가 출현한 것이다.

2010년 6월 3일, 중국 중부의 후베이 성에 사는 22세의 임산부가 조류 인플루엔자 H5N1에 감염돼 숨지는 사건이 발생했을 당시에는 치사율은 높았지만, 전염성이 낮아서 초기에 진압할 수 있었다. 그 후로, 당국은 반복되는 조류 인플루엔자 감염 사태에 성공적으로 대응했다. 당시에, 의사와 전문가들은 조류 인플루엔자의 사람에 대한 전염성이 낮아서 전 세계적 발병 사태로는 절대로 번지지 않을 것이라고 과학적 근거를 들어서 주장했었다. 하지만 이번에도 그들의 주장은 틀렸다. 바이러스가 한 번 더 진화하면서 강력한 치사율과 강력한 전염 능력을 갖게 되면서 사태가 변한 것이다.

초기의 35명의 환자 중 85%가 사망했다. 모두 15~43세 사이의 젊은이들이었다. 점점 감염자와 사망자 수가 빠르게 증가하기 시작했다. H5N1 바이러스의 최초 감염자가 발생했다는 사실이 언론에 보도된 때는 이미 최초 발생일로부터 두 달이나 지난 상황이었다.

WHO가 최초 발생 지역에 전문가를 급파했지만 초기 진압에 실패하면서 1차 저지선이 허무하게 뚫렸다. 그 후 드러나지 않게 감염된 사람들이 기침이나 재채기 혹은 일상적인 접촉을 하면서 더욱 쉽게 또 다른 사람들에게 바이러스를 전달하기 시작했다.

바이러스 대규모 유행주기였던 80여 년 전인 2009년에 전 세계를 휩쓸아쳤던 신종 인플루엔자 사태 때에도 전문가들은 미래에 'H5N1' 바이러스가 발생하더라도 인체 감염이 그리 빠르게 일어나지 않을 것이라고 장담했었다. 그러나 이것도 2010년 중국에서 인간에게 최초로 감염된 이후 폐에 침투한 바이러스가 정상적인 세포를 반복적으로 공격하는 과정에서 지난 몇십 년 동안 몇 번의 변이가 일어났고 그 결과 인간을 쉽게 공격할 수 있는 새로운 바이러스 입자를 대량생산하게 되었다. 그리고 수십억 개로 자기복제를 하여 인간의 코와 입을 통해 전 세계적인 전염을 일으킬 준비를 마친 것이다. 또한 결정적으로 이 바이러스 변이가 의료보건 인프라가 상대적으로 아주 낙후된 곳에서 발병했다.

물론 지난 수십 년 동안 WHO는 이런 사태를 예상하고 의료보건 인프라가 상대적으로 낙후된 지역에 대한 모니터링에 집중하고 있었다. 그리고 매년 조류 인플루엔자가 발병할 때마다 빠르게 그 지역을 봉쇄하고 항바이러스제를 대량 살포해 바이러스가 감염된 조류 떼들이나 혹은 감염된 사람의 몸에서 멈추게 하는 방식으로 감염 확산을 막는 조치를 취하고 있었다. 그러나 이번에는 시스템이 제대로 작동하지 않아서 1차 저지선이 뚫려 버리는 비극이 발생한 것이다.

보통 우리가 독감에 걸리면 인체는 면역 바이러스를 내보내 바이러스를 죽인다. 그리고 사이토카인_{Cytokine}이란 화학물질도 추가로 보낸다. 사이토카인은 면역, 감염, 조혈, 조직회복, 세포의 성장에 관여하여 면역항체 생성을 유도하고 몸의 방어체계를 관리하는 화학물질이다. 그런데 H5N1 바이러스는 면역 체계를 과다하게 작동시켜서 사이토카인을 대량으로 방출(사이토카인 폭풍 현상)하게 하여 병리적 역효과를 만들어 낸다. 그 결과 인체의 세포막, 특히 폐 내막 세포가 새기 시작하여 체액이 혈류와 기낭으로 나오게 되어, 먹지도 마시지도 심지어는 숨을 쉴 수도 없게 된다. 호흡기 계통과 다양한 장기 조직들(간, 심장, 뇌 등)을 감염시키는 복합적 장기 기능장애를 일으키며 사망을 촉진하는 것이다.[11]

1차 저지선을 뚫고 빠르게 전 세계로 퍼져 나간 조류 인플루엔자는 동남아 여행을 다녀온 한 미국인으로 인해 미국 전역을 단 3개월 만에 전염시켰다. 조류 인플루엔자가 상륙한 도시들은 한순간에 싸늘한 정적만 흐르는 유령 도시처럼 변했다. 젊은이들은 점점 죽어가고, 학교는 모두 무기한 방학에 들어가고, 거의 모든 대중교통 수단이 정지되었다. 국가적 비상조치가 선포되고 이로 인해 모든 이벤트와 모임, 스포츠 경기, 대중 집회가 취소되고, 공장은 최소 가동률만 겨우 유지할 뿐이다. 사람들이 감염이 두려워 회사에 출근하지 않기 때문이다. 빠르게 사회의 모든 시스템이 정지되어 간다. 병원은 신종 인플루엔자 환자들로 들끓고, 약국의 마스크는 동이 났다. 각국에서 매일 수천 명씩 사망자가 늘고 있다는 소식이 연일 방송을 탄다. 최고의 대응을 하더라도 전 세계적으로 수백만 명의 사망자는 불가피할 것이라는 예측도 속출한다. 병원들은 더 이상 환자를 감당하기 힘든 지경에 이른다.

사재기로 인해 생필품도 동이 난다. 사회 혼란은 점점 더 가중되고, 경제는 완전히 마비된다. 세계의 주식시장은 연일 폭락을 거듭하고 달러 환율은 급상승한다. 여행사들은 예약 취소 사태로 인해 파산지경에 이른다. 세계는 경악할만한 충격에 빠지게 된다. 유일한 해결책은 백신을 투여해서 더 이상의 전염이 되지 않도록 예방하는 방법밖에는 없다. WHO는 과거 대유행 인플루엔자가 6개월 이상 걸려 확산된 감염 범위를 지금의 신종 인플루엔자는 6주도 안 되는 시간 안에 감염시켰다고 발표했다. 이는 역대 최고 속도다.

한국도 예외가 아니다

한국에서도 안양 모 고등학교의 같은 반 학생 28명이 집단으로 신종 인플루엔자 확진을 받았다. 2088년 7월 6일 기준 감염자가 40만 명에 육박했다. 사망자는 28,290명에 달했고, 중환자실에서 생사의 갈림길에 있는 사람들도 103,201명이다. 우리나라의 현재 단계는 최악의 전 단계로서, 해외로 나간 적도 없고, 증세를 보이지 않았던 대상들에서 감염자가 속출하고 있다. 신종 인플루엔자가 지역에서 무작위로 발생하기 시작했다는 강력한 시그널이다.

각 지역의 학교들은 곧바로 휴교에 들어갔다. 현재로서 신종 인플루엔자의 유일한 대안은 백신 투여밖에는 없다. 하지만 우리나라는 WHO의 권고기준인 전국민의 25%에 해당하는 양의 백신을 보유하지 못하고 있다. 국내의 한 언론사는 다음과 같은 사항을 폭로했다. "영국, 독일 등 유럽 각국은 이미 제약회사와 전체 국민의 예방접종을 위한 백신 구매 계약을 마쳤다. 그러나 6월 말 기준으로 현재 한국의 백신확보 비율은 전 국민 대비 2.7%에 불과하다. 물론 이것도 예약일 뿐이다. 최근 정부는 국민 27%를 접종시킬 백신을 확보하겠다고 밝혔지만 백신 자체 생산 능력이 부족한 우리 나라가 국내에서 제조할 수 있는 백신은 500만 명분뿐이고 이것도 지금부터 6개월 후에야 가능하다고 한다."

이 방송이 나간 후 전국에 패닉 현상이 급속하게 퍼지기 시작했다. 시간이 지날수록 감염자 수가 급격히 증가했고, 더불어 사상자의 수도 기하급수적으로 늘기 시작했다. 최초 발병된 지, 2달 만에 전 세계 사망자 수는 수십만 명에 이르렀다. 백신이 나오려면 앞으로도 최소한 4~6개월이 더 필요하다는 WHO의 발표에 전 세계가 공포에 휩싸였다. 지금의 추세라면 백신이 나오기 전에 수백만 명이 사망할 가능성이 크다. 전 세계 인구가 120억 명을 넘은 현재 아프리카, 남미, 아시아의 가난한 나라들에서 엄청난 사망자가 발생할 가능성이 커졌다. 최악의 경우 수억 명이 사망할 수도 있다.

치명적인 변종 인플루엔자의 발병은 미리 막을 수 없다. 돌연변이 현상을 예측할 수 없기 때문이다. 결국, 일단 신종 인플루엔자가 발병하고 균을 수집한 후에야 대응할 수 있다. 초기 발병이 되어 각국에 알려지는 데 몇 주간이 소요된다. 그리고 채집된 균이 각국으로 전달되는 데 며칠이 걸린다. 그 후 백신 균의 유전자 분석을 하는 데 1~2주 정도가 걸리고, 이를 배양하기까지 약 한 달 정도의 시간이 걸린다. 그 과정이 끝나면 배양된 백신 균주를 전 세계의 제약회사로 배분한다. 그리고 제약회사에서 3~4개월 후에야 첫 백신 제품이 생산된다. 이런 과정을 거쳐야 하기 때문에 신종 인플루엔자가 발병한 지 5~6개월이 지나야 백신을 구할 수 있게 된다. 그러나 실제로는 거기서 몇 달은 더 지나야 수백만 명 분량의 백신이 대량생산되어 나오게 된다. 대유행 수준의 신종 인플루엔자는 아무리 인간이 노력을 해도 최초 발생부터 6개월까지는 거의 무방비 상태에서 번지게 놔둘 수밖에 없다는 말이다.[12]

2009년 신종 인플루엔자 사태 이후로 이 과정이 많이 단축되었지만 그래도 3~4개월은 소요된다. 게다가 2009년 당시 백신이 개발되더라도 전 세계의 생산라인을 전부 가동 해서 6개월 동안 생산할 수 있는 백신의 총량은 약 6억 명분이었다. 2009년 이후 전 세계 인구는 140억에 가까워졌지만 백신의 생산능력은 크게 증가하지 않았다. 때문에 오히려 백신의 보급 수준은 2009년의 사태 때보다 열악한 상황이다. 대부분의 인구 증가가 후진국이나 개발도상국들을 중심으로 이루어졌기 때문이다. 결국은 2009년의 사태와 마찬가지로 국제적인 힘을 가진 선진국을 중심으로 백신이 먼저 공급되고 후진국들은 더 많은 시간을 기다려야 하는 사태가 재발했다.

지난 70여 년간 몇 번의 경제위기를 겪으면서 한국의 국제적 위상이 추락했기 때문에 백신 보급 순위에서도 2순위로 밀렸다. 그나마 한국은 나은 편이다. 동남아시아 국가들이나 아프리카의 국가들은 신종 인플루엔자가 발생한지 1년이 다 되어도 백신을 구할 수 없다. 전 세계의 백신 생산 라인을 전부 가동하더라도 6개월 동안 만들어낼 수 있는 양은 전 세계 인구의 10~20%를 접종할 수준밖에 되지 않기 때문이다. 이렇게 부족한 백신의 양 때문에 각 나라에서는 우선적으로 입수한 백신을 누구에게 먼저 투여해야 할지도 큰 이슈다.

선진국 정부들은 백신 접종 우선순위자들의 명단을 만들고 있다. 보통 계절성 독감은 관행적으로 노약자부터 백신을 투여했다. 그러나 이번 사태는 완전히 다르다. 일부에서는 20~45세의 사람들에게 우선권을 주어야 한다는 주장을 강하게 하고 있다. 대유행 재앙 이후 미래의 새로운 문명 건설을 위해 이들이 가장 우선적으로 필요하다는 논리다. 일단 65세 이상은 우선권이 전혀 없다. 남은 인생도 짧고 인류 생존 후 기여도도 상대적으로 낮기 때문이다. 2살 이하의 어린아이들도 우선순위가 밀린다. 60~80%의 재앙적 치사율을 보이는 인플루엔자 앞에서 결국 인류는 생존과 미래를 위한 잔인한 결정을 할 수밖에 없게 되었다.

백신 투여에서 우선순위에 밀린 사람들은 자신에게 백신이 투여되기 전까지는 항바이러스제를 투여받는 것이 유일한 대책이다. 이런 상황에서는 백신과 항바이러스제를 합쳐서 자국민의 숫자만큼 보유해야만 최악의 사태를 피할 수 있는 최소한의 조건을 갖출 수 있다. WHO는 지난 2009년 사태 이후로 각 국가에 항바이러스제의 확보율을 높이라고 권고했지만, 재정적인 부담 때문에 차일피일 미뤄왔던 국가들의 경우는 백신은 고사하고 항바이러스제도 턱없이 모자라서 사회 전체가 공포에 빠져 있다.

다행히 백신이 나오기 전까지 교차 감염을 줄이기만 하면 신종 인플루엔자로 인해 전 인류가 사라지는 것만은 면할 수 있다. 바이러스의 경우 공기 중에 떠다니기는 하지만 결국은 사람들 간의 접촉으로 인한 교차 감염이 가장 주요한 전염 경로다. 이 경로를 차단하면 백신이 나올 때까지 바이러스의 전염 속도를 늦출 수 있고 그 만큼 생존자를 늘릴 수 있다. 바로 이 점이 현 사태의 확산에 대한 대책의 핵심이라고 보고 각 국이 온 힘을 다하고 있다.

인플루엔자가 전파되는 속도에는 일정한 패턴이 있다. 처음에는 서서히 늘었다가 일정 숫자 이상의 감염자가 발생하면 급속히 전파되기 시작한다. 그리고 정점을 지나서 대다수가 면역을 갖게 되면 급속히 감소한다. 전문가들은 지구상에 변종 인플루엔자 바이러스가 등장하면 이른바 '30%룰'이 적용된다고 보고 있다. 인구 10명 중 대체로 3명이 새 바이러스의 감염자가 된다는 말이다. 1~5% 정도까지 감염되는 때는 서서히 늘다가, 5~25%까지는 급속하게 전파되고, 25~30%까지는 다시 속도가 준다. 그리고 30% 정도가 감염되면 자연스럽게 교차 감염의 방어벽이 사람들 가운데서 만들어지면서 속도가 현저하게 준다. 겨울에 도는 계절성 인플루엔자는 유행 지역 인구의 약 10%가 감염된다. 기존에 예방백신을 맞은 사람도 있고, 감염이 누적돼 자체 면역력을 갖고 있는 계층도 있기 때문에 변종보다는 감염자 수가 적다.

신종 인플루엔자 발생 이후 높은 치사율에 대한 공포감이 빠르게 확산되자 도시에서 사람들 간의 접촉이 빠른 속도로 줄면서 교차 감염의 가능성이 하나 둘씩 자연 차단되고 있다. 그리고 교차 감염의 최고 허브 역할을 했던 학교들이 휴교하고 직장들도 문을 닫고, 감염자 중에서 생존한 20~30%에게서 자연 면역성이 생기면서 바이러스의 전염경로가 중간에서 차단되는 효과가 나타나고 있다. 하지만 백신이 대량으로 생산되기까지는 사회적 공포 현상이 사라지지 않을 것이다.

이번 재앙에서 살아남아도 한 가지 문제가 더 기다리고 있다. 살아남은 사람들에게도 후유증의 공포가 기다리고 있다. 1918년 스페인독감도 백신이 없는 상황에서 1년 2개월에 걸쳐서 대략 30%가 감염된 후 자연스럽게 마무리되었다. 하지만 스페인독감이 잡힌 뒤에도 몇 년 동안 새로운 질병이 갑작스럽게 크게 증가했다는 기록이 많다. 그중에서 가장 대표적이었던 신종 질병은 '기면성 뇌염'이었다. 기면성 뇌염에 걸리면 고열, 두통, 구토, 운동 마비 등의 증상이 나타나고 '졸음병에 걸리는 세균'에 감염되었다고 불릴 정도로 하루 종일 잠들어 있는 상태가 지속된다. 실제로 1922~1928년 동안에 기면성 뇌염 환자들의 수가 급증했다. 그때의 상황을 기록한 자료에 의하면 이런 증상으로 사망한 사람들의 수가 무려 100만 명이 넘었고, 수백만 명이 몸을 거의 못 쓰게 되었다고 한다. 즉, 생존자들 중에서도 최소 전체인구의 0.2~0.3%가 부작용에 시달렸던 것이다. 이번 신종 인플루엔자도 이런 후폭풍이 따를 가능성이 있다. 전염이 확산되면서 또 다른 변종이 나타나거나 바이러스가 뇌로 침투해서 몇 년의 잠복 기간을 거쳐 새로운 질병으로 나타날 가능성도 크다.

바이러스에 맞서는
인간의 한계

최악의 변종 바이러스 감염 시나리오는 전혀 불가능한 것은 아니다. 현재 과학이나 의료 지식으로는 치명적 이종 변이 신종 바이러스 발생의 가장 중요한 변수인 환경 파괴와 기후 변화가 만들어낼 재앙의 규모와 복잡성을 다 모른다. 그래서 이와 같은 시나리오가 현실이 되지 않는다고 100% 장담해서는 안된다.

새로운 바이러스가 인간의 몸에 침투하기 위해서는 인간에게 침투할 수 있는 길을 찾아야 한다. 바이러스의 단백질 끝의 모양이 사람 세포에 결합될 수 있는 모습으로 변이가 일어날 때까지 오랜 시간이 필요하다. 돌연변이에 필요한 시간을 충분히 벌만큼 사람과 바이러스 간의 접촉이 많아지면 적응력이 탁월한 바이러스는 스스로 길을 찾는다.

결국 시간이 오래 걸릴 뿐이지, 대부분의 바이러스가 종의 경계를 넘어 인간의 몸에 침투하는 것은 충분히 가능한 시나리오다. 어떤 바이러스들은 인간의 세포나 면역체계를 속이고 몸 안에서 증식할 수 있는 능력도 가지고 있어서 더 무섭다. 인간의 몸에 침투한 후에도 인간과의 전쟁을 거치면서 계속해서 돌연변이를 일으켜 항바이러스제, 백신, 면역체계를 피해간다. 바이러스들끼리 유전자를 교환하여 유전자 재편성을 하기도 한다. 일명, '바이러스 섹스'를 통해 더 강력해진 바이러스는 더 많은 사람을 더 빨리 더 강력하게 공격하게 된다.[13]

역사를 보더라도, 전염병은 인간의 예측을 뛰어넘어 확산되며 인류의 역사를 바꾼 적이 많다. 유럽인들이 아메리카 신대륙을 발견하고 정복 전쟁을 펼칠 때 원주민 사망자들의 1/3은 유럽인들이 옮겨온 전염병으로 죽었다. 오래전부터 유럽에서는 다양한 전염병들이 있었는데, 그중의 하나가 '마마' 혹은 '천연두'라고도 불리는 '두창Smallpox'이다. 두창은 전염성이 크고 치사율이 높다. 공기나 감염자의 타액 등을 통해서 감염이 되는데, 피부와 점막에 출혈이 일어나면 5~6일 안에 사망할 정도다. 예방접종을 하지 않으면 치사율이 30%에 이른다. 때문에 1977년에 소말리아에서 마지막 두창 환자가 완치가 되기 전까지, 한때는 전 세계 사망자의 10%가 두창으로 사망할 정도로 악성 전염병이었다. 이 정도의 위력을 가지고 있기에 지금은 두창 바이러스를 세균전으로 사용할 가능성도 제기될 정도다. 바이러스를 치료하기 위해 개발된 기술을 역으로 이용해서 인공 바이러스를 만들어 군사용으로 완벽한 병원균이라고 불리는 '탄저균Bacillus

Anthracis'14처럼 무시무시한 생화학 무기를 만드는 시나리오다.

인류가 많은 전염병을 정복했지만, 현재도 전체 사망자 수의 30%는 전염병 때문에 죽는다. 2036년이 되면 건강하게 100세까지 사는 시대가 열린다. 기술이 더욱 더 발달하는 2040~2050년이면 인간의 수명은 120세를 넘게 된다. 점점 발달하는 생명공학이나 의학기술로 인해 오랫동안 인류를 괴롭혔던 암이나 에이즈 등의 질병은 정복되기 때문이다.

그렇다고 지구상에서 질병이 모두 사라지는 것은 아니다. 예전의 질병은 사라지고 새로운 질병이 출현하게 된다. 이 중에서 인간의 무분별한 의약품 남용이나 자연환경의 파괴로 변종 바이러스가 출현하게 되어 인간을 끊임없이 괴롭히게 될 것이다. WHO에 의하면 지난 40여 년 동안 마버그열Marburg Fever(1967년 최초 발병), 라싸열Lassa Fever(1969년), 라임병Lyme Disease(1973년), 에볼라열Ebola Fever(1976년), 후천성면역결핍증AIDS(1981년), 장출혈성대장균감염증O157:H7(1982년), 콜레라O139(1992년), 한타바이러스폐증후군Hantavirus Pulmomary Syndrome(1993년), 인간광우병vCJD(1995년), 조류인플루엔자AI(1997년), 니파바이러스감염증Nipah Virus Infection(1998년), 웨스트나일바이러스감염증West Nile Virus Infection(1999년), 중증급성호흡기증후군SARS(2003년), 신종 인플루엔자H1N1(2009년) 등 30가지의 새로운 전염병이 발견되었다.15 특히, 1981년 처음 발병한 후천성면역결핍증AIDS은 지금까지 2,500만 명을 죽음으로 몰아넣었다. 면역기능을 담당하고 있는 '헬퍼T세포CD4'를 공격하는 HIV 바이러스에 감염되어 AIDS에 감염되는 숫자는 매일 6,800명씩 늘어난다. 면역체계가 망가지면 치명적인 감염이나 암 세포에 무방비 상태가 된다. 이런 상태로 아직 완치되지 못하고 남아 있는 AIDS 감염자가 3,300만 명이 넘는다. 지금은 AIDS도 관리하면 오랜 동안 생존할 수 있는 수준으로 위험성을 낮추었다. 하지만, 빠른 시일 내에 완벽한 치료제가 나오지 못하면 감염자들 중의 얼마가 더 사망할지 아무도 모른다. AIDS가 수 십 년 동안 서서히 그리고 지속적으로 인간을 공격하는 것이라면, 신종 인플루엔자는 갑자기 나타난 짧은 시간에 대규모 감염자와 사상자를 내는 무서운 전염병이다.

2009년 3월 11일 멕시코에서 첫 감염자 발생

2009년 5월 2일 국내 첫 감염자 확인

2009년 5월 7일 미국 첫 사망자 발생

2009년 5월 20일 전 세계 감염자 10,000명 돌파

2009년 6월 11일 WHO 신종 인플루엔자를 대재앙을 대비해야 하는 판데믹Pandemic 단계로 확정

2009년 7월 27일 전 세계 190여 개 국에서 13만 4,503명 환자 발생, 816명 사망.

위의 일지는 필자가 2009년 전 세계를 일시에 공포로 몰아 넣은 신종 인플루엔자 사태를 시시각각 모니터링 하면서 사회, 정치, 경제, 환경, 심리 등의 분야로 확산되는 2차, 3차 파급을 예측했던 시나리오의 일부분이다. 로이터통신은 2009년 신종 인플루엔자 재앙 사태를 두고 "지구 상에 숨을 곳이 없다."고까지 평가했다. 태평양 한가운데의 섬인 통가, 히말라야 은둔의 왕국 부탄에서까지 발병했기 때문이다.

1918년에는 전 세계적으로 5억 명(당시 전 세계 인구 18억 명의 28%)

이 감염되고, 그 중에서 5,000만 명(감염자의 10%, 전체인구의 2.8%)을 사망에 이르게 한 일명 스페인독감으로 알려진 H1N1바이러스가 지구촌을 공포에 떨게 했다. 물론 스페인독감도 초기에는 150명 밖에 죽지 않았다. 하지만 14개월 동안 점점 창궐하면서 전 세계적으로 5,000만 명을 사망케 했다. 그리고 사망자의 50%가 20~45세의 젊은 연령군이었다. 그 당시 스페인독감은 한 번 유행한 뒤 잠잠해졌다가 겨울철에 다시 찾아와서 전 세계적인 대재앙을 만들어 냈다. 2009년 신종 인플루엔자도 감염되는 대상이 늘어나는 것은 그때와 비슷한 양상을 보였지만, 1918년의 스페인독감처럼 치사율이 높지는 않았다. 또한 전 세계로 확산되면서 나타날 수 있는 바이러스의 변이와 병원성의 강화 현상도 미미했다.

2009년 전 세계적으로 발발한 신종 인플루엔자 바이러스 사태는 이렇게 끝이 났지만, 예전부터 일부 학자들이 경고했던 최악의 시나리오는 아직도 유효하다. 인플루엔자를 구성하는 헤마글루티닌H 인자는 16종이고, 뉴라미니다제N 인자는 9개이다. 이 둘이 서로 결합하면서 총 144개의 조합이 가능하다. 이 중에서 사람 몸에서만 번식이 가능한 헤마글루티닌H 인자는 1~3번이고, 뉴라미니다제N 인자는 1~2번뿐이다. 이 중에서 H1과 N1이 결합하면 1918년에 수천만 명을 사망시킨 독감(인플루엔자)이 된다.

1918년 H1N1 스페인독감 2,000~5,000만 명 사망

1957년 H2N2 아시아독감 100~150만 명 사망

1968년 H3N2 홍콩독감 75~100만 명 사망

1977년 H1N1 러시아독감 100만 명 사망

헤마글루티닌$_H$ 인자 4~16번까지와 뉴라미니다제$_N$ 인자 3~9까지는 동물에서 발생한다. 동남아 지역에서 매년 발생하는 조류 독감 바이러스는 H5N1의 조합으로 사람에게는 감염되지 않는다. 하지만, 이것이 변종되면 말이 다르다. 바이러스의 중요한 특성 중의 하나는 변화하는 환경에서 살아남기 위해 계속해서 변이를 일으킨다는 것이다. 그래서 신종 인플루엔자 바이러스의 백신을 미리 만들 수도 없고, 만드는 데도 큰 어려움이 있다. 이것이 인간의 한계다. 인간은 바이러스의 숙주이기 때문에 인간과 바이러스는 함께 진화한다. 그렇기에 인간과 바이러스의 전쟁은 절대로 인간의 일방적인 승리로 끝날 수 없는 전쟁이다. 또한 끊임없는 전쟁이다. 그리고 크고 작은 전쟁이 발발할 때마다 사람은 죽게 된다. 우리가 두려워하는 것은 다음과 같은 큰 전쟁이다.

동남아 지역에서 매년 발생하는 조류 독감 바이러스$_{H5N1}$가 변종이 되어 사람에게 감염이 되고 있는 상황에서, 이 바이러스가 다시 1918년에 5,000만 명을 죽였던 H1N1 바이러스와 결합하면 병원성과 전파력이 더욱 강력해지는 최악의 시나리오가 발생한다. 당연히 2009년 발발한 신종 인플루엔자를 치료하는데 효과를 보였던 WHO가 인정한 유일한 조류 인플루엔자의 항 바이러스 치료제인 '타미플루$_{Tamiflu}$'에도 내성이 생긴 신종 바이러스가 된다. 인플루엔자 바이러스가 인류를 괴멸시키려면 3가지의 조건이 필요하다. 하나는 인간에게 면역력이 전혀 없는 신종이어야 한다. 둘째, 감염된 후 단시간 안에 사망에 이르게 할 정도로 강한 독성을 내뿜어야 한다. 현재 인간에게 감염되는 H5N1 바이러스는 이 두 가지를 충족시킨다. 그리고 마지막 한 가지는 인간 대 인간의 감염성이 높아야 한다. 이제 아주 짧은 시간에 세계전쟁보다 더 많은 인명을 살상시킬 생물학적 테러리스트는 마지막 조건이 충족될 때만 기다리고 있는지도 모른다.

이 시나리오가 현실이 될 경우, 백신이 개발되어 배포되기 전까지 최소 6~12개월 사이에 140억 전 세계 인구 중에서 20~30%가 감염될 수 있다. 28~42억 명이 감염되고, 치사율 10~20%만 잡아도 최소 2억 8천명에서 최대 10억 명 가까이 사망할 수 있다. (참고로 치사율이 높으면 높을수록 감염도는 낮아진다. 감염을 시키는 숙주가 빨리 죽어 버리기 때문에 도리어 감염 속도는 느려진다)

신종 바이러스 대유행 주기가 있다

전문가들은 바이러스의 대유행 주기를 11~39년 간격으로 보고 있다. 이 주기대로, 1977년 마지막 대유행 이후 거의 32년이 경과한 2009년 신종 인플루엔자가 대유행했다. 다행히 이전의 대유행들보다는 적은 사망자를 냈다. 하지만, 2009년의 사태는 신호탄에 불과했을지도 모른다. 2009년 신종 인플루엔자 발생 당시 필자는 신종 인플루엔자의 진행 방향과 대응방법에 대한 시나리오를 발표하면서 인플루엔자 바이러스 전문가들에게 조언을 구했다. 일부에서는 당시의 바이러스가 동남아 지역에서 조류독감으로 인명을 살상한 H5N1바이러스와 결합할 경우 병원성이 더욱 더 강력해지고 전파력도 강해지는 최악의 시나리오가 가능할수 있다고 예측했기 때문이다.

그러나 국내 최고의 인플루엔자 바이러스 전문가들은 일부에서 염려했던 것처럼 H1N1바이러스가 조류독감과 만나 치사율이 60~80%에 이르는 조류 인플루엔자H5N1바이러스로 변종을 일으키는 일은 당분간 없을 것이라고 확신을 가지고 이야기했다. 그 과학적 근거로 조류 인플루엔자인 H5N1 바이러스의 H형 표면 단백질이 인간 세포에 잘 부착되지 않기 때문이라는 점을 내세운다. 즉, H5N1 바이러스는 폐의 깊숙한 부분의 세포만을 감염시킬 수 있는데, 감염된 조류의 혈액이 인간의 폐 깊숙한 부분까지는 사실상 접근하기가 힘들다는 것이다.

그러나 자연은 언제나 인간의 생각과 능력을 뛰어넘는 일을 종종 벌인다. 전문가들의 조언이 무색할 정도로 신종 인플루엔자 발발 후, 만 1년도 되지 않은 2010년 6월 3일, 중국 중부의 후베이湖北성 어저우鄂州시 어청鄂城구에 사는 22세의 임산부가 조류 인플루엔자H5N1에 감염돼 숨지는 사건이 발생하고 말았다. 돼지와 오리를 같이 키우고 있던 한 민가의 주인이 새에서 오리로, 다시 오리에서 돼지로 옮겨진 바이러스에 감염된 것이다. 새에서 직접 인간으로 바이러스가 옮겨지는 것은 거의 불가능하지만, 돼지는 포유류이기 때문에 새에서 돼지로만 바이러스가 옮겨지면 사람으로 옮겨지는 것은 쉽다. 사람은 조류 인플루엔자에 면역성이 전혀 없기 때문에 치사율이 60~80%에 이른다.

전문가들이 언제나 옳은 것은 아니다. 1969년 미국 의회연설에서 윌리엄 스튜어트 공중위생국장은 "지금은 전염병의 책장을 덮을 시간입니다. 전염병에 대항한 전쟁은 이제 끝이 났습니다."라고 말하며 인간의 완벽한 승리를 선언했다. 그러나 39년 후, 전 세계는 신종 인플루엔자 대유행을 겪었다.

동물들 간에만 감염되는 바이러스 균이 동물과 인간 간에 종간감염이 되는 일은 절대로 불가능한 일이 아니다. 조류 인플루엔자처럼 에이즈 바이러스도 인간에게서 발병되기 전에는 동물에서만 발생하는 균이었다. 원숭이나 침팬지에서 발병하는 유인원면역결핍바이러스$_{SIV}$가 사냥꾼들이 그 고기를 먹거나 사냥을 하는 과정에서 변종되어 인간에게 감염된 것으로 추정된다. 치사율이 80%를 넘어서 역사상 가장 치명적인 바이러스로 분류되는 에볼라 바이러스도 비슷한 방식으로 인간에게 전염되었다. 에볼라 바이러스는 1976년 아프리카 콩고의 한 정글에서 벌목 작업을 하던 사람들이 처음으로 감염되었다. 학자들은 아마도 에볼라 강에 서식하는 원숭이가 숙주였을 것이라고 추정하지만, 그것도 확실치 않아서 숙주를 알 수 없는 병으로 남아 있다. 에볼라 바이러스는 건강한 사람도 악수 한 번 하는 것만으로 감염될 정도로 전염성이 매우 높다. 사람 몸 속으로 침투한 에볼라 균은 단백질막을 파괴하고 세포 속으로 들어가서 세포가 터질 정도로 빠르게 증식한다. 모든 세포들이 터지면서 사람은 피를 토하고 죽는다. 감염성이 높지만 다행인지 불행인지 감염된 사람이 죽는 속도가 빠르기 때문에 오히려 널리 퍼지지 않는다.

2003년 발병한 중증급성호흡기증후군$_{SARS}$도 중국 남부 광둥성의 사향고양이가 박쥐에서 감염된 데서 비롯되었다. 바이러스에 감염된 사향고양이의 고기를 인간이 먹기 위해 도축하는 과정에서 바이러스가 인간 몸에 침투하면서 변종이 발생하였다. 이렇게 처음 인간에 침투한 SARS(중증급성호흡기증후군) 바이러스는 감염환자를 치료하던 의사를 감염시켰고, 그 의사가 결혼식에 참석하기 위해 150km 떨어진 홍콩으로 가서 12명의 피로연 손님에게 옮겨졌다. 그리고 12명의 여행객들을 통해 며칠 후, 싱가포르, 베트남, 캐나다 등으로 빠르게 확산되면서 8개월 동안에 30개 국가에서 8,000명 정도가 감염되었다. 그 중에서 774명이 사망했다. 다행이 치사율이 10%정도 밖에 되지 않아서 그 피해는 다른 치명적 전염병들보다 적었지만, 앞으로 몇 번 더 변종이 발생하면 치사율은 더 높아질 수 있다.

시간이 갈수록 반복되어 나타나는 전염병들은 계속 변종이 되고 있으며 치사율도 높아지고 있다. 예를 들어, 필자가 이 책의 원고를 쓰고 있는 현재도 SARS 바이러스와 유사 종이지만 치사율은 더 높은 '중동호흡기증후군MERS, Middle East Respiratory Syndrome'이 사우디아라비아와 아랍에미리트UAE를 중심으로 발생했고, 비행기 승객을 매개체로 유럽까지 전염되고 있다.[16] 또한 2013년 3월에 중국에서 발병한 신종 AI인 H7N9형 조류 인플루엔자의 치사율은 36%로 집계되었다. 이 바이러스는 2009년의 H1N1보다 전염성도 빨랐다.

인플루엔자의 발병 패턴으로 보아 한 번 변종이 일어난 인플루엔자 바이러스는 매년 반복적으로 일어날 가능성이 상당히 크다. 그리고 반복될 때마다 한 단계씩 더 진화할 것이다. 인플루엔자는 A~D까지 4개의 종이 있다. A형은 야생 조류의 몸에서 산다. B형은 개나 사람의 몸에서 살지만 유순하다. C형은 인간이나 돼지 등에서 살면서 경미한 감기 증상을 유발한다. 마지막으로 D형은 아시아와 아프리카에서 진드기를 매개로 퍼지는 바이러스다. 이 4가지 형들은 조건만 맞으면 상호 유전자 교환이 가능하다. 변종이 되면 인간에게 가장 치명적인 것은 A형이다. 이미, 치사율 60~80%에 이르는 A형 조류 인플루엔자 H5N1은 20번 이상 돌연변이를 했고, 사람 감염도 반복적으로 일어나고 있다. H5N1보다는 저병원성인 H5N2나 H7N7 등도 계속해서 변종을 하는 중이고 그 과정에서 조류나 사람을 죽이는 일도 벌어지고 있다.[17] 이 바이러스는 앞으로도 계속 돌연변이를 일으킬 것이며, 그 과정에서 빠른 전염 능력만 장착을 하면 인류를 곧바로 대재앙에 빠뜨리게 된다.

2010년 6월 중국에서처럼 초기에 이를 봉쇄하면 다행이지만, 만약 봉쇄선을 뚫고 전 세계로 빠르게 전염되는 사태가 발생하거나 더욱 더 강력한 바이러스로 재탄생 하게 되면 우리는 중세의 페스트나 1918년의 스페인독감의 재앙을 다시 맞이해야 할지 모른다.

인간은 뛰어난 과학과 의학기술로 매년 발생하고 있는 조류 인플루엔자에 대항할 백신과 치료제를 만드는 데 사활을 걸고 있다. 하지만, 지금의 바이러스를 가까스로 잡는 약이 개발되더라도, 인류의 역사가 증명해 준 것처럼 바이러스도 인간의 현재 의학 수준을 뛰어넘는 새로운 종으로 진화할 것이 분명하다. 이런 싸움이 반복되는 과정에서 단 한 번이라도 바이러스가 인간의 대응력을 넘어서는 순간 인류는 재앙을 맞게 된다. 이는 당장은 일어날 가능성은 낮지만, 언젠가는 한 번 일어날 수 있는 미래 시나리오다.

전염병 전파 원인들

바이러스에 대응하기 위해 인간이 미리 할 수 있는 일은 전 세계의 병원, 보건소, 질병관리센터 등을 연결하고 정보를 공유하면서 새로운 바이러스나 질병의 출현을 모니터링 하는 것뿐이다. 그렇기 때문에 인간은 언제나 신종 바이러스보다 한 발씩 늦는다. 여기서 크고 작은 문제들이나 수 십 년 혹은 수 백 년에 한 번씩 인류의 생존을 위협하는 참혹한 대재앙이 시작된다. 이런 이유들로, WHO는 유행성 인플루엔자를 인류 건강을 위협하는 중요한 요소로 지정했다.

우리가 살펴 본대로, 인간을 두려움에 떨게 하는 바이러스 변이는 아프리카의 콩고, 아마존의 밀림, 중국의 깊은 시골 등 환경과 위생 등이 열악한 곳에서 사람과 야생 동물의 접촉이 빈번하고 바이러스 에 감염된 고기를 먹는 비위생적인 환경에서 시작되어 빠르고 촘촘 히 얽힌 운송수단을 타고 전 세계로 퍼지고 있다. 만약, 이런 곳들에 더 많은 사람들이 모여 사는 도시화 현상이 나타나고, 야생동물들과 접촉할 기회가 많은 이들 지역과 상거래가 활발해지고, 여행객이 많 아지고, 식습관을 교류하면 더 빠르고 더 빈번하게 종간 경계를 뛰어 넘은 새롭고 치명적인 바이러스들이 전 세계로 퍼질 가능성은 더 커 지게 될 것이다.

또한 70억이 넘는 사람들은 더욱 더 많은 고기를 먹기 위해 각종 동물의 집단 사육을 포기하지 못할 것이다. 집단 사육 시 발생하는 질병감염을 막기 위해 항생제들이 무분별하게 남용되어 바이러스의 내성을 증가시킨다. 그럴수록 동물과 인간의 종간감염이 가능한 강 력한 변종바이러스가 발생할 가능성도 계속 커질 것이다. 조류 독감 은 밀집, 효율, 약물, 떼돈벌이가 작동하는 전 세계 곳곳에 있는 공장 형 양계장을 무한 복제의 터전으로 삼고 있으며, 광우병은 동물성 단 백질 사료의 국제무역을 최적의 유통 경로로 삼고 있기 때문이다.[18]

개발과 성장을 멈추지 않는다면, 지구 온난화 문제도 끝나지 않을 것이다. 지구 온난화의 가속화는 기온 상승 효과를 일으켜 전염병을 일으키는 매개곤충인 진드기나 모기 등의 분포지역을 확대시키고, 곤 충들의 번식과 활동량을 증가시켜 유럽, 북아메리카, 아시아 등의 선진국들이 모여 있는 북반구로의 전염병 확산 가능성을 높일 것이다.

　먹거리의 세계화도 전염병을 전파시키는 원인으로 작용한다. 예를 들어, 1993년에 처음 나타난 장출혈성 대장균인 'O157'은 미국산 쇠고기로 만든 햄버거 패드 등에서 발생한다. O157 병원균 때문에 미국에서는 정기적으로 햄버거 리콜 사태가 발생한다. 미국이 O157 대장균이 보균된 소고기를 세계에 수출하는 과정에서 전 세계로 병균이 퍼져 나간다. 뿐만 아니라, 뇌를 잠식하는 죽음의 프리온$_{prion}$[19] 단백질이라고 불리는 '크로이츠펠트-야코프병$_{CJD,\ Creutzfeldt-Jakob\ disease}$', 일명 인간 광우병도 세계화를 목전에 두고 있다. 물론, 프리온도 지속적으로 변종이 발생 중이다. 가정 요리나 패스트푸드의 재료로 많이 쓰이는 오리, 닭, 메추라기들도 국가들 간에 서로 주고 받는 중요한 먹거리 무역품목들 중의 하나다. 무역의 세계화는 먹거리뿐만 아니라, 해충, 잡초, 세균, 조작된 유전인자들을 무차별적으로 뒤섞는 데 일조한다. 그 중에서 세계적인 살인마 몇몇이 숨어 있다.

생태 자살의 위험이 시작되었다

필자는 〈2030년 대담한 미래〉에서 중국의 발전이 인류에게 끼치는 가장 큰 위험 중의 하나로 '생태 자살Ecological Suicide'을 지목했다.[20] 생태 자살은 재레드 다이아몬드 교수가 문명의 붕괴 원인을 분석하는 과정에서 아주 중요한 요소로 언급한 사항이다. 재레드 다이아몬드 교수는 과거의 위대한 문명과 제국들을 붕괴로 내몬 중요한 요소 중의 하나가 역설적이게도 문명 건설을 위해 필요악처럼 환경을 희생시킨 것이라고 지적했다. 환경 파괴가 오래 지속되면 생태 자살이라는 끔찍한 부메랑을 맞게 된다. 아래는 재레드 다이아몬드 교수가 지목한 12가지 유형의 환경 파괴 현상들이다.

삼림 파괴와 서식지 파괴

토양 훼손 문제

물 관리 실패

지나친 사냥으로 종의 멸종

과도한 고기잡이로 해양 생태계 파괴

외래종으로 인한 토착종 생태계 교란

인구 폭발

사람의 영향

인간으로 인해 발생한 기후 변화

자연환경에 축적된 유해 화학 물질의 부작용

에너지 부족 및 고갈

지구의 광합성 역량을 극한까지 사용하려는 인간의 욕심[21]

2100년경이 되면 재레드 다이아몬드 교수가 분석한 12가지 유형의 환경 파괴 현상들이 어느 정도 나타날까? '삼림 파괴와 서식지 파괴'는 지구 온난화 현상이 지속되고, 140억의 인구가 살 수 있는 터전 건설을 위해 계속해서 산과 우림을 헐고 새로운 거주지를 만들고, 좀 더 편리하고 사치스러운 생활을 위해 필요한 소비재를 만들기 위해 나무를 계속 베어내는 한 멈출 수 없는 현상이다. 140억으로 인구가 증가하는 과정에서 지금보다 2~3배 많은 사람들이 도시에 모여 살면서 버리는 생활쓰레기, 더 많은 제품을 생산하기 위해 공장을 가동하는 과정에서 더 많은 산업 폐수 및 폐기물이 땅과 하천, 바다를 오염시킬 것이다. 토양 훼손의 문제는 갈수록 더 심각해질 것이고, 앞으로 80~90년은 아프리카의 깊은 산림 지역, 오지 및 극지 등에까지 사람의 영향이 미치지 않는 곳이 없게 될 것이다.

지구 온난화와 인구의 폭발적인 성장은 물 관리를 더욱 어렵게 할 것이다. 지금보다 2배나 되는 인구를 먹여 살리려면 더 많은 고기를 잡아야 한다. 물고기가 부족하면 유전자 조작을 한 슈퍼 물고기나 외래종을 수입하여 양식을 해야 한다. 이런 종들은 아무리 잘 관리하더라도 시간이 지날수록 양식장을 벗어나 자연 생태계로 유입되는 숫자가 많아질 것이고, 결국 토착종 생태계를 심각하게 교란시킬 것이다. 140억 명의 풍요로운 삶을 위해 필요한 에너지는 충분하다. 그렇기 때문에 역설적이게도 인간은 더욱 더 많은 에너지를 소비할 것이다. 탄소세금을 부과하더라도 중산층과 부자들은 에너지 소비를 줄이는 것이 쉽지 않을 것이다.

인간이 계속해서 배출하는 이산화탄소는 대기 중에 100년 이상 축적되어 떠돌아 다니고, 강과 하천에 마구잡이로 버려지는 산업 유해물질은 강과 바다에 오랫동안 축적된다. 지구 환경을 걱정하는 일부 사람들의 노력에도 불구하고 개인, 기업, 국가 단위의 의도적인 유해물질 배출 은폐 노력은 미래에도 지속될 것이다. 선진국들은 추가적인 환경파괴를 하지 않고 현재 수준을 유지해주는 것만으로도 큰 배려라고 생각할 것이다. 미래의 선진국들은 다른 방식의 환경 파괴 요인을 만들어 낼 것이다. 자원 선점을 위해 벌이는 국지적인 전쟁, 영구동토층과 극지방의 개발, 우주 영토 선점을 위한 우주개발과 우주전쟁, 그리고 유전자 조작의 부작용은 선진국이 주도하는 환경 파괴의 새로운 요인이 될 것이다.

환경을 파괴하지 않고 산업 발전을 하는 방법이 전혀 없는 것은 아니다. 문제는 돈이다. 환경을 적당히(?) 파괴하면서 산업과 도시를 발전시키는 것, 극지방과 우주를 개발하는 것이 단기적으로는 훨씬 더 경제성이 높다. 환경을 보존하는 데 비용을 사용하면 먼 미래에는 더 큰 가치로 돌아온다는 것을 기업들도 잘 안다. 하지만, 기업 경영자들의 대부분에게 미래 가치는 '희망' 사항일 뿐, 현재적 구속력을 갖지 못한다. 오늘 당장 한 푼의 추가적인 이득을 더 중요하게 여기는 기업인들이 더 많다. 정치인들도 비슷하다. 국가라도 다르지 않다.

2011년 3월 11일, 대지진과 지진해일로 후쿠시마 제1원자력발전소에서 대형 사고가 발생했다. 발전소가 침수되면서 전원 및 냉각 시스템이 파괴되어 핵연료가 용융되고 수소 폭발이 발생했다. 엄청난 방사성 물질이 외부로 누출되었다. 냉각장치가 작동되지 않아 냉각수 대신 바닷물을 뿌렸다. 그리고 이 모든 바닷물은 그대로 바다로 누출되었다. 원전 부지 내의 토양에서는 플루토늄, 세슘 등 다양한 방사성 물질이 검출되었다. 원전의 20-40km 이내가 완전히 오염되어서 사람들이 정상적인 생활을 할 수 없는 상태가 되었다. 일본 정부는 체르노빌 원자력발전소 사고에 비해서는 10~15%정도 수준의 방사성 물질 누출이 발생했다고 발표했다. 하지만, 이 역시 믿을 수가 없다.

일본정부는 원전에서 발생한 막대한 양의 방사능 오염수를 잘 관리하고 있다고 발표했지만 거짓말로 드러났기 때문이다. 후쿠시마 원자력 발전소에서는 사고 당시부터 2013년까지 하루에 300톤씩 2년 반이 넘도록 매일 막대한 양의 방사능 오염수를 태평양 바다로 모조리 흘려 보냈다. 일본정부는 이 사실을 알지 못했다고 해명했다. 그러나 드러난 자료에 의하면 일본 정부는 오염수 관련 대책에는 예산을 전혀 배정하지 않은 것으로 드러났다. 세계적으로 비난 여론이 들고 일어나자, 일본 정부는 이제야 도쿄전력에만 사태 수습을 맡겨 놓을 수 없어서 정부가 직접 관리하겠다는 발표를 했다. 도쿄전력은 2년 반 동안 바다에 유입된 방사성 트리튬의 량이 총 20조~40조 베크렐$_{Bq}$ 정도라고 발표했다. 이는 연간 허용 방출량의 10~100배다. 하지만, 이 수치도 도저히 믿을 수가 없다. 후쿠시마 원자력 발전소 수조 하나에 들어 있는 폐연료봉이 방출하는 세슘은 히로시마 원자폭탄의 24,000배이고, 보관 중인 핵물질은 체르노빌의 10배 가까이 되는 1,760톤이 된다.

막대한 양의 플루토늄, 트리튬, 세슘, 스트론튬 등의 방사능 물질이 바람과 비와 파도, 오염된 물고기를 통해 태평양을 순환 중이다. 방사능 오염수에 포함 된 다양한 방사능 물질은 트리튬처럼 반감기가 짧은 것이 12년이고 긴 것은 수 백 년 이상이다. 물론 이 모든 방사능 물질은 암을 유발하는 치명적인 성분들이다.

선진국들이 아무리 조심을 한다고 해도, 미래에는 지금보다 10~30배 이상 더 발전해야 하는 개발도상국들과 후진국들이 대부분의 지역에서 유해 화학물질의 자연축적을 이끌 것이다. 현재 13억의 인구와 세계 3위의 국토 면적을 가진 중국은 환경 오염을 가장 많이 시키는 나라다. 세계 1위의 석탄 소비, 3위의 석유 소비를 비롯하여 세계의 공장 역할을 하면서 무수한 산업 쓰레기와 폐수를 땅과 하천, 바다로 배출 중이다. 세계 최대의 댐 공사, 세계에서 가장 많은 건물 건축, 싹쓸이 고기잡이, 엄청난 양의 에너지 소비, 목초지 과다 사용, 산업 폐기물의 3배에 이르는 동물 배설물 오염, 매년 새로 지어지는 주택의 면적과 비슷한 규모로 배출되는 쓰레기, 지하수를 포함한 수자원 고갈과 심각한 수질 오염, 20%에 불과한 하수 처리 비율, 오존 파괴 물질 배출, 산성비, 세계 최대의 제초제 사용, 습지대 파괴,

농지개간과 무분별한 도시 건설로 인한 생물 종의 감소, 자원 고갈, 사막화 등…… 환경 파괴와 관련된 대부분의 이슈들에서 세계 1등이라고 해도 과언이 아니다. 중국이 이런 오명을 뒤집어 쓰는 이유는 간단하다. 많은 인구와 막대한 도시 개발이다. 앞으로 70억 명의 인구 증가의 대부분이 개발도상국들과 후진국들에서 일어난다는 점을 생각해 볼 때 2100년의 지구는 지금보다 더 광활한 지역에 걸쳐 더 심한 환경파괴가 되어 있을 것이다. 70억 명의 인구가 더 늘어난다는 것은 중국과 같은 나라가 5개 이상 늘어난다는 말이다. 지금 중국이 자연을 파괴하는 양의 5배가 더 파괴된다는 말이다.

이런 환경 파괴와 생태계 교란 문제는 시간이 지날수록 지구 자체가 스스로 견디지 못하고 자살을 하도록 부추길 것이다. 앞으로 80~90년 동안 현재의 70억 인구 중에서 중국과 같은 발전의 시대를 기다리는 20~30억의 인구와 추가로 늘어날 70억의 인구를 합하면, 현재 중국의 환경파괴의 7~8배의 규모의 파괴와 오염이 바다, 대기, 그리고 무역거래를 통해 지구 전체로 뻗어나갈 것이다. 아시아는 물론이고, 아프리카와 극지방, 영구동토층까지 지구의 거의 모든 지역이 오염될 것이다. 지구 자체가 숨쉬고 자정작용을 할 틈이 없어질 것이다. 인간의 탐욕으로 지구를 지속적으로 숨막히게 할 경우 2100년 지구는 생태 자살을 심각하게 고려하게 될 것이다. 생태 자살까지 가지 않더라도 지구 스스로가 살기 위해 태풍, 홍수, 집중 호우, 폭설, 전염병, 환경오염의 인간으로의 재전이 등 더 많은 자연재해를 토해낼 것이다.

신기술의
사회·경제적 결과들

지금까지 언급한 모든 문제를 해결하기 위해서는 기술 발전이 중요하다. '기술의 기하급수적 발달'을 미래 변화의 가장 중요한 추동력Driving Forces으로 생각하는 학자들은 대체적으로 21세기를 장밋빛 미래로 예측한다. 필자가 언급한 인류의 문제들도 기술 발달로 충분히 해결할 수 있다고 낙관한다. 필자도 이런 견해에 기본적으로 동의한다.

하지만 두 가지다 다르다. 하나는, 기술의 기하급수적인 발달이 인류가 꿈꾸는 장밋빛 미래를 선물할 수도 있겠지만, 21세기 말을 전후해서 성장의 한계에 도달할 수도 있다. 다른 하나는, 유토피아의 모습이 실현되는 과정에서도 반복되는 경련현상이 발생하여 롤러코스터를 타는 듯한 삶이 전개될 것이다. 필자가 2009년에 예측한 '월드스패즘World-spasm' 현상이다.

한 사람의 인생도 그리 간단하고 단순한 것이 아니다. 세계 변화는 더 말할 나위가 없다. 좀 더 실제적인 예측을 하려면, 전 세계 차원의 '미래 행동양식Futures Behaviors'이 복잡하고 변화무쌍하다고 전제해야 한다. 기술의 발달은 좀 더 편안한 삶과 혁신적이고 환상적인 제품과 서비스의 경험을 선물하지만, 언제나 거대한 금융 버블을 동반한다. 그래서 기술의 발달은 천국과 지옥, 유토피아와 디스토피아를 반복적으로 경험하게 해 준다. 철도나 자동차 등의 혁신적인 운송기술이 나타났을 때, IT기술이 나타났을 때, 혁신적인 금융기술이 등장했을 때 항상 버블을 동반했다. 미래라고 패턴이 달라지지 않는다. 미래를 예측할 때 변하는 것과 변하지 않는 것을 구별하는 것은 기본이다. 어떤 기술이 신기술로 등장하느냐, 어떤 산업이 버블의 모멘텀을 만드느냐는 변하겠지만, 기술의 발달이 유토피아적 희망을 주는 것과 동시에 경제와 금융 버블의 촉매가 되는 패턴은 변하지 않는 영역에 속한다.

미래에도 기술이 발달하는 만큼 경제위기가 반복될 것이다. 인류는 지금 물리적 국경, 경제 국경, 문화 국경이 빠르게 무너지는 시대를 지나고 있다. 그러나 이것이 끝이 아니다. 앞으로 산업의 경계, 가상과 현실의 경계, 언어의 경계, 지구 안과 밖의 경계가 차례로 무너져 내릴 것이다. 경계가 무너지면서 세계가 하나로 통합되는 속도는 더욱 빨라질 것이다. 세계 통합의 속도가 빠를수록 기술 발달이 더욱 빨라지는 선순환을 만든다.

그러나 기술 발달이 빨라지는 만큼 부작용으로 경제위기의 규모도 더 커진다. 부의 불균형 분배가 심화되고 불만과 갈등, 불균형이 더 커진다. 그만큼 국가의 안정성이 약해진다. 이것은 악순환이다. 예전에 발생했던 경제위기가 완전히 치료되지 않은 상황에서 새로운 버블이 얹히면서 경제·금융위기가 중첩되어, 그 깊이와 넓이가 더 넓어지기 때문이다. 규모가 큰 만큼 충격도 세고, 충격이 센 만큼 과거에 애써 축적해 놓았던 역량들이 많이 소모된다.

반복적인 경제위기를 일으키는 몇 가지 중요한 추동력에 대해서 좀 더 자세히 살펴 보자. 가장 근본적인 원인은 자본주의의 태생적인 한계 때문이다. 현재의 자본주의 시스템은 상층부에는 '자본을 투여하여 재화와 서비스를 생산·유통·교환·소비하는 시스템'이 있고 하층부에는 이를 뒷받침하는 '신용창조에 의한 경제성장 시스템'이 있다.

상층부의 문제는 투여된 자본이 만들어낸 이윤의 불균형 분배이고, 하층부는 적절하게 통제되지 못하는 신용(빚) 창조에 있다. 본래 신용 창출은 경제 성장을 위한 혁신적 아이디어다. 문제는 과다한 신용(빚) 창조와 빚의 잘못된 사용방식을 레버리지로 하는 유혹을 적절하게 통제하지 못하는 것이다. 반복적인 경제위기는 바로 이 두 가지의 문제에 기초를 둔다. 그리고 이 두 가지 예상되는 문제를 잘 관리 감독해서 부작용을 최소화해야 하는 정부와 의회가 그 역할을 제대로 하지 못하거나, 오히려 정치적 이득을 위해서 방조하거나 부추기는 것이 문제를 크게 만든다.

이 3가지 문제가 고쳐지지 않는 한 금융위기는 언제든지 반복된다. 여기에 급격한 기술 발달과 세계화로 시간과 공간이 빠르게 압축되는 시대가 겹치면서 금융위기 반복의 주기는 짧아지고, 충격은 더 커지고 있다. 금융위기가 발발하면 상층부의 경제구조에도 영향을 미친다. 자본을 투여해도 정상적인 이윤을 얻어낼 수 없고, 위기가 반복되면서 자본가들의 '(경제, 사회 등에서) 높은 수준의 도덕적 의무'가 약해지면서 자본주의 구조의 태생적 한계가 눈에 띄게 드러나게 만든다.

이러한 태생적 한계 위에 '인간의 탐욕'이 더해지면서 구조적 문제를 사전에 예방하는 일이 거의 불가능해졌다. 더 많은 이윤을 독점하고자 하는 인간의 탐욕은 구조적 모순을 역이용해서 최대한의 이득을 얻으려는 노력을 부추기고 있다. 적극적으로는 불법을 통해 자본이득을 극대화하고, 소극적으로는 자신의 것을 나누어 주지 않는 방식으로 경쟁자나 약자들을 무너뜨렸다. 시간이 지나면서 더 이상 빼앗고 독점할 것이 사라지면 이 모든 행위들은 자신들뿐만 아니라, 시스템 자체를 한계에 도달하게 만들어 전체를 붕괴시키는 힘으로 작용한다.

인간의 탐욕은 부자나 기득권자들에게서만 작동하는 것이 아니다. 중산층과 가난한 자들, 약자들에게서도 비슷하게 작동한다. 이들은 소비중독과 신용중독에 사로잡혀 있다. 일명 '신용 (빚) 폭식증'이다. 폭식증이란 음식을 조절할 수 없는 식이장애 중의 하나로서, 복통과 구역질이 날 때까지 짧은 시간에 반복적으로 폭식을 하고 곧바로 먹은 음식물을 토해내는 행동을 하는 증세다. 폭식 증상이 나타나면 신체적 부작용도 함께 나타난다. 예를 들어, 전해질의 불균형이 심하게 되어 심장마비의 위험성이 커지거나 식도 손상, 위 확장이나 위 천공 등 소화기 계통에 심각한 이상증세가 온다. 빚을 끊임없이 먹어대고 토해내는 것을 반복하는 것도 이런 증세와 비슷하다. 각국 정부나 세계 경제의 주관자들은 신용 폭식증에 걸려 있는 개인들을 근본적으로 치유하려고 하기보다는 일단 목까지 차오른 몇 푼의 빚을 토해내게 하는 선에서 위기를 마무리하려 하고 있다. 그리고 세계는 곧바로 "위기가 끝났다!"는 구호와 함께 또다시 게걸스럽게 빚(신용)을 먹게 될 것이다.

빚을 먹고 토해 내고 다시 먹고를 주기적으로 되풀이 하는 신용 폭식증을 근본적으로 치료하려면 돈에 대한 심리적인 태도와 돈에 대한 습관을 바꾸어야만 한다. 하지만 미래사회는 거꾸로 더욱 더 소비적인 사회로 나아갈 것이다. 미래 사람들은 더욱 더 많은 것을 소비하기 위해 '소유의 소비'에서 '접속의 소비'로 나아갈 것이다. 일정한 돈을 가지고 한 가지 물건만 구매해서 소유하는 것보다는 더욱 많은 것을 소비하기 위해 같은 돈으로 다양한 물건을 접속(즉 잠시 빌려 사용하고 싫증이 나면 다른 것으로 바꾸는 행위)하는 것이 더 좋다는 생각을 강화할 것이다. 그래서 상품과 서비스를 돈과 교환하는 속도가 점점 더 빨라지는 새로운 경제 구조가 만들어질 것이다. 신기술이 쏟아지면서 소비하고 싶은 것이 더 많아지는데 돈의 실질 구매력은 그 속도를 따라가지 못하기 때문이다. 결국, 사람들은 더욱 더 많은 소비를 하기 위해 빚을 토하기 직전까지 먹어대는 유혹에서 벗어나지 못할 것이다. 이런 것을 관리 감독해야 할 정부나 의회가 제 역할을 할지도 의문스럽다. 필자의 예측으로는 이런 모습들이 21세기 말까지도 계속될 것이다.

기술 혁신이나 신기술 개발은 탐욕을 발현하고 정부, 정치인, 기업가, 자본가, 개인 투자자, 평범한 소비자 등 수 많은 이해관계자들이 자기 이익(탐욕) 추구를 합리화하는 명분으로 작용한다. 거품은 이런 과정에서 자연스럽게 나타나는 부작용이다.

2007년 CNN은 인류 역사를 바꿔 놓은 몇 가지 버블을 소개했다. 그중에는 19세기 말에서 20세기 초에 있었던 전신과 철도산업으로 인한 거품이 있었다. 산업혁명을 대표하는 혁신적 기술과 신산업은 전신과 철도였다. 보통 이런 혁명은 투자자들의 환상을 자극하기 때문에 필연적으로 버블을 만든다. 1840년대 초 사무엘 모스가 미국 의회에서 정보를 먼 곳으로 보낼 수 있는 혁신적인 기술을 시연한 후 미국 전역은 광분의 도가니로 빠져들었다. 곧바로 투자자들은 벌떼처럼 이 신기술에 베팅했다. 결국 1849년에 전신 선로는 공급 과잉에 이르렀고 거품은 순식간에 터져 버렸다. 남북전쟁 이후 철도산업도 커다란 거품을 만들었다. 1880년대는 철도 건설의 시대였다. 이 기간 동안 건설된 철도선로는 무려 7만 1,000마일에 달했다고 한다. 이러한 철도산업의 과잉투자는 결국 1894년에 관련 기업의 1/4이 도산하는 결과를 낳았다.

1920년대는 금융투자의 버블 시대였다. 이 시기에 미국에서는 주식 투자에 대한 새롭고 획기적인 개념과 기술이 정립되고 있었다. 사람들은 너나 할 것 없이 주식시장으로 달려들었다. 투자자들은 대박의 환상에 도취돼 있었다. 그래서 아직 손에 들어오지도 않은 미래의 수익을 기대하면서 흥청망청 소비를 늘려갔다. 그리고 1929년 10월 '검은 목요일'의 주식시장 붕괴와 함께 찾아온 대공황의 참담한 구렁텅이로 빠지고 말았다. 지금의 금융위기처럼 개인과 기업의 신용은 처참하게 붕괴됐고 수많은 사람들이 자살했다. 그리고 1933년까지 월가의 많은 은행과 모기지 업체들이 부도로 쓰러졌다.

1990년대는 IT 버블의 시대였다. 글로벌크로싱이나 월드컴 같은 회사들은 광섬유 케이블 사업에 무려 300억 달러를 투자했다. 주식시장에서는 닷컴 회사들의 주가가 수십 배로 올랐다. 심지어 농업 관련 회사조차 회사의 이름에 닷컴이나 텍Tech같은 단어만 넣으면 투자금이 몰려들 정도였다. 하지만 결과는 참담했다. 수십억 달러를 장밋빛 미래에 쏟아 부은 수많은 벤처캐피털들이 파산하고 IT 주식은 순식간에 폭락했다. 우리나라도 1999년 새롬기술의 주식이 코스닥에서 2,000원에서 시작해서 무려 150배나 폭등한 30만 원까지 상승했었다. 그 후에 또 다시 우리는 2008년의 부동산 버블 폭탄을 맞았다.

이처럼 혁신적인 기술과 신산업은 태동 초기에 반드시 투기장을 먼저 형성하기 때문에 그로 인한 경제적인 공황상태를 한 번씩은 수반하는 시스템적 구조를 가질 수밖에 없다. 이런 자본주의적 투기가 만들어낸 거품이 붕괴되고 난 후에야 비로소 살아남은 혁신적 기술이나 기업들이 실제적인 수익을 내면서 사회와 경제를 발전시키는 단계로 들어간다. 산업혁명이 일어난 후, 이런 패턴은 대략 40~60년 만에 한 번씩 나타났다.

앞으로 20년 동안에는 세상을 바꿀만한 영향력을 가진 신산업들이 5~6개가 중첩되어 쏟아져 나올 것이다. 제2차 가상혁신과 인공지능 산업, 화석 에너지 제2차 혁신과 신재생 에너지 산업, 바이오-생명 산업, 로봇·사이보그 산업, 나노기술 응용산업, 우주산업 등은 세상을 바꿀 만한 어마어마한 산업들이다. 글로벌 경제위기에도 불구하고 이들이 빠른 속도로 다가오고 있다. 그러나 미래형 신기술과 그에 기반한 신 산업들도 예외 없이 가까운 미래에 버블을 동반한 위기를 거치고 나서야 새로운 산업으로 안정될 것이다.

글로벌 투기세력들은 이런 경련적 진폭 현상을 적극적으로 활용하여 수익을 거두려 할 것이다. 앞으로 20~30년 정도는 그 어느 때보다 국내외적으로 투기가 증가할 것이다. 금융시스템과 경제시스템이 취약한 국가나 개인들은 더욱 더 크고 실제적인 위협에 노출될 것이며, 시시각각 생존을 위협받는 불행한 처지에 놓이게 될 것이다.

자원전쟁도 기술버블만큼 반복적인 금융버블을 일으키는 재료로 사용된다. 앞으로 지구 인구가 70억 명이 추가로 늘어날 경우 자원 확보에 대한 욕구는 그 이상으로 증가할 수 있다. 140억의 인구를 만족시킬 인간의 아이디어들을 제품과 서비스로 만들기 위해서는 각종 재료가 필요하다. 산업 발전과 도시문명 건설을 위해 필요한 철과 비철금속, 금 등의 금속이 필요하다. 그러나 이것은 석유 못지않게 제한적이다. 특히, 산업의 비타민에 해당하는 희토류, 란탄, 세륨, 프라세오디뮴, 네오디뮴, 사마륨, 악티늄 등 이름도 어려운 희소금속은 더 제한적이다. 반도체, 전지, 에너지, 풍력, LED, 암 치료, 항공기 등에 사용되는 희소금속들은 극히 제한적이기 때문에 전쟁의 대상이 되고 투기의 대상이 된다. 때에 따라서는 경쟁자를 압박하는 전략적 무기도 된다. 2011년 일본을 무릎 꿇렸던 중국의 희토류 전쟁을 생각해보라.

자원전쟁의 가장 치열한 품목은 석유와 천연가스다. 인류가 석유 탐사를 시작한 지 백 년이 넘은 지금 메이저 기업들의 탐사성공률은 계속 높아져서 대략 20~30%정도의 확률이 된다.[22] 앞으로 기술이 발달하면 성공률은 좀 더 높아질 것이다. 또한, 기술이 발달하면 경제적 채산성이 적어서 방치되었던 곳에서도 추가적인 석유 추출이 가능해진다. 셰일층(퇴적암층)에 있는 천연가스나 타이트 오일Tight Oil 등도 발굴이 시작되었다. 앞으로도 기술은 계속 발달할 것이므로 석유나 천연가스 등의 자원은 얼마든지 추가적인 발굴이 가능해진다.

때문에 미래의 인구까지 포함해서 140억 명의 사람들이 앞으로도 최소 수십 년에서 백 년 이상 충분히 사용할 수 있는 양을 확보하게 될 것이다.

에너지산업에서 불확실성은 가격이지 매장량이 아니다. 그럼에도 불구하고 에너지는 물이나 식량처럼 인간의 생존과 발전에 아주 중요한 요소이기 때문에 투기적 요소나 정치적 고려가 따를 것이다.

에너지를 포함해서 물, 식량, 기술, 자본 등은 국가 발전에 핵심적인 요소들이다. 인간의 도덕과 윤리는 모든 국가, 모든 사람이 다 같이 잘 사는 나라를 지향한다. 그러나 인간의 탐욕은 모든 국가, 모든 사람이 다 같이 잘 살고 똑같이 권력을 나누어 갖는 것을 원치 않는다. 인간의 탐욕은 강대국, 좋은 시장으로서의 중진국, 말 잘 듣는 후진국으로 균형 있게(?) 나누어지기를 원한다. 그리고 힘이 조금만 생기면 누구나 강대국의 위치에 올라가고 싶어 한다. 지금 중국과 유럽, 러시아가 그렇다. 강대국이 되려면 소프트파워를 비롯해서 물, 식량, 에너지를 포함한 자원전쟁에서 승리해야 한다.

예를 들어, 중국은 자국의 지속적인 생존과 발전, 그리고 미국과의 경쟁에서 승리하기 위해 막대한 자본을 들여 유전들을 사들이고 있다. 자원 확보를 위한 영토전쟁도 진행하고 있다. 1967년 동중국해에서 진행된 자원탐사를 주도했던 미국립해양연구소의 에머리 박사의 보고서에서는 세계에서 가장 풍부한 석유자원이 매장되어 있을 가능성이 높은 곳 중의 하나로 대만과 일본 사이의 대륙붕을 언급했다. 2004년 미국 윌슨 국제연구소의 보고서는 이 지역에 1,000억 배럴이 넘는 석유(사우디아라비아 2,600억 배럴 매장)와 210조 톤이 넘는 천연가스(사우디아라비아 22조 톤, 미국 117조 톤 매장)가 있을 것으로 예측하고 있다. 박정희 정부는 대륙붕에 대한 국제 원칙을 근거로 이 지역에 속한 일명 '7광구'에 대한 영유권을 선포했다. 남한의 80%에 달하는 크기였다.[23] 하지만, 이곳은 지금 첨예한 영토전쟁의 장이 되고 말았다. 그 중심에는 중국과 일본이 있다. 중국이 움직일수록 미국의 방어도 거세다. 중국과 미국이 이렇게 움직이면 유럽, 일본, 러시아라고 가만히 앉아 있을 수 없다. 이미 잃어버린 30년을 향해 가고 있는 일본은 미래 생존을 걸고 동아시아 지역에 대한 영토전쟁에 나서고 있다. 나아가 일본 자위대를 전쟁이 가능한 군대로 만들려는 시도까지 진행 중이다. 자원을 둘러싼 영토전쟁에 대비하려는 목적이 크다.

30년 내 도쿄 대지진과
후지산 폭발 가능성 70%

전문가들은 앞으로 30년 이내에
도쿄에 대지진이 일어날 가능성이 70%라고 예측한다. 1995년 1월
17일 6,000명이 사망하고 1,400억 달러의 피해를 냈던 한신 대지진
(규모 7.3), 2011년 3월 11일 동북 지역 해저 10km 지점에서 발생한 진
도 9의 지진에 준하는 대지진이다.

일본 정부도 도쿄에서 대지진이 일어날 경우 11,000명 정도의 사
망자가 발생하고, 지진과 화재로 85만 채의 집이 붕괴될 것으로 예측
했다. 일본 대기업 본사의 40%가 도쿄에 위치하고 있기 때문에 곧
바로 수백억 엔의 경제적 손실이 발생한다. 대기업의 업무가 일시적
으로 마비되고, 대피소가 부족할 정도로 도시 기능이 마비되면서 일
본 전체의 경제적 사회적 후폭풍은 더 커진다.[24] 1906년 샌프란시스

코를 덮쳤던 리히터 규모 8.0~8.9 사이의 지진이 발생하면 도쿄를 중심으로 수백km가 큰 피해를 본다. 도쿄에서 후쿠시마까지의 거리는 불과 200km다. 후쿠시마부터 오사카까지 일본 중부가 지진의 충격에 영향을 받는다. 일본 기업의 본사들뿐만 아니라, 일본 공장들도 큰 충격을 받기 때문에 산업 전반이 정지될 수 있다. 바이어들이 일본을 떠나게 된다. 글로벌 금융시장도 일시적으로 큰 충격에 빠지게 된다. 일본 니케이 주가는 폭락하고 시간이 지나면서 최소 GDP의 10~20%(5,000억~1조 달러)정도의 경제적 타격을 받을 수도 있다. 240%에 가까운 국가부채를 가지고 있는 일본에 이런 수준의 대지진이 발생하면 곧바로 IMF 구제금융 지원을 받아야 한다.

21세기에는 일본을 비롯한 여러 지역에서 대규모 화산폭발도 일어날 것이다. 일본을 상징하는 후지산의 경우 지난 1707년 이후 300년 만의 대규모 폭발 가능성이 제기되고 있다. 후지산이 폭발할 경우 100km 정도 떨어진 도쿄 전 지역에 피해가 발생한다. 최소한 2~10cm 정도의 화산재가 도쿄를 뒤덮을 것이며, 공항 마비, 화산재와 미세먼지로 인한 공장들의 피해, 도시 혼란 등을 감안하면 최대 2조 5천억 엔(30조 원)정도의 경제적 손실이 발생할 가능성이 있다.[25] 대규모 자연재해를 복구하는 과정에서 돈이 투자되고, 복구 이후에 예전보다 더 나은 인프라가 만들어진다는 유익한 점도 있다고 말하고 싶은 사람도 있을 것이다. 하지만 인명 피해, 땜질식 복구로 인한 반복적인 자연재해 발생, 이런 과정에서 낭비되는 예산과 복구를 위해 투자된 돈이 최소한 10~20년 후에 생산적인 결과로 돌아올 때까지의 재정 지출 부담과 부채 증가 압박 등은 분명히 한 나라의 경제 전체에 부정적이다. 현재 지구는 다양한 이유로 대지진, 홍수, 가뭄 등의 자연재해가 증가하고 있고, 화산 폭발 등의 가능성도 커지고 있는 상황이다. 2100년까지 인류는 지금보다 더 많은 자연재해에 시달릴 가능성이 크다.

필자는 2009년 〈2020 부의 미래지도〉라는 책에서 이런 변하지 않는 구조·패턴과 미래의 새로운 변화의 힘을 다양하게 고려한 후, 앞으로 20~30년 이내에 최소 5번의 전 세계적인 경제 혼란이 올 것으로 예측했다. 그 예측을 한 후, 첫 번째 2010년 유럽발 경제위기가 발발했고, 두 번째 2015년부터 아시아 경제위기가 시작되었다. 그 과정에서 지금보다 더 많은 개인들이 죽음의 충동을 느낄 위기에 처하게 될 것이며, 더욱 더 많은 기업들이 생존의 막다른 골목으로 몰릴 것이며, 더욱 더 많은 국가들이 심각한 사회적·경제적 혼란을 겪게 될 것이라고 예측했다. 그 가운데 정신적 질병을 앓는 개인이 증가하고, 파산하는 기업이 속출하고, 도처에서 정권이 붕괴될 것이라고 예측했다. 필자의 예측처럼 중동에서는 정권이 무너지고, 유럽과 미국, 중국에서는 수많은 기업이 무너졌다. 한국에서는 더욱 더 많은 개인이 경제적으로 심각한 위기로 내몰리고 있다.

미국 경제가 안정기로 접어들기 시작했지만, 여전히 세계 경제는 롤러코스터를 타는 것 같을 것이고, 사회, 문화, 환경, 제도 등 모든 영역에서 새롭게 파생되는 변화로 인해 경련이 일듯 요동치는 시대가 진행될 것이다. 이것이 월드스패즘World-spasm(전 세계적 경련 현상)의 실체다.

사이보그 및 인공지능 기술의 진보가 가져올 인간 본연의 존재론적 문제, 생명공학 기술이 불러올 생명윤리를 둘러싼 대립과 갈등, 가상의식, 가상국가, 가상기업, 가상학교, 가상가족 등 지난 수천 년의 인류역사에 없었던 전혀 새로운 공간에서 만들어지고 있는 엄청난 변화의 물결들도 새로운 위기와 기회의 파도를 만드는 에너지로 작용하고 있다. 이런 문제들에 잘못 대응하면 유토피아의 환상은 사라지고, 디스토피아의 길로 추락할 수도 있다.

신 종교전쟁의 그림자

GREAT CHALLENGE 2030

테러 전쟁이 세계대전으로 전환되는 3가지 조건: 종교, 생존, 실수

처참했던 2차 세계대전이 끝난 후, 아인슈타인은 미래의 전쟁에 대해서 다음과 같은 예언을 했다.

"3차 세계대전에서는 어떤 무기들로 싸울지 알 수 없지만, 4차 세계대전에서는 몽둥이와 돌을 들고 싸울 것이다."[1]

전 세계가 참전하는 3차 세계대전이 벌어지면 인류의 문명은 끝이 나거나, 운이 좋아도 백 년 이상 후퇴하게 될 것이다. 현대문명의 파괴가 극심해서, 그 다음 전쟁에서는 몽둥이와 돌을 들고 싸워야 할 정도로 남은 것이 없을 수도 있다. 이런 우려에도 불구하고 미국과 유럽, 중국 등의 강대국들은 전쟁을 멈추지 않고 있다.

미국은 1776년 영국에서 독립한 이후로 지금까지도 계속 전쟁 중이다. 미국이 수행한 중요한 전쟁들만 열거해 보면 다음과 같다.

8년에 걸친 독립전쟁(1775~1783년)

준전쟁Quasi-War(1798~1800년)

1차 바버리 전쟁(1801~1805년)

2차 브리티시-아메리카 전쟁(1812~1815년)

멕시코-아메리카 전쟁(1846~1848년)

스페인-아메리카 전쟁과 필리핀-아메리카 전쟁(1899~1902년)

1차 세계대전(1914~1918)

2차 세계대전(1939~1945)

한국 전쟁(1950~1953)

베트남 전쟁(1955~1975년)

이란-이라크 전쟁(1980~1988년)

테러와의 전쟁(2001년 이후)

이 모든 전쟁은 독립, 해적 소탕, 후진국의 개방, 미국 탐험대나 시민 또는 외교관 공격에 대한 보복, 정치적 혼란에서 미국 시민과 재산 보호, 공산화 차단 등의 다양한 이유로 치러졌다.[2] 지금도 미국은 끝을 예측하기 힘든 새로운 전쟁을 앞두고 있다. 바로 IS와의 전쟁이다.

미래는 달라질까? 장담하건대 전혀 달라지지 않을 것이다. 미래에는 중국, 유럽, 러시아 등도 크고 작은 전쟁을 계속할 것이다. 지금이 전쟁이 없는 평화로운 시절이라는 것은 착각이다. 인류는 계속해서 전쟁 중이다. 1, 2차 세계대전 같은 전 세계가 참전하는 전쟁이 70년 정도 안 벌어지고 있을 뿐이다. 언제 어느 때에라도 인류 전체가 공멸할 수 있는 세계대전이 벌어질 가능성은 늘 있다. 어쩌면 IS와의 테러 전쟁이 몇 가지 조건들과 겹치면 3차 세계대전이 될 가능성도 있다. 필자는 크게 다음의 3가지 정도의 조건이 동시에 발생하면 세계전쟁으로 치달을 가능성이 클 것으로 예측한다.

  생존 갈등 – 물 전쟁
  종교(이념) 갈등 – 소수의 이슬람 강경파와 기독교 강경파의 충돌
  돌발 실수 – 사소한 오해나 돌발적 행동, 정책적 판단 미스 등

  생존 갈등은 육체적 위협이다. 종교(이념) 갈등은 정신적 위협이다. 이 두 가지가 동시에 달궈지면서 극도의 긴장 상태가 만들어질 때, 돌발적인 실수가 발생하면 인류는 이성을 상실하고, 전 세계가 참전하는 세계대전을 일으킬 수 있다.

  첫 번째, 육체적으로 극도의 위협을 주는 갈등의 원인은 '물 부족'이 가장 유력하다. 물 부족 못지않게 죽음도 불사하게 만드는 또 다른 명분이 종교다. 생존과 종교 갈등이 서로 결합된다고 곧바로 세계전쟁이 발발하지는 않는다. 2가지의 명분에 불을 당기는 방아쇠가 있어야 한다.

  바로 '돌발적 실수'다. 1914년 6월 28일, 사라예보를 방문한 오스트리아-헝가리 제국 왕위 계승자인 프란츠 페르디난트 대공과 아내 조피가 세르비아계 민족주의 비밀결사대 '검은 손'의 암살 시도를 모면하면서 사태는 진정되는 듯했다. 그런데 부상한 관료들을 위문하기 위해 병원으로 가는 페르디난트 대공 부부를 태우고 가던 운전사

가 길을 잃었다. 그리고 아주 우연하게도 검은손 단원 앞에 차가 멈춰 섰다. 이 우연한 작은 실수로 인해 결국 페르디난트 대공 부부는 암살당하고, 이것이 과도하게 민감한 상태에 있었던 범슬라브주의 세력과 범게르만주의 세력의 균형을 무너뜨리며 5년간 1,000만 명이 죽은 1차 세계대전이 시작되었다.

불안한 평화,
지금은 악마 같은 불안정성의 시기

2차 세계대전이 끝난 지 70년. 세계는 다시 불안한 평화 상황이 되었다. 2001년 9월 11일 이후 시작된 테러 전쟁의 공포와 2008년 미국발 금융위기 이후의 경제적 갈등은 모두 생존 갈등이다. 여기에 2014년 정체를 드러낸 역사상 가장 악랄한 이슬람 테러단체인 IS가 11세기 말~13세기 말까지 진행되었던 8차례에 걸친 십자군 전쟁을 다시 시작했다.

물론, 당장 3차 세계대전이 발발하는 것은 아니다. 3가지 조건이 아직 갖추어지지 않았다. 생존 갈등, 종교 갈등이라는 두 가지 조건도 무르익지 않았다. 수면 위로 부각되었지만, 임계상태에 도달하지는 않고 서서히 달궈지고 있는 중이다. 문제는 지금 겪고 있는 경제적 생존 갈등, 생명의 위협이 단기간에 해소되기 어렵다는 데 있다. 앞으로 10~20년은 지속될 것이다. 악마같은 불안정성이 오랫동안 지속되면서 불안한 평화 상태를 유지할 것이다. 이런 상황에서 필자의 예측처럼 2030년 이후 물 분쟁이 본격화되면 생존 갈등은 최고조에 다다를 수 있다.

IS가 불을 지피고 있는 신 십자군 전쟁은 어떨까? 신 십자군 전쟁이 현실화되면 세계전쟁 발발의 두 번째 조건이 충족되어 버린다. 당장 IS와의 대테러 전쟁이 신 십자군 전쟁으로 비화할 확률은 높지 않다. 하지만, 이슬람과 기독교 간의 분쟁, 테러, 국지전 수준의 갈등은 오래전부터 지속된 것이다.

세계전쟁으로 비화되지 않더라도, 이 두 가지의 갈등은 다양한 스트레스와 소모전을 낳을 것이다. 이 역시 21세기 말 인류 문명의 성장의 한계요소가 된다. 3차 세계대전의 미래전조Futures Signals가 나타나기 시작한 지금, '와일드 카드Wild card' 시나리오를 예측해 보자. 필자의 예측으로는 다음의 10가지 조건 중에서 상당수가 갖추어지면, 불안한 평화, 악마같은 불안정성 상황이 깨지고 급격한 파국으로 치닫을 가능성이 크다. 그렇게 되면 9번째 십자군 전쟁이 발발한다.

[생존 갈등 유발 환경]

2050년경에 전 세계 인구 100억 돌파

2030년 이후 심각한 수준의 물 부족

지구 온난화 심화(현재보다 0.5℃ ~ 1℃정도의 추가적인 온도 상승)

각 국가들 간에 '상대적' 부의 불균형 분배 심화(90:10정도로 악화)

[종교(이념) 갈등 유발 환경]

2030년 이전에 IS 섬멸 불가능, 혹은 또 다른 IS의 출현

중국 내 기독교 세력과 이슬람 세력의 극대화

신 십자군 전쟁

영성사회Spiritual Society로 전환되면서 종교적 신념의 시대 도래(종말론적 태도 증가)

아프리카, 중동, 아시아 등에서 독재정권에 맞선 민주주의 욕구 증가

[돌발 실수 유발 환경]

물 부족으로 3대 화약고에서 충돌 발생

아프리카, 중동, 아시아 등에서 소수 민족들의 독립운동 활동 증가

미국의 힘 약화로 글로벌 패권을 둘러싼 춘추전국시대 돌입

IT, BT, NT의 발달로 테러리스트들이 강력한 대량살상 무기(생화학 무기, 소형 핵탄두, 나노 무기 등) 확보

앞으로 이슬람과 기독교 간의 종교전쟁이 일어날 가능성은 99.9%다. 아니 이미 시작되었다. 이슬람 극단주의 테러단체가 불을 지핀 신 십자군전쟁은 생각보다 오래 갈 것이다. 한 번으로 끝나지 않을 것이다. 예전의 십자군전쟁이 200년간 지속된 것처럼 21세기 말까지 계속될 것이다.

21세기 말까지 후진국과 개발도상국들을 중심으로 기독교와 이슬람의 인구가 폭발적으로 증가하면 종교전쟁은 지속적으로 재발할 것이다. 지구상에는 수많은 종교가 있다. 사람들이 믿는 신의 숫자가 수만 가지가 된다. 하지만, 세계전쟁을 일으킬 정도의 힘과 세력, 교리

적 정당성을 가진 종교는 기독교와 이슬람뿐이다. 그래서 미래 종교 전쟁의 두 축은 이슬람과 기독교가 가장 유력하다.

지난 수백 년 동안, 기독교는 유럽과 미국 등 선진국을 중심으로 세력을 키웠다. 21세기에 들어서, 저출산, 고령화, 세속주의의 만연 등으로 선진국에서 기독교도는 감소하고 있다. 1900년, 전 세계 기독교 인구의 2/3은 유럽에 있었다. 21세기 초, 21억 명의 기독교인 중에서 1/4정도만 유럽에 산다. 2050년경이면 1/5로 줄게 될 것이다.[3]

반대로, 인구가 폭발적으로 증가하는 남반구에서 기독교는 급성장할 것이다. 2025년이면 남반구의 기독교 인구는 17억 명을 넘을 것이다. 선진국들이 몰려 있는 북반구의 기독교 인구를 압도하는 숫자다. 미국을 대체할 새로운 기독교 신정국가의 출현도 가능하다. 전 세계의 이슬람화를 목표로 하고 있는 이슬람도 남반구에서 같은 속도로 증가할 것이다.[4] 일명, 기독교와 이슬람의 남진南進 현상이다. '종교와 삶에 관한 퓨 포럼The Pew Forum on Religion and Public Life'에서 발간한 보고서에 따르면 2030년까지 중동의 일부 부유한 산유국에서도 이슬람 인구가 감소한다. 그러나 남반부 국가들의 이슬람화로 인해 2030년 22억 명 정도로 늘어날 것으로 예측된다.[5]

종교전쟁을 일으키는 주요 원인은 과도한 포교布敎 열정과 생존 위협이다. 기독교와 이슬람이 충돌하는 지역에는 이 두 가지 문제가 늘 따라다녔다. 미래에도 마찬가지다. 기독교와 이슬람이 남진하는 아프리카, 동아시아, 남미 등은 정치적으로 불안하고, 부의 불균형 분배가 큰 나라들이다. 그들 중 상당수는 생존 문제 해결의 통로를 초자연적인 신앙에서 찾을 것이다. 정치나 사회 변화보다는 개인의 구원에만 집중할 것이다. 이땅의 모든 고난과 고통에서 벗어나는 내세적

아프리카의 무정부 지역

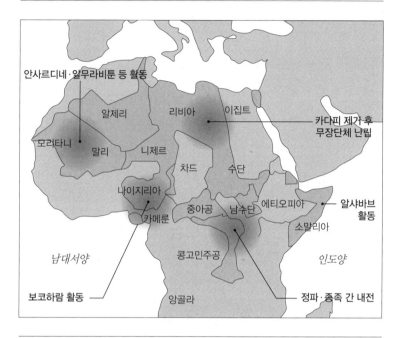

안사르디네·알무라비툰 등 활동

알제리

리비아

이집트

카다피 제거 후
무장단체 난립

모러타니

말리

니제르

차드

수단

나이지리아

중아공

남수단

에티오피아

알샤바브
활동

카메룬

소말리아

남대서양

콩고민주공

인도양

보코하람 활동

앙골라

정파·종족 간 내전

출처: 조선일보, 2015.12.01. 정지섭, "아프리카 땅 34%가 무정부지역" 중에서

천년왕국을 소망할 것이다. 병 고침, 귀신 쫓아냄 등과 같은 기적적
능력, 환상적 예언이나 묵시적 미래 등 개인적 주제에만 관심을 가질
것이다.

문제는 극소수 강경파와 광신자들이다. 이들은 광신적 포교 열정
을 갖는다. 생존 위협에 대해서도 내세에서 해법을 찾지 않고 현실
에서 해법을 찾을 것이다. 그들이 왕노릇하는 천년왕국을 내세가 아
닌 현세에서 이루려고 할 것이다. 그리고 이를 실현하기 위해서 테러
와 전쟁을 불사할 가능성이 크다. 광신자들은 정치나 경제 문제에 대
해서 무장투쟁도 불사할 정도로 강경한 신앙노선과 교리해석을 가

질 확률이 높다. 현세의 삶이 고단해지고 위험으로 가득찰수록 광신자가 되고 싶은 마음은 뿌리칠 수 없는 유혹이 된다. 이 땅에서의 '해방'도 천국만큼 중요해진다. 결국 기독교와 이슬람이 남진하면서 남반부의 정치적 불안이 커지고, 독재정권이 무너진 공간을 다시 치열한 종교전쟁이 채울 가능성이 있다. 현재도 54개국으로 구성된 아프리카 땅의 34%가 무정부 지역이다. 이 지역들은 이슬람 무장단체나 반군 등이 좌지우지하는 땅이다. 앞 페이지 그림은 미국 외교전문지 포린어페어스가 이슬람 무장 단체나 반군의 영향력을 반영하여 만든 '아프리카 지도'다.[6]

지금은 IS가 기독교국가들을 테러하고 있다. 기독교는 방어 자세를 취하고 있다. 하지만 이대로 가면 전 세계 기독교인들도 공격적 전쟁에 휘말리게 될 것이다. IS의 테러가 아니더라도, 오래전부터 이슬람 세력이 강력한 지역에서 교회가 불타고 많은 기독교인들이 살해 당하고 있었다. 아프리카와 중동은 이슬람 과격 단체와 테러리스트들의 천하가 지속되고 있기 때문에 이런 상황이 계속될 가능성이 크다.

2050년이면 국제 정세에도 큰 변화가 일어난다. 미국의 지배력은 현저히 줄어든다. 미국을 무섭게 추격하던 중국도 성장의 한계에 걸려 영향력이 예전만 못하다. 이런 틈을 타고, 이슬람 연방이 다음 패권의 주요 축으로 부상할 것이다. 이슬람 연방이 부상하는 데는 6가지 힘이 작용할 것이다.

미국의 중동 영향력 약화
서방의 무언의 지지를 받은 독재정권들의 붕괴 후 이슬람 정부 구성
중국의 영향력 약화 시기에 중국 내 이슬람권의 소수민족들의 분리

독립 움직임 강화

　　테러리스트들의 이슬람권 국가에 대한 영향력 지속

　　이슬람 인구 증가

　　이슬람 국부의 증가

　　21세기 중반이 되면 물과 식량의 문제가 부각되고, 상대적 가난에 대한 불만이 고조되며, 뜨거워진 지구로 인해 기독교인이건 이슬람인이건 종말론적 신앙 분위기가 커질 것이다. 2013년 세계은행과 유럽 연구진은 전 세계 136개 도시를 분석하고, 인구 증가와 지구온난화로 인해 빙하와 영구동토층이 녹아 내리면서 해수면이 상승하고 홍수가 더 빈번해지면서 2050년이면 전 세계 수해 피해액이 현재의 연간 60억 달러보다 170배로 증가될 가능성이 크다고 예측했다.[7]

　　호황기나 기회의 시대에는 종교적 성향이 상대적으로 약해지지만, 불황이나 위기가 커질수록 사람들에게 종교적 성향이 커진다. 특히 성경이나 코란 해석에서 자연재해의 빈번함과 국제적 군사 갈등이 커지면 마지막 전쟁과 종말이 임박했다는 예언이 힘을 얻는다. 기독교나 이슬람 지성인들에게조차도 경전의 예언은 무시할 수 없는 영향력을 발휘하기 때문이다.

　　또 다른 중요한 변수는 중국이다. 지금 중국은 자본주의가 들어가는 만큼 종교의 물결도 거세다. 중국에도 역시 기독교와 이슬람의 포교활동이 점점 강해지고 넓어지고 있다. 2010년 기준으로 중국에는 기독교 인구가 전체 인구의 7.6%인 1억 명을 넘었다.[8] 이는 상당히 큰 비중으로, 1949년 중국의 기독교인구 433만 명과 비교해서 23배나 증가한 수치다. 〈베이징의 예수〉라는 책을 쓴 데이빗 에이크만 박사

같은 일부 중국 종교 전문가들은 중국의 기독교 인구가 전체 인구의 25%를 차지할 수도 있을 것으로 예측하고 있다.[9] 2009년 기준으로 중국의 이슬람 인구도 2,100만 명을 넘었다.[10] 중국 안에서 이슬람 인구가 늘고 있는데, 중국은 서쪽으로 상당수의 이슬람 국가들과 국경을 맞대고 있다. 지금도 이슬람 세력이 중국 내 소수민족들의 독립운동을 지원하고 있다. 신장 지역의 위구르인들은 지하드를 준비 중이다. 신장 지역의 남쪽은 티베트 자치구에 속한다. 필자가 앞에서 예측했듯이 티베트는 중국의 미래전략에서 아주 중요한 지역이다. 물줄기의 근원일 뿐만 아니라, 천연가스와 석유 등의 자원이 풍부하고, 산업 발전에서 중요한 다양한 광물자원이 속속 발견되고 있는 지역이다.

이런 상황에서 중국의 기독교 인구가 지금보다 2~3배 늘어나면 어떻게 될까? 중국의 기독교는 20~30년 이내에 안정적인 자리매김을 한 후, 곧바로 국경을 맞대고 있는 이슬람권에 대한 선교 활동을 시작할 것이다. 만약, 이슬람 국가들이 중국 기독교인들의 선교 활동에 대응하는 정책을 구사할 경우 중국인의 피해가 속출하게 되고 중국 정부는 이를 가만히 보고 있지 않게 된다. 가뜩이나 중국은 신장 지역 등의 소수민족 독립을 지원하는 이슬람에 대해 곱지 않은 시선을 갖고 있는 상황에서 이런 문제들은 자칫하면 중국과 이슬람 국가들 간의 국제적 문제로 비화될 수 있다. 종교전쟁의 불씨가 유럽을 넘어 아시아로 번질 수도 있는 것이다.

성장의 한계를 촉진할 21세기 군비 경쟁

1991년 12월 25일, 미국과 냉전시대를 이끌었던 소련이 해체되었다. 소련이 망한 직접적 이유는 미국과 막대한 군비 경쟁으로 정부재정이 파탄나고 유가 하락으로 경제가 붕괴했기 때문이다. 군비 경쟁과 전쟁은 한 나라의 재정을 무너뜨리는 핵심 이유다. 1, 2차 세계대전으로 유럽국가들이 피폐해졌고, 미국도 이라크 전쟁을 치르면서 정부부채가 막대한 규모로 늘면서 휘청거렸다.

미국은 2013회계연도에 연간 6,630억 달러라는 상상을 초월한 국방비를 지출했다. 이는 같은 해 전 세계 국방비 지출의 40%이고, 한국 정부 예산의 2배를 넘는 규모다. 국지전이나 한 두 나라와의 전쟁이 발발하면 그 비용은 천문학적으로 증가한다. 미국은 지난 12년간의 아프가니스탄 전쟁과 10년이 넘는 이라크 전쟁 기간에 순수 전쟁 비용으로 2조 6천억 달러를 지출했다. 파키스탄과 국내에서 치러진 대對 테러전을 수행하는 데 사용된 비용(공항 보안, 국토안보부, 정보기관 지출 등)을 포함하면 전쟁 비용은 3조 2,280억 달러까지 늘어난다. 250만 명의 참전군인들에게 앞으로 지불해야 할 보훈 서비스까지 포함하면 최대 6조 달러(원화 6,700조 원)라는 천문학적인 군사비용을 지출해야 한다.[11] 그만큼 국가 부채가 증가했고, 앞으로도 수 십 년간 재정 지출 증가로 경제성장에 불리하게 작용하게 된다.

21세기에도 미국은 계속해서 전쟁을 해야 한다. 미국의 동맹국도 새로운 전쟁의 늪에 빠지게 된다. 미래에도 전쟁의 양상과 지역만 바뀔 뿐이지 전쟁과 군비경쟁은 멈추지 못할 것이기 때문이다. 소련이 무너진 후, 그 자리는 중국으로 대체되었다. 중국과 미국은 중동과 아프리카, 동아시아의 패권을 놓고 막대한 군비경쟁을 시작했다. 미국과 중국의 끝없는 군비경쟁은 두 나라의 성장의 한계를 촉진시키는 요인이 될 것이다. 두 나라의 군비경쟁에 주변국들이 동참하면 전 세계 성장의 한계를 촉진시키는 요인이 될 것이다. 여기에 3차 세계대전으로 비화될 정도로 잠재된 파괴력이 큰 IS같은 극단주의 이슬람 무장세력과의 전쟁, 물 전쟁도 시작되었다. 21세기도 20세기처럼 막대한 군비경쟁의 시대가 될 것이다. 21세기 중반이 되면 새로운 적과 새로운 무기도 등장할 것이다. 새로운 전쟁터도 가시화될 것이다.

이런 내용을 포함해서 미래의 전쟁을 정리하면 크게 5가지 특징을 보일 것이다. 1) 보이지 않는 적 2) 보이지 않는 무기 3) 뇌를 가진 기계 4) 우주로 전쟁공간의 확대 5) 로봇과 사이보그 인간의 전쟁이다.

PLANET

지구가 바뀐다

미래 전쟁의 특징,
보이지 않는 적

미래 전쟁의 첫 번째 특징은 '보이지 않는 적'이다. 9.11테러가 발생하기 전까지는 거의 모든 전쟁이 적과 아군이 국경을 맞대고 대치하는 전선이 분명했지만, 미래의 전쟁은 달라진다. 대표적인 보이지 않는 적은 테러 집단과 사이버 적군이다. 보이지 않는 적의 특징은 한 도시 안에 적과 아군의 혼재, 전방과 후방의 개념 실종, 가상과 현실의 모호한 구별이다. 9.11테러 이후부터는 한 도시 안에 적과 아군이 혼재되어 있다. 테러 집단이 한 나라에 침투하여 테러전쟁을 일으키기도 하지만, 그 나라 국적의 국민이 자국민을 대상으로 테러전쟁을 일으키기도 한다. 이른바 '외로운 늑대'다. 그래서 테러리스트와 시민을 구별하기 힘들어진다. 결국 전방과 후방의 개념이 무색해진다. 위협이 언제 어디서 올지 예측하기 어렵다. 영원한 동맹도 영원한 적국도 없어진다. 적을 구별하기도 힘들다.

사이버 적군은 물리적 영토를 넘어 침입해 오지 않는다. 지구 반대편에서 사이버 공격으로 보이지 않게 적의 본토에 심각한 피해를 줄 수 있다. 사이버 공격으로 타격을 할 수 있는 곳은 정부기관을 비롯해서 은행, 발전소, 군사시설, 핵발전소, 정유공장, 공항 및 항공사 등 매우 많다. 미래로 갈수록 거의 대부분의 시설들이 가상공간 속에 포함되고, 인터넷 망을 통해 거미줄처럼 서로 연결된다. 가상과 현실을 이리저리 옮겨가며 전쟁을 지속한다. 사이버 적군과 테러 집단이 서로 연결되기도 한다. 가상과 현실의 경계가 파괴되고, 국가간 경계가 의미없어지는 미래 모습과 맥을 같이 한다. 기술의 발달로 얼마든지 적은 비용으로 막대한 피해를 끼칠 수도 있다.

2003년 뉴욕에서 블랙아웃Black out(대정전)이 발생했다. 고층 빌딩의 엘리베이터가 멈추고, 각 가정에서 에어컨, 냉장고, TV 등의 가전제품들이 멈추었다. 3일만에 복구되었지만, 5천만 명이 피해를 입고 60억 달러의 경제적 손실이 발생했다. 직접적인 원인은 초고압 송전선로에 나뭇가지가 걸리면서 누전이 일어났기 때문이었다. 하지만 그 이면에 송전사고와 무관하게 이미 인터넷 IP를 통해 순식간에 세계 전역으로 확산되고 있었던 블래스터 웜바이러스가 같은 시간에 뉴욕 시의 컴퓨터를 마비시켰던 문제가 있었다.[12] 바이러스에 감염된 컴퓨터들이 늘어나면서 사건을 빨리 수습할 수 있는 원활한 커뮤니케이션을 방해했다. 초기에는 일부 설비만이 고장 나서 작은 지역에만 정전이 발생했지만, 커뮤니케이션 장애로 이 지역의 전력망을 빨리 차단하지 못하면서 정전이 뉴욕을 포함한 동부지역 전역으로 확산된 것이다. 블래스터 웜바이러스는 뉴욕 대정전 이후에도 에어캐나다 예약시스템을 고장나게 만들었고, 미국 CSX 철도 서비스를 공격하여 기차를 멈춰 서게 했다.[13] 2003년 당시는 우연의 일치였지만, 미래에는 의도적인 사이버 공격이 빈번하게 발생할 것이다. 지금은 IS가 인터넷을 선전용으로만 사용하지만 시간이 지날수록 사이버 테러를 늘려갈 것이다.

이런 보이지 않는 적과의 전쟁에 대비하기 위해 각국에서는 더 많은 군사 비용을 지출해야 한다. 보이지 않는 적의 테러를 예방하기 위해 필요한 돈과 소비되는 경제 손실은 상상을 초월한다. 사이버전쟁에 대한 대비 비용도 밑빠진 독에 물 붓기다. 중요시설에 대한 보안을 강화하고, 오픈된 인터넷 망보다는 완전히 분리되어 있는 인트라넷을 사용하고, 사이버 군대도 양성한다.

하지만, 장정 10명이 도둑 1명을 잡을 수 없다는 속담처럼, 아무리 국경 보안을 철저히 해도 테러리스트의 잠입을 완전히 막을 수는 없다. 특히 자국 내에서 자생적으로 발생하는 외로운 늑대들을 완전히 제거할 수 없다. 사이버보안을 강화해도 해커들은 목표물에 침투할 새로운 길과 방법을 찾아낸다. 계속해서 새로운 좀비 컴퓨터를 만들어 공격을 한다. 지금까지 완벽하다고 자부하는 보안시스템이 뚫린 사례가 수백 건이다. 컴퓨터 바이러스는 자연에 있는 바이러스처럼 발견된 후에나 백신을 만들 수 있을 뿐이다. 즉, 계속해서 새로운 컴퓨터 바이러스가 나오는 한 사이버 공격에 대한 완벽한 방어는 불가능하다. 재래식 무기나 대량살상무기가 부족한 나라들이나 국제적 테러 집단들도 이제는 사이버 공격을 통해 간단하게는 국가의 비밀정보를 훔치는 것부터 시작해서, 대규모 댐을 조절하여 인위적인 홍수 피해를 줄 수 있고, 열차를 탈선시킬 수 있고, 비행기의 운행을 방해할 수 있고, 대형 정유시설에서 막대한 양의 기름을 유출시킬 수 있고, 중요 설비 자체를 완전히 파괴할 수도 있고, 치명적인 살인 바이러스를 퍼뜨릴 수도 있고, 금융시스템을 교란하고, 전력거래소에 침입하여 시스템을 마비시켜 대규모 정전을 발생시키고, 심지어 핵발전소에 문제를 발생시킬 수도 있다. 최악의 경우 핵폭탄을 터뜨리는 것과 같은 피해를 상대국에 줄 수도 있다. 적국에 피해를 주는 사이버 군대가 아니더라도 단순하게 돈을 벌기 위해 공격을 가하는 해커들도 있다. 자국의 선량한 국민도 언제든지 사이버 공격자가 될 수 있다는 말이다. 단순히 은행을 털어 돈 몇 푼을 훔치는 것이 아니라, 국가에 큰 피해를 줄 수 있다. 바야흐로, 미래전쟁은 도처에 흩어져 있는 보이지 않는 적과의 전쟁이다. 보이지 않는 적이 늘어날수록 눈에 보이는 군인들과 국가의 피해는 커진다.

미래의 무기, 보이지 않는 무기와 뇌를 가진 기계

'보이지 않는 적'과 상대하는 데서 미래전쟁의 또 다른 특징이 파생된다. 보이지 않는 적을 상대하기 위한 유일한 해결책은 아군도 사이버군대 양성에서부터 레이더파를 반사나 흡수시키는 스텔스 기능이나 적외선을 쐬면 음의 굴절률로 바뀌는 메타물질'로 만든 투명 망토 기술 등을 활용한 '보이지 않는 무기'를 사용하거나 '뇌를 가진 기계' 뒤에 숨는 것이다.

나노 기술과 바이오 기술도 보이지 않는 무기를 만드는 데 사용될 것이다. 헐리웃 영화 '지구가 멈추는 날'과 'G.I. Joe'에서는 나노 무기의 무서움이 묘사되었다. 영화에는 자기 복제가 가능한 나노 크기의 로봇이 에펠탑을 먹어 치우는 상황이 등장한다. 나노 무기는 부피가 크고 무거운 재래식 무기를 작게 만들어 휴대가 편리하도록 하는 것을 비롯해서, 영화 속의 나노마이트Nanomite(나노진드기)처럼 치료용 기술을 전투에 적용할 수도 있다. 만약 영화에서처럼 이 기술이 현실화되어, 핵탄두 미사일을 공중에서 먹어 치우기도 하고, 먼지처럼 보이지 않게 인간의 몸속으로 침입해서 장기를 파괴하여 군대를 일거에 무력화시킨다고 생각해 보라. 인간의 코 점막이나 폐는 나노 입자보다 천 배 정도 큰 마이크로 입자 정도까지만 걸러낼 수 있다. 실험 결과에 의하면 쥐의 폐 속에 주입된 탄소나노튜브가 폐 조직을 치명적으로 손상시킨 사례가 보고되었다.[15]

미래 전쟁은 갈수록 로봇의 비중을 높이고, 인간이 뇌를 가진 기계 안으로 숨거나, 인간 스스로가 뇌를 가진 기계가 된다. 즉, 무인 로봇 무기의 확대, 입는 로봇을 착용한 군대, 사이보그 군인의 출현이다. 뇌를 가진 기계는 초당 수십조에서 수백조 번의 연산 능력을 기반으로 스스로 인식하고 판단하면서 대중 속에서 적을 식별할 수 있고, 적을 스스로 찾아가 공격할 수 있다. 심지어 탄약이나 탄환 한 발에도 최소한의 지능이 심어질 것이다. 이런 기술들은 현재 수 천km 떨어진 곳에서 컴퓨터 속의 게임을 하듯이 무인공격기인 '드론Drone'을 조작하는 것 이상의 무엇이 될 것이다. 에어컨이 빵빵하게 나오는 사무실에서 카메라로 수천km를 감시하고 조이스틱을 가지고 폭탄을 발사하는 전쟁을 하는 것 이상의 무엇이 될 것이다.

뇌가 없는 재래식 무기도 융복합 기술이나 신경생물학과 결합하며 계속 발전하겠지만, 궁극적으로는 뇌를 가진 무기의 개발 경쟁이 가속화될 것이다.

한국의 경우 40년 만에 재래식 무기 산업에서 세계 5위 권으로 도약했다.[16] 하지만 미래 전쟁에서는 이것만으로는 부족하다. 고위급 정치인이나 유명인을 근접해서 경호하는 것에서부터 시작해서 3차 세계대전을 촉발시킬 물 전쟁을 위한 준비전과 지구 밖에서 펼쳐질 새로운 전쟁인 '우주전쟁'에 이르기까지 거의 모든 미래 전쟁들은 기계가 가진 뇌의 성능(인공지능 성능)에 따라 성패가 좌우된다. 단순한 자동계산 기능에서부터 상당한 수준의 인식기능을 가진 인공지능을 갖춘 무기는 스스로 인식하고 판단하면서 적을 타격할 것이다. 기계가 뇌를 갖는다는 것은 소프트웨어 능력이 미래 무기의 핵심이 된다는 뜻이다. 재래식 무기의 발전과 뇌를 가진 기계가 결합되면 미래의 무기는 "더 적은 움직임으로, 더 큰 운동에너지로, 더 정밀하고 완벽하게" 적에게 치명적인 타격을 가할 수 있게 된다.

각국이 뇌를 가진 기계를 만들기 위해서 노력할수록 과학기술은 더 빠르게 발전할 수 있다. 과학의 혁신은 무기의 혁신으로, 무기의 혁신은 산업의 혁신으로 이어지면서 인류는 더 발전된 문명을 건설할 수 있다. 하지만, 막대한 군비경쟁도 함께 가속화된다. 소련이 미국과의 핵무기 보유전쟁을 벌였던 것처럼, 미래는 뇌를 가진 무기를 만드는 경쟁이 치열하게 벌어질 것이다.

미래 전쟁의 공간,
우주로 확장된다

전쟁의 공간도 확장된다. 1차 세계대전 때 처음으로 전투 비행기가 등장한 이후 전쟁은 지상에서 하늘로 확장되었다. 미래의 공중전은 우주로까지 확장된다. 이미 선진국들은 우주 영토 및 자원 개발을 시작했다. 머지 않은 미래에, 협상이나 전쟁을 통해 우주에도 영토선을 그어야 할 판이다. 전쟁을 하지 않고 협상을 통해 평화롭게 우주 영토를 분할 하더라도 이익을 최대화 하려면 그 이면에 막강한 공중전 능력을 보유해야 한다. 위성항법 장치에 더 크게 의존하는 미래 전투에서 유리한 상황을 선점하기 위해 필요한 위성 파괴 무기도 개발할 것이다. 위성을 통해 상황을 파악하고 전투의 성패를 좌우할 정보를 주고 받기 때문이다. 평상시에는 위성이 지구의 날씨를 예측하고 통신을 중개한다. 그러나 전쟁 시에는 인공위성이 막강한 현대판 정찰병이 된다. 전투의 초반 기세는 정찰병을 잡느냐 못 잡느냐에 달려 있다. 위성 파괴는 우주전쟁의 시작을 알리는 신호탄이 될 것이다.

2008년, 미국은 우주에 떠도는 자국의 낡은 정찰위성을 격추하는 실험에 성공했다. 또한, 최첨단 전투기인 미그-35, F-35, 수호이 47 베르쿠트, 유로파이터들에 스텔스, 투명 망토 장치, 레이저 같은 빔 에너지를 발사하는 지향성 에너지 무기, 최첨단 항공 컴퓨터, 무인 조종 및 인공 지능 기술, 마하 20~30의 초고속 추진 능력 등이 탑재되면서 우주 전쟁에 맞도록 개량될 것이다. 1983년 미국의 레이건 대통령 시절에 소련의 핵미사일을 요격하기 위한 전략방위구상Strategic Defense Initiative이 시작된 이후 미국은 지속적으로 스타워즈Star Wars를 준비 중이다. 2009년, 미국은 영화에서나 볼 수 있었던 레이저 무기를 비행기에 탑재하는 실험을 시작했다. 레이저 빔 에너지는 빛의 속도로 방출되어 마하 5이상으로 날아 오는 적의 미사일이나 전투기를 격추시킬 수 있다. 수백 km 밖에서 발사된 레이저 빔 에너지는 적외선 스팩트럼 안에 있어서 사람의 시각으로는 발견할 수 없다. 옆에 있는 전투기가 사라져 버려도 무슨 일이 일어났는지 아무도 모를 정도로 보이지 않는 무기라서 더욱 무섭다.[17]

미래 전쟁은 신 십자군 전쟁, 물 전쟁과 함께 20세기보다 더 큰 공포를 인류에게 안겨줄 것이다. 상상을 초월한 파괴력에 대한 공포는 커지고, 보이지 않는 적이 더 늘어갈수록 피로감은 높아지고, 비용은 더 커진다. 20세기에는 적과 아군이 분명해서 전쟁이 끝나면 오랜 기간 안정기가 펼쳐졌다. 하지만, 미래 전쟁은 시작과 끝이 불분명하다. 즉, 늘 전쟁 중일 수 밖에 없다. 20세기 전쟁에서는 전쟁으로 몰락하는 국가와 전쟁 덕택에 성장하는 국가가 극명했다. 하지만, 미래 전쟁에서는 모두가 다 패자가 될 수 있다.

　불분명한 적을 상대하면서 동시에 전통적인 적들에도 맞서 군비를 증강하는 것은 상당한 수준의 피로감과 막대한 비용 부담을 만들어낸다. 전쟁에서 승리한 것 같이 보여도, 승리했다고 선언할 수 없는 딜레마에 빠지게 만든다. 안타깝지만, 이런 식의 전쟁이 2100년까지 이어질 가능성이 크다. 그만큼 인류 문명을 주도하고 있는 주요 국가들에 불필요한 국력 소모를 유발하기 때문에, 21세기 말 인류 문명이 성장의 한계에 도달하게 만드는 중요한 요인이 될 것이다.

대중 스스로
감시사회를 선택할 가능성

〈1984〉는 조지 오웰George Orwell이 발표한 미래예측 소설이다. 그가 그린 미래상은 '빅 브라더Big Brother'라는 독재자에 의해서 감시·관리 되는 디스토피아였다. 첨단 기술은 인간의 자유와 행복을 극대화하는 것이 아니라, 한 사람에 의해서 세상이 완벽하게 지배되는 데 기여한다. 이 모든 기술을 자유자재로 활용하는 빅 브라더는 눈에 보이지 않는 무시무시한 관찰자가 되어 냉혹한 눈과 귀들을 통해 모든 것을 보고 듣는다.

1984년 지구는 3개의 국가에 의해 분할 통치된다. 강대국 셋은 오랫동안 전쟁을 벌이고 있다. '에어스트립 원Airstrip One'이라 불리는 영국은 그 중에서 강국인 오세아니아에 속한다. 오세아니아 정부를 장악한 당은 빅 브라더라는 허상을 내세워 국민들을 관찰하고 조작, 세

뇌하며 통제한다. 국민들은 정부가 새로 보급하는 언어인 '뉴스피크 Newspeak'로 말을 해야 한다. 그 언어를 사용하면 원래의 의미가 반대로 역전되거나 미화되어 국민들의 정신적 판단이 완전히 차단되는 효과가 있다. 언어뿐만 아니라 생활도 반대로 역전되고 미화된다. 가장 잔인한 영화가 가장 재미있는 영화로 통하고, 이런 것에 열광하도록 어려서부터 교육된다. 정부에는 평화성(전쟁을 담당), 애정성(법과 질서를 담당), 풍부성(피폐한 경제를 담당), 진리성(뉴스와 오락, 예술을 담당)이라는 4개의 부처가 있지만 이름과 정반대되는 일을 한다. '전쟁은 평화', '자유는 예속', '무지는 힘'이라는 구호들이 외쳐지고, 정부는 첩자들을 풀어 국민들을 감시하고, 진실을 왜곡하고, 역사를 날조하는 사회다.

소설 주인공 윈스턴 스미스Winston Smith는 오세아니아의 하급 당원이다. 그가 속한 진리성에는 '과거를 지배하는 자가 미래를 지배하고, 현재를 지배하는 자가 과거를 지배한다.'라는 슬로건이 걸려 있다. 윈스턴은 당과 관련된 보도기사를 허위로 꾸미고 재배포 하는 일을 담당한다. 하지만, 당의 위선을 깨달은 후부터 그의 마음속 깊은 곳에는 당에 대한 저항감이 강하게 자라고 있었다. 그러던 어느 날, 길을 지나던 중 윈스턴은 한 가게 안에서 자신을 매료시킨 공책 하나를 구입한다. 그리고 모든 사람들의 사생활을 낱낱이 감시하는 '텔레스크린'을 피해 위험한 도전을 하기로 결심한다. 그래서 1984년 4월 4일의 일기를 쓰기로 한 것이다.

'빅 브라더'가 이끄는 단 하나의 당이 모든 사람들의 숨통을 쥐고 흔드는 전체주의 사회는 겉으로는 유토피아의 탈을 쓰고 있다. 하지만, 실제로는 개개인의 집과 모든 거리를 철저하게 감시하고 국민들의 행동을 일일이 통제하고 명령하는 디스토피아의 사회였다. 휴대전화와 전자 메일이 보편화 되었지만 이 역시 감시의 도구로 전락했다. 뿐만아니라, 북한의 오호담당제五戶擔當制 같은 감시체제를 만들어 이웃, 동료, 가족들 간에 서로 감시하고 고발하는 것이 미덕으로 추앙되는 섬뜩한 사회다. 첨단 기술과 과거의 전체주의적 시스템이 절묘하게 결합되어 새로운 감시사회가 탄생한 것이다.

더 이상의 전쟁, 분쟁, 싸움 등이 없게 한다는 명분으로 인간의 감정, 사랑, 성욕 등은 불쾌하고 역겨운 것으로 교육된다. 부부간의 관계는 당이 필요로 하는 노동력을 가진 인간을 생산하는 것에 불과하다. 이런 것들을 제외한 모든 행동은 범죄로 간주된다. 인간성을 표현하는 것도 범죄다. 이런 범죄를 저지르거나 당에 불만을 품다가 고발된 사람들은 즉시 사회에서 사라진다. 심지어 그들의 존재기록도 완전히 삭제된다. 첨단 기술이 발달한 1984년은 인간의 자유의지와 감정이 완전히 말살된 철저한 감시사회였다. 자유의지와 평화도 사라져 버린 사회였다.

주인공 윈스턴은 체제 일탈의 첫 번째 행동으로 일기를 쓰기 시작하고, 그 다음으로 같은 부서에 근무하는 줄리아Julia와 당이 허락한 수준을 넘은 사랑을 시도한다. 통제 사회 이전의 사람들이 했던 정상적인 사랑에 눈을 뜬 것이다. 윈스턴은 줄리아와 함께 "미래를 향해, 과거를 향해, 사고가 자유롭고, 저마다의 개성이 다를 수 있으며, 혼자 고독하게 살지 않는 시대를 향해, 진실이 존재하고 일단 이루어진 것은 없어질 수 없는 시대를 향해!"라고 부르짖으며 당의 전복을 시도하기 위해 '형제단'이라는 비밀 지하운동조직에 가담한다. 그러나, 이미 윈스턴의 모든 행동을 파악하고 있는 당에서 파 놓은 함정에 빠져 사상범으로 체포되고 만다. 자신을 지하 비밀단체에 소개한 오브라이언은 사상 경찰이었다. 그에게 체포된 후 윈스턴은 애정성에서 잔인한 고문을 통해 자신이 가장 증오했던 빅 브라더를 사랑하도록 완전히 세뇌되고 만다. 첨단 기술로 완벽한 감시와 통제를 하는 사회, 끊임없는 전쟁이 평화로 왜곡되는 사회, 가장 친한 친구의 씁쓸한 배신이 난무하는 사회, 죽음을 앞둔 주인공 윈스턴도 결국 빅브라더를 사랑한다고 외치고 만다. 완벽한 디스토피아의 승리다.

스탈린의 공산주의나 히틀러의 나치즘을 경험한 조지 오웰은 전체주의가 미래의 기술을 완벽하게 장악하면 세상이 어떻게 파괴되는 지에 대해서 소설 '1984'를 통해 경고하고 싶었다. 필자도 이 책에서 펼치는 미래 시나리오들을 통해 인류가 미래에 당면할 다양한 문제들에 적절하게 대응하지 못하면 21세기 말경에 우리를 유토피아로 인도하겠다고 약속했던 기술 발전, 경제 발전과 정치 및 사회 시스템들이 거꾸로 디스토피아를 선물할 수도 있다는 생각을 떨칠 수가 없다. 미래의 기술은 사람을 풍요롭게도 할 수 있지만, 역으로 인간성을 얼마든지 몰살할 수 있는 힘도 있기 때문이다.

사회적 불평등이 고착화되고, 부의 불균형 분배가 심해지고, 경제 성장은 정체되는 가운데 세금만 높게 부과되고, 나라를 안정적으로 이끌어야 할 정치인과 관료들이 부정과 부패를 일삼으면, 국민은 이 모든 문제들을 일거에 해결할 수 있는 강력한 힘을 가진 지도자와 전체주의를 갈망할 수 있다. 스탈린과 히틀러가 등장했던 상황이 바로 이런 상황이었다. 세상은 돌고 도는 법이다. 미래에도 비슷한 상황이 형성되면 비슷한 일이 벌어지지 않으리란 보장이 없다. 기술이 인간성을 말살하고, 경제적 불평등이 심화되면, 사람들이 차선책으로 어리석게도 민주주의의 장점을 포기하고 전체주의나 공산주의를 갈망할 가능성은 여전히 존재한다. 다른 점은 새로운 독재자가 최첨단 기술을 활용해서 예전보다 더욱 치밀하고 강력하게 세상을 지배할 수 있다는 점이다. 더 나아가 국민들을 그런 방식으로 지배하더라도 다양한 기술을 통해 천사와 구세주로 자신을 충분히 속일 수도 있다. 1999년 영국의 BBC 방송이 선정한 지난 1천년 동안의 최고의 작가 3위, 2007년 가디언 조사에서 '20세기를 가장 잘 정의한 책' 1위, 2009년 뉴스위크 선정 역대 세계 최고의 명저 2위에 선정된 조지 오웰의 〈1984〉는 바로 그런 미래에 대해 경고하고 있는 소설이다.

ICT 등의 첨단기술이 발전하면서 많은 사람이 조지 오웰이 예측한 '감시사회'가 현실이 되지 않을까 걱정한다. 그러나 필자의 예측으로는 ICT가 발달한다고 해서 감시사회가 도래하지는 않는다. ICT를 포함해서 첨단기술은 감시사회를 만들 수 있는 중요한 도구다. 하지만, 기술 자체만으로 감시사회가 출현하지는 않는다.

감시사회는 기술이 아니라, 필자가 제시한 9가지의 미래 위기를 관리하는 데 실패하면 나타나는 필연적 현상이다. 9가지 미래 위기에 대응하는데 실패한 채 21세기 말을 맞는다면, 인류는 중대한 선택에 놓이게 될 것이다. 성장의 한계를 그대로 받아들이면서 '다운사이징 사회Downsizing Society'를 받아들일 것이냐, 아니면 생존할 사람과 버려야 할 사람을 나눌 것이냐, 지배해야 할 사람과 지배 받아야 할 사람을 나눌 것이냐의 선택에 놓이게 될 것이다. 성장이 멈춘 사회에서 계속해서 성장의 열매를 거두려면 줄어드는 성장의 과실을 먹을 소수의 사람들과 지속적인 성장의 과실을 위해 노예처럼 헌신해야 할 사람들을 나누어야 한다. 부자들은 높은 성을 쌓고, 나머지 세상을 안전하게 통치하기 위해 최첨단 기술을 사용하려 들 것이다. 가난한 사람들이 계속 가난하게 있도록 관리하고 감시하려 할 것이다. 신 십자군 전쟁이나 물 전쟁, 보이지 않는 적의 출현으로 인류가 생존의 위협에 빠지면 모든 권리를 포기하고 생존을 지켜줄 강력한 존재나 통합국가를 자발적으로 요청할 수도 있다.

이때가 되면 인간이 요청만 하면 기술은 이미 당장이라도 빅브라더, 감시사회를 만들어낼 수 있는 준비가 되어 있을 것이다. 21세기의 기술은 개별적으로 존재하더라도 네트워크로 서로 연결되어 시스템을 이루면서 기술적 요소와 사회적 요소간의 경계를 무너뜨리면서 발전할 것이다. 인간의 욕망이 속삭이면서 만들어내는 수많은 사회적 이해관계로 기술 발전의 방향은 돌이키기 힘들 정도의 관성이 작용할 것이다. 이런 관성의 힘에 의해서 기술은 그 자체가 의도하든 의도하지 않든 인간에게 해가 되거나 혹은 인간을 지배할 수 있는 여지를 만들 수 있다. 기술 시스템이 내제하고 있는 불확실성과 위험을 자크 엘륄Jacque Ellul이나 루이스 멈포드Lewis Mumford같은 철학자들은 일찍이 간파했다.[18]

21세기 중반쯤 되면, 신기술은 인류를 둘러싼 기존의 기술시스템과 그 주변 환경을 바꾸는 능력도 보유하게 될 것이다. 사회 안의 다양한 세력과 조직 사이의 역학관계도 바꾸게 될 것이다. 이런 변화들은 어떤 그룹에게는 힘을 잃게 하는 원인으로 작동하고, 다른 그룹에게는 더욱 강력한 힘을 가지게 만들어 준다. 힘의 변화는 사회구조 변화의 도화선이 될 것이다. 변화된 사회구조는 미래 기술의 발달 방향을 재설정할 것이다. 순환구조가 작동하는 것이다. 이런 순환구조는 권력을 가진 사람들에게 유리하게 작동할 가능성이 크다. 표면적으로, 기술 발달은 인류 전체에게 더 편리한 세상의 가능성을 열어 주기도 한다. 그러나 내면적으로, 탐욕스러운 권력자가 손만 뻗으면 아주 쉽게 '빅 브라더'의 위치에 입성할 수 있는 가능성도 열어준다.

만약 빅 브라더의 시대가 열리면, 생명공학도 인간을 길들이고 선별하는 데 사용될 것이다. 언제 어디서나 접속이 가능하고, 사람과 사람, 사람과 사물, 사물과 사물이 유기적으로 통합된 네트워크 사회에서 IT 신기술은 인간을 더욱 잘 감시하고 가둬두는 데 사용될 것이다. 가상과 현실이 동일한 메트릭스 안에 있고 기술이 사물 속에 은닉되는 사회에서 감미롭고 달콤하고 환상적인 인문학적 창의력은 국민을 속이는 데 사용될 것이다. 나노 기술이나 로봇 기술은 인간을 통제하고 억압하는 강력한 군대를 보유하는 데 사용될 것이다. 디지털 시대라는 허울 좋은 껍데기에 숨은 독재자와 기득권자들이 당을 이루어 최첨단 가상현실 기술을 가지고 국민의 뇌를 속이고, 뇌에 직접 주사되는 가상의 폭력과 섹스게임에 중독되도록 하면서 국민의 관심을 다른 데로 돌리고, 새로운 것을 진리로 인식하도록 조작할 수도 있다. 거짓 행복, 거짓 친구, 거짓 이웃이 가상의 공간을 통해 인간의 뇌 속으로 주입될 것이다. 가상과 현실의 구별이 점점 모호해지고, 가상이 현실보다 더욱 현실 같게 되게 할 수 있고, 한 집에 있으면서 서로 다른 세계에 있을 수 있고, 서로 다른 세계에 있으면서 같은 가상 공간에 있을 수도 있는 것이 미래사회다. 게임이 새로운 현실이 되고, 가상의 국가, 가상의 학교, 가상의 정당이 현실의 국가, 학교, 정당을 지배하는 시대가 미래다. 가상이 현실을 지배하고, 가상 속의 정보가 현실의 상품과 서비스를 지배하는 시대가 미래다. 가상 속에서 얼마든지 새로운 사람이 될 수 있고, 현실 세상에서는 전혀 볼 수 없었던 것을 발견할 수도 있다.

　미래는 머리에 뇌와 컴퓨터를 연결하는 가상현실Virtual Reality 장치를 쓰고, 몸에 옷처럼 편한 HIHuman Interface 장비를 착용하면 가상과 현실이 한 공간에서 공존하게 된다. 어른들도 가상과 현실 사이를 혼돈한다. 이런 미래에는 자신이 원한다면 한 번의 접속으로 영원히 가상 세계에서 로그아웃하지 않고 평생을 살 수도 있다. 가상 속에서 돈을 벌고, 장사를 하고, 상품을 만들고, 정치를 하고, 학교를 다니고, 다른 사람을 가르치고, 회의를 하고, 운동도 하고, 밤에는 클럽에 가서 춤도 출 수 있다. 거대한 시뮬레이션 장치 안으로 들어가 원하면 얼마든지 전쟁도 할 수 있다. 사랑하는 사람과 촉감을 나누면서 사랑의 관계를 나눌 수도 있다. 현실보다 가상 공간에 좋은 것이 더 많다. 현실 세계에서 받은 스트레스와 두려움이 가상 공간에서 치료된다.

　현실에서는 인류를 파멸로 몰아가는 다양한 문제들이 산적하고 해결의 기미가 보이지 않는데, 가상 공간에서는 이 모든 것들을 말 한마디로 사라지게 만들 수 있다. 가상 공간에서는 자기가 가고 싶은 곳을 날아서 어디든지 갈 수 있고, 자기가 원하는 만큼의 집을 짓고 살 수 있다. 이런 세상에서는 사람들간의 상호작용 규칙이 현실과 다르게 정해지는 것도 전혀 이상하지 않게 받아들여진다. 문제가 생겨도, 원하지 않는 결과가 나오더라도 리셋하면 된다고 많은 사람들을 착각하게 만든다. 독재 정부에게 스포츠는 국민의 관심사를 다른 곳으로 돌리는 좋은 도구다. 미래의 가상사회에서 얻을 수 있는 혜택과 감동, 그리고 말초적 자극도 독재자에게 아주 좋은 도구가 된다. 국민을 쉽게 속이고 통제하게 해 준다.

　미래는 갑자기 오지 않는다. 과거와 현재 속에 미래전조가 있다.

2100년이라는 먼 미래로 가지 않더라도 이런 식의 비슷한 행동양식은 인류의 수천 년 역사를 통해 증명된 방식이고, 지금도 제3세계나 독재국가들에서는 성행하는 방식이다. 현재도 라디오나 TV, SNS는 민주주의의 미디어가 될 수도 있고, 동시에 전체주의나 독재정권을 강화하는 도구가 될 수도 있다. 전 세계의 주요 대도시들에서는 수십만 대의 CCTV가 설치되어 있고, 대도시의 시민들은 하루에 수백 번이 넘게 감시카메라에 노출되고 있다. 우리가 사용하는 이메일, SNS 흔적, 스마트폰 사용 위치와 내용 등도 빅데이터로 수집되고 분석되고 있다. 지금은 이런 기술의 위험성과 오남용을 국민들이 감시하고 견제할 수 있다.

하지만, 인류 문명의 쇠퇴의 악순환 고리가 작동하게 되면, 지금보다 수십 배, 수백 배 발전한 21세기 말의 최첨단 기술은 어떻게 사용될까? 누구의 손에 주도권이 쥐어질까? 성난 군중의 손일까? 아니면 그들이 추대하는 강력한 독재자나 해결사의 손에 쥐어질까?

기술 발달 자체가 빅브라더를 만들거나 독재자가 감시사회를 만드는 것이 아니다. 21세기 말에 극도의 생존위협을 느낀 인류가 생존을 위해 권리를 포기하고 빅브라더스를 요청하거나, 탐욕스런 권력자가 이런 상황을 명분으로 기술 시스템을 장악하면 독재 권력자와 기술 시스템이 한 몸으로 결합되어 새로운 행위자가 탄생할 것이다. 기술 시스템을 장악한 권력자는 다른 사람들이 하지 못하는 일을 할 수 있을 것이다. 인류의 생존 문제를 해결하는 일을 할 수 있는 만큼, 권력과 기술 시스템 모두를 장악한 빅 브라더는 나머지 사람들을 자원화할 수 있을 것이다. 다른 탐욕스런 목적도 성취할 수 있을 것이다. 철저한 감시, 대중적 사기, 끔찍한 살인도 서슴지 않는 빅 브라더의 길을 갈 수도 있다.

그 다음의 세상은 조지 오웰이 소설에서 예측한 미래가 현실이 될 것이다. 80여 년 전 올더스 헉슬리가 발표한 미래예측 소설의 모습이 현실이 될 것이다. '빅 브라더'라는 독재자에 의해서 감시 관리되는 디스토피아가 시작될 것이다. 첨단 기술은 인간의 자유와 행복을 극대화하는 것이 아니라, 한 사람이 세상을 완벽하게 지배하는 데 이용된다. 이 모든 기술을 자유자재로 활용하는 빅 브라더는 눈에 보이지 않는 무시무시한 관찰자가 되어 냉혹한 눈과 귀들을 통해 모든 것을 보고 듣는다. 탐욕과 광기에 휩싸인 인간이 자본주의와 민주주의를 붕괴시키는 미래가 현실이 될 수 있다.

투모로우랜드와
우리의 선택

2015년, 디즈니사는 '투모로우랜드TomorrowLand'라는 SF 어드벤처 영화를 개봉했다. 이 영화는 천재들이 만든 미래 세계인 '투모로우랜드'를 둘러싸고 벌어지는 이야기다.[19] 자연 재해, 금융위기, 시위와 폭동 등 매일 끊이지 않는 사건과 사고가 발생한다. 영화 '투모로우랜드'는 다가올 멸망으로부터 인류를 구원해줄 장소 '투모로우랜드'가 시공간 너머에 존재한다는 흥미로운 설정을 한다.

선택받은 자만이 들어갈 수 있는 평행 세계 투모로우랜드. 최고의 천재 과학자이자 제독인 데이비드(휴 로리)는 지구 종말을 대비해서 투모로우랜드를 또 다른 최첨단 과학기술의 세계로 만드는 것에 집중한다. 우연히 투모로우랜드에 들어갔던 프랭크(조지 클루니)는 천재성을 발휘해서 타키온이란 입자를 발견한다.

프랭크가 발견한 타키온이란 입자는 시간보다 빠른 입자다. 프랭크는 타키온 입자를 이용해서 시간을 초월하여 과거와 미래의 원하는 시점과 장소를 볼 수 있는 기계를 만들었다. 그러나 투모로우랜드의 제독인 데이비드와 프랭크는 그 기계를 통해 가까운 미래에 인류의 부정적인 행동들로 인해 문명이 멸망함을 알게 된다. 프랭크는 미래를 바꿀 수 있다고 주장했지만, 제독 데이비드는 투모로우랜드까지 파괴되는 것을 막겠다며 프랭크를 쫓아낸다. 25년이 세월이 지난후, 지구 멸망을 막을 수 없다고 자포자기하고 있던 프랭크는 스스로를 고립시킨 채 은둔하며 살아간다. 그러던 중 케이시(브릿 로버트슨)를 만난다. 모두가 어둡게만 앞날을 바라볼 때, 케이시는 긍정적인 미래를 꿈꾸며 작은 가능성에도 도전하는 낙관적인 소녀였다. 이 능력을 눈여겨본 소녀로봇 아테네는 케이시에게 투모로우랜드의 티켓인 '핀'을 준다. 그리고 멸망하는 미래를 기다리던 프랭크에게 케이시를 데리고 가서 새로운 희망을 준다.

소녀로봇 아테네와 함께 케이시와 프랭크는 투모로우랜드에 다시 들어간다. 그리고 인류 멸망을 막으려면 타이온 입자로 만든 기계를 파괴해야 한다는 것을 깨닫는다. 하지만, 희망이 사라졌다고 판단한 총독 데이비드는 프랭크 일행을 다시 추방하려 한다. 그 장면에서 투모로우랜드 제독인 데이비드가 주인공인 프랭크와 케이시에게 다음과 같은 말을 한다.

"종말의 확률은 계속 높아졌고, 막을 방법은 종말의 모습을 보여주는 것뿐이었지. 겁을 주는 것. 자신이 아끼는 것이 다 없어진다는데, 이

성적인 사람이라면 당연히 충격받지 않겠어? 인류를 구하기 위해 종말을 보여주는 거지. 그런데 사람들은 내가 보여준 지구 종말의 가능성에 어떻게 반응했지? 초콜릿 쿠키 먹듯이 그냥 즐겼어. 두려워하긴커녕 새롭게 포장했지. 비디오게임, TV쇼, 책, 영화를 통해 세상이 멸망한다는 것을 당연시하고 재미있는 일인 것 마냥 이용만 했어. 그러는 사이 지구는 죽어가고 있었지. 비만과 굶주림이 전염병처럼 번지고…"

"설명해봐! 벌과 나비들이 사라지기 시작하고 빙하가 녹고 강물은 녹조로 뒤덮이고 날아가던 새들이 떨어져 죽어도 눈치채지 못했어! 매 순간 더 나은 미래를 위한 기회가 있어. 그런데 지구인들은 믿질 않아, 믿질 않으니 미래를 바꿀 노력도 하질 않고 그냥 운명이려니 하고 받아들이고 살지. 이유는 단 하나야! 미래가 지금의 삶에 영향을 주지 않으니까!"

"그래. 빙하를 보고 타이타닉 호에 경고했더니, 전속력으로 빙하를 들이받은 꼴인 거지. 왜? 침몰하고 싶으니까! 포기한 거야!… 너희들의 잘못이지!"

인류가 직면한 10가지 위협을 예측하면서 필자가 진짜 던지고 싶은 질문은 이것이다.

"지금 예측되는 미래의 재앙이 현실이 되게 할 것인가?"
"이미 시작되고 있는 미래의 재앙을 멈추고, 모두가 '정상적'으로 행복한 '더 나은 미래'를 만들 수 있도록 중대한 결단과 행동을 시작할 것인가?"

투모로우랜드에서 주인공 프랭크(조지 클루니)가 타이온 입자로 만든 기계를 파괴한 후에 마지막에 이런 말을 한다.

"세상이 멸망할 거라고 떠벌리는 사악한 건물을 허무는 것은 어렵지 않다. 정말 어려운 것은 그 자리에 뭘 짓는가 하는 것이다."

그렇다. 미래의 위기를 이야기하는 것은 쉽다. 세상이 멸망할 것이라는 부정적 결론을 허무는 것도 쉽다. 하지만, 중요한 것은 그 자리에 어떤 미래를 만드느냐이다. '더 나은 미래'를 누가 만드느냐이다. 투로모우랜드라는 영화는 이런 메시지를 던지며 끝난다.

"꿈꾸는 사람들. 우리가 찾는 건 꿈을 가진 사람들이에요."
"아직 포기하지 않은 사람들을 찾는 겁니다. 그들이 인류의 미래니까요"

지구 종말을 앞당기는 10가지 미래 위협에 대해 포기하지 않고 도전하고 응전하며 더 나은 미래를 꿈꾸는 사람이 새로운 창조와 혁신을 이루고 위대한 기회를 얻을 수 있다.

2100년 미래 문명의 성장의 한계를 맞거나 최악의 경우 문명이 붕괴할지 아니면 더 나은 미래를 만들지는 우리의 선택에 달려 있다.

미주

1부

1장

1 최윤식, 2030 대담한 미래 2, (서울: 지식노마드, 2014), 34.

2장

1 뉴스1, 2015.09.23. 전준우, "전세난에 집샀다. 2분기 가계빚 36.9조 증가, 1분기 2.6배"

2 머니투데이, 2015.12.14. 기성훈, "'카드론', 2010년 이후 최대 증가…"한도관리 필요"

3 조선비즈, 2015.12.22. 최규민, 양모듬 기자, '가계부채 역대 최고… 100만원 벌면 빚 갚는데 24만 원'

4 최윤식, 2030 대담한 미래, 지식노마드, 2013, pp194-195

5 '2015년 수출입 전망 및 2016년 전망' 보고서, 한국무역협회 국제무역연구원, 2015. 11.29

6 '2015년 수출입 전망 및 2016년 전망' 보고서, 한국무역협회 국제무역연구원, 2015. 11.29

7 한국경제, 2015.12.17. 김순신, "성장 멈춘 주력산업…미국·중국·일본에 모두 뒤처졌다"

8 현대硏 "9년째 재정적자. 국가재정운용계획 '유명무실'", 하지나 기자, 이데일리, 2015.12.13.

9 아시아경제, 2015.12.03. 이은정, "부동산이 끌어올린 GDP…수출은 더 나빠졌다"

10 아시아경제, 2015.12.04. 김민진, "올해 건설수주액 사상 최대…10월까지 126조 원 넘어"

11 한경비즈니스, 2015.12.02. "'공급 폭탄', 진짜 주범은 빌라·다가구"

12 뉴시스1, 2015.12.03. 최경환, "KDI '올해 아파트 밀어내기 분양 3년후 미분양 사태 우려'"

13 머니투데이, 2015.12.03. 임명찬, "3분기 GDP 1.3%성장..민간소비↑·건설붐 여파"

14 아시아경제, 2015.12.03. 구채은, "'내수외끌이'로 3분기 1.3% 성장…21분기來 최고"

15 매일경제, 2015.12.03. "3분기 경제성장률 5년여 만에 최고…국민소득 1.4% 증가 건설·소비 확

대 등 영향"

16 아시아경제, 2015.12.03. 이은정, "부동산이 끌어올린 GDP…수출은 더 나빠졌다"

17 네이버 지식백과, 달러페그제 (시사경제용어사전, 2010. 11., 대한민국정부

18 연합뉴스, 2015.12.18. 송병승, 이동경, 강훈상, ""자본이탈 막아라"…세계 금리인상 도미노"

19 News1, 2015.12.18. 신기림, "WB, '저유가·IS 타격' 이라크에 12억 달러 긴급 대출"

20 헤럴드경제, 2015.12.18. 김성훈, "美 금리인상, 원자재 폭락 '뇌관' 건드렸다…유가 20달러대까지 폭락"

21 네이버 지식백과, 퍼펙트 스톰 [perfect storm] (한경 경제용어사전, 한국경제신문/한경닷컴)

22 네이버 지식백과, perfect storm (교양영어사전2, 2013. 12. 3., 인물과사상사)

23 연합뉴스, 2015.12.13. 홍덕화, 이율, "신흥국 기업 달러부채, 위기의 뇌관…'터키·말레이시아 위험'"

24 중앙일보, 2015.12.17. 강남규, "'양적 완화 파티' 9400조 원, 자산시장 '숙취현상' 나타날까"

25 동아일보, 2015.12.18. 장윤정, 박형준, "부채-경기침체 시름 겪는 브라질-터키-러시아 위험"

26 연합뉴스, 2015.12.13. 홍덕화, 이율, "신흥국 기업 달러부채, 위기의 뇌관…'터키·말레이시아 위험'"

27 연합뉴스, 2015.12.06. 이율, 김경윤, "끝없이 추락하는 국제유가…신흥국들 부도위기에 몰린다"

28 연합뉴스, 2015.12.06. 이율, 김경윤, "미국·중국·유럽 경제 서로 다른 길…국제경제 대혼란"

29 연합뉴스, 2015.12.11. 홍덕화, "맥킨지 "사우디 급격한 경제악화 가능성…개혁 시급하다"

30 이데일리, 2015.09.30. 권소현, "신흥국서 발 뺀다. 금융위기 이후 최대 47조 원 유출"

31 연합뉴스, 2015.10.01. 정선미, "아시아 10개국 3분기 화폐가치, 외환위기 이후 최대폭 하락"

32 연합뉴스, 2015.09.30. 김남권, "신흥시장 금리, 2013 '긴축발작' 때보다 높아졌다"

33 연합뉴스, 2015.11.30. 김윤구, "유가 30달러 밑으로 떨어지면 러시아 위험"

34 머니투데이, 2015.09.30. 김신회, "IMF, 신흥시장 기업 연쇄 파산 경고, 미국 금리인상이 뇌관"

35 네이버 지식백과, 핫머니 [hot money] (시사상식사전, 박문각)

36 머니투데이, 2015.12.18. 이철환, "미국 금리인상 첫발, 위기진앙 핫머니는 어찌될까"

3장

1 연합뉴스, 2015.12.17. 김윤구, "신흥국, 2004년보다 고통 크다…데워지는 냄비속 개구리"

2 연합뉴스, 2015.12.03. 이율, "국제유가 30달러대로 폭락…산유국들 부도위험 급상승"

3 최윤식, 최윤식의 Future Report 2015, (서울: 지식노마드, 2015), 23~45.

4 중앙일보, 2014.12.24. 하현옥, "유가 20달러 돼도 감산 없다. 무자비한 사우디"

5 파이낸셜뉴스, 2015.12.08. 김승호, 박소연, "원가절감 '축복'은 잠깐.. 세계경기침체 '긴 저주' 시작되나"

6 연합뉴스, 2015.12.14. 문정식, "세계 항공업계 내년 사상최대 이익 전망…저유가 등 영향"

7 문화일보, 2015.12.11. 박준희, "美, 셰일원유 '역대최대 생산'"

8 문화일보, 2015.12.11. 박준희, "美, 셰일원유 '역대최대 생산'"

9 중앙일보, 2015.12.17. 채병건, 고정애, "석유 수출금지 풀리는 미국, 저유가 치킨게임 뛰어들까"

10 문화일보, 2015.12.04. 김석, "사우디 '감산 제안' 움직임에 러,이란 반발... 내년도 저유가?"

11 연합뉴스, 2015.12.13. 윤영숙, "美 연준 금리인상 시나리오...글로벌 경제 영향은"

12 파이낸셜뉴스, 2015.12.17. 박종원, "비둘기파 다수 불구 금리 올려 매파 득세하면 속도 빨라질 듯"

13 연합뉴스, 2015.12.17. 김세진, "연준, 美경제 올 성장률 2.1%...내년말 금리 1~1.5% 예상"
News1, 2015.12.17. 장안나, "FOMC 점도표 '내년 중 4회 더 인상'...종전과 동일"

14 연합뉴스, 2015.12.17. 박성제, "양적 완화로 풀린 4조5천억 달러...회수 논의는 '아직'"

15 이데일리, 2015.12.17. 양희동, "2004~2006년 금리인상 땐 아파트값 11%↑"

16 조선일보, 2015.12.09. 유윤정, "슈퍼달러 최대 피해국은 미국 아닌 중국"

17 연합뉴스, 2015.12.15. 김경윤, "위안화 본격 절하 초읽기...중국발 환율전쟁 가능성"

18 연합뉴스, 2015.12.08. 정주호, "불안한 中경제지표...자본 이어 수출까지 하락세"

4장

1 매일경제, 2015.09.17. 조시영, "한국, 신용등급 서프라이즈, 3대 신문사들이 본 한국경제 SWOT"

2 연합뉴스, 2015.09.23. 박초롱, "한국 1인당 국민소득 '3만 달러 시대' 언제 오려나"

3 연합뉴스, 2015.09.20. 국기헌, "100조대 외인 보유 원화채권 72%는 3년내 만기 단기물"

4 The Wall Street Journal, 2015.08.27. Greg Ip, "For Emerging Markets, 2015 Isn't 1997"

5 The Wall Street Journal, 2015.08.27. Greg Ip, "For Emerging Markets, 2015 Isn't 1997"

6 The Wall Street Journal, 2015.08.27. Greg Ip, "For Emerging Markets, 2015 Isn't 1997"

7 조선일보, 2015.12.04. 전효진, "유가 20달러 시대 오나, 정유 화학 조선업계 '공포의 12월'"

8 아시아경제, 2015.12.03. 고형광, "조선업 위기, 잇따른 계약 해지... 독이된 해양플랜트"

9 아시아경제, 2015.12.03. 고형광, "조선업 위기, 잇따른 계약 해지... 독이된 해양플랜트"

10 머니투데이, 2015.12.03. 김신회, "디폴트 대란 오나...低유가·强달러에 파산행렬"

11 연합뉴스, 2015.12.08. "초저유가 시대...국내 산업계에 먹구름 다가온다"

12 국민일보, 2015.12.14. 유성열, "'4중고' 울상 건설업계... "회복 기미 없는 내년 더 걱정"

13 뉴시스, 2015.12.06. 조현아, "'한계기업' 급증세...대기업이 中企보다 3배 더 빨라"

14 뉴시스, 2015.12.06. 조현아, "저금리 연명 한계기업 3300곳 '시한폭탄'...부실화 우려"

15 비즈니스워치, 2015.06.09. 노명현, "미국 금리 올린다는데, 우리 기업은?"

16 최윤식, 2030 대담한 미래 1권, 지식노마드, 2013

17 연합뉴스, 2015.12.13. 이율, "韓 3분기 외국인자금 유출 109억弗...신흥국중 최상위권"

18 연합뉴스, 2015.12.13. 이율, "韓 3분기 외국인자금 유출 109억弗...신흥국중 최상위권"

19 조선일보, 2015.12.12. 방현철, "선진국은 가계빚 줄이기 고통 감내... 한국은 빚으로 경기부양"

20 연합뉴스, 2015.09.15. 최윤정, "한국 GDP대비 가계부채 비율 신흥국 최고 수준"

21 문화일보, 2015.12.18. 김충남, "〈美 기준금리 인상 이후〉한계가구 빚 400兆 금리인상 취약… 가산금리 높아 '눈덩이 이자' 위험"

22 연합뉴스, 2015.12.17. 이지헌, "美 금리인상, 한국 가계부채 뇌관 건드릴까"

23 한겨레, 2015.09.25. 김경락, "빚 1130조 원은 시한폭탄일까 암세포일까"

24 뉴시스, 2015.12.22. 조현아, "[금융보고서]가계 빚, 소득의 143% '사상 최고'…소득보다 2.4배 빠른 증가세"

25 연합뉴스, 2015.09.15. 홍정규, "다중채무자 1인당 빚 1억 원 돌파, 중간계층서 급증"

26 한국경제, 2015.09.22. 성태윤, "폭증하는 가계부채, 저금리 아닌 경기침체 탓이다"

27 조선일보, 2015.09.04. 박정엽, "자영업자 대출, 상반기 52조 급증, 채무불이행은 계속 늘어"

28 비즈라이프, 2015.09.13. 박병률, "전세보증금 총액, 5년간 135조 급증"

29 연합뉴스, 2015.09.02. 차대운, "부동산 올인 한국, 선진국보다 금융자산 비중 작아"

30 Newsis, 2015.09.06. "담보없는 신용대출 폭증 왜?" "빚 내는 가계1. 제2금융권 가계 신용대출 사상 최대… 2분기 5조 폭증"

31 Newsis, 2015.09.06. "담보없는 신용대출 폭증 왜?"

32 경향신문, 2015.09.07. 송윤경, "미국 금리인상, 당신의 삶은 괜찮을까요?"

33 중앙일보, 2015.09.17. 최영진, "여기저기, 빈 사무실 13% 금융위기 뒤 최악"

34 중앙일보, 2015.09.17. 최영진, "여기저기, 빈 사무실 13% 금융위기 뒤 최악"

35 연합뉴스, 2015.09.08. 서한기, "집 3채 이상 갖고도 건보료 안내는 피부양자 68만명" 헤럴드, 2015.08.27. "주택 최대 보유자 277가구, 2주택자도 20만 6,300명"

36 연합뉴스, 2015.09.08. 홍정규, "빚지고 사는 고소득층, 금융부채가 금융자산의 75%"

37 연합뉴스, 2015.09.08. 홍정규, "빚지고 사는 고소득층, 금융부채가 금융자산의 75%"

38 연합뉴스, 2015.10.01. 정선미, "5년간 집값 실질상승률 한국 1.5%, 미국 15%, 홍콩 56%"

39 연합뉴스, 2015.10.01. 정선미, "5년간 집값 실질상승률 한국 1.5%, 미국 15%, 홍콩 56%"

40 The Wall Street Journal, 2015.08.27. Greg Ip, "For Energing Markets, 2015 Isn't 1997"

41 머니투데이, 2015.09.23. 유엄식, "가계, 기업, 정부 금융부채 4544조 원… 전기대비 48.4조 원 증가"

42 머니투데이, 2015.09.23. 유엄식, "빚 늘려 집사고 지갑은 닫았다"

43 한국경제, 2015.12.12. 김태호, "한국 제조업 경쟁력, 4년후 인도에도 밀린다"

44 서울경제, 2015.09.22. 이태규, "대기업 매출 12년만에 최악"

45 서울신문, 2015.09.18. 이유미, "수출 휘청이는데, '트로이카' 임금 일본 추월"

46 서울신문, 2015.09.18. 이유미, "'샌드위치' 한국, 가격 경쟁력도 일본에 뒤져… 신흥국 수출 타격"

47 서울신문, 2015.09.18. 이유미, "'샌드위치' 한국, 가격 경쟁력도 일본에 뒤져… 신흥국 수출 타격"

48 연합뉴스, 2015.09.14. 심재훈, "위기맞은 한국 제조업, 내우외환에 경쟁력 흔들"

49 연합뉴스, 2015.09.20. 윤선희, "법인세 면제 '좀비 상장사' 541개사, 5년내 최대"

50 연합뉴스, 2015.10.04. 고동욱, "한국경제 시한폭탄 '좀비기업' 급증, 구조조정 시급하다"

51 매일경제, 2015.09.30. 노영우, 박준형, 전범주, 정석우, "3년째 이자 감당못한 상장사 234개"

52 동아뉴스, 2015.09.23. 손영일, "30대 그룹 부채 2014년 139조나 늘었다"

53 파이낸셜뉴스, 2015.09.23. 김용훈, "기업부채 심상찮다. 빚더미에 짓눌린 경제"

54 머니투데이, 2015.09.19. 권다희, "조선업 부실 번질라, 국제 신평사도 한국 은행 건전성 우려"

55 연합뉴스, 2015.10.04. 고동욱, "한국경제 시한폭탄 '좀비기업' 급증, 구조조정 시급하다"

56 연합뉴스, 2015.09.30. 김남권, "한국 경제의 특정 대기업 의존도, 주요 15개국중 최고"

57 동아일보, 2015.09.08. 박형준, "삼성전자 몸집 줄인다"

58 한국경제, 2015.09.07. 김태호, 유창재, "사업재편 실종, 기업 '생존 골든타임' 지나간다"

59 한국경제, 2015.09.07. 유창재, 김태호, "언제든 부도날 기업 170곳, 고위험군 비중 미국의 2배, 일본의 5배"

60 한국경제, 2015.09.07. 유창재, 김태호, "언제든 부도날 기업 170곳, 고위험군 비중 미국의 2배, 일본의 5배"

61 한국경제, 2015.09.06. 도병욱, "조선 빅5 금융권 빚 50조 넘었다"

62 서울경제, 2015.05.14. 임진혁, "중국의 변식, '제2샤오미쇼크' 철강 국내시장 40% 잠식"

63 헤럴드경제, 2015.12.07. 배문숙, "수출 위기 3대 요인…대외악재·국내 산업 경쟁력 저하·환율"

64 한국경제, 2015.12.17. 김순신, "성장 멈춘 주력산업…미국·중국·일본에 모두 뒤처졌다"

65 Newsis, 2015.12.13. 강세훈, "韓 증시 영향은?…"1달간 20% 빠진 후 반등" vs "과거와 크게 다를 수도"

66 Newsis, 2015.12.13. 강세훈, "韓 증시 영향은?…"1달간 20% 빠진 후 반등" vs "과거와 크게 다를 수도"

67 최윤식, 2030 대담한 미래 2, (서울: 지식노마드, 2014), 114~119.

68 중앙일보, 2015.12.18. 조현숙,이태경, 하남현, "이주열 금리 딜레마 … 올리면 디플레, 놔두면 달러 이탈"

69 연합뉴스, 2015.10.01. 김남권, "한국 부도위험지표 2년만에 최고 수준으로"

70 서울경제, 2015.05.14. 임진혁, "중국의 변식, '제2샤오미쇼크' 철강 국내시장 40% 잠식"

71 한겨레, 2015.09.01. 송경화, "수출 6년만에 최악, 경제 앞이 안보인다"

72 연합뉴스, 2015.09.05. 김지훈, 이지헌, "'내우외환 경제' 해법, 한국은행은 어떤 선택을 할까"

73 Newsis, 2015.10.01. 이예슬, "수출 9개월 연속 마이너스, 9월 전년대비 8.3% 감소"

74 문화일보, 2015.09.16. 이민종, "대중 수출 감소 역대 두 번째"

75 동아일보, 2015.08.31. 김성규, "중국 성장률 5%미만땐 한국수출 4%P 줄어"

76 머니투데이, 2015.09.30. 조성훈, 정혜윤, "취업안되니, 20대 커피전문점.편의점 창업급증"

77 머니투데이, 2015.09.01. 유엄식, "단기외채 비중 28.8% 2년 만에 최고치… '중국 영향'"

78 이데일리, 2015.09.07. 안승찬, "석달간 주식 채권 10조 원 줄였다"

79 머니투데이, 2015.09.07. 유엄식, "외환보유액 두달새 8조 원 증발, 이 와중에 '달러 퍼내기?'"

80 이데일리, 2015.09.07. 이유미, "캐리 트레이드 청산, 유럽계가 말썽"

81 한국경제, 2015.08.13. 정종태, "'통화전쟁' 손발 묶인 한국, 2010년 서울선언이 자충수 됐다"

82 파이낸셜뉴스, 2015.09.30. 김문호, "외국인 채권 잔액 100조대 무너지나"

83 네이버 지식백과, 삼성테크윈 [Samsung Techwin Co., Ltd., 三星─] (네이버 기관단체사전 : 기업, 굿모닝미디어)

84 심정택, 현대자동차를 말한다, (서울: 알에이치코리아, 2015), 178.

85 조선비즈, 2015.07.28. 조귀동, "한화테크윈 "로봇·무인차·전기차 집중 육성"

86 최윤식, 2030 대담한 미래2, (서울: 지식노마드, 2014), 106−111.

87 최윤식, 2030 대담한 미래. (서울: 지식노마드, 2012), 119−123.

88 심정택, 현대자동차를 말한다, (서울: 알에이치코리아, 2015), 14.

89 심정택, 현대자동차를 말한다, (서울: 알에이치코리아, 2015), 14.

90 심정택, 현대자동차를 말한다, (서울: 알에이치코리아, 2015), 116.

91 조선일보, 2015.10.21. 정녹용, "북한 권력층의 결집력... 김일성 때 100이면, 김정은 땐 10"

92 연합뉴스, 2015.12.22. 문관현, "북한 소비주도층 100만명·장마당 750개 추정"

93 조선일보, 2015.10.26. 엄성섭, "北 시장경제 확산…평양에 '나래카드' 급속 보급"

5장

1 레이쓰하이, G2 전쟁, 허유영 역, (서울: 부키, 2014), 61−68.

2 레이쓰하이, G2 전쟁, 허유영 역, (서울: 부키, 2014), 76−77.

3 네이버 지식백과, 로널드 레이건 [Ronald Wilson Reagan] (두산백과)

4 네이버 지식백과, 프랑수아 미테랑 (프랑스사, 2005. 8. 1., 미래엔)

5 레이쓰하이, G2 전쟁, 허유영 역, (서울: 부키, 2014), 35.

6 김영익, 조용준, 안유화, 임상균, 중국발 금융위기, 어디로 갈 것인가, (서울: 한스미디어, 2015), 104.

7 레이쓰하이, G2 전쟁, 허유영 역, (서울: 부키, 2014), 49.

8 매일경제, 2015.12.18. 이지용, "금리인상 하루만에…'124조' 빨아들인 美 연준"

9 최윤식, 2030 대담한 미래 1권, (서울: 지식노마드, 2013), 245−390.

10 네이버 지식백과, 유로달러 (매일경제, 매경닷컴)

11 레이쓰하이, G2 전쟁, 허유영 역, (서울: 부키, 2014), 139.

12 연합뉴스, 2015.12.03. 이율, "국제유가 30달러대로 폭락…산유국들 부도위험 급상승"

13 머니투데이, 2015.12.03. 김신회, "디폴트 대란 오나…低유가·强달러에 파산행렬"

14 파이낸셜뉴스, 2015.12.03. 송경재, "회사채 디폴트 2배 급증…저유가·강달러 여파"

15 The New York Times, March 14, 2012. Greg Smith, "Why I Am Leaving Godman Sacks" 레이쓰하이, G2 전쟁, 허유영 역, (서울: 부키, 2014), 40−41에 실린 번역본 사용.

16 레이쓰하이, G2 전쟁, 허유영 역, (서울: 부키, 2014), 42.

17 레이쓰하이, G2 전쟁, 허유영 역, (서울: 부키, 2014), 42−43.

18 김기수, 중국경제 추락에 대비하라, (서울: 살림, 2012), 191.

19 파이낸셜뉴스, 2015.12.04. 김홍재, "中, SDR 편입후 금융개혁 속도낸다"

20 이코노믹리뷰, 2015.08.19. 이성규, "중국 경제, '통제력'과 교환하는 '개방'의 대가?"

21 조선일보, 2015.12.02. 안용현, "中, 환율 개입 어려워지고… '官治금융' 개혁 국제압박 거셀 듯"

22 레이쓰하이, G2 전쟁, 허유영 역, (서울: 부키, 2014), 268.

23 김영역, 조용준, 안유화, 임상균, 중국발 금융위기, 어디로 갈 것인가, (서울: 한스미디어, 2015), 67.

24 연합뉴스, 2015.12.13. 홍덕화, 이율, "신흥국 기업 달러부채, 위기의 뇌관…'터키·말레이시아 위험'"

25 김기수, 중국경제 추락에 대비하라, (서울: 살림, 2012), 175.

26 김기수, 중국경제 추락에 대비하라, (서울: 살림, 2012), 155–156.

27 랑셴핑, 쑨진, 벼랑 끝에선 중국경제, 이지은 역, (서울: 책이있는풍경, 2012), 42–44.

28 김기수, 중국경제 추락에 대비하라, (서울: 살림, 2012), 145.

29 이코노미조선, 2015.11.10. 백예리, "향후 2년 내 중국발 금융위기 발생 가능성, 중국 경제위기에서 투자 기회 찾아야"

30 김기수, 중국경제 추락에 대비하라, (서울: 살림, 2012), 148.

31 김영역, 조용준, 안유화, 임상균, 중국발 금융위기, 어디로 갈 것인가, (서울: 한스미디어, 2015), 44.

32 김영역, 조용준, 안유화, 임상균, 중국발 금융위기, 어디로 갈 것인가, (서울: 한스미디어, 2015), 175.

33 랑셴핑, 쑨진, 벼랑 끝에선 중국경제, 이지은 역, (서울: 책이있는풍경, 2012), 46.

34 랑셴핑, 쑨진, 벼랑 끝에선 중국경제, 이지은 역, (서울: 책이있는풍경, 2012), 49.

35 랑셴핑, 쑨진, 벼랑 끝에선 중국경제, 이지은 역, (서울: 책이있는풍경, 2012), 62–63.

36 랑셴핑, 쑨진, 벼랑 끝에선 중국경제, 이지은 역, (서울: 책이있는풍경, 2012), 65.

37 김영역, 조용준, 안유화, 임상균, 중국발 금융위기, 어디로 갈 것인가, (서울: 한스미디어, 2015), 90, 176.

38 김영역, 조용준, 안유화, 임상균, 중국발 금융위기, 어디로 갈 것인가, (서울: 한스미디어, 2015), 161.

39 김영역, 조용준, 안유화, 임상균, 중국발 금융위기, 어디로 갈 것인가, (서울: 한스미디어, 2015), 88.

40 이코노믹리뷰, 2015.08.19. 이성규, "중국 경제, '통제력'과 교환하는 '개방'의 대가?"

41 The Wall Street Journal, 2015.08.24. Rebecca Howard, "China Shares Wipe Out All Gains This Year"

42 The Wall Street Journal, 2015.08.27. James T. Areddy and Lingling Wei, "The World Struggle to Adjust to China's 'New Normal'"

43 김기수, 중국경제 추락에 대비하라, (서울: 살림, 2012), 65–66.

44 김기수, 중국경제 추락에 대비하라, (서울: 살림, 2012), 64, 141.

45 김기수, 중국경제 추락에 대비하라, (서울: 살림, 2012), 182–185.

46 임경, 돈은 어떻게 움직이는가? (서울:생각비행, 2014), 345–347.

47 임경, 돈은 어떻게 움직이는가? (서울:생각비행, 2014), 349–350.

48 임경, 돈은 어떻게 움직이는가? (서울:생각비행, 2014), 349.

49 임경, 돈은 어떻게 움직이는가? (서울:생각비행, 2014), 359.

50 네이버 두산백과, 외환위기

51 김기수, 중국경제 추락에 대비하라, (서울: 살림, 2012), 104.

52 김기수, 중국경제 추락에 대비하라, (서울: 살림, 2012), 110. "Rethinking the Beijing Consensus," Asia Policy.

53 김기수, 중국경제 추락에 대비하라, (서울: 살림, 2012), 152.

54 아시아경제, 2014.12.10. 조슬기나, "취업자 증가폭 3개월 연속 50만명 하회…체감실업률 10.2%"

55 김기수, 중국경제 추락에 대비하라, (서울: 살림, 2012), 241.

56 김기수, 중국경제 추락에 대비하라, (서울: 살림, 2012), 229.

57 김기수, 중국경제 추락에 대비하라, (서울: 살림, 2012), 232.

58 네이버 지식백과, 시진핑 [習近平] (시사상식사전, 박문각)

59 미래한국, 2015.09.17. 전경웅, "중국 경제 붕괴 시작되다"

2부

6장

7장

1 위키피디아, 스페인 제국

2 Serpil Atamaz Hazar, "Review of Confrontation at Lepanto: Christendom vs. Islam," The Historian 70.1 (Spring 2008): 163. 위키피디아, 레판토 해전에서 재인용.

3 네이버 지식백과, 태양이 지는 나라 – 무적함대의 패배(1588년) (스페인역사 다이제스트 100, 가람기획)

4 EBS1, 2015.10.13. 다큐프라임 "강대국의 비밀 – 2부, 대영제국의 탄생"

5 네이버 지식백과, 태양이 지는 나라 – 무적함대의 패배(1588년) (스페인역사 다이제스트 100, 가람기획)

6 EBS1, 2015.10.13. 다큐프라임 "강대국의 비밀 – 2부, 대영제국의 탄생"

7 EBS1, 2015.10.13. 다큐프라임 "강대국의 비밀 – 2부, 대영제국의 탄생"

8 EBS1, 2015.1013. 다큐프라임 "강대국의 비밀 - 2부, 대영제국의 탄생"

9 EBS1, 2015.1013. 다큐프라임 "강대국의 비밀 - 2부, 대영제국의 탄생"

10 EBS1, 2015.1013. 다큐프라임 "강대국의 비밀 - 2부, 대영제국의 탄생"

11 네이버 지식백과, 스페인의 무적함대 아르마다 패배 - 영국해군, '프로테스탄트 바람'을 등지고 싸워 이기다(1588년) (세계전쟁사 다이제스트 100, 2010. 7. 16., 가람기획)

12 EBS1, 2015.1013. 다큐프라임 "강대국의 비밀 - 2부, 대영제국의 탄생"

13 로드니, A. 브룩스, 『로봇 만들기』, 박우석 역, (서울: 바다출판사, 2002), 28.

14 에릭 브린욜프슨, 앤드루 매카피, 『기계와의 경쟁』, 정지훈, 류현정 역, (서울: 틔움, 2013), 83.

15 프레시안, 2013.05.21. 박홍수 "대처 흉내 내는 국토부, 스티븐슨에게 배워라"

16 에릭 브린욜프슨, 앤드루 매카피, 『기계와의 경쟁』, 정지훈, 류현정 역, (서울: 틔움, 2013), 84.

17 CCTV 다큐제작팀, 기업의 시대, (서울: 다산북스, 2014)

18 토니 세바, 에너지 혁명 2030, 박영숙 역, (서울: 교보문고, 2015), 80, 85.

19 최윤식, 2030 대담한 미래2, (서울:지식노마드, 2014), 226-227

20 〈프리미엄조선〉, '삼성을 바꾼 이건희 회장의 신경영 대장정 4', 2014년 3월 3일자. 최윤식, 2030 대담한 미래 2, (서울: 지식노마드, 2014), 292.

21 세스 고딘, "이카루스 이야기", 한국경제신문, 2014년. 최윤식, 2030 대담한 미래 2, (서울: 지식노마드, 2014), 293.

8장

1 최윤식, 2030 대담한 미래2, (서울:지식노마드, 2014), 228-229

2 아시아경제, 2015.10.14. 노미란, "폭스바겐, 전기차 개발에 주력... 디젤차 저감장치도 교체"

3 에릭 브린욜프슨, 앤드루 매카피, 『기계와의 경쟁』, 정지훈, 류현정 역, (서울: 틔움, 2013), 42, 45.

4 모모타 겐지, 『애플과 구글이 자동차산업을 지배하는 날』, 김정환 역, (서울: 한스미디어, 2014), 27-32.

5 모모타 겐지, 『애플과 구글이 자동차산업을 지배하는 날』, 김정환 역, (서울: 한스미디어, 2014), 34.

6 모모타 겐지, 『애플과 구글이 자동차산업을 지배하는 날』, 김정환 역, (서울: 한스미디어, 2014), 34.

7 모모타 겐지, 『애플과 구글이 자동차산업을 지배하는 날』, 김정환 역, (서울: 한스미디어, 2014), 35.

8 모모타 겐지, 『애플과 구글이 자동차산업을 지배하는 날』, 김정환 역, (서울: 한스미디어, 2014), 59-61.

9 모모타 겐지, 『애플과 구글이 자동차산업을 지배하는 날』, 김정환 역, (서울: 한스미디어, 2014), 62-63.

10 모모타 겐지, 『애플과 구글이 자동차산업을 지배하는 날』, 김정환 역, (서울: 한스미디어, 2014),

35–36.

11 모모타 겐지, 『애플과 구글이 자동차산업을 지배하는 날』, 김정환 역, (서울: 한스미디어, 2014), 34–35.

12 모모타 겐지, 『애플과 구글이 자동차산업을 지배하는 날』, 김정환 역, (서울: 한스미디어, 2014), 56–57.

13 모모타 겐지, 『애플과 구글이 자동차산업을 지배하는 날』, 김정환 역, (서울: 한스미디어, 2014), 65–66.

14 모모타 겐지, 『애플과 구글이 자동차산업을 지배하는 날』, 김정환 역, (서울: 한스미디어, 2014), 68–71.

15 모모타 겐지, 『애플과 구글이 자동차산업을 지배하는 날』, 김정환 역, (서울: 한스미디어, 2014), 187.

16 모모타 겐지, 『애플과 구글이 자동차산업을 지배하는 날』, 김정환 역, (서울: 한스미디어, 2014), 192–194.

17 모모타 겐지, 『애플과 구글이 자동차산업을 지배하는 날』, 김정환 역, (서울: 한스미디어, 2014), 194–196.

18 토니 세바, 『에너지 혁명 2030』, 박영숙 역, (서울: 교보문고, 2015), 181–189.

19 EBS 다큐10, 2009.04.28. "생체공학과 로봇인간"

20 국제미래학회, "미래가 보인다. 글로벌 미래 2030" (서울: 박영사, 2013), 86.

21 이진우, "테크노 인문학", 책세상, 2013년

22 SBS, 2014.05.17. 김승필, "초고령사회 일본, 입는 로봇 대량 생산 착수" 기사 중에서.

23 ZDNet Korea, 2014.07.11. 손경호, "장애인 삶 바꿀 외골격 로봇 진화 거듭"

9장

1 배일한, 『인터넷 다음은 로봇이다』, (서울: 동아시아, 2003), 140.

2 배일한, 『인터넷 다음은 로봇이다』, (서울: 동아시아, 2003), 14–16.

3 로드니. A. 브룩스, 『로봇 만들기』, 박우석 역, (서울: 바다출판사, 2002), 33.

4 로드니. A. 브룩스, 『로봇 만들기』, 박우석 역, (서울: 바다출판사, 2002), 34–36.

5 위키백과, 로봇.

6 배일한, 『인터넷 다음은 로봇이다』, (서울: 동아시아, 2003), 23.

7 틀이나 기계를 뜻하는 기(機), (회전의 중심이 되는) 차축 축(軸)

8 배일한, 『인터넷 다음은 로봇이다』, (서울: 동아시아, 2003), 25, 36.

9 배일한, 『인터넷 다음은 로봇이다』, (서울: 동아시아, 2003), 156.

10 배일한, 『인터넷 다음은 로봇이다』, (서울: 동아시아, 2003), 156.

11 배일한, 『인터넷 다음은 로봇이다』, (서울: 동아시아, 2003), 27.

12 위키백과, 안드로이드(로봇)

13 오귀스트 빌리에 드 릴아당, 『미래의 이브』, 고혜선 역, (서울: 시공사, 2012), 서문

14 로드니, A. 브룩스, 『로봇 만들기』, 박우석 역, (서울: 바다출판사, 2002), 12, 13.

15 로드니, A. 브룩스, 『로봇 만들기』, 박우석 역, (서울: 바다출판사, 2002), 80.

16 로드니, A. 브룩스, 『로봇 만들기』, 박우석 역, (서울: 바다출판사, 2002), 72, 77, 82.

17 로드니, A. 브룩스, 『로봇 만들기』, 박우석 역, (서울: 바다출판사, 2002), 85-95, 417-433.로드니, A. 브룩스, 『로봇 만들기』, 박우석 역, (서울: 바다출판사, 2002), 로드니, A. 브룩스, 『로봇 만들기』, 박우석 역, (서울: 바다출판사, 2002),

18 마누엘 반 로겜 (Manuel Van Loggem), 『짝인형 (paripuppets)』, 이정한, (서울: 뮤즈). http://bbs2.ruliweb.daum.net/gaia/do/ruliweb/default/327/read?bbsId=G005&articleId=22994351&itemId=145 배일한, 『인터넷 다음은 로봇이다』, (서울: 동아시아, 2003), 60.

19 이희철, "미래생활 속의 나노기술" 2011.5.12. 전경련 미래창조혁신 과정 강의안.

20 트렌즈(Trends), "지금부터 10년 글로벌 트렌드" 권춘오 역, (서울: 일상이상, 2010), 298.

21 테오도르 핸슈, "세상을 뒤집을 100가지 미래상품" 김영옥, 최중호 역, (서울: 콜로세움, 2008), 333.

22 이인식 외, "기술의 대융합" (서울: 고즈윈, 2010), 191.

23 YTN 사이언스, 2013.12.17. 양훼영, "암세포 잡는 박테리아 로봇 개발"

24 마이클 네그네빗스키(Michael Negnevitsky), 『인공지능 개론』, 김용혁 역, (서울: 한빛아카데미, 2013), 23.

25 미와요시코, 『가장 쉬운 알고리즘 책』 김대희, 장재호 역, (서울: 비제이퍼블릭, 2014), 20.

26 피터 해링턴(Peter Harrington), 『머신러닝 인 액션』, 김영진 역, (서울: 제이펍, 2013), 11, 12.

27 네이버 국어사전, 학습

28 오다카 토모히로, 『만들면서 배우는 기계학습』, 김성재 역, (서울: 한빛미디어, 2012), 10.

29 오다카 토모히로, 『만들면서 배우는 기계학습』, 김성재 역, (서울: 한빛미디어, 2012), 11.

30 오다카 토모히로, 『만들면서 배우는 기계학습』, 김성재 역, (서울: 한빛미디어, 2012), 12.

31 박혜영, 이관용, 『패턴인식과 기계학습』, (서울: 이한출판사, 2011), 3-21.

32 오다카 토모히로, 『만들면서 배우는 기계학습』, 김성재 역, (서울: 한빛미디어, 2012), 14-16.

33 마이클 네그네빗스키(Michael Negnevitsky), 『인공지능 개론』, 김용혁 역, (서울: 한빛아카데미, 2013), 26.

34 마이클 네그네빗스키(Michael Negnevitsky), 『인공지능 개론』, 김용혁 역, (서울: 한빛아카데미, 2013), 26.

35 오다카 토모히로, 『만들면서 배우는 기계학습』, 김성재 역, (서울: 한빛미디어, 2012), 22.

36 마이클 네그네빗스키(Michael Negnevitsky), 『인공지능 개론』, 김용혁 역, (서울: 한빛아카데미, 2013), 29.

37 마이클 네그네빗스키(Michael Negnevitsky), 『인공지능 개론』, 김용혁 역, (서울: 한빛아카데미, 2013), 34, 35.

38 마이클 네그네빗스키(Michael Negnevitsky), 『인공지능 개론』, 김용혁 역, (서울: 한빛아카데미, 2013), 36.

39 마이클 네그네빗스키(Michael Negnevitsky), 『인공지능 개론』, 김용혁 역, (서울: 한빛아카데미, 2013), 30.

40 마이클 네그네빗스키(Michael Negnevitsky), 『인공지능 개론』, 김용혁 역, (서울: 한빛아카데미, 2013), 30–34.

41 마이클 네그네빗스키(Michael Negnevitsky), 『인공지능 개론』, 김용혁 역, (서울: 한빛아카데미, 2013), 32, 33.

42 오다카 토모히로, 『만들면서 배우는 기계학습』, 김성재 역, (서울: 한빛미디어, 2012), 20.

43 이상용, 『인공지능의 세계』, (서울: 21세기사, 2008), 16–22.

44 네이버 지식백과, 두산백과, 지능

45 Essential English DITionary, Collins, London, 1990.

46 머니투데이, 2015.09.12. 장길수, "애플, 인공지능 전문 인력 대폭 보강"

47 경향 비즈앤라이프, 2015.09.09. 주영재, "애플의 인공지능은 구글과 다르다?"

48 The Science Times, 2015.09.12. 이강봉, "인공지능 전문가, 기업에서 '비싼 몸'"

49 NEWSIS, 2015.09.09. 백영미, "삼성, 애플 미래전쟁 키워드 '인공지능'"

50 경향 비즈앤라이프, 2015.05.29. 주영재, "구글 딥러닝의 꿈 성큼, 공짜 클라우드 미끼 삶 정보 얻는다"

51 중앙일보, 2015.09.05. 정진우, "스스로 배우고 생각하는 인공지능, 개인비서 필요 없어요"

52 ZDNet Korea, 2015.09.11. 황치규, "금융 서비스 뒤흔들 5가지 기술 트랜드"

53 ZDNet Korea, 2015.09.11. 황치규, "금융 서비스 뒤흔들 5가지 기술 트랜드"

54 서울경제, 2015.09.06. 박준석, "로보어드바이저 뜬다" 머니투데이, 2015.07.10. 김재훈, "자산관리 시장에 파고드는 인공지능 로봇 상담가"

55 ZDNet Korea, 2015.09.06. 손경호, "자산관리도 로봇이 전문가 대체할까?"

56 The Bell, 2015.08.31. 백소명, "블랙록, 디지털 금융자문에 베팅"

57 The Science Times, 2015.09.12. 이강봉, "인공지능 전문가, 기업에서 '비싼 몸'"

58 로봇신문사, 2015.06.10. "자율주행 자동차의 5단계별 특징"

59 ZDNet Korea, 2015.09.08. 김익현, "로봇은 인간 기자를 대체할 수 있을까"

60 연합뉴스, 2015.09.12. 최현석, "중국 컴퓨터 프로그램, 1분만에 1천자 분량 경제기사 작성"

61 미디어오늘, 2015.08.27. 장슬기, "로봇이 지진 감지해서 기사 송고까지 0.3초"

62 파이낸셜뉴스, 2015.09.08. 구자윤, "같은 기사라도 로봇기사, 인간기사보다 평가 좋아"

63 서울신문, 2015.09.09. 방승언, "인공지능 소설가가 쓴 소설이 더 재미있을까?"

64 YTN, 2015.09.09. 이동은, "작곡하는 인공지능, '바흐'도 따라잡는다"

65 서울신문, 2015.09.09. 방승언, "사람에게 명령하고 평가하는 관리자 로봇 배치"

66 중앙일보, 2015.09.05. 정진우, "스스로 배우고 생각하는 인공지능, 개인비서 필요없다"

67 블로터, 2015.08.31. 오원석, "홍수, 교통량, 재난 예측... 도시, 스마트를 품다"

68 블로터, 2015.08.31. 오원석, "홍수, 교통량, 재난 예측... 도시, 스마트를 품다"

69 블로터, 2015.08.31. 오원석, "홍수, 교통량, 재난 예측... 도시, 스마트를 품다"

70 한국경제, 2015.09.16. 추가영, "개인별 건강관리, 맞춤형 쇼핑정보 제공"

71 The Science Times, 2015.09.15. 이강봉, "구글, 딥마인드 인수, 인공지능 기술 선점"

72 The NewYork Times, 2012.06.25. John Markoff, "How Many Computers to Identify a Cat? 16,000"

73 Wired, 2013.06.17. Daniela Hernandes, "Now you can build Google's $1M artificial brain on the cheap"

74 네이버 지식백과, 실험심리학용어사전, 폰 노이만 구조

75 TechHolic, 2015.08.21. 이상우, "IBM 뇌 모방 프로세서 '이젠 생쥐 수준'"

76 중앙일보, 2015.08.30. 정원엽, "인간의 두뇌 슈퍼컴퓨터보다 30배 빠르다"

77 시사IN, 2015.09.14. 이종대, "IA, 너는 아직도 내가 '머글'로 보이니?"

78 네이버 지식백과, platform (교양영어사전2, 2013. 12. 3., 인물과사상사)

79 필 사이먼, 플랫폼의 시대, 장현희, (서울: 제이펍, 2013), 73.

80 필 사이먼, 플랫폼의 시대, 장현희, (서울: 제이펍, 2013), 74.

81 네이버 지식백과, 플랫폼 (인간과컴퓨터의어울림, 2014. 4. 15., 커뮤니케이션북스)

82 네이버 지식백과, 플랫폼 (인간과컴퓨터의어울림, 2014. 4. 15., 커뮤니케이션북스)

83 트렌즈(Trends), "지금부터 10년 글로벌 트렌드" 권춘오 역, (서울: 일상이상, 2010), 50.

84 Discovery, James Woods, "Futurescape; Cheating Time"

85 Discovery, James Woods, "Futurescape; Cheating Time"

86 Discovery, James Woods, "Futurescape; Cheating Time"

87 Discovery, James Woods, "Futurescape; Cheating Time"

88 차원용, "미래기술경영 대예측" (서울: 굿모닝미디어, 2006), 556.

89 미치오 카쿠, "미래의 물리학" 박병철 역, (서울: 김영사, 2012), 299.

90 Discovery, James Woods, "Futurescape; Cheating Time"

91 Discovery, James Woods, "Futurescape; Cheating Time"

92 Discovery, James Woods, "Futurescape; Cheating Time"

93 Discovery, James Woods, "Futurescape; Cheating Time"

94 고든 벨, 짐 겜멜, "디지털 혁명의 미래" 홍성준 역, (서울: 청림출판, 2010), 48-106.

95 배일한, 『인터넷 다음은 로봇이다』, (서울: 동아시아, 2003), 39.

96 배일한, 『인터넷 다음은 로봇이다』, (서울: 동아시아, 2003), 42.

97 로봇신문, 2014.05.07. "미국 로봇 시장, 서비스 분야가 주도한다" 기사 중에서.

98 로봇신문, 2014.01.07. 서현진, "일본, 간호로봇 시장 연 2백~3백%씩 성장예고" 기사 중에서.

99 로봇신문, 2014.03.14. 김태구, "2018년 세계 의료로봇시장 4조원" 기사 중에서.

100 파이낸셜뉴스, 2014.06.15. 박지애, 김혜민, "로보시장 선점 나선 글로벌 IT공룡" 기사 중에서.

101 제이 하먼, "새로운 황금시대" 이영래 역, (서울: 어크로스, 2013), 36.

102 제이 하먼, "새로운 황금시대" 이영래 역, (서울: 어크로스, 2013), 39, 40.

103 제이 하먼, "새로운 황금시대" 이영래 역, (서울: 어크로스, 2013), 321.

104 EBS 다큐프라임, 2009.01.22. "원더풀사이언스, 자연에서 배운다: 생체모방공학"

105 로봇신문, 2014.06.10. "로봇 기술은 국가 경쟁력" 기사 중에서.

106 로봇신문, 2013.12.09. 김태구, "차세대 로봇 기술, 세계 최고의 63% 수준" 기사 중에서.

107 두산백과, http://terms.naver.com/entry.nhn?docId=1346273&cid=40942&category
Id=32335

108 배일한, 『인터넷 다음은 로봇이다』, (서울: 동아시아, 2003), 44.

10장

1 위키피디아, 대공황, 대공황 이후 JP모건의 득세.

2 The Wall Street Journal, 2015.08.07. Sang-geon Lee, "외환위기, 금융위기에 돈을 번 투자자
들의 공통점"

3 Eleazarlog, 2015.03.29 '1937년 세계대공황 투자 교훈' http://eleazarlog.blogspot.
kr/2015/03/1937.html / 파우스, 2014.05.23. '금융시장의 역사, 사상 최대의 투자 비극에서 얻은
교훈' http://m.blog.naver.com/jeunkim/220007837786

4 Benjamin Roth, The Great Depression: A Diary, (New York: Public Affairs, 2009), 10.

5 Benjamin Roth, The Great Depression: A Diary, (New York: Public Affairs, 2009), 13.

6 Benjamin Roth, The Great Depression: A Diary, (New York: Public Affairs, 2009), 72.

7 Benjamin Roth, The Great Depression: A Diary, (New York: Public Affairs, 2009), 116.

8 Benjamin Roth, The Great Depression: A Diary, (New York: Public Affairs, 2009), 122.

9 Benjamin Roth, The Great Depression: A Diary, (New York: Public Affairs, 2009), 197.

10 서울경제, 2015.12.30. 홍병문, "한국계 여성 투자자, 翁유로 역발상 투자로 '잭팟'"

11 뉴스1, 2015.09.14. 임해중, "미국 금리인상 우려 확산, 해외 수주기근 심화될 것"

12 한국경제TV, 2015.08.20. "달러의 역류, 신흥국 이탈 가속화"

13 Newsis, 2015.08.30. 이근홍, "글로벌 경제위기 때마다 벼랑끝 내몰리는 신흥국"

14 헤럴드경제, 2015.08.30. 김윤희, 정태일, 이슬기, "원자재값 폭락, 불안한 한국경제"

15 동아일보, 2015.12.18. 장윤정, 박형준, "부채-경기침체 시름 겪는 브라질-터키-러시아 위험"

16 전병서, 『중국의 대전환, 한국의 대기회』, (서울: 참돌, 2015), 285.

17 조선비즈, 2015.05.16. 최현목, "150년간의 변신… 화학기업 1위 '바스프 제국'의 비밀"

18 대외정책연구원(KIEP) 자료에서 인용.

19 매일경제, 2016.01.04. 정욱, 윤원섭, 진영태, 이경진, 조성호, "제품개발 더 빨리…조직크기 더
작게…아이디어 더 많이"

11장

1 에릭 스피겔, 닐 맥아더, 랍 노턴, 『2030 미래 에너지 보고서』, 최준 역, (서울: 이스퀘어, 2011), 55-56.

2 에릭 스피겔, 닐 맥아더, 랍 노턴, 『2030 미래 에너지 보고서』, 최준 역, (서울: 이스퀘어, 2011), 26.

3 헤르만 요제프 바그너, 『에너지 위기, 어떻게 해결할 것인가』, 정병선 역, (서울: 도서출판길, 2010), 187. 하호경, 김백민, 『극지과학자가 들려주는 기후변화 이야기』, (서울: 지식노마드, 2014), 155-159.

4 하호경, 김백민, 『극지과학자가 들려주는 기후변화 이야기』, (서울: 지식노마드, 2014), 159-161.

5 헤르만 요제프 바그너, 『에너지 위기, 어떻게 해결할 것인가』, 정병선 역, (서울: 도서출판길, 2010), 184. 하호경, 김백민, 『극지과학자가 들려주는 기후변화 이야기』, (서울: 지식노마드, 2014), 25-27.

6 헤르만 요제프 바그너, 『에너지 위기, 어떻게 해결할 것인가』, 정병선 역, (서울: 도서출판길, 2010), 183.

7 하호경, 김백민, 『극지과학자가 들려주는 기후변화 이야기』, (서울: 지식노마드, 2014), 27-36.

8 하호경, 김백민, 『극지과학자가 들려주는 기후변화 이야기』, (서울: 지식노마드, 2014), 27.

9 하호경, 김백민, 『극지과학자가 들려주는 기후변화 이야기』, (서울: 지식노마드, 2014), 9-12.

10 모집 라티프 Mojib Latif, 기후변화, 돌이킬 수 없는가, 오철우 역, (서울: 도서출판 길, 2010), 42.

11 Al Gore, "Our Choice", 2009, chapter 1.

12 마인하르트 미겔 Meinhard Miegel, 성장의 종말 Epochenwende, (서울: 에코리브르, 2006), 41-42.

13 프리트헬름 슈바르츠, 『날씨가 지배한다』, 배인섭 역, (서울: 플래닛미디어, 2006), 7, 91, 150, 158, 166.

14 헤르만 요제프 바그너, 『에너지 위기, 어떻게 해결할 것인가』, 정병선 역, (서울: 도서출판길, 2010), 219. 토니 세바, 『에너지 혁명 2030』, 박영숙 역, (서울: 교보문고, 2015), 47.

15 에릭 스피겔, 닐 맥아더, 랍 노턴, 『2030 미래 에너지 보고서』, 최준 역, (서울: 이스퀘어, 2011), 39-53.

16 헤르만 요제프 바그너, 『에너지 위기, 어떻게 해결할 것인가』, 정병선 역, (서울: 도서출판길, 2010), 66-67.

17 에릭 스피겔, 닐 맥아더, 랍 노턴, 『2030 미래 에너지 보고서』, 최준 역, (서울: 이스퀘어, 2011), 52, 82.

18 에릭 스피겔, 닐 맥아더, 랍 노턴, 『2030 미래 에너지 보고서』, 최준 역, (서울: 이스퀘어, 2011), 191.

19 헤르만 요제프 바그너, 『에너지 위기, 어떻게 해결할 것인가』, 정병선 역, (서울: 도서출판길, 2010), 58-62.

20 헤르만 요제프 바그너, 『에너지 위기, 어떻게 해결할 것인가』, 정병선 역, (서울: 도서출판길,

2010), 144–145, 246. 에릭 스피겔, 닐 맥아더, 랍 노턴, 『2030 미래 에너지 보고서』, 최준 역, (서울: 이스퀘어, 2011), 181–184.

21 에릭 스피겔, 닐 맥아더, 랍 노턴, 『2030 미래 에너지 보고서』, 최준 역, (서울: 이스퀘어, 2011), 27.

22 헤르만 요제프 바그너, 『에너지 위기, 어떻게 해결할 것인가』, 정병선 역, (서울: 도서출판길, 2010), 225.

23 토니 세바, 『에너지 혁명 2030』, 박영숙 역, (서울: 교보문고, 2015), 338.

24 에릭 스피겔, 닐 맥아더, 랍 노턴, 『2030 미래 에너지 보고서』, 최준 역, (서울: 이스퀘어, 2011), 28, 101.

25 머니투데이, 2015.03.29. 류준영, "기존 백금보다 100배 싼 수소 발생 촉매제 개발"

26 프리트헬름 슈바르츠, 『날씨가 지배한다』, 배인섭 역, (서울: 플래닛미디어, 2006), 222–227.

27 토니 세바, 『에너지 혁명 2030』, 박영숙 역, (서울: 교보문고, 2015), 50–55, 59, 61.

28 토니 세바, 『에너지 혁명 2030』, 박영숙 역, (서울: 교보문고, 2015), 50–55.

29 토니 세바, 『에너지 혁명 2030』, 박영숙 역, (서울: 교보문고, 2015), 36.

30 토니 세바, 『에너지 혁명 2030』, 박영숙 역, (서울: 교보문고, 2015), 37, 54.

31 토니 세바, 『에너지 혁명 2030』, 박영숙 역, (서울: 교보문고, 2015), 57–58, 61, 108, 109.

32 토니 세바, 『에너지 혁명 2030』, 박영숙 역, (서울: 교보문고, 2015), 133–134.

12장

1 심정택, 『현대 자동차를 말한다』, (서울: 알에치코리아, 2015), 257–260, 269.

2 에릭 브린욜프슨, 앤드루 매카피, 『기계와의 경쟁』, 정지훈, 류현정 역, (서울: 틔움, 2013), 42.

3 에릭 브린욜프슨, 앤드루 매카피, 『기계와의 경쟁』, 정지훈, 류현정 역, (서울: 틔움, 2013), 79.

4 에릭 브린욜프슨, 앤드루 매카피, 『기계와의 경쟁』, 정지훈, 류현정 역, (서울: 틔움, 2013), 111–112.

5 존 메이너드 케인즈, 'Economic Possibilities for Our Grandchildren' (1930).

6 에릭 브린욜프슨, 앤드류 맥아피, 『제2의 기계시대』, 이한음 역, (서울: 청림출판, 2014), 11–13.

7 Louis C. Hunter and Eleutherian Mills-Hagley Foundation, 『A History of Industrial Power in the United States, 1780–1930: Steam Power』, (Charlottesville, VA: University Press of Virginia, 1979), 601.

8 에릭 브린욜프슨, 앤드류 맥아피, 『제2의 기계시대』, 이한음 역, (서울: 청림출판, 2014), 58.

9 에릭 브린욜프슨, 앤드류 맥아피, 『제2의 기계시대』, 이한음 역, (서울: 청림출판, 2014), 60.

10 에릭 브린욜프슨, 앤드류 맥아피, 『제2의 기계시대』, 이한음 역, (서울: 청림출판, 2014), 70.

11 에릭 브린욜프슨, 앤드류 맥아피, 『제2의 기계시대』, 이한음 역, (서울: 청림출판, 2014), 73.

12 에릭 브린욜프슨, 앤드류 맥아피, 『제2의 기계시대』, 이한음 역, (서울: 청림출판, 2014), 31.

13 에릭 브린욜프슨, 앤드류 맥아피, 『제2의 기계시대』, 이한음 역, (서울: 청림출판, 2014), 36.

14 에릭 브린울프스, 앤드류 맥아피, 『제2의 기계시대』, 이한음 역, (서울: 청림출판, 2014), 42.

15 케빈 켈리, 『기술의 충격』, 이한음 역, (서울: 민음사, 2011), 17–21.

16 케빈 켈리, 『기술의 충격』, 이한음 역, (서울: 민음사, 2011), 21.

17 레이 커즈와일, 『특이점이 온다』, 김명남, 장시형 역, (서울: 김영사, 2007), 104–105.

18 레이 커즈와일, 『특이점이 온다』, 김명남, 장시형 역, (서울: 김영사, 2007), 41.

19 레이 커즈와일, 『특이점이 온다』, 김명남, 장시형 역, (서울: 김영사, 2007), 37–41.

20 에릭 슈미트, 제러드 코언, 『새로운 디지털 시대』, 이진원 역, (서울: 알키, 2013), 27.

21 에릭 슈미트, 제러드 코언, 『새로운 디지털 시대』, 이진원 역, (서울: 알키, 2013), 28.

22 에릭 슈미트, 제러드 코언, 『새로운 디지털 시대』, 이진원 역, (서울: 알키, 2013), 28–29.

23 에릭 슈미트, 제러드 코언, 『새로운 디지털 시대』, 이진원 역, (서울: 알키, 2013), 41.

24 에릭 슈미트, 제러드 코언, 『새로운 디지털 시대』, 이진원 역, (서울: 알키, 2013), 38–39.

25 에릭 슈미트, 제러드 코언, 『새로운 디지털 시대』, 이진원 역, (서울: 알키, 2013), 37.

26 레이 커즈와일, 『특이점이 온다』, 김명남, 장시형 역, (서울: 김영사, 2007), 41.

27 에릭 브린울프스, 앤드류 맥아피, 『제2의 기계시대』, 이한음 역, (서울: 청림출판, 2014), 192.

28 조선일보, 2015.09.23. 이성훈, 정지섭, "'문제아' 아일랜드는 어떻게 유럽경제 1등이 되었나"

29 조선일보, 2015.09.24. 정지섭, "불황을 모르는 폴란드, 정권 바뀌어도 정책은 뒤집어지지 않는다"

30 서울경제, 2015.09.07. 이상훈, 조민규, "좀비기업 2/3 줄이면 오히려 연간 11만명 고용 증대 효과"

31 The Wall Street Journal, 2015.08.27. Sara Schonhardt, "5 Things Asian Economies Learned From 1997–98 Financial Crisis"

3부

13장

1 A. L. Huxley, Brave New World, 멋진 신세계, 이덕형 역, (서울: 문예출판사, 2004), 331–333.

2 재레드 다이아몬드, 문명의 붕괴, 강주헌 역, (서울: 김영사, 2005), 15.

3 재레드 다이아몬드, 문명의 붕괴, 강주헌 역, (서울: 김영사, 2005), 24–29

4 이인식, 이인식의 신화여행 2, (서울: 갤리온, 2008), 20.

5 스티븐 에모트, 100억 명 어느날, 박영록 역, (서울: 시공사, 2014), 20.

6 제프리 삭스, 붐비는 지구를 위한 경제학 Common Wealth, 이무열 역, (서울: 21세기북스, 2009), 87.

7 배영수 외, 개정판 서양사 강의, (서울: 한울, 2003), 165.

8 작성자 starlineblog, 인류의 생존을 위협한 치명적인 적 전염병의 역사. http://blog.naver.com/

starlineblog/30176493425

9 박계순, 이한준, 보건학, (서울: 대경북스, 2008), 217.

10 스티븐 에모트, 100억명 어느날, 박영록 역, (서울: 시공사, 2014), 25.

11 Donella H. Meadows, Dennis L. Meadows, Jorgen Randers, Beyond The Limits, (Vermont: Chelsea Green Publishing Company, 1992), 14.

12 국민일보, 2013.9.17일자, "유럽, 후진국 된다… 2025년 1/3이 빈곤층 전망" 기사 중에서

13 대니 돌링, 100억명, 안세민 역, (서울: 알키, 2014), 397.

14 하호경, 김백민, 「극지과학자가 들려주는 기후변화 이야기」, (서울: 지식노마드, 2014), 84.

15 네이버 지식백과, 지구과학사전, 심층순환

16 하호경, 김백민, 「극지과학자가 들려주는 기후변화 이야기」, (서울: 지식노마드, 2014), 42-44.

17 하호경, 김백민, 「극지과학자가 들려주는 기후변화 이야기」, (서울: 지식노마드, 2014), 86-87.

18 CNN, February 9, 2004. "The Pentagon's Weather Nightmare The climate could change radically, and fast. That would be the mother of all national security issues." http://money.cnn.com/magazines/fortune/fortune_archive/2004/02/09/360120/

19 KBS1, 2010. 3. 23일, "급변하는 북극 3부, 위기의 보금자리" 방송 중에서.

20 SBS 뉴스, 2013.7.15일자, "남극, 그린란드서 매년 3천억 톤씩 빙하 줄어" 기사 중에서.

21 문화일보, 2013.8.20일, "2100년 해수면 91cm 상승" 기사 중에서.

22 모집 라티프 Mojib Latif, 기후변화, 돌이킬 수 없는가, 오철우 역, (서울: 도서출판 길, 2010), 180.

23 일 예거 Jill Jager, "우리의 지구, 얼마나 더 버틸 수 있는가" 김홍옥 역, (서울: 도서출판 길, 2010), 107.

24 조선일보, 2013.7.26일자, "북극 빙하 녹으면서 메탄 가스 방출… 경제 피해 60조 달러" 기사 중에서.

25 네이버 지식백과, 평균기온 (한국의 자연지리, 2012. 12. 30., 서울대학교출판부)

14장

1 스티븐 에모트, 100억명 어느날, 박영록 역, (서울: 시공사, 2014), 75-79.

2 국민일보, 2006.04.14. 태원준, "소말리아는 지금 '우물전쟁'… 두 부족이 한 우물 놓고 2년간 살육전 벌여"

3 한국일보, 2011.07.13. 이성기, "'아프리카의 뿔' 살인 가뭄에 절규"

4 김재윤, 더 체인지: 메가트렌드로 보는 미래 비즈니스, (서울:삼성경제연구소, 2011), 108.

5 2013. 8. 1일자, 서울경제, "물 부족이 아킬레스건 될 것" 기사 중에서.

6 EBS 다큐 10, 2008.3.17일, "물을 가진 자 세상을 지배한다" 방송 중에서.

7 2013. 8. 1일자, 서울경제신문, "물 부족이 아킬레스건 될 것" 기사 중에서.

8 EBS 다큐 10, 2008.3.17일, "물을 가진 자 세상을 지배한다" 방송 중에서.

9 EBS 다큐 10, 2008.3.17일, "물을 가진 자 세상을 지배한다" 방송 중에서.

10 EBS 다큐 10, 2008.3.18일, "불확실한 물의 미래" 방송 중에서.

11 KOR TV, 2011.10.9일, "식량전쟁 1부" 방송 중에서.

12 KOR TV, 2011.10.9일, "식량전쟁 1, 2부" 방송 중에서.

15장

1 KBS, 2008. 7. 4일, "위험한 연금술, 유전자 조작 식품" 방송 중에서.

2 EBS, 2013. 4. 17일, "과학 대기획–다섯개의 열쇠 3부– 종자" 방송 중에서.

3 안치용, 지식을 거닐며 미래를 통찰한다, (서울: 리더스북, 2008), 293.

4 KBS, 2008. 7. 4일, "위험한 연금술, 유전자 조작 식품" 방송 중에서.

5 KBS, 2006. 3월, "유전자 혁명, 신의 축복인가 재앙인가?" 방송 중에서.

6 MBC 뉴스, 2012. 1. 4일, "혈우병 정복 청신호, 돌파구 열렸다" 방송 중에서.

7 앤드류 니키포룩, 대혼란 – 유전자 스와핑과 바이러스 섹스, 이희수 역, (서울: 알마, 2010), 8.

8 EBS, 2011. 1. 18일, "끝나지 않은 전쟁, 바이러스의 위협" 방송 중에서.

9 이 시나리오는 필자의 전작 "2020 부의 전쟁 in Asia(지식노마드, 2010)"에서 그대로 옮겨온 내용이다.

10 권 다이어 Gwynne Dyer, 기후대전 Climate Wars, 이창신 역, (서울: 김영사, 2011), 16, 39. 마크 라이너스 Mark Lynas, 6도의 악몽 Six Degrees, 이한중 역, (서울: 세종서적, 2008), 137–199. 모집 라티프 Mojib Latif, 기후변화, 돌이킬 수 없는가, 오철우 역, (서울: 도서출판 길, 2010), 54–55.

11 EBS, 2009. 5. 6일, "인류 가상 재앙 시나리오, 인플루엔자 대유행, 그 최악의 시나리오 1부" 방송 중에서.

12 EBS, 2009. 5. 13일, "인류 가상 재앙 시나리오, 인플루엔자 대유행, 그 최악의 시나리오 2부" 방송 중에서.

13 앤드류 니키포룩, 대혼란 – 유전자 스와핑과 바이러스 섹스, 이희수 역, (서울: 알마, 2010), 54.

14 탄저균은 머리카락 2개의 두께정도 되는 크기에 400–500개의 포자가 들어간다. 이 정도면 사람 한 명을 충분히 죽일 수 있는 치명적 위력을 가진 세균이다. 그래서 '신이 내린 병기'라는 별명을 가지고 있다.

15 EBS, 2008. 9.18일, "EBS 원더플사이언스 전염병의 역습" 방송 중에서.

16 News Y, 2013. 5. 19일, "프랑스 첫 사스 유사바이러스 환자, 유럽 확산 우려" 기사 중에서.

17 앤드류 니키포룩, 대혼란 – 유전자 스와핑과 바이러스 섹스, 이희수 역, (서울: 알마, 2010), 28, 32–39.

18 앤드류 니키포룩, 대혼란 – 유전자 스와핑과 바이러스 섹스, 이희수 역, (서울: 알마, 2010), 11, 26.

19 프리온(Prion)은 단백질(Protein)과 비리온(virion: 바이러스 입자)의 합성어다.

20 최윤식, 2030년 대담한 미래, (서울: 지식노마드, 2013), 540.

21 재레드 다이아몬드, 문명의 붕괴, 강주헌 역, (서울: 김영사, 2005), 18-19.

22 KBS, 2011.11.6일, "KBS 스페셜, 미래 자원전쟁, 대한민국 생존의 조건" 방송 중에서.

23 KBS, 2011.6.14일, "KBS 시사기획, 한중일 대륙붕 삼국지" 방송 중에서. "A high probability exists that the continental shelf between Taiwan and Japan may be one of the most prolific oil reservoirs in the world."

24 KBS2, 2012.4.12일, "가상 재난 시나리오, 도쿄대지진" 방송 중에서.

25 아시아경제, 2013.8.20일, "후지산 이상 징후, 화산 폭발하면 도쿄 마비" 기사 중에서.

16장

1 한겨레, 2013.8.11일, "미국은 사실상 3차 세계대전 중" 기사 중에서.

2 한겨레, 2013.8.11일, "미국은 사실상 3차 세계대전 중" 기사 중에서.

3 필립 젠킨스 Philip Jenkins, The Next Christendom 신의 미래, (서울: 도마의 길, 2009), 20-21.

4 필립 젠킨스 Philip Jenkins, The Next Christendom 신의 미래, (서울: 도마의 길, 2009), 21, 26.

5 The Pew Forum on Religion and Public Life, 2011.1.27. '2010년과 2030년 사이의 미래 이슬람 인구에 대한 예측'(The Future of the Global Muslim Population: Projections for 2010-2030)' http://www.pewforum.org/2011/01/27/the-future-of-the-global-muslim-population/

6 조선일보, 2015.12.01. 정지섭, "아프리카 땅 34%가 무정부지역"

7 서울경제, 2013.8.19일, "2050년 전 세계 수해 피해 170배로 확대 우려" 기사 중에서.

8 크리스천투데이, 2010.10.19일, "중국 기독교 인구 약 1억명" 기사 중에서.

9 크리스천투데이, 2012.7.14일, "중국 전문가, 중국 기독교인 인구 25% 상회할 것" 기사 중에서.

10 The Pew Forum on Religion and Public Life, 2009. 10. "Mapping The Global Muslim Population"

11 한국일보, 2011.9.26일, "테러전 비용 10년간 3조 달러 이상", 뉴스 Y, 2013.3.31일, "미국 아프간, 이라크 전쟁비용, 최대 6조 달러 될 듯" 기사 중에서.

12 헤럴드 경제, 2012.7.6일, "WWW 그물망, 전 세계 촘촘 연결… 국가 기간시설 한순간 초토화" 기사 중에서.

13 SBS, 2009.11.1일, "최악의 시나리오 3부, 사이버 아마겟돈" 방송 중에서.

14 한국일보, 2012.12.3일, "투명망토, 바윗돌 가루로도 만들 수 있다" 기사 중에서.

15 이상욱, 욕망하는 테크놀로지, (서울: 동아시아, 2009), 185.

16 MBC, 2013. 1.31일, "다큐프라임 228회" 방송 중에서.

17 EBS, 2009.10.20일, "다큐 10, 미래의 공중전, 우주전쟁의 시작" 방송 중에서.

18 이상욱, 욕망하는 테크놀로지, (서울: 동아시아, 2009), 22.

19 네이버 영화, 투모로우랜드. http://movie.naver.com/movie/bi/mi/basic.nhn?code=101960